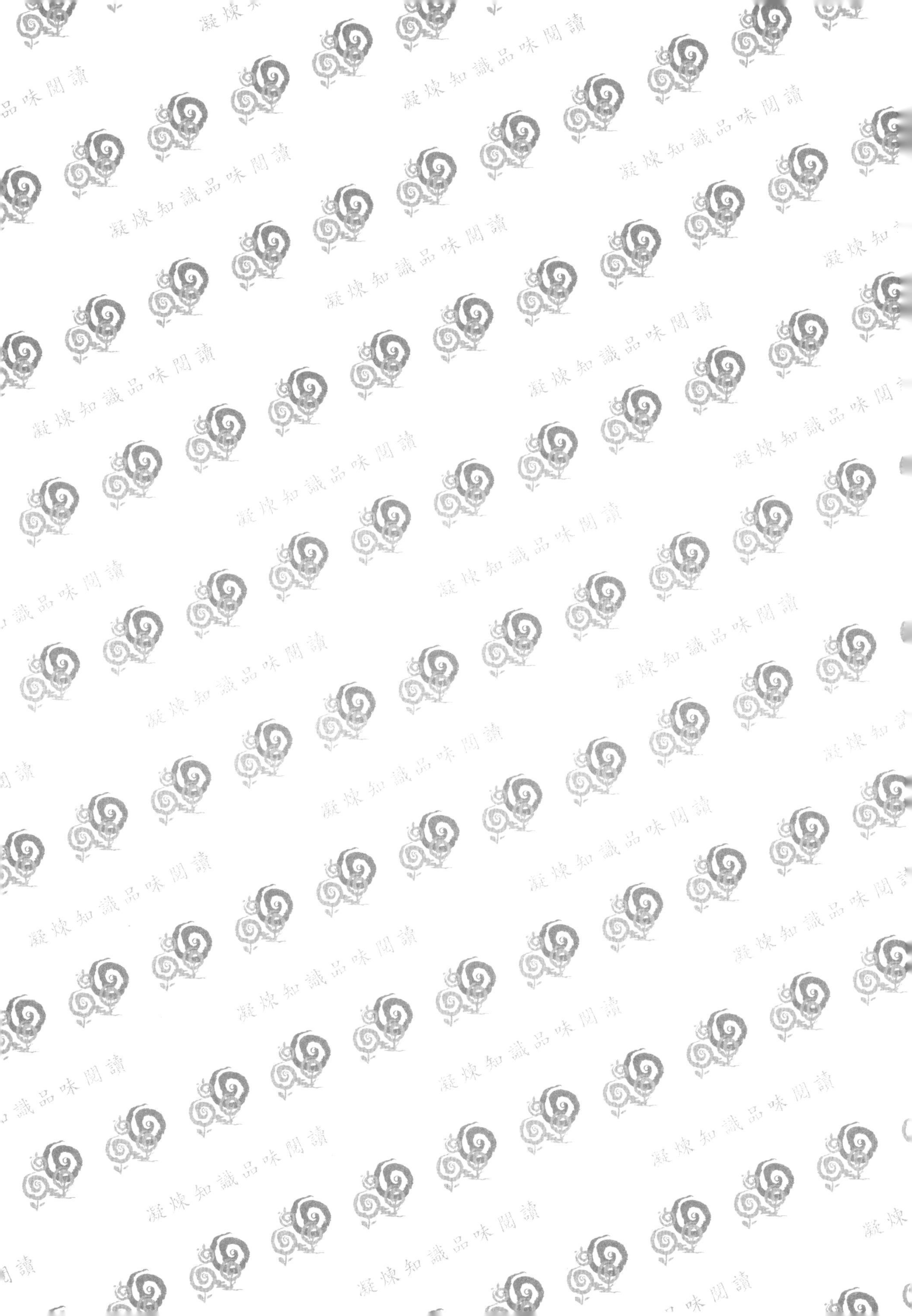

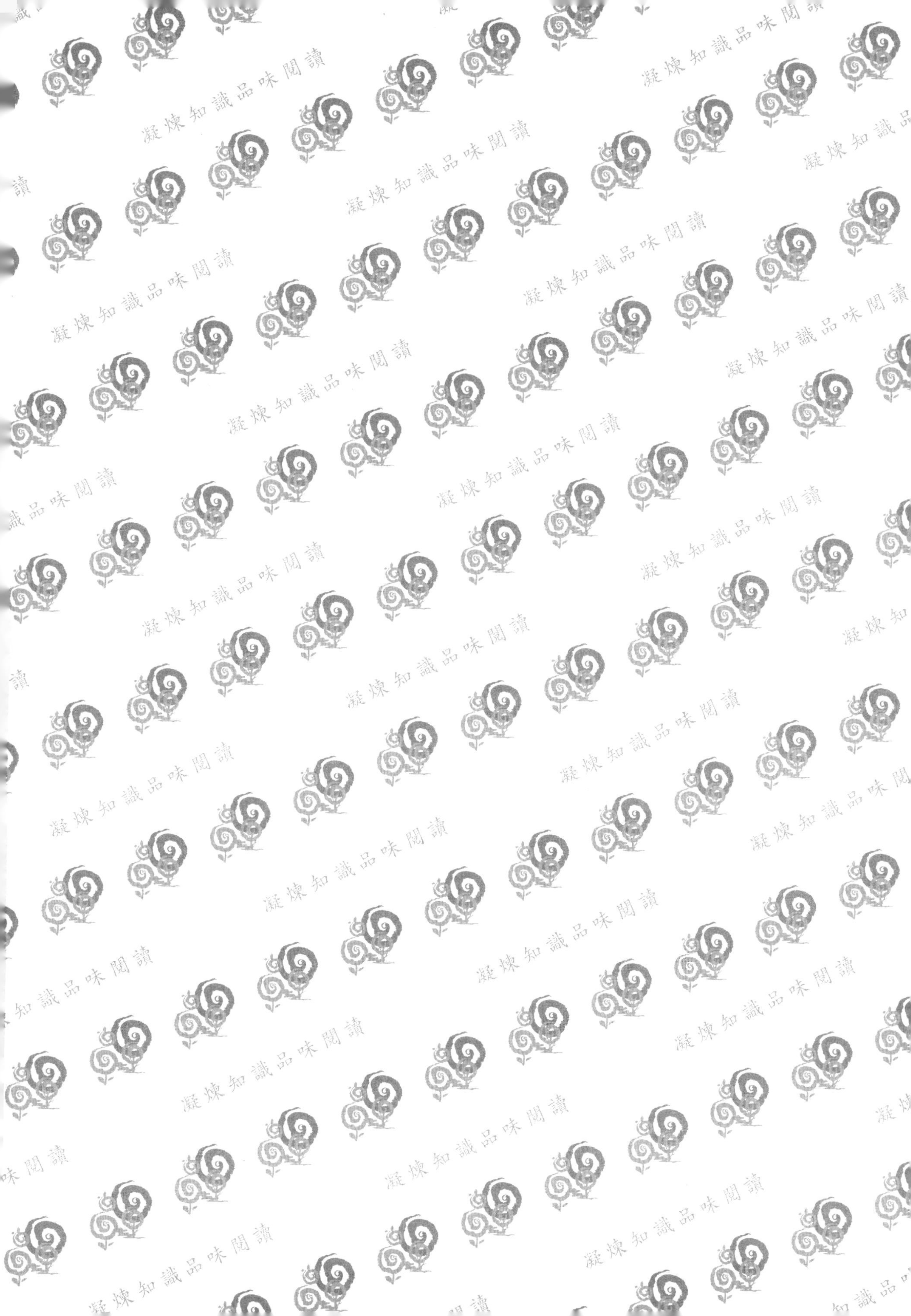

Psychological Testing:
History, Principles, and Applications

心理測驗

沿革、原理及用途 |第三版|

五南圖書出版公司 印行

Psychological Testing

History, Principles, and Applications

Robert J. Gregory

Authorized translation from the English language edition, entitled PSYCHOLOGICAL TESTING: HISTORY, PRINCIPLES, AND APPLICATIONS, 5th Edition, ISBN: 0205468829 by GREGORY, ROBERT J., published by Pearson Education, Inc. publishing as Allyn & Bacon, Copyright © 2007 Pearson Education Inc.

CHINESE TRADITIONAL language edition published by WU-NAN BOOK INC., Copyright © 2010

原著由 Pearson Education, Inc 於2007年出版

此繁體中文版為Pearson Education, Inc授權五南圖書出版

序言

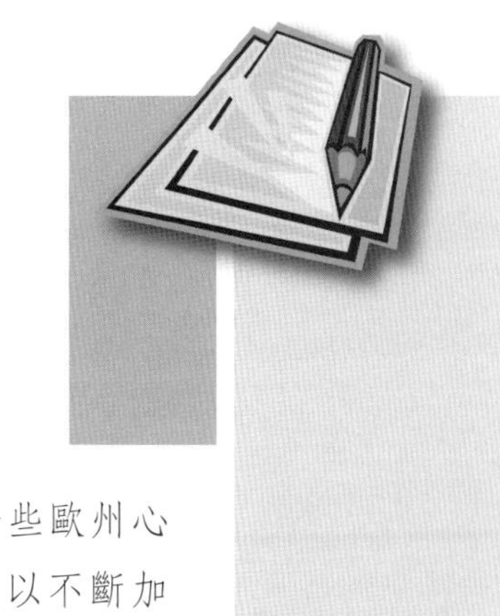

心理測驗起始是一種畏縮不前的活動，發軔於19世紀一些歐州心理學家的學術實驗。從這個不順利的發祥以來，測驗的實踐以不斷加快的步伐擴散到整個工業化世界。如讀者在這本書的字裡行間將會發現的，心理測驗現在已實際上衝擊現代生活的每個角落，從教育到職業以迄於矯治。

如同前幾版，這本書第五版的抱負是在提供讀者關於心理測驗之特性、目的及廣延影響的知識。在追求這個目標上，我編入一些老生常談的傳統觀念，但是也前進到一些新的方向。例如，依據慣常的手法，這本書囊括了常模、標準化、信度、效度及測驗建構等一般主題。再者，我也在這些傳統領域中編纂及批判各式各樣的測驗和測量工具，像是智力、成就、工業—組織、職業及人格測試等領域。

除了前面所列的傳統主題外，我也強調另一些議題、論點及觀念。根據我的意見，它們是深入理解心理測驗的基本所要。例如，本書第二章檢視心理測驗的歷史。這一章的編排強調我的觀點，即心理測驗的歷史跟當今的實施具有實質的關聯。簡言之，對現代測驗的成熟理解只有透過探究它的傳承才能達成。當然，心理學學生往往規避歷史素材，因為這些論題經常是以單調、乏味而迂腐的手法呈現，缺乏跟現今的關聯性。然而，我希望帶有批判性的讀者將會以開放的心胸接近我的歷史章節——我已致力於使得它顯得有趣而切題。

心理測驗代表兩方之間的一種契約。一方是施測者，經常占有施加權力於另一方的位置；另一方則是受測者。基於這個原因，施測者需要以最大靈敏度處理測驗，注意受測者的需求和權益。為了強調這個關鍵點，我花費不少篇幅於論述施測過程的微妙性，包括像是「建立融洽關係」和「觀察對測驗結果之不當的環境影響力」等議題。此外，我也透過檢閱施測上的專業議題和倫理準則以強調衡鑑的契約本質。

這本書所強調的另一個主題是神經心理衡鑑，它是臨床心理學正在快速發展的另一個次場域，現在已穩固地建立起它的專業地位。神經心理衡鑑絕對是一個成長的領域，它現在已構成當今心理測驗的重大用途之一。我已專致整整一章於這個重要主題。因此，讀者可以更良好理解神經心理衡鑑的範圍和目的。

這本書不僅是在論述測驗和它們的信度及效度，我也探索許多與測驗智慧有關之價值方面的議題。心理測驗之所以有爭議，正是因為施測結果可能具有傷害性，不僅是對個體而言，且或許對整個社會結構（social fabric）也是如此。我沒有迴避跟心理測驗使用有關的一些爭議，這些各自議題包括智力的遺傳與環境促成、IQ 之種族差異的起源、測驗偏差與效度之外的關涉、團體成就測驗上的作弊，以及心理施測的倫理議題。

總之，在這一版中，我的目標是 (1) 增添關於既定測驗之最新近的發現；(2) 編入在先前版本中被忽略，但值得探討的主題；以及 (3) 包羅施測上的革新及進展的報導。我相信我已達成所有這三項目標。

目錄

英文書幾乎都附有厚厚的參考資料，這些參考資料少則 10 頁以上，多則數十頁；中文翻譯本過去忠實的將這些參考資料附在中文譯本上。以每本中文書 20 頁的基礎計算，印製 1 千本書，就會產生 2 萬頁的參考資料。在地球日益暖化的現今與未來，為了少砍些樹，我們應該可以有些改變——亦即將英文原文書的參考資料只放在網頁上提供需要者自行下載。
我們不是認為這些參考資料不重要，所以不需要放在書上，而是認為在網路時代我們可以有更環保的作法，滿足需要查索參考資料的讀者。

我們將本書【參考文獻】放在五南文化事業機構（www.wunan.com.tw）網頁，該書的「資料下載」部分。

對於此種嘗試有任何不便利或是指教，請洽本書主編。

第 1 章

心理測驗的用途與影響

Psychological Testing

主題 1A

心理測驗的本質與使用

一、測驗的影響
二、測驗的定義
三、測驗的進一步區分
四、測驗的類型
五、測驗的用途
六、影響測驗健全性的一些因素
七、測驗施行的標準化程序
八、測驗施行的適宜程序
九、施測者的影響力
十、受試者的背景及動機

假使你問一般民眾「你對心理測驗知道些什麼？」他們可能提到一些事情，像是關於智力測驗、墨漬測驗，以及廣為熟悉的 MMPI 這類「真－偽量表」等。大部分情況，他們對測驗的理解將是集中在「量化智力」和「偵測人格問題」上，因為這是關於測驗在我們社會中如何被使用的一般觀點。當然，測驗所涵括的不只這少許事實，人格和智力的測量依然是心理測驗不可或缺的台柱。然而，現代測驗編製者已針對多元化而富有想像力的目的開發許多種類的測驗，有些甚至是測驗的早期開拓者所預期不到的。這一章的目的是討論心理測驗的多樣化用途，也審視這個行業的倫理議題和社會影響。

一 測驗的影響

從出生到老年，我們在生活的幾乎每一個轉捩點都會遇到測驗。嬰兒在出生後不久接受的第一份測驗是「Apgar 測驗」，它是對心跳、呼吸、肌肉張力、反射感應性及膚色等施行快捷而多變項的衡鑑（Clarke-Stewart & Friedman, 1987）。整體 Apgar 分數（從 0 到 10）有助於決定是否需要任何立即的醫療關注。稍後，先前在 Apgar 測驗上拿到低分的幼兒可能需要接受發育障礙的衡鑑。學前兒童可能接受「就學預備性」測驗。一旦學業生涯展開，每位學生在畢業之前需要承受數以百計（或許千計）的學術測驗，更不用提關於學習障礙、資賦優異、職業興趣及大學入學等可能測驗。畢業之後，成年人可能面對工作應徵、駕駛執照、安全許可、人格功能、夫妻相處、發展失調及大腦機能障礙等測驗——幾乎無止境的一份名單。有些人甚至在晚年面對自己脆弱的一項無禮對待，即透過測驗決定他們管理財務的行為能力。

測驗在全世界的幾乎每一個國家被派上用場，像是諮詢、甄選及安置（placement）等用途。測驗發生在各式各樣的環境中，像是學校、行政機關、公司企業、醫療診所及諮商中心等。心理測驗結果以一些深切方式改變個人的命運。個人是否能夠申請進入一流大學？是否被提供特定工作或職位？是否被診斷為憂鬱症病人？所有這樣決定至少部分地取決於測驗結果的意義——隨著位居能行使權力之地位的人們所進行的解讀。簡而言之，心理測驗結果改變了生活。基於這個原因，慎重的做法是（事實上，幾乎是強制性的），施測人員應該認識心理測驗的當代用途和偶爾濫用。在個案提示 1-1 中，它透過幾個真實的個案史說明心理測驗改變生活的餘波。

測驗的概念因此是我們文化的一個普遍元素，我們視為理所當然的一項特色。然而，一般人關於測驗的觀念不必然符合心理計量學家所持較嚴格的觀點。心理計量學家（psychometrician）是心理學或教育學上的一種專家，他們編製及評鑑各種心理測驗。

測驗的定義

測驗（test）是摘取行為樣本的一套標準化程序，然後以類別或分數描述該行為。此外，大部分測驗擁有常模或標準，以便測驗結果可被用來預測另一些更重要的行為。我們在接下來的篇幅將詳盡闡述這些特性。

測驗在格式和用途上有很大變動範圍。儘管如此，大部分測驗擁有這些界定的特性：

- 標準化的程序。
- 行為樣本。
- 分數或類別。
- 常模或標準。
- 對非測驗行為的預測。

我們打算檢視的這些特性將特別是針對常模參照測驗（norm-referenced tests），這樣測驗使用良好界定的個人母群作為解讀架構。然而，對於標準參照測驗（criterion-referenced tests）的特殊案例而言，它們的界定特性稍微不同。這樣測驗測量的是個人

個案提示
1-1

測驗的真實生活肖像

心理測驗的重要性最好用實例加以說明。考慮這些簡明的人物肖像

- 一位害羞、退縮的 7 歲小女孩，接受學校心理師施行的 IQ 測驗。她的分數出類拔萃，遠高於教師的預期。她於是被安排接受對資賦優異學生的教學方案。她最終盛開為一位自信而愛社交的學者。
- 某一家庭的三個小孩住在鄰近鉛冶煉廠的地方，他們暴露於鉛塵的毒性效應，蒙受神經方面的傷害。部分地基於心理測驗結果，這些小孩被發現智力受損，注意廣度也減縮。這個家庭後來獲得擁有該冶煉廠的公司 800 萬美元的安家補償費。
- 一位人選角逐警察的職位，作為甄選過程的一部分，他接受人格量表的施測。這份測驗指出，該人選傾向於率性而為，而且抗拒權威人物的監督。即使他擁有優良的訓練，留給訪談者深刻的印象，他仍被排拒在該工作之外。
- 一位學生不確定應該追求什麼行業，她接受職業興趣量表的施測。這份測驗指出，她應該會喜歡藥劑師的工作。她選修了藥劑預科的課程，但是發現那些課程不但困難，也令人厭煩。經過 3 年後，她放棄藥劑學，改為主修舞蹈。但令她沮喪的是，她將需要面對另 3 年的大學生涯才能拿到學位。
- 一位大學生申請臨床心理學的研究所，他接受「明尼蘇達多相人格量表」（MMPI）的施測。他的推薦信和學業平均成績極為優異；然而，他必須澄清 MMPI 提出的最後障礙。他的測驗結果相當正常，但稍微防衛。在死裡逃生的投票中，入學委員會把他加入候補名單中。反諷的是，這是唯一收留他的研究所，另外 19 個研究所拒他於門外。他遞補為正式名單，而且著迷於心理衡鑑的研究。許多年後，他寫了你正在閱讀的這本書。

能夠做些什麼，而不是拿測驗結果跟他人的表現水準進行比較。基於這個原因，我們對標準參照測驗提供個別的討論。

標準化程序（standardized procedure）是任何心理測驗的基本特性。當一份測驗的施行程序在不同施測者間和在不同環境間都始終如一時，這份測驗才被認為是「標準化」的。當然，標準化在某種程度上取決於施測者的勝任能力。即使是最優異的測驗，也可能因為施測者的疏忽大意、不良訓練或認識不足而變得一無是處。然而，大部分施測者有良好勝任能力。因此，標準化大致上取決於「使用指南」的實施——這些指示典

型地會編寫在隨測驗附上的指導手冊中。

指示的明確陳述是測驗標準化的一個基本步驟。為了保證統一的施測程序，測驗編製者必須對所有受試者提供可資比較的刺激材料、具體說明針對每個分測驗或題目的指示語，以及建議施測者如何處理來自受試者廣泛範圍的詢問。

測驗編製者甚至可能進一步推薦施測者適宜的舉止態度，諸如當記錄受試者的反應時保持中性的臉部表情。這些似乎微妙的作用力可能重大影響施測程序的一致性。例如，施測者當登記答案時沾沾自喜地笑，這可能引致受試者焦慮起來，而在容易的作業上失誤。

心理測驗也是一種有限的行為樣本。不論受試者或施測者都沒有充足時間從事真正包羅廣泛的測驗，即使當該測驗是對準良好界定而明確的行為領域。因此，實際限制指明一份測驗只是行為的樣本。雖說如此，只要該行為樣本容許施測者推斷整個領域的相關行為，它就是我們感到興趣的。

另一個引人興趣的要點是，測驗題目不需要類似測驗所打算預測的行為。良好測驗的基本特徵是，它容許主試者預測另一些行為，儘管所測量行為完全不類似想要預測的行為。假使對於「我喝大量的水」這個問題答「是」的話，剛好有助於預測憂鬱，那麼這個似乎無關的問題就是憂鬱的有效指標。當然，大部分測驗是從它們希望預測的行為領域中直接抽樣（sampling）。

心理測驗也必須容許分數或類別的衍生。桑戴克（Thorndike, 1918）在他著名的主張中表達了測驗的基本原理，「無論是怎樣的存在，必然是以某種數量存在。」McCall（1939）更進一步聲明，「任何以數量存在的東西就可以被測量。」測驗致力於作為一種測量，就類似於物理科學中的程序，其中的數值代表一些抽象維度，諸如重量或溫度。每項測驗提供一種或多種分數，或提供證據，以說明當事人歸屬於哪個類別。簡言之，心理測驗以數值或分類總結當事人的表現。

心理計量觀點的隱含假設是，測驗是在測量個體在特質或特性上的差異。在大部分情況中，所有人們被認為擁有所打算測量的特質或特性，雖然所擁有的數量不一樣。測驗的目的就是估計某一個體所擁有該特質或特性的數量。

在這個背景中，有兩個注意事項值得一提。首先，每個測驗分數將總是反映某種程度的測量誤差。測驗的不準確性完全無法避免：測驗必須依賴外在的行為樣本，以便估計不可觀察及推斷的個人特性。心理計量學家通常以下列方程式表達這個基本觀點：

$$X = T + e$$

X是代表所觀察的分數，T是真正分數，e則是正值或負值的誤差成分。測驗編製者應該設法使得e值趨於最低。e值從來無法被完全排除，它在個別案例上的實際影響也無從得知。我們將在主題 3B「信度的概念」中討論測量誤差的概念。

第二個注意事項是，測驗消費者必須提醒自己不要把所測量的特性具體化。測驗結果並不代表具有物理實體的某一「事物」（thing）。典型地，它們描繪某一抽象觀念，該抽象觀念已被顯示在預測非測驗行為上具有用處。例如，在討論個人 IQ 方面，心理學家所指稱的抽象觀念不具有直接、實質的存在，但儘管如此，它在預測學業成就和另一些表現上具有用處。

心理測驗也必須擁有常模或標準。在解讀受試者的測驗分數方面，我們通常是拿它跟另一些人在同一測驗上取得的分數進行比較。為了這個目的，測驗編製者通常會提供常模。所謂常模（norms）是針對一大群具有代表性受試者的測驗結果進行摘要（Petersen, Kolen & Hoover, 1989）。常模組群被指稱為標準化樣本。

關於測驗的有效性，關鍵因素是標準化樣本（standardization sample）的挑選及測試。這個組群必須在該測驗將來適用對象的總體中具有代表性，否則我們將無法決定某一受試者的相對位置。在極端的情形中，當常模未被提供時，測驗結果幾乎毫無用處。這個觀點的一個例外發生在標準參照測驗的情況中，我們稍後將會討論。

常模不僅建立起平均表現，而且也被用來指出各種高低分數被取得的頻率。因此，常模容許施測者決定某一分數偏離預期的程度。這樣訊息可能在預測受試者的非測驗行為上非常重要。常模在測驗解讀上如此重要，我們稍後將會以個別章節作詳細的闡述。

最後，測驗不以自身為唯一目的。一般而言，測驗的最終目的是預測另一些行為，即那些不是該測驗直接抽樣的行為。因此，施測者可能較感興趣的是該測驗所預測的非測驗行為，而不是測驗反應本身。

測驗的進一步區分

先前所敘述測驗的主要特徵特別適用於常模參照測驗，它們構成了絕大多數通行的測驗。在常模參照測驗中，每個受試者的表現是參考相關的標準化樣本加以解讀。然而，這些特徵在標準參照測驗的特殊案例上就較不具關聯，因為這些工具不強調「拿個別受試者與某一參照團體進行比較」。在標準參照測驗中，它的目的是決定受試者關於非常嚴格界定的教育目標所站立的位置（Berk, 1984）。例如，一份針對 10 歲學童的算術測驗可能測量他們的二位數運算的準確程度。在不計時的 20 個這樣題目的一份測驗中，準確度應該幾近完美才對。對這類測驗而言，它實際上並不關心個別受試者相較於同一年齡其他人的情形。它關心的是受試者是否符合某一特有、預訂的標準——例如，95% 的準確率。因為沒有跟他人的常態表現進行比較，這類測量工具被妥切地命名為標準參照測驗。這裡的重要差別是，不像常模參照測驗，標準參照測驗可以被有意義地解讀，不用訴諸常模。

另一個重要區分是關於測驗與衡鑑之間的差別，雖然這二者經常被視為同義。然而，它們實際指涉不完全一樣的事情。衡鑑（assessment，或稱評鑑）是一個較為涵義廣闊的用語，指稱的是「蒐集關於當事人的訊息，然後利用它推斷當事人的特性以及預測當事人行為」的整個過程。「衡鑑」可以被界定為鑑定或評估當事人身上一種或多種屬性的強度。人類特性的衡鑑涉及觀察、訪談、檢核表、問卷、量表、投射技術及另一些心理測驗。總言之，測驗所代表的只是衡鑑過程中使用的一種訊息來源。在衡鑑中，主試者必須對照及整合得自不同來源的資料。這是一種本質上主觀的歷程，需要主試者整頓有所牴觸的訊息，然後根據錯綜的整體資料從事預測。

四 測驗的類型

測驗可被概略劃分為兩個陣營：團體測驗 vs. 個別測驗。團體測驗（group tests）大致上是屬於紙筆測量方式，適合於同一時間施測一大群人們。個別測驗（individual tests）這種工具在設計和目的上必然是一對一施加的。個別測驗的重大優勢之一是施測者可以評估受試者的動機水平，以及評定其他因素（例如，衝動性或焦慮）跟測驗結果的關聯性。

為了方便起見，我們將把測驗劃分為如表 1-1 所描述的八個分類。每個分類包含了常模參照測驗、標準參照測驗、個別測驗及團體測驗。讀者需要注意，任何測驗的類型

表 1-1　心理測驗的主要類型

1. 智力測驗：測量個人在相對上總括領域上的能力，諸如語文理解、知覺組織或推理等，因此有助於決定個人在學業或若干職業上的潛力。
2. 性向測驗：測量個人在相對上特定作業或特定類型技巧上的能力；基本上，性向測驗是一種狹窄形式的能力測驗。
3. 成就測驗：測量個人在某一學科或作業上的學習程度、成績或成就。
4. 創造力測驗：評估個人從事新奇、原創的思考的能力，以及個人找出不尋常或意想不到的解決方法的能力，特別是針對模糊界定的問題。
5. 人格測驗：測量一些特質、特性或行為，以決定當事人的個性；這樣的測驗包括檢核表、量表及投射技術。
6. 興趣量表：測量個人對若干活動或主題的偏好，因此有助於決定職業選擇。
7. 行為程序：客觀上描述及計算某一行為的頻率；檢定該行為的前因後果。
8. 神經心理測驗：測量個人的認知、感覺、知覺及運動表現，以決定腦傷的範圍、位置及行為後果。

論（typology）完全是武斷的決定。

就狹義而言，我們擁有數以百計（或許千計）不同性質的測驗，每種試圖測量當事人稍微不同的層面。例如，即使是兩份智力測驗，它們可以被論證是不同類型的測量。一份測驗可能揭露的假設是「智力是一種生物構念，最好透過腦波加以測量」，至於另一份可能植根於傳統觀點，即「智力是在學習社會化技巧的能力上展現出來，諸如詞彙能力」。假使你把這二種測量混合在「智力測驗」的分類下，這肯定是過度簡化的觀點，但仍然是有益的起點。

智力測驗（intelligence tests）原先是設計來抽取各式各樣技能的樣本，以便評估當事人的綜合智力水準。例如，比西量表（Binet-Simon scales）之所以頗具成效，部分地是因為它們納入異質的（heterogeneous）作業，包括詞彙定義、圖案記憶、理解問題及空間－視覺作業等。

現代智力測驗也效法這個歷史上建立的模式，它們設法從我們文化視為重要的廣泛各種技能中抽取樣本。一般而言，「智力測驗」的術語指稱的是「一份測驗根據得自某一異質題目樣本的結果而產生一個總括分數」。當然，這樣的測驗也可能提供分測驗（subtest）分數的側面圖（profile），但通常是總分數最引起大家的關注。

性向測驗（aptitude）測量一種或多種清楚界定且相對上同質的（homogeneous）部分能力。這樣測驗演化為兩種變化型式：單一性向測驗和成套多重性向測驗。單一性向測驗很明顯只評價一種能力，至於成套多重性向測驗則針對若干性向提供分數的剖析圖。

性向測驗經常被用來預測個人在職業、訓練課程或教育努力上的成敗。例如，「Seashore 音樂天份測驗」（Seashore, 1938）涉及一系列測試，包含音高、響度、韻律、節拍、音質及聲調記憶等，它可被用來鑑定在音樂上擁有潛在天份的兒童。各種專門化的性向測驗也已被開發出來，以供評估文書技巧、機械能力、腕手靈巧度及藝術能力等。

最普遍使用的性向測驗是被用來決定大學入學。目前在美國已有 90% 的大學或獨立學院採用 SAT（Scholastic Assessment Test ——學術評估測驗；原先稱為 Scholastic Aptitude Test ——學術性向測驗）甄選學生，每年有數以百萬計高中生接受該測驗。SAT 多年來已成為美國甄選大學生及預測大學成績的主要工具。

成就測驗（achievement tests）測量個人在某一學科或作業上的學習程度、成績或成就。大部分成就測驗的暗含假設是，學校已直接教導該學科的內容。因此，該測驗的目的是決定該學科的題材已被吸收或掌握多少。成就測驗通常具有幾個分測驗，諸如閱讀、數學、語言、科學及社會研究等。

性向測驗與成就測驗之間的劃分較是用途方面的事情，而不是內容（Gregory, 1994a）。事實上，只要是有助於預測未來表現，任何測驗可以是性向測驗。同樣的，只要是反映了受試者已學得多少，任何測驗可以是成就測驗。因此，實際上，這兩種工具之間的區別是由它們各自的用途所決定。有時候，一種工具可以供給兩種目的，即充當性向測驗以預測未來表現，也可充當成就測驗以評估過去學習。

創造力測驗（creativity tests）評估受試者提出新的觀念、見識或藝術創作的能力，但它們必須被視為具有社會、審美或科學的價值。因此，創造力測驗強調在解決曖昧不明問題上的新奇性和獨創性（創意），或強調藝術作品的創作。圖 1-1 列舉了對一個問題的創造性應答。

創造力測驗具有富於變化的歷史。在 1960 年代，它們被視為智力測驗的另一種替代方案而大加吹捧，廣泛在美國學校體系中被派上用場。特別使人銘記於心的是，教育學者指出，創造力測驗需要發散思維（divergent thinking），即對於複雜或模糊的問題提出多樣化的答案。對照之下，收斂思維（convergent thinking，或稱輻合思維）是指對定義良好問題找出單一的正確解答。然而，有些心理計量學家表示懷疑，他們認為「創造力」僅是實用智力的另一個標籤（如 McNemar, 1964）。

人格測驗（personality tests）測量一些特質、特性或行為，以決定當事人的個性（individuality）；這方面的訊息有助於預測未來行為。這些測驗演化為幾個變化形式，包括檢核表、量表及投射技術（如語句完成測驗和墨漬測驗）——參考表 1-2。

興趣量表（interest inventories）測量個人對若干活動或主題的偏好，因此有助於職業選擇。這些測驗建立在一個直率假設上，即興趣樣式決定工作滿足，也因此預測工作

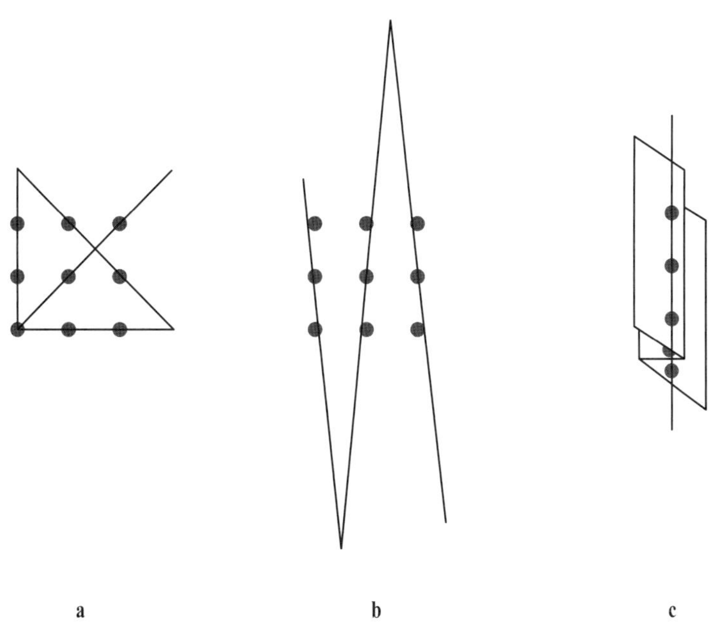

筆不離紙，以最少直線貫串所有 9 個點。尋常解答如 a 所顯示。有創意的解答如 b 和 c 所描繪。

圖 1-1　9 點連線問題的解答——作為創造力的樣例

表 1-2　人格測驗題目的樣例

(a) 形容詞檢核表

檢核適合描述你的語詞

(　) 輕鬆的	(　) 果斷的
(　) 體貼的	(　) 好奇的
(　) 愉快的	(　) 心平氣和的
(　) 急躁的	(　) 多疑的
(　) 悶悶不樂的	(　) 衝動的
(　) 樂觀的	(　) 憂慮的

(b) 是－否量表

就每個陳述是否適用你，圈選「是」或「否」

是　否　我喜歡運動雜誌。
是　否　大部分人將會說謊以求得工作。
是　否　我喜歡大型舞會，因為這樣又喧鬧又好玩。
是　否　有時候，怪異的想法會占據我好幾個小時。
是　否　我經常為自己生活中錯失的機會感到懊悔。
是　否　有時候，我完全沒有理由就憂慮起來。
是　否　我喜歡我遇見的每一個人。
是　否　我在入眠方面很少發生麻煩。

(c) 語句完成投射測驗

以你第一個浮現心頭的想法，填寫每個語句：

每當＿＿＿＿＿＿＿＿＿＿，我就感到煩透了。
我最迫切想做的是＿＿＿＿＿＿＿＿＿＿＿＿＿＿＿＿＿＿＿＿。
我喜歡的人們是＿＿＿＿＿＿＿＿＿＿＿＿＿＿＿＿＿＿＿＿。
我的母親是＿＿＿＿＿＿＿＿＿＿＿＿＿＿＿＿＿＿＿＿＿＿。

滿足。例如，假使某一受試者跟成功而滿意的會計師們擁有相同的興趣，那麼他被認為也將較可能享受會計師的工作。

許多種類的行為程序（behavioral procedures）已被供應以評估行為的前因及後果，包括檢核表、評定量表、晤談及結構式觀察。這些方法具有的一個共同假設是，行為最好從一些清楚界定的特徵加以理解，諸如出現頻率、持續期間、前因及後果等。行為程序傾向於是高度務實的，因為它們通常與處置方式交織在一起。

神經心理測驗（neuropsychological tests）是用以評估已知或被懷疑有腦部功能障礙的當事人。神經心理學（neuropsychology）就是在探討大腦與行為之間關係。多年以來，神經心理學家已發現，若干測試和程序對於腦傷的效應極為敏感。神經心理學家利用這些專門化的測試和程序以推斷腦傷的位置、範圍及後果。

雖然神經心理測試和程序有助於獲致神經學診斷，它們的主要目的是評估神經受損病人的感覺、運動、認知及行為的優勢及弱處。這方面評估相當重要，特別是有助於為復原情形提供佐證、確認退化性疾病的衰退程度，以及為特定失能規劃有效的矯正措施。完整的神經心理評鑑是在一對一的情境下施測，通常需要 3 到 8 個小時以施行廣泛的成套測驗。施測者必須經歷廣博的深入訓練，以便從所導致的大量測驗資料中理解意義。

五 測驗的用途

迄今為止，大部分被普遍使用的心理測驗是為了從事關於當事人的決定。例如，教育機構經常利用測驗以決定學生的班級安置；大學委員會也是部分地根據測驗分數以決定是否核准入學申請。即使個別開業人員也利用測驗從事決定。例如，諮詢心理學家使用人格測驗以決定警察單位應該僱用哪位應徵者；神經心理學家採用測驗以斷定某一案主是否蒙受腦傷。

但是，「單純的決定」不是心理測驗的唯一功能。為了方便起見，我們把測驗劃分為五種用途：

- 分類。
- 診斷與治療規劃。
- 自我認識。
- 方案評估。
- 研究。

這些用途經常重疊，有時候甚至不容易區別開來。例如，一份測驗有助於決定精神疾病診斷，它可能也提供了某種自我認識。我們以下較詳盡檢視這些用途。

「分類」（classification）的用語涉及多種程序，它們共同的目的是「指派當事人到某一類別或範疇中」。當然，這樣的指派本身不是目的，而是作為某種差別對待的基礎。因此，分類可能有重要影響，諸如核准是否進入特定大學，或決定當事人是否適合受僱某一工作。分類有許多變化形式，每種在指派當事人到不同範疇上強調特定的目的。我們將劃分為安置、篩選、認證及甄試。

安置（placement）是把人們編入相稱於他們需求或技能的不同方案中。例如，大學經常採用數學安置考試以決定學生是否應該被編入微積分、代數或補救的班級。

篩選（screening）是指採用一些快速而簡易的測驗或程序，以檢定出可能擁有特殊特質或需求的人們。一般而言，心理計量學家承認篩選測驗將會造成許多不當分類。因此，施測者被建議，在根據篩選測驗做出重要決定之前，最好先以另外工具施行追蹤測試。例如，為了檢定出在空間思維上擁有極優異天份的兒童，心理學家可能先對全校的每位兒童施行 10 分鐘的紙筆測驗（paper-and-pencil test）。然後，那些得分在前 10% 的學生可能被挑出，以施行更為包羅廣泛的測試。

認證（certification）和甄試（selection）二者具有及格／不及格的特性。通過認證考試將被授予一些特殊權利，像是執業或駕駛汽車的權利。因此，認證通常表示當事人在一些學科或活動上擁有至少最起碼的專業。甄試就類似於認證，因為它也授予當事人特殊權利，像是進入大學或獲得僱用的機會。

心理測驗的另一個用途是作為「診斷與治療規劃」。診斷（diagnosis）涉及兩個交織在一起的任務，一是決定當事人變態行為的本質及來源，另一是把該行為組型（behavior pattern）分類在某一被核定的診斷系統中。診斷通常是個人苦惱或受損表現之矯正或治療的先驅。

心理測驗通常在診斷與治療規劃上扮演重要角色。例如，智力測驗在智能不足（mental retardation）的診斷上是絕對必要的。人格測驗在診斷情緒障礙（emotional disturbance）的本質和範圍上很有助益。事實上，有些測驗（如 MMPI）在設計上的直接目的就是為了增進精神疾病診斷的效能。

診斷不應該僅是在於分類，也不只是為了指定標籤。適宜的診斷是在傳達訊息——關於當事人的優勢、弱處、病原，以及矯正／治療的最佳選擇。

心理測驗也具有提供自我認識（self-knowledge）的重要功能。在某些情況下，當事人所接收來自心理測驗的回饋可能改變他的職業路線，或者改變他的生活進展。

心理測驗的另一種用途是對教育和社會方案施行系統化的評估（evaluation）。社會方案是設計來提供一些服務，以改善社會處境和社區生活。例如，啟智方案（Project Head Start，也稱先行一步方案）是指 1965 年美國國會通過的改善貧困兒童學前教育環境的方案，這項獎助計畫是為 2 到 5 歲生活條件較差的學齡前兒童提供教育、醫療及營養等方面的協助，以促進他們身心發展，使他們在入學時能夠跟其他兒童齊頭並進，受惠的學前兒童達到好幾百萬人（Cicerelli, 1969; McKey et al., 1985）。

但是，這項花費龐大的啟智方案究竟為兒童早期發展帶來怎樣影響？美國國會想要知道，該方案是否改善了貧困兒童的學業表現？是否降低了他們入學後的不及格率？心理測驗為回答這些問題提供了客觀基礎，這不是憑個人見聞或道聽途說的報導所能比擬。一般而言，啟智方案的兒童在 IQ、入學準備度及學業成就上顯現立即的效益，但是這些效益在接下來幾年中就消散了（參考圖 1-2）。

迄今為止，我們討論了心理測驗在日常問題上的實際用途，諸如工作甄試、診斷或方案評估。在每個案例上，測驗具有立即而實用的目的：協助施測者從事關於當事人或方案的決定。但是，測驗也在行為研究（research）的應用和理論層面上扮演重要角色。

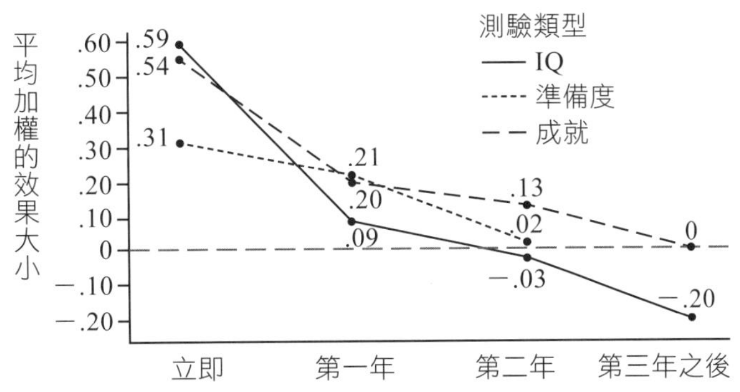

圖 1-2　啟智方案的縱貫測驗結果

資料來源：McKey, R. H., and others. (1985).

作為測驗在應用研究上的一個實例，考慮神經心理學家所面對的一個問題，他們想要檢驗「低量的鉛感染導致兒童的行為缺失」的假設。在探討這個假設上，唯一可行的方式是以一套心理測驗施行於正常兒童與鉛感染兒童。Needleman 及其同事們（1979）採用一系列傳統測驗和創新測驗，他們的結論是，低量鉛感染導致 IQ 的減低、反應時間的受損，以及不適宜教室行為的升高。這給予我們的啟發是，不論是研究學者或公共政策制訂者，他們的決策應該以「以測驗為依據的研究發現」為依歸。

六、影響測驗健全性的一些因素

心理測試是一種動態過程，受到許多因素的影響。雖然施測者努力確保測驗結果準確地反映所評估的特質或能力，許多外擾因素（extraneous factors）可能動搖了心理測試的結果。這裡，我們將檢視幾種影響力來源的潛在重大效應，像是施測的手法、施測者的特性、測試的背景，受試者的動機及經驗，以及評分的方法。

不正當的測驗結果不僅是源自一些明顯的來源，諸如公然的非標準化施測、懷有敵意的施測者、喧鬧的測試房間，或心懷畏懼的受試者。此外，還有甚多的微妙方式，使得施測者、方法、背景或動機難以捉摸地改變了測驗結果。我們以下對這些外擾影響力提供較為廣博的審視。

七、測驗施行的標準化程序

當測量是在標準化情況（如發行者的測驗手冊中所說明的）下取得時，對於心理測驗的解讀才最值得信賴。非標準化的測試程序可能改變測驗結果的意義，使得它們不具正當性，因此造成了誤導。標準化程序如此重要，它們在「美國心理學會」（APA）和另一些團體共同發表的參考手冊「教育與心理測試規範」（1985, 1999）中被列為有效測試的基本準則：

> 在典型的應用上，測驗施行者應該審慎地遵循標準化程序，一如測驗發行者所指定的施測及評分方式。不論是關於指示語的規格、時間限制、題目呈現或應答的形式，以及測驗材料或儀器，所有都應該被嚴格遵守。只有在謹慎考慮的專業判斷的基礎上——主要是在臨床用途上——才可能有例外情況。（AERA, APA, NCME, 1985）

假定對兒童施行智力測驗，詞彙部分的指示語具體指定施測者應該發問，「沙發（sofa）是什麼意思？什麼是沙發？」假使某一受試者回答，「我從沒聽過這個詞。」一位缺乏經驗的施測者可能試圖回應，「你知道的，躺椅（couch）——什麼是躺椅？」讀者可能認為這是一種無害形式的公平處理，一種對原先問題單純的重新措辭。然而，因為偏離了標準化程序，施測者實際上是提出不同的問題。在提問「沙發」（而不是「躺椅」）的定義上，關鍵點完全是在於「沙發」較難以界定；因此，它是高階詞彙技能的較良好指標。

儘管標準化施測程序在正規情形下是核心所在，但是在若干案例中，施測程序的變通性是合宜的，或甚至是必要的。如「APA 規範」中所指出的，這樣的偏離應該合理而審慎。

當受試者發生若干殘疾或失能時，施測的標準化程序特別有必要稍作調整。當受試者有言語障礙時，他們可能被容許對口頭呈現的問題寫下答案，或被容許對某些題目以手勢作答。例如，測驗題目可能發問，「球是什麼形狀？」這個問題是設計來探索受試者對常見形狀的認識，不是在檢查受試者是否能夠用言辭表達「圓形」。同樣的，手寫的「圓形」答案和以手勢作答（食指作環狀運動）也屬於正確答案。

然而，程序的調整究竟是適度的，抑或過於重大而使現行的常模已不再適用，這需要施測者擁有大量的臨床經驗以從事決定。這就是為什麼心理施測者在被容許施行及解讀個別的能力測驗或人格測驗之前，他們通常需要接受廣泛的督導經驗。

八、測驗施行的適宜程序

關於測驗施行的適宜程序，我們可以書寫一篇小型論文；但是我們在這裡滿足於只列舉一些基本重點。至於更細節部分，感興趣的讀者可以參考 Sattler（2001）關於個別測試的論述，以及參考 Clemans（1971）關於團體測試的論述。

個別測試的基本成分是，施測者在施測之前必須密切熟悉測驗材料和簡介說明。大致上，這涉及廣泛的預習，以及對不尋常情況和適宜反應的預期。對於良好準備的施測者而言，他們必須記住言辭指示的關鍵要素，而且準備好處理突發的狀況。

在著手評鑑工作上，一些新手往往假定，測試程序如此簡易而單純，只需很快地看完一遍測驗手冊，就算是為施測做好準備。雖然一些個別測驗極為基礎而簡易，但另一些則在施行上具有錯綜複雜的性質，假使不加留意的話，這可能造成受試者在一些題目上不必要地失敗。例如，Choi 和 Proctor（1994）發現 27 位研究生中有 25 位在施行「斯比測驗第四版」上犯下重大失誤，即使整個過程被拍攝下來，而研究生們也知道他們的施測技能正受到評估。對於施測細節的適當注意力是有效結果的基本條件。

(一) 對失能的靈敏性

有效測驗施行的另一個重要成分是對受試者失能的靈敏性（sensitivity to disabilities）。聽力、視力、言語或運動控制的缺損可能重大扭曲測驗結果。假使施測者未能認出造成不良測驗表現的身體失能，受試者可能被烙印為智力或情緒缺損，但事實上，根本問題是感官或運動的失能。

Vernon 和 Brown（1964）報告了一位女孩的悲劇性個案，她因為智能不足而被放逐到醫院，但真正原因是施測者未能察覺她的身體失能。施測者沒有注意到這位女孩有聽覺障礙，就貿然斷定她的斯比 IQ 29 分為有效的。她被留在醫院中長達 5 年，但後來被釋放了，因為她在以操作為基礎的智力測驗上被評為 IQ 113！在出院之後，她進入為聽覺障礙人士而設的學校，獲致良好進展。

當人們有殘疾或失能時，他們可能需要專門化的測驗以作有效的評鑑。第 7 章〈施測特殊人口〉中，我們將會對現行針對例外受試者的一些測驗作較詳盡的討論。

(二) 團體測試的適當程序

心理學家和教育學者一般假定，幾乎任何成年人能夠準確施行團體測驗——只要他手上有必備手冊的話。施行團體測驗看起來是一種簡易而單純的程序，即傳下表格和鉛筆、朗讀指示語、遵守時間，以及回收資料。但實際上，施行團體測驗需要的細緻和精密完全不下於施行個別測驗。

草率的施測和評分可能以許多方式損害團體測驗結果，這造成整個團體的偏差，或只是影響若干個體。我們接下來只敘述較為重要的不當之處及失誤。至於較為充分的討論，讀者請參考 Traxler（1951）和 Clemans（1971）的著作。

無疑地，關於團體測驗施行，最重大的單一失誤來源是在需要時間限制的測驗上不正確的計時。施測者必須為整個測試過程分配充足的時間，這需要預先的規劃。例如，在許多學校背景中，學童必須接續在預定時間上下一堂課，不論正在進行中的活動。缺乏經驗的施測者可能試圖縮減測驗預定的時限，以便配合學校的課程表。當然，縮減測驗的時間致使常模完全失效，且可能降低了該團體中大部分受試者的分數。

容許在某一測驗上受測太多時間也可能是同等重大失誤。例如，考慮在「Miller 類比測驗」（MAT）中獲得額外時間的影響；MAT 是一種高階推理測驗，許多大學一度要求學生申請研究所時附上這項成績。因為 MAT 是一種速度測驗，需要迅速的類比思維（analogical thinking），額外時間將使得大部分受試者能夠多加解決幾個題目。這種測試失誤將會降低「以 MAT 結果作為研究所表現的預測指標」的有效性。

團體測驗施行的第二個失誤來源是在對受試者的指令上缺乏清晰度。施測者必須緩慢地以清楚、宏亮的聲音念出指示語，以博得受試者的注意力。指示語（instructions）不可以被改述。在手冊容許的情況下，施測者必須停頓下來，然後對感到困惑的個別受試者澄清疑點。

關於團體測驗施行，第三個可能失誤來源是施測時物理條件的變異。施測者必須確保測試房間有良好的照明；假使必要的話，也應該有空氣調節器以控制溫度和濕度的極度變異。Clemans（1971）特別提到，測驗編製者很少深入指定關於照明、溫度及濕度的規格，這是因為他們（除了少數的例外）傾向於認為受試者應該忍受既存的條件。儘管如此，假使在過度昏暗、寒冷、燠熱或潮濕的房間中施測，受試者很明顯無法有最理想表現。有遠見的施測者應該關切受試者的處境，提供他們在舒適而照明良好的環境中接受測試。

書寫表面（桌面）的性質對有效的團體測試也可能相當重要，特別是對年幼的受試者而言。但 Traxler（1951）指出，即使在今日，各級學校在它們施行團體測驗的設施上有廣泛變異，這可能微妙影響學童們的表現。

噪音（noise）是另一個在團體測試中必須加以控制的因素。人們早已知道，噪音導致表現的下降，特別是對高度複雜的作業而言（如 Boggs & Simon, 1968）。令人訝異的是，很少有人探討噪音對心理測驗的影響。然而，幾乎肯定的是，強烈的噪音——特別是間歇而出其不意地出現——將會造成測驗分數實質地降低。

關於團體測驗的施行，第四個失誤來源是未能解釋受試者何時猜題，以及是否猜題。在施測過程中，主試者最常被問到的一個問題是，「假使我猜錯了，是否有任何罰則（扣分）？」在大部分情況中，測驗編製者預期這個議題，而且就猜題的好處及／或壞處提供受試者清楚的指南。施測者不應該就猜題給予補充的建議——這將會構成重大地偏離標準化程序。另一方面，大部分測驗編製者已根據既定的機率原理納入猜題校正（correction for guessing），這是對測驗得分中純粹靠機率猜測而答對題目獲得分數的一種校正措施，主要是用於多選項測驗（multiple-choice test）。

九、施測者的影響力

(一) 契合的重要性

測驗發行者鼓勵施測者建立契合（rapport，或稱融洽）關係——也就是一種舒適而溫暖的氛圍，有助於激發受試者的動機，以及誘發合作行為。啟動誠心誠意的測試環境是有效測試的一個關鍵層面。當施測者未能建立融洽的關係時，這可能引起受試者的焦慮反應、消極－攻擊的不合作行為，或公然的敵對行為。不融洽的關係可能會扭曲測驗結果，導致受試者的能力被低估，人格則被誤判。

契合在個別測試中極為重要，特別是當評鑑兒童時。Wechsler（1974）就曾指出，契合的建立對施測者的臨床技能施加重大要求：

> 施測者必須讓兒童感到輕鬆而舒適，維持興趣於手邊的作業，也要鼓勵兒童盡力表現。為了讓兒童在所處情境中放鬆下來，施測者可能先從事一些不拘形式、簡便的交談，然後才進入較嚴肅的施測程序。在打破沈默方面，跟兒童談談他的嗜好或興趣往往是一種良好方式，雖然更好的方法或許是鼓勵一位害羞的兒童談論環境中的一些具體事物——牆上的一幅圖畫、教室中的一隻動物，或施測房間中的一本書或一個玩具（但不是測驗材料）。一般而言，這個前奏曲不需要花超過 5 到 10 分鐘；直到兒童似乎已放鬆下來而能夠付出最大努力之際，測試就可以展開。

施測者可能在他們建立契合關係的能力上各有所異。冷淡的施測者很可能較無法取得他們受試者的合作，導致在能力測驗上偏低的表現，或是在人格測驗上有所偏差、防衛的結果。過度關心的施測者可能在相反方向造成失誤，即就正確答案提供受試者微妙的（有時候是明顯的）線索。這兩種極端情形都應該加以避免。

(二) 施測者的性別、經歷及種族

大量研究已試著決定，施測者的若干特性是否會引起受試者在能力測驗上的分數升高或下降。例如，施測者是男性抑或女性是否會造成差別？資深的老手抑或初試身手的新手？施測者跟受試者同一種族抑或不同種族？我們將忍住衝動，不打算審視這些研究（除了少數例外），這是基於一個簡單原因：研究結果往往自相矛盾，因此未能獲致明確結論。大部分研究都發現，施測者的性別、經歷及種族沒有造成太大（假使有任何的話）差別。再者，即使少數研究報告在一種方向上（例如，女性施測者引致較高的 IQ 分數）有重大影響，但隨即被另一些呈現相反動向的研究所反駁。

然而，假使你就因此斷定，施測者的性別、經歷或種族從不會影響測驗分數，這又是不明智的說法。在孤立的案例上，某一特定的施測者特性可能對受試者的測驗分數產生重大影響。例如，Terrell、Terrell 及 Taylor（1981）巧妙地證實，施測者的種族與黑人（非洲裔美國人）受試者的信任水平在 IQ 測試上發生強力的交互作用。這些研究人員首先檢定出對白人懷有或高或低不信任水平的專校黑人學生。每個組別中的半數然後由一位白人施測者施行「魏氏成人智力量表」（WAIS）；另半數則是由一位黑人施測者施行。這項研究發現，當高度不信任組別配以黑人施測者時，他們的得分顯著高於高度不信任組別卻配以白人施測者的黑人學生（平均 IQ 分別是 96 分 vs. 86 分）。此外，當低度不信任組別配以白人施測者時，他們的得分稍微高於低度不信任組別配以黑人施測者的黑人學生（平均 IQ 分別是 97 分 vs. 92 分）。總之，這項研究的結論是，當不信任的黑人學生是由白人加以測試時，他們的表現較差。但是，跟這種種族效應有關的資料仍不充分，這當然還有進一步研究的空間。

十、受試者的背景及動機

受試者不僅在施測者想要評鑑的特性上有所不同，而且也以其他額外及不相干的方式發生差異，這樣可能混淆了測驗結果。例如，因為測試焦慮，一位聰明的受試者可能在一份速度能力測驗上表現不良；一位心智健全的殺人犯可能試圖在一份人格量表上顯得精神失常，只是為了避免被起訴；一位普通能力的學生可能接受訓練以便在某一性向測驗上有較良好表現。有些受試者完全缺乏動機，他們不在乎自己在心理測驗上的表現是否良好。在所有這些案例上，因為若干受試者特性——諸如焦慮、詐病、訓練或文化背景——的過濾及扭曲效應，測驗結果可能是不準確的。

(一) 測試焦慮

測試焦慮（test anxiety）是指因為擔憂在某一測驗上可能失敗，所伴隨的那些現象、生理及行為的反應。無疑地，受試者承受各種不同水平的測試焦慮，從預期將被測試時悠閒的態度以迄於極為恐懼而無法勝任。

好幾份「是－否問卷」已被編製以評估測試焦慮上的個別差異（如 Sarason, 1980; Morris, Davis & Hutchings, 1981）。再者，廣泛研究已證實一般的見識，即測試焦慮與學業成績、性向測驗分數及智力量數之間呈現負相關（Naveh-Benjamin, McKeachie & Lin, 1987; McKeachie, 1984）。然而，對這些相關發現的解讀不是那麼單純而直接。一種可能性是，學生發展出測試焦慮乃是因為過去在測驗或考試上表現不良。這也就是說，表現的降低可能居先於測試焦慮，因此引起測試焦慮。在支持這個觀點方面，Paulman 和 Kennelly（1984）發現，無關於他們的焦慮，許多測試－焦慮的學生在學業背景中也展現缺乏效能的考試行為。這樣的學生將會在測試上表現差勁，不論他們是否焦慮不安。再者，Naveh-Benjamin 諸人（1987）斷定，有很大比例的測試焦慮大專生持有不良的讀書習慣，而這使他們傾向於有不良測驗表現。這些受試者的測試焦慮部分地是他們長期以來對平庸的測驗結果的挫折感的副產品。

另一路線的研究指出，測試焦慮對於測驗表現具有直接的損害效應。這也就是說，測試焦慮可能在連接與不良測驗表現的等式上既是「因」，也是「果」。考慮 Sarason（1961）關於這個主題的試探性研究，他在中性或焦慮－誘發的指示語之下測試高焦慮及低焦慮的受試者。受試者是一些專校學生，他們被要求記住一些低意義性的二音節單詞——一種困難的作業。半數受試者在中性指示語下執行作業，即他們僅被告知記住該份列表。其餘受試者除了被告知記住列表外，還被告知該作業是一份智力測驗。他們被鼓勵儘可能力求表現。研究結果顯示，當指示語是中性而不具威脅性時，這兩組在表現上沒有顯著差異。然而，當指示語誘發焦慮時，高焦慮受試者的表現水平明顯降低下來，使得他們處於重大不利的狀態——相較於低焦慮受試者。這表示當測試－焦慮受試者察覺該情境為一場考試時，他們在表現上顯現重大減損。對照之下，低焦慮受試者相對上較不受這樣對該情境簡單的再定義的影響。

當測驗有狹窄的時間限制時，這為有高水平測試－焦慮的當事人提出了額外的困擾。時間壓力似乎惡化了人身威脅的程度，導致測試－焦慮當事人在表現上顯著降低。

(二) 欺瞞的動機

假使受試者基於一些原因以不適切或不具代表性的方式表現時，測驗結果將會是不準確的。公然造假的測驗結果極為少見，但它確實發生過。少數人試圖獲取社會津貼或補助，他們會在人格測驗或能力測驗上有意造假，讓自己表現差勁。有時候，當事人預期自己將會因犯罪被起訴，他們就在人格測驗上偽造精神疾病。考慮這樣的案例：一位案主在他治療師的命令下接受人格測驗。治療師想要準確評鑑案主似乎輕度的憂鬱症。但結果是模稜兩可的，指出或者是嚴重的心理障礙，或者是有意試圖誇大症狀。兩個星期後，治療師無意中發現，案主即將被控訴對兒童性猥褻。顯然，他先前是偽造測驗結果——因為預期自己很快就會被正式提出訴訟。他計畫透過宣稱精神疾病來為自己抗辯，以便爭取為自己的行為減輕刑罰。

在大部分情況下，受過良好訓練的心理計量人員能夠偵察有意的欺瞞及做假，這是透過發問兩個問題：(1) 案主是否有在該測驗上不誠實表現的動機？ (2) 根據所知關於案主的其他資訊，測驗結果的整體型態是否令人懷疑？假使針對這兩個問題的答案為「是」，那麼施測者被建議應該對測驗結果持懷疑的態度。

主題 1B

心理測驗的倫理及社會意涵

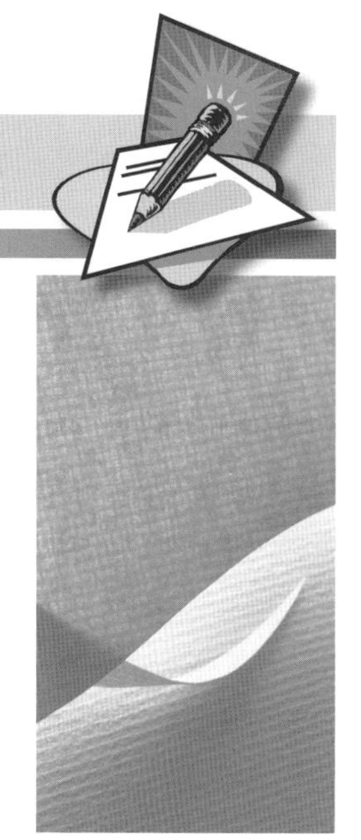

一、專業測試準則的理論基礎
二、測驗發行者的責任
三、測驗使用者的責任
四、文化與語言方面少數族群的測試
五、再訪：負責的測驗使用

這本書的綜合主題是：心理測試是現代社會中一股有助益的影響力。當合乎倫理而負責地加以使用時，測驗為達成關於個體及團體明智的推斷提供了基礎。畢竟，這門事業的目標是促進適宜的引導、有效的處置、準確的評估及公平的決策——不論是在一對一的臨床檢驗中，或是在各式機構的團體鑑定中。我們如何能抱怨這些目標？

謝天謝地，測驗通常在心理學家、教育學者及行政人員等手中以合乎倫理及負責的方式被使用。但是，凡事總有例外。幾乎每個人都曾聽過一些可怕的軼聞：少數種族的學童被隨便地貼上「智能不足」的標籤——只以單一 IQ 分數作為基礎；專校學生被難以置信地診斷為精神分裂症——只根據某一投射測驗的結果；根據某一不適切或不相干的測量，工作應徵者被錯誤地排除於就業的門外；熱切的教師故弄玄虛的事先洩題，造成有些人在一次能力測驗上獲得不公平的優勢；或是少數族群兒童在測試中陷於不利處境，因為英語不是他的母語。這些例外情形說明了倫理和專業準則在測試上的必要性。

這個主題的主要目的是為讀者引介一些倫理及專業的準則，它們為心理測驗的實施賦予活力。我們也將探討另一相關主題，即在鑑定文化及語言上少數族群方面的一些特殊考量。

一 專業測試準則的理論基礎

測驗以負責的方式被普遍使用，但是如先前提過，總是有例外情形。在少見的案例中，測驗不能信賴並非出自偶然，乃是有意造成的。考慮刊登在通俗心理學雜誌上一則關於「測心術」的廣告（它的內容令人相當驚愕）：

> 你能閱讀任何人的心理嗎？只要擁有「測心術」（一套測驗工具），你就能夠做到。在僅幾分鐘之內，你可以擁有任何人科學上準確的人格剖析圖。這個新的「專家系統軟體」讓你發現大部分人害怕告訴你的事情，包括他們的長處、短處及興趣等。

在這個案例中，它的不負責任性及不能信賴性是如此露骨，關於倫理及專業準則的討論幾乎是多餘而不必要的。

然而，測驗實施不一定是以截然對比的色調（即負責或不負責）呈現。稱職的評鑑面對的真正挑戰是決定倫理與專業實踐的界限。照例，不盡合乎一般標準的案例促使我們停下來想一想。讀者不妨閱讀一下個案提示 1-2 中描述的一些進退兩難的處境。

心理測試的困境不一定有簡單、明顯的答案。即使是思慮周到而經驗豐富的心理學家也可能就「在既定案例上何謂倫理或專業」持不同意見。儘管如此，倫理與專業實施的範圍（涵蓋面）不是一件個別品味或個人判斷的事情。負責的測驗使用是由專業協會所發表之書面（成文）準則加以界定，這些協會如「美國心理學會」（APA）、「美國諮商協會」（ACA）、「美國全國學校心理學家協會」（NASP）及另一些團體。不論他們是否知道，所有從業人員都需要效忠這些準則，我們在接下來章節將會加以審視。

一般而言，專業與倫理準則的演進幾乎毫無例外是約束性的，提供漸進狹窄的界限──關於心理測驗何處、何時及如何被派上用場。部分是為了回應現代社會法定化的風氣，各種牽涉心理測試的機關組織已訂定各式各樣指導方針。它們集合地界定了跟評鑑的實施有關的倫理與專業準則。

個案提示
1-2

測試上的倫理與專業的困境

1. 一位諮詢心理學家同意執行就業前的篩選，以便從警察應考者中剔除有心理病態嫌疑的人選。在每次諮詢開始之時，心理學家會要求應考者閱讀及簽署一份詳細載明的同意書，上面公開而誠實地描述了評估過程。然而，該同意書講明，關於測驗結果的特定回饋將不會供給應考者。問題：心理學家拒絕提供應考者這樣的回饋，這種做法合乎倫理嗎？

2. 一位稱職的諮商師曾在 MMPI 的判讀上接受廣延的訓練，他繼續採用這套工具，即使它已被 MMPI-2 汰舊換新。他的理念很簡單，有既存的龐大研究是針對 MMPI，而他對於高低起伏的 MMPI 測驗剖析圖的意義感到有信心；另一方面，他對於 MMPI-2 所知有限。他打算在尚未決定的未來更換為 MMPI-2，但是發現沒有足夠的說服力馬上就這麼做。問題：諮商師拒絕採用 MMPI-2，這是否違背專業準則？

3. 一位諮詢心理學家被要求評估一位 9 歲大的波多黎各男孩，這位男孩因為可能的學習障礙而留級。該兒童的主要語言是西班牙語，他的第二語言才是英語。該心理學家打算採用「魏氏兒童智力量表第三版」（WISC-III）及另一些測驗。因為他幾乎不懂得西班牙語，他要求該兒童放學後的臨時保姆充任翻譯人員——當需要傳達關於測驗指示、特定問題或兒童應答的內容時。問題：當施行像是 WISC-III 的個別測驗時，使用翻譯人員是否為適當的措施？

4. 在接受關於學習障礙之成套測驗的過程中，一位心煩意亂的 20 歲女性專科學生對心理師吐露一件駭人的秘密。這位案主才剛發現，她 25 歲的哥哥（三個月前過世）絕大可能是一位戀童癖者。她對心理師展示一些裸體幼童在她哥哥臥房擺出各種姿態的照片。使得事情更為複雜的是，該兄長跟他母親居住在一起，而這位母親仍然不知道他周全隱匿的性偏差行為。問題：該心理師是否有義務對執法機關報告這個案件？

二、測驗發行者的責任

發行者的責任是關於他們測驗的出版、行銷及流通。特別是，發行者被期待將會推出高品質的測驗、以負責的手法行銷他們的產品，以及限定測驗只在擁有適當資格的人士手中流通。我們依序考慮這每一個要點。

(一) 發行和行銷的議題

關於新版或修訂版工具的發行及出版，最重要的準則是防備某一測驗草率推出。測驗是一項崇高的工作企劃，但它也是大規模的商業，受到利潤誘因的驅動，而這為朝向提早推出新版或修訂題材提供了固有的壓力。或許這就是為什麼「美國心理學會」及其他組織已發表跟測驗出版有關的一些規範（AERA/APA/NCME, 1985, 1999）。這些規範特別是針對典型伴隨某一測驗的技術手冊和使用者指南。這些原始資料必須被完備提供，以便有資格的使用者或審查人員能夠評估該測驗的合宜性及技術適當性。這表示手冊和指南將需要報告詳細的統計資料，特別是關於信度分析、效度研究、常模樣本及另一些技術層面。

關於以負責的手法行銷測驗，這不僅指稱廣告宣傳（應該準確而莊重），也是指稱資訊在手冊及指南中被描寫的方式。特別是，測驗編製者應該致力於對他們工具作平衡的呈現，避免只對資訊作單方面的呈現。例如，假使一些初步研究反映某一測驗評價不高，這些應該在手冊上被給予適當的關注——隨同正面的研究發現。同樣的，假使某一測驗可被預期將會有可能的誤用或不當使用，測驗編製者也需要討論這件事情。

(二) 測驗購買者的資格

測驗發行者考慮到自己寬廣的責任，因此只有合乎資格的使用者才能夠購買他們的產品。關於測驗的限定使用，其原因包括傷害的潛在性，假使測驗落入不對之人的手中（例如，一位心理系的大學部學生對他朋友們施行 MMPI-2，然後對結果提出一些駭人的宣稱）。另一個明顯事實是，假使受試者已預先觀看過測驗，許多測驗將不再有效（例如，一位會計系學生記住證照考試的正確答案）。

這些實例說明了心理測驗的接觸需要被限定。但是對誰加以限定呢？這個答案視所考慮特定測驗的複雜程度而定。「美國心理學會」在 1953 年提出一些準則，它們在今日依然適用，即使不是被所有發行者所實施。APA 提議，測驗落入三種等級的複雜程度，它們需要來自施測者不同程度的專門技術。

A 等級：這些工具是單純的紙筆測驗，可以由僅受過最起碼訓練的人員加以實施、評分及解讀。在手冊的協助之下，這些測驗可以由一些負責的非心理學家加以使用，諸如企業主管人員或教育行政人員。這一範疇包括職業技能測驗和團體教育成就測驗。

B 等級：這些測驗需要擁有關於測驗編製及使用的技術性知識，也需要擁有統計學和心理學方面的訓練。它們只供應給在測驗上已完成高級課程的人士，或是在合格心理學家的指導下擁有同等訓練的人士。這一範疇包括適用於正常人口的性向測驗和人格量表。

C 等級：這些測驗需要對心理測試和各種相關學科擁有實質的理解。為了適當地施行、評分及解讀這些工具，施測者必須具指導經驗和實習訓練。典型地，C 等級只供應給在心理學或相關領域擁有最起碼碩士學位的人士。這些工具包括個別智力測驗、投射人格測驗及成套神經心理測驗（APA, 1953）。

一般而言，測驗發行者透過要求購買者擁有必要的證件或執照以試圖剔除不適當的請求書。例如，「Psychological Corporation」是美國測驗題材的主要供應商之一，它要求有希望的消費者填寫登記表，詳細載明他們在測驗上所受的訓練及經歷。當購買者在心理學方面不具備高學位時，他們必須列出自己在測驗的實施及解讀上和在統計學上所選修的各種課程。最好也附上證明書或推薦信。

大部分測驗發行者也會具體指明，不論是個人或團體，當他們是以郵寄方式提供測試及諮商時，他們不被允許購買測驗。另一方面，倫理準則現在也不容許從業人員讓案主帶測驗回家自己施測。直到近些年前，這在一些冗長的人格測驗上是偶爾的措施，諸如 MMPI。

測驗使用者的責任

長期以來，心理學同業已提出、澄清及銳化一系列透徹而深慮的準則，以便為個別從業人員提供行動指南。除了倫理原則，幾個測驗機構也發表了實施指導方針，以便為「負責的測驗使用」界定涵蓋範圍。

但因為它們的專對性，我們對相關的倫理與專業準則作詳盡的分析已踰越本書的篇幅。我們以下只作綜合闡述，關於如何負責地實施心理測驗和臨床心理衡鑑。這些原則適用於心理學家、心理系學生及另一些在心理學家的監督下從事的心理工作人員。適當堅持這些原則將有助排除對測驗的大部分（但不是全部）法律質疑。

(一) 案主的最佳利益

幾個倫理原則認定，所有心理服務（包括衡鑑）都是在專業關係的背景中提供。因此，心理學家被要求接受隱含在這份關係中的責任。一般而言，從業人員受到一個最優先問題的引領：什麼是基於案主的最佳利益？這個指導方針的功能含意是，衡鑑應該對於該個別受測者具有建設性的目的。假使它無助於這樣功能，從業人員或許就違背了一項或多項特定的倫理準則。例如，在「規範手冊」（AERA, APA, NCME, 1999）的準則 11.15 中，它警告施測者避免採取一些具有非故意負面後果的舉動。假使造成案主把不受支持的多餘意義加諸於測驗結果上，這將不是基於案主的最佳利益，因此就構成了不道德的測驗實施。事實上，當面對若干易於憂慮及自我懷疑的案主時，心理學家可能選擇不使用特定的測驗，因為這些案主幾乎肯定會對任何測驗發現從事自我破壞的錯誤解讀。

(二) 保密性和警告的責任

心理工作人員的首要義務是保障資料的機密性，即他們在諮詢過程中從案主身上取得的資料，包括測驗結果（Principle 5; APA, 1992a）。只有當案主或法定代理人給予明確的同意後（通常是以書面的格式），這樣的資料才可以被合乎倫理地釋出給他人。但保密性（confidentiality）的一項例外是，在若干不尋常的情況中，假使壓住或保留資料，將會為案主或其他人士帶來清楚的危險。例如，美國大部分州已通過法律，命令健康照護從業人員，當遇到有對幼童和老年人涉嫌虐待的案例時，他們必須報告權責單位。在美國的大部分州中，當心理工作人員在測試過程中得悉案主曾身體上或性方面虐待某一兒童時，他們有義務對執法機關報告該資料。

心理工作人員也有「警告的責任」（duty to warn），這是起源於 1976 年在「Tarasoff 案例」上的裁決（Wrightsman, Nietzel, Fortune & Greene, 2002）。Tanya Tarasoff 是加州的一位女大學生，她被來自印度的一位男學生 Prosenjit Poddar 所殺害。使得這個案件跟心理實施產生關聯的是，Poddar 在學校的諮商中心曾對他的治療師表示，他打算殺掉 Tarasoff。雖然該治療師曾通知駐校的警察，關於 Poddar 對 Tarasoff 做出死亡威脅，但他並沒有警告 Tarasoff。兩個月之後，Poddar 在 Tarasoff 家中把她刺殺身亡。Tarasoff 的父母提出控訴，而加州最高法院後來同意，治療師們有責任採取「合理的關照」以保護可能的受害人免於受到他們案主的侵害。雖然 Tarasoff 裁定已在許多州被立法機關做部分修改，但該判例的推動力仍然延續：臨床人員必須對相關人士傳達任何重大恐嚇及威脅，包括對可能受害人、執法機關，或上述兩者。

最後，臨床人員在決定是否釋出資料上應該考慮案主的福利，特別是當案主還未成年而不能提出自願、被告知的同意時。當適宜之時，心理工作人員被建議應該告知他們案主關於保密性的法律界限。

(三) 測驗使用者的專門技術

另一些準則指出，測驗使用者就適當應用測驗上必須接受最終責任。從實務的觀點而言，這表示測驗使用者必須在評鑑和測量理論上受過良好訓練。使用者必須擁有評估心理測驗所必要的專門知識，特別是關於適當的標準化、信度、效度、解讀準確性及另一些心理計量的特性。這個方針在一些領域特別具有重要性，諸如工作甄選、特殊教育、殘疾人士的測試，或在另一些可能造成重大衝擊的情境中。

假使心理工作人員在他們選定的工具上受到的訓練不精良，他們可能在測驗解讀上發生重大失誤而傷害了受測者。再者，不當測驗使用可能使施測者面臨專業制裁和民事訴訟。在缺乏經驗的測驗使用者之中，常見的失誤是對人格測驗結果作過於熱心或不切實際的判讀。

當測驗評分和解讀的工作需要派上用場時，心理學家的專門技術特別具有關聯性。「美國心理學會」的倫理信條就直言無隱地指出：

> 心理工作人員對評鑑工具的適當實施、解讀及使用保有專屬的責任，不論他們是自己對這樣測驗進行評分及解讀，或是採用自動化程序或其他設施。（APA, 1992a）

讀者可以參考第 12 章〈電腦化的評鑑與測驗的未來〉，關於這個論點的更進一步討論。

(四) 被告知同意

在測驗開始之前，測驗使用者需要從受測者或他們法定代理人之處取得被告知同意（informed consent，或稱徵得同意、明白同意）。但我們可在若干案例上找到被告知同意的例外情況，例如，法定之全州性的測驗計畫，以學校為基礎的團體測驗，以及當同意很清楚地暗含在內時（例如，大學入學考試）。「被告知同意」的信條如此重要，「規範手冊」給予它獨立的一項準則：

> 被告知同意表示受測者或法定監護人需要被告知（以他們能夠理解的語言）施測的原因、所使用測驗的類型、預計的用途，以及測驗結果將如何被使用。假

> 使有任何書面、影像或聲音的資料在施測過程被登錄下來，或有其他檔案被保存下來，受測者有權利知道什麼測驗資料將會被釋出，以及釋出給什麼人。（AERA et al., 1999）

即使是幼童或智力有限的受測者，他們也應當被說明施行評鑑的原因。例如，施測者可能說明，「我將會問你一些問題，也會要求你處理一些謎題，我因此才能了解你能夠做些什麼，然後找到你需要什麼以便更能幫助你。」

從法律的觀點來看，被告知同意的三個成分包括揭露、行為能力及自願（Melton, Petrila, Poythress & Slobogin, 1998）。揭露（disclosure）的核心是案主接收充分的資訊（例如，關於風險、利益、報告的釋出），以便對於是否繼續參加該測驗做出周延的決定。行為能力（competency）指稱受測者提供同意的心智能力。一般而言，受測者被認定具有行為能力，除非他是幼童、年邁的老年人或心理殘疾人士（例如，智能不足）。在這些情況下，當事人將需要監護人以提供法定同意。最後，自願（voluntariness）的準則意指接受成套評鑑是基於當事人的自由抉擇，而不是基於微妙的強制（例如，囚犯被答應給予額外的放風時間，假使他們參加研究測試的話）。在大部分情況下，施測者採用書面的「被告知同意表格」，如圖 1-3 所顯示。

(五) 過時或廢退的測驗

心理測驗的從業人員必須防範過時的測驗，「MMPI vs. MMPI-2」就是一個很切題的實例。即使 MMPI-2 是受到高度評價的 MMPI 的一個相對上保守的修訂版，但是它在常模建立和量表建構上已有實質的改進，不能再視為等同。從業人員繼續依賴原始 MMPI 可能會被控以失職行為，特別是假使測驗結果造成誤導的判讀或不正確的診斷。

另一個關涉是所依賴的測驗結果對現行的目的而言已過時了。畢竟，個人的特性及特質隨著時間顯現合理的變動。一位小學生在 4 年級時符合學習障礙（learning disability, LD）的診斷標準，但他可能隨後在學業成績上顯現長足的進步，以至於 LD 的診斷在 5 年級時就不再準確了。人格測驗結果特別容易發生不切實際的變動。短期的個人危機可能引致 MMPI-2 側面圖看起來像是一列山脈。但一個星期後，測驗側面圖可能就完全正常了。我們不容易為心理測驗結果的「有效保存期」提供總括性的準繩。例如，幾年之前的 GRE 測驗分數可能仍然是在研究所中的成績的有效指標，至於得自昨天的「貝克憂鬱量表」測驗結果則可能誤導治療師關於案主當前的憂鬱程度。心理工作人員必須視個別情況評估是否需要重新測試，不能一概而論。

這是屬於「案主的姓名」與「心理工作人員的姓名」博士之間的一份同意書。「X」博士是伊利諾州一位有合格執照的心理學家。你被鼓勵在任何時間發問關於他的資歷或專業證照的問題。

1. 綜合資訊：這份評鑑的目的是提供你的「醫師、諮商師、治療師」關於你的心理機能的資料，這可能有助於他／她跟你正進行的工作。評鑑將會涉及簡短的面談和心理測試。這將會花費你 3-4 鐘頭的時間。
2. 測驗報告：得自面談和測驗結果的相關資料將被摘要為書面報告，然後送往你的「醫師、諮商師、治療師」之處，他們將會在大約一個星期之內跟你審查該測驗結果及報告。
3. 保密性：除非你以書面正式提出請求，該報告將不會被釋出給任何其他來源。這項規定的例外包括下列處境：你的生命或另一個人的生命有危險之虞、有幼童或老年人虐待被報告出來，或有法庭命令要求揭露該報告。
4. 費用：這項業務的收費是每小時 $____。所有這個成本將由你的健康保險單所支付。預估你的評鑑的整體費用是 $____。
5. 副作用：雖然大部分人享受心理會診的過程，但有些人發現它令人不舒適，特別是假使測驗結果指出有心理問題。你被鼓勵跟你的施測者討論你的感受。你也可以在任何時間不受拘束地撤回你繼續受測的同意書。
6. 拒絕評鑑：你有權利拒絕這份評鑑。你不需要為了繼續跟你的「醫師、諮商師、治療師」進行合作而完成這份評鑑。然而，假使你參加這份評鑑，你的治療較可能發生效果。在請求之下，我將會跟你討論轉介選擇權。

______________________________　　　　______________

案主的姓名　　　　　　　　　　　　　　日期

圖 1-3　心理評鑑之被告知同意書的簡縮版

資料來源：Gregory, R. J.（1999）. Copyright © 1999 by Pearson Education. Adapted by permission of the publisher.

(六) 負責的報告撰寫

除了團體測驗外，心理測驗的實施總是在書面報告中達到最高潮。書面報告構成了測驗發現和施測者建議的半永久性紀錄。因為書面文件潛在的持久效應，有效的報告撰寫是頗重要的技巧。儘管闡釋有效報告撰寫的特性已踰越本書的篇幅，我們仍能對讀者提及一些來源（Gregory, 1999; Tallent, 1993）。

負責的報告典型地採取簡易而直接的撰寫風格，避開行話及專門術語。報告的特有目標是提供關於案主的有益觀察及展望，不是在使轉介來源留下深刻印象，認為施測者是一位飽學之士！有效的報告應該保持在施測者專門知識的範圍之內。例如：

心理工作人員絕對不適宜建議案主接受某一特定醫療程序（諸如對於明顯腦部腫瘤的 CT 掃描）或服用某一特定藥物（諸如針對憂鬱症的 Prozac——百憂解）。即使當某一特殊程序的需求似乎很明顯時，符合案主需求的最好做法是建議對方立即諮詢適宜的醫學專業（例如，神經科或精神科）。（Gregory, 1999）

另一些關於有效報告撰寫的建議可以覓之於 Ownby（1991）和 Sattler（2001）。

(七) 測驗結果的傳達

對於接受心理測驗的人們而言，他們通常預期所得結果將會跟他們分享。然而，心理工作人員往往不會把「一對一的回饋」納為評鑑的一部分。這種不情願的主要原因是缺乏訓練，不知如何提供回饋，特別是當測驗結果顯得是負面時。例如，當該環境中的大部分大學生都在 IQ 上拿到 115 分以上時，臨床人員如何告訴一位學生他的 IQ 是 93 分。

如何就測驗結果對案主提供有效而有建設性的回饋，這是一種有挑戰性的技能，需要後天的學習及磨練。Pope（1992）強調，臨床人員的責任是決定案主已適當而準確地理解臨床人員正試圖傳達的訊息。再者，臨床人員的責任也在於檢核不利的反應：

案主是否對於測驗發現顯得非常沮喪？案主是否從暗示有「學習障礙」的發現中推斷自己必然很「愚笨」？臨床人員務必以慎重態度評定案主對於回饋的理解及反應，這份重要性完全不亞於施行標準化的心理測驗。測驗的施行及回饋具同等的重要性，它們都是評鑑歷程的基礎層面。（p.271）

適宜而有效的回饋涉及雙方互動的對話，臨床人員在這過程中確定案主如何看待該訊息，然後設法矯正有潛在傷害性的解讀。

破壞性的回饋通常發生在當臨床人員未能挑戰案主關於測驗結果的意義的不正確觀念時。特別是考慮 IQ 測驗——在這個案例上，許多人把 IQ 測驗分數神格化，視之為個人價值的指標。在提供測驗結果之前，臨床人員被建議先調查案主是否真正理解 IQ 分數的意思。畢竟，IQ 只是智力功能有限的一部分，它可能隨著時間而變動，而且它也沒有評估許多重要的屬性，諸如創造力、社會智力、音樂能力或運動技能等。但是，案主對於 IQ 可能持有不切實際的看法，因此當聽到自己的分數是「只有」93 時，可能就跳到錯誤的結論上。審慎的心理工作人員將會套出案主的觀點，當有需要時加以質疑，然後才著手下一個步驟。關於回饋的更進一步見解可以覓之於 Gass 和 Brown（1999）以及 Pope（1992）。

(八) 個別差異的考量

對於處理心理測試的所有專業機構而言，它們特別有必要強調對個別差異（individual differences）的認識及尊重。「美國心理學會」把這一信條列為六大指導原則之一：

> 原則 D：尊重人們的權利和尊嚴
>
> ……心理從業人員應該通曉文化差異、個別差異及角色差異造成的影響，這些因素可能包括年齡、性別、種族、民族、國籍、宗教、性取向、殘疾、語言及社經地位等。心理從業人員應該致力排除基於這些因素造成他們工作上的偏差，他們不能有意地參與或寬恕不公平而造成差別待遇的測驗實施。（APA, 1992a）

這個原則跟心理測驗的關聯性是，心理從業人員被期待知道某一測驗或解讀在什麼時候可能不適用——因為像是年齡、性別、種族、民族、國籍、宗教、性取向、殘疾、語言及社經地位等因素。我們以 Fyde 諸人（1993）報告的個案研究（case study）來說明這一論點。一位心理師評估一位 75 歲男子——在他妻子的請求之下，因為她發覺他有記憶困擾。心理師施行兩份測驗，一是心理狀態檢查（mental status examination），另一是著名的智力測驗。案主在心理狀態檢查上的表現是正常的，但是他在智力測驗上的標準分數透露，他的語文分測驗與測量空間能力及處理速度的分測驗之間有重大落差。心理師解讀這一型態為表示案主智力功能的退化。不幸地，這項解讀是建立在對非年齡矯正（non-age-corrected）標準分數的誤用上。此外，心理師沒有評估憂鬱狀況，憂鬱已知會引起視覺空間表現的急劇下降（Wolff & Gregory, 1992）。事實上，一系列更進一步的評鑑透露，這個案主是一位完全健康的 75 歲男子。當解讀智力測驗時，心理師未能考慮到案主的年齡與情緒狀態的關聯性。這是一項很重大的疏忽（失察），造成案主及他的妻子實際上不必要的憂慮。

四 文化與語言方面少數族群的測試

(一) 背景與歷史的備忘錄

少數族群的後裔（即非歐洲血緣）現在構成美國大約 25% 的人口，而且根據估計，他們在幾十年內將會占有美國 50% 以上的人口（Dana, 1993）。儘管如此，測驗的行業幾乎完全是建立在白人心理學家專致於把英裔美國人的觀點帶進他們的工作中。現存測驗用於評估不同人口的合宜性不能被視為理所當然。少數族群的評鑑提出了重要問題，特別是當測驗成績將被付諸為安置決定或另一些敏感的結果時，如在教育機構中常見的情形。

不幸地，測驗運動的早期開拓者極度忽視文化背景對測驗結果的影響。例如，在 1920 年代，戈達德（Henry Goddard）草率地認定，一般移民的智力令人驚訝地偏低，「或許只能列為愚魯的等級」。然而，他忽視了一種可能性，即語言和文化的差異可以解釋移民們偏低的測驗分數。戈達德在測驗史上的角色將會在下一章加以討論。

或許作為對這些早期方法的一種反動，從 1930 年代開始，心理學家對測驗實施上的文化變項展現增進的敏感性。這方面的一個模範是 Stanley Porteus，他對澳洲原住民的氣質及智力採取廣延的調查。Porteus（1931）採用許多傳統工具（積木造形、迷津、數字廣度），但最值得稱譽的是，他也為這些原住民設計一種生態上有效的智力測量，即腳印辨認。儘管原住民受試者在以歐洲為中心的測驗上表現差勁，他們辨認照片上的腳印的能力卻毫不遜色於所探討的另一些族群。

依循類似的脈絡，DuBois（1939）發現普埃布羅族印第安兒童在他特別設計關於心智能力的馬匹圖畫測驗上展現優良的能力，儘管他們在主流的「谷德依諾畫人測驗」（Goodenough Draw-A-Man test）（1926）上的表現就較為差勁些。從這些早期的研究起，心理學家就對於「語言和文化如何影響測驗結果的意義」維持敏銳的興趣。

(二) 文化背景對測驗結果的影響

心理工作人員有必要了解，受試者的文化背景將會影響整個評鑑過程。基於這個原因，Sattler（1988）建議衡鑑心理師從多元族群的立場處理他們的工作：

> 各個文化團體可能在多種面向上顯得不一致，這包括了文化價值觀；語言的微妙差異；對於生與死的觀點；家庭成員的角色；問題解決的策略；對於教育、心理健康及心理疾病的態度；以及文化適應（社會化）階段等。你應該採取一

> 種參照架構（frame of reference），這將使你能夠理解特定行為如何在每個文化內顯現意義。（p.565）

舉例而言，美國原住民（通常指印第安人）經常被認為展現一種特有的時間觀念，即強調「現在時間」，這對立於已在美國中產階級白種人身上強力形成的「未來時間」取向（Panigua, 1994）。這項文化差異的一個可能含意是，時限（time limits）對於美國原住民兒童而言可能不是意味相同的事情——相較於對來自主流文化的兒童而言。或許少數族群兒童將會置之不顧分測驗指示語，然後以一種切實而慎重的步調著手工作，而不是尋求敏捷的解答。當然，這樣的兒童將只能在該測量上取得使人誤解的偏低分數。

在認定文化差異對測試的影響之時，另外也很重要的是避免刻板觀念的過度類推。文化不是完全劃一的。每個人都是獨一無二的。有些美國原住民將會展現不一樣的時間取向，但或許大部分人將不會。心理工作人員面對的挑戰是觀察案主表現的臨床詳情，然後檢定出行為之基於文化的細微差異，以有助於決定測驗結果。

另一項巧妙研究是由 Moore（1986）所執行，它強力說明文化背景對於理解少數族群受試者的測驗表現的關聯性。她不僅比較智力測驗分數，也比較受試者應對測驗要求之「質方面的作風」（the qualitative manner）。兩組被領養的美國黑人兒童接受測試。第一組的 23 位兒童是由不同種族的白人中產階級家庭所領養。第二組的 23 位兒童則是由同一種族的黑人中產階級家庭所領養。所有兒童都在 2 歲之前就被領養，領養家庭的背景在教育和社會階級等方面大致相似。因此，測驗分數和測驗行為上的團體差異可被主要歸因於文化背景上的差異，即起源於「一組被黑人家庭所領養，另一組被白人家庭所領養」這個事實。測試和觀察是由兩位黑人女性施測者所完成，她們無從知悉該研究的目的。這些兒童在 7 歲到 10 歲時接受測試。研究發現，被不同種族領養的兒童在 WISC 上的平均 IQ 是 117 分；相較之下，被同一種族領養的兒童的平均 IQ 是 104 分。這些 IQ 結果不是很令人訝異，當考慮到 Scarr 和 Weinberg 在多年前就報告了類似的發現。

這項研究令人驚訝而具有啟發性的結果是，兩組兒童在測試期間顯現非常不同「質方面」的行為。較低 IQ 分數兒童的那一組（那些被黑人家庭領養的兒童）較不可能自發地推敲（精心處理）他們的工作反應（work responses）；當被呈現某一測驗要求時，他們較可能單純地拒絕應答。Moore（1986）提出下列的解釋：

> 兒童自發地推敲他們工作的傾向可能是一種非常重要的指標，它代表他們專注於作業表現的程度、問題解決的策略、提出正確應答的動機水平，以及適應標準化測驗情境的程度等。（p.322）

這項研究的基本教訓是，反應作風上以文化為基礎的差異可能發生作用而埋沒了一些受試者的潛在能力。臨床人員總是被建議對測驗結果作謹慎的解讀，但這對於來自文化上或語言上不同背景的受試者尤其重要。

文化因素的影響力不限於兒童的測驗表現，甚至也會延伸到成年人身上。Terrell、Terrell 和 Taylor（1981）探討種族信任／不信任對黑人大學生之智力測驗分數的影響。他們檢定黑人學生為兩組，一是對白人高度不信任，另一是對白人低度不信任。利用 2×2 設計，每組的半數然後接受一位白人施測者實施個別智力測驗，另半數則由一位黑人施測者實施測驗。如所預期的，變異數分析透露，施測者的種族（白人 vs. 黑人）或不信任程度（高 vs. 低）對主效果（main effects）而言沒有差異（參考圖 1-4）。但是有實質的交互作用被揭露出來；也就是說，當高度不信任組被分配黑人施測者時，這一組的得分遠高於高度不信任組被分配白人施測者（平均 IQ 各別是 96 分 vs.86 分）。簡言之，黑人之間的文化不信任與顯著較低的 IQ 分數有關聯，但是「只有」發生在當施測者是白人時。

總之，這些研究發現指出，測驗結果不一定取決於個體之內。測驗分數發生在一個複雜的社會－心理場域之中，受到國家歷史、種族處境及其他許多微妙因素的潛在影響。

(三) 文化與語言上少數族群的評鑑

漸進地在過去這 50 年來，心理學領域認識到，我們可能需要專門化的措施以完成對文化和語言上少數族群的公平測試。1960 年代後期以來，美國因為民權運動的擴張，再加上一些關於種族間智力差距的報告，傳統智力測驗在跨族群或次文化使用上的適切性和公平性引起了大眾的關切。這造成心理學的一些專業組織及機構發表了為少數族群提供心理服務的各種準則（APA, 1993）。這些廣泛的準則提供了有抱負的目標（例如，施

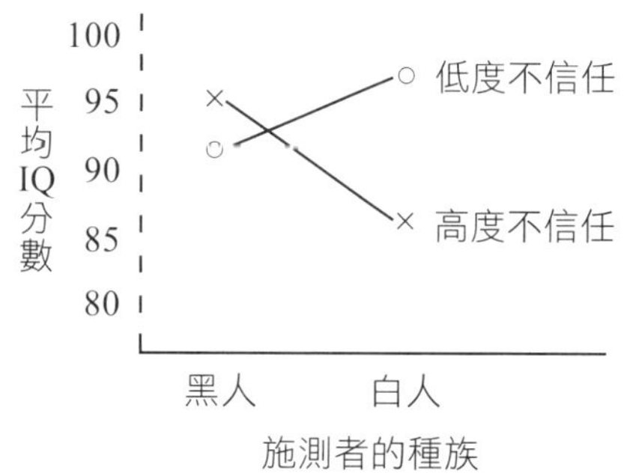

圖 1-4　黑人學生的平均 IQ 分數——作為施測者的種族和文化不信任程度的函數

資料來源：Terrell, F., Terrell, S., & Taylor, J. (1981).

測者被期待應該認識文化多樣性），但是在為評鑑心理師提供特定而具體的建議上卻著墨甚少。儘管如此，從後繼發表關於多元文化評鑑的一些有影響力的書籍及論文中（例如，Lam, 1993; Suzuki, Meller & Ponterotto, 1996; Rogers, 1998），我們還是整理出若干值得引以為誡的主題。

最優先的考量是，語言障礙可能壓抑少數族群的測驗表現。Valdes 和 Figueroa（1994）表達這個問題如下：

> 當雙語人們面對單語的測驗，這樣的測驗是由單語人士所編製，而且在單語人口中進行標準化及建立常模時，受測者和測驗雙方都被要求做一些他們無法做到的事情。雙語的受測者無法像單語人們那般表現。單語的測驗則無法以其他語言「進行測量」。（p.172）

從實際施行的觀點來看，這表示即使當雙語的少數族群兒童的英語很流利，一份英文－語言測驗可能仍然會低估他們真正的能力水準。當解讀測驗結果時，靈敏的施測者將會意識到這種可能性。

雖然乍看之下，說母語的翻譯員可被用來協助對受測者（第一語言不是英語的受測者）進行測試，但一般而言，測驗專家不建議這種措施，因為翻譯員可能替換一些字詞、以不同的方言說話或從事一些微妙的提示，這些都會影響受測者的應答（Rogers, 1998）。受過良好訓練的雙語心理師將較為合乎人意，但有些專家仍然認為這樣的措施是有疑問的（Figueroa, 1990）。

較被認肯的選項是採用已翻譯為受測者母語的測驗，然後根據相關的次人口建立起常模。這在一些知名的測驗上已實施多年。

除了可能的語言障礙外，少數族群受測者可能對接受測試展現一種「缺乏素養」（lack of sophistication），這進一步加重了他們的不利條件。從拉丁美洲裔美國人的背景加以撰述，Padilla 和 Medina（1996）提出下列的觀察：

> 很可能的情況是，少數族群的學生較不熟悉標準化的成就測驗，因此他們較不是測驗好手（test-wise，或測驗通）——相較之下，大部分多數族群的學生已長期接觸到標準化測驗。另一項考量是，較為受過教育的父母通常自己也是測驗好手，他們將會對自己的子女施加較多訓練，教導他們關於已知在多重選項測驗上有用的一些策略，以及在客觀型測驗上權衡速度與準確性的重要性。這類練習及指導通常在較低社經地位兒童的家庭中不易發現，因為他們父母可能本身就不知曉應付測驗的一些選答技巧。（p.14）

關於這種問題，沒有立即的矯正之道，我們目前只能設法了解，少數族群的測驗分數「可能」反映了測驗素養的缺乏。

有鑑於語言障礙和測驗素養的缺乏有可能影響少數族群的測驗結果，研究學者主張採用審慎的多元學科（multidisciplinary）的評鑑方式。當評鑑具體化（統合）幾個學科的多元觀點時（例如，心理學、言語、閱讀專家們），這才較不可能導致錯誤的評鑑，以避免任何單一學科的評定被證實造成了傷害。這在針對文化上和語言上多元兒童之以學校為基礎的評鑑上特別是如此。Rogers（1998）建議，對少數族群兒童的評鑑應該依循幾條路線進行：

1. 多元學科評鑑涉及蒐集來自多樣化來源及方法的資料。
2. 評鑑除了以英語施行外，也應該以兒童的母語施行。
3. 評鑑應該保護兒童，使他們免於承受種族上和文化上有所歧視的甄選及管理措施。
4. 清楚載明所有評估語言上多元兒童的程序。
5. 徵得父母的同意，告知相關的權益（p.357）。

這些要點再度提醒我們，評鑑的實施發生在負載價值的社會脈絡中。在心理測驗的使用及解讀上，稱職的施測者應該展現對文化和語言多樣性（歧異性）的靈敏度。

五 再訪：負責的測驗使用

我們現在重返在這個主題起始所提到之測試的真實生活困境。讀者可能還記得，第一種困境是關於諮詢心理師是否能夠負責地拒絕提供回饋（對象是為了就業前篩選而被轉介的警察應考者）。令人訝異的，這個問題的答案為「是」。在正常情況下，心理工作人員必須對案主解釋評鑑結果。但是有一些例外情形，如「APA 倫理信條」的守則 9.10 所解釋的：

> 心理師採取合理的步驟以確保當事人或指定代理人被提供對結果的解釋，除非該關係的本質已排除有必要提供對結果的解釋（諸如在一些組織的諮詢、就業前或安全篩選，以及供法庭用的評估等），而這個事實應該預先已對被評鑑的當事人清楚說明過。

第二種困境是關於諮商師繼續採用 MMPI，即使 MMPI-2 已被供應好幾年。諮商師拒絕採用 MMPI-2，這是否違犯專業守則？這個問題的答案大抵為「是」。MMPI-2 受過良好的效度驗證，它構成了針對 MMPI 的重大改良。MMPI-2 在目前以 MMPI 為基礎的心理病態評鑑中已成為關照標準。諮商師繼續依賴原始 MMPI 可能容易招惹失職的訴訟，特別是假使他的測驗解讀造成誤導的判讀或錯誤的診斷。

第三種困境涉及借助鄰近朋友充當翻譯人員，當對一位母語是西班牙語的 9 歲大男孩施行 WISC-III 時。這通常是錯誤行為，因為它犧牲了對測驗材料的嚴格控制。施測者不是雙語人士；因此，他無從知道翻譯人員是否對原始內容保持忠實，或是否對方加進了額外的線索。在理想的世界中，適當的程序將是徵召一位說西班牙語的施測者，他將採用已正式轉譯為西班牙文而且也以拉丁美洲裔受試者進行標準化的一份測驗。

最後的困境是關於一位案主告訴心理師，她最近過世的兄長很可能是一位戀童癖者。該心理師是否有義務對執法機關報告這個案件？這個問題的答案大抵為「是」，但它可能取決於該心理師的裁決權和相關法規的內容。事實上，該心理師確實對有關機關舉報該案件，也帶來了意想不到的結果。警察取得房屋搜索狀，前往案主母親的家中（她兄長居住之處），搜索該兄長的臥房。母親因為警察出其不意的拜訪而心理深受創傷，她把這樣打擊怪罪於她女兒，繼之是令人悲痛的不睦及疏遠。案主然後對該心理師提出訴訟，控告他違背了保密原則！

第 2 章

心理測驗的歷史

Psychological Testing

主題 2A

心理測驗的起源

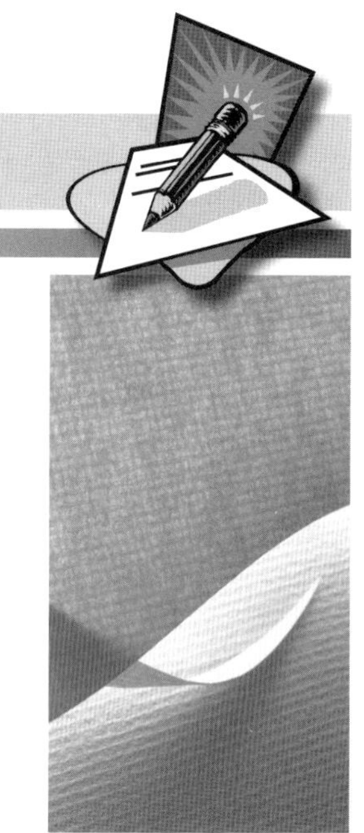

一、測驗的重要性
二、測驗於西元前 2200 年在中國的初步形式
三、心理測驗的精神病學前例
四、面相學、顱相學及心理描述圖
五、測驗的銅管儀器年代
六、智能不足在 1800 年代的變動觀念
七、比奈的早期研究對他的測驗的影響
八、比奈和高級心智歷程的測試
九、修訂量表與 IQ 的來臨

心理測驗的歷史是一篇引人入勝的故事，也跟現今的實施有豐富的關聯性。畢竟，當代的測驗不是憑空就突然出現；它們從過去 100 年來登場的眾多真知灼見中緩慢演進出來。因此，這一章主要是在審視今日心理測驗的歷史根源。在主題 2A「心理測驗的起源」中，我們主要針對歐洲心理學家在測量智力上的努力，從 19 世紀後半葉以迄於第一次世界大戰前的年代。這些早期智力測驗和它們的後繼者通常對受測者發揮強力的影響；所以，第一主題也援引資料佐證心理測驗結果的歷史衝擊。主題 2B「美國的早期測驗」則是論述美國心理學家在 20 世紀前半葉所編製的許多測驗。

一、測驗的重要性

心理測驗的歷史是一篇令人著迷的故事，它跟現今的實施有實質的關聯。歷史發展之所以與現代的測驗有關，乃是基於下列原因：

1. 隨著對心理測驗的起源進行審視，這將有助於解釋當今的實施——否則看起來可能顯得武斷或甚至奇特。例如，為什麼許多當今的智力測驗納入一種似乎非智能的能力，也就是對數字的短期記憶？答案是（部分地）歷史的慣性——智力測驗一直囊括了對數字廣度（digit span）的測量。

2. 當從歷史的背景加以檢視時，測驗的一些優勢和弱處（限制）也將會較突顯。例如，讀者將會發現，現代智力測驗格外擅長於預測學業成敗——正因為這是第一份這樣的工具（在法國巴黎編製出來，於 20 世紀之交時）原來及唯一的目的。
3. 心理測驗的歷史包含一些令人哀傷及遺憾的情節，這有助於提醒我們不要對我們今日的測驗使用過度熱心。例如，根據對智力測驗結果誤入歧途及偏頗的使用，幾位著名的心理學家促成了《限制移民法案》（1924）的通過。

測驗於西元前 2200 年在中國的初步形式

雖然心理測驗的廣泛應用在西方社會大致上是 20 世紀的事情，但是歷史學家注意到，初步形式的測驗可以追溯到至少西元前 2200 年，當時中國的帝王要求他的官吏每隔三年都需要接受一場口試，以決定他們是否適合擔任該官職（Bowman, 1989; Chaffee, 1985; DuBois, 1970; Franke, 1963; Lai, 1970; Teng, 1942-43）。這樣的測試經過好多個世紀的修正及改進，直到漢朝（西元前 202 年～西元 200 年）時才正式引進筆試。這些筆試主要是在甄選五個領域的人才：民間法律、軍事、農業、稅務及地理。

到了明朝（西元 1368 年～西元 1644 年）的時候，中國的甄試體制採取它最後的形式，稱之為科舉制度。在第一階段的甄試中（在各個地方舉行），應考者需要在小型的隔間中獨處一天一夜，就指定的題目撰述一些論文，也兼寫一些詩詞。大約 1-7% 的應考者通過測試，他們將晉升到縣級甄試，這需要三天三夜的三項性質不同的甄選活動。

縣級的甄試很明顯地相當嚴厲而令人精疲力竭，但這不是最後的階段。大約 1-10% 的應考者通過這級甄選，他們擁有特權前往京城參加最後一回合的甄試。在這最後的階段中，大約 3% 的應考者通過而成為高級官吏，他們有資格被任命公職。

有鑑於這套選拔人才的制度不必要地令人煎熬，也是因為官方當局未能驗證他們的甄選程序，這引起了民間廣泛的不滿；因此，這套科舉制度在 1906 年已被皇室命令所廢除（Franke, 1963）。

心理測驗的精神病學前例

大部分歷史學家追溯心理測驗的起源到對個別差異的實驗探討，這是在 19 世紀後期於德國和英國興起的一門研究領域。無疑地，早期實驗心理學家，如馮德（Wilhelm

Wundt）、高爾頓（Francis Galton）及卡特爾（James McKeen Cattell）為現今測驗打造了基礎，我們稍後將會審視他們的貢獻。但是，心理測驗除了溯源於實驗心理學外，它也應該歸功於早期精神病學。事實上，在 19 世紀中期，精神失常的檢查導致了許多早期測驗的發展（Bondy, 1974）。這些早期測驗的特色是缺乏標準化，因此逐漸被束之高閣。儘管如此，它們在決定心理測驗的進程上發揮了影響力。所以，我們在這裡提一下來自這個年代的一些典型發展。

1885 年，德國醫師 Hubert von Grashey 開發了記憶鼓（memory drum）的前例，作為檢測腦傷病人的一種措施。他透過一張紙上的孔眼（而這張紙在刺激材料上緩慢移動）對受試者呈現一些詞語、符號或圖畫。Grashey 發現，許多病人能夠從整體性中辨識刺激。隨後不久，德國精神病學家 Conrad Rieger 開發了一種頗具野心的測驗組合，以供偵測腦傷。他的成套測驗需要花上 100 個小時的施行時間，很快就不受人歡迎。

總之，透過顯示一些標準化程序可能有助於揭露精神失常和腦傷病人之症狀的本質及範圍，早期精神病學研究促成了心智測驗（mental test）運動。精神病學家所開發的大部分早期測驗已凋謝而湮沒無聞，但是少數程序被標準化，以現代的變化形式存續下去（Bondy, 1974）。

四 面相學、顱相學及心理描述圖

面相學（physiognomy）所依據的觀念是，我們可以從人們的外在容貌判斷他們的內在性格，特別是從臉孔。儘管大致上是錯誤的引導，且現在也普遍不受信任，面相學代表一種早期形式的心理測驗。因此，我們對這個主題稍作論述，包括它較為近期的近親，即顱相學。

對於面相學的興趣可以追溯到第四世紀，當時希臘哲學家亞里斯多德（Aristotle, 384-322 B.C.）發表一篇簡短的論文，它的前提是「心」與「身」是相互共鳴的。基本上，亞里斯多德主張，個人心靈（內在性格）的變化可能影響身體的外觀，反之亦然。這二者之間關係使得機敏的觀察者能夠從個人外觀推斷出人格特徵。亞里斯多德列舉了一大群特質，它們可以從個人頭髮、前額、眉毛、眼睛、鼻子及嘴唇等特色中被辨識出來。

另外許多古典派的拉丁系作家也曾論述面相學，包括 Juvenal、Suetonius 及 Pliny the Elder。但是直到許多世紀後，當瑞士神學家針對這個主題寫了一本深受歡迎的暢銷書時，面相學才開始達到全盛期。

18 世紀後期，Johann Lavater（1741-1801）在德國發表他的《面相學隨筆》。英語和法語的翻譯本不久後推出，在西歐和美國創下驚人的銷售量。最終，原文書有超過

150 種版本被發行（Graham, 1961）。Lavater 的書籍包含數以百計巨細靡遺的素描畫，以之說明他的面相學原理，也就是如何從臉部外觀的細節判斷當事人的性格。

面相學在幾個世紀中仍然受到歡迎，而且為另一種更為專門化的江湖手法打造了基礎，即顱相學（phrenology）——判讀頭蓋骨的隆起情形。

顱相學一般被認為是由德國解剖學家 Franz Joseph Gall（1758-1828）所創立。他的「科學」實際上是建立在一些似乎合理的假說上，以之斷定心理官能與大腦特定區域的關係。在他的主要著作《一般神經系統——特別是腦部——的解剖學和生理學》（1810）中，Gall 主張：(1) 大腦特定區域與特殊心理功能之間存在明顯的關係；(2) 心理機能發展的水準愈高，大腦對應區域的面積就愈大；(3) 頭蓋骨的外形與大腦的外形相互一致。這些似乎合理（但不正確）的假說，使得 Gall 和他的追隨者認為可從頭顱的隆起判讀當事人的心理能力、情緒及特質。但最終，這些假說都經不起考驗，顱相學被認定是一門偽科學。

Johann Spurzheim（1776-1832）是 Gall 的一名弟子，他使得顱相學通俗化，並且大力推廣到美國和英國，在當地大受歡迎。事實上，一些企業家開發自動化裝置以便準確測量頭部的隆起。1931 年，經過幾十年的修修補補後，Henry C. Lavery（一位自稱的天才）熱烈相信顱相學，他開發了一種稱為「心理描述圖」（Psychograph）的機器，據信可以測量人們的 32 種心理機能（McCoy, 2000）。最初，心理描述圖獲得驚人的成功，它的贊助人賺了一筆小財富。但是，到了 1930 年代中期，公開質疑的聲浪開始甚囂塵上，以至於製造該儀器的公司終於關門大吉（McCoy, 2000）。

五　測驗的銅管儀器年代

19 世紀後期，實驗心理學在大陸歐洲和英國逐漸興盛。歷史上第一次，心理學家們脫離完全主觀和內省的方法（這在前幾個世紀被如此徒勞無功地追求著）。人類能力轉而在實驗室中進行測試。研究人員採用客觀的程序，它們可以被重複驗證。

相較於先前無效的心靈主義（mentalism），即使這種新近對客觀方法和可測量數量的強調已是重大的進步，但是新的實驗心理學本身仍是死路一條，至少就心理測驗所涉的範圍而言。問題是在於，早期實驗心理學家們誤認為簡單的感覺歷程就代表智力。他們採用各種銅管儀器以測量感量閾限和反應時間，認為這樣的能力就是智力的核心。因此，這個時期有時候被指稱為「心理測驗的銅管儀器年代」。

儘管早期實驗學家的起步錯誤，但至少他們提供心理學適切的方法論（methodology）。像是 Wundt、Galton、Cattell 及 Clark Wissler 等開拓者顯示，心靈可以接受科學的探究和測量。在心理學的原理假設中，這是一項決定命運的變動，這項變動一直跟隨我們到今日。

實驗心理學的起源肯定必須把費希納（Gustav Fechner, 1801-1887）拓荒性的研究算在內。費希納是一位德國學者，受過醫學和物理學的訓練（Boring, 1950）。費希納的目標是為物理刺激與心理現象之間函數關係建立精確的科學。他執行關於視覺明度、觸覺的兩點閾限及重量判斷等，以便建立起心理物理學（psychophysics）的普遍法則。從這些研究中，他有系統地論述他著名的原理，即某一感覺的自覺強度隨著該刺激之物理能量的對數而增加（$S = k \log R$，這個公式中，S 為主觀的刺激強度；R 為實際刺激強度；k 為常數；log 為對數）。費希納發表他的理論，在 1860 年出版《心理物理學要義》一書，主張心靈與物質僅是一個基本實體的兩個面向。雖然他關於形而上學的論證大致上不受重視，但是科學界熱切擁抱他的實徵方法（empirical methods）

馮德（Wilhelm Wundt, 1832-1920）是德國的一位生理學家和心理學家，他被譽為實驗心理學之父，也是使心理學脫離哲學範疇而獨立為一門科學的最大功臣。1879 年，馮德在萊比錫大學創立第一所心理實驗室，首創以科學實驗方法探討心理現象。隨後二、三十年間，心理實驗室也在北美各地大學紛紛設立起來，開啟了現代科學心理學的新紀元。

馮德想要了解的是最基本的意識元素，也就是感覺和知覺的基本歷程，也兼涉簡單心理歷程的速度。簡言之，馮德相信思維速度可能因人而異：

> 對每個人而言，他必然擁有特定速度的思維，但他從無法超越他既有的心理素質。這就像是一台蒸汽機會走得比另一台快些。所以，這種思維速度或許在所有人身上也會不一樣。（Wundt, 1862）

儘管馮德測量心理歷程的手法顯得粗糙，但他至少是實徵地尋求解釋個別差異，而不是試圖搪塞過去。這正是他與心理測驗的當前實施產生關聯所在。

(一) 高爾頓與第一份成套心理測驗

高爾頓（Sir Francis Galton, 1822-1911，他也是達爾文的表弟）於 19 世紀在英國開創新的實驗心理學。高爾頓著迷於測量，他的知識生涯似乎受到一個信念所支配，即幾乎任何事物都是可測量的。他嘗試透過反應時間和感覺辨別的作業以測量智能。

高爾頓是一位天才，他更感興趣於人類進化的問題，而不一定是心理學本身（Boring, 1950）。他有兩本最具影響力的著作，一是《遺傳的天才》（1869），一種實徵的分析，大意是在證明遺傳因素對於達成卓越具有壓倒性的重要性；另一是《人類機能及其發展的探究》（1883），一系列本質上不同的評論，強調心理機能上的個別差異。

Boring（1950）把《人類機能及其發展的探究》視為心理測驗運動的開端，也是個別差異之科學心理學的來臨。這本書是一些實徵研究和純理論文章的奇特組合，所涉主題相當分歧，從提起重量的「恰好可察覺差異」，以迄於近親交配動物間減低的繁殖力。儘管如此，還是有共通的主題連繫這些多樣化的論文；高爾頓再三地證實，個別差異不僅存在，而且也是客觀上可測量的。

高爾頓借用馮德和歐洲大陸的其他學者所實施之費時的心理物理學程序，他將之改編為一系列簡單而快速的感覺運動（sensorimotor）測量。因此，他延續銅管儀器心理測驗的傳統，但是有一個重要的差異：他的程序遠為通情達理而能夠適時蒐集來自數以百計（假使不是數以千計）受試者的資料。因為他致力於設計實用之個別差異的測量，心理測驗的歷史學家通常視高爾頓為心智測驗之父（Goodenough, 1949; Boring, 1950）。

為了推進他的個別差異研究，高爾頓曾於 1884 年在倫敦博物館設立心理測量實驗室。所涉的檢查和測量包括物理和行為領域二者。物理特徵檢定的是身高、體重、頭高、頭寬、手臂長度、中指長度及從肘到手腕的長度等。行為檢測包括手握的力量（透過握力計決定）、肺部的肺活量（透過測定計加以測量）、視敏度、最高可聽見的音調、揮拳速度，以及對視覺和聽覺刺激二者的反應時間（RT）。

高爾頓原本假定，智力較高的人們也將會有較敏銳的感覺。因此，他過分簡單化試圖以反應時間和感覺辨別（sensory discrimination）的測量來推估智力的高低，但最終經證明是無效的。儘管如此，透過示範客觀的測驗可以被設計出來，而且有意義的分數可透過標準化程序而被取得，高爾頓為測驗運動提供了極大的推動力。

(二) 卡特爾引進銅管儀器到美國

卡特爾（James McKeen Cattell, 1860-1944）曾經師從於馮德研究新的實驗心理學，也曾經跟高爾頓共事，他然後在美國哥倫比亞大學安頓下來，隨後 26 年期間，他是美國心理學無庸爭論的首席祭司。

從學於馮德時，卡特爾從事一系列不辭辛勞之精心的反應時間研究（1880-1882）；跟高爾頓共事期間，他延續對於個別差異的研究。卡特爾也開設他自己的研究實驗室，研發一系列的測試，但主要是高爾頓成套測驗的延伸及添加。

在卡特爾（1890）題為《心智測驗與測量》的著名論文中，他發明「心智測驗」（mental test）的術語。這篇論文描述他的研究方案，逐一列舉他提議適用於一般大眾的 10 種心智測驗。這些測驗很清楚是高爾頓學派傳統的修訂及裝飾。它們包括：手握的力量、手部移動的速度、觸覺的兩點閾限、引起疼痛所需要的施壓程度、重量辨別、對聲音的反應時間、說出顏色名稱的時間、把 50 公分的線段二等分、10 秒時間的判斷，以及聽過一次後複誦原先的字母。

卡特爾指出，我們不可能把身體能量與心理能量區分開來。因此，根據卡特爾的觀點，表面上的生理量數（如測力計上的握力指數）也可作為個人心理力量的指標。顯然，整套測驗在生理和感覺上的偏袒反映了它強烈的高爾頓學派的世襲（Fancher, 1985）。

1891 年，卡特爾接受哥倫比亞大學的職位，當時那是美國最大一間大學。他後繼對於美國心理學的影響力遠超過他個人的科學發現，這特別是表現在他培養了為數不少而頗具影響力的學生（Boring, 1950）。他有許多著名的博士學位學生，這包括 E. L. Thorndike（對學習理論和教育心理學做出宏偉的貢獻）；R. S. Woodworth（撰述很獲好評而有影響力的《實驗心理學》〔1938〕一書）；以及 E. K. Strong（他的職業興趣量表——自從修訂以來——至今仍被廣泛使用）。但是卡特爾的學生中，或許威士勒（Clark Wissler）對心理測驗的早期歷史有最大影響力。

威士勒從哥倫比亞大學和柏納德學院中取得 300 位以上學生的心智測驗分數和學業成績。他的目標是證明測驗結果可以預測學業表現。威士勒（1901）的結果顯示，心智測驗分數幾乎不傾向於跟學業成績產生相關。例如，班級名次與數字列表記憶的相關是 .16，與測力計握力的相關是－.08，與說出顏色名稱是 0.2，以及與反應時間是－.02。因為頗大的樣本大小，最高的相關（.16）達到統計上顯著。然而，這麼謙卑的相關使得它只具有很低的預測性。

另外也對銅管儀器測驗運動帶來傷害的是，各個心智測驗本身之間的相關只是適度而已。例如，說出顏色名稱與手部移動速度之間的相關只有 .19，至於 RT 與說出顏色名稱之間的相關是－.15。不令人意外的，幾個身體量數（如頭部大小——從高爾頓時期留存下來的一種測量）與各種感覺和 RT 量數之間幾乎也沒有相關。

隨著威士勒（1901）令人氣餒結果的發表，實驗心理學家大致上棄守，不再利用 RT 和感覺辨別作為智力的測量。從某種立場來看，這種對銅管儀器途徑的背離在心理測驗的歷史上是一種良性發展，從而為立即接受比奈（Alfred Binet）的測驗——對於高級心智歷程更為通情達理而有效的測量——鋪設了道路。

在 1900 年代初期，心理學家之間較普遍的反應是很勉強地作結論說，高爾頓在試圖從簡單的能力推論出複雜的能力上是錯誤的。Goodenough（1949）把高爾頓的手法比擬為「從愚笨的本質推斷出天才的本質，或從組成水之氫和氧的特性推斷出水的特性。」學院派的心理學家很顯然同意她的觀點，而美國開發智力測驗的嘗試在 20 世紀轉換時幾乎停頓下來。

但是，棄守高爾頓學派傳統所留下的空缺沒有持續太久。在歐洲，比奈正處於智力測驗的重大突破之時。比奈在 1905 年推出他的智力量表；隨後不久，H. H. Goddard 將之引進到美國。關於這段歷史，我們將會在下一個主題中加以論述。首先，我們將檢視 19 世紀歐洲所發生的變動，它們為實用的智力測驗製造了必要性。

六、智能不足在 1800 年代的變動觀念

許多偉大的發明是為回應社會價值觀的變動所製造的實際需求而發展出來。智力測驗便是這樣的情形。更具體而言，比奈在 1900 年代早期編製了第一份智力測驗，它便是為了鑑定出巴黎學校體系中的兒童，這些學童似乎不可能從正規教育中獲益。在這個時期之前，智能不足兒童的教育需求幾乎不受關注。一種新的關懷智能不足者的人道主義因此製造了實務問題，即如何鑑定那些有特殊需求的人們，而這便是比奈的測驗打算解決的問題。

1800 年代後期，西方世界才剛從對精神上和心理上受損人士的冷漠及敵對態度中脫身出來。醫療從業人員才剛認識到情緒障礙人士與智能不足人士之間的差別。好幾世紀以來，所有這樣的社會遺棄者都被給予相似的待遇。在中古時代，他們有時候被「診斷」為女巫，交付焚身的死刑。再後來，他們更迭地被置之不理、被迫害或被粗暴對待。

到了 1800 年代早期，較為理性的思考開始盛行。醫療從業人員了解到，對一些精神受損的人士而言，他們有可逆轉的疾病，但這不必然意指減損的智能；至於另一些人士（即智能不足的人士）顯現較大的發展連貫性，也必定有減損的智能。此外，新建立的人道主義開始影響社會對待心理殘疾人士的一些措施。追隨這種人道主義，引起了社會對智能不足之診斷及矯治的更大興趣。這些進展的最前線是兩位法國醫師，J. E. D. Esquirol 和 O. E. Seguin，他們各自革新了對於智能不足的思考，從而有助於製造對比奈測驗的必要性。

(一) Esquirol 和智能不足的診斷

在 19 世紀初始，許多醫師開始察覺智能不足（當時稱為低能或白痴── idiocy）與精神疾病（通常被稱為癡呆── dementia）之間的差異。J. E. D. Esquirol（1772-1840）率先在著作中明確地陳述這項差異。他診斷上的突破特別提到，智能不足是一種終身的發展現象，至於精神疾病通常在成年期有較為突然的初發（onset）。他認為智能不足是不能治癒的，至於精神疾病則可能顯現改善或康復（Esquirol, 1845/1838）。

在智能不足的診斷上，Esquirol 把很大重心放在語言技能上。這可以提供部分的解釋，說明為什麼比奈稍後的測驗及其現今的後繼者承載那般重大的語言能力。畢竟，比奈量表的原始使用主要是為鑑定出智能不足的學童，他們似乎不太可能從正規學校教育中獲益。

Esquirol 也提出第一套智能不足的分類系統，而且不出意外的，語言技能是主要的診斷標準。他檢定出三種水平的智能不足：(1) 那些使用簡短詞句的人們；(2) 那些

只使用單音節字詞的人們；以及 (3) 那些只是喊叫而不說話的人們。顯然，Esquirol 沒有檢定出我們現在稱之為「輕度智能不足」（mild mental retardation）的人們，他所提供的準則只對應於今日分類中的「中度」（moderate）、「重度」（severe），及「深度」（profound）智能不足。

(二) Seguin 和對智能不足者的教育

或許更甚於智能不足領域的任何其他開拓者，O. Edouard Seguin（1812-1880）在 1800 年代後期協助建立了對智能不足者嶄新的人道對待。他曾是 Esquirol 的學生，也曾跟 T. M. G. Itard（1774-1838）共同研究。Itard 以他在 5 年中嘗試訓練 Aveyron 的「野孩子」（Wild Boy）而眾所周知——「野孩子」是一位野性未馴的男孩，他的前 11 或 12 年歲月都單獨生存在森林中（Itard, 1932/1801）。

Seguin 借助來自 Itard 的技術，獻身於為智能不足人士策畫教育方案。早在 1838 年，他已為這樣人們設立一所實驗教室。他治療上的努力為他贏得了國際性的聲譽，他最終來到美國以延續他的工作。1866 年，他發表《低能，以及它的生理治療方法》，這是第一本關於智能不足治療的重要教科書。這本書提倡對智能不足人士採取一種出人意料地現代教育途徑，甚至觸及現在將會稱為的「行為矯正」(behavior modification)。

這些就是使得智力測驗終至於繁盛的社會及歷史背景。我們接著轉向比奈如何創造現今的智力測驗。我們首先討論塑造他著名測驗的早期影響力。

七、比奈的早期研究對他的測驗的影響

如幾乎每一位心理系學生知道的，比奈（Alfred Binet, 1857-1911）在 1905 年編製了第一份現代智力測驗。但是較鮮為人知的是，比奈早在把他的注意力轉向智力測驗之前，他就是一位多產的研究人員及作家。他早期研究的特色跟他後來眾所周知的智力測驗的格式有實質的關聯。對那些尋求充分理解他開拓性的影響力的人們而言，簡要提及一下比奈的早期生涯是有必要的。

比奈從醫學方面展開他的生涯，但是因為完全的情緒崩潰而被迫中途退出。他轉向心理學，在那裡探討兩點閾限，也涉獵 John Stuart Mill（1806-1873）的聯想主義心理學。稍後，他選擇在知名的 Salpetriere 醫院擔任神經學專家 J. M. Charcot（1825-1893）的見習生。因此，在短期的時間中，比奈的專業路線與佛洛依德平行前進——佛洛依德也在 Charcot 的門下研究歇斯底里。在 Salpetriere 醫院，比奈（跟 C. Fere）合著一些研

究成果，聲稱它們證實了倒轉磁鐵的極性可以引起完全的心情變化（例如，從快樂到哀傷），或引起受催眠受試者之歇斯底里性麻痺的轉移（例如，從左側到右側）。為了回應其他心理學家的公開批評，比奈隨後發表對他的發現的撤回聲明。這對比奈是一個痛苦的事件，而且使得他的生涯必須暫時繞道而行。儘管如此，他從自己的困窘中學會兩件事情。首先，他絕不再使用草率的實驗程序，因為這使得無意中的暗示可能影響實驗結果。其次，他變得懷疑實驗心理學的時代思潮（zeitgeist）。當他後來開發他的智力量表時，這兩種教訓被派上用場。

1891 年，比奈前往 Sorbonne（巴黎大學文理學院）工作，擔任無薪的助教，隨即展開一系列研究及出版，這被認為界定了他新式的「個體心理學」（individual psychology）。最終在他的智力測驗上達到頂點。比奈是一位熱衷的實驗主義者，經常以他兩個女兒為對象試驗現有和新式的智力測驗。在初期，他玩弄卡特爾式的智力測驗途徑，在他兩個女兒身上試用反應時間和感覺敏度（sensory acuity）的標準測量。但是所得結果極為惱人地不一致，而且難以解讀。如可以預期的，他發現他的女兒的反應時間（平均而言）遠比成年人來得緩慢。但是在一些嘗試上，他女兒的表現接近或凌駕成年人水準。從這些發現中，比奈推斷，注意力是智力（它本身是一種非常多面向的實體）的一個關鍵成分。再者，他逐漸地對智力的銅管儀器測量方式感到幻滅，這或許解釋了他後來採用高級心智歷程的測量。

八、比奈和高級心智歷程的測試

1896 年，比奈和他巴黎大學的助理（Victor Henri）發表了一篇極重要的論文，他們審視德國人和美國人在個別差異上的研究工作。在這篇劃時代的論文中，他們主張智力可以透過高級心理歷程作更好的測量，而不是測量基本感覺歷程，諸如反應時間。經過幾次不正確的起動後，比奈和西蒙（Simon）最終安頓在他們 1905 年量表的直截了當格式上，我們稍後將會討論。

1905 年量表的特色很大部分應該歸功於 Blin 博士（1902）及他的弟子（M. Damaye）早先所編製的測驗。他們嘗試改進智能不足的診斷，方法是採用涉及 20 個領域的成套評鑑，諸如口說的語言；對身體各部位的認識；服從簡單的命令；說出常見物件的名稱；以及閱讀、書寫及從事簡單算術的能力。比奈批評該量表為太過主觀、有一些題目反映了正規教育，以及在許多問題上使用「是或否」的格式（DuBois, 1970）。但是，他對於運用成套測驗的觀念留下深刻的印象——他在自己 1905 年的量表中就採納這個特色。

1904 年，法國公共教育部任命一個委員會，以便決定對於那些無法從正規教育獲益的學童應該採取怎樣的教學措施。這個委員會的結論是，醫學和教育檢驗應該被用來鑑定那些不能透過一般教學法學習的兒童。再者，當時也決定，這些兒童應該從正規班級被移走，然後給予他們適合他們較有限智能的特殊指導。這是特殊教育班級的起源。

情況很明顯，當時需要一種手段以挑選適合這樣特殊安置的兒童。比奈和他的同事西蒙就被徵召針對這個目的編製一種實用的工具。這就產生了第一份用以評鑑兒童智力的正式量表。

Goodenough（1949）曾敘述 1905 年量表不同於先前編製的其他測驗的四種方式。

1. 它沒有託辭是在精密測量任何單一機能。反而，它是針對於評鑑兒童綜合的心智發展——採用一組異質的作業。因此，它的目標不是在測量，而是在分類（classification）。
2. 它是簡短而實用的測驗。該測驗的施行不用花費一個小時，也不需要任何器材或設備。
3. 它直接測量比奈和西蒙視之為智力的基本因素（實際判斷），而不是浪費時間於較低水平的能力，如感覺、運動及知覺的元素。換句話說，他們對智力採取務實（實效）的觀點。
4. 題目是根據近似的難度水準排列，而不是根據內容。它們也完成粗略的標準化，對象是 50 位正常兒童，年齡從 3 歲到 11 歲；也包括幾位低常和遲鈍的兒童。

1905 年量表的 30 個題目的排列從極為簡易的感覺測試，以迄於相當複雜的語文抽象化。因此，該量表適宜於評估整個範圍的智力——從重度智能不足到高度資賦優異（giftedness）。

除了非常簡易的題目外（它們主要是針對極度低能或白痴的分類而設計——但這是污名化的診斷名稱，自此已被捨棄不用），大部分題目的重心偏向於語文技能，這反映了比奈量表脫離高爾頓學派的傳統。事實上，比奈和西蒙的量表在當時巴黎的教育人員之間深受歡迎。再者，即使它缺乏精確的量化（quantification），這種方式已成功挑選出特殊班級的人選。

九、修訂量表與 IQ 的來臨

1908 年，比奈和西蒙發表 1905 年量表的修訂版。在早先的量表中，超過半數的題目是針對非常遲鈍兒童而設計，但是重大診斷決定也牽涉較年長兒童和那些臨界型智能的兒童。為了矯正這種失衡情形，大部分非常簡單的題目被捨棄，而量表的較高端則增添一些新題目。1908 年的量表有 58 個題目，其數量約為 1905 年量表的兩倍，其中幾個新題目至今仍然被使用。

1908 年量表的重大革新是引進心智水準（mental level）的概念。該測驗已在大約 300 位正常兒童身上進行標準化，年齡從 3 歲到 13 歲之間。這使得比奈和西蒙能夠根據兒童典型通過的年齡水平來建立題目的順序。不論什麼題目，只要被 80% 到 90% 的 3 歲兒童所通過，它們就被安置在 3 歲的水平；依此類推，直達到 13 歲。透過這樣的設計，隨著各年齡兒童在量表上所通過的題數，就可以代表他的心智年齡（mental age）。

1911 年，比－西量表（Binet-Simon scales）的第三版問世。這份量表也延伸到成年人範圍，同時引進新的評分系統。在他的著作中，比奈強烈強調，兒童確切的心智水準不應該太過嚴肅看待，不應該視之為智力的絕對數值。

儘管如此，演繹出「心智水準」的觀念是一項重大的發展，它影響智力測驗在整個 20 世紀的特色。比奈隨後把所謂的心智水準轉換為心智年齡，然後拿兒童的心智年齡跟他的實足年齡（chronological age）進行比較。如此一來，一位 9 歲兒童的智能運作水準（即心智年齡）只有 6 歲時，他便是智能遲緩 3 年。換句話說，這是一種採用心智年齡與實足年齡的對比來表示智力高低的觀念。當兒童的心智年齡高於實足年齡時，智力較高；當心智年齡低於實足年齡時，智力較低。隨後不久，史特恩（Stern, 1912）指出，同樣智能落後 3 年，在不同年齡有不同的意義。當 5 歲兒童的智能運作水準是 2 歲時，他們的減損程度遠高於 13 歲兒童而只有 10 歲的智能運作水準。史特恩建議，從心智年齡除以實足年齡計算出的智力商數將可提供一位受試者相對智能的更良好測量——相較於他／她同一年齡的同伴。

1916 年，托孟（Terman）和他在斯坦福大學的同事修訂比－西量表，這就產生了斯－比量表（Stanford-Binet）——我們稍後將會加以討論。托孟建議把智力商數乘以 100 以便消除小數點；他也是第一位採用縮寫 IQ（intelligence quotient）的人士。因此，這就產生了心理學歷史上最通行、也最具爭議性的概念之一。比奈逝世於 1911 年，當時 IQ 還未席捲美國測驗界，所以我們將無從知道他對這項新發展（築基於他的量表上）的看法。然而，西蒙（比奈的共同編製者）後來稱 IQ 概念為他們量表的原來目標的「背叛行為」（Fancher, 1985, p.104），而我們從比奈的人道主義關懷可以假定，他可能也會持類似的見解。

主題 2B

美國的早期測驗

一、測驗在美國的早期使用和濫用
二、Howard Knox 與 1900 年代早期的非語文測驗
三、斯－比測驗：IQ 的早期台柱
四、團體測驗與第一次世界大戰陸軍新兵的分類
五、早期的教育發展
六、性向測驗的發展
七、第一次世界大戰後的人格與職業測驗
八、投射測驗的起源
九、興趣量表的發展
十、測驗歷史上重要事件的摘要

比－西量表協助解決了實際的社會困境，也就是如何鑑定那些需要特殊學校教育的兒童。隨著心理測驗的這項成功的應用，心理學家了解他們的創造可能對社會的許多不同層面有實用的意義。幾乎立即地，美國心理學家採取功利主義的焦點。智力測驗被許多人擁抱，作為對所察覺的社會問題的一種可靠而客觀的回應，這些問題如鑑定出智能不足的移民，以及迅速而準確地對徵募的新兵進行分類（Boake, 2002）。

至於這些早期測驗究竟真正解決了社會困境，抑或僅是使之惡化，這是一個激烈爭論的議題，我們會在下一節加以審視。但有一件事情是確定的，即 20 世紀初期發展的眾多測驗協助塑造了當代測驗的特色。隨著我們審視這些歷史趨勢，這將有助於理解現代測驗的本質，也更為領會它們所引發的社會議題。

一、測驗在美國的早期使用和濫用

(一) 比－西量表的第一份譯本

1906 年，戈達德（Henry H. Goddard）受聘於新澤西州 Vineland 兒童訓練學校，從事關於「低能」（feebleminded）兒童之分類及教育的研究。他很快就了解診斷工具是必備的，因此很欣慰聽到 1908 年比－西量表的問世。他很快著手於翻譯該量表，試著提出一些輕微的變動，以便較適用於美國兒童（Goddard, 1910a）。

戈達德認為，當兒童的心智年齡落後他的實足年齡 4 歲以上時，就被稱為「低能」——這些人構成他的正常兒童樣本的 3%。考慮到這些兒童是覓之於為智障者所設的機構之外，3% 是相當驚人的心智缺陷的發生率。戈達德（1911）的個人見解是，這些低能兒童應該被隔離，以便他們不會「對社會造成污染」。這些早期研究引起戈達德的好奇心，關於「低能者」的市民權，以及關於他們造成的社會負擔。他博得聲望也是因為他是採用智力測驗以鑑定智力缺損人士的帶頭專家之一。他的本事很快就讓他被委以重任。

(二) 比－西量表與移民政策

1910 年，戈達德受到美國政府移民局的邀請，前往艾利斯島（Ellis Island，美國紐約灣中的一個島，為以前歐洲移民入境登陸的地方）協助對移民作較準確的檢驗。1900 年代初期，一種黯淡而不祥的傳說針對心智缺陷與外來移民而不斷滋長：

> 一般認為，低能者是退化而敗壞的生命，造成了許多（即使不是大部分）社會問題；他們以驚人的速率生殖，威脅著國家整體的生理適切性；他們數量的增加，是因為來自南歐和東歐國家不合宜的「新」移民已大量地取代來自北歐和西歐國家的「舊」移民。（Gelb, 1986）

最初，戈達德不太介意移民的低能被認為所造成的威脅。他表示不存在適當的統計資料，而盛行之關於心智缺陷移民不當的百分比的見解是「過於離譜的高估」（Goddard, 1912）。然而，隨著屢次探訪艾利斯島，戈達德開始相信，低能的發生率遠比移民局的醫師所估計的來得高。在一年之內，他完全逆轉他的觀點，還請求國會提供基金，以便艾利斯島能夠編制一些專家，他們需要在智力測驗的使用上受過訓練。在接下來的 10 年中，戈達德在採用智力測驗以鑑定低能的移民方面成為一位提倡者。雖然他表示心智缺陷移民的發生率相當「驚人」，但他並未加入當時盛行的呼籲，即要求訂定移民限制法案（Gelb, 1986）。

戈達德是一位嚴格的遺傳論者，他從單純的孟德爾（Mendel）遺傳學說的角度構思智力。難怪他要求把「愚魯者」（morons）送往殖民地，甚至要求限制他們的生殖，這為他在當代博得惡評而失去眾望。他堅持大量的不適宜行為——犯罪、酒精成癮、賣淫——是因為繼承來的心智缺陷才發生，這也使得他不見容於現代環境論者的立場。

戈達德也自身例證了不少早期知名的心理學家，他們著手於對智力測驗很明顯的誤用。在戈達德致力於證明有高比例的智能不足移民正在每天進入美國上，他派遣他的助手到艾利斯島，以便對新近抵達的移民實施他的比－西測驗的英語譯本。該測驗是透過一位翻譯人員施行，就在移民上岸後不久舉行。我們可以推測，許多移民還處於驚嚇、混亂及慌張失措的狀態。因此，以法語設計的一份測驗，然後翻譯為英語，接著再度翻譯為意第緒語（Yiddish，德語、希伯來語及斯拉夫語的混合語言，為中歐、東歐及美國的猶太人移民所使用）、匈牙利語、義大利語或俄語；對惶惑不安的農夫和勞工施行，他們才剛捱過大西洋的橫渡；以及根據原始的法國常模加以解讀。

戈達德發現些什麼？他根據所得的結果做些什麼？在小樣本的移民中（22 至 50 人），他的助手發現 83% 的猶太人，80% 的匈牙利人，79% 的義大利人，以及 87% 的俄國人是屬於低能；這也就是說在比－西量表上低於心智年齡 12 歲（Goddard, 1917）。他對這些發現的解讀，一方面抱持充滿懷疑的謹慎態度，另一方面卻又頗具挑撥性地危言聳聽。在某一場合，他宣稱他的研究「無法決定低能者的實際百分比——即使是這些族群」。然而，稍後在報告中，他陳述他的數值只需要稍加修正就能夠反映低能在移民族群中的實際百分比。再者，他斷定一般移民的智力偏低，「或許只有愚魯的等級——智商介於 50 到 70 之間」，但然後他卻援引環境剝奪（environmental deprivation）作為首要應受譴責的對象。同時地，戈達德似乎贊同把低 IQ 的移民遣送出境，但是他又提出人道主義的觀點，他認為「只要我們夠聰明而適當訓練他們的話」，我們或許能夠借用這些「愚魯的勞工」。

無論如何，我們在這裡希望強調的重點是，就像其他許多早期的心理學家，戈達德的學術觀點深受他的時代的社會意識形態的影響。最後，戈達德是一位不易理解的學者，他在許多場合更改及駁斥他自己的專業見解。一個諷刺性的實例；在傷害已造成而他的著作已促使限制移民後，戈達德（1928）卻撤回自己的見解，他斷定低能不是不能矯正的，而且低能者不需要被拘禁在機構之中。

戈達德在測驗歷史中的重要章節有助於提醒我們，即使是用意良善而在普遍接受的社會規範內運作的人士也可能誤用心理測驗。我們需要經常地注意，公正無私的「科學」可能受到有害的社會意識形態之目標的控制及支配。

Howard Knox 與 1900 年代早期的非語文測驗

因為比－西量表對語文技能的重大強調，許多心理學家了解到，這個新的測量設計不是完全適宜於一些人士，諸如非說英語的人士、目不識丁（文盲）的人士，以及那些有說話、語言及聽覺損傷的人士。因此，在比－西量表之戈達德 1908 年譯本後的 10 年中，湧出大批的實作量表。我們在這裡供應非語文測驗簡要的大事年表。感興趣的讀者可以參考 DuBois（1970）、Richardson（2001）及 Worthington（1926）。在這項審視早期的作業測驗（performance test，也稱實作測驗）中，讀者必然將會認識許多工具和分測驗，它們在今日仍被使用。

或許最早期的作業測量是 Seguin 拼板（form board），這種實作測驗要求受試者把形狀不同的一組積木嵌入形狀符合的空洞中。它曾被 Seguin 使用作為智能不足兒童的訓練裝置，但隨後被戈達德和其他人開發作為一種測試，然後再由 R. H. Sylvester（1913）加以標準化。這相同的拼板在 Halstead-Reitan 成套神經心理測驗中仍被使用——受試者需要蒙住眼睛（Reitan & Wolfson, 1993）。

Howard Knox（1885-1949）在非語文測驗的早期歷史上值得特別一提，因為他致力於開發適合外來移民的一些測驗程序，而這些移民幾乎不認識英文語言（Richardson, 2001）。Knox 是一位醫療人員，被指派在紐約艾利斯島擔任助理外科醫生，從 1912 年到 1916 年，當時每天有數以千計的可能移民抵達美國（www.ellisisland.com）。那些住進頭等和二等套房的旅客只接受粗略的登船檢查；但是三等的旅客——被安置在遠洋輪船的底艙——則被渡船帶到艾利斯島，接受徹底的檢驗及盤問。那些沒有通過檢驗的人將會被遣送出境，所以利害關係重大。如先前在戈達德那一節所討論的，禁止移民入境的依據之一是「心智缺陷」（mental deficiency），這比起傳染病或身體殘障更難以偵察。就像戈達德，Howard Knox 也相信心智缺陷的移民威脅著美國的生理適切性，而且造成龐大的公共福利開支。

因此，就理念上而言，Knox 跟戈達德採取同一態度。然而，關於負載語文的比－西量表在鑑定不適合移民上的關聯性，Knox 就脫離了戈達德。戈達德相信只要適當地翻譯為移民們的母語，比－西量表仍是鑑定心智缺陷的金科玉律。Knox 則抱持較為懷疑的態度，他贊成完全非語文的測驗。身為一位多產而多面向的人士，Knox 也認定有些外觀上心智缺陷的移民實際上受擾於心理創傷，這是長途航海的艱苦所引起。

Knox 相信非語文測量才能為所涉問題提供唯一準確的途徑。總共，他開發了至少 13 項實作測量，用於評鑑外來移民（Richardson, 2001）。他的測驗幾乎不需要受試者的語文應答。施測者以非語文方式示範每項作業，以確保受試者理解他的指示。實作測驗主要涉及拼板、迷津及物件裝配等方面測試。

這裡，我們提一下波蒂厄斯迷津測驗（Porteus Maze Test）（1915），它是訂定等級的一系列迷津，屬於紙上圖形迷津的方式，受試者必須避開死巷，同時追查一條從起點到終點的路線。這項測試在今日仍被使用，幾乎是以它原來的格式。波蒂厄斯（Stanley Porteus, 1883-1972）是一位心理學家和人類學家，他開發他的簡易測驗作為測量智力的一種減少文化影響的方式。在 1900 年代早期，波蒂厄斯迷津測驗被廣泛使用來評估智能不足的人士，也在跨文化評鑑中扮演重要角色。神經心理研究人員現在也採用該測驗作為策畫和衝動性的指標。

三、斯－比測驗：IQ 的早期台柱

雖然戈達德在美國最先翻譯比奈量表，但是斯坦福大學教授托孟（Lewis M. Terman, 1877-1956）以他 1916 年的比奈量表修訂版使得 IQ 測驗在美國大為盛行。新的斯－比量表（Stanford-Binet）是較早先比奈量表的一種實質的修訂，而不僅是延伸。在導致斯－比量表不容置疑的聲望的許多更動中，特別值得一提的是它採用現在所耳熟能詳的「IQ」以表達測驗結果。題目的數量增加到 90 題，而新的量表適用於智能不足者、兒童，以及正常和「優秀」的成年人二者。此外，斯－比量表有清楚而井然有序的指示，以供測驗的實施及評分。在測驗的標準化方面，它也相當關注於確保所採用的受試者是具有代表性的樣本。如 Goodenough（1949）所指出：「斯坦福修訂版的發行標示了初始之試驗和不確定時期的結束。一舉地，智力測驗被賦予堅定的基礎」。

隨後幾十年中，斯－比量表是智力測驗的標竿。新的測驗總是根據它們與這項測量的相關見證其有效性。斯－比量表透過在 1937 年和 1960 年的修訂而繼續領袖群倫，當時魏氏量表（Wechsler, 1949, 1955）已開始加入競爭。斯－比量表的最新近修訂是在 2003 年完成。這份測驗和魏氏量表將會在後面章節中詳加討論。但在這裡值得一提的是，魏氏量表後來相當受到歡迎，甚至取代了斯－比量表，這主要是因為它們提供不僅一種 IQ 分數。除了全量表智商（Full Scale IQ），魏氏量表提供 10 到 12 個分測驗分數，也提供語文智商（Verbal IQ）和實作智商（Performance IQ，也稱作業智商）。對照之下，較早先的斯－比版本只提供單一的總體分數。

四、團體測驗與第一次世界大戰陸軍新兵的分類

考慮到美國人偏好效率，所以很自然地，研究人員會尋求團體智力測驗，以之補充從法國引進之相對上耗時的個別智力測驗。Pyle（1913）是首位開發團體測驗的學者，他發表學童在成套測驗上的常模，這套測驗是由一些陳舊的測量所組成，如記憶廣度、數符替代及字詞聯想等。

但是團體測驗很慢才開始流行，部分是因為早期版本仍然需要費力地自己動手計分。但是，隨著美國在 1917 年加入第一次世界大戰，團體測驗緩慢的發展步伐開始顯著地增加速度。就在那時候，雅克斯（Robert M. Yerkes, 1876-1956）——哈佛大學一位知名的心理學教授——說服美國政府和軍方，所有 175 萬名新兵應該被施行智力測驗，以便對他們進行分等及委派（Yerkes, 1919）。在被任命進入軍中擔任上校後，雅克斯隨即

組成一個「新兵審查委員會」，他們在新澤西州芬尼蘭學校定期聚會，以便開發適合於評鑑陸軍新兵的新式團體測驗。雅克斯擔任該委員會的主席；另一些著名的會員包括戈達德和托孟。

從這次共同合作中，有兩份團體測驗脫穎而出，即陸軍甲種測驗（Army Alpha）和陸軍乙種測驗（Army Beta）。我們不容低估陸軍甲種和乙種測驗對後繼智力測驗的影響力。這兩份測驗的格式和內容激發了隨後幾十年中團體測驗和個別測驗的發展。

陸軍甲種測驗是由注重語文技能的八項測試所組成，適用於平均和高度運轉的新兵。陸軍乙種測驗是一種非語文的團體測驗，適用於不識字（文盲）和剛剛移民美國而母語不是英語的新兵。它是由各種視－知覺和動作的測試所組成。無論如何，這兩份測驗是為團體智力測驗之始；第一次世界大戰後，它們經過修訂後在民間繼續使用許多年。

五、早期的教育測驗

雅克斯測試陸軍新兵之雄心勃勃的計畫，有助於宣告團體測驗（group tests）時代的到來。第一次世界大戰之後，來自企業界、公立小學及大專院校的詢問紛紛湧至，探問這些簡單測驗的可能用途，因為幾乎任何人都能夠實施及計分（Yerkes, 1921）。當時跟雅克斯共事的許多心理學家很快地申請退役，然後把他們新發現的紙筆智力測驗的觀念帶到企業界和教育界。

陸軍甲種和乙種測驗也被釋放供一般使用。這些測驗很快成為一大群團體測驗的原型（prototypes），而且影響了智力測驗、大專院校入學考試、學術成就測驗及性向測驗等的特色。我們只援引陸軍測驗的一個具體結果，「國家研究諮詢委員會」（一個由科學家組成的政府組織）設計了「全國智力測驗」，最終在 1920 年代期間施行於美國的 700 萬名學童。因此，像是魏氏量表、學術性向測驗（SAT），以及研究生入學考試（GRE）等眾所周知的測驗，實際上可以溯源於雅克斯、奧提斯（D. S. Otis，普林斯頓大學心理學家，在 1930 年代中期發表《快速記分心理能力測驗》，為一種團體智力測驗），以及第一次世界大戰期間對陸軍新兵的集體測試。

「大學入學考試委員會」（CEEB）是在 20 世紀交接之際建立起來，以協助美國大學申請者避免在測試上產生重複。早期的考試是屬於簡短作答的論文格式。但是當布雷姆（C. C. Brigham，雅克斯的弟子之一）在一戰後擔任 CEEB 的執行長時，這種情形很快就改變了。1925 年，CEEB 決定建構一份學術性向測驗，以供大學入學使用（Goslin, 1963）。機器計分也在 1930 年代引進，使得客觀的團體測驗比起以前還更具效率。這些測驗然後演進為現今的各種大學入學考試，特別是學術性向測驗（Scholastic Aptitude Test, SAT），現在則被稱為學術評鑑測驗（Scholastic Assessment Tests）。

CEEB 的功能後來被納入在非營利的「教育測驗服務社」（ETS）之下。ETS 指導一些知名測驗的編製、標準化及驗證（效度建立），諸如「研究生入學考試」（Graduate Record Examination, GRE）、「法學院入學考試」（LSAT）及「和平工作團甄選測驗」（PCET）。

另一方面，托孟和他在斯坦福大學的同事則忙碌於開發標準化的成就測驗。「斯坦福成就測驗」（SAchT）最先在 1923 年發行；它的現代版本在今日仍被廣泛使用。從最先開始起，SAchT 就納入當代一些心理計量的原理，諸如建立分測驗的常模，以便受試者內的變異性（within-subject variability）可接受評估；以及挑選很大群而具有代表性的標準化樣本。

六、性向測驗的發展

相較於智力測驗，性向測驗（aptitude）是在測量較為特定、明確而界定範圍的能力。傳統上，智力測驗評估較為全面的構念（construct），如普通智力，雖然這種趨勢也有例外情形，稍後將會討論。對照之下，單一性向測驗將只測量一種能力領域，而多元（綜合）性向測驗組合將可提供幾個不同能力領域的分數。

性向測驗的發展落後於智力測驗，這是基於兩個原因，一是統計上的，另一是社會層面。統計上的問題是，我們通常需要新的技術（因素分析）以辨別哪些性向是主要的，且因此是彼此有分別的。關於這個問題的研究很早就由斯皮爾曼（Spearman, 1904）所展開，但是直到 1930 年代才達到精緻化（Spearman, 1927; Kelley, 1928; Thurstone, 1938）。這套新的技術（因素分析）使得賽斯通（Thurstone）據以推斷，人類智力是由七種基本心理能力（primary mental ability）組合而成，這七種能力是語文理解、語詞流暢、數字運算、空間能力、聯想記憶、知覺速度及一般推理（Thurstone, 1938; Thurstone & Thurstone, 1941）。我們稍後在關於智力與能力測驗的章節中會對之作較詳盡的討論。這裡的重點是，賽斯通及他的追隨者認為，總括性的智力測量似乎不能鞭辟入裡。其結果是，在決定當事人智能的優勢及弱處上，像是斯－比測驗的量數總被認為不如綜合性向測驗組合來得實用。

性向測驗組合緩慢成長的第二個原因是，這樣精確的工具缺乏實際的用途。直到第二次世界大戰時，政府迫切需要挑選一些人選，他們高度具備了擔任一些非常困難而專門化工作的能力。像是飛行員、飛機技師及領航員的工作要求便是非常特定而嚴格。但是，智力的綜合評估——諸如第一次世界大戰中的團體智力測驗所提供的——顯然不足以挑選航空學校的良好人選。為了解決這個問題，三軍部隊開發了成套的專門化性向測驗，它是由 20 份測驗所組成，針對通過初步篩選測驗的男子實施。這些測量在挑選飛行員、領航員及轟炸員上被證明很有價值，尤其是反映在根據成套測驗挑選的男子有遠為偏低的被淘汰率——相較於透過舊式方法（Goslin, 1963）。這樣的測驗仍然在三軍部隊被廣泛使用。

七、第一次世界大戰後的人格與職業測驗

雖然像是自由聯想技術等初步評鑑方法在 20 世紀交接之前已被 Galton、Kraepelin 及其他人所採用，但是直到第一次世界大戰時，人格測驗才以類似它們當代樣貌的形式浮現。如在測驗的歷史上經常發生的，實際需求再度地在這項新發展上充當推動力。現代人格測驗起始於伍德沃斯（Woodworth），他試圖開發一項工具，以便偵測容易發生精神官能症的陸軍新兵。幾乎所有現代人格測驗、量表及問卷都要欠伍德沃斯「個人資料表格」（Personal Data Sheet）（1919）一份人情。

「個人資料表格」是由 116 個題目所組成，受試者需要就所問問題圈選「是」或「否」。這些問題完全是屬於「表面明顯」的形式，探問受試者關於各種情緒和適應方面的困擾，以便發現有精神失調症狀而不適合服役的新兵。它的一些代表性的題目如下：

- 是否有些想法在你頭腦中奔馳，使得你無法入睡？
- 你過去被認為是一位壞孩子嗎？
- 你是否困擾於一種感受，即身邊事物似乎不是真實的？
- 你是否有強烈的自殺想法？

假使讀者熟悉明尼蘇達多相人格測驗（MMPI）的話，你必然會發現這個較新近的測驗有許多題目是借助於伍德沃斯的工具。

從伍德沃斯對「個人資料表格」如何發展的說明中（Woodworth, 1951），我們很清楚看到，他很注重題目的挑選。但是，在其他層面上，這項工具表現出濃厚的心理測量上輕信別人的傾向。最嚴重的問題就在於，失調的受試者可能有意讓自己看起來妥當，他們可以造假而不被識破；同樣的，正常的受試者也可能偽造自己的不佳狀況，他們希望自己被列入不適合服役的組別。現代的工具（如 MMPI）已納入各種效度量尺，以供偵測這樣的作答傾向。對照之下，「個人資料表格」是建立在這樣假設上：受試者當應答問題時將會誠實。

下一個重大發展是精神官能症量表——「賽斯通人格調查表」（Thurstone Personality Schedule）（1930）。在首先蒐集數以百計能以「是」或「否」回答的題目後（源自伍德沃斯表格的手法），賽斯通合理地根據精神官能症患者典型地將會如何回答問題來選定他的題目。反映賽斯通對統計優雅性的強烈愛好，這份調查表率先使用內部一致法（method of internal consistency），也就是每個有可能的題目在暫定的量表上被求取與總分之間的相關，以決定這個題目是否歸屬該量表。

從賽斯通測驗產生了 Bernreuter 人格量表（Bernreuter, 1931）。它比起它的前任賽斯通更為精緻些，測量四種人格維度：神經質傾向、自信、內向－外向，以及支配－順從。測驗建構上的重大革新是，單一測驗題目可以促成不只一份量表。

「Allport-Vernon 價值調查」也在 1931 年發表（Allport & Vernon, 1931）。這份測驗相當不同於其他，主要是它測量價值（values），而不是心理病態。再者，它採取一種新的評分方法，即自比性研究（ipsative approach，指分析比較個人自身各種心理特質以求其相關的研究），應答者在關於他授予六個基本價值的重要性評價上只跟他自己進行比較，這六個基本價值是純理論的、經濟的、審美的、社會的、政治的及宗教的。該測驗在設計手法上使得受試者必須在一些特定情境中針對六個價值進行選擇。如此一來，每個受試者在六個量尺上的平均數始終相同。個人在某些價值上的弱勢就被他在另一些價值上的優勢所抵補。因此，施測者感興趣的只是相對的高峰及低谷。

自陳量表（self-report inventories）的任何大事年表都必然要把「明尼蘇達多相人格量表」（MMPI）也算在內（Hathaway & McKinley, 1940）。這份測驗及它的修訂版 MMPI-2 將會在稍後詳加討論。我們在這裡只想指出，MMPI 的量尺是以伍德沃斯所開拓的方法加以建構，也就是拿正常受試者的應答與精神失調受試者的應答進行比較。此外，MMPI 引進了效度量尺（validity scales），以之偵測受試者是否有意造假、草草答題、自我防衛或隱瞞不答，這些因素可能使得受試者的應答失效。

八、投射測驗的起源

投射測驗源自高爾頓在 1879 年所開創的字詞聯想法（word association method），以之研究人類的個別差異。有些歷史學家甚至推斷，佛洛依德運用自由聯想（free association）作為精神分析的一種治療工具，這可能萌芽於高爾頓在 1879 年所發表之《頭腦》的論文（Forrest, 1974）。

高爾頓的工作在德國被馮德和克雷佩林（E. Kraepelin）延續下去，運用於臨床診斷中，以之研究疲勞、飢餓和藥物對聯想的影響。最後，這導致瑞士心理學家榮格（Jung）

在 1910 年編製了臨床診斷用的測驗量表。他的測驗是由 100 個刺激字詞所組成。針對每個字詞，受試者儘可能快地以浮現腦海中的第一個字詞應答。Kent 和 Rosanoff（1910）授予聯想法一種截然不同的美國特色，他們把 1,000 位正常受試者對一系列 100 個刺激字詞的反應製成表格。這些表格的立意是在提供基準，以供對正常與「失常」受試者的反應進行比較。

當美國學者正在追求客觀人格測驗的實徵途徑之際，一位年輕的瑞士精神病學家羅夏克（Herman Rorschach, 1884-1922）則正在為探討人格開發一種完全不同的工具。羅夏克強烈受到榮格學派和精神分析思潮的影響，所以很自然的，他的新式途徑強調，當應對模糊不清、曖昧的刺激時，病人將會傾向於透露他們潛意識中最深處的衝突。我們隨後討論的羅夏克測驗和另一些投測驗所依據的主要假設是：當應對模糊不清或結構不明確的刺激時，當事人將會無意中暴露他最內心深處的需求、幻想及衝突。

羅夏克深信，人們在對墨漬的反應中透露了他們重要的人格維度。他花費許多年開發了一套 10 張印有對稱圖形的卡片，也有系統地分析他的朋友們及不同病人組別對各種形狀墨漬所做的反應（Rorschach, 1921）。不幸地，他在他的學術論文發表僅一年後就辭世，直到另一些人完成了他的研究工作。羅夏克測驗的發展將會在本書後面加以審視。

儘管羅夏克測驗的開發原先是為了揭露「失常」受試者內心深處的運作，主題統覺測驗（Thematic Apperception, TAT）的編製則是作為探討「正常」人格的一種工具（Morgan & Murray, 1935）。當然，這二者從那時起已擴展為對整個連續譜的人類行為的測試。

TAT 是由一系列圖片所組成，圖片上大略是描繪一位或多位人物從事一種曖昧不明的互動。受試者一次被呈現一張圖片，然後被要求對之編造一個故事。受試者被指示儘可能生動化，除了談論圖片中人物的想法和感受，也描述一下主角的過去、現在及未來。

Murray（1938）相信，當事人潛在的人格需求（如對於成就的需求）將會在故事的內容中透露出來。雖然許多評分系統已被開發出來，臨床人員主要還是依賴印象的分析以理解 TAT 原始資料。關於 TAT 的現代用途將會在後面章節中討論。

隨著 Payne（1928）的研究工作，語句完成技術（sentence completion technique）也在這個年代展開。這項技術有許多延伸和變化形式，但大致上是給予受試者一些句子的句首，諸如我厭煩________，我希望________，或大多數女孩________，然後要求他們完成整個句子。它的一些現代用途將會在稍後討論，但在這裡值得一提的是，早期曾經折磨語句完成測驗編製者之評分和解讀上的困擾，依然延續到今日。

谷德依諾（Goodenough）（1926）在投射測試上採取一種全新的途徑。透過分析兒童的繪畫，他不僅試著決定兒童的智力水準，也試著決定他們的興趣和人格特質。相較之下，Buck（1948）的屋－樹－人技術（House-Tree-Person Technique）是稍微更標準化而具結構性的一份測驗，它要求受試者在不同的紙上分別畫出房屋、樹木和人物的圖形。Machover（1949）的「人類圖形繪畫的人格投射」（Personality Projection in the Drawing of the Human Figure）則是較早先測驗之脈絡貫通的延伸。透過圖形繪畫的投射方法以理解人格，至今仍被使用，稍後的章節將會討論這項實施的現代發展。

另一方面，投射測驗在歐洲是由索恩迪測驗（Szondi Test）所支配——一種建立在完全錯誤前提上的荒謬工具。索恩迪（Lipot Szondi）（1944）是一位匈牙利出生的瑞士精神病學家，他相信重大精神失調是由隱性基因所引起。他的測驗包括 48 張精神病患的照片，這些病患分別歸屬於同性戀、癲癇、施虐狂、歇斯底里、緊張性精神分裂、偏執狂、躁狂及憂鬱等 8 種類型（Deri, 1949）。從每組（總共 6 組）8 張照片中，受試者被指示從中挑選 2 張最喜歡和 2 張最不喜歡的照片。假使當事人一致地在這 6 組中偏愛一種照片的話，他就被認為擁有某些隱性基因，使得他投契（意氣相投）於照片中的人士。因此，所投射的偏愛被認為揭露了隱性基因，這些基因使當事人容易發生特定的精神失調。

Deri（1949）把該測驗引進美國，且改變它的理論依據。她不贊同關於照片選擇的隱性基因解釋，而是根據「潛意識認同照片中病人的特質」來解釋這樣的偏愛。這是對該測驗較為合宜的理論基礎——相較於索恩迪之可疑的基因理論。儘管如此，實徵研究懷疑索恩迪測驗的有效性，而它很快就湮沒無聞（Borstelmann & Klopfer, 1953）。

九 興趣量表的發展

當臨床人員正在開發一些措施，以供分析人格及潛意識衝突之際，另一些心理學家則正在設計一些測量，以供對大量較正常人士作輔導及諮商之用。在這樣的測量中，主要的是興趣量表（interest inventory），這可追溯到桑戴克（Thorndike, 1912）曾經研究 100 位大學生在興趣上的發展趨勢。1919-1920 年，Yoakum 編製跟興趣有關之 1,000 個題目的題庫，從兒童期直到成熟早期（DuBois, 1970）。許多這些題目被納入「Carnegie 興趣量表」。Cowdery（1926-1927）改良及修正先前在 Carnegie 工具上的研究成果，包括增加題目的數量、比較三個效標組（醫師、工程師及律師）的應答與非專業人士之控制組的應答之間的差異，以及針對一些題目建立加權的公式。他也是第一位了解交叉驗證（cross validation）之重要性的心理計量學家。他在另一些醫師、工程師及律師的組群中測試他的新量表，以確保在原先研究中所發現的差別是可靠的組別差異，而不是利用誤差變異（error variance）。史特朗（Edward K. Strong, 1884-1963）修訂 Cowdery 的測驗，獻身 36 年於實徵索引的發展，他修正的工具被稱為史氏職業興趣量表（Strong

Vocational Interest Blank, SVIB）。當個人接受該測驗時，他可以在好幾十種職業的各別索引上被評分，提供一系列在職業輔導上頗具價值的分數。SVIB 成為在任何時候最被廣泛使用的測驗之一（Strong, 1927）。它的現代版本稱為「史氏興趣量表」，依然被輔導諮商師所廣泛使用。

好幾十年之中，SVIB 唯一的重要敵手是庫德職業興趣量表（Kuder Preference Record）（1934）。庫德測驗不同於史氏測驗之處在於，它的試題的編寫是採用強迫選擇式項目，每一項目含有三個描寫不同活動的陳述句。庫德測驗是一種自比量表（ipsative scale）；也就是說，它比較當事人自己各種興趣的相對優勢，而不是拿他的應答跟各種專業組別的應答進行比較。庫德職業興趣量表較新近的修訂版包括「Kuder General Interest Survey」和「Kuder Occupational Interest Survey」（Kuder, 1966; Kuder & Diamond, 1979; Zytowski, 1985）。

十、測驗歷史上重要事件的摘要

在這一章關於心理測驗的歷史縱覽中，我們最後製作一份簡要的表格，以之列出直到 1950 年前的劃時代事件（表格 2-1）。感興趣的讀者可以在附錄 A 中找到較為詳盡的列表，包括 1950 年後測驗發展上的大事年表。

表 2-1　測驗歷史上早期重要事件的摘要

2200 B.C.	古代中國辦理科舉制度，選拔文官。
A.D.1862	馮德採用校準的鐘擺以測量「思維的速度」。
1884 年	高爾頓施行第一份成套測驗。
1890 年	卡特爾首創「心智測驗」這個詞語。
1901 年	威士勒發現卡特爾式的「銅管儀器」測驗與大學成績沒有相關。
1905 年	比奈和西蒙研發第一份現代智力測驗。
1914 年	史特恩引進 IQ（智力商數）的觀念，即心智年齡除以實足年齡。
1916 年	托孟修訂比－西量表，然後分別在 1937、1960 及 1986 年發表斯－比量表修訂版。
1917 年	雅克斯帶頭編製了陸軍甲種和陸軍乙種測驗，以供測試第一次世界大戰的美國新兵。
1917 年	伍德沃斯編製「個人資料表格」，這是第一份人格測驗。
1920 年	羅夏克墨漬測驗正式發表。
1921 年	「心理公司」（Psychological Corporation，第一家主要的測驗出版商）在卡特爾、桑戴克及伍德沃斯的規劃下創立。
1927 年	「史氏職業興趣量表」的首版正式發表。
1939 年	「魏貝智力量表」發表，然後分別在 1955、1981 及 1997 年進行修訂。
1942 年	「明尼蘇達多相人格量表」正式發行。
1949 年	「魏氏兒童智力量表」正式出版。修訂版分別在 1974 和 1991 年發表。

第 3 章

常模與信度

Psychological Testing

主題 3A

常模與測驗標準化

一、原始分數
二、基本的統計概念
三、原始分數轉換
四、挑選常模組
五、標準參照測驗

這一章關涉兩個基本概念，即常模（norm）和信度（reliability），它們在協助主試者解讀測驗分數上是不可或缺的。在大部分情況中，心理測驗的分數是透過參考常模加以解讀，常模是建立在從某一具代表性的受試者樣本所取得的分數分布上。在主題 3A「常模與測驗標準化」中，我們審視某一測驗對照適宜的常態組（norm group，或標準組）進行標準化的過程，以便測驗使用者能夠理解個別的測驗分數。既然測驗分數的實用性也取決於測驗結果的一致性或可重複性，我們將在主題 3B「信度的概念」中介紹信度理論與測量的要素。

測驗初始的結果典型地是一組原始分數（raw score），諸如你贊同或不贊同之人格陳述的總數；或是正確解決之問題的總數，或許提前解答的話還會增添一些紅利分數。在大部分情況中，初始分數本身是無用的。為了讓測驗結果顯現意義，主試者必須依據跟某一標準化或常態組的比較，把初始分數轉換為某種形式的換算分數（derived score）。絕大多數測驗的解讀方式是經由拿個別結果與常態組的表現進行比較。當然，標準參照測驗是例外情形，我們後面將會討論。

常態組是由某一受試者的樣本所組成，這些受試者在該測驗所預定測量的人口中具有代表性。考慮一份詞彙知識測驗，預定使用在有可能成為大學新鮮人的學生。在這種情況中，為了進行標準化，我們將需要蒐集一個大型、異質（heterogeneous）、全國性樣本的這樣人們的表現水準。測驗標準化的基本目標是決定原始分數在常態組中的分布情形，以便測驗編製者可以發表換算分數，被稱為常模。常模以許多變化形式呈現，如百分等級、年齡當量、年級當量或標準分數，接下來將會討論。一般而言，常模指出相對於同一年齡、年級及性別等其他人的表現，某一受試者在該測驗上的位置。

為了有效，常模的取得務必格外留意，而且根據下列將討論的指示及操作加以建構。再者，常模可能在幾年之中就變得過時，所以定期地重建測驗的常模應該是常規，而不是特例（參考個案提示 3-1）。

一、原始分數

心理測驗所提供之最基本層次的訊息是原始分數（raw score）。例如，在人格測驗中，原始分數通常是指在特定量表上以關鍵方向回答的題數。在能力測驗中，原始分數普通是由正確回答的題數所組成，對於快速答題通常會添加一些紅利分數。因此，測驗的初始結果幾乎總是一些數值的計算單位，諸如在憂鬱量表上，44 題中有 17 題是以關

個案提示 3-1

舊式的測驗和過時的常模

一位諮詢心理學家受邀評估某所中學的一項教學方案，這項方案是為那些資優而有才能的學生而設。參加這項方案有幾個管道，包括取得心理師佐證的文件，說明申請人擁有 130 分以上的 IQ。當符合資格的學生數量在 1980 年代早期急速增加時，學校行政主管大表不解。大部分新發現的高 IQ 學生是由學校心理師所測試，他是一位誠實而稱職的人士，沒有任何動機會捏造他的結果。學校校長就教於諮詢心理學家，他認為社區似乎正培養出愈來愈高比例的資賦優異學生。當問及教育方案篩選是採用哪份測驗時，校長回答，「魏氏成人智力量表」（WAIS）（1955）是為年紀大些的學生所挑選的工具。

諮詢心理學家指出，WAIS 在它的時代是一份良好測驗，但是該測驗已經過修訂（WAIS-R 是在 1981 年出版），且它的舊有常模已不再適切了。事實上，WAIS 遠比它的修訂版簡單多了（Kaufman, 1990; Mishra & Brown, 1983），且傾向於產生高達 8 分的較高 IQ！這就不奇怪有那麼多學生獲致優異的 IQ。當採用過時的測驗時，其結果是平均而言每位申請人在他的真正 IQ 上添加了 10 分。當聽到這些事實後，校長決定購買一套 WAIS-R，以便學校心理師持有最新版（更新）的工具，它具備了適合於評估特殊教育方案之申請人的常模。

鍵方向回答；或在智力測驗的積木造形分量表上拿到55個原始分數計點中的29分。

然而，讀者應該設法了解，原始分數在孤立情況下是完全無意義的。例如，假使你知道受試者正確解決了20個抽象推理問題中的12題，這有什麼用途呢？假使受試者在心理成熟量表的33個是－否問題中以關鍵方向回答了19題，這代表什麼意思？

假使沒有訴諸各式各樣的比較，我們甚至很難思索這樣的問題。我們想要知道他人在這些測驗上的表現如何；當相較於某一具有代表性的受試者組群時，所觀察到的分數是較高或較低。在能力測驗的情況中，我們好奇的是所呈現的題目究竟簡單或困難，特別是相關於受試者的年齡。

事實上，幾乎再清楚不過的是，原始分數只有對照於常模才變得有意義，常模是指自主地建立的一種參照架構，它是從標準化樣本推衍而來。我們稍後在這個單元中將會詳細討論常模的推導過程和用途。現在，讀者只需要知道，常模是實徵上建立的（empirically established），透過施行某一測驗於一個大型而具代表性樣本的人們。受試者的分數然後跟從標準化樣本取得的分數分布進行比較。以這種方式，我們根據常模而決定所拿到的分數究竟是偏低、平均或偏高。

絕大多數的心理測驗是經由參考常模加以解讀；如先前提過的，這些工具被稱為「常模參照測驗」。然而，我們應該提醒讀者，還存在另一些類型的工具。特別是，「標準參照測驗」有助於決定當事人是否能夠完成一項客觀上界定的標準，諸如把許多成對的兩位數相加起來而達到97%的準確率。在標準參照測驗的情況中，常模不是基本所要。我們在這個主題的結尾將會闡述標準參照測驗。

常模有許多不同形式，但它們共有一項特性：每種都納入了對一大群分數的統計概要。因此，為了理解常模，讀者需要掌握基本的描述性統計。我們在這裡稍微離題以檢視基本的統計概念。

基本的統計概念

假設我們手邊有一份高階詞彙測驗，它專門用於測試大學教授和另一些專業人士的語文技能（Gregory & Gernert, 1990）。這份測驗是屬於多重選擇題，由30個困難的詞彙所組成，如welkin（蒼穹）、halcyon（翡翠鳥）及mellifluous（聲音甜美的）。一位好奇的教授接受該測驗，她在30個詞彙中的17個挑選了正確的選項。她想知道她的分數相較於類似學術地位的其他人的情形如何。我們如何回答她的問題？

答覆她的詢問的作法之一是給她一張原始分數的表單，這些分數是得自她所任教大學的100位代表性教授的初步標準化樣本（參考表3-1）。然而，即使是在這個相對上小

表 3-1　100 位教授在一份 30 個題目詞彙測驗上的原始分數

6,	10,	16,	16,	17,	14,	19,	14,	16,	15
17,	17,	19,	20,	20,	22,	17,	24,	14,	25
13,	20,	11,	20,	21,	11,	20,	16,	18,	12
13,	7,	20,	27,	21,	7,	15,	18,	18,	25
20,	27,	28,	13,	21,	17,	12,	18,	12,	15
9,	24,	25,	9,	17,	17,	9,	19,	24,	15
20,	21,	22,	12,	21,	12,	19,	19,	23,	16
8,	12,	12,	17,	13,	19,	13,	11,	16,	16
7,	19,	14,	17,	19,	14,	18,	15,	15,	15
14,,	14,	17,	18,	18,	22,	11,	15,	13,	9

資料來源：Gregory, R. J. & Gernert, C. H. (1990).

型的常模樣本中（較典型情況是包含數以千計的受試者），測驗分數的表單就已是一種令人目不暇接的陳列。

當面對一大堆數量的資料時，自然的人類傾向是把它摘要、濃縮及組織成有意義的型態。例如，在評定好奇教授的詞彙分數的意義上，讀者可以計算整個樣本的平均分數，或是在表 3-1 所呈現的 100 個資料點中間排列該教授分數（17 題正確）的相對位置。我們以下檢視這些和其他方法如何組織及摘要數量的資料。

(一) 次數分配

在摘要資料上，一種非常簡易而有效的方式是建立次數分配的表格（參考表 3-2）。次數分配（frequency distribution）的準備工作是先指定少數的一些等級間距（class intervals，或稱組距），這些間距通常是同等大小，然後計算有多少分數落在每個間距

表 3-2　100 位教授在詞彙測驗上分數的次數分配

等級間距	次數
4-6	1
7-9	8
10-12	12
13-15	21
16-18	24
19-21	21
22-24	7
25-27	5
28-30	1
	$N = 100$

內。所有間距中次數的總和將等於 N，即在該樣本中分數的總數目。決定間距的大小沒有一成不變的規則。顯然，間距的大小取決於所預定間距的數目。常見的情形是，次數分配包括 5 個到 15 個之間的等級間距。在表 3-2 的情況中，有 9 個等級間距，每個間距延伸 3 個分數。這份表格指出，有一位教授得分是 4、5 或 6，有 8 位教授得分是 7、8 或 9；依此類推。

直方圖（histogram）提供了圖形的描述，它呈現在次數分配中包含的相同訊息（參考圖 3-1(a)）。水平軸描寫集合成等級間距的分數，至於垂直軸則描寫落在每個等級間距內的分數數目。在直方圖中，直柱的高度指出發生在該間距內的分數數目。次數分布多邊圖（frequency polygon）很類似於直方圖，除了等級間距的次數是以單點代表，而不是直柱。這些單點然後以直線連接起來（參考圖 3-1(b)）。

圖 3-1 中顯示的圖形構成了視覺概要，呈現源自教授樣本的 100 個原始分數資料點。除了資料的視覺概要，我們也可以提出數值的概要——透過計算集中趨勢和離中趨勢的指標。

(二) 集中量數

我們能否為我們樣本中的 100 個詞彙分數指定一個單一的、具有代表性的分數？平均數（mean，M，義同算術平均數）便是一個這樣的集中量數（measure of central tendency）。我們計算平均數是先把某一分配中的所有分數加總起來，然後除以分數的總數（N）。另一個集中趨勢（central tendency）的有用指標是中數（median），當把所有分數排序時，最中間的分數即為中數。假使分數的總數是偶數的話，中數就是最中間兩個分數的平均數。在任一種情況下，中數是把該分配劃分為兩半的點，以至於有一半的分數高於它，另一半則低於它。簡言之，中數就是在整個分配的序位上居於正中的分

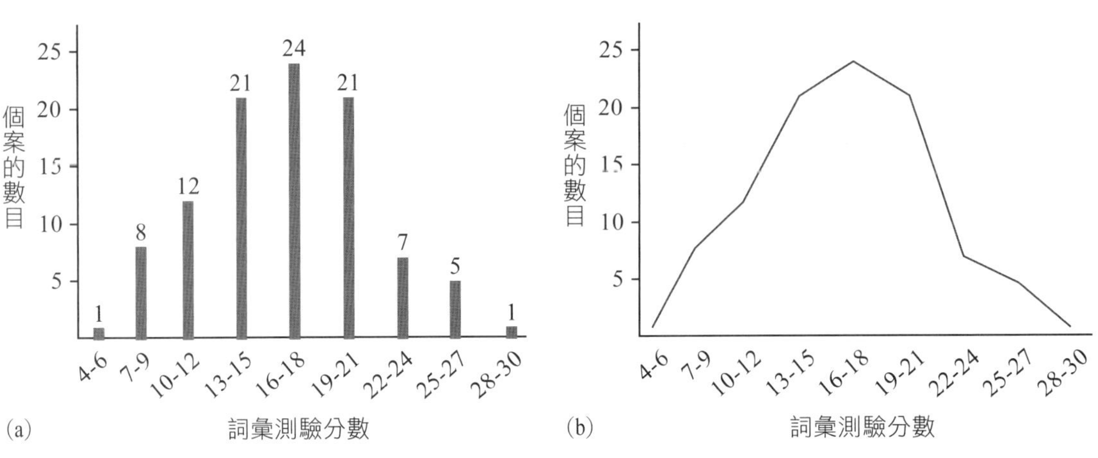

圖 3-1 (a) 直方圖；(b) 次數分布多邊圖

數。最後，眾數（mode）很簡單就是最頻繁出現的分數。假使有兩個分數剛好都有最高的發生頻率，該分配就被稱為雙峰分配（bimodal distribution）。

表 3-1 所列的分數中，其平均數是 16.8，其中數和眾數二者是 17。在這個案例上，三種集中量數有很高的一致性。然而，情況不一定都是如此。平均數對極端數值很敏感，假使某一分配有幾個分數不尋常地偏高或偏低的話，這可能造成誤導。考慮一個極端的例子：有 9 個人的年收入是美金 10,000 元，第 10 個人卻是美金 910,000 元。因此，這一組人的平均年收入是美金 100,000 元，但這種收入水準不是該組中任何人的典型情況。反而，中數的年收入美金 10,000 元遠為具有代表性。當然，這是一個極端的例子，但它說明了一個綜合要點：假使分數的分配是偏態（也就是，不對稱）的話，中數才是集中趨勢較良好的指標——相較於平均數。

(三) 變異量數

兩組（或兩組以上）測驗分數的分布可能有相同的平均數，但是在各個分數針對平均數的分散程度上卻有很大差異（參考圖 3-2）。為了描述分散的程度，我們需要一種統計指標，以表達分數在該分配中的變異性（variability）。

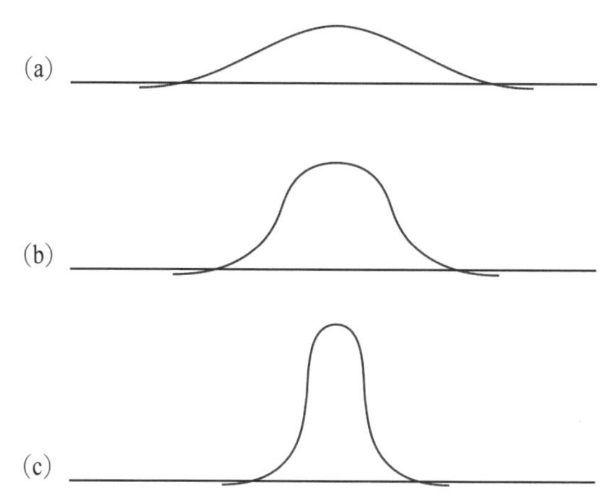

圖 3-2　這三種分配有完全相同的平均數，但不同的變異性

在一組分數中，最常被使用之變異性的統計指標是標準差（standard deviation，簡稱 SD）。從概念的立場來看，讀者需要知道，標準差反映的是一組分數中的分散程度（散布情形）。假使各個分數是緊密聚集在其集中數值附近，標準差便小。事實上，在所有分數都完全相同的極端案例中，標準差正好是零。隨著一組分數變得較為散開，標準差將變得較大。例如，在圖 3-2 中，(a) 分配將有最大的標準差，(c) 分配的標準差則最小。

標準差是被廣泛採用的一種變異量數（measures of variability），它指出各個分數與其平均數之間的平均差距。標準差的計算公式如下：

$$\mathrm{SD}=\sqrt{\frac{\sum(X-\bar{X})^2}{(N)}}$$

在這個公式中，X 代表每個個別分數，$\bar{X}$ 代表平均數，N 代表分數的總數，Σ代表加號。$X-\overline{X}$ 的意思是個別分數減去平均數，也常被稱為離差分數（deviation score），離差分數接著被平方以除去可能的負值。為了計算離差的平均值，這些離差分數的平方值被相加再除以總次數 N。$\sqrt{}$ 表示把所包含的數值開平方根，以抵銷先前的平方。無論如何，當標準差很小時，平均數對整個分配而言是一個有良好代表性的指標。當標準差很大時，平均數對整組分數而言便較不具代表性。

(四) 常態分配

圖 3-1 (b) 所描繪的次數分布多邊圖在形狀上是高度不規則的，這對建立在小樣本規模上的真實世界資料而言是一種典型發現。但假使我們增加常模樣本的大小，也增加等級間距的數量（經由縮減間距的大小）的話，次數分布多邊圖的形狀會發生什麼變化？很可能的情況是，隨著我們增添新的題材到我們的樣本中，分數的分配將會愈來愈密切類似一種兩側對稱、數理上界定之鐘形的曲線，稱之為常態分配（normal distribution）（參考圖 3-3）。

心理學家很喜歡測驗分數的常態分配，即使其他許多分配在理論上也是可能發生的。例如，測驗分數的矩形分配（rectangular distribution，指統計資料中各個間距內次數相等或相近的次數分布情形）是可能發生的情況。實際上，許多外行人甚至可能較喜歡測驗分數的矩形分配，他們是基於平等主義的前提，個別差異從而較不顯著。例如，假使心理測驗符合分數的矩形分配，而不是常態分配的話，有較高比例的人們的得分將是位於優秀的範圍。

那麼，為什麼心理學家較喜歡測驗分數的常態分配，甚至到了挑選測驗題目以有助於在標準化樣本中產生這種分配的地步？這存在幾個原因，包括統計的考慮和實徵的發現。我們在這裡稍微離題以解釋一下心理計量上對常態分配的著迷。

心理學家較喜歡常態分配的一個原因是，常態曲線具有實用的數理特性，形成了幾種統計研究的基礎。例如，假設我們想要決定兩組受試者的平均 IQ 是否有顯著差異，那

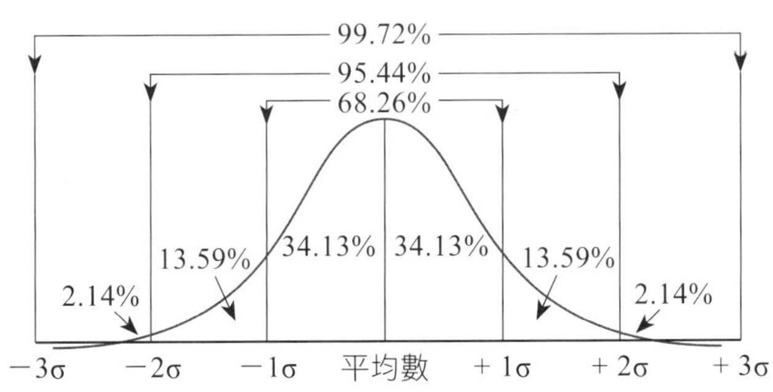

圖 3-3　常態曲線與某個間距內個案的百分比

麼像是關於平均數之間差異的 t 檢驗（t-test）的推論統計將是適宜的。然而，許多推論統計所依據的假設是，基礎母群的分數是常態分配的，或幾近如此。因此，為了促進推論統計的使用，心理學家較喜歡一般人口中的測驗分數是依循常態或接近常態的分配。

較喜歡常態分配的另一個基礎是它的數理準確性。既然常態分配是從數理的角度被精確界定，那麼我們就可能很準確地計算位於該曲線不同部位下方的面積。因此，常態分配的一個實用特性是，落在某一範圍內或超過某一數值的個案百分比可以被準確知道。例如，在常態分配中，僅有 2.14% 的分數將會超過平均數兩個標準差以上（圖 3-3）。以類似方式，我們可以決定有多少分數是落在平均數的上下一個標準差之內——稍多於 68%。

心理學家之所以較喜歡測驗分數的常態分配，第三個基礎是常態曲線通常在本質上是自然產生。事實上，早期研究人員對常態分配的無所不在（ubiquity）留下如此深刻印象，他們實際上界定常態曲線為自然法則。

當然，關於次數分配必須採取的形式，沒有所謂的「自然法則」（law of nature）。儘管如此，當針對大型而異質的樣本的測量被繪製成圖形時，我們確實看到，許多重要的人類特性（包括身體和心理二者）產生極為近似常態曲線的結果。例如，對於像是出生體重、身高及大腦重量等身體特性而言，我們早已清楚它們呈現幾近常態分配的曲線（Jensen, 1980）。

我們在很多心理測驗上也發現近似的常態分配，即使是對於在建構上完全沒有參照常態曲線的測驗而言。為了說明這一點，我們提及早在現行心理計量把注意力放在常態分配之前就已設計出來的早期測驗。魏克斯勒（Wechsler, 1944）為最初的「魏－貝智力量表」挑選題目，主要是依據題目類型的多樣性，完全沒有注意所造成的分數的分布情形。事實上，他認為「心理測量必然根據常態曲線自行分布」的信念是錯誤的。然而，當他把他的測驗上的「全量表智商」的分配製成圖形時，所浮現的正好是接近常態的分配（參考圖 3-4）。當把得自 1923 年「Pintner 能力測驗」的資料繪成圖形時，Lindvall（1967）也發現同樣的事情。因此，我們看到，即使在缺乏心理計量修補的情況下，心理測驗分數在標準化樣本中的分配通常就接近常態曲線。

(五) 偏態分配

偏態分配（skewed distribution）是指次數分配曲線不呈現對稱的鐘形，其峰頂偏向一側的分布形態。假使測驗分數在量表的低端堆積起來（即峰頂左偏的情況），這種分配被稱為正偏態（positive skewness）。在相反的案例中，當測驗分數是在量表的高端堆積起來時（即峰頂右偏的情況），這種分配被稱為負偏態（negative skewness）（參考圖 3-5）。

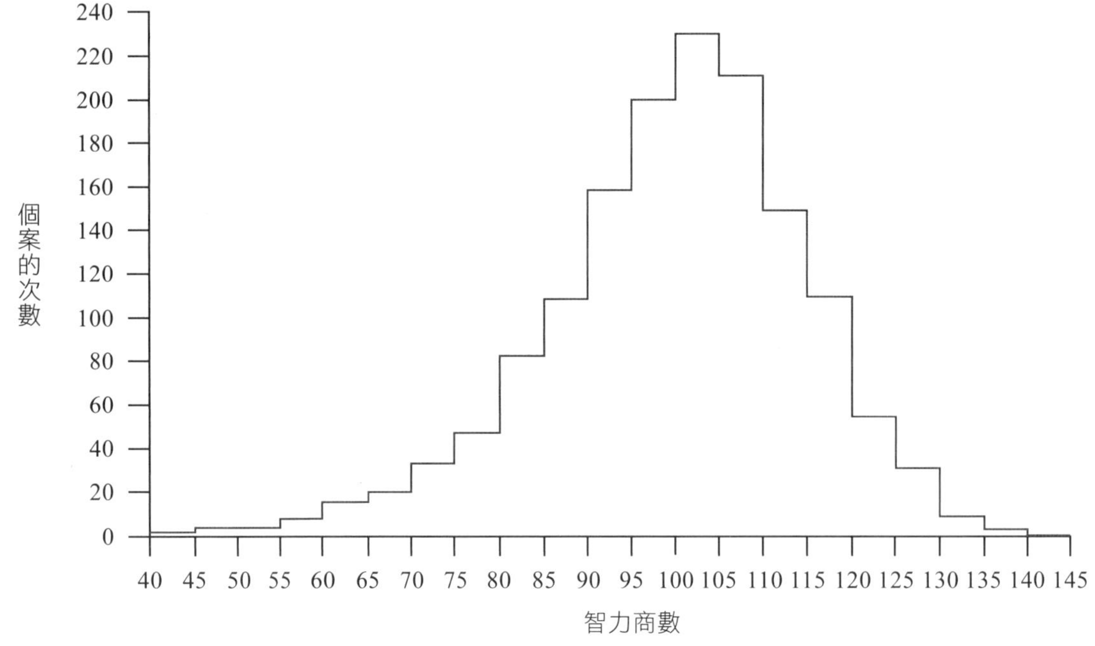

圖 3-4　在魏－貝量表上 1,508 份全量表智商之幾近常態的分配

資料來源：Wechsler. D. (1944).

在心理測驗中，偏態分配通常意味測驗編製者容納太少簡單題目或太少困難題目。例如，當標準化樣本中的分數集結在低端時（正偏態），該測驗很可能包含太少簡單題目，以至於無法在量表的這一端產生有效的鑑別。在這種情況下，受試者獲得零分或接近零分可能實際上在所測量的維度上有所差異。然而，該測驗無法誘出這些差異，因為大部分題目對這些受試者而言太困難了。當然，相反的情況也可能發生。假使分數是集結在高端（負偏態），該測驗很可能包含太少困難題目，以至於無法在量表的這一端產生有效的鑑別。

當初始研究指出一份工具在標準化的樣本中產生偏態的結果時，測驗編製者典型的做法是改良測驗的題目水準。最直接的解決之道是增加題目或改進現存的題目，以便該測驗有較多簡單題目（以減輕正偏態），

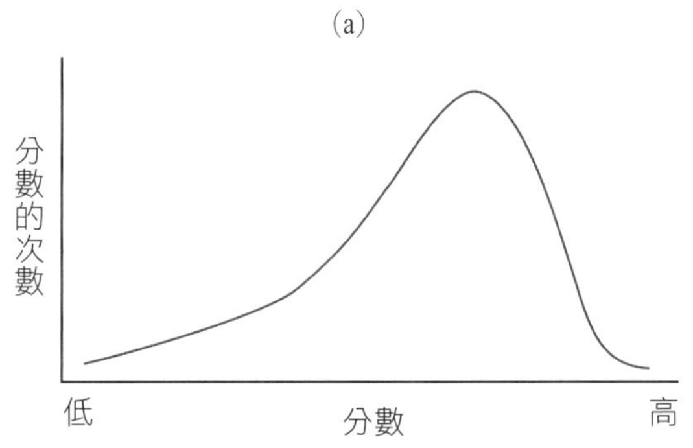

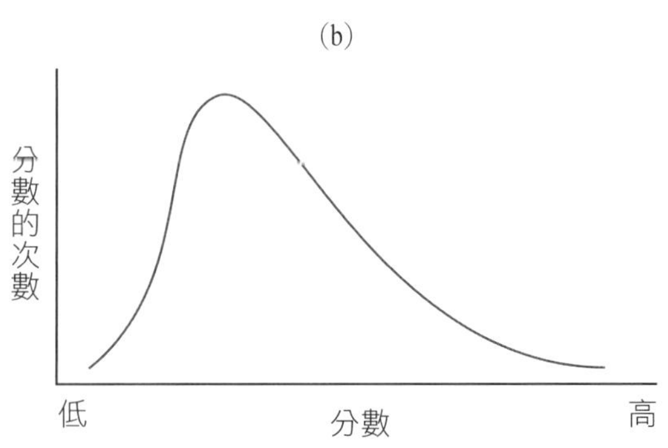

圖 3-5　偏態分配曲線：(a) 負偏態；(b) 正偏態

或有較多困難題目（以減輕負偏態）。假使修正該工具已太晚的話，測驗編製者可以利用統計轉換以有助於產生較為常態分配的分數（參考後面論述）。無論如何，較被喜歡的策略還是修正測驗，以便偏態被減到最低或不存在。

三、原始分數轉換

在理解測驗結果這件事情上，主要就是把原始分數轉換為較容易解讀及有效形式的訊息。在前面關於常態分配的討論中，我們略微提到分數轉換，以之說明關於這樣分配之平均數和標準差的知識如何有助於我們決定個別分數的相對位置。這一節中，我們以較直接方式延續這個主題，介紹幾種原始分數轉換的正式必要條件。

(一) 百分位數和百分等級

百分位數（percentile）所表達的是在標準化樣本中得分低於某一特定原始分數的人數百分比。例如，在表 3-2 所描述的詞彙測驗中，94% 的樣本落在百分位數 94，以 P_{94} 表示。需要注意的是，較高的百分位數表示較高的分數。在極端的案例中，一位受試者所獲得的原始分數凌駕標準化樣本中每一個分數之上，他將是拿到百分位數 100，或 P_{100}。

我們提醒一下讀者，不要把百分位數與「百分之幾正確」混淆在一起。需要記住，百分位數只表示某位受試者相較於標準化樣本的情形，它並不表示正確回答問題的百分比。可以想見，在一份困難的測驗上，50% 正確答題率的原始分數可能換算為百分位數 90、95 或甚至 100。反過來說，在一份簡單的測驗上，95% 正確答題率的原始分數可能換算為百分位數只有 5、10 或 20。

百分位數也可被看作是在一組有 100 個代表性受試者中的等級或位階。1 是作為最低的等級，100 則是最高的等級。需要注意的是，百分等級（percentile ranks）是完全逆轉平常排列位階的程序。百分等級（PR）1 是位於樣本的底層，至於 PR99 則接近頂層。

百分位數 50（P_{50}）對等於中數或最中間的原始分數。百分位數 25（P_{25}）通常被稱作 $Q1$ 或第一個四分位數（quartile），因為有四分之一的分數落在這一點的下方。同樣的道理，百分位數 75（P_{75}）被稱作 $Q3$ 或第三個四分位數，因為有四分之三的分數落在這一點的下方。

百分位數容易計算，直覺上投合一般人所好，即使專業人士也不能免俗。因此，不出意外的，百分位數是在心理測驗上最常遇到的一種原始分數轉換。幾乎任何種類的測驗結果都可被轉達為百分位數，即使當其他轉換才是施測的首要目標時。例如，智力測驗是被用來取得 IQ 分數（一種隨後將會討論的轉換），但是它也提供了百分位數分數。因此，IQ130 對應於百分位數 98，表示該分數不僅遠高於平均數，而且更精確而言是超過 98% 的該標準化樣本。

百分位數分數確實有一項重大缺點：它們扭曲了基礎的測量刻度，特別是在兩端之處。我們舉個具體例子來說明這一點。考慮一個假設性的案例，有 4 個人在某一測驗上分別取得 50、59、90 及 99 的百分位數（記住，我們在這裡所提的是百分位數，而不是正確答題的百分比）。前兩個人有 9 個百分位數點（50 vs. 59）的差距，後兩個人也是如此（90 vs. 99）。未受訓練的工作人員可能錯誤地假定，關於前兩個人在基礎原始分數點上的差距，其數額完全等同於後兩個人的差距。但是，圖 3-6 的檢視揭露了這個假設的謬誤。百分位數 90 與 99 之間在基礎原始分數點上的差距遠大於百分位數 50 與 59 之間的差距。

(二) 標準分數

雖然百分位數是最普遍的一種轉換分數，標準分數代表了最良好的心理計量特性。標準分數利用原始分數的全體分配的標準差作為測量的基本單位。標準分數（standard score）表示在標準差單位上跟平均數的距離。例如，高於平均數正好一個標準差的原始分數將被轉換為 + 1.00 的標準分數。低於平均數正好二分之一個標準差的原始分數將被轉換為 − 0.50 的標準分數。因此，標準分數不僅表示偏離平均數的幅度，而且也表示偏離的方向（正值或負值）。

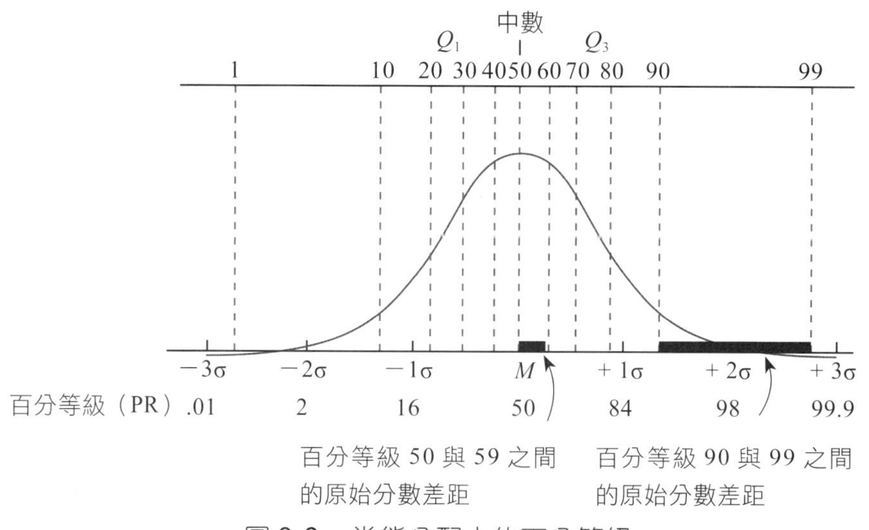

圖 3-6　常態分配中的百分等級

計算受試者的標準分數（也稱為 z 分數）相當簡單：從受試者的原始分數減去常模團體的平均數，然後把所得的差除以常模團體的標準差。表 3-3 以實例說明如何計算三位受試者在一份假設性測驗上廣泛分布能力的 z 分數。

標準分數具有良好的心理計量的特性，因為它們保留了在原來的原始分數中所發現的連續數值之間相對幅度的距離。這表示標準分數的分配具有跟原始分數的分配完全相同的形狀。因此，標準分數的使用不會扭曲基礎的測量刻度。這種轉換測量刻度的保真度（fidelity）是標準分數勝過百分位數和百分等級的主要優勢所在。如先前提過的，百分位數分數（percentile scores）是非常扭曲的，特別是在兩端之處。

我們舉個具體例子來說明標準分數不扭曲的特性。考慮在一份測驗上有 4 個原始分數 55、60、70 及 80；該測驗的平均數是 50，而標準差是 10。前兩個分數有 5 個原始分數點的差距，至於後兩個分數則有 10 個原始分數點的差距——即為前一對分數之差距的兩倍。當原始分數被轉化為標準分數時，所得結果分別為 + 0.50、+ 1.00、+ 2.00 及 + 3.00。讀者可以注意到，前兩個分數有 0.50 個標準分數的差距，至於後兩個分數則有 1.00 個標準分數的差距——即為前一對分數之差距的兩倍。因此，標準分數始終保留了在原來的原始分數中發現的相對幅度的差距。

標準分數分配也具備一些重要的數理特性，而這是在原始分數分配中所不存在的。當某一分配中的每個原始分數被轉換為標準分數時，所產生的大量標準分數始終具有平均數 0 和變異數 1.00。因為標準差是變異數的平分根，標準分數的標準差（$\sqrt{1.00}$）也必然是 1.00。

為什麼要把原始分數轉換為標準分數，原因之一是為了根據共同尺度描述個人在不同測驗上的結果。假使兩份測驗分數的分配具有相同的格式，我們可以透過把原始分數轉換為標準分數而對它們施行直接的比較。例如，假設一位大學新鮮人在空間思維測驗

表 3-3　如何計算在一份假設性測驗上的標準分數

對於常模樣本而言：$M = 50$，SD = 8

標準分數 $= z = \dfrac{X - M}{\text{SD}}$

A 受試者：原始分數 35（低於平均數）

$$z = \frac{35 - 50}{8} = -1.88$$

B 受試者：原始分數 50（正好等於平均數）

$$z = \frac{50 - 50}{8} = 0.00$$

C 受試者：原始分數 70（高於平均數）

$$z = \frac{70 - 50}{8} = +2.50$$

上拿到 125 個原始分數點；這份測驗的常模樣本的平均數是 100 點，SD 是 15 點。此外，再假設他在詞彙測驗上拿到 110 個原始分數點；這份測驗的常模樣本的平均數是 90 點，SD 是 20 點。那麼，他在哪個技能領域顯現較大的性向（能力傾向）呢？空間思維或詞彙？

假使這兩份測驗的常模樣本提出相同格式的測驗分數分配，我們就可以透過把各自原始分數轉化為標準分數而對空間思維和詞彙的分數進行比較。對這位新鮮人而言，他的空間思維標準分數是 + 1.67（(125－100)/15），至於他的詞彙標準分數則是 + 1.00（(110－90)/20）。相對於常模樣本，他顯然在空間思維方面擁有較大的性向——相較於詞彙。

但是，當對得自不同分配的標準分數進行比較時，我們有必要提醒你注意一種情況。假使所涉分配不具有相同的格式，標準分數的比較可能產生很大誤導。我們以圖 3-7 來說明這一點。它描繪了兩個分配，一個顯著偏態，其平均數是 30，SD 是 10；另一個則是常態分配，其平均數是 60，SD 是 8。第一份測驗上的原始分數 40 和第二份測驗上的原始分數 68 二者將被換算為完全相同的標準分數 + 1.00。然而，第一份測驗上的標準分數 1.00 超過 92% 的常模樣本，至於第二份測驗上同等的標準分數只踰越 84% 的常模樣本。當測驗分數的兩個分配不具備相同的格式時，同等的標準分數不表示它們在各自的常模樣本內有足堪比擬的地位。

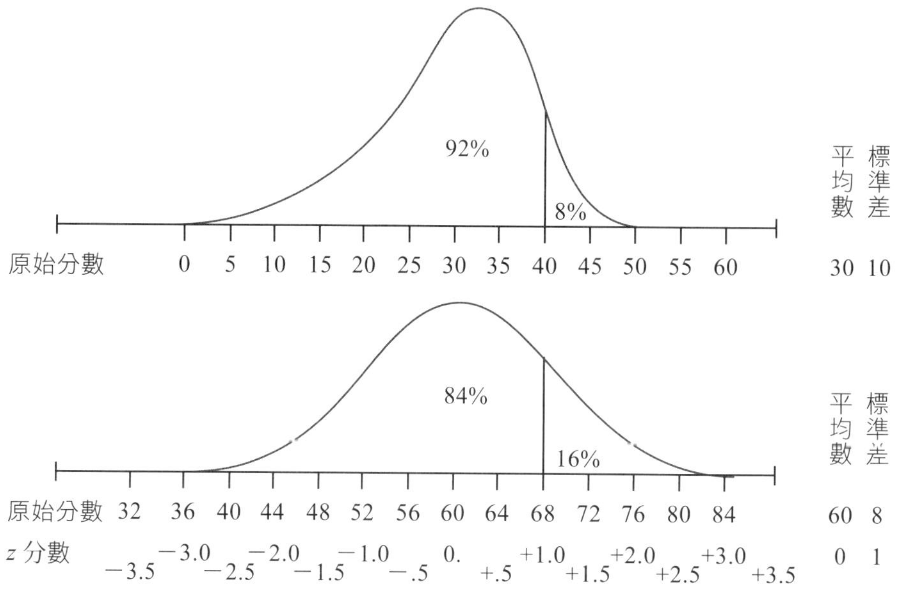

圖 3-7　兩個顯著不同格式的分配，它們的原始分數、*z* 分數與相對位置之間的關係

(三) T 分數與其他標準化分數

許多心理學家和教育學者欣賞標準分數的心理計量特性，但是認為小數和正值／負值符號（例如，$z = -2.32$）是沒必要的擾人事項。為了回應這些關切，測驗專家們已設計一些標準分數的變化形式，它們被統稱為標準化分數（standardized scores）。

從概念的立場來看，標準化分數完全等同於標準分數。這兩種分數包含完全相同的訊息。不但分數分配的形狀不受影響，而且標準分數與標準化分數之間關係的圖表也始終是直線。然而，標準化分數總是以正值的整數（positive whole numbers）（也就是沒有小數或負號）表明。因此，許多測驗使用者較喜歡以這種形式描述測驗結果。

標準化分數排除小數和負號是透過為平均數製造零以外的數值，以及為轉換分數的標準差製造 1.00 以外的數值。轉換分數的平均數可以被設定在任何方便的數值，諸如 100 或 500，而標準差則設定在比如 15 或 100。關於標準化分數，重點是在於我們能夠以預先決定的平均數和標準差把任何分配換算為我們所喜歡的尺度。

一種受到歡迎的標準化分數是 T 分數（T score），它的平均數是 50，而標準差則為 10。T 分數尺度特別常見於人格測驗。例如，在 MMPI 上，每個臨床量尺（例如，憂鬱、妄想）被轉換為某一共同的尺度，即對於該常模樣本而言，其平均數是 50，標準差則為 10。

為了把原始分數轉換為 T 分數，我們使用下列的公式：

$$T = \frac{10(X - M)}{\text{SD}} + 50$$

當然，$\frac{(X - M)}{\text{SD}}$ 的算式等同於 z。因此，我們可以把 T 分數的公式重寫為 z 分數的一種簡易轉換：

$$T = 10z + 50$$

對任何原始分數的分配而言，對應的 T 分數將具有平均數 50。此外，對大部分分配而言，絕大多數的 T 分數將落在數值 20 與 80 之間；也就是說，落在平均數的上下三個標準差之內。當然，位於這個範圍之外的 T 分數完全是可能的，且或許在一些特殊人口中更可能發生。在臨床背景中，我們在像是 MMPI 的人格測量表上不難觀察到非常高的 T 分數——甚至高達 90。

標準化分數可被量身訂作以產生任何的平均數和標準差。然而，為了排除負值的標準化分數，預先選定的平均數應該至少達到標準差的 5 倍大。在實施上，測驗編製者依賴一些偏好的數值作為標準化分數的平均數和標準差。如表 3-4 中所略述的。

(四) 常態化標準分數

如先前提過的，心理學家和教育學者較喜歡處理常態分配，這是因為常態曲線的統計特性已為人所熟知，而且得自這些分配的標準分數可以被直接比較。或許讀者感到好奇，當測驗編製者發現他們的測驗在常模樣本中產生不對稱的分數分配時，他們有什麼求助的管道。幸好，當分數的分配呈現偏態，或以其他方式不屬於常態時，它們可以被轉換或常態化以符合常態曲線。雖然測驗專家們已設計幾種方法，以便把非常態分配轉化為常態分配，我們將只討論最通行的一種途徑——把百分位數變換為常態化標準分數（normalized standard scores）。但說也奇怪，假使我們首先描述倒轉的過程，即標準分數如何轉換為百分位數，我們才較容易解釋這一種途徑。

我們已提過，原始分數的常態分配具有（就定義上而言）清楚之數理上界定的形狀（參考圖 3-3）。此外，我們也指出，隨著一組原始分數被轉換為標準分數，原先的分配形態仍被保持不變。因此，假使一群原始分數是常態分配，所導致的標準分數也將服從常態曲線。

我們也知道，常態分配的數理特性是可被精確計算。不用深入逐項的計算，我們了然於胸地就能決定有多少百分比的個案落在任何特定標準分數之下。例如，在圖 3-6 中，標準分數 −2.00（標示為 -2σ）超過 2.14% 的個案。因此，標準分數 −2.00 對應於百分位數 2.14。同樣的道理，任何想得到的標準分數可以根據它對應的百分位數加以表明。附錄 D 列出了標準分數和另幾種轉換分數的百分位數。

為了製造常態化標準分數，這需要透過另一方向的運作加以完成。換句話說，我們利用每個原始分數的百分位數以決定它對應的標準分數。假使我們對某一非常態分配中的每一個個案都做到這一點，所導致之標準分數的分配就將是常態分配。需要注意的是，在這樣的常態化標準分數的分配中，標準分數不是根據平常的計算公式直接地計算出來；反而，它們是被間接地決定，即首先計算百分位數，然後確定對等的標準分數。

關於不守常規的測驗資料的問題，轉化百分位數為常態化標準分數可能看起來是一種理想的解決之道。然而，這有一種潛在的重大缺失：常態化標準分數是原始分數的一種非直線轉換（nonlinear transformation）；因此，在原始分數上建立起來的數理關係可

表 3-4 常見一些標準化分數的平均數和標準差

測量的類型	具體的實例	平均數	標準差
全量表 IQ	WAIS-III	100	15
IQ 測驗分量表	詞彙、積木造形	10	3
人格測驗量尺	MMPI-2 憂鬱，妄想	50	10
性向測驗	研究生入學考試，學術評鑑測驗	500	100

能不適用於常態化標準分數。在顯著偏態的分配中，甚至可能發生一種情況，即某一原始分數顯著低於平均數，但轉換為常態化標準分數後卻是高於平均數。

實際上，常態化標準分數被吝惜使用。只有當常模樣本很大而具代表性，而且原始分數分配只是輕度非常態時，這樣的轉換才是適宜的。順便一提，這些非常態的分數分配的最可能起因是測驗題目中不適當的難易程度，諸如太多困難或簡單的題目。

但這裡有個左右為難的困境，因為輕度非常態的分配當被常態化時所發生的變動不大，所以在這過程中的增益很小。很具諷刺性的是，常態化標準分數隨著顯著非常態的分配產生最大的變動。然而，當原始分數分配是顯著非常態時，測驗編製者被建議最好是從頭做起，調整測驗題目的難易程度以便產生常態的分配，而不是屈服於常態化標準分數之不完整的統計困境。

(五) 標準九分數

最後，我們簡要提及另幾種原始分數轉換，但主要是基於歷史興趣。標準九（stanine）量表是美國空軍在二戰期間研發出來的一種心理測驗記分方式。在標準九量表中，所有原始分數被轉化為單一數字的評分系統，從 1 以迄於 9。標準九分數的平均數始終是 5，其標準差則約略為 2。從原始分數轉換為標準九分數的程序相當簡易，首先把原始分數從最低排列到最高，最底層 4% 的分數轉化為標準分數 1，接下來的 7% 轉化為標準分數 2，再次的 12% 分數為 3，再次的 17% 分數為 4……（參考表 3-5）。從標準九分數上可以看出某一原始分數在團體中的地位，但是它基本上是一種很概略性的分數，當時（1939-1945）主要是為了配合電腦打卡上方便，目前在心理測驗上已漸少被派上用場。

統計學家曾經針對標準九分數的主題提議幾種變化形式。Canfield（1951）提出 10－單位的 sten 量表，各有 5 個單位高於和低於平均數。Guilford 和 Fruchter（1978）提出 C 量表，它由 11 個單位所組成。雖然標準九分數至今在團體成就測驗和諮商方面仍被使用，但像是 sten 量表和 C 量表等變化形式不曾激起測驗編製者們的太大興趣。

表 3-5　常態曲線百分比與標準九分數之轉換

百分比	4	7	12	17	20	17	12	7	4
標準九	1	2	3	4	5	6	7	8	9

(六) 建立在統計上之常模的摘要

我們已多次提到，標準分數、*T* 分數、標準九分數及百分位數很容易就能被互相轉換，特別是如果原始分數的基礎分布是常態分配的話。事實上，分數以怎樣形態被報告出來，這大致上是約定俗成（convention）和個人偏好的事情。例如，WAIS-III IQ 115 分也可以被報告為標準分數 + 1.00、*T* 分數 60，或百分等級 84。所有這些結果傳達完全相同的訊息。WAIS-III IQ 115 分也可被表明為標準九分數 7。然而，值得一提的是，當分數被報告為標準九分數時，有些訊息已流失了。你可以發現，IQ 位於 111 到 119 之範圍內分數都被轉化為標準九分數 7。因此，假使我們只被告知，當事人在一份智力測驗上獲致第 7 級的標準九分數，我們還是不知道確切的 IQ 當量（IQ equivalent）。圖 3-8 摘要了最常被使用的一些建立在統計上的常模之間存在的關係。

這結束了我們對許多技術的簡要介紹，透過這些技術，得自常模樣本的測驗資料可被統計上摘要及轉換。但是，我們絕不要忽略這些統計轉換的最優先目的，也就是協助測驗使用者理解當事人的分數相較於適宜之對照組的情形。

但是，什麼是適宜的對照組？常模組的受試者應該具備怎樣的特徵？我們如何著手挑選這些受試者？我們需要多少受試者？這些是重要的問題，它們對測驗結果之適切性

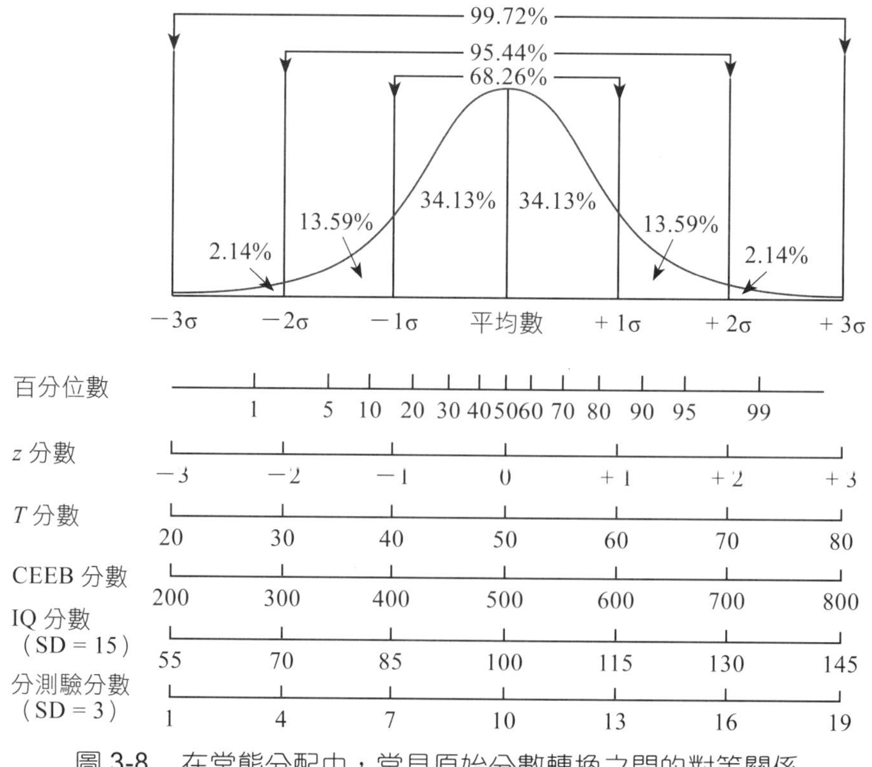

圖 3-8　在常態分配中，常見原始分數轉換之間的對等關係

的影響完全不輸給適當的題目挑選和標準化的施測程序。在接下來的篇幅中，我們將檢視跟挑選常模組有關的一些程序。

四、挑選常模組

當挑選常模組時，測驗編製者致力於取得該測驗所預定測量的母群（population，或總體）之具有代表性的橫斷面（Petersen, Kolen & Hoover, 1989）。理論上，取得具有代表性的常模組（norm group）是很直接而簡單的事情。考慮一份學術成就測驗，它預定施行於全美國的 6 年級學童。這表示有關聯的母群將是從東海岸到西海岸（即美國本土）和在阿拉斯加及夏威夷的所有 6 年級學生。為了取得這些可能受試者之具有代表性的橫斷面，我們能夠以電腦化隨機抽樣的方式從數以百萬計有資格的學童中挑選 10,000 個左右的人選。每個學童將有同等的機會被挑選出來接受測驗；這也就是說，挑選策略將是單純的隨機抽樣（random sampling）。這樣一種樣本的結果將形成常模資料的理想來源。當擁有大規模的隨機樣本時，我們才較有把握，各種各樣的族裔背景、社會階級、地理位置、都市 vs. 鄉下環境等因素將會在該樣本中被依適當比例地代表。

在真實世界中，取得常模樣本絕不像前面略述的假設性案例那般簡單而明確。研究人員可能沒有美國每一個 6 年級學生的完整名單；即使握有名單，測驗編製者不能強迫每一位隨機挑選的學童一定要參加該測驗的標準化。成本也是另一項考量。我們需要僱用不少心理測量人員以對常模組實施測驗。測驗編製者可能乾脆選擇幾百個代表性受試者，而不是更大的數量。

為了有助於確保較小常模組在該測驗所預定的母群中具有真正的代表性，測驗編製者經常採用分層隨機抽樣法（stratified random sampling）。這種方法是根據一些重要的背景變項（例如，年齡、性別、種族、社會階級、教育水準）使得所涉母群階層化（即進行分類），然後從每個階層中隨機挑選適當百分比的人數。例如，假使所涉母群中有 12% 是黑人，那麼測驗編製者可以隨機挑選受試者，但有一項限制，即有 12% 的常模組也應該是黑人。

實際上，很少測驗編製者在挑選常模組的過程中會完全效法隨機抽樣或分層隨機抽樣。較為典型的情況是誠信地致力於挑選一個多樣化而具代表性的樣本，像是從優勢及弱勢的學校、從少數族群及白人的住宅區、從大城市及小城市，以及從美國北部、東部、中部及南部的社區中進行挑選。因此，假使這個樣本收納了跟全國人口普查大約相同百分比的少數族群、城市居民，以及上層及下層階級的家庭，那麼測驗編製者才對常模組的代表性感到有信心。

最後，我們需要提醒讀者，心理測驗的常模不是絕對、普遍一致或毫無時間限制的。它們是相對於一個歷史年代，也相對於它們所衍生之特定的常模母群。我們稍後將會以實例說明常模統計之「朝生暮死」的本質——當我們顯示一份重要的 IQ 測驗如何在 1974 年建立的常模中取得全國的平均數 100，卻在 1988 年的常模中讓位給全國的平均數 107。即使常模是經過審慎的挑選，而且也建立在大規模樣本上，它們可能在十年之中就變得過時——有時候更短些。

(一) 年齡與年級常模

隨著我們年齡增長，我們以某種程度發生變化，不論是好是壞。這種情形特別明顯發生在兒童期，那時候的心智技能從一個月到下個月就有很明顯的增進。在成年期，個人變化較為緩慢，但仍然可以辨別。例如，我們預期成年人隨著每個流逝的十年將會顯現更為成熟的詞彙水準（Gregory & Gernert, 1990）。

年齡常模（age norm）描述在常態樣本中每個各別年齡組的測驗表現水準。年齡常模的目的是在促進同一年齡的比較。當擁有年齡常模時，某一受試者的表現就可以根據它跟同一年齡之標準化受試者的關係加以解讀。常模年齡組的年齡廣度（age span）有很大變動，它可以從一個月到十年或更久些，取決於測驗表現之年齡依賴（age-dependent）的程度。對於隨著年齡而快速變遷的特性而言（諸如兒童期的心智能力），測驗編製者可能為窄幅界定的年齡階層報告各別的測驗常模，諸如 4 個月的間距。這使得主試者能夠拿 5 歲又 2 個月大（年齡 5-2）兒童的測驗結果跟從年齡 5-0 以迄於年齡 5-4 之常模樣本的兒童進行比較。對照之下，成年人的特性變遷較為緩慢，測驗編製者只要以 5 或 10 年的年齡間距報告常模資料就足夠了。

年級常模在概念上類似於年齡常模。年級常模（grade norm）描述在常態樣本中每個各別年級的測驗表現水準。年級常模很少使用在能力測驗上。然而，當報告學童的成就水準時，這些常模在學校環境中特別具有益處。因為許多內容領域上的學業成就相當依賴以年級為基礎的課程接觸；因此，採用得自同一年級的常模樣本來對照一位學生的水準是較為適宜的做法——相較於採用以年齡為基礎的比較。

(二) 區域常模與子群常模

為了多方面用途，區域常模或子群常模被發展出來以配合某一測驗的特殊目的。區域常模（local norms）是從具有代表性的地區受試者推衍出來，以之對比於全國性樣本。同樣的，子群常模（subgroup norms，也稱次團體常模）是由從某一被識別的次團體（黑人、拉丁美洲裔、女性）取得的分數所組成，以之對比於多樣化的全國性樣本。

作為區域常模之運作中的例子，對於一所專科學校的入學行政主管而言，因為學校所吸引的主要是鄰近地區的居民，他可能在學術成就測驗上偏向於參考全州性的常模，而不是全國性的常模。

就一般情形而言，每當某一被識別的次團體在測驗上的表現可被發現優於或劣於較廣泛界定的標準化樣本時，那麼或許就有必要建構補充的子群常模。次團體的塑成可能是針對性別、族裔背景、地理區域、都市 vs. 鄉下環境、社經階級及其他許多因素。

至於區域常模或子群常模是否具有效益，這視測驗的目的而定。例如，預測兒童在非學校環境中的勝任能力方面，標準化智力測驗的族裔常模可能優於以全國為基礎的常模。然而，族裔常模可能無法預測兒童在主流公立學校的教育方案中是否將會表現良好（Mercer & Lewis, 1978）。因此，區域常模和子群常模必須被謹慎地使用。

(三) 期望表

常模可以採取的一種實用形式是期望表。期望表（expectancy table）描繪測驗分數與在某一有關作業上的預期結果之間已建立的關係（Harmon, 1989）。隨著預告（predictor）測驗被用來預測明確界定的效標（criteria），期望表特別具有實用性。例如，期望表可以描述學術性向測驗的分數（預告）與後來的大學計點平均成績（grade point average, GPA）（效標）之間關係。

期望表始終是建立在針對大型樣本之受試者的居先預告和效標結果上。至於以這種方式把常模訊息製成表格，它的實用價值是新的受試者可以獲知或然率的預告——關於他們在效標上可能的表現水準。例如，我們讓高中生受試者接受學術性向測驗，我們就可以告訴他們，他們將會獲致某一特定大學計點平均成績的統計或然率。大學計點平均成績（GPA）是把學生成績的等級數值（如 F = 0，D = 1，C = 2，B = 3，A = 4）乘以學科的學分數，所得總值除以總學分數就得到成績點數的平均值。這是一種計算大學學業成績的評分方法。

建立在 7,835 位原先高中生受試者的樣本上，這些高中生隨後進入一所重要的大學，表 3-6 的期望表提供了他們在大學 1 年級獲致特定成績的或然率——也就是大學成績跟美國大學入學檢定（American College Testing, ACT）考試之間的依存關係。美國高三學生通常都需要接受 ACT 考試，假使他們有進入大學的意願的話。表 3-6 的第一欄顯示 ACT 考試分數，劃分為 10 個組距。第二欄提供得分落在每個組距內的學生數目。其餘每個直行中的記載顯示在每個測驗分數組距內有多少百分比的學生後來拿到所標示範圍內的大學 GPA。例如，總共有 117 位學生在 ACT 上的得分位於 31 到 33 點之間，其中只有 2% 在大學 1 年級拿到的 GPA 低於 1.50，另一方面有 64% 拿到最高的 3.50 到完美的 4.00 的優秀成績。在另一極端上，總共有 102 位學生在 ACT 上的得分低於 10

表 3-6 顯示 ACT 綜合分數與大學第一年的 GPA 之間關係的期望表——以某一所重要州立大學的 7,835 位學生為樣本

ACT 測驗分數	個案的數目	計點平均成績（GPA）（4.00 尺度）					
		0.00-1.49	**1.50-1.99**	**2.00-2.49**	**2.50-2.99**	**3.00-3.49**	**3.50-4.00**
34-36	3	0	0	33	0	0	67
31-33	117	2	2	4	9	19	64
28-30	646	10	6	10	17	23	35
25-27	1,458	12	10	16	19	24	19
22-24	1,676	17	10	22	20	20	11
19-21	1,638	23	14	25	18	16	4
16-18	1,173	31	17	24	15	11	3
13-15	690	38	18	25	12	6	1
10-12	332	54	16	20	6	3	1
低於 10	102	60	20	13	8	0	0

資料來源：Courtesy of Archie George, Management Information Services, University of Idaho.

點，整整有 80%（60% 加上 20%）在大學 1 年級拿到的 GPA 低於 2.00。

當然，期望表沒有預先註定新的受試者將會在效標上有怎樣的表現。在個別的情形下，我們可以想像，一位低 ACT 得分的學生可能擊敗或然率而拿到 4.00 的大學 GPA。儘管如此，較常發生的情形是，新的受試者發現期望表提供普遍準確之關於效標表現的預告。

但是，在一些例外的情況中，期望表可能變得不準確。期望表總是建立在一個大型而具代表性樣本的受試者的先前表現上，這些受試者的測驗表現和效標結果所反映的是現存的社會條件及機構政策。假使條件或政策發生變動，期望表可能變得過時而造成誤導。考慮圖 3-9 的期望表，它描述完成國中學歷的或然率——隨著 7 年級學生的 IQ 而產生變動（Dillon, 1949，引自 Matarazzo, 1972, p.283）。需要注意的是，在 1940 年代，對於 IQ 低於 85 分的 7 年級學生（即國中 1 年級）而言，只有 4% 繼續完成國中教育。然而，自 1940 年代以來，社會政策和學校環境已發生變動。現今極為強調對殘疾學生的特殊及專業性服務，把目標放在維持就學及最終畢業上。如此一來，圖 3-9 的期望表當然就不再適用當今低 IQ 的 7 年級學生——那將是對他們畢業率過度悲觀地低估。

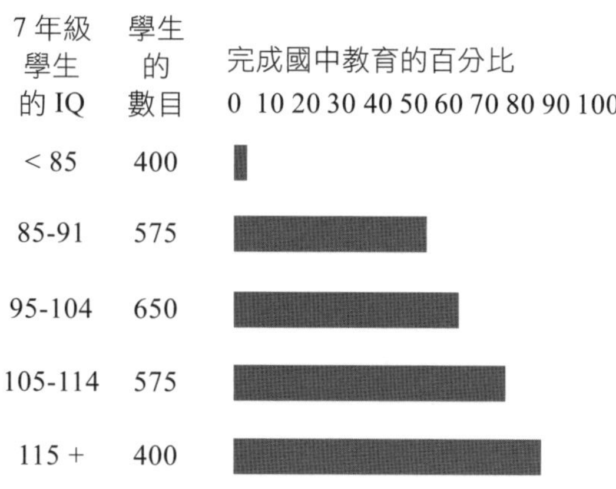

圖 3-9 國中畢業的期望值——隨著 7 年級 IQ 而產生變動

資料來源：Dillon, H. J. (1949).

五 標準參照測驗

我們在結束這個單元上將簡要提及常模參照測驗的一種替代方案，也就是標準參照測驗（criterion-referenced tests，也稱效標參照測驗）。這兩種測驗有許多相異之處，包括它們預定的目的、它們挑選內容的手法，以及它們解讀結果的過程（Berk, 1984; Bond, 1996; Frechtling, 1989; Popham, 1978）。

常模參照測驗的目的是對受試者進行分類，從低分排列到高分，沿著能力或成就的連續譜。因此，常模參照測驗採用某一具有代表性樣本的人們（即常模組或標準化樣本）作為它的解讀架構。主試者以這種方式對人們進行分類，他們可能是想要在補救或資優方案中甄選適合的人選接受專門化的課程或安置。在教室環境中，教師可能利用常模參照測驗以指派學生到不同的閱讀水準，或到不同的數學教學組（Bond, 1996）。

當常模參照測驗被用來沿著某一連續譜對學生進行排序以便相互比較之際，標準參照測驗則被用來比較受試者在預先界定的成績標準上的成就。例如，考慮在一個假設性的學校體系中，4 年級學生被期待應該學會成對的兩位數的加法運算（例如，23 + 19 = 42）。當學生在 15 分鐘的時限內從事 10 個這樣的加法題目時，成績標準被設定在 80% 的準確率。因此，任一位 4 年級學生的測驗結果將被描述性地表明為特定的百分比（例如，70%）。然後，我們就可以拿這份結果跟預訂的「標準」（standard）進行比較，從而判定是否達到預訂標準；但是，這份結果並不跟其他「學生」進行比較。事實上，所有學生都超過標準是完全有可能的事情（且甚至是被期待的）。

標準參照測驗代表視野的一種基本轉移。焦點是放在受測者能夠做些什麼，而不是放在跟他人表現水準的比較上。因此，標準參照測驗鑑定受試者對於具體而預定的能力相對的勝任（掌握）程度。這些性質的測驗逐漸地在教育系統中盛行；在那裡，它們被用來評估學生在每個年級水準被期待學會的學業技能上掌握得多好。這份訊息接著為如何協助那些落後的學生提供了基礎。此外，標準參照測驗之整體系統的結果可被用來評估各種課程，以之決定各個學校在該課程的教學上表現如何。

常模參照測驗與標準參照測驗之間的一項重大差異是測驗內容被選取的手法。在常模參照測驗中，題目經過挑選，以便它們沿著所測量的維度在作答者間提供最大的區辨（鑑別）。在這個架構內，明確界定的心理計量原理被用來檢定出理想的題目——根據難易程度、與綜合分數的相關及其他特性。對照之下，在標準參照測驗方面，內容的選取是根據它在該課程中的關聯性及適切性。這涉及教育人員和在教育事業中其他有利害關係人士的判斷及共識。在表 3-7 中，我們摘要及比較標準參照測驗與常模參照測驗的一些區別的特性。

標準參照測驗最適合於在教育環境中檢測基本學業技能（例如，閱讀水準、計算技能）。然而，這些性質的工具大致上不適宜於檢測較高級能力，這是因為難以為這樣的內容領域明確地陳述具體的目標。考慮一個特定的個案：我們如何為專家電腦程式設計編製標準參照測驗呢？我們很難提出具體而特定的一些行為是所有專家電腦程式設計師都擁有的；因此，我們幾乎不可能為這種高級技能建構標準參照測驗。Berk（1984）論述了在建構及評估標準參照測驗上的一些技術問題，有興趣的讀者不妨參考之。

表 3-7　標準參照測驗與常模參照測驗的區別特性

維度	標準參照測驗	常模參照測驗
目的	根據某一標準來比較受試者的表現。	比較受試者彼此之間的表現。
題目內容	狹窄領域的技能，具有真實世界的關聯性。	廣泛領域的技能，具有間接的關聯性。
題目選取	大多數題目具有類似的難易程度。	題目在難易程度上廣泛變異。
分數的解讀	分數通常被表明為百分比，具有預定的通過（及格）水準。	分數通常被表明為標準分數、百分位數或年級當量。

主題 3B

信度的概念

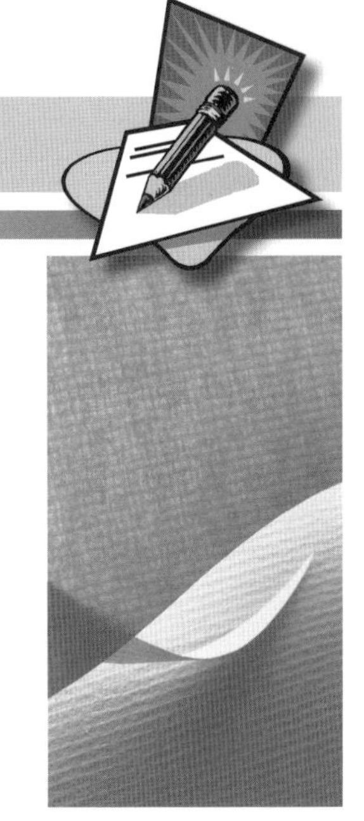

一、古典測驗理論與測量誤差的來源
二、測量誤差的來源
三、測量誤差與信度
四、信度係數
五、相關係數
六、相關係數作為信度係數
七、信度作為時間穩定性
八、信度作為內部一致性
九、信度估計上的特殊情況
十、信度係數的判讀
十一、信度與測量標準誤

信度（reliability）指稱測量上一致性的屬性。然而，信度很少是全有或全無（All-or-none）的事情；較常見的情形是，它是程度的問題。極少身體或心理特性的測量是完全一致的，甚至是從這一刻到下一刻。例如，某個人以很快而連續的方式踏上體重計兩次，他可能發現第一次的體重顯示 145.5 磅，第二次卻顯示 145.75 磅。同一個人可能接受兩份被認為相等形式（複本）的 IQ 測驗，在第一份拿到 114 分，卻在第二份拿到 119 分。同樣的，當事人接受連續兩次反應速度的測量——每當 X 字母出現在微電腦屏幕上，就儘快按下某個鍵——他可能在第一次嘗試取得反應時間 223 毫秒，卻在下一次嘗試中取得 341 毫秒。我們從這些實例中看到一種一致性（consistency），即每對測量不是完全隨機的，但是不同程度的不一致性也顯而易見。就短時間而言，體重的測量是高度一致的、智力測驗分數是適度穩定的，但簡單的反應時間則多少變動不定。

信度的概念最好被視為一種連續譜，其範圍從極低的測量一致性（例如，簡單的反應時間）以迄於幾近分毫不差之測驗結果的可重複性（例如，體重）。大部分心理測驗落在這兩個極端之間的某處。關於測驗，它的信度需要達到可被接受的程度，這不僅是純學理的事情。畢竟，你把重要的決定建立在不能重複的測驗結果上，這是一件愚蠢而不道德的事情。

心理計量學家已設計幾種統計方法以估計測量的信度水準。我們也將討論如何計算這樣的信度係數。但是，我們首先檢視一個較基本的議題以有助於澄清信度的意義，即什麼是心理測驗結果之一致性和不一致性的來源？

一 古典測驗理論與測量誤差的來源

這裡所介紹的測量理論被稱為古典測驗理論，因為它是從測驗理論家自測驗的初始起所提出的簡單假設所發展出來。這個探討途徑也被稱為「真正分數與誤差分數的理論」，其原因我們下面將會說明。斯皮爾曼（Charles Spearman, 1904）為這個理論打造了基礎，而該理論隨後受到當代心理學家們的擴展及修訂（Feldt & Brennan, 1989; Gulliksen, 1950; Lord & Novick, 1968; Kline, 1986）。古典測驗理論在遍及大部分的 20 世紀中是測驗發展的基礎。因此，我們以這個模式展開我們的討論。

古典測量理論（classical theory of measurement）的基本出發點是，測驗分數起因於兩個因素的影響力：

1. 促成一致性的因素。這些完全是由當事人的穩定屬性所組成，也是主試者正試圖測量的東西。
2. 促成不一致性的因素。這些包括了當事人、測驗或情境的特性，儘管這些特性與打算測量的屬性無關，但仍然影響了測驗分數。

讀者應該清楚，第一個因素是合意的，因為它代表所涉屬性的真正數量；至於第二個因素則代表無法避免的麻煩事項，這些誤差因素促成了測量的不準確性。我們可以表明這個概念分析為簡易的等式：

$$X = T + e$$

在這個等式中，X 是實得分數（obtained score），T 是真正分數（true score），至於 e 代表測量誤差（errors of measurement）。

因此，測量上的誤差代表實得分數與對應的真正分數之間的落差：

$$e = X - T$$

需要注意的是，在上面的等式中，測量誤差 e 可以是正值或負值。假使 e 是正值，實得分數 X 將是高於真正分數 T。反過來說，假使 e 是負值，實得分數 X 將是低於真正分數 T。雖然我們不可能排除所有的測量誤差，測驗編製者確實致力於把這種心理計量的麻煩事項減至最低——透過審慎注意下一節所敘述的測量誤差的來源。

最後，我們有必要強調，真正分數從來無法獲知。如讀者將發現的，我們可以獲知真正分數座落在某一間距內的或然率，我們也可以推衍出真正分數的最佳估計值。然而，我們從來無法確切地知道真正分數的數值。

二、測量誤差的來源

如公式 $X = T + e$ 所指出的，測量誤差 e 是構成實得測驗分數的因素中，除了真正分數外的任何因素。測量誤差可以起因於無數的來源（Feldt & Brennan, 1989）。Stanley（1971）提供了一份極為透徹的表單。我們在這裡將只略述最重要和最可能的一些促成因素：題目挑選、測驗實施、測驗評分，以及測量的系統性誤差。

(一) 題目挑選

測量誤差的來源之一是工具本身。測驗編製者必須從潛在無限測驗問題的題庫中決定有限數量的題目。哪些題目應該被編入？它們又如何以文字表達呢？題目挑選是測量之準確性的關鍵所在。

雖然心理計量學家致力於取得代表性的測驗題目，但是為某一測驗選取之特定的一組題目可能不是對所有人士都同樣公平。我們舉個假設性而故意偏激的例子來說明這一點：即使一位學生做好齊全的準備，但是在強調教科書中不顯眼的附註的一份課堂測驗中，他仍然可能不及格。對照之下，另一位學生缺乏良好準備，但是他頗具好奇心，他只研讀附註部分，他卻可能在這樣的考試中表現優良。這兩個人的分數反映了重大數量的測量誤差。這裡應該謹記的是，真正分數是指當事人真正而實際知道的。對第一位正直而認真的學生而言，實得分數將是遠低於真正分數——因為重大程度的負測量誤差（negative measurement error）。對第二位誤打誤撞的學生而言，實得分數將是遠高於真正分數，由於正測量誤差之故。

當然，在周全設計的測驗中，源自題目抽樣的測量誤差將被減到最低。然而，測驗始終是一份樣本，它絕不是當事人的知識或行為的全部內容。因此，題目挑選在心理測驗中始終是測量誤差的來源。心理計量學家所能做的就是把這種不想要的麻煩事項減至最低——經由慎重地注意測驗建構的議題。我們將在主題 4B「測驗建構」中討論題目挑選的技術層面。

(二) 測驗實施

雖然施測者通常會提供最適宜而標準化的測試環境，但是測量誤差的許多來源仍然可能起因於施測的條件。一般環境條件可能對測量的準確性產生不利的影響力，這方面實例包括不舒適的房間溫度、昏暗的光線及過度的噪音。在某些情況下，我們不太可能預料怎樣測試情境的性質將會促成測量誤差。考慮這個實例：一位原本平淡無奇的大學生正確地答對一個不太廣為所知的常識題目，也就是「誰寫作了《坎特布里故事集》（*Canterbury Tales*）？」當稍後詢問他是否閱讀過任何喬叟（Geoffrey Chaucer，14 世紀英國詩人，前述故事集即為他的代表作）的著作時，這位學生回答，「沒有，但是你背後的書架上正好就擺有這本書。」

受測者在焦慮、動機、注意力及疲勞程度上剎那間的起伏也可能引進測量誤差的來源。例如，受試者在前一晚睡眠不良，這可能使他缺乏專注力而導致讀錯或誤解問題。當學生因為暫時的情緒苦惱而分散注意力時，他可能發生疏忽而在答案卷的錯誤欄位上應答。

施測者也可能在測驗施行的過程中促成測量誤差。在口頭施行的測驗中，施測者無意中的點頭可能使得受測者認為他走在正確的方向上，從而引導受測者到正確的答案上。反過來說，急躁而粗魯的施測者可能使得受測者心生膽怯，否則他可能自發地找出正確解答。

(三) 測驗評分

除了機器計分的多項選擇題外，一般心理測驗所採取的格式通常需要某種程度的判斷以便為答案指派點數。幸好，大部分測驗為每個問題的答案設立明確界定的標準。這些準則有助於把評分上主觀判斷的影響減至最低（Gregory, 1987）。然而，在評估投射測驗或論述式問題上，評分的主觀性作為測量誤差的來源之一可能帶來重大麻煩。關於投射測驗，Nunnally（1978）指出，投射施測者可能長期下來在評分標準上發生進化式的演變，隨著每次接觸，他們逐漸視特定類型的反應為愈來愈病態。

(四) 系統性的測量誤差

先前所討論之不準確性的來源被集體地稱為「非系統性測量誤差」，這表示它們的效應是不可預測及不一致的。然而，還有另一類型的測量誤差，它在心理計量機器中構成了真實的鬼魂。在測驗編製者不知情的情況下，當某一測驗一致地測量到它所預定的特質之外的某些事物時，這便是發生了系統性測量誤差（systematic measurement error）。例如，假設某一量表打算測量社交內向，但是也不經意地以一致的方式牽涉焦慮。在這種情況下，描述觀察分數、真正分數與測量誤差的來源之間關係的等式將是：

$$X = T + e_s + e_u$$

在這個等式中，X 是實得分數，T 是真正分數，e_s 是出於焦慮次成分的系統性誤差，

而 e_u 則是先前所敘述之非系統性測量誤差的集體效應。

因為就定義而言，系統性測量誤差的存在最初是未被察覺的，所以它們可能在心理測驗的編製上構成重大的麻煩。然而，假使心理計量學家採用在主題 4B「測驗建構」中討論的適當測驗編製程序，那麼系統性測量誤差的影響可被大為減低。儘管如此，系統性測量誤差適足以提醒我們，我們很難以（假使不是不可能的話）在完全隔離其他特質的情況下真實評鑑某一特質。

測量誤差與信度

在這個脈絡上，讀者或許感到好奇，測量誤差與信度有怎樣的關係。最明顯的關聯是，測量誤差減低了心理測驗結果的信度或可重複性。事實上，我們在這裡將顯示，信度與測量誤差具有精確的統計關係。信度與測量誤差真正而言僅是表達一項關涉的不同方式，這項關涉是：某一心理測驗多麼地前後一致？假使我們提供古典測量理論的進一步素描，這兩個概念的相互依存將會變得更為清楚。

古典理論的重要假設是，非系統性測量誤差具有「隨機影響」的功用。這並不表示測量誤差的來源在每個個別案例上是完全神秘而不能理解的。我們可以猜疑一個人，她在數字廣度上的分數反映了輕度的負測量誤差，這是由於呈現第 5 題期間有人在走廊咳嗽產生的聽力干擾所引起。同樣的，我們可以推測另一個人獲得正測量誤差的益處，乃是因為他瞥視施測者背後的鏡子而看到常識測驗上第 9 題的正確答案。因此，測量誤差不必然在每個個別案例上是一個神祕的事件。

然而，當我們檢視成群人士的測驗分數時，測量誤差的起因不可思議地複雜而多變化。在這個脈絡中，非系統性測量誤差的作用就像是隨機變項（random variables）。古典理論接受測量誤差的這個基本隨機性，視之為其理自明的假設。

因為非系統性測量誤差是隨機事件，它們有同等的或然率將會是正誤差或負誤差；因此，它們在橫跨一大群受試者中將被求出平均數為零。所以，第二個假設是，測量的平均誤差是零。古典理論也假定，測量誤差與真正分數沒有相關。這具有直覺的合理性：假使誤差分數與另一分數相關的話，這就表示它們是系統性的，而不是隨機的，但這顯然違反古典理論的基本假設。最後，古典理論還假定，測量誤差與其他測驗上的誤差沒有相關。

我們可以摘要古典理論的主要特色如下（Gulliksen, 1950, chap. 2）：

1. 測量誤差是隨機的。
2. 測量的平均誤差 = 0。

3. 真正分數與誤差是沒有相關的：$r_{Te} = 0$。

4. 不同測驗上的誤差是沒有相關的：$r_{12} = 0$。

從這些假設出發，我們就可為信度與測量開發一些重要的連動關係。（接下來的論點是建立在樂觀的假設上，即系統性測量誤差在所涉工具上被減至最低或不存在）例如，我們知道任何測驗當實施於一大群人們時將會顯示實得分數的變異性（variability），這可被統計上表達為變異數（variance）σ^2（也就是標準差的平方）。古典理論的價值是，它容許我們劃分實得分數的變異數為兩個個別分數。更具體而言，它可被顯示實得分數的變異數也就是真正分數的變異數加上測量誤差的變異數：

$$\sigma_X^2 = \sigma_T^2 + \sigma_e^2$$

關於計算方面的細節，感興趣的讀者可以參考 Gulliksen（1950, chap. 3）。

前面的公式說明測驗分數隨著兩個因素而發生變動，一是真正分數的變異性，另一是起因於測量誤差的變異性。這項關係很明顯的含意是，測量誤差促成了實得測驗分數的不一致性；假使讓測驗被再度實施的話，所得結果將不會保持穩定。

四 信度係數

我們最後已處於適當位置描述信度與測量誤差之間的精確關係。迄今為止，讀者應該已認識，信度表達的是真正分數和誤差分數在實得測驗分數上的相對影響力。以更為精確的數學術語來說，信度係數（reliability coefficient，簡稱 r_{XX}）可被界定為真正分數變異數在實得分數變異數（即測驗分數的總變異數）中所占的比率。它的公式是：

$$r_{XX} = \frac{\sigma_T^2}{\sigma_X^2}$$

或等同於：

$$\frac{\sigma_T^2}{\sigma_X^2 + \sigma_e^2}$$

值得注意的是，r_{XX} 之可能數值的範圍可以從前面的公式中推導出來。考慮當起因於測量誤差的變異數（σ_e^2）非常小（接近零）時將會發生什麼。在那種情況下，信度係數

（r_{XX}）將是接近 $\frac{\sigma_T^2}{\sigma_T^2}$ 或 1.0 的數值。在相反的極端上，當起因於測量誤差的變異數非常大時，信度係數的數值將變得較小，接近理論上的極限點 0.0。總而言之，完全不可信賴的測驗（很大的測量誤差）將會產生 0.0 的信度係數；至於完全值得信賴的測驗（沒有測量誤差）將會產生 1.0 的信度係數。因此，信度係數的可能範圍是介於 0.0 到 1.0 之間。r_{XX} 的數值愈接近 1.0，就表示信度愈高。實際上，心理測驗完全可信賴或完全不可信賴的情形極為少見，大部分測驗的信度係數散布於 0.0 到 1.0 之間，各自代表測驗分數上不同程度的準確性或穩定性。

至今為止，我們關於信度的討論是屬於概念上，而不是實務的。我們已指出，信度是指測量的前後一致性；隨著測量誤差支配實得分數，信度將大為減低；而且存在一個信度的統計指標（信度係數），它可在 0.0 到 1.0 的範圍內變動。但是，信度的統計量數如何計算呢？我們將間接地接觸這個主題，即首先檢視基本的統計工具——相關係數。相關係數是指兩組分數之間直線關係程度的一種數值指標。讀者將會發現，相關係數是評價測驗分數之一致性或可重複性的一種絕佳工具。在進展到如何估計測驗的信度之前，我們先簡要論述相關的意義。

五、相關係數

在最普遍的用途上，相關係數（correlation coefficient, *r*）表明從同一人所取得兩組分數之間直線關係的程度。相關係數所能呈現的數值從－1.00 以迄於 +1.00。1.00 的相關係數表示兩組分數之間完美的直線關係。特別是，當兩份測量具有 1.00 的相關時，受試者的等級排序對兩組分數而言是完全相同的。再者，當陳列在散布圖（scatterplot，或散點圖）上時，各個資料點（每個點代表得自單一受試者的一對分數）依循一條完全的直線，帶著上升的斜坡（圖 3-10 (a)）。－1.00 的相關係數表示同樣強烈的關係，但具有相反的對應性：在某一變項上最高的分數對應於在另一變項上最低的分數，反之亦然。在這種情形中，各個資料點依循一條完全的直線，帶著下降的斜坡（圖 3-10 (b)）。+1.00 或－1.00 的相關在心理學研究中極為少見，通常表示無足輕重的發現。例如，在快速而連續的兩次嘗試中，我們計數 100 位學生的姓氏的字母數目，這兩組「分數」將會顯示 +1.00 的相關。

負相關（negative correlations）通常起因於兩個變項之一被計分的方式。例如，「類別測驗」（Category Test）（Reitan & Wolfson, 1993）上的分數以「錯誤」題數被登記，至於「瑞文漸進推理測驗」（Raven Progressive Matrices）（Raven, Court & Raven, 1983, 1986）的

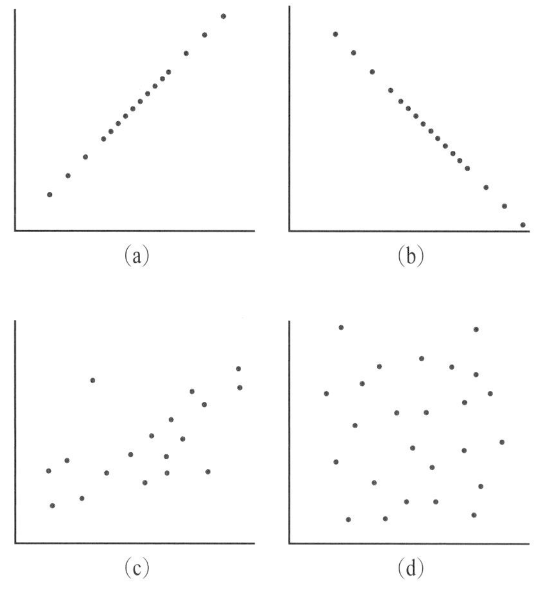

圖 3-10　描述不同相關程度的散布圖

結果則是登記為「正確」的題數。當事人在「類別測驗」上拿到高分（許多錯誤），他將很可能在「瑞文漸進推理測驗」上拿到低分（很少正確）。因此，我們將預期這兩份測驗上的分數呈現實質的負相關。

考慮圖 3-10 (c) 中的散布圖，它描述的是一群人們之假設性的身高和體重。如讀者所能看到，身高與體重彼此有強烈的關聯，但不是完全的相關。較高的人傾向於也較重，矮的人則較輕，但是存在一些例外。假使我們想要計算身高與體重之間的相關係數（一種簡單的統計作業，隨後將會敘述），我們將會取得大約 +.80 的數值，指出這兩份測量之間存在強烈而正面的關係。

當兩個變項沒有關係時，散布圖呈現輪廓不清楚的斑點形狀，相關係數則接近於 0.00（圖 3-10 (d)）。例如，在成年人的樣本中，反應時間與體重之間的相關最可能的情況將是非常接近零。

最後，我們有必要理解，相關係數是獨立於（無涉於）平均數的。例如，+1.00 的相關可在同一測驗的兩次實施之間被發現，即使當前測（pretest）與後測（posttest）之間存在顯著的平均數差異時。總而言之，完全的相關並不意指每位受試者有完全相同的前測分數和後測分數。然而，如先前所討論的，完全相關確實意指從前測到後測完美排序的等級。

六、相關係數作為信度係數

相關係數的用途之一是測定心理測驗分數的一致性。假使測驗結果是高度一致的，那麼當事人在兩次場合中接受該測驗的分數將是強烈相關，或許甚至接近理論上的上限 +1.00。在這個脈絡中，相關係數也是信度係數。即使皮爾遜相關（Pearson *r*）的計算不涉及真正分數和誤差分數的理論，但相關係數確實反映了在實得測驗分數的變異數中，真正分數的變異數在其中所占的比率。因此，在某些脈絡中，相關係數就是信度係數。

這項討論引進了估計某一測驗之信度的一種方法：對同一群人們實施該工具兩次，然後計算這兩組分數之間的相關。在評估信度上，重測法（test-retest method）極為常見，但是也存在另幾種策略。隨著我們檢視下列估計信度的幾種方法，讀者可能會暫時地迷惑於這些方法表面上的多樣性。事實上，不同方法落在兩個廣泛範疇中；一是時間穩定性（temporal stability）的方法，它們直接測量測驗分數的一致性，另一是內部一致性（internal consistency）方法，它們依賴單一測驗的實施以測定信度。需要記住的是，有一個共同主題把所有多樣化方法聯繫起來：信度始終是嘗試度量測驗分數可能的準確性或可重複性。

七、信度作為時間穩定性

(一) 重測信度

在決定測驗分數的信度上，最筆直的方法是對同一群異質而具代表性的受試者實施完全相同的測驗前後兩次。假使該測驗是完全可信賴的，每個人的第二次得分將是完全可從他的第一次得分預測出來。在許多性質的測驗中，特別是能力測驗和成就測驗，我們可以預期受試者普遍在第二次的得分將會稍微高些，這是因為練習、成熟、學校教育，或其他發生在前測與後測之間的干預效應所造成。無論如何，只要第二次分數跟第一次分數有強烈的相關，練習、成熟或處遇效應的存在不會引人懷疑該心理測驗的重測信度（test-retest reliability）。

圖 3-11 描述了以重測相關係數來計算信度係數的一個實例。在這個案例中，60 位受試者在相隔一星期的兩次場合中被實施「手指輕敲測驗」（FTT）（Morrison, Gregory &

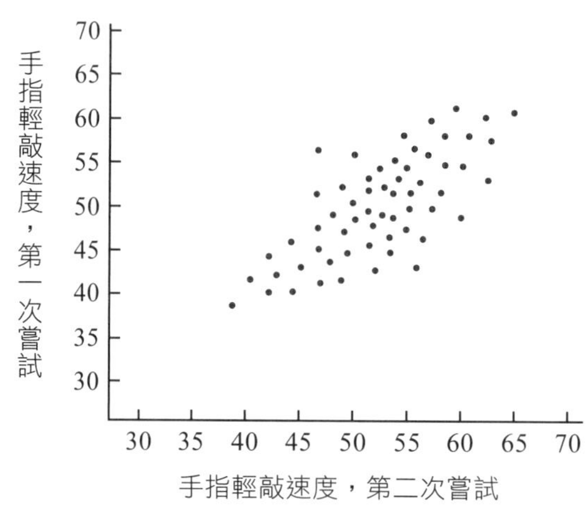

圖 3-11　散布圖揭示 .80 的信度係數

資料來源：Morrison, M. W., Gregory, R. J., & Paul. J. J. (1979).

Paul, 1979)。FTT 是「Halstead-Reitan 神經心理測驗組合」(Reitan & Wolfson, 1985) 的成分之一，它是一種相對上純粹的動作速度測量。利用標準化的機械計數裝置，受試者被指示在 10 秒之中儘快地以食指輕敲。這個程序被延續下去，直到在一系列 5 次嘗試中顯示一致的結果。該程序針對非優勢的另一隻手重複施行。每隻手的分數就是 5 次連續嘗試的平均數。

根據對這項測驗的重複實施，所取得分數之間的相關被求出大約是 .80。這是位於信度係數之可接受程度的低端，信度係數通常落在 .80 多或 .90 多上。我們接下來更進一步討論信度的一些規格。

(二) 複本信度

在某些情況下，測驗編製者製造同一測驗的兩種（或幾種）複本。這些複本是獨立建構的，以便符合相同的規格，通常是在逐題的基礎上完成。因此，某一測驗的複本編入類似的內容，而且涵蓋相同範圍及相同難易程度的題目。某一測驗的複本也擁有類似的統計特性和常模特性。例如，當以平衡的方式實施於同一群受試者時，複本的平均數和標準差典型地相當近似（足堪比擬）。

在推導複本信度（alternate-forms reliability）的估計值上，我們首先實施兩份複本於同一群受試者，然後求取這兩組分數之間的相關。這種方法與重測法有許多共通之處——兩種策略都涉及以預定的時間間隔對相同受試者施行前後兩次測驗。對兩種方法而言，我們可預期中介期間的變化（諸如動機的變動，或進步程度的個別差異）將會造成測驗分數的波動起伏，從而多少減低信度估計值。因此，重測信度和複本信度的估計值共有許多概念的相似性。

然而，這兩種方法之間存在一項基本差異。複本方法引進題目取樣（item-sampling）差異作為誤差變異數的另外來源。這也就是說，因為特定的題目取樣之故，有些受試者可能在測驗的一種複本上表現較佳或較差。即使兩種複本可能平均而言同等難度，有些受試者可能發現一種複本比起另一種困難多了（或簡單多了）——因為被認為相當的題目不是對每個人都同樣熟悉。需要注意的是，在重測的方法中，題目取樣的差異並不是誤差變異數的來源之一，因為在兩次實施中使用的是完全相同的題目。

測驗的複本也相當昂貴——幾近達發行一份測驗，然後將之推出市場之成本的兩倍。因為增加的成本，也因為編製真正對應複本之心理計量上的困難，目前愈來愈少測驗是以這種格式推出。

八、信度作為內部一致性

我們現在轉向評估各個測驗之信度的一些引人興趣的方式，這些方式不用編製複本，也不用對相同受試者們施測兩次（Feldt & Brennan, 1989）。第一種方法是把得自測驗一半的結果求取跟另一半的相關，它被專門地稱為折半信度。第二種方法檢視各個測驗題目的內部一致性。在這種方法中，心理計量人員試圖決定測驗題目是否傾向於顯示一致的相互關聯。最後，有些測驗不能達到完全可信賴的地步乃是因為評分者之間的差異，我們也將討論評分者間信度的有關主題。

(一) 折半信度

我們拿一份測驗對具有代表性樣本的受試者們只實施一次，然後把測驗結果劃分為相等的兩半，分別計分，再根據兩半測驗的分數求取相關係數，所得即為折半信度（split-half reliability）的估計值。折半信度的邏輯很直截了當：假使得自「單次」施測之兩半測驗上的分數顯示強烈的相關，那麼得自「兩次」各別施測之兩份全套測驗上的分數（這是評估信度的傳統方法）也應該顯示強烈的相關。

心理計量人員通常視折半法為重測法（被認為是金科玉律的方法）的補充。例如，在 WAIS-III 的標準化中，大部分量表的信度是採用重測法和折半法建立起來。信度的這兩個估計值普遍近似，雖然折半法通常產生較高的信度估計值。

因為邏輯上的問題或過高的成本，使得從相同受試者身上取得第二組測驗分數是不切實際的做法，這是我們採用折半法的正當理由之一。在這種情況下，信度的折半估計值是唯一可被提供的資料，這當然勝過完全沒有估計值。折半法的另一個正當理由是，重測法在若干案例上可能造成誤導。例如，有些能力測驗容易招致重大但不一致的練習效應（practice effects）——諸如當受試者從所提供的回饋中（作為標準化施測程序的一部分）學到了概念時。當練習效應廣延而多變時，得自第二次施測之分數的等級排序將充其量只跟得自第一次施測之分數的等級排序維持適度的關聯。對這些性質的工具而言，重測信度係數可能易生混淆地偏低。最後，假使所測量的特質是已知會快速波動的話（例如，一些關於心情的測量），重測法也將產生誤導之偏低的信度估計值。

折半信度的主要挑戰是如何把測驗劃分為幾近等值的兩半。對大部分測驗而言（特別是那些根據難易程度排列題目的測驗），前半部通常比後半部容易些。我們將不預期受試者會在這兩部分獲致等值的分數，所以這種把測驗折半的方法很少被派上用場。為了獲得兩半測驗，最常使用的方法是比較當事人在測驗之單號題上的分數與他在雙號題上的分數。當題目是以接近的難易順序排列時，這種程序特別有良好功效。

除了計算等值的兩半測驗的分數之間的皮爾遜相關，折半信度係數的計算需要額外的步驟：利用斯皮爾曼－布朗公式（Spearman-Brown formula）調整半套測驗的信度。

(二) 斯皮爾曼－布朗公式

實際上，折半的程序等於是把一套測驗劃分為兩個較短的「複本」。依照這樣程序所求出的相關係數為半套測驗的信度，還不能代表整套測驗的信度。再者，雖然存在一些例外，但較短的測驗普遍比起較長的測驗較為不可信賴。當相較於較短的測驗，假使較長的測驗也編入同等的內容和類似的題目難度的話，情況特別是如此。因此，兩半測驗之間的皮爾遜相關往往低估了整套工具的信度。我們需要方法，以便根據半套測驗的相關係數推導出整套測驗的信度。

斯皮爾曼－布朗公式提供了適當的調整：

$$r_{\mathrm{SB}} = \frac{2r_{hh}}{1 + r_{hh}}$$

在這個公式中，r_{SB} 是斯皮爾曼－布朗校正信度，也就是全套測驗的信度，至於 r_{hh} 則是半套測驗的信度。表 3-8 顯示設想的半套測驗相關，旁側則是對應之全套測驗的斯皮爾曼－布朗信度係數。例如，利用斯皮爾曼－布朗校正公式，我們可以決定 .70 的半套測驗信度就等同於 .82 的全套測驗估計信度。

表 3-8　折半信度與對應之斯皮爾曼－布朗信度的對照

折半信度	斯皮爾曼－布朗信度
.5	.67
.6	.75
.7	.82
.8	.89
.9	.95

(三) 對折半法的批評

雖然折半法被廣泛採用，它仍然因為缺乏精確性而受到一些批評。

> 沒有為測驗提供單一的係數，反而取決於當測驗被折成兩半時哪些題目被組合在一起，折半程序將會產生不同的係數。假使一種折半情形可能比另一種折半情形產生較高的係數，我們可能就不再對從單次折半獲致的任何結果懷有信心。(Cronbach, 1951)

為什麼只依賴一次折半？為什麼不採取更具代表性的數值，諸如從某一測驗之所有可能折半情形所取得折半係數的平均值。Cronbach（1951）就擁護這樣一種方法，他提出一個綜合公式用以估計心理測驗的信度。

(四) α 係數

如 Cronbach（1951）所提出，並隨後由其他人加以精緻化（Novick & Lewis, 1967; Kaiser & Michael, 1975），α 係數（coefficient alpha）可被視為是所有可能折半係數的平均值，再由斯皮爾曼－布朗公式加以校正。α 係數的公式是：

$$r_\alpha = \left(\frac{N}{N-1}\right)\left(1 - \frac{\Sigma\sigma_j^2}{\sigma^2}\right)$$

在這裡 r_α 是指 α 係數，N 是試題的總數，σ_j^2 是一個試題的變異數，$\Sigma\sigma_j^2$ 是所有試題之變異數的總和，而 σ^2 是總測驗分數的變異數。如同所有的信度估計值，α 係數可在 0.00 到 1.00 之間發生變動。

α 係數是測驗題目之內部一致性的指標；這也就是說，它們傾向於彼此有正相關。

表 3-9　一份 6 個題目的測驗，它具有雙因素和很高的 α 係數

變項	1	2	3	4	5	6
1	-					
2	.8	-				
3	.8	.8	-			
4	.3	.3	.3	-		
5	.3	.3	.3	.8	-	
6	.3	.3	.3	.8	.8	-

註解：α 係數 = .86

資料來源：Schmitt, N. (1996).

只要某一測驗或量表具有高度的內部一致性，它也將傾向在於重測法中顯示分數的穩定性，α 係數因此是信度之有效的估計值。

傳統上，α 係數一直被視為是單一維度性的指標，也就是某一測驗或量表測量單一因素的程度。Cortina（1993）和 Schmitt（1996）較新近的分析有助於消除這個錯誤觀念。無疑地，α 係數是各個題目之交互關聯性的指標，但是這並不等同於該測驗或量表所測量的是單一維度。事實上，某一量表可能測量兩個或多個不同因素，但仍然擁有非常高的 α 係數。Schmitt（1996）提出一個實例，該測驗含有 6 個題目，前 3 個題目彼此的相關是 .8，後 3 個題目彼此的相關也是 .8，但是這兩組 3 個題目的交叉相關只有 .3（表 3-9）。即使這不能反駁地是一份強烈的雙因素測驗，但 α 係數的數值卻顯示是 .86！對於這類測驗而言，α 係數很可能將會高估了重測信度。這就是為什麼心理計量人員尋之於重測法作為評估信度的基本工具。當然，一般的折半法（且特別是 α 係數）是求取信度的有價值方法，但是它們不能取代重測法的常識：當同一測驗對某一具代表性樣本的受試者們實施兩次時，他們是否獲得同樣之相對位置的分數？

(五) 庫李二氏的信度估計值

Cronbach（1951）已顯示，α 係數是較早先由 Kuder 和 Richardson（1937）所發展之較特定公式的綜合應用。他們的公式被普遍稱為庫李二氏公式（Kuder-Richardson formula），或簡稱為 KR-20（因為是在冗長的一系列演繹中，第 20 次導出的公式）。KR-20 公式適切於特殊的案例，也就是每個測驗題目是以 0 或 1（例如，錯或對）計分時——即二分法（dichotomy）的計分。該公式是：

$$\text{KR-20} = \left(\frac{N}{N-1}\right)\left(1-\frac{\Sigma pq}{\sigma^2}\right)$$

在這裡，N = 測驗上題目的總數，σ^2 = 整個測驗上分數的變異數，p = 受試者們在每個題目上正確作答的人數百分比例，q = 受試者們在每個題目上錯誤作答的人數比例。最後，Σpq 代表整個測驗中每一題目答對與答錯人數百分比乘積的總和。

α 係數擴展庫李二氏法到題目不是以 0 或 1（二分法）計分之其他類型的測驗上。例如，α 係數可被使用於態度量表，受試者們在該量表中就每個題目指出他們是否強烈同意、同意、不同意或強烈不同意。

(六) 評分者間信度

有些測驗留下大量的判斷給評分者，他們被要求指派分數。當然，投射測驗便落在這個範疇之中，道德發展測驗、創造力測驗及作文等也是如此。只要評分者可能是這些工具之信度上的主要因素，測驗編製者便有責任報告評分者間信度（interscorer reliability）。計算評分者間信度的程序相當簡單。我們先選定適宜的測驗，施行於抽樣選出的受試者們，然後由兩位（或以上）的評分者以獨立作業的方式進行評分，最後計算兩組分數間的相關係數，所得即為評分者間信度。測驗手冊通常會報告評分者所需具備的訓練及資歷，然後列出具有代表性的評分者間相關係數。

評分者間信度是在補充其他的信度估計值，但不是取代它們。我們仍然適宜在主觀評分的測驗上評估重測信度或其他類型的信度。在表 3-10 中，我們對估計信度方法提供易於理解的摘要。

(七) 哪種類型的信度是適宜的？

如所提到，即使當某一測驗只有單一格式時，仍然有許多方法可被用來評估信度：

表 3-10　估計信度之方法的梗概

方法	格式數目	施測次數	誤差變異數的來源
重測	1	2	隨著時間發生變動
複本（立即）	2	1	題目取樣
複本（延遲）	2	2	題目取樣 隨著時間發生變動
折半	1	1	題目取樣 折半的本質
α 係數	1	1	題目取樣 測驗異質性
評分者間	1	1	評分者差異

重測法、折半法、α 係數及評分者間方法。對於擁有兩種格式的測驗而言，我們可以增加第 5 個方法：複本信度。哪種方法最好呢？什麼時候我們應該採用某一種方法而不是另一種呢？為了回答這些問題，我們需要知道所涉各種測驗的本質和目的。

對於打算實施於受試者不只一次的測驗而言，我們可以合理預期，該測驗是在於證實跨越時間的信度——在這種情況下，重測信度是適宜的。有些測驗聲稱擁有因素的純粹度，α 係數將是基本要素。對照之下，因素方面複雜的測驗（如普通智力的測量）就無法從內部一致性的方法中進展良好。因此，α 係數不是對所有測驗都是適宜的信度指標，它只適用於預定評估單一因素的測量。有些工具的題目已根據難易程度謹慎地排序，折半法在這方面有良好成效。當然，評分者間信度適合於任何涉及評分主觀性的測驗。

測驗手冊經常會報告關於信度之多方面來源的訊息。例如，WAIS-III 手冊（Tulsky, Zhu & Ledbetter, 1997）報告了大多數分測驗的折半信度，也提供所有分測驗和 IQ 分數的重測係數。該手冊也援引類似複本信度的訊息——它報告了 WAIS-III 與它的前任 WAIS-R 之間的相關。

為了分析誤差變異數為它的組成部分，一些信度係數將需要被計算出來。雖然我們難以在真實世界中獲致精確的資料，但在理論的基礎上，我們可以把分數的變異性劃分為真正成分和誤差成分，如圖 3-12 中所描繪。

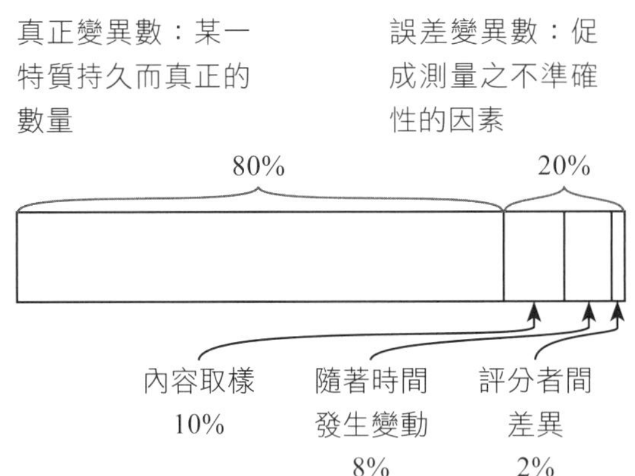

註解：所得結果就類似於「假使某一個別智力測驗的複本被不同評分者實施於同一個人」可能發生的情形。

圖 3-12　在假設性測驗中之變異數的來源

九 信度估計上的特殊情況

針對某些方面的用途，傳統之估計信度的方法可能造成誤導或顯得不適宜。這方面較為疑難的情境包括不穩定的特性、速度測驗、全距的限制，以及標準參照測驗。

(一) 不穩定的特性

有些特性被認為隨著情境變項或生理變項而不斷地變動。膚電反應（electrodermal or galvanic skin response）所測量之情緒反應性便是良好的實例。這樣的測量瞬間就可能波動起伏，像是針對響亮的噪音、內在的思維歷程及令人感受壓力的環境事件等。即使只是跟另一個人交談，就可能引起強烈的膚電反應。因為情緒反應性（emotional reactivity）的真正數量這般快速地變遷，重測必須幾乎瞬間就施行，如此才能為不穩定的特性（諸如情緒反應性的膚電測量）提供準確的信度指標。

(二) 速度測驗與難度測驗

速度測驗（speed test）典型地包含許多同一規格的題目，且普遍地較為簡易些。假使時間允許的話，大部分受試者應該能夠在這樣測驗上完成大多數或所有的題目。然而，如它的名稱所指示的，速度測驗是有時間限制的，這保證很少有受試者能夠完成全部題目。因為所嘗試的題目傾向於是正確的，受試者在速度測驗上的分數主要是反映了表現的速度。

速度測驗通常對比於難度測驗。難度測驗（power test）容許受試者有足夠時間嘗試所有的題目，但是在建構上使得受試者無法拿到完美的分數。它的目的是在不施加時間限制的情況下，測定受試者所能達到的最高能力。大部分測驗包含了速度成分和難度成分的合成。

關於速度測驗的信度，我們需要強調一點，傳統的折半法（比較單號題與雙號題）將會產生假性偏高的信度係數。考慮一位受試者在速度測驗上完成 90 個題目中的 60 題。最可能的情形是，奇－偶法（odd-even approach）將會顯示 30 個奇數題正確和 30 個偶數題正確。隨著蒐集其他受試者類似的資料，奇數題上的分數與偶數題上的分數之間相關必然將會接近 +1.00。速度測驗的信度應該建立在重測法上，或得自在不同時間施測之兩半測驗的折半信度。在後者的情況中，史皮爾曼－布朗校正公式需要派上用場。

(三) 全距的限制

假使重測信度是建立在某一同質受試者的樣本上，即這些人在所測量的特性上存在「全距的限制」(restriction of range)，那麼重測信度將會假性地偏低。例如，假使我們估計一份智力測驗之信度的方式是將之實施於某一樣本的大學生們兩次，這將是不適宜的。我們以圖 3-13 來說明這一點；它雖是假設性的，卻是符合實際的散布圖。從圖形中，讀者可以看到對整個範圍的多樣化受試者而言，重測相關係數相當大（$r = .90$）。但是對於被孤立檢視的較聰明受試者而言，只存在微弱的相關（$r = .30$）。因此，同質樣本（homogeneous sample）的分數分布情形稱之為「全距限制」，它是指所有分數的分布被限定在一狹窄的全距中。換句換說，受試者之間的異質性愈大，測驗的信度將會愈高。反之，假使受試者間的同質性高、變異性小，測驗的信度便自然偏低——因為不容易準確而可靠地分辨他們之間的個別差異。

(四) 標準參照測驗的信度

我們在前面提過，標準參照測驗是從「勝任」及「掌握」的角度評估受試者的表現，而不是評鑑受試者具有連續性質的成就。測驗題目的設計是為了鑑定需要補救的特定技能；因此，題目傾向於是屬於「及格／不及格」的變化形式。

有鑑於標準參照測驗的結構，受試者間分數的變異性通常相當低或為零。事實上，假使測驗結果是被用作為訓練的目的，而且每個人繼續訓練直到所有測驗技能被掌握為止，那麼測驗分數上的變異性就變得不存在。在這些情況下，傳統之評估信度的方法就完全地不適用。

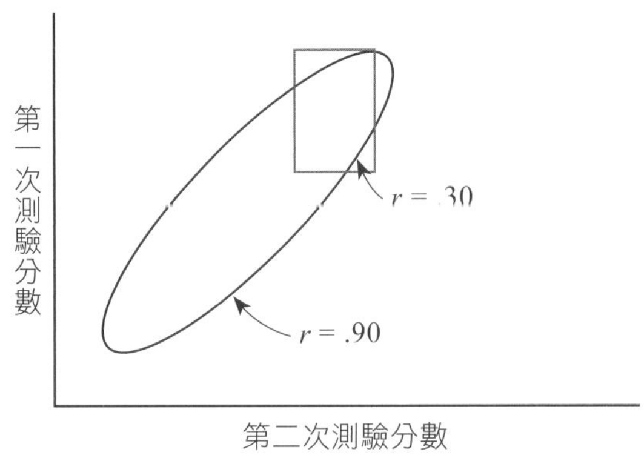

圖 3-13 當從某一限定全距的受試者樣本中抽樣時，這將造成重測信度假性地偏低

對於許多標準參照測驗而言，所得結果必須幾近完全準確才有用處。例如，假使某一測驗的目的是決定受試者操縱手動式傳動裝置（或變速桿）汽車的能力，那麼任何分類失誤將是嚴重的。這裡的關鍵點不在於測試分數與重測分數是否彼此接近，而是在於該分類（「做得到／做不到」）在兩次場合中是否相同。我們真正想知道的是有多少百分比的人數在兩次場合中都獲致相同的決定（decision），愈接近 100%，信度就愈高。總之，標準參照測驗的信度不是建立在單純的測驗分數上，而是建立在依測驗分數所產生的「決定」結果上。這表示它所檢驗的是某一測驗在重複實施時所得分類結果的一致性，或是兩複本在分類結果上的一致性。關於評估標準參照測驗之信度的專門技術，有興趣的讀者可以參考 Berk（1984）以及 Feldt 和 Brennan（1989）。

信度係數的判讀

讀者現在應該已相當清楚評鑑信度的不同途徑，也應該對於如何計算信度係數擁有基本認識。此外，我們也已討論各種不同測試情況，這些情況指定我們採用特定種類的信度方法。無疑地，讀者已注意到，我們尚未討論一個關鍵問題：什麼是信度可被接受的水準？

許多研究學者表示，在關於個人的一些決定上，信度應該至少要有 .90（假使不是 .95 的話）（例如，Salvia & Ysseldyke, 1988; Nunnally & Bernstein, 1994）。然而，這個問題沒有一成不變的答案。我們提供 Guilford 和 Fruchter（1978）所提出較為寬鬆的準則：

> 這方面已達成一些共識，即為了身為在某些特性上之個別差異的準確測量，信度應該高於 .90。然而，真相是許多標準測驗的信度低至 .70，但仍被證實非常有益處。至於信度還低於 .70 的測驗則可能只有研究上的用處。

在較為實務的層面上，信度之可接受的標準端賴使用者在該測驗預定的用途上所能忍受之測量誤差的程度。幸好，信度和測量誤差是相互依存的概念。因此，假使測驗使用者能夠具體指定測量誤差之可接受的水準，那麼這也就可能決定針對測驗的該特定用途所需要之最低限度的信度標準。我們將更進一步討論這個主題，透過引進一個新的概念：測量標準誤。

十一 信度與測量標準誤

為了引進測量標準誤的概念，我們從一個假想的實驗談起。假設我們能夠對一個人實施好幾千份等值的 IQ 測驗。再假設每次測驗期間對這位受試者都是嶄新而新穎的經驗；在這個假想的實驗中，練習和厭倦將不會影響後來的測驗分數。儘管如此，因為在本章所討論的種種隨機誤差（random error），這位受試者的分數將不會在所有測驗期間都完全相同。他可能在某一份測驗上得分低一些，因為他前一夜很晚才睡覺；但在另一份測驗上的分數可能高一些，因為題目對他而言特別地容易。即使這樣的誤差因素是隨機而不可預測的，根據古典測量理論，實得分數將形成常態分配，具有精確的平均數和標準差。讓我們假定，這位受試者假設性 IQ 分數的平均數被算出是 110，標準差則是 2.5。

事實上，假設性分數的這項分配的平均數將是這位受試者所被估計的真正分數。因此，我們最佳的估計是，這位受試者擁有真正的 IQ 110。再者，實得分數之分配的標準差將是測量標準誤（standard error of measurement, SEM）。需要注意的是，雖然某一測驗上的真正分數可能隨不同受試者而異，但是 SEM 被視為是常數（constant），即該測驗固有的特性（不變異的數值）。假使我們對另一位受試者重複實施這項假設性的實驗，估計的真正分數或許將會不同，但是 SEM 應該被計算出來是同樣的數值（這適用於類似年齡的受試者，但 SEM 可能隨不同年齡組而異。）

如它的名稱所暗示的，SEM 是適合於所討論測驗的一種測量誤差的指標。在 SEM = 0 之假設性的案例中，這表示將完全沒有測量誤差。受試者的實得分數因此也將是他的真正分數。然而，這個結果在真實世界的測試中是完全不可能。每一份測驗都會展現某種程度的測量誤差。SEM 愈大的話，特有的測量誤差就愈大。然而，任何個別分數之準確性或不準確性始終是或然率的問題，從不是已知的數量。

如所提到的，SEM 可被視作為受試者在很大數量的等值測驗上之假設性的實得分數的標準差——在練習效果和厭倦效應被排除的前提下。就像常態分配的任何標準差，SEM 具有眾所周知的統計用途。例如，68% 的實得分數將會落在平均數的一個 SEM 之內，就如同 68% 的個案數在常態曲線中將會落在平均數的一個 SD 之內。

我們在本章稍前的討論中提到，大約 95% 的個案數在常態分配中落在平均數的兩個 SD 之內。基於這個原因，假使前述受試者接受再一次 IQ 測驗，我們能夠以 95% 的或然率預測，他的實得分數將是位於所估計的真正 IQ110 的兩個 SEM 之內。既然知道 SEM 是 2.5，我們因此可以預測實得 IQ 分數將是 110±5；這也就是說，真正分數將非常可能（95% 的或然率）落在 105 到 115 之間。

不幸地，在真實世界中，我們無從獲致真正分數，我們也很肯定無法從大量等值的測驗中取得各式各樣 IQ 分數；基於這樣原因，我們無法直接獲悉 SEM。所有我們典型擁有的是信度係數（例如，得自常模研究的重測相關），再加上得自單次測驗實施的一個實得分數。我們如何能夠利用這份訊息以決定我們實得分數的可能準確性？

(一) 計算測量標準誤

我們已在本章中好幾次提到，信度與測量誤差是交織在一起的概念，愈低的信度表示愈高的測量誤差，反之亦然。因此，讀者應該不至於訝異，SEM 可以間接地從信度係數計算出來。它的公式是：

$$\text{SEM} = \text{SD}\sqrt{1-r}$$

在這裡，SD 是測驗分數的標準差，*r* 則是信度係數，二者都是從常模樣本（或其他大規模而具有代表性的整組受試者）所推衍出來。

我們可以利用 WAIS-R 全量表 IQ 來說明 SEM 的計算。WAIS-R 分數的 SD 已知是大約 15，至於信度係數則是 .97（Wechsler, 1981）。因此，全量表 IQ 的 SEM 是：

$$\text{SEM} = 15\sqrt{1-.97}$$

這計算出的結果是大約 2.5。

(二) SEM 與個別的測驗分數

讓我們仔細考慮 SEM 告訴我們關於個別測驗結果的什麼事情，再度利用 WAIS-R IQ 分數來說明綜合要點。我們真正想要知道的是 IQ 的可能準確性。讓我們假定，我們有一位個別的受試者拿到 90 的分數，再假定該測驗是以合格的方式實施。儘管如此，實得 IQ 分數有可能是準確的嗎？

為了回答這個問題，我們需要加以重新措詞。根據古典測驗理論的術語，準確性的問題實際上涉及實得分數與真正分數之間的比較。更具體而言，當我們詢問某一 IQ 分數是否準確時，我們真正發問的是：實得分數有多麼接近真正分數？

這個問題的答案可能乍看之下似乎令人煩亂。但結果是，在個別案例上，我們從來無法精確知道實得分數多麼接近真正分數！我們最多只能提供或然率的陳述——根據我們所知道單一受試者之假設性的實得分數將會形成常態分配，而且具有相等於 SEM 的標準差。根據這個前提，我們知道真正分數有 95% 的可能性是位於實得分數的 ±2 個 SEM 之間。換句話說，全量表 IQ 有 95% 的可能性是位於實得分數 90 的 ±5 個 IQ 點數之間。這個加或減 5 個 IQ 點數的範圍對應於 WAIS-R 全量表 IQ 的 95% 信賴區間（confidence interval），因為我們有 95% 的信心，真正分數就座落在這個區間內。總之，我們雖然無法以單一分數確定真正分數的數值，但是我們可以利用某一分數區間界定真正分數的可能數值，而且報告這一分數區間的可信賴程度。

主試者最好是從信賴區間的角度報告測驗分數，因為這種措施將有助於置分數於適當的展望（Sattler, 1988）。當受試者拿到 IQ 90 分時，他應該被描述如下：「A 先生實得 90 分的全量表 IQ，我們有 95% 的信心，他的真正分數是介於 85 到 95 之間」。這種措詞有助於促使他人注意，測驗分數始終納入某種程度的測量誤差。信賴區間的建立是現今最常使用，也是最正確之報告測驗分數的方法。

(三) SEM 與分數間的差異

主試者通常被期待推斷受試者在某一能力領域上的得分是否顯著高於他在另一能力領域上的得分。例如，我們經常看到主試者報告受試者究竟在語文作業上較強、在操作作業上較強，或在這兩項技能領域上沒有真正差異存在。這個議題不完全是學術性的。當受試者在操作智力上擁有相對的優越性時，他可能被建議追求實務的、動手操作的職業。對照之下，當受試者的優勢是在語文智力上，他可能被建議追求學術興趣。主試者如何決定某一測驗分數是否顯著優於另一測驗分數呢？

需要謹記的是，每一個測驗分數都納入了（含有）測量誤差。因此，受試者有可能拿到的語文分數高於他的操作分數，但是潛在的真正分數（但願我們能夠知道）卻顯示沒有差異，或甚至是相反的型態！（參考圖 3-14）。這裡的重要功課是，當有兩個實得分數，而各自反映了測量誤差時，這些分數之間的差異是相當揮發性的（易變的），不應該被過度解讀。

兩個分數之間的差異分數的標準誤（standard error of the difference）是一種統計量數，它能夠協助測驗使用者決定分數之間的差異是否顯著。兩個分數之間差異的標準誤可以從個別測驗的 SEMs 計算出來，其公式如下：

$$SE_{diff} = \sqrt{(SEM_1)^2 + (SEM_2)^2}$$

在這個公式中，SE_{diff} 是差異分數的標準誤，SEM_1 和 SEM_2 是兩份測驗各自的測量標準誤。

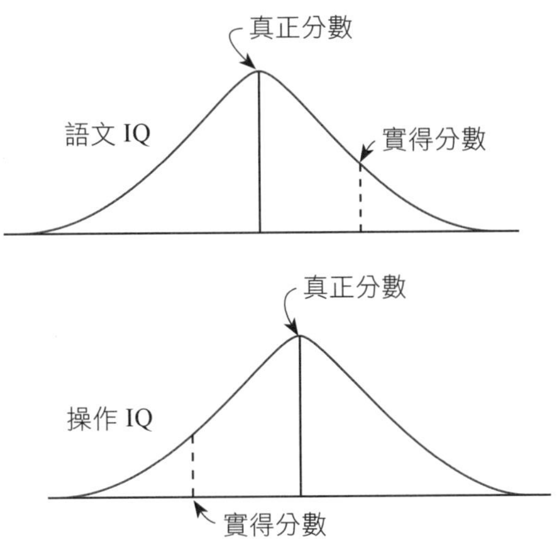

註解：在這個假設性的案例中，實得語文 IQ 高於實得操作 IQ，儘管潛在的真正分數顯示相反的型態。

圖 3-14　實得分數反映了測量誤差，且可能混淆了真正分數之間的關係

不論這些分數是不同受試者在同一測驗上的分數，或是同一受試者在兩種不同測驗（如語文和操作）上的分數，差異分數（difference score）代表任何兩個同性質分數之間的差距。同性質分數意指兩個分數是建立在同一尺度上（如 z 分數、T 分數、IQ 分數等）。假使兩分數不屬於同一尺度，需要先把它們轉換為同性質分數，然後才能決定它們之間的差異。這也就是說，這些測驗必須在常模樣本中具有相同的總平均數和標準差。透過以 $SD\sqrt{1-r_{11}}$ 取代 SEM_1，再以 $SD\sqrt{1-r_{22}}$ 取代 SEM_2（參考前述關於測量標準誤的計算公式），加以簡化後，我們獲致：

$$SE_{diff} = SD\sqrt{2 - r_{11} - r_{22}}$$

我們回到原先的問題以說明 SE_{diff} 的計算和用途。主試者如何決定某一測驗分數是否顯著優於另一測驗分數？特別是，假設受試者在 WAIS-R 拿到語文 IQ 112 和操作 IQ 105。7 個 IQ 點數是顯著差異嗎？

我們從 WAIS-R 手冊（Wechsler, 1981）知道，語文 IQ 和操作 IQ 各自擁有大約 15 的標準差；它們的信度分別是 .97 和 .93。因此，這兩個分數之間差異的標準誤可被求得為：

$$SE_{diff} = 15\sqrt{2 - .97 - .93} = 4.74$$

我們在常態分配的討論中提過，有 5% 的個案出現在兩尾端之處，踰越 ±1.96 個標準差。因此，當差異達到 SE_{diff} 的大約兩倍大時（也就是，1.96×4.74），就可被認為是顯著差異，因為它們憑著機率的話將只有在 5% 的次數中會發生。因此，我們可以斷定，語文 IQ 與操作 IQ 之間大約 9 點以上的差異才可能是反映分數上的真正差異，而不是來自測量誤差的機遇所促成。所以，較可能的情況是，僅僅 7 個 IQ 點數的差異不能表示語文智力與操作智力之間真正而顯著的差異。

第 4 章

效度與測驗編製

Psychological Testing

主題 4A

效度的基本概念

一、效度：定義
二、內容效度
三、效標關聯效度
四、構念效度
五、構念效度的驗證法
六、效度之外的關涉和測驗效度廣延的範圍

如幾乎每一位心理學學生知道的，心理測驗的價值首先取決於它的信度，但然後最終取決於它的效度（validity）。在前一章中，我們指出信度能以許多看上去多元化的方法加以鑑定，從概念上筆直的重測方法，以迄於理論上較為複雜之內部一致性的方法。然而，不論所使用的是什麼方法，信度的評鑑總是歸結為單純的概括統計數值，即信度係數。這一章中，我們將討論較為困難而複雜的效度議題，即測驗分數意味些什麼。效度的概念仍然在演進中；因此，它引起大量的爭議，遠勝於它沈著而穩固的近親——信度（AERA, APA & NCME, 1999）。在主題 4A「效度的基本概念」中，我們將介紹效度的基本概念，包括它被劃分為基準的三部分，即內容效度、效標關聯效度及構念效度。我們也將討論效度之外的一些關涉事項，包括測驗的副作用和非故意的後果。這些關涉已促進對測驗效度更廣泛的定義。在主題 4B「測驗建構」中，我們強調效度必須從一開始就建立在測驗之中，而不是被限定在測驗編製的最後階段。

簡言之，測驗的效度是指它測量到它所聲稱在測量的東西的程度。心理計量學家長久以來就認識到，效度是測驗之最基本而重要的特性。畢竟，效度界定了測驗分數的「意義」（meaning）。信度當然也是重要的，但只在它抑制效度的範圍內。在測驗是不可信賴的範圍內，它不可能是有效的。我們可以從另一種角度表達這個觀點：信度對效度而言是必要的先驅（precursor），但不是充分的先驅。

測驗編製者有責任證明，新的工具履行了它們被設計的目的（即它們預定的目的）。然而，不像測驗信度，測驗效度不是簡單的議題，它不容易根據一些初步研究就加以解決。測驗的效度驗證是一種演進的過程，起始於測驗建構，然後無限期地延續下去。

> 在某一測驗被推出供操作上使用後，它的分數的解釋意義可能繼續被銳化、改良及充實——透過臨床觀察漸增的累積，以及透過特殊的研究方案…… 測驗效度是活生生的東西，它並未隨著測驗的推出就停滯及湮沒。（Anastasi, 1986）

測驗效度依研究發現的累積而定。在接下來的篇幅中，我們將檢視在驗證心理測驗的效度上所尋求的各種證據。

一、效度：定義

我們從效度（validity）的定義開始談起，援引頗具影響力之「教育與心理測驗準則」（AERA, APA & NCME, 1985, 1999）對之的說明：

> 在根據某一測驗所做的推論是適當、有意義及有益處的範圍內，該測驗便是有效的。

需要注意的是，測驗分數本身是沒有意義的，直到主試者根據測驗手冊或其他研究發現而從分數中引出推論。例如，假使知道受試者在 MMPI-2 憂鬱量尺上拿到稍微偏高的分數，這並不特別具有益處。只有當主試者從中推斷出行為特性時，這個結果才變得有益處。根據現有的研究，主試者可能推斷，「偏高的憂鬱分數表明受試者不太有活力，對生活持著悲觀的看法」。在這樣的推斷是適當、有意義及有益處的範圍內，MMPI-2 憂鬱量尺就擁有心理計量上的效度。

不巧地，我們很少有可能以單一、簡易的統計數值來摘要某一測驗的效度。在決定推斷是否適當、有意義及有益處上，這通常需要許多研究以便探討測驗表現與另一些獨立觀察到的行為之間的關係。效度反映的是一種演進、以研究為依據的判斷，即關於「某一測驗多麼適當地測量到它所打算測量的屬性」的判斷。因此，測驗的效度不容易以整潔的統計摘要加以捕捉，反而是在從「微弱到可接受再到強烈」延伸的連續譜上加以描述。

傳統上，累積效度證據的不同方式已被組成三個範疇：

- 內容效度（content validity）。
- 效標關聯效度（criterion-related validity）。

・構念效度（construct validity）。

我們稍後將會擴展效度的這種三部曲觀點，但首先提醒你一些事項。這些方便標籤的使用並不表示存在不同類型的效度，也不表示有特定的驗證程序最適合於一種測驗使用，卻不適合於另一種：

> 理想的效度驗證包括幾種類型的證據，它們擴及所有三個傳統的範疇。當其他條件都相等的情況下，較多來源的證據當然優於較少來源。然而，證據的品質才是最重要的，單一路線的充實證據遠勝於品質有疑問之許多路線的證據。考慮到測驗預定的用途和任何可能的替代方案，關於什麼形式的證據才是最必要而適切的，專業判斷應該引導決策。（AERA, APA & NCME, 1985）

總之，效度是一種統一（不能分割）的概念，它取決於某一測驗在什麼程度上測量出它聲稱在測量的東西。從具有效度的測驗導出的推斷是適當、有意義及有益處的。從這個角度來看，很明顯的，幾乎任何旨在建立測驗分數與另一些發現之間關係的實徵研究都是效度訊息的潛在來源（Anastasi, 1986; Messick, 1995）。

內容效度

內容效度（content validity）是取決於某一測驗上的問題、作業或題目在該測驗所打算取樣的行為領域中所具代表性的程度。就理論上而言，內容效度其實不過是取樣（sampling）的議題（Bausell, 1986）。測驗的題目可被想像成從更大母群的可能題目（這些題目界定了研究人員真正想要測量的範圍）中抽取的一份樣本。假使該樣本（即測驗上特有的題目）在母群（所有可能的題目）中具有代表性，我們便說該測驗擁有內容效度。

當我們對於研究人員想要測量的變項已擁有大量的認識時，內容效度是有益的概念。特別是在成就測驗上，我們通常能夠預先具體指出相關領域的行為。例如，當編製一份拼字的成就測驗時，研究人員可以檢定出小學 3 年級學生應該認識的幾乎所有可能字詞。假使在這份小學 3 年級拼字成就測驗中，各種難易程度的字詞從這個預存的表單中被隨機取樣，那麼內容效度就部分地被確保。

當測驗所測量的是不容易明確界定的特質時，內容效度就較難以確保。例如，針對焦慮的測量，測驗編製者如何期待能夠具體指明可能題目的範圍？在所測量的特質是較不具實質的情況下，沒有測驗編製者將會在清醒的神志下試圖建構完整範圍的可能測驗題目。反而，通常也被接受為內容效度的是專業評審們慎思熟慮的意見。實際上，測驗編製者主張，「透過一組專家謹慎審查領域說明書，然後評斷隨後提出的測驗問題，這也可以建立起內容效度」。圖 4-1 呈現一份作為樣本的專家題目評定表格，以供決定測驗問題的內容效度。

(一) 內容效度的量化

Lawshe（1975）、Martuza（1977）及另一些人已探討統計學的方法，即如何從專家們的評斷以決定某一測驗的綜合內容效度。這些方法傾向於非常專門化，也尚未被廣泛接受。儘管如此，他們的探討可以當作一種模式，以便在根據評審間一致性（interrater agreement）作為內容效度的基礎上獲致共同的見解。

當兩位專家評審在圖 4-1 所提出的四點量表上評估某一測驗的個別題目時，每位評審在每個題目上的評定可以被二分為微弱關聯（1 或 2 的評定）vs. 強烈關聯（3 或 4 的評定）。因此，對每個題目而言，兩位評審的聯合評定可以被締結為圖 4-2 描繪的 2×2

審查員：＿＿＿＿＿＿＿＿＿＿＿＿＿＿＿＿＿＿＿＿　日期：＿＿＿＿＿＿＿＿＿＿＿＿＿＿

請仔細研讀這份測驗的領域說明書。接下來，請指出你認為每個題目多麼適切地反映了領域說明書。當評斷每一個測驗題目時，請完全依據它的內容與該領域說明書所界定的內容之間的吻合程度。請利用如下顯示的四點評定量表：

1	2	3	4
沒有關聯	稍微具有關聯	相當具有關聯	非常具有關聯

圖 4-1　作為樣本的專家題目評定表格——以供決定內容效度

資料來源：根據 Martuza（1977）、Hambleton（1984）、Bausell（1986）。

		專家評審 #1	
		微弱關聯（題目被評定為 1 或 2）	強烈關聯（題目被評定為 3 或 4）
專家評審 #2	微弱關聯（題目被評定為 1 或 2）	A	B
	強烈關聯（題目被評定為 3 或 4）	C	D

圖 4-2　內容效度之評審間一致性

同意表格。例如，假使兩位評審都認為某一題目是相當具有關聯（強烈關聯），它將被放置在 D 方格中。假使第一位評審認為某一題目是非常具有關聯（強烈關聯），但第二位評審認為它只是稍微具有關聯（微弱關聯），該題目將被安置在 B 方格中。

需要注意的是，D 方格是唯一反映評審間依法有效的意見一致的方格。其他方格則涉及意見不一致（B 和 C 的方格），或是同意所涉題目不歸屬於該測驗（A 方格）。我們在圖 4-3 中摹擬含有 100 個題目的一份測驗的假設性結果。內容效度的係數可以從下列公式推導出來：

$$\text{內容效度} = \frac{D}{(A + B + C + D)}$$

例如，在我們 100 個題目的測驗上，兩位評審一致同意有 87 個題目是強烈關聯（D 方格），所以內容效度的係數將是 $\frac{87}{(4 + 4 + 5 + 87)}$ 或 .87。假使兩位以上評審被派上用場，這項計算程序的完成是先求取評審間之所有可能配對方式的係數，再求取各種組合所得係數的平均數。但我們需要提醒讀者，內容效度的係數在測驗評鑑上僅是一件證據。這樣的係數單獨不能建立起測驗的效度。

這裡所提倡之內容效度的共識法（commonsense approach）在作為削減機制上發揮良好功能，有助於剔除被專家評審們認為不適宜的現存題目。然而，它無法檢定出不存在的題目，雖然這些題目應該被增添到測驗中，以有助於使得題庫在預定的領域中更具代表性。一份測驗可能擁有堅強的內容效度係數，但仍然以微妙的方式未達標準。內容效度的量化不能完全取代審慎的題目揀選。

		專家評審 #1	
		微弱關聯（題目被評定為 1 或 2）	強烈關聯（題目被評定為 3 或 4）
專家評審 #2	微弱關聯（題目被評定為 1 或 2）	4 個題目	5 個題目
	強烈關聯（題目被評定為 3 或 4）	4 個題目	87 個題目

圖 4-3　內容效度之意見一致模式的假設性例子——針對一份含有 100 個題目的測驗

(二) 表面效度

我們在這裡簡短提一下表面效度（face validity），它真正而言不能算是一種效度，也不能用來取代另一些經由系統性驗證法所產生的效度。假使一份測驗在測驗使用者、施測者及特別是受試者看起是有效的（即從外表上看來似乎能夠適切地測量它打算測量的特質或行為），它便是具有表面效度。表面效度實際上是社會可接納性的問題，它不是一種技術形式的效度，因此它不屬於內容、效標關聯或構念效度那一種範疇（Nevo, 1985）。從公共關係的立場來看，測驗有必要擁有表面效度——否則，那些接受測驗的人們可能不滿意，或是懷疑心理測試的價值。然而，表面效度不應該與客觀的效度混淆在一起，客觀的效度是取決於測驗分數與另一些來源的訊息之間的關係。事實上，一份測驗可能擁有極高的表面效度（它的題目可能看起來與它被推定在測量的東西有高度關聯），但卻產生完全無意義的分數，不具任何預測的實用性。

效標關聯效度

當某一測驗被顯示能夠有效推估受試者在一些成果量數上的表現時，它便被證實具有效標關聯效度（criterion-related validity）。在這個脈絡中，主要感興趣的變項是成果量數（outcome measure），稱之為效標（criterion）。測驗分數只有當它為準確預測效標提供了基礎時，測驗分數才是有益處的。例如，假使大學入學考試能夠適度準確地預測受試者後來的計點平均成績（GPA），這項考試便擁有效標關聯效度。

兩種不同的效度證據蒐集法被納入在效標關聯效度的標題下。在同時效度（concurrent validity）中，效標量數（criterion measures）是在跟測驗分數大約相同的時間獲得。例如，現行之關於病人的精神醫療診斷就是適宜的效標量數，以便為紙筆的心理診斷測驗提供驗證效度的證據。在預測效度（predictive validity）中，效標量數是在未來才獲得，通常是在測驗分數被取得的幾個月或幾年之後，就如根據入學考試所預測的大學學業成績。這兩種方法各自最適合於不同的測試情境，我們會在下面章節中討論。然而，在檢視同時效度和預測效度的性質之前，讓我們先探討一個較基本的問題：什麼是良好效標的特性？

(一) 良好效標的特性

如所提到的，效標是任何的成果量數，某一測驗拿它作為對照來驗證效度。在實務層面上，效標可以是幾乎任何東西。舉些實例將有助於說明潛在效標的多樣性。為了驗證一套以模擬裝置為基礎之駕駛技能測驗的效度，它可以對照「在過去 12 個月中收到交通罰單的數量」作為效標。為了驗證一份測量社會再適應程度之量表的效度，它可以對照「在過去三年中住進精神病院的天數」作為效標。為了驗證一份測量推銷員潛力之測驗的效度，它可以對照「在前一年中所推銷商品的金額」作為效標。效標的選擇只受限於測驗編製者的才能及創意。然而，效標也不僅只是想像力的事情；它們也必須是可信賴的、適宜的，以及免於受到測驗本身的污染。

效標必須本身是可信賴的，假使它要作為測驗所測量之事物的有效指標的話。假使你記得信度的意義的話（分數的一致性），那麼對可信賴之效標量數的需求就直覺上很明顯。畢竟，不可信賴意味著不可預測。不可信賴的效標將是本質上就不可預測，不論該測驗的價值。

考慮這個案例：大學入學考試上的分數（測驗）被用來預測後來的 GPA（效標）。如何探討入學考試的效度呢？這可以經由在某一具代表性樣本的學生身上計算入學考試分數與 GPA 之間的相關（r_{xy}）。為了效度研究的目的，理想的情況是學生被授予開放或不加甄別的入學登記，以防止在效標變項上受到範圍的限制。無論如何，所導致的相關係數便被稱為效度係數（validity coefficient）。附註：我們特意地避免指稱這樣的統計數值為「效度係數」。讀者需要記住，效度是一種統一（不能分割）的概念，它取決於多方面來源的訊息，這可能包括測驗與效標之間的相關。

效度係數之理論上的上限受到測驗和效標二者信度的限制：

$$r_{xy} = \sqrt{(r_{xx})(r_{yy})}$$

效度係數始終低於或等於測驗信度乘以效標信度後的平方根。換句話說，在不論是測驗或效標（或二者）的信度偏低的情況下，效度係數也減低下來。回到我們的實例，即入學考試被用來預測大學的 GPA 上，我們必須斷定，這樣一份測驗的效度係數將始終遠不及 +1.00，部分是由於大學成績的不可靠性，也部分是由於測驗本身的不可靠性。

對於所審查的測驗而言，效標量數也必須是適宜的。「教育與心理測驗規範」原始文集（AERA, APA & NCME, 1985）納入這個重要論點為獨立的準則：

> 所有效標量數應該被準確地描述，且選擇它們作為適切效標的理論基礎及邏輯依據也應該被清楚地陳述。

例如，在所感興趣測驗的案例上，有時候不太清楚，效標量數是否應該指出在所涉活動中的滿意度、成就感或延續期間。對於在效標的這些微妙變化形式之間的選擇必須審慎地從事，所依據的是分析所感興趣的測驗聲稱在測量些什麼。

效標也必須免於受到測驗本身的污染。Lehman（1978）在生活變動量數的效標關聯效度研究中以實例說明這個論點。「新近事件表格」（Schedule of Recent Events, SRE）（Holmes & Rahe, 1967）是一份被廣泛使用的工具，它為有壓力生活事件（例如，離婚、職位升遷、交通罰單）的累積提供了數量的指標。SRE 上的分數與像是身體不適和心理失調等效標量數具有適度的相關。然而，許多看上去似乎適宜的效標量數所編入的題目是類似於或完全相同於 SRE 的題目。例如，精神症狀的篩選測驗經常檢核飲食、睡眠或社交活動方面的變動。不巧地，SRE 也編入檢核下列事項的問題：

飲食習慣的變動
睡眠習慣的變動
社交活動的變動

假使篩選測驗包含跟 SRE 相同的題目，那麼這兩個量數之間的相關將是人為地膨脹。這種在驗證測驗的效度上潛在的誤差來源就被稱為效標污染（criterion contamination），因為效標受到它跟該測驗之人為共通性（artificial commonality）的「污染」。

效標污染也可能發生在當效標是由來自專家的評定所組成時。假使專家也獲悉受試者的測驗分數的話，這份訊息可能（有意或無意地）影響他們的評定。當對照專家評定作為驗證某一測驗之效度的效標時，測驗分數必須以最嚴格機密被保存著，直到專家評定已被蒐集完成。

現在，讀者已認識良好效標的一般特性，我們將審視如何應用這份認識於同時效度和預測效度的分析上。

(二) 同時效度

在同時效度驗證的研究中，測驗分數和效標訊息是同一時間獲得。測驗效度的同時證據通常特別適用於幾種測驗，像是成就測驗、用於授予執照或認定資格的測驗，以及用於診斷的臨床測驗。同時效度的評估指出在什麼範圍內測驗分數準確地推估當事人目前在有關效標上的位置。例如，對一份算術成就測驗而言，假使它的分數可被用來預測（具有合理的準確性）學生們目前在數學課程上的位置，它便是擁有同時效度。對一份人格量表而言，假使從它所推導出的診斷分類大致上符合精神病學家或臨床心理學家的意見，它便是擁有同時效度。

當某一測驗被證實擁有同時效度，這為獲致訊息提供了捷徑，否則可能需要廣延的專業時間的投資。例如，假使某一測驗擁有被證實的同時效度，它可被使用於初期的篩選決定，那麼在心理健康診所中的病人指派程序就可被加速完成。以這種方式，嚴重失常的病人需要立即的臨床診斷檢查和加強的治療，他們可以快速地經由紙筆測驗被鑑定出來。當然，測驗不是意圖取代心理健康專家們，但是它們可以在診斷的初步階段節省時間。

某一新的測驗與現存測驗之間的相關經常被援引為同時效度的證據。當以舊有測驗來驗證新的測驗的效度時，這有一些需要遵從的法規；但仍然是適宜的，假使符合兩個條件的話。首先，效標（現存）測驗必須已經被驗證過效度——透過與適當之非測驗行為資料的相關。換句話說，連鎖關係的網絡必須在某些方面接觸到真實世界的行為。其次，被驗證效度的工具必須跟效標測驗所測量的是相同的構念。因此，對新的智力測驗的編製者而言，他完全適合於報告他的測驗跟已建立（已證實）之主流測驗（如斯比量表和魏氏量表）之間的相關。

(三) 預測效度

在預測效度驗證的研究中，測驗分數被用來推估在後來時期獲得的成果量數。預測效度特別跟入學考試和職業測驗有所關聯。這樣的測驗具有某一共通的功能，即決定什麼人可能在未來的努力中成功。對大學入學考試而言，適切的效標將是大學 1 年級的 GPA。對職業測驗而言，為了驗證它的效度，我們可以在就職六個月後對照單位主管的評定。在理想的情境中，這樣的測驗是在開放入學登記（或開放僱用）的期間接受效度的驗證，以便充分範圍的結果都可能發生在成果量數中。以這種方式，測驗的未來用途（作為排除偏低得分的申請者的甄選工具）將是建立在證明效度的資料的穩固基礎上。

當測驗被使用於預測的目的時，這就有必要發展迴歸方程式。迴歸方程式（regression equation）是在描述最適合直線（best-fitting straight line），以便從測驗分數推估受試者在效標上的表現。我們在這裡將不討論複雜的統計方法。就當前的目的，更重要的是了解迴歸方程式的本質和功能。直線迴歸方程式的公式是：

$$Y = aX + b$$

在這個公式中，Y 代表效標分數的推估值；a 為斜率（slope），即迴歸係數；b 為截距（intercept）；X 則為受試者個人的測驗分數。利用這一公式可以從受試者的測驗分數預測他在效標上的表現。

Ghiselli 及其同事們（1981）提供了一個迴歸被用於預測的簡單實例，我們在這裡加以摘述。假設我們試圖從就職前之 X 測驗上的分數（分數的延伸從最低 0 分直到最高

100 分）預測後來在 Y 工作上的成就（以主管從差勁表現以迄於優良表現的七點量表上進行評估）。迴歸方程式

$$Y = .07X + .2$$

可能描述了最適合直線，且因此提出最準確的預測。對於在該測驗上得分 55 的當事人而言，他被預計的表現水準將是 4.05；也就是 .07（55）+ .2。33 的測驗分數則產生預計的表現水準 2.51；也就是 .07（33）+ .2。其餘的預測可以依此類推。

(四) 效度係數與估計標準誤

測驗分數與效標量數之間關係能夠以幾種不同方式加以表達。或許最盛行的方法是計算測驗與效標之間的相關（r_{xy}）。在這個脈絡中，所導致的相關被稱為效度係數（validity coefficient）。效度係數 r_{xy} 愈高的話，測驗在預測效標上就愈準確。在 r_{xy} 是 1.00 的假設性案例上，該測驗將擁有完全的效度，容許毫無缺點的預測。當然，沒有這樣的測驗存在，效度係數較普遍是位於從低度到中度的相關範圍內，且很少踰越 .80。但是，效度係數應該多高呢？這個問題沒有綜合的答案。然而，我們可以間接地著手該問題，經由探討效度係數與對應的估計誤差之間的關係。

估計標準誤（standard error of estimate, SE_{est}）是指在預測的效標分數中所被估計的誤差界限。估計值的誤差是從下列公式推衍出來：

$$SE_{est} = SD_y\sqrt{1-{r_{xy}}^2}$$

在這個公式中，${r_{xy}}^2$ 是效度係數的平方，SD_y 是效標分數的標準差。或許讀者已注意到這個指標與測量標準誤（SEM）之間的相似性。事實上，這兩個指標有助於推估誤差的界限。SEM 指出由測驗的不可靠性引起之測量誤差的界限，至於 SE_{est} 則是指出由測驗不完全效度引起之預測誤差的界限。

SE_{est} 有助於回答這個基本問題：「效標表現能夠多準確地從測驗分數加以預測？」（AERA, APA & NCME, 1985）。考慮常見的措施，即從高中生在學術性向測驗（SAT）上的分數嘗試預測他們的大學 GPA。對特定的性向測驗而言，假設我們決定它關於預測的 GPA 的 SE_{est} 是 .2（在平常之從 0.0 到 4.0 的成績點數量表上）。這對於大學的成績點數被預測將是 3.1 的受試者代表什麼意思呢？如在所有標準差上的情形，估計標準誤可被用來以或然率的意味陳述所預測結果的範圍。假定成績的次數分配是常態的，我們知道有大約 68% 的機率受試者被預測的成績點數將會落在 2.9 到 3.3 之間（即介於加或減一

個 SE_{est} 之內）。以類似的方式，我們知道受試者被預測的成績點數有大約 95% 的機率將會落在 2.7 到 3.5 之間（即介於上或下二個 SE_{est} 之內）。

什麼是預測準確性之可接受的標準？這個問題沒有簡單的答案。如讀者從接下來的討論中將可看出，預測準確性的標準部分地是價值判斷（value judgments）的問題。為了解釋為什麼如此，我們需要介紹決策理論的基本要素（Taylor & Russell, 1939; Cronbach & Gleser, 1965）。

(五) 決策理論被應用於心理測驗

決策理論（decision theory）的擁護者強調，心理測試的目的不是測量本身，而是使得測量有益於決策。人事經理想要知道僱用什麼人；註冊主任必須選定讓一些人入學；假釋委員會想知道讓哪些犯人提前出獄是屬於合理的風險；以及精神科醫師需要決定哪些病人有必要住院。

在預測性效度驗證研究的脈絡中，測驗與決策之間的關聯再明顯不過了。許多這類研究利用測驗結果以決定什麼人將可能在效標任務上成功或失敗，以便在未來，那些在預測測驗上拿到差勁分數的受試者能夠從入學、就業或其他特有權利中被剔除（被淘汰）。就是抱持這樣的理論基礎，註冊主任或人事經理才要求申請人（應徵者）應該在特定的入學考試或職業測驗上拿到若干最低限度的分數——先前關於預測效度的研究可被援引來表明，得分低於某一截切分數（cutoff score）的人選在他們的教育或職業追求上將會面對重大劣勢。

心理測驗經常在這類機構的決策上扮演重要角色。在典型的機構決策中，委員會（或有時候單一人士）根據在一項或多項甄選測驗上的截切分數從事大量基於比較的決定。為了呈現決策理論的關鍵概念，讓我們加以簡化些，只涉及單一的測驗。

即使大部分測驗產生沿著連續譜的一系列分數，我們通常有辦法檢定出某一截切分數（或及格／不及格分數），藉以把樣本劃分為在所感興趣的效標上「那些被預測將會成功的人」vs.「那些被預測將會失敗的人」。讓我們假定，被預測將會成功的人選也在僱用或入學上被錄取。在這種情況下，「被預測將會成功」這組人選的比率被稱為錄取率（selection ratio）。錄取率可能從 0 到 1.0 發生變動，取決於有多少比率的人選被認為在效標量數上有良好的成功機率。

假使甄選測驗的結果容許我們簡單地將之二分為「被預測將會成功」vs.「被預測將會失敗」，那麼後來在效標量數上的成果同樣地可被劃分為兩個範疇，也就是「實際成功」和「實際失敗」。從這個觀點來看，每項預測效度的研究產生了一個 2×2 的矩陣，如圖 4-4 所描繪。

預測結果和實際結果的若干組合會比另一些較可能發生。假使某一測驗有良好的預

		在效標量數上的表現	
		實際成功	實際失敗
甄選測驗的預測	將會成功	正確預測（命中）	錯誤肯定（失誤）
	將會失敗	錯誤否定（失誤）	正確預測（命中）

圖 4-4　當甄選測驗被用來預測在效標量數上的表現時，可能發生的四種結果

測效度，那麼大部分「被預測將會成功」的人選將會「實際成功」，且大部分「被預測將會失敗」的人選將會「實際失敗」。這些是屬於正確預測的實例，有助於支持甄選工具的效度。這兩個方格中的結果被稱為「命中」(hits)，因為該測驗已執行正確的預測。

但是沒有任何甄選測驗是完美的預測工具，所以另兩種結果也可能發生。有些「被預測將會成功」的人選卻是實際上失敗。這些案例被稱之為錯誤肯定（false positives）。還有些「被預測將會失敗」的人選，假使被給予機會的話，卻是實際上成功。這些案例被稱之為錯誤否定（false negatives）。「錯誤肯定」和「錯誤否定」被統稱為「失誤」（misses），因為在這兩種情況中，該測驗已執行不準確的預測。最後，命中率（hit rate）是指測驗準確地預測到成功或失敗的案例所占的比率；也就是，命中率＝（命中人數）／（命中人數 + 失誤人數）。

在甄選測驗的現實世界使用中，錯誤肯定和錯誤否定是不可避免的事情。為了除排這樣的甄選失誤，唯一方法將是編製完美的測驗，即一套具有 +1.00 效度係數的工具，這表示與效標量數具有完全的相關。完美的測驗就理論上是可能發生的，但是在這個星球上尚未被發現。儘管如此，我們仍有必要編製具有很高預測效度的甄選測驗，以便把決策失誤減至最低。

(六) 泰－羅二氏預期表

在決策理論的背景中，我們應該描述由 Taylor 和 Russell（1939）所發表的統計表，它使得測驗使用者能夠決定，當採用某一測驗進行甄選時，所能預期成功應徵者的比例。基於明顯的原因，這些索引被稱為泰－羅二氏預期表（Taylor-Russell tables）。為了使用泰－羅二氏預期表，主試者必須具體指明：(1) 該測驗的預測效度；(2) 錄取率；及 (3) 成功應徵者的基本率（base rate）。任何這些因素的變動將會改變該測驗的甄選準確性。

某一測驗的預測效度通常已從先前的研究獲知，它是以 r_{xy} 表示，即測驗與效標之間的相關。錄取率是指應徵者被錄取的比例（通常是因為他們被預測將會成功）。基本率是指採用現行的方法（沒有借助於新的測驗）將會被錄取之成功應徵者的比例。（在極端的情形中，基本率是指沒有採用任何甄選程序，在隨機條件下將會被挑選之成功應徵者的比例。）當所有這三個因素都已知的情況下，我們就可查閱泰－羅二氏預期表以決定透過該測驗的施行所預期的成功比例。以這種方式，測驗使用者可以決定，新的測驗的使用以怎樣程度增進了甄選的準確性，勝過根據原本的方法所獲得的基本率。

我們舉個實例以說明泰－羅二氏預期表（參考表 4-1）的可能運用。假定成功應徵者的基本率是 .60，這表示被現行方法所錄取的應徵者中，有 60% 後來經證明是成功的（合格的）。再假定錄取率是 .50，這表示所有應徵者中有 50% 被錄取。另外，假定

表 4-1　基本率為 .60 的泰－羅二氏預期表

	錄取率										
效度	.05	.10	.20	.30	.40	.50	.60	.70	.80	.90	.95
.00	.60	.60	.60	.60	.60	.60	.60	.60	.60	.60	.60
.05	.64	.63	.63	.62	.62	.62	.61	.61	.61	.60	.60
.10	.68	.67	.65	.64	.64	.63	.63	.62	.61	.61	.60
.15	.71	.70	.68	.67	.66	.65	.64	.63	.62	.61	.61
.20	.75	.73	.71	.69	.67	.66	.65	.64	.63	.62	.61
.25	.78	.76	.73	.71	.69	.68	.66	.65	.63	.62	.61
.30	.82	.79	.76	.73	.71	.69	.68	.66	.64	.62	.61
.35	.85	.82	.78	.75	.73	.71	.69	.67	.65	.63	.62
.40	.88	.85	.81	.78	.75	.73	.70	.68	.66	.63	.62
.45	.90	.87	.83	.80	.77	.74	.72	.69	.66	.64	.62
.50	.93	.90	.86	.82	.79	.76	.73	.70	.67	.64	.62
.55	.95	.92	.88	.84	.81	.78	.75	.71	.68	.64	.62
.60	.96	.94	.90	.87	.83	.80	.76	.73	.69	.65	.63
.65	.98	.96	.92	.89	.85	.82	.78	.74	.70	.65	.63
.70	.99	.97	.94	.91	.87	.84	.80	.75	.71	.66	.63
.75	.99	.99	.96	.93	.90	.86	.81	.77	.71	.66	.63
.80	1.00	.99	.98	.95	.92	.88	.83	.78	.72	.66	.63
.85	1.00	1.00	.99	.97	.95	.91	.86	.80	.73	.66	.63
.90	1.00	1.00	1.00	.99	.97	.94	.88	.82	.74	.67	.63
.95	1.00	1.00	1.00	1.00	.99	.97	.92	.84	.75	.67	.63
1.00	1.00	1.00	1.00	1.00	1.00	1.00	1.00	.86	.75	.67	.63

資料來源：Tayler, H. C., & Russell, J. T.(1939), 575-576.

新的測驗具有 .40 的效度係數——指出測驗分數與效標之間的相關。在這些假定之下，泰－羅二氏預期表提供了透過新測驗的使用所預計的成功比例。預計的成功比例經查閱是 .73，有鑑於原先成功甄選的基本率只有 .60，這已呈現實質的增進。

從泰－羅二氏預期表顯現之最引人興趣的結論是，對於具有「不良」效度的測驗而言，我們仍然能夠實質地增進其甄選準確性——假使錄取率被降低的話。考慮某一測驗的效度僅有 .20，這看起來不是非常令人印象深刻；對大部分測驗而言，效度係數通常高多了。再假定成功甄選的基本率是 .60，這對許多形式的人事甄選而言大致上是符合實際的基本率。另外，假定錄取率非常嚴格，譬如 .05，這表示只有 5% 的應徵者被認為可被接受，且因此被錄取。在這些假定之下，透過該測驗的使用，預期的成功比例是 .75，這已高於 .60 的基本率有 15% 的淨收益。

四 構念效度

在這個單元中，我們將討論最後一類的效度是構念效度；它無疑地是最困難而不易捉摸的一組概念。構念（construct）是指某一理論上的、不具實體（無形）的特性或特質，隨不同人們而異（Messick, 1995）。構念的樣例包括領導能力、過度控制的敵意、憂鬱、焦慮、外向及智力等。需要注意的是，在這每一個樣例中，構念是從行為推論出來，但不只是行為本身。一般而言，構念在理論上被認為具有某些形式的獨立存在，而且對人類行為施加廣泛但在某種程度上可以預測的影響力。當某一測驗立意於測量某個構念時，它必然是根據有限樣本的行為預估某一推斷的、基礎的特性（例如，領導能力）的存在。構念效度（construct validity）是指對基礎構念的這些推斷的適當性。

所有心理構念擁有兩個共通的特性：

1. 沒有單一的外在指涉事項（external referent）足以驗證構念的存在；也就是說，構念不能被操作性地界定（Cronbach & Meehl, 1955）。
2. 儘管如此，一連串聯動式的假設可以從現存關於該構念的理論中被推衍出來（AERA, APA & NCME, 1985）。

我們將參考社會病態的構念來說明這些要點（Cleckley, 1976），社會病態（sociopathy）是一種人格組合，它的特色是反社會行為（說謊、偷竊及偶爾的暴力）、缺乏內疚和羞恥，以及衝動性。（社會病態的構念非常類似於現行所指稱的反社會型人格疾患，APA, 1994）社會病態肯定是一個構念，因為沒有單一的行為特徵或行為結果足以決定什麼人有強烈社會病態人格，什麼人則沒有。平均而言，我們可以預期社會病態人士經常入獄，但是許多普通的罪犯也是如此。再者，許多社會病態人士就是有辦法完全避免被逮捕（Cleckley, 1976）。社會病態人士不能只以違法或不違法加以判斷。

儘管如此，一連串聯動式的假設可以從現存關於社會病態的理論中被推衍出來。社會病態的基本問題被認為是感受情緒激發（emotional arousal）之能力的缺乏或不足，這樣的情緒激發不論是指同理心、愧疚、自責心、害怕懲罰，或壓力下的焦慮（Cleckley, 1976）。一些預測已從這項評價推導出來。例如，社會病態人士應該會有說服力地說謊、對身體疼痛擁有較高的忍受力、在靜止狀態顯現較低自律系統激發，以及他們因為缺乏行為抑制而惹上麻煩。因此，為了驗證社會病態的測量，我們將需要依據我們社會病態的理論以檢驗一些不同的預期。

對於心理測驗方面的構念效度而言，這些測驗宣稱是在測量一些複雜、多元層面及理論限定的心理屬性，諸如社會病態、智力及領導能力等。在理解構念效度上，讀者有必要認識，「沒有任何效標或內容領域被接受為完全適足以界定所欲測量的特性」（Cronbach & Meehl, 1955）。因此，構念效度的證明始終建立在研究方案上，利用下節中敘述的多種程序。為了評估某一測驗的構念效度，我們必須累積得自許多來源的各種證據。

雖然檢驗某一測驗的構念效度是冗長而複雜的過程，多種程序已被設計來答覆一個關鍵問題：根據當前對該測驗所宣稱在測量之構念的理論上理解，我們是否發現種種與該理論預測之非測驗效標的關係？因此，在考驗某一測驗的構念效度上，我們需要仰賴多種資料來源和不同的實驗設計及方法。關於構念效度的審查，它基本上並未不同於驗證某一理論的一般科學程序。不論所使用的資料和方法是什麼，它的過程都是依循「假設－實驗」的基本科學法則。

許多心理計量的理論家視構念效度為對所有類型之效度證據的統一概念（Cronbach, 1988; Guion, 1980; Messick, 1995）。根據這個觀點，內容效度、同時效度及預測效度的個別研究被視為僅是在累積性尋求構念效度的建立上的支持證據。

五 構念效度的驗證法

測驗編製者如何決定新的工具是否擁有構念效度？如先前略微提到，沒有單一程序能夠完成這個困難任務。構念效度的證據可以覓之於實際上任何實徵研究（empirical study），只要它們是針對適當的受試者團體檢視測驗分數。大部分構念效度的研究落在下列範疇之一：

- 從事一些分析以決定測驗題目或分測驗是否同質，因此是在測量單一構念。
- 探討發展上的變化，以決定這些變化是否符合該構念的理論。

- 從事研究以確認測驗分數上的團體差異是否跟理論保持一致。
- 從事分析以決定測驗分數上的干預效應是否跟理論保持一致。
- 該測驗與其他有關和無關的測驗及量數之間相關情形。
- 就測驗分數與其他來源訊息的關係進行因素分析。
- 從事分析以決定測驗分數是否容許對受試者做正確的分類。

我們以下較詳盡檢視這些來源的構念效度證據。

(一) 測驗同質性

假使某一測驗測量單一構念，那麼它的組成題目（或分測驗）可能將是同質的，也稱為是「內部一致的」（internally consistent）。在大部分情形中，同質性是在編製的過程中就被納入測驗，我們在下一個單元將會加以討論。測驗編製的目標是選擇題目以形成同質量表（homogeneous scale）。

為了達成這個目標，最普遍被使用的方法是求取每個可能題目與測驗總分數的相關，然後挑選那些顯現與總分數有高相關的題目。另一有關的程序是在測驗編製的早期階段求取分測驗與總分數的相關。以這種方式，在該工具被推出以供一般使用之前，搖擺不定而與總測驗分數不具若干最起碼相關的量表將要接受修訂。

在檢驗新測驗的構念效度上，同質性是重要的第一步。各試題或分測驗與總分數之間相關係數即代表測驗內部的凝聚程度；凝聚程度愈高就表示愈傾向於測量同一心理構念。但是，除了證明題目的同質性，測驗編製者也必須提供多方面其他來源的構念效度，我們接下來討論。

(二) 相稱的發展變化

許多構念可被假定將會從早年兒童期到成熟成年期（或許還超出這個範圍）顯現有規律之年齡等級的變化。考慮以詞彙知識的構念作為實例。從 20 世紀初智力測驗開始登場起，我們就已知道，詞彙知識從兒童早期直到兒童後期成指數地增加。較近期的研究則發現，詞彙繼續成長（雖然是以較緩慢的速度）直到進入老年期（Gregory & Gernert, 1990）。因此，對任何新的詞彙測驗而言，一項重要的構念效度的證據將是年長受試者的得分優於年幼受試者，假定教育和健康因素保持恆定的話。

當然，不是所有構念都適合於預測發展上的變化。例如，我們就不清楚，某一測量「果斷性」的量表是否隨著年齡增長應該顯現分數遞增、分數遞減或分數穩定的型態。對於這樣量表的構念效度而言，發展變化將是無關的。我們也應該提及，相稱的發展變化不過是構念效度拼圖中的一小塊。這種驗證法沒有提供關於該構念如何與其他構念產生關聯的訊息。

(三) 理論－符合的團體差異

為了增強新工具的效度，一種方法是顯示，平均而言，當個人擁有不同的背景和特徵時，他將在測驗上獲得理論－符合（theory-consistent）的分數。更具體而言，個人當被認為在測驗所測量的構念上傾向於偏高時，他就應該拿到高分數，至於個人當被認為在該構念上擁有偏低數量時，他就應該拿到低分數。

Crandall（1981）編製一份社會興趣量表，它有助於說明如何在檢驗構念效度的過程中使用理論－符合的團體差異。借用來自阿德勒（Alfred Adler）的概念，Crandall（1984）界定「社會興趣」（social interest）為「對他人的興趣和關切」。為了測量這個構念，他設計一套簡易的工具，由 15 個強迫選擇題所組成。針對每個題目，一個選項所涉的特質跟阿德勒學派的社會興趣的概念有密切關聯（例如，援助的）；至於另一個選項所涉的是同樣吸引人但無關社會的特質（例如，機伶的）。就每個題目的這兩個選項，受試者被指示，「選出你評價較高的特質」。在這 15 個題目中，假使社會興趣的特質被挑選，就評分 1；挑選另一選項就評分 0。因此，「社會興趣量表」（SIS）上的總分數可能從 0 到 15 發生變動。

表 4-2 呈現在 SIS 上的平均分數，以 13 個明確界定的受試者團體為對象。讀者可能注意到，有些人傾向於有較高的社會興趣（例如，修女），他們在 SIS 上拿到了最高的平均分數；至於最低的分數則是由據推測自我中心（self-centered）的人們所獲得（例如，模特兒），以及由那些公然反社會的人們所獲得（重罪犯）。這些發現是理論符合的，它們支持這一引人興趣的工具的構念效度。

(四) 理論－符合的干預效應

另一種考驗構念效度的方法是顯示，測驗分數將會隨著預定或非預定的干預而以特定的方向及數量發生變動。例如，當老年人接受特別針對於加強他們空間定向（spatial orientation）能力的認知訓練後，這些受試者在空間定向綜合測驗上的分數應該增加才對。更精確而言，假使該綜合測驗擁有構念效度，我們可以預測空間定向分數應該從前測到後測顯現較大的增進——相較於在沒有接受特殊訓練之無關能力上（例如，歸納推理、知覺速度、數值推理或語文推理）發現的情形。Willis 和 Schaie（1986）在以老年人受試者為對象的認知訓練研究中，就發現了這樣的測驗結果的型態，這支持他們空間定向測量的構念效度。

表 4-2　所選定團體在社會興趣量表上的平均分數

團體	*N*	平均分數
羅馬天主教修道會的修女	6	13.3
成年的基督教教徒	147	11.2
慈善團體的志工	9	10.8
被指定為高度社會興趣的高中生	23	10.2
被指定為高度社會興趣的大學生	21	9.5
大學受僱人員	327	8.9
大學生	1,784	8.2
被指定為低度社會興趣的大學生	35	7.4
專業模特兒	54	7.1
被指定為低度社會興趣的高中生	22	6.9
成年的無神論者和不可知論者	30	6.7
被判決的重罪犯	30	6.4

資料來源：取材自 Crandall, J.（1981）。

(五) 輻合效度和辨別效度的檢驗

當某一測驗與其他也擁有同一構念的變項或測驗之間有高相關時，這就證明了該測驗的輻合效度（convergent validity）。例如，兩份測驗被設計來測量不同類型的智力，儘管如此，它們應該共有不少智力上的普通因素而足以產生頗高的相關（比如，.5 或以上）——當共同實施於某一異質樣本的受試者時。事實上，對任何新的智力測驗而言，當它未能與現存的智力測量呈現至少適度的相關時，它的有效性將被高度懷疑，因為它顯然不具有輻合效度。

當某一測驗與其他所測量構念互異的變項或測驗之間沒有相關時，這就證明了該測驗的辨別效度（discriminant validity，或稱區別效度）。例如，社會興趣與智力在理論上是無關的，因此，這兩個構念的測驗之間相關應該微不足道，假使有任何相關的話。

在一篇經典的論文中（經常被引述，但很少被效法），Campbell 和 Fiske（1959）提出一種系統性的實驗設計，以便同時驗證心理測驗的輻合效度和辨別效度。他們的設計被稱為「多元特質－多重方法矩陣」（multitrait-multimethod matrix），它適合於以兩種或以上的方法評鑑二個或以上的特質。表 4-3 提供了這種方法的一個假設性樣例。在這個樣例中，三個特質（*A*、*B* 和 *C*）以三種方法（1、2 和 3）加以測量。例如，特質 *A*、*B* 和 *C* 可能是社會興趣、創造力和支配性。方法 1、2 和 3 可能是自陳量表、同儕評定和投射測驗。因此，A_1 將是代表社會興趣的自陳量表，B_2 代表創造力的同儕評定，C_3 則是從投射測驗推斷支配性量數，依此類推。

需要注意的是，在這個樣例中，總共有 9 項測驗被探討（三個特質各自被三種方法所測量）。當這每一項測驗實施兩次於同一群受試者，然後所有成對測驗上的分數被求取相關，所得結果就是多元特質－多重方法矩陣（表 4-3）。這個矩陣是關於信度、輻合效度及辨別效度之資料的豐富來源。

舉例而言，沿著主要對角線上的相關（括弧內）是每項測驗的信度係數。這些數值愈高就表示測驗愈值得信賴，最好是我們想看到這裡有 .80 或 .90 以上的數值。沿著三個較短對角線上的相關（粗體字）供應輻合效度的證據——由不同方法測量的同一特質。這些相關應該強大而正值，如這裡所顯示。還需要注意，該表格也包含由相同方法測量之不同特質之間相關（在實線三角形內），也包含由不同方法測量之不同特質之間相關（在虛線三角形內）。這些相關應該在該矩陣的所有數值中是最低的，因為它們供應的是辨別效度的證據。

Campbell 和 Fiske（1959）的方法論對於我們理解測驗效度的驗證過程有重要的貢獻。然而，這項程序的充分履行通常需要研究人員非常龐大的投入。較常見的情形是，測驗編製者一部分又一部分地蒐集輻合效度和辨別效度的資料，而不是提出整個矩陣的交互相關。

(六) 因素分析

因素分析是一種專門化的統計技術，它特別有益於研究構念效度。我們將在主題 8A「性向測驗與因素分析」中較詳盡討論因素分析；這裡，我們只稍加著墨，以便讀

表 4-3　假設性的多元特質－多重方法矩陣

		方法 1			方法 2			方法 3		
	特質	A_1	B_1	C_1	A_2	B_2	C_2	A_3	B_3	C_3
方法 1	A_1	(89)								
	B_1	51	(89)							
	C_1	38	37	(76)						
方法 2	A_2	**57**	22	09	(93)					
	B_2	22	**57**	10	68	(94)				
	C_2	11	11	**46**	59	58	(84)			
方法 3	A_3	**56**	22	11	**67**	42	33	(94)		
	B_3	23	**58**	12	43	**66**	34	67	(92)	
	C_3	11	11	**45**	34	32	**58**	58	60	(85)

附註：字母 A、B 和 C 是指特質；寫在下面的 1、2 和 3 是指方法。矩陣由相關係數所組成（小數點省略）。

資料來源：Cambell, D. T. & Fiske, D. W.（1959）.

者能夠了解因素分析在構念效度研究上的角色。因素分析（factor analysis）的目的是鑑定在解釋成套測驗間的交互相關上所需要最少數目的決定因子（因素）。換句話說，因素分析的目標是找出最少的一組維度，稱之為因素，這些維度可以解釋所觀察之個別測驗間一系列的交互相關。在因素分析中，典型的手法是實施成套測驗於好幾百位受試者，然後從在所有可能成對測驗上的分數計算出相關矩陣。例如，假使 15 項測驗被實施於由精神科病人和神經科病人組成的一個樣本，因素分析的第一個步驟是在 105 種可能成對測驗上的分數之間計算相關係數。（關於 N 個測驗間配對的數目，一般公式是 N(N－1)/2。因此，假使 15 項測驗被實施，就將有 15×14/2 或 105 種可能發生之個別測驗的配對）。雖然我們有可能看出若干成群的測驗是在測量共同的特質，但較典型的情況是，在相關矩陣中發現的大量資料完全過於複雜，以至於單憑人類肉眼無法有效地加以分析。幸好，因素分析之電腦施行的程序能夠探索這個模式的交互相關，鑑定出少數的因素，然後提出因素負荷量的表格。因素負荷量（factor loading）實際上是指個別測驗與單一因素之間的相關。因此，因素負荷量的變動範圍可以從－1.0 到 +1.0。因素分析的最後結果是一個表格，描述每項測驗與每個因素間的相關。

因素負荷量的表格有助於描述某一測驗的因素組成，從而提供跟構念效度有關的訊息。我們將以得自「類別測驗」（Category Test）研究之因素分析的資料來說明這一點。類別測驗是相對上複雜的概念形成的一種測驗，它在設計上是為了有別於傳統心理計量的智力測量，而且在偵測神經失調上優於後者（Reitan & Wolfson, 1985）。假使類別測驗實際上測量到一些不同於傳統智力測驗的東西，即麼它應該強烈地負荷一個或以上的因素，而這是 WAIS 的分測驗所不能代表的。這樣的發現將可增強類別測驗的構念效度——透過使它有所別於傳統的智力測量。

Lansdell 和 Donnelly（1977）對 94 位精神科和神經科的病人實施魏氏成人智力量表的 11 項分測驗、類別測驗及手指輕敲測驗（Finger Tapping Test）。測驗分數接受因素分析，產生在表 4-4 中顯示的因素負荷量。需要注意，WAIS 的語文分測驗在因素 I 上具有最高的負荷量，這表示因素 I 必然是語文理解的因素。類別測驗在這個因素上具有最低的負荷量；這指出語文能力對於在這項測驗上的良好表現不是特別重要。因素 II 在積木造形（.74）和物件裝配（.73）上具有最高的負荷量，它典型地被命名為「知覺組織」因素。不巧地，類別測驗在這個因素上（而且也只在這個因素上）具有實質的負荷量（.82）。至少對這個樣本的受試者而言，看起來類別測驗僅是知覺組織技能的另一種替代測量，而不是一項嶄新而不同的測驗——如它的許多使用者所喜歡宣稱的。附帶一提，因素 III 似乎測量免於分心，因素 IV 則似乎是動作速度的單純測量。

表 4-4　針對類別測驗、手指輕敲測驗及 WAIS 分測驗的因素負荷量

測驗	因素負荷量			
	I	II	III	IV
常識（Information）	.88	.15	.07	.07
理解（Comprehension）	.83	−.03	.06	−.09
算術（Arithmetic）	.43	.26	.67	−.12
類同（Similarities）	.78	.30	.17	.02
數字記憶廣度（Digit Span）	.23	.08	.83	.12
詞彙（Vocabulary）	.92	.07	.06	.01
數符替代（Digit Symbol）	.25	.31	.21	.61
圖畫完成（Picture Completion）	.64	.50	−.24	−.01
積木造形（Block Design）	.39	.74	.06	.20
圖畫排列（Picture Arrangement）	.50	.60	.12	−.01
物件裝配（Object Assembly）	.29	.73	.00	.31
類別測驗（Category Test）	.19	.82	.11	−.18
手指輕敲測驗（Finger Tapping Test）	.07	−.08	.18	.76

資料來源：摘自 Lansdell, H. & Donnelly, E. F.（1977）, 412-416。

（七）分類準確性

許多測驗是為了篩選（screening）目的而被使用，以便鑑定出符合（或不符合）若干診斷標準的受測者。對這些工具而言，準確分類是效度的必要指標。為了說明這種檢驗效度的方法，我們考慮「小型心理狀態檢查」（Mini-Mental State Examination, MMSE），它是關於認知功能的一種簡短篩選測驗。MMSE 由一些簡單的問題（例如，今天是星期幾？）和簡單的作業（例如，記住三個單詞）所組成。該測驗產生從 0（沒有任何題目正確）到 30（所有題目都正確）的分數。雖然被使用在許多目的上，MMSE 的主要用途是鑑定可能正發生痴呆症的老年人。痴呆症（dementia）是一個綜合用語，指稱由疾病進行引起之重大的認知衰退和記憶喪失，諸如阿滋海默氏症或小型中風的累積。

MMSE 是現存最被廣泛研究的篩選測驗之一。我們已獲悉不少它的測量特性，諸如該工具在偵測痴呆症病人上的準確性。在探討它的實用性上，研究人員特別注意跟效度有關的兩項心理計量的特徵：靈敏性和專對性。靈敏性（sensitivity）與準確鑑定出具有某一症候群（syndrome，或綜合症）的病人有關——在這裡是指痴呆症。專對性（specificity）則與準確鑑定出正常病人有關。這些觀念稍後將會澄清。理解這些概念適切於在心理健康與醫學上所使用之每種篩選測驗的效度。因此，我們在這裡提供適度的報導，利用 MMSE 作為較綜合原理的範例。

靈敏性和專對性的概念主要有助於在二分（二項對立）的診斷處境中，當事人被認定要不是表明某一症候群，要不就沒有。例如，在醫學上，病人要不是有攝護腺癌症，要不就沒有。在這種情況中，真相的標準（篩選測驗所測量的就是以之作為對照）將是活組織切片檢查。同樣的，在探討 MMSE 之靈敏性和專對性的研究中，病人從獨立、綜合性的醫學與心理學診斷檢查中已知是否符合痴呆症的標準。這是篩選工具為了驗證效度所對照的「金科玉律」。篩選測驗的理論基礎是務實的：假使每一位被懷疑有痴呆症的病人都被提交接受綜合性評估——這可能包括許多小時的專業時間（心理學家、神經科醫生、老人病學專家，等等）和昂貴的腦部掃描——那將是不切實際的。MMSE（或任何篩選測驗）的目的是決定是否有必要接受進一步的（追加的）評估。

篩選測驗通常提供某一截切分數，它被用來鑑別所涉症候群的可能病例。在 MMSE 方面，普通的截切分數是 30 個可能點數中的 23/24 個點數。因此，23 點和 23 點以下的分數指出痴呆症的可能性，至於 24 點和 24 點以上則被視為正常。在這個脈絡中，MMSE 的靈敏性是已知有痴呆症的病人中有多少百分比是得分在 23 點或以下。例如，從獨立、綜合性的評估中，假使有 100 位病人已知展現痴呆症，而他們之中有 79 位得分在 23 點或以下，那麼該測驗的靈敏性是 79%。MMSE 的專對性是指事情的另一面，即已知是正常的病人中有多少百分比是得分在 24 點或以上。例如，假使 100 位正常病人中，有 83 位得分在 24 點或以上，那麼該測驗的專對性是 83%。

一般而言，在篩選測驗擁有高靈敏性和高專對性二者的範圍內，它的效度就受到支持。沒有一定不變的截切分數，但對於許多目的而言，測驗將需要超越 80% 或 90% 的靈敏性和專對性，這樣才能證明它的使用的正當性。如我們稍後將看到，靈敏性和專對性的標準對每個情境而言是獨特的，取決於分類上不同性質的失誤所需要的成本——經濟及其他成本。

當然，理想的篩選測驗將是產生 100% 的靈敏性和 100% 的專對性。但在真實世界中沒有這樣的測驗存在。評鑑的現實是，主試者必須選定一個截切分數以提供靈敏性與專對性之間的平衡。但使得這項措施有疑難的是，靈敏性與專對性呈現逆反關係。當選定一個截切分數而提升靈敏性，這必定將會降低專對性，反之亦然。靈敏性與專對性之間逆反關係不僅是經驗上的事實，它也是邏輯上的必然性——假使其中之一增進，另一必然減退——沒有例外可能發生。考慮表 4-6 中的資料，顯示的是在 MMSE 之靈敏性和專對性上的發現（Tombaugh et al., 1996）。特別需要注意的是，靈敏性和專對性如何作為病人之年齡和教育水準的函數而發生變動。還需要注意，靈敏性和專對性在每個案例上呈現典型的逆反關係。

從業醫師需要選定截切分數，以便在靈敏性與專對性之間製造適當的平衡。但是究竟哪裡才是平衡點？在 MMSE 的情形中，答案不僅取決於案主的年齡和教育，也取決於正確或不正確決定的相對優點及缺點：

表 4-5　MMSE 的靈敏性和專對性——作為年齡和教育的函數

MMSE	教育			
	0-8 年		9 年以上	
截切分數	靈敏性	專對性	靈敏性	專對性
		年齡 65-79		
26/27	100	24	96	69
25/26	100	38	93	71
24/25	100	52	91	79
23/24	100	64	82	86
22/23	100	74	68	91
21/22	89	81	59	94
20/21	83	84	52	95
19/20	67	90	46	96
18/19	33	95	36	96
17/18	28	95	27	98
16/17	24	96	25	99
		年齡 80-89		
26/27	100	10	100	43
25/26	100	17	100	63
24/25	98	34	97	70
23/24	93	42	95	82
22/23	88	51	82	89
21/22	70	65	69	94
20/21	63	77	44	96
19/20	50	86	39	97
18/19	48	92	36	98
17/18	45	95	28	98
16/17	35	96	26	100

附註：所有結果是以百分比表示

資料來源：Tombaugh, T., McDowell, I., Kristjansson, B. & Hubley, A.（1996）。

截切點的選定取決於偵測出痴呆症個案的相對益處，相較於把正常人士指稱為病例的不利之處。前者視痴呆症多麼可以治療而定；也就是，早期偵測是否意指較良好的預後？後者則需考慮更充分的臨床評鑑可能引起的苦惱，以及所牽涉的經濟成本。（Tombaugh et al., 1999, p.57）

關於為 MMSE（或為任何篩選測驗）選定截切分數的問題，這沒有簡單的答案。從業醫師需要考慮成本－效益的議題，避免過分簡單地依賴特定的截切分數。最後，重回較一般性的論點：高水準的靈敏性和專對性為測驗效度提供了鞏固的證據，測驗編製者應該致力於在這二者獲致最高可能的水準。

六 效度之外的關涉和測驗效度廣延的範圍

我們在這一節將首先檢視效度之外的一些關涉（extravalidity concerns），包括測驗的副作用和非故意的後果。透過認識效度之外領域的重要性，心理學家們更堅信，採用某一測驗的決定涉及社會、法律及政治的考量，這延伸到遠超過技術效度的傳統問題。在相關的發展上，我們也將檢視，對於效度之外關涉的興趣如何鼓舞幾位理論家拓寬測驗效度的概念。如讀者將會發現，價值意涵和社會結果現在已被包含在測驗效度廣延的範圍內。

即使某一測驗是有效、不偏頗及公平的，採用該測驗的決定可能受到另一些考量的支配。Cole 和 Moss（1989）概述下列的因素：

- 什麼是該測驗被使用的目的？
- 在什麼程度上該目的可被採取的行動所完成？
- 什麼是採用該測驗可能的副作用或非故意的後果？
- 有什麼可能的替代方案可以達成跟該測驗同樣的目的？

我們在這裡只審查最顯著的效度之外關涉，顯示它們如何發揮作用而拓寬測驗效度的範圍。至於對這些主題感興趣的讀者，不妨參考 AERA、APA、NCME（1999）、Cole 和 Moss（1988）、Cronbach（1988），以及 Jensen（1980，第 15 章）。

(一) 測驗非故意的副作用

當採用某一心理測驗時，它預定的結果不必然是唯一的後果。各種副作用也可能發生；實際上，它們是很可能發生。主試者必須決定，施行測驗的效益是否勝過可能副作用的成本。再者，透過預期非故意的副作用，主試者或許能夠使這些副作用偏離或減弱。

Cole 和 Moss（1998）援引一個實例，即利用心理測驗以決定特殊教育的適任性（eligibility）。雖然預定的結果是協助學生們學習，但是鑑定適合於特殊教育學生的過程可能產生許多不良副作用：

- 被鑑定出的學童可能感到自己怪異或愚笨。
- 其他兒童可能羞辱該學童。

・教師可能看待這些學童為不值得注意。

・該過程可能製造一些由種族或社會階級所隔離的班級。

副作用的考量應該影響主試者為了預定目的而決定採用特定測驗。主試者可能適當地決定不採用某一測驗（即使是為了有價值的目的），假使源自副作用可能的成本超過預期效益的話。

考慮一個行之多年的慣例，我們經常採用「明尼蘇達多相人格量表」（MMPI）以協助對治安職務（諸如警官、保安官）的應徵人選進行篩選。雖然 MMPI 的原先設計是作為精神醫療診斷的助手，隨後的研究指出，它也有助於鑑定哪些人可能不適合於某一執法的職業（Hargrave, 1985; Hiatt & Hargrave, 1988）。特別是，當治安人員獲致的 MMPI 側面圖在 *F*（稀有）量尺、男性化－女性化量尺、妄想量尺，以及輕躁量尺上顯現輕度揚升時（例如，*T* 分數 65-69），他們傾向於會捲入嚴重的風紀問題；至於獲致較「防衛性」MMPI 側面圖（即在較少的臨床量尺上有揚升現象）的治安人員，他們傾向於不會牽涉進這樣的困擾。因此，對於篩選執法機關應徵人選這個有價值的目的而言，該測驗擁有適度的效度。但是，沒有任何測驗（即使是受到高度尊重的 MMPI）是完全正當有效的。有些良好的應徵人選將會被錯過，因為他們的 MMPI 結果位於邊緣地帶。或許他們的妄想量尺是在 66 的 *T* 分數上，或輕躁量尺是在 68 的 *T* 分數上。就 MMPI 而言，70 的 *T* 分數通常被視為是「正常」範圍的上限。

採用 MMPI 以評估治安職務的應徵人選，一項非故意的副作用是，隨著應徵者在某一機關中被認定為不合格，他可能就被貼上病態的標籤，諸如社會病態人格、精神分裂病患或妄想狂。儘管諮詢心理學家已盡最大努力，他們可能在關於應徵者的評鑑報告中從不使用任何輕蔑或貶損的字眼，但是標籤還是出現。通常，標籤是被有關人員構思出來，像是人事部門的主管檢視 MMPI 側面圖，然後看到應徵人選在具有聳動性頭銜的量尺（諸如反社會偏差、精神分裂、慮病或妄想）上獲得最高分數。不幸地，執法機關這個圈子往往是非常封閉的同業組織。各個警署的主管通例地交換關於工作應徵者照字面的報告；因此，輕蔑或貶損的標籤可能從一個機關到另一個機關跟隨應徵人選，永久地摒除當事人免於進入執法專業。這樣的餘震不僅對當事人不公平，而且也引起了對抗機關和諮詢心理學家的法律訴訟。當所有情況都考慮進去，諮詢心理學家可能發現為了同樣的目的，最好是採用技術上較不有效的測驗，特別是如果替代工具不會產生這些非故意的副作用的話。

這種對於效度之外議題重燃的敏感性已引起幾位測驗理論家拓寬他們關於測驗效度的定義。我們接下來審視這些新近的發展，但特別提醒讀者，關於測驗效度之本質的最後共識迄今仍未出現。

(二) 測驗效度廣延的範圍

至今為止，讀者所熟悉的是關於測驗使用之狹窄、傳統主義的觀點，它陳述某一測驗是有效的，假使該測驗測量到「它所聲稱在測量的東西」的話。這個觀點潛在的含意是，技術效度（technical validity）是推薦測驗使用最核心的基礎。畢竟，有效的測驗提供關於受試者準確的訊息——而這有什麼不對呢？

近期，幾位心理計量理論家引進一種較寬廣、功能主義的效度定義，它主張假使某一測驗達成它被使用的目的，那麼該測驗就是有效的（Cronbach, 1988; Messick, 1995）。例如，閱讀成就測驗可能被用來鑑定學生，以指派他們到補救班級。根據功能主義的觀點，假使被挑選接受補救教學的學生實際上從該測驗的這項應用中獲得一些學業效益，那麼該測驗就是有效的——因此，它的使用是適宜的。

功能主義的觀點直率地認定，對於驗證測驗效度的人們而言，他們有義務決定是否測驗的實施對於個人和機構具有建設性的結果，且特別是對於防範不利後果（Messick, 1980）。因此，測驗效度是一種全面的評價性判斷，以決定來自測驗分數之推論「和行動」的勝任性及適當性。

Messick（1980, 1995）主張，效度之新式、較寬廣的概念建立在四個基礎上。這些是：(1) 構念效度的傳統證據，例如，適宜的輻合效度和辨別效度；(2) 對於測驗判讀之價值意涵的分析；(3) 關於測驗判讀在特定用途之有效性上的證據；及 (4) 對於潛在和實際社會結果的評價，包括源自測驗使用的副作用。有效的測驗就是一份能夠良好符合所有這四個層面之測驗效度的測驗。

這個關於測驗效度之較寬廣的概念不可否認地是有所爭議的，有些理論家較喜歡傳統的觀點，即結果和價值是重要的，但仍然有所別於測驗效度的技術問題。無論如何，每個人應該都同意一個論點：心理測量不是一種不偏不倚的追求，它是一門應用科學，發生在社會和政治的背景中。

主題 4B

測驗建構

一、界定測驗
二、選定量表編製的方法
三、具代表性的量表編製方法
四、建構題目
五、檢驗題目
六、修訂測驗
七、發表測驗

編製一份新的測驗涉及科學和藝術二者。測驗編製者必須選定策略和材料，然後從事一系列研究決定，這將會影響新創立工具的品質。這一節的目的是討論心理計量人員編製有效測驗的歷程。雖然我們將討論許多獨立的主題，它們被一個共同主題結合起來：有效的測驗不是登場時就以充分的成熟度顯現出來——它們緩慢地從演進、發展的過程中浮現，從最初就開始建立起效度。我們在這裡將強調測驗編製的基本原理；對於更高深內容感興趣的讀者，不妨參考 Kline（1986）、McDonald（1999），以及 Bernstein 和 Nunnally（1994）。

測驗建構是由六個交織的階段所組成：

1. 界定測驗。
2. 選定量表編製的方法。
3. 建構題目。
4. 檢驗題目。
5. 修訂測驗。
6. 發表測驗。

作為一種預告，我們可以摘要這些步驟如下：「界定測驗」涉及劃定測驗的範圍和目的，這必須在編製者能夠著手測驗建構之前就已清楚。「選定量表編製的方法」是指設定規則的過程，以便為測驗結果指派數值。「建構題目」既是藝術，也是科學，測驗編製者的創造力就是在這裡發揮作用。一旦測驗的初步版本已就軌，編製者通常將之實施於適度大小樣本的受試者們，以便蒐集關於測驗題目特性的初始資料。「檢驗題目」涉及多種統計程序，它們被統稱為題目分析（item analysis，或項目分析）。題目分析的目的是決定哪些題目應該被保留，哪些應該被校正，以及哪些應該被刪除。根據題目分析和其他來源的訊息，然後「測驗接受修訂」。假使修訂的幅度很大，這可能需要增添新的題目，以及徵召新的受試者施行追加的前測。因此，測驗建構涉及回饋環（feedback loop），藉以產生第二、第三及第四草案的測量工具（圖 4-5）。「發表測驗」是最後的步驟。除了發布測驗內容，編製者也必須提出容易理解的測驗手冊。讓我們較詳盡檢視這每一步驟。

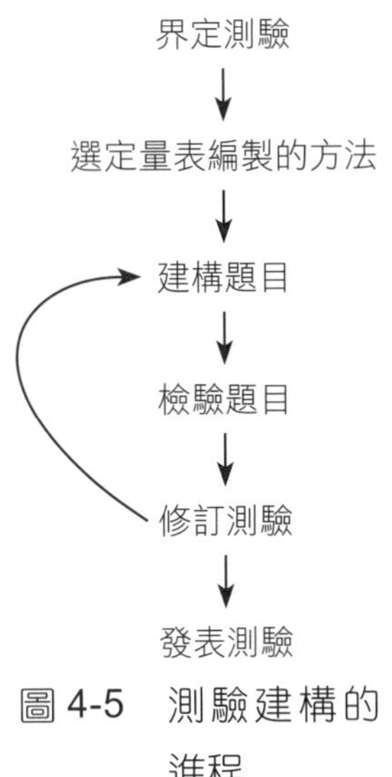

圖 4-5　測驗建構的進程

界定測驗

為了建構新的測驗，編製者必須擁有清楚的觀念，關於該測驗在測量些什麼，以及關於它如何不同於現存的工具。考慮到心理測驗現在正進入它第二個一百年，也考慮到數以千計的測驗已經被發行，舉證責任很清楚落在測驗編製者身上，他必須顯示所提議的工具不同於現存的測量，而且優於現存的測量。

考慮當一位測驗編製者提議還有另一種普通智力的測量時，他所面對令人畏怯的任務。當已經有極多這樣的工具存在時，新的測驗如何有可能對這個領域做出有益的貢獻？但是答案是，當今的研究繼續增進我們對智力的理解，而且推動我們尋求新穎及較有效的方式以測量這個多層面的構念。

Kaufman 和 Kaufman（1983）為測驗定義歷程（test definition process）提供了一個良好模型。在提出「考夫曼兒童智力測驗」（K-ABC，一種新式的兒童綜合智力測驗）上，他們列出六個主要目標，這些目標界定了該測驗的目的，使之有所別於現存的測量：

1. 依據強烈的理論及研究基礎測量智力。
2. 依據解決不熟悉問題的能力區別所學得的事實知識。
3. 產生分數以轉換為教育處置。
4. 納入新式作業。
5. 使之容易實施，也能夠客觀評分。
6. 對學前兒童、少數族裔兒童及特殊兒童的不一樣需求保持敏感（Kaufman & Kaufman, 1983）。

如讀者在後面的主題中將會發現，K-ABC 代表對於傳統智力測驗的一種引人興趣的背離。就目前而言，重點是這個新近工具的編製者明確地解釋它的目的，而且提出對於測量智力新穎的焦點——早在他們開始建構測驗題目之前。

二、選定量表編製的方法

心理測試的立即目的是指派數值給測驗上的應答，以便主試者能夠判決受試者在所測量的特性上擁有或多或少的數量。指派數值給應答的規則就界定了量表編製的方法（scaling method）。測驗編製者選擇一種測定方法，最好是能夠配合他們構思該特質（即他們的測驗所測量的特質）的方式。沒有單一的測定方法一定優於其他方法。對某些特質而言，專家裁判的等級排列可能是最佳的測量途徑；對另一些特質而言，自陳資料的複雜評定可能產生最有效的測量。

心理計量人員被供應這麼多特別的量表編製的方法，我們在這裡將滿足於只提供具有代表性的樣本。讀者打算更透徹了解這個主題的話，不妨參考 Gulliksen（1950）、Nunnally（1978）或 Kline（1986）。然而，在審視如何選定量表編製的方法之前，我們需要引進一個有關的概念，即測量的水平，以便讀者能夠更清楚了解量表編製方法之間的差異。

(一) 測量的水平

根據 Stevens（1946）的說法，所有從任何種類的測量工具推衍出來的數值可被安置在四個階層範疇之一中：名稱、序級、等距或比率。每個範疇界定了一種測量水平；所排列順序是從提供最少訊息到提供最多訊息。

在名稱量表（nominal scale，名義量表）中，數值只被當作類別的名稱。例如，當為某一人口統計研究蒐集資料時，研究人員可能把男性登碼為「1」，把女性登碼為「2」。需要注意的是，該數值是任意的，它並不指出任何東西「較多些」或「較少些」。在名稱量表中，數值僅是命名的簡化形式。

序級量表（ordinal scale）構成一種排序或分級。假使大學教授們被要求就「何者是他們較喜歡擁有」為四種汽車排列順序，他選擇的順序可能是「1」凱迪拉克，「2」雪佛蘭，「3」奧迪，「4」福特。這裡需要注意的是，數值是不可交換的。「1」的排序「高」於「2」的排序，依此類推。「高」指稱的是喜歡的順序。然而，序級量表未能提供關於排序之相對強度的訊息。在這個假設性的例子中，我們不知道大學教授們對凱迪拉克的喜歡是否強烈地壓過雪佛蘭，或僅是臨近邊緣而已。

等距量表（interval scale）提供關於排序的訊息，但也供應度量（metric）以測定各個排序之間的差異。為了建構等距量表，我們可以要求大學教授們在一個從 1 到 100 的量表上評定他們有多麼喜歡擁有前述的四種汽車。假設平均的評定被計算出來如下：凱迪拉克 90；雪佛蘭 70；奧迪 60；福特 50。從這份訊息中，我們可以推斷對凱迪拉克的喜歡遠強烈於對雪佛蘭的喜歡，這接著又輕微強烈於對奧迪的喜歡。更重要的，我們也可以假定，這個量表上各個點之間的間距約略相同：教授們對雪佛蘭的喜歡與對奧迪的喜歡之間差異（10 點），大約相同於他們對奧迪的喜歡與對福特的喜歡之間差異（也是 10 點）。簡言之，等距量表是建立在「基礎量表之同等大小單位或間隔」的假設上。

比率量表（ratio scale）具有等距量表的所有特性，但是也擁有概念上有意義的零點，表示在這個點上完全缺乏所測量的特質。四種測量水平的基本特性摘要在圖 4-6 中。

比率量表在心理測量中不常發生。考慮這是否有任何有意義的道理：假使個人可被想成擁有零智力。這不太具合理性。同樣原理也適用於心理學上的大部分構念：有意義的零點就是不存在。然而，心理學家所使用的少數身體量數符合比率量表的資格。例如，身高和體重就符合條件，另有一些生理量數（如膚電反應）也可能符合。但是大致上，心理學家的最大寄望是放在等距－水平的測量上。

測量水平跟測驗建構有重大關係，因為只有針對從符合等距量表或比率量表之標準的測量推衍出來的分數，較為強力及有效的參數統計程序（parametric statistical procedures）（例如，皮爾遜 r、變異數分析、多元迴歸）才將會被派上用場。對於只是名稱或序級的量表而言，應採用的是較不強力的非參數統計程序（例如，x^2 檢驗、等級相關、中數檢定）。實際上，大部分主要的心理測試工具（特別是智力測驗和人格量表）被假定是採用大致等距－水平的測量，即使嚴格而言，我們很難證明這樣工具的間距有絕對的等值性（Bausell, 1986）。現在，讀者已熟悉測量水平，我們將介紹某一具代表性樣本的量表編製方法。讀者不妨注意，不同的量表編製方法產生不同水平的測量。

	特性			
水平	容許歸類	容許排序	採用同等的間距	擁有真正的零點
名稱	×			
序級	×	×		
等距	×	×	×	
比率	×	×	×	×

圖 4-6　四種測量水平的基本特性

具代表性的量表編製方法

(一) 專家評等(expert rankings)

假設我們想要測量病人的昏迷深度，病人最近因為頭部傷害而失去意識。昏迷深度的量表在預測恢復進程上可能非常重要，因為一般已認識到，長期失去意識將會為最終復原帶來不良的預後。此外，復健人員有實際的需要，他們想知道病人是否處於深度昏迷狀態，抑或處於局部表達之微弱意識的狀態。

為了編製昏迷深度的量表，一種途徑將是依賴專家的行為評等。例如，我們可以要求一個由神經學專家組成的審查小組列出與不同水平的意識有關的病人行為。在專家們列出一長串診斷行為的表單後，測驗編製者——最好是頭傷方面的專家——可以沿著意識的連續譜排列這些指標行為，從深度昏迷以迄於基本定向。就是利用這種方法，Teasdale 和 Jennett(1974)編製了「Glasgow 昏迷量表」。類似於這個量表的許多工具目前在醫院被廣泛使用，以供評鑑創傷性腦部傷害(圖 4-7)。

Glasgow 昏迷量表的評分是首先觀察病人，然後在每個分量表(總共三個分量表)上指定最高水平的功能。在每個分量表上，病人被假定將會展現低於所評定水平之所有

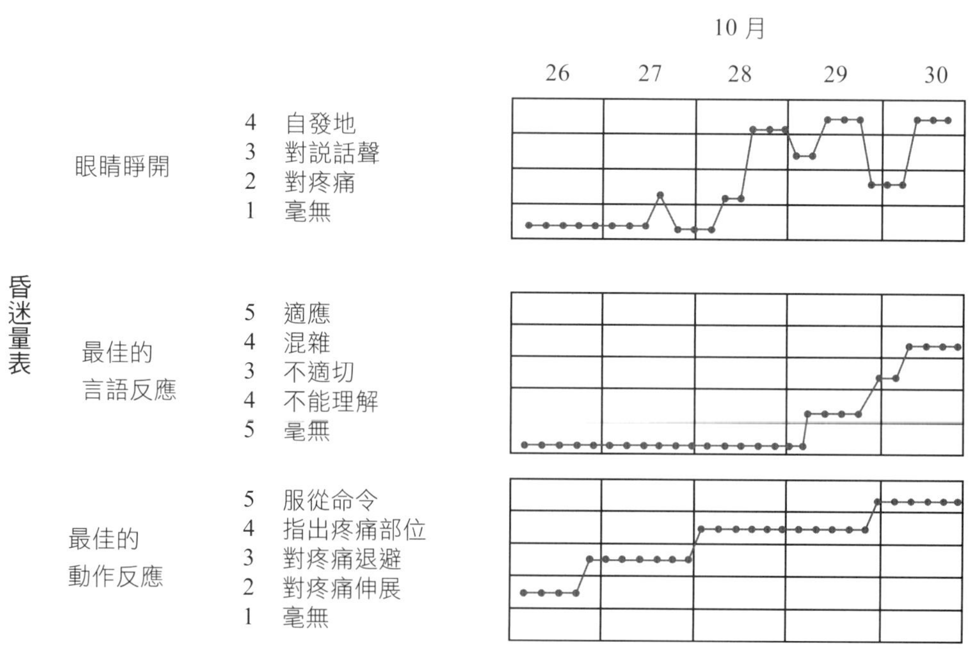

圖 4-7 使用「Glasgow 昏迷量表」以登記昏迷深度的實例

資料來源：Jennett, B., Teasdale, G. M., & Knill-Jones, R. P.(1975)。

層面的行為。因此，從心理計量的立場來看，這個量表包含三個分量表（眼睛睜開、言語反應，以及動作反應），各自提供一種依序排列的行為。

除了評等，我們也可以計算出單一的總分，這樣的總分顯然告訴我們的訊息多於序級量表，雖然或許少於真正等距－水平的測量。假使數值被附加於評等（例如，對眼睛睜開而言，「毫無」的登碼 = 1，「對疼痛」的登碼 = 2，等等），然後把每個分量表上被評定水平的數值加總起來，這就產生最大可能的分數 14。Glasgow 昏迷量表上的總分以非常高的準確程度預測後來的恢復情形（Jennett, Teasdale & Knill-Jones, 1975）。因此，我們看到，相當簡明的心理測驗就是從非常簡單的量表編製方法演繹出來；儘管如此，這樣測驗仍能提供有效及有益的訊息。

(二) 似均等間距的方法

20 世紀早期，賽斯通（L. L. Thurstone, 1929）提出一種從態度陳述建構等距－水平量表的方法。他的似均等間距的方法（mehtod of equal-appearing intervals）在今日仍被使用，標示他是心理計量理論上的重要人物之一，建構似均等間距的實際方法多少有些複雜，而且統計上不容易懂，但是它的基本邏輯則容易解釋（Ghiselli, Campbell & Zedeck, 1981）。為了說明這個方法，我們摘要在建構對教會成員的態度量表上所涉的一些步驟：

1. 蒐集儘可能多「是－否」的陳述，反映各式各樣看待教會的正面和負面態度。兩個極端的樣例可能是：

   「我覺得教會的禮拜儀式鼓舞了我，協助我在接下來的一星期中過著充實的生活。」
   「我認為教會試圖強加許多陳腐的教條和中世紀的迷信。」

   當然，許多溫和的陳述也被蒐集。
2. 接下來，邀請 10 位左右已知的專家或裁判評定這些陳述，以決定它們在該態度上的有利／不利程度。裁判應該對所涉任務具備良好資格；對於教會成員態度量表而言，牧師可能被派上用場。通常，每位裁判被要求把每項陳述分類到 11 個等級之一中，這些等級從「極為有利」以迄於「極為不利」。裁判被告知對他們自己的偏見置之不顧，而且視這 11 個等級為等距的。
3. 在裁判已完成評估歷程後，每個項目的平均有利評定（從 1 到 11）和標準差被計算出來。例如，對於前面提到的第一個項目，10 位裁判可能給予 9.2 的平均有利評定，但是評定將會隨不同裁判而有所不同，如反映在這個項目之 1.1 的標準差上。

4. 因為項目有利性評定的標準差反映的是不明確性，當項目有較大的標準差時，它們將被刪除。通常，大約 20 到 30 個項目被挑選出來，以便這些陳述涵蓋該維度的全部範圍（從有利到不利）。一般假定，最後量表上項目之間的差異實現了等距量表的特性。
5. 受測者當接受這份態度量表時，他們被要求就所有陳述指出他們同意的程度。他們的分數就是求取他們所贊同那些項目之量表值的平均值。

Ghiselli 諸人（1981）特別提到，前述之量表編製方法僅是產生態度量表。我們仍然需要對該量表施行信度和效度的分析以決定它的適宜性和有效性。無論如何，自從賽斯通發表他關於態度量表的編製方法後，這種方法已成為社會調查問卷編製的典型方法之一，也成為隨後同類量表的範式。

（三）絕對量表編製的方法

賽斯通（1925）也開發絕對量表編製法（method of absolute scaling），這種程序是根據不同年齡組受測者的結果以獲致絕對題目難度的量數。決定個別題目在絕對量表（指起始點為絕對零點，而且所有單位均相等的量表）上之難度的方法論相當複雜，雖然基礎的原理不是很難理解。基本上，一組共同的測驗題目對兩個（或兩個以上）年齡組實施。任何兩個年齡組之間在這些題目上的相對難度就充當基礎，以供對所有題目和所有年齡組從事一系列連鎖的比較。一個年齡組充當參照組（anchor group）。題目難度以共同的單位被測量，諸如參照組在能力上的標準差單位。絕對量表法被廣泛使用在團體成就測驗和性向測驗上（STEP, 1980; Donlon, 1984）。

賽斯通（1925）以得自 3,000 位學童的測驗資料說明絕對量表法，這些資料是學童們在原始比奈測驗的 65 個題目上的應答。利用 3 歲半兒童在比奈測驗上的智力平均數當作零點，而且以他們智力的標準差當作測量單位，他建構了從 −2 排列到 +10 的量尺，然後標示每個題目（總共 65 個題目）在該量尺上的位置。賽斯通（1925）發現，該量尺「揭露相當驚人的事實，即那些題目不當地聚集在若干（難度）範圍，但在其他範圍卻相當短缺。」現代的測驗編製者將會利用這種分析作為基礎，以便裁減多餘的測驗題目（多餘在這裡的意思是，它們在相同的難度水平上進行測量）；然後增加其他題目，以便測試較高（或較低）的難度範圍。

（四）利克特量表

利克特（R. A. Likert, 1903-1981）於 1932 年提議以一種簡單而筆直的方法編製態度量表，至今仍被廣泛使用。利克特量表（Likert Scale）呈現給受試者 5 個選答，它們在同意／不同意或贊同／不贊同的連續頻譜上依序排列。例如，在一份評估對教會成員之態度的量表上，一個題目可能寫著：

「教會的禮拜儀式鼓舞了我，協助我在接下來的一星期中過著充實的生活。」
你是否：

□	□	□	□	□
強烈同意	同意	無意見	不同意	強烈不同意

取決於個別題目的措辭，「強烈同意」或「強烈不同意」的極端答案將指出在該問卷所測量的基礎態度上最有利的應答。利克特（1932）指派 5 個計點給這個極端應答，對立的極端是 1 個計點，居中的選答是 2、3 及 4 個計點。透過把得自各個題目的分數加總起來，就可獲致總量表分數。基於這個原因，利克特量表也被稱為總加量表（summative scale）。

(五) 格特曼量表

在格特曼量表中（Guttman Scale），受測者贊同一項陳述的話，他也將會贊同屬於同一基礎連續頻譜上較輕微（溫和）的陳述（Guttman, 1944, 1947）。因此，假使主試者知道某一受測者在該連續頻譜上最極端的贊同項目，那麼就可能也建立起居間的應答。格特曼量表的編製是選定一些題目，這些題目就受測者的贊同程度上建立起先後次序的排列。因為測量誤差，我們很少能達成完美的格特曼量表，但是對於若干類型的測驗而言，這仍然是適當的目標。

雖然格特曼量表法原先的設計是為了決定一組態度陳述是否為單一維度，但該技術已被使用在許多不同性質的測驗上。例如，貝克利用格特曼式量表法編製「貝克憂鬱量表」（BDI）（Beck, Steer & Garbin, 1988; Beck el al., 1961）的各個題目。BDI 的題目就類似下述：

（　）我偶爾感到哀傷或消沈。
（　）我經常感到哀傷或消沈。
（　）我大半時間感到哀傷或消沈。
（　）我始終感到哀傷，而我無法忍受下去。

案主被要求「檢視每組的陳述，指出你認為哪個陳述最符合你的情形」。案主當贊同極端的選項時（例如，「我始終感到哀傷，而我無法忍受下去」），幾乎無疑地也會同意較輕微的陳述。

(六) 實徵關鍵的方法

讀者可能已注意到，前面所討論大部分的量表編製方法，不論是在題目的挑選或排序上都有賴於專家們權威的判斷。但是，我們也有可能完全根據實徵考慮來建構測量量表，不需要理論或專家判斷。在實徵關鍵的方法中（method of empirical keying，或實徵導向法），當挑選某一量表的測驗題目時，完全是依據它們在效標組（criterion group）和在常態樣本（normative sample）中的對比情形，即它們在這兩組中被選答情形是否截然有別。例如，依照下列方式，我們可從是－否人格問卷問題的題庫中推導出憂鬱量表：

1. 主試者召集一組謹慎挑選而同質（homogeneous）的人士，這些人士罹患重鬱症，他們被要求回答整個題庫的是－否問題。
2. 針對每個題目，憂鬱組的贊同次數（頻率）被拿來跟常態樣本的贊同次數進行比較。
3. 對於那些就贊同次數在憂鬱組與常態樣本之間顯現重大差異的題目而言，它們被挑選出來組成憂鬱量表，調整為憂鬱受試者們所偏好的方向（不論是或否，只要是憂鬱組特有而專屬的）。
4. 憂鬱量表上的原始分數因此就是以關鍵方向作答的單純題數。

實徵導向法可能引起一些令人興趣的驚訝。常見的發現是，有些為某一量表而挑選出來的題目可能顯得跟所測量的構念沒有明顯關係。例如，像是「我喝大量的水」（選答「是」）的題目可能最終被列在憂鬱量表中。關於納入這個題目，所持基本理由（邏輯依據）相當簡單，因為它奏效了。當然，研究人員所面對的挑戰是探討為什麼該題目會奏效。無論如何，從實徵量表建構之實務的立場來看，理論考慮只具次等的重要性。我們將會在主題 9A「自陳式量表」中更進一步討論實徵導向法。

(七) 合理量表建構（內部一致性）

對於自陳式人格測量表的發展而言，量表建構的理性途徑是一種盛行的方法。理性（rational，或合理）的措辭多少是一種誤稱，當考慮到若干統計程序是這種方法的要素時。此外，該名稱的弦外之音似乎指其他方法是非理性或不合理，但這不符合事實。合理量表編製方法（method of rational scaling）的核心是，所有量表題目彼此之間有正相關，而且也與該量表的總分有正相關。關於這種方法，另一個替代而較適宜的名稱是內部一致性（internal consistency），強調的是實際的作為。

假設測驗編製者想要為領導潛力開發一份新的自陳式量表。根據審視相關的文獻，研究人員可能認定，領導潛力的特色是自信、在壓力下迅速恢復、高智力、說服力、果斷性，以及察覺他人正在思考及感受些什麼的能力。這些觀念示意，下列是－否題目可能在領導潛力的評鑑上有用處（Gough & Bradley, 1992）：

- 我普遍對自己感到有把握，很有自信。（T）
- 當他人不同意我的看法時，我通常僅是保持沈默，或乾脆屈服。（F）
- 我相信我的智能很清楚地高於平均。（T）
- 我經常感到我不能掌握他人將會對事情有什麼反應。（F）
- 我的朋友大致上將會描述我是一位自信而堅強的人。（T）

每項陳述後方的 T 和 F 指出了領導潛力被合理地鑑定的方向。

當然，另一些具有類似意向的題目也將被提出。測驗編製者可能以 100 個顯然是（在合理的基礎上）在評鑑領導潛力的題目開始著手。這些初步題目將被實施於一個大型樣本的人們，這個樣本類似於該量表所意欲測量的目標母群。例如，假使該量表是立意於鑑定擁有領導潛力的大學生，那麼它應該被實施於某一橫斷面（cross-section）之好幾百位的大學生。對量表的編製而言，愈大型的樣本愈為合意。在這個假設性的案例中，讓我們假定我們獲得 500 位大學生的施測結果。

在合理量表建構中，下一個步驟是就初步題目中每個題目的分數求取與該測驗的總分數（針對該試驗樣本中的 500 位受測者）之間相關。因為這些題目上的分數是二分的（1 被任意指派給對應於計分方向的作答，0 則指派給另一選項），這就需要二列相關係數（biserial correlation coefficient, r_{bis}）。一旦取得相關係數，研究人員審視表單以找出微弱相關和負相關。這些題目將被拋棄，因為它們無助於領導潛力的測量。高達半數的初始題目可能被拋棄。假使很大比例的題目在最初就被拋棄，研究人員可以根據縮減的題庫重新計算題目－總分相關，以便確證所剩餘題目的同質性。透過這種重複程序，留存下來的題目就構成領導潛力的量表。讀者應該謹記的是，合理量表編製方法僅是在提出某一同質的量表，被認為是在測量所指定的構念。我們還是需要以新的受試者樣本施行追加的研究，以便決定新的量表的信度和效度。

四、建構題目

建構測驗題目是辛苦而吃力的程序，使得測驗編製者的創造力深負重荷。題目撰寫者面對眾多最初的問題：

- 題目內容應該是同質或多樣化？
- 題目應該涵蓋怎樣的難度範圍？
- 多少初始題目應該被建構起來？

- 哪些認知歷程和題目領域應該被觸及？
- 什麼性質的測驗題目應該被派上用場？

我們先簡要論述前三個問題，然後再較詳盡討論後兩個主題——這二者被通稱為「規格明細表」和「題目格式」。

(一) 測驗建構上的初步問題

第一個問題是關於測驗題目內容的「同質性 vs. 異質性」。在很大程度上，題目內容究竟是同質或多樣化，這是由測驗編製者界定新工具的方式所指示。考慮文化減除的（culture-reduced）普通智力測驗。這樣的工具可能納入多樣化的題目，只要所涉問題沒有推定特定的學校教育。測驗編製者可能試圖納入對所有受試者同樣不熟悉的新奇問題。另一方面，對於以理論為依據之空間思考的測驗，這將需要具有同質題目內容的分量表。

題目難度的範圍必須充分，以便能夠對居於兩極端的受試者進行有意義的辨別。因此，最有益的測驗應該囊括遞變之一系列非常簡單的題目，幾乎每個人都可通過；也應該囊括一組漸進較為困難的題目，幾乎沒有人能夠通過。當有顯著數量的受試者獲得完美或接近完美的分數時，這就是發生了上限效應（ceiling effect，或天花板效應）。上限效應的問題是，我們不可能在拿到高分的受試者之間做出區別，即使這些受試者可能在該測驗所測量的基礎特質上有實質的不同。當有顯著數量的受試者在該量表的底端或接近底端之處獲得分數時，這便是發生了下限效應（floor effect，或地板效應）。例如，WAIS-R 就有嚴重的下限效應，因為它無法辨別中度（moderate）、重度（severe）及深度（profound）智能不足的人們——所有有重大發展障礙的人們無法回答幾乎每一個問題。

測驗編製者預期，有些初步題目將被證明不能對他們工具全面的測量目標做出有效的貢獻。基於這個原因，常見的措施是所建構的第一份草案囊括過多（踰越所需）的題目，或許是在最後草案上所意欲題數的兩倍。例如，550 個題目的 MMPI 原先包含了超過 1,000 題是－否的人格陳述（Hathaway & McKinley, 1940）。

(二) 規格明細表

不論是成就測驗或能力測驗，專業的編製者通常會採用一種或一種以上的題目－撰寫方案，以有助於確保他們的工具涉及所意欲之認知歷程和內容領域的合成。例如，非常簡單的題目－撰寫方案可能指明，關於美國南北戰爭的成就測驗應該包含 10 個多項選擇題和 10 個填空題；每種題型中，半數是與事實有關的題材（例如，日期、重大戰役），另半數是關於概念的議題（例如，對奴隸制度歧異的觀點）。

在測驗的編製展開之前，題目撰寫員通常會收到規格明細表。規格明細表（table of specifications）列舉受測者所要被評鑑的知識和認知作業。或許最常見的規格明細表是「內容乘以歷程」的矩陣，它列出在有關內容領域上精確的題數，也詳述必須足以代表不同認知歷程之精確的題目合成（Millman & Greene, 1989）。

考慮一份適合於高中生的科學成就測驗。這樣的測驗必須涵蓋許多不同的內容領域；也應該具備認知歷程的合成，從簡單的回憶以迄於符合邏輯的推理。透過在題目－撰寫階段之前提供規格明細表，測驗編製者可以擔保所導致的工具在與主題相關的題材上維持適當均衡，而且觸及所預定範圍的認知技能。表 4-6 描述了一個假設性但符合實際的規格明細表。

(三) 題目格式

在論述心理屬性被評鑑的方法上，測驗編製者面對非常多的選擇。實際上，光是這個主題本身就可能占據整章的篇幅。在回顧題目格式上，感興趣的讀者不妨參考 Bausell（1986）、Jensen（1980）及 Wesman（1971）。這一節中。我們將快速縱覽較常見之幾種測驗題目的優點和潛伏的陷阱。

對於團體－實施的智力測驗或成就測驗而言，上選的技術是多項選擇題（multiple-choice item）。例如，在關於美國歷史的成就測驗上，它的題目可能包括主幹和選項的這種組合：

表 4-6 「內容乘以歷程」之規格明細表的樣例——針對一份 100 個題目的科學成就測驗

	歷程		
內容領域	事實知識	訊息處理能力	符合邏輯的推理
天文學	8	3	3
植物學	6	7	2
化學	10	5	4
地質學	10	5	2
物理學	8	5	6
動物學	8	5	3
總題數	50	30	20

在南北戰爭期間擔任美國總統的是：

a. 華盛頓（Washington）

b. 林肯（Lincoln）

c. 漢密爾頓（Hamilton）

d. 威爾遜（Wilson）

多項選擇方法的擁護者聲稱，只要適當建構題目，這種方法不但可測量事實知識，也可以測量概念知識。多項選擇測驗也容許迅速而客觀的機器評分。再者，只要採用非常簡易的題目分析程序（隨後將會討論），多項選擇題的公平性可被證實（或偶爾被駁斥！）。多項選擇題的主要缺點是，首先，不容易撰寫良好之錯誤的選項；其次，答案的呈現可能給予半知半懂的受測者關於正確答案的提示（暗示）。

配對測驗（matching test）在課堂考試中頗為盛行，但它也招致一些嚴重的心理計量上的缺點。配對題目的一個實例如下：

把左方的字母填進右方的空格中，使得姓名與成就配對起來：

A. 比奈（Binet）	________翻譯某一重要智力測驗
B. 伍德沃斯（Woodworth）	________年級與心智測驗之間沒有相關
C. 卡泰爾（Cattell）	________開發是－否人格測量表
D. 馬京利（McKinley）	________感覺動作測驗組合
E. 威士勒（Wissler）	________開發第一份實用的智力測驗
F. 戈達德（Goddard）	________關於情緒障礙的篩選測驗

配對題目最嚴重的問題是，它的作答不是獨立的──在一項配對上失誤通常迫使受試者在另一項配對上也將失誤。另一個問題是，配對題目上的選項必須非常密切相關，否則題目就太容易了。

對個別實施的測驗而言，上選的程序是簡答式客觀題目（short-answer objective item）。實際上，最簡易和最筆直型式的題目通常擁有最佳的信度和效度。這方面一個適當的案例是來自 WAIS-III 的詞彙分測驗，它的組成僅是要求受試者對字詞下定義。這個分測驗有非常高的信度（.96），通常被認為是在 WAIS-III 的綜合智力上唯一最佳的量數（Gregory, 1999）。

人格測驗通常採用是－否題目（true-false item，或是非題），因為這樣題目使得受試者容易理解。大部分人發現很容易回答是或否的題目，諸如：

是　　　否

____　　____　我喜歡看運動雜誌。

這種方法的批評者指出，答覆這樣的題目可能反映的是社會期許性（social desirability），而不是人格特質（Edwards, 1961）。為了抵消這份疑慮，另一種替代的格式是強迫選擇法（forced-choice methodology），受試者必須在兩個同等合意（或不合意）的選項之間進行抉擇：

你寧願做哪一件事情：

________擦乾地板上一加侖的糖漿。

________花半天時間在療養院擔任志工。

雖然強迫選擇法有許多良好的心理計量特性（Zavala, 1965），人格測驗編製者並沒有一股腦擁抱這種引人興趣的方法。

五、檢驗題目

心理計量人員預期，隨著測驗編製的繼續進行，許多來自原始試驗題庫中的測驗題目將會被拋棄或修訂。基於這個原因，測驗編製者在最初提出許多許多的過多題目，或許達到他們打算使用之題數的兩倍。因此，如何從原先的題庫中挑選出最後樣本的測驗題目呢？測驗編製者利用題目分析（item analysis，一組統計程序）以鑑定出最佳題目。一般而言，題目分析的目的是決定哪些題目應該被保留，哪些應該被修訂，以及哪些應該被拋棄。在執行透徹的題目分析上，測驗編製者可能利用到題目－難度指數、題目－信度指數、題目－效度指數，以及題目－鑑別指數。我們接下來簡要論述題目分析的這些統計方法。讀者想要更深入了解這些主題的話，不妨參考 Hambleton（1989）和 Nunnally（1978）。

(一) 題目－難度指數

關於單一測驗題目的題目難度，它被界定為是在大型的試驗樣本中，正確回答該題目的受試者所占的比例。對任何個別題目 i 而言，題目難度的指數是 P_i，它的變動範圍從 0.0 到 1.0。當某一題目的難度是 .2 時，它比起難度為 .7 的另一題目較為困難，因為較少受試者對之作正確的回答。

對於鑑定出應該更改或拋棄的題目而言，題目－難度指數（item-difficulty index）是一種有效的工具。假設某一題目具有接近 0.0 的難度指數，這意味幾乎每個人在該題目上都答錯。不幸地，這樣題目在心理計量上是不具效益的，因為它沒有提供關於受試者之間差異的訊息。對大部分的用途而言，該題目應該被重寫或廢棄不用。同樣情形也發生在難度指數接近 1.0 的題目上，在這樣題目上幾乎所有受試者都提出正確答案。

什麼是題目難度的最適宜水平呢？一般而言，盤旋在 .5 附近的題目難度（約略從 .3 以迄於 .7）使得測驗所提供關於受試者之間差異的訊息達到最大限度。然而，這個經驗法則（rule of thumb）受支配於一項重要的必要條件和一項非常顯著的例外。

對是非題或多項選擇題而言，題目難度的最適宜水平需要接受猜題效應的校準。對是非測驗而言，當受試者僅憑猜題時就能產生 .5 的難度水準。因此，對這樣的題目而言，最適宜的題目難度將是 .75（.5 與 1.0 之間中途）。一般而言，題目難度的最適宜水平可以根據 $(1.0 + g)/2$ 計算出來，g 在這裡是指機率答對水平（chance success level）。因此，對於四個選項的多項選擇題而言，機率答對水平是 .25，而題目難度的最適宜水平將是 $(1.0 + .25)/2$，或大約 .63。

假使某一測驗是藉著截切分數以用來甄選某一極端團體，那麼較適宜的情況是挑選難度水準在從 .3 到 .7 範圍之外的題目。例如，一份測驗被用來甄選大學的研究生，在眾多申請人選中只有少數精英獲得出線，那麼這份測驗應該含有許多非常困難的題目。一份測驗被用來指派兒童接受補救教學方案，它應該含有許多極為簡單的題目。在這兩種情況中，很重要的是如何辨別接近截切分數的受試者（對研究所入學而言是非常高的分數，對合適於補救教學的兒童而言是非常低的分數），但是對於其餘受試者就不太需要具有鑑別力（Allen & Yen, 1979）。

(二) 題目－信度指數

測驗編製者通常希望他們的工具擁有高度的內部一致性，也就是所有題目具有適當的同質性。為了決定某一個別題目是否與其餘的測驗題目「團結在一起」（就邏輯上而言），一種簡單的方法是求取該題目上的分數與全部測驗上的分數之間相關。然而，個別題目典型是屬於「對或錯」（通常計分為 1 或 0），至於總分數則構成連續變量（continuous variable）。為了求取這兩種不同性質分數間的相關，我們有必要採用一種特殊形式的統計數值，稱之為點二列相關係數（point-biserial correlation coefficient）。這個相關係數的計算公式同等於前面所討論的皮爾遜 r，而點二列係數傳達關於兩變項（其中之一剛好是二分的，且計分為 0 或 1）之間關係大致相同性質的訊息。一般而言，某一個別題目與總分數之間的點二列相關 r_{iT} 愈高的話，該題目從內部一致性的立場來看就愈有用處。

某一個別二分測驗題目的實用性也取決於題目上的分數以怎樣程度在 0 和 1 兩個結果之間分配。雖然看起來不合條理，但是我們有可能為二分題目計算標準差；就如連續計分的變項，二分題目的標準差指出了該分數的分散程度。假使某一個別題目具有 0 的標準差，那麼每個人都獲得相同的分數（全對或全錯）。該題目愈密接近 50-50 折半的正確和錯誤分數的話，它的標準差就愈大。一般而言，某一題目的標準差愈大，該題目對全面量表就愈具用處。雖然我們將不提供導算過程，但我們可以顯示，對於二分法計分的題目而言，題目分數的標準差 s_i 可以根據下列公式計算出來：

$$s_i = \sqrt{p_i(1-p_i)}$$

我們可以摘要迄今的討論如下：二分法計分之測驗題目的潛在價值取決於二者，一是它的內部一致性，如它與總分數的相關（r_{iT}）所指出的；另一是它的變異性，如它的標準差（s_i）所指出的。假使我們計算這兩個指數的乘積，我們獲得 $s_i r_{iT}$，也就是題目－信度指數（item-reliability index）。考慮當某一題目擁有相對上較大的題目－信度指數時，它具有什麼特性。這樣的題目必然展現強烈的內部一致性，而且在它兩個選項之間產生良好的分數散布。這個指數在測驗建構上的價值完全在於：透過為初步測驗中的每一個題目計算題目－信度指數，我們可以剔除在這個指數上具有最低數值的「局外」題目。這樣的題目將擁有不良的內部一致性或不充分的分數散布，因此無助於測量的目標。

(三) 題目－效度指數

對許多用途而言，很重要的是測驗擁有最高可能的同時效度或預測效度。在這些情況中，一項最優先的問題支配測驗建構：每個初步的測驗題目多麼良好地促成對效標的準確預測？在心理計量人員尋求預告性地鑑定有效的測驗題目上，題目－效度指數（item-validity index）是一種方便的工具。透過為初步測驗中的每一個題目計算題目－效度指數，測驗編製者能夠鑑定出無效的題目，加以剔除或重寫，然後產生具有較大實際效益的修訂工具。

在估計題目－效度指數上，第一個步驟是計算題目分數與效標變項上的分數之間的點二列相關。一般而言，個別題目上的分數與效標分數之間的點二列相關 r_{iC} 愈高的話，該題目從預測效度的立場來看就愈具用處。如先前提到的，題目的實用性也取決於它的標準差 s_i。因此，題目－效度指數包含了標準差與點二列相關的乘積：$s_i r_{iC}$。

(四) 題目－鑑別指數

從前面的討論中，我們應該清楚，有效的測驗題目是指能夠在整個測驗上辨別高分者與低分者的題目。換句話說，理想的測驗題目是指使得「大部分高分者能夠通過，而大部分低分者不能通過」的題目。題目－鑑別指數（item-discrimination index）是一種統計指數，它指出某一題目多麼有效果地辨別在整個測驗上獲得高分與獲得低分的受測者。存在許多題目－鑑別指數，包括一些間接的量數，諸如 r_{iT}，即個別（單個）題目上的分數與總測驗分數之間的點二列相關。然而，我們在這裡的討論將只限於直接的量數。題目－鑑別指數是以小寫字母 d 表示。在逐題的基礎上，這個指數比較居於總測驗分數之高分地帶與低分地帶的受試者們的表現。高分和低分的範圍通常被界定為是在該樣本得分最高的前 10% 到前 33%，或得分最低的後 10% 到後 33%。假使總測驗分數是呈現常態分配，最適宜的比較是「得分最高的 27% 受試者 vs. 得分最低的 27% 受試者」。假使總測驗分數的分配比起常態曲線來得平坦，最適宜的百分比將是較大些，接近 33%。對大部分用途而言，任何介於 25 到 33 之間的百分比將會產生類似的估計值 d（Allen & Yen, 1979）。

測驗題目的題目－鑑別指數可以根據下列公式計算出來：

$$d = \frac{U-L}{N}$$

這裡，U 是高分範圍的受試者中答對該題的人數，L 是低分範圍的受試者中答對該題的人數，而 N 則是在高分或在低分範圍中之受試者的總人數。

讓我們以一個假設性的例子說明 d 的運算和使用。假設測驗編製者已建構一份初步版本的多項選擇成就測驗，而且實施該測驗於一個由 400 位高中生組成的試驗樣本。在計算每位受試者的總分數後，測驗編製者接著檢定出得分最高的 25% 樣本和得分最低的 25% 樣本。既然每一組中有 100 位學生（400 的 25%），前述公式中的 N 將是 100。再接下來，針對每個題目，編製者決定在高分範圍和在低分範圍中答對該題的學生人數。只要把這些數值填入 $\frac{U-L}{N}$ 的公式中，為每個題目計算出 d 是很容易的事情。例如，假設在第一個題目上，高分範圍中有 49 位學生答對該題；至於在低分範圍中有 23 位學生答對該題，對這個題目而言，d 就等於 $\frac{49-23}{100}$，或 .26。

從 d 的公式中，我們明顯看出，這個指數可能從 -1.0 到 $+1.0$ 發生變動。也需要注意，負值的 d 是一種警告信號，表示測驗題目需要修正或更換。畢竟，這樣的結果指出較多低分的受試者答對該題目——相較於高分受試者答對的人數。假使 d 是零，那麼低

表 4-7　六個假設性題目的題目－鑑別指數

題目	U	L	$\frac{U-L}{N}$	評論
1	49	23	.26	良好的題目，具有良好的難易度
2	79	19	.60	優良的題目，但是很少達成
3	52	52	.00	不良的題目，應該被修正
4	100	0	1.00	理想的題目，但從不曾達成
5	20	80	−.60	可怕的題目，應該被剔除
6	0	100	−1.00	理論上最可能惡劣的題目

分和高分的受試者有完全相等的人數答對該題目；既然該題目完全無法鑑別低分與高分的受試者，它自然應該被修正或剔除。正值的 d 是合宜的，而且愈接近 +1.0 愈優良。表 4-7 以前述的假設性測驗說明關於六個題目的題目－鑑別指數。

為了輔佐題目－鑑別的方法，測驗編製者還可以檢視在高分組和低分組的受試者中，各有多少人數選擇每個不正確選項。假使某一多項選擇題被良好撰寫的話，對不知道正確答案的受試者而言，不正確的選項應該對他們具有同等的吸引力才對。當然，我們預期高分受試者將會較常選擇正確選項（相較於低分受試者）——那正是計算題目－鑑別指數的目的所在。但是，除此之外，良好題目應該顯現不正確選擇成比例的散布——包括對高分和低分受試者二者。

假設我們調查 100 位高分組和 100 位低分組受試者在某一假設性多項選擇測驗上的選擇。正確選擇是以星號（*）表示。題目 A 示範良好的作答型態，不正確的選擇大約均等散布。

	選項				
題目 A	a	b	c*	d	e
高分組	5	6	80	5	4
低分組	15	14	40	16	15

在題目 B 中，我們注意到，沒有受試者挑選選項 d。這個選項應該以另一較具訴求的不正確選項加以更換：

	選項				
題目 B	a	b*	c	d	e
高分組	5	75	10	0	10
低分組	21	34	20	0	25

題目 C 大致上是不良題目，儘管事實上它有效地鑑別高分與低分的受試者。它很明顯的疑慮是，高分的受試者較喜歡選項 a，勝過正確的選項 d：

	選項				
題目 C	a	b	c	d*	e
高分組	43	6	5	37	9
低分組	20	19	22	10	29

或許透過重新撰寫選項 a，這個題目可以被拯救。無論如何，這裡的重點是，測驗編製者應該以每種可能的手段探查每個測驗題目的每一角落，包括視覺上檢查答案的型態。

(五) 最佳題目

從前面所描述之題目分析的所有方法中，測驗編製者應該採用哪些方法以鑑定出測驗的最佳題目？這個問題的答案沒有那麼簡單而直接。畢竟，「最佳」題目的選拔是視測驗編製者的目標而定。例如，理論取向的研究心理學家想要的測量工具通常需要具有最高可能的內部一致性；題目－信度指數是這個目標的關鍵所在。實務取向的大學行政主管想要的工具通常需要具有最高可能的效標效度；題目－效度指數將對這個目標有所助益。補救取向之智能不足方面的專家想要的智力測驗通常需要具有極微的下限效應；題目－難度指數將在這方面發揮良好作用。總之，在題目選拔上，沒有單一方法能夠完美地適合每一種評鑑和測驗編製的背景。

六、修訂測驗

如前面所討論的，題目分析的目的是從初步測驗中鑑定出不具效果的題目，以便它們能夠被修正、刪除或更換。很少測驗能夠不受損傷地從這個過程脫身。常見的情況是，在測驗演進的過程中，許多題目被拋棄，另一些題目被改進，還有一些新的題目添加進來。這造成的初始影響是，新式而略微不同測驗的浮現。這份修改的測驗可能包含較多有鑑別力的題目，也具有較高的信度和較大的預測準確性。但是，這些改良只有對第一份試驗樣本才算成立。

在測驗編製上，下一個步驟是從第二份試驗樣本中蒐集新的資料。當然，這些受試者應該類似於該測驗最終打算測量的那些對象。蒐集追加的測驗資料的目的是為了再一次重複施行題目分析的程序。假使進一步的變動是屬於次要之微調的形式，測驗編製者可能決定該測驗已令人滿意，準備交付交叉驗證的研究（隨後將會討論）。假使需要重大更動的話，較妥當的做法是從第三次且甚至是第四次的試驗樣本中蒐集資料。但是在達到某一程度後，心理計量上的修補必須結束；編製者需要提出完成的工具，然後著手下一個步驟，即交叉驗證。

(一) 交叉驗證

當某一試驗樣本被用來確認某一測驗擁有效標關聯效度時，這樣的證據是相當初步而試驗性的。在著手測驗的發表之前，較為慎重的做法是為測驗效度尋求嶄新而獨立的實徵證據。交叉驗證（cross validation，或對照效度法）所指的措施是運用原先的迴歸方程式（regression equation）於新的樣本中，以便決定該測驗是否跟它在原先樣本中那般良好地預測了效標。Ghiselli、Campbell 和 Zedeck（1981）略述了交叉驗證的基本原理：

> 不論題目的選拔是否根據實徵關鍵法，也不論它們是否被校正或加權，所得結果應該（除非有額外資料被蒐集）被視為是使用於統計分析的該樣本所特有。這之所以必要是因為所得結果有可能利用了在該團體中運作的機率因素，且因此只適用於所調查的該樣本。

(二) 來自受測者的回饋

在測驗修訂上，來自受測者的回饋是潛在有價值的訊息來源，但是經常被測驗編製者所忽略。我們以 Nevo（1992）的研究來說明這個論點。他針對「大學校際心理測量入學考試」（為了進入以色列六所主要大學必備的資格考試）編製了一份「考生回饋問卷」（EFeQ）。「大學校際入學考試」是一份團體測驗，它由五個多選項的分測驗所組成，分別是綜合知識、圖形推理、理解、數學推理及英語。EFeQ 在設計上是作為一種不具名的後測，在「大學校際入學考試」後立即實施。

EFeQ 是一種簡短而容易作答的問卷，針對於誘出受測者坦率的意見，包括了測驗－施測者－應答者矩陣的下列特性：

- 施測者的行為。
- 施測的環境狀況。
- 測驗指示語的清晰度。
- 使用答案卷的方便性。

- 自覺該測驗的適宜性。
- 自覺該測驗的文化公平性。
- 自覺該測驗的難易度。
- 自覺時間的充足性。
- 對該測驗的情緒反應。
- 猜題程度。
- 受測者或他人的作弊情形。

EFeQ 上的最後問題是開放式問答題：「我們很感興趣你對於改善這場考試是否有任何評論或建議。」Nevo（1992）確認 EFeQ 問卷擁有適度的信度，它的重測信度是大約 .70。先不論他的量表的心理計量特性，這種要求受測者提供回饋的傳統被證實有莫大價值。「大學校際入學考試」已針對回饋而在許多方面進行修改：答案卷格式以受測者建議的方向加以修改；對於據報告太急促的一些分測驗，擴寬它們的時限；若干題目被認為有文化上的偏差或不公平，它們已被刪除。此外，防弊措施已被重訂及嚴格化，以便把作弊情形減至最低（作弊遠比施測者原先的預期更為盛行）。Nevo（1992）也引證回饋問卷一項潛在的優點：這些問卷傳達了「有人願意付出關心以傾聽他們的意見」的信息，這降低了受測者考試後的壓力。受測者回饋問卷在團體標準化施測上應該成為常規的措施。

七、發表測驗

測驗建構歷程並未隨著交叉驗證資料的蒐集而結束。測驗編製者也必須監督施測材料的製造、發表技術手冊，以及製作使用者手冊。

(一) 施測材料的製造

施測材料必須使得使用者感到便利，如此它們才會受到心理工作人員和教育工作人員的廣泛接納。因此，關於測驗的製造，第一個指導方針是，測驗材料的物理套件必須容許迅速而流暢的實施。考慮一些作業測驗（performance test，或操作測驗）提出的挑戰，施測者必須跟各式各樣的道具搏鬥，同時還需要維持跟受測者的交談。假使測驗編製者能夠簡化施測者的任務，同時維持受測者的作業要求不變，這所導致的工具將會大受潛在使用者的歡迎。例如，假使指示語的實施可以被簡述在測驗表格上，施測者就可以把測驗手冊擱置一旁，以便著手於安排受測者的作業。在心理測驗套裝上，另一種受歡迎的裝置是豎立的活頁紙夾，在面對受測者那一面呈現測驗題目，在面對施測者的另一面（即反面）則提供用以實施的指示語。

(二) 技術手冊和使用者手冊

關於新工具的技術資料，測驗編製者通常會在技術手冊（technical manual）中列舉專屬或特有的資料來源。這裡，測驗的使用者可以找到關於題目分析、量表信度、交叉驗證研究等這類訊息。在某些情況下，這份訊息被納入使用者手冊中（user's manual），它提出關於實施的指示語，也提供了測驗解讀的指導方針。

測驗手冊應該對許多在背景和訓練上不一樣的團體傳達一些有用的訊息，這些團體從測量專家以迄於課堂教師。測驗手冊有助於達成許多目的，如在「教育與心理測驗準則」（AERA, APA & NCME, 1985, 1999）中說明了這方面概要。這份有影響力的「準則」手冊建議測驗手冊應該達成下列目標：

- 描述理論基礎和邏輯依據，推薦該測驗的使用。
- 提供特定的警告，以便預防該測驗可能的誤用。
- 援引關於該測驗的一般用途和特定用途的代表性研究。
- 檢定為了實施及解讀該測驗所需要的特殊資格。
- 提供所需要之修訂、更正及增補。
- 採用準確而以研究為基礎的宣傳材料。
- 引證測驗分數與效標之間量化的關係。
- 報告另一些作答方式（例如，小冊子 vs. 答案卷）在怎樣程度上是可以互相替換的。
- 對受測者提供適宜的解讀輔助。
- 對任何自動化的測驗解讀提供效度方面的證據。

最後，測驗手冊應該提供關於信度和效度的基本資料，而不是交付使用者查詢其他資料來源——這是一種不適當的做法，但是在一些測驗手冊中經常遇到。

第 5 章

智力與成就的理論及個別測驗

Psychological Testing

主題 5A

智力理論與因素分析

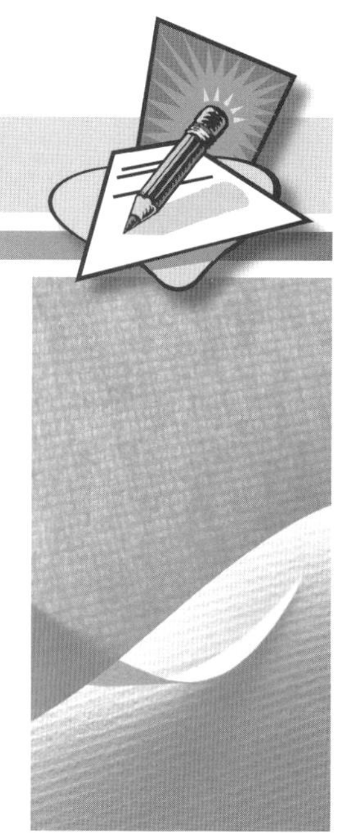

一、智力的定義
二、因素分析的初階
三、高爾頓與感官敏銳性
四、斯皮爾曼和 *g* 因素
五、賽斯通與基本心理能力
六、卡泰爾－洪恩－卡洛（CHC）理論
七、皮亞傑與適應
八、吉爾福德與智力結構的模型
九、同時性與連續性處理的理論
十、智力作為一種生物構念
十一、葛德納與智力多元論
十二、史騰伯格與智力三元論

這一章開啟關於智力測驗和成就測驗的廣泛討論，這個主題如此重要而廣延，我們在接下來兩章也將專致於這個領域。為了理解當代的認知測驗，讀者將需要認識若干定義、理論及主流評鑑策略。主題 5A「智力理論與因素分析」的目標是審查各式各樣授予「智力」（intelligence）一詞的意義，然後討論定義和理論如何影響了智力測驗的結構和內容。這個主題的一個重要正當理由是，我們對智力理論的理解是建立起 IQ 量數之構念效度的關鍵所在。再者，因為因素分析的統計工具對於許多智力理論如此重要，我們將在這裡提供該主題的初階。在主題 5B「智力與成就的個別測驗」中，我們將摘述一些值得注意之個別評鑑的方法，然後把焦點放在一項重要的用途上，即對學習障礙的評估。我們從一個基礎問題開始：智力如何被界定？

智力是在心理學上最密切受到探討的題材之一。每年有數以千計關於智力之本質和測量的研究論文被發表。為了回應對這個題材的學術興趣，像是《智力》和《心理教育評鑑期刊》等新式期刊相當活躍而盛行。儘管這方面的研究文獻急速成長，智力的定義仍然捉摸不定，籠罩在爭議及神秘之中。即使界定智力已被發現是令人氣餒的追求，但是從審視歷史和當代在澄清其意義上所做的努力，我們仍能獲益良多。畢竟，智力測驗不是憑空杜撰出來。大部分測驗是築基在特定的智力理論上，而且大部分測驗編製者會提出對其構念的定義，以作為他們努力的起點。

一 智力的定義

在我們討論智力的定義之前，我們需要澄清「定義」（definition）本身的性質。Sternberg（1986）對於「操作性定義」與「真實定義」加以區別，特別在這個脈絡中有其重要性。操作性定義（operational definition）是根據某一概念被測量的方式加以界定。Boring（1923）把這個觀點延伸到極端——當他界定智力為「智力測驗所測量的東西」時。不論你相信與否，這是一項認真的提議，大致上是基於對智力定義長久而激烈之意見不合產生的一種反動。

智力的操作性定義受擾於兩個有危害的缺點（Sternberg, 1986）。首先，這樣的定義是循環論證。智力測驗是被創造來測量智力，而不是來界定智力。測驗設計者從沒意圖以他們的工具來界定智力。其次，操作性定義阻礙在理解智力本質上的更進一步發展，因為這樣定義排除了對智力理論之適當性的討論。

對照之下，所謂的真實定義（real definition）是指試圖告訴我們所被界定之事物的真正本質的定義（Robinson, 1950; Sternberg, 1986）。為了提出智力的真實定義，最普通的方式（但絕不是唯一的方式）是要求該領域的專家們加以界定。

(一) 智力的專家定義

智力曾經被該領域的傑出研究人員授予許多真實定義。我們在這裡列舉幾個樣例，為了編輯的一致性稍微加以改述。智力曾被界定如下：

- 斯皮爾曼（Spearman, 1904, 1923）：一種綜合能力，以思考上的推理和演繹能力為主。
- 比奈和西蒙（Binet & Simon, 1905）：良好判斷、良好理解及良好推理的能力。
- 推孟（Terman, 1916）：形成概念和掌握它們意義的能力。
- 皮特諾（Pintner, 1921）：個體勝任地適應生活中相對新奇情境的能力。
- 桑戴克（Thorndike, 1921）：對抽象事物作良好反應的能力。
- 賽斯通（Thurstone, 1921）：抑制本能適應的能力，變通地想像不同反應的能力，以及使得調節的本能適應實現為外顯行為的能力。
- 魏克斯勒（Wechsler, 1939）：個體有目的地採取行動、合理地思考，以及有效地應付環境之總括或全面的能力。
- 皮亞傑（Piaget, 1972）：一個通用的詞語，指稱認知結構之占優勢的組織或均衡型式，它們被用來適應物理環境和社會環境。

- 史騰柏格（Sternberg, 1985a, 1986）：自動化訊息處理的心理能力，以及針對新奇經驗採行適合情境之行為的心理能力；智力也包括後設成分、實作成分及知識－獲得成分。
- 艾森克（Eysenck, 1986）：透過大腦皮質之免於失誤的訊息傳遞。
- 葛德納（Gardner, 1986）：解決問題的能力或技巧；或製造在一種或多種文化背景中受重視之作品的能力或技巧。
- 賽西（Ceci, 1994）：有助於達成一系列可能性的多種先天能力；這些能力的發展（或未能發展，或發展出來但隨後萎縮）取決於動機，也取決於接觸相應的教育經驗。
- 沙特勒（Sattler, 2001）：智力行為反映了該物種的生存技能，超越那些與基本生理歷程有關的行為。

前述這一連串定義僅是列舉具有代表性的，但絕不是徹底而無遺漏的。就其中一例而言，這份表單完全是西方的觀點，它遺漏了幾個跨文化的智力概念。例如，東方的智力概念強調慈善、謙恭、不拘泥於習俗的判斷準則，以及從事正當的舉動，視之為智力的基本所要。許多非洲文化把很大重心放在智力的社會層面上，諸如維持協調而穩定的團體間關係（Sternberg & Kaufman, 1998）。

儘管這些多樣化的觀點，但有兩個主題在智力的專家定義中一再重現。概括言之，專家們傾向於同意：(1) 從經驗中學習的能力；及 (2) 適應個人環境的能力。因此，學習和適應二者是智力的核心基礎。

(二) 一般人和專家關於智力的概念

為了理解某一構念，另一種方法是探討它通行的意義。這種方法比起它乍看之下的更為科學化。就字詞有助於提供對日常交往的有效描繪而言，它們具有共通的意義。假使一般人能夠同意它的意義，像是智力的構念在某種意味上就是「真實的」，且因此是潛在有用處的。所以，在街道上詢問人們，「智力對你而言代表什麼意思？」是值得推薦的做法。

Sternberg、Conway、Ketron 和 Bernstein（1981）執行一系列研究以調查美國成年人所持的智力概念。在第一項研究中，搭地鐵的人們、逛超市的人們及在大學圖書館念書的人們被要求列出不同性質的智力所特有的行為。在第二項研究中，一般人和專家們（主要是學術心理學家）二者就他們所持「一位很聰明的人」的概念評定這些行為的重要性。

研究結果顯示，一般人和專家們所認定屬於智力的核心行為非常類似，但不是完全相同。在重要性的順序上，專家們視語文智力、問題解決能力及實用智力為智力的關鍵所在。一般人則視實用的問題解決能力、語文能力及社會勝任能力為智力的核心成分。當然，意見不會是全體一致的；這些概念代表每個團體大多數的意見。表 5-1 顯示了智力的成分和代表性的描述語。

在專家們的智力概念中，他們較為強調語文能力，勝過對問題解決能力的重視；至於一般人則倒轉這個次序。儘管如此，專家們和一般人同樣視語文能力和問題解決為智力的基本層面。如讀者將會看到，大部分智力測驗也強調這兩種能力。這方面範例是來自魏氏量表的詞彙（語文能力）和積木造形（問題解決），稍後將會討論。因此，我們看到日常的智力概念部分地被現代智力測驗的內容相當忠實地反映出來。

專家們與一般人之間也明顯存在若干意見不一致。專家們認為實用智力（practical intelligence）為智力的基本構成要素，至於一般人則認定社會勝任能力為第三重要成分。仍然，這兩種提名具有一個共通的性質：當代測驗普遍地既不試圖測量實用智力，也不試圖測量社會勝任能力。這部分地反映了在設計跟這些內容領域有關的測驗題目上所遇到心理計量的困難。然而，關於智力測驗沒有測量實用智力或社會勝任能力，更具影響力的原因是惰性：測驗編製者已盲目地接受歷史上不完備的智力概念。直到近期之前，智力測驗的發展一直是保守的事業，從比奈和為一戰的美國新兵編製「陸軍甲乙種測驗」的時期以來幾乎沒有太大變動。然而，隨著革新工具的開發，一些徵兆顯示，測

表 5-1　對一般人和專家而言，作為智力概念之基礎的因素和樣本題目

一般人	專家們
實用的問題解決能力	**語文能力**
合乎邏輯而適切地推理	展現良好的詞彙能力
辨別觀念間的關聯	以高度的理解力閱讀
看透問題的所有層面	展現好奇心
保持開放的心胸	是否富有知性上的求知慾
語文能力	**問題解決能力**
清晰而明確地說話	能夠應用知識於手邊的問題
言辭是否流暢	從事適切的決定
適當地交談	以最適宜的方式提出問題
是否知曉特定領域的知識	展現良好的見識
社會勝任能力	**實用智力**
接受他人的現狀	良好評估情勢
承認錯誤	判斷如何達成目標
展現對一般外界的興趣	展現對外界的覺察
是否依約準時	展現對一般外界的興趣

附註：針對每個因素，這裡只列出最高負荷量的 4 個項目。因素名稱是由研究人員所提供。

資料來源：Sternberg, R. J., Conway, B. E., Ketron, J. L., & Bernstein, M. (1981).

驗實施可能很快會有所演進。例如，史騰柏格及其同事們已根據他的智力模型提出創新的測驗。另一個引人興趣之建立在新式智力模型上的工具是「日常問題解決量表」（Everyday Problem Solving Inventory）（Cornelius & Caspi, 1987）。在這套測驗中，受試者必須指出他們對日常問題的典型反應，這些問題如當邀請一位朋友午餐時，卻發現自己忘記攜帶現金、支票簿或信用卡。

智力領域中的許多理論家已依賴因素分析來推衍或驗證他們的理論。事實上，絕非誇大其詞的是，或許這個領域的大多數理論都曾受到因素分析之統計工具的衝擊——因素分析提供了方法，以把智力分割為它的次成分。沒有因素分析的話，最引人注目的智力理論之一（即稍後將檢視之 Cattell-Horn-Carroll 理論）將無法存在。因此，在摘述各個理論之前，我們簡要論述這個基本的統計工具。

二 因素分析的初階

概括言之，因素分析可被分成兩種型式，即確認性和探索性。在確認性因素分析（confirmatory factor analysis）中，其目的是在確認測驗分數和變項符合某一理論所預測的特定型態。例如，假使作為某一智力測驗之基礎的理論指定其分測驗歸屬於三個因素（例如，語文、作業及注意的因素），那麼我們可以採取確認性因素分析以評估這項預測的準確性。確認性因素分析是驗證許多能力測驗之有效性的基本所要。

探索性因素分析（exploratory factor analysis）的主要目的是以簡明而準確的方式從相當數量的變項中摘要出它們的交互關係，以有助於概念形成（Gorsuch, 1983）。例如，因素分析可以協助研究人員發現，成套的 20 項測驗只代表了 4 個基礎變項——稱之為因素（factors）。這個較小組的衍生因素可被用來代表基本構念，這些構念成為整群變項的基礎。

我們以一個簡單的類推來說明因素的本質，以及這些因素與它們據以衍生之變項或測驗間的關係。考慮田徑賽的十項全能運動，它混合了十種不同的運動項目，包括短跑、跨欄賽跑、撐竿跳高、擲鉛球及長跑等。在構思個別十項運動選手的能力上，我們不是完全從參賽選手在特定項目上的技能的角度加以考慮。反而，我們是從較基本屬性的角度加以考慮，諸如速度、力量、協調性及耐力，每種屬性以不同程度被反映在各個項目上。例如，撐竿跳高需要速度和協調性，至於跨欄賽跑則需要協調性和耐力。這些推定的屬性可類比於因素分析的基礎因素。就如同得自十項全能運動之十個項目的成績可以被濃縮為少數的基礎因素（例如，速度、力量、協調性及耐力），所以得自成套之 10 項或 20 項能力測驗的結果也可能反映了少數基本認知屬性的運作（例如，語文技能、視覺形象化、計算及注意，援引某一假設性的表單）。這個實例說明了因素分析的目標：為了有助於提出對大量而複雜之一系列資料的簡約描述。

我們以什麼數目和性質的因素才能最良好描述學生的能力？我們以一項關切這個問題的經典研究來說明因素分析的基本概念。Holzinger 和 Swineford（1939）對伊利諾州的 145 位國中生施行 24 項與能力有關的心理測驗。隨後所描述的因素分析是根據 Kinnear 和 Gray（1997）所略述的方法。

讀者應該直覺上很清楚的，任何大型的成套能力測驗將會反映較少數作為基礎的基本能力（因素）。考慮表 5-2 所描述的 24 項測驗。無疑地，這些測驗中有些是測量共同的基礎能力。例如，我們將預期「語句完成」、「字詞分類」及「字詞意義」（變項 7、8 及 9）是在評鑑某種綜合語言能力的因素。以同樣方式，其他組測驗似乎也有可能是在測量共同的基礎能力。但是有多少能力或因素呢？什麼是這些基礎能力的本質呢？因素分析是答覆這些問題的理想工具。

(一) 相關矩陣

每次因素分析的起點是相關矩陣（correlation matrix），即所有變項間交互相關的完整表格。在這個例子中，變項是指導致或多或少之連續分數的測驗。但是因素分析中的變項可以採取其他型式，只要它們能夠以連續分數加以表達。例如，所有下列都可以在因素分析中作為變項：身高、體重、收入、社會階級及評定量表的結果。這種型態的交互相關是可據以做出推測的證據，顯現這些變項測量一些共同的東西；也就是說，這些測驗看起來反映了共同的基礎因素。然而，這種直覺式的因素分析（建立在對相關矩陣的視覺檢查上）註定是受限的；存在太多的交互相關，這使得檢查者不容易為所有變項

表 5-2　Holzinger 和 Swineford（1939）所使用的 24 項能力測驗

1. 視知覺	13. 直立和歪斜的大寫字母
2. 立方體	14. 字詞再認
3. 紙製的形狀板	15. 數字再認
4. 信號旗	16. 圖案再認
5. 綜合知識	17. 物件－數字
6. 段落理解	18. 數字－圖案
7. 語句完成	19. 圖案－字詞
8. 字詞分類	20. 演繹
9. 字詞意義	21. 數字謎題
10. 合計數值	22. 問題推理
11. 代碼（知覺速度）	23. 系列完成
12. 計數成群的圓點	24. 算術問題

辨別基礎的型態。這裡就是因素分析能夠派上用場的地方。雖然我們不打算說明所涉程序的機制，但是因素分析依賴現代高速度的電腦，它已能夠根據客觀的統計規則搜尋相關矩陣，然後決定所需最低數目的因素以解釋所觀察之交互相關的型態。這樣的分析也將產生因素矩陣，即顯示每項測驗以怎樣程度跟每個衍生因素發生相關（產生負荷）的表格，如接下來將討論的。

(二) 因素矩陣與因素負荷量

因素矩陣（factor matrix）是由稱為因素負荷量（factor loading）之相關係數的表格所組成。因素負荷量（其數值變動範圍從－1.00 到 +1.00）指出每個變項在每個因素上的權重（weighting）。例如，表 5-3 的因素矩陣顯示有五個因素（標示為 I、II、III、IV

表 5-3　24 個變項的主軸因素分析

	因素				
	I	II	III	IV	V
23. 系列完成	.71	－.11	.14	.11	.07
8. 字詞分類	.70	－.24	－.15	－.11	－.13
5. 綜合知識	.70	－.32	－.34	－.04	.08
9. 字詞意義	.69	－.45	－.29	.08	.00
6. 段落理解	.69	－.42	－.26	.08	－.01
7. 語句完成	.68	－.42	－.36	－.05	－.05
24. 算術問題	.67	.20	－.23	－.04	－.11
20. 演繹	.64	－.19	.13	.06	.28
22. 問題推理	.64	－.15	.11	.05	－.04
21. 數字謎題	.62	.24	.10	－.21	.16
13. 直立和歪斜的大寫字母	.62	.28	.02	－.36	－.07
1. 視知覺	.62	－.01	.42	－.21	－.01
11. 代碼（知覺速度）	.57	.44	－.20	.04	.01
18. 數字－圖案	.55	.39	.20	.15	－.11
16. 圖案再認	.53	.08	.40	.31	.19
4. 信號旗	.51	－.18	.32	－.23	－.02
17. 物件－數字	.49	.27	－.03	.47	－.24
2. 立方體	.40	－.08	.39	－.23	.34
12. 計數成群的圓點	.48	.55	－.14	－.33	.11
10. 合計數值	.47	.55	－.45	－.19	.07
3. 紙製的形狀板	.44	－.19	.48	－.12	－.36
14. 字詞再認	.45	.09	－.03	.55	.16
15. 數字再認	.42	.14	.10	.52	.31
19. 圖案－字詞	.47	.14	.13	.20	－.61

及 V）從該分析中衍生出來。需要注意的是，第一個變項「系列完成」在因素 I 上具有強烈的正負荷量 .71，指出這項測驗是因素 I 之相當良好的指標。還需要注要，「系列完成」在因素 II 上具有適度的負負荷量－.11，指出它在輕微的程度上測量這個因素的對立面；也就是說，在「系列完成」上的高分傾向於表示在因素 II 上的低分，反之亦然。

因素可能看起來相當神秘，但實際上它們就概念上而言相當簡單。因素也就是各個變項之加權的線性總和；也就是說，每個因素是在該分析中所使用之各個測驗精確的統計組合。

表 5-3 中描述的因素負荷量其實也就是各個變項與各個因素之間的相關係數。這些相關可以被解讀為顯示每個因素在每個變項上的權重或負荷量。例如，變項 9（「字詞意義」的測驗）在因素 I 上具有非常強烈的負荷量（.69）、在因素 II 和 III 上具有適度的負負荷量（－.45 和－.29），以及在因素 IV 和 V 上具有微不足道的負荷量（.08 和 .00）。

(三) 因素的解讀

在因素分析中，旋轉（rotation）是指移動軸（axes）的活動以找出負荷最大的方向。當因素軸（factor axes）之間的角成銳角時，這種旋轉可能是偏斜的，表明它們彼此相關。或者，當因素軸相交成直角時，它們可能是互相垂直的，表明因素彼此之間不具相關。最理想的因素分析是鑑定出少數幾個彼此都正交的因素，也就是當以幾何圖形顯示這些因素時，它們在空間關係上彼此成直角。

雖然旋轉能夠透過視覺檢查而以人力方式執行，但是研究人員較典型的方式是依賴一種或多種客觀的統計標準以提出最後的旋轉因素矩陣（rotated factor matrix）。

表 5-4 顯示關於前述案例的旋轉因素矩陣，它指出有五個因素作為這 24 項能力測驗之交互相關的基礎。但是，我們應該稱呼這些因素為什麼？讀者可能發現，這個問題的答案令人失去平靜，因為在這個關頭，我們離開冷靜、客觀之統計學的領域，進入了判斷、洞察力及推定的場域。為了為因素命名及解釋，研究人員必須對於在該因素上擁有重大負荷量的若干測驗一起具有的共通歷程及能力從事合理的判斷。例如，在表 5-4 中，因素 I 似乎是語文能力，因為該變項有很高的權重是強調語文技巧（例如，語句完成負荷 .86，字詞意義負荷 .84，以及段落理解負荷 .81）。至於具有低負荷量的變項也有助於銳化因素 I 的意義。例如，因素 I 與數字技能（數字謎題負荷 .18）沒有關聯，也與空間技能（紙製的形狀板負荷 .16）沒有關聯。利用類似方式的推理，因素 II 似乎主要是數字能力（合計數值負荷 .85，計數成群的圓點負荷 .80）。因素 III 較不確定，但看起來是視－知覺能力；至於因素 IV 似乎是再認（recognition）的量度。我們將需要在因素 V 上（圖案－字詞）分析單一測驗以推測這個因素的意義。

表 5-4　24 個能力變項的旋轉因素矩陣

	因素				
	I	II	III	IV	V
7. 語句完成	**.86**	.15	.13	.03	.07
9. 字詞意義	**.84**	.06	.15	.18	.08
6. 段落理解	**.81**	.07	.16	.18	.10
5. 綜合知識	**.79**	.22	.16	.12	−.02
8. 字詞分類	**.65**	.22	.28	.03	.21
22. 問題推理	**.43**	.12	.38	.23	.22
10. 合計數值	.18	**.85**	−.10	.09	−.01
12. 計數成群的圓點	.02	**.80**	.20	.03	.00
11. 代碼（知覺速度）	.18	**.64**	.05	.30	.17
13. 直立和歪斜的大寫字母	.19	**.60**	.40	−.05	.18
24. 算術問題	.41	**.54**	.12	.16	.24
21. 數字謎題	.18	**.52**	.45	.16	.02
18. 數字－圖案	.00	**.40**	.28	.38	.36
1. 視知覺	.17	.21	**.69**	.10	.20
2. 立方體	.09	.09	**.65**	.12	−.18
4. 信號旗	.26	.07	**.60**	−.01	.15
3. 紙製的形狀板	.16	−.09	**.57**	−.05	.49
23. 系列完成	.42	.24	**.52**	.18	.11
20. 演繹	.43	.11	**.47**	.35	−.07
15. 數字再認	.11	.09	.12	**.74**	−.02
14. 字詞再認	.23	.10	.00	**.69**	.10
16. 圖案再認	.07	.07	.46	**.59**	.14
17. 物件－數字	.15	.25	−.06	**.52**	.49
19. 圖案－字詞	.16	.16	.11	.14	**.77**

附註：粗體數字表示在每個因素上強烈負荷的分測驗。

這些結果說明了因素分析的一項重大用途，也就是從大型的成套測驗中鑑別出少數的標記測驗。與其採用笨重的成套 24 項測驗，研究人員透過謹慎挑選幾個在該五個因素上有強烈負荷量的測驗，也將可獲致幾乎相同的訊息。例如，第一個因素能夠以測驗 7「語句完成」(.86) 和測驗 9「字詞意義」(.84) 作為良好代表；第二個因素反映在測驗 10「合計數值」(.85)；第三個因素則能夠以測驗 1「視知覺」(.69) 作最佳說明。第四個因素是由測驗 15「數字再認」(.74) 和測驗 14「字詞再認」(.69) 加以捕捉。當然，最後的因素只在測驗 19「圖案－字詞」(.77) 上有良好負荷。

三、高爾頓與感官敏銳性

第一個智力理論可追溯到 20 世紀交接時的心理學銅管儀器年代。我們在主題 2A 提過，高爾頓（Sir Francis Galton）和他的弟子卡特爾（James Mckeen Cattell）認為，智力是由敏銳的感官能力所背書。這個不完備而誤導的假設是建立在一個似合理的前提上：

> 關於外界事件抵達我們身上的唯一訊息似乎是通過我們感官的途徑；感官對於差異愈敏銳的話，我們的判斷和智力就有愈大能夠起作用的空間。（Galton, 1883）

高爾頓和卡特爾所提倡之感官敏銳性的智力理論已被證實在心理測量上大概是行不通的。一般而言，測驗編製者不太願意採信這一路線（如反應時間）的研究證據。

四、斯皮爾曼和 *g* 因素

根據對於各種智力測驗與各種感官能力測驗之間相關型態的廣泛研究，斯皮爾曼（Charles Spearman, 1904, 1923, 1927）指出智力是由兩種因素所組成，一是單一的普通因素 g（general factor g），另一是許多的特殊因素（specific factors），如 s_1、s_2 及 s_3 等。作為他的理論的必要輔助工具，斯皮爾曼協助創造了因素分析，以有助於他探討智力的本質。斯皮爾曼利用這項統計技術以辨別為了解釋所觀察到大量測驗之間相關，所必須存在之性質相異的基礎因素的數目。

在斯皮爾曼的觀點中，受試者在任何同質的智力測驗或分測驗上的表現主要是取決於兩項影響力，一是 g，即遍布的普通因素；另一是 s，即專對於該測驗或該分測驗的因素。（誤差因素 e 也可能動搖分數，但是斯皮爾曼採用高度可信賴的工具設法把這方面影響力減至最低。）因為特殊因素 s 是隨著每份智力測驗或分測驗而不一樣，而且通常比起 g 在決定表現水準上較不具影響力，斯皮爾曼對於探討 s 展現較少興趣。他主要是把注意力擺在界定 g 的本質上，以之代表個人的一般能力，也是一切心智活動的主體。個體之間智力的高低就是決定於他的普通能力。

斯皮爾曼推斷，有些測驗強烈負荷 g 因素，至於另一些測驗（特別是純粹感官的量度）則主要代表了某一特殊因素。當兩份測驗各自強烈負荷 g 因素時，它們應該有相當高的相關。對比之下，當心理測驗沒有飽含 g 因素時，它們應該顯示彼此之間很低的相關。大部分斯皮爾曼的研究是針對於證明衍自他的理論的這些基本命題的真偽。我們在圖 5-1 中以圖解來說明這些要點。在這個圖表中，每個圓圈代表一份智力測驗，而圓圈之間的重疊程度指出了相關的強度。需要注意的是，測驗 A 和 B 各自強烈負荷 *g* 因素，它們之間有相當高的相關。測驗 C 和 D 在 *g* 因素上只有微弱的負荷量，隨之也就沒有良好的相關。

斯皮爾曼認為特殊因素具有生理基質，它們具有產生特定性質之心理運作的作用。雖然斯皮爾曼的生理推測已大致上被否決，但是普通因素的觀念已在智力研究上成為中心主題，而且至今仍然非常活躍（Jensen, 1979）。*g* 因素觀點的正確性不僅是學術的議題。假使真正有某單一、遍布的 *g* 因素在當作智力的基本泉源，那麼心理測量上致力於提出因素方面單純的分測驗（例如，測量語文理解、知覺組織及短期記憶等）將大致上是誤入歧途的。在斯皮爾曼是正確的範圍內，測驗編製者應該放棄分測驗的推衍，然後專注於提出能夠最適切捕捉 *g* 因素的測驗。

斯皮爾曼的二因論所面對的最困難議題是有一群因素的存在。早在 1906 年，斯皮爾曼和他同時代的學者就已注意到，一些相對上不相似的測驗可能擁有的相關高於從它們各自的 *g* 負荷量所預測的數值（Brody & Brody, 1976）。這項發現提出一種可能性，即有一群多樣化的量度可能共同享有某一單元的能力，但不是 *g* 因素。這開啟了智力之群因論（group factor theory）的探討。

五 賽斯通與基本心理能力

賽斯通（Thurstone, 1931）發展因素分析程序，使之能夠搜尋相關矩陣以確立群組因素（group factors）的存在。他的方法使得研究人員能夠實徵上發現在某一矩陣中呈現的因素數目，然後根據那些負荷該因素的測驗而對每個因素下定義。在他分析不同性質之智力測驗的分數如何彼此相關上，賽斯通斷定有幾個廣泛的群組因素（而不是單一的普通因素）能夠最適切解釋實徵結果。在他研究生涯的好幾個時間點，他提出大約一打

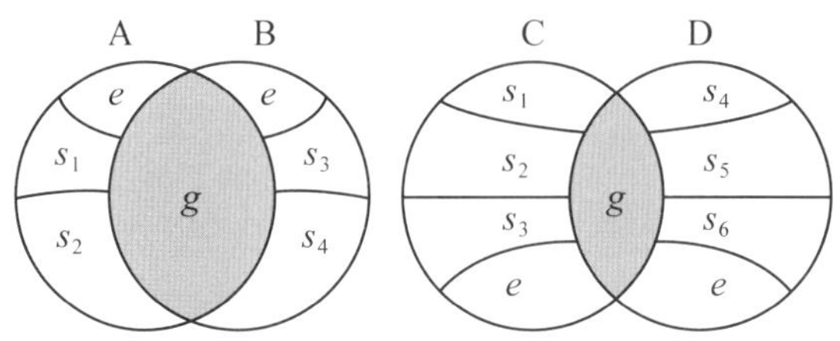

附註：測驗 A 和 B 有強烈的相關，至於 C 和 D 則只有微弱的相關。

圖 5-1　斯皮爾曼的智力二因論（two-factor theory of intelligence）

不同的因素。這些因素中，只有 7 個是長期下來相當鞏固的（Thurstone, 1938; Thurstone & Thurstone, 1941），它們就被稱為基本心理能力（primary mental abilities, PMAs）。它們如下所述：

- 語文理解（verbal comprehension）：最良好的量度是詞彙，但是這種能力也涉及閱讀理解和語文類比（analogy）。
- 語詞流暢（word fluency）：這是以像是字謎或快速說出指定類別中的語詞（例如，起首字母是 S 的食物名稱）等測驗加以測量。
- 數字運算（number）：實質上同義於簡單算術計算的速度和準確性。
- 空間關係（space）：諸如想像一個三度空間的物體將會如何呈現的能力——假使該物體被旋轉或局部分解的話。
- 聯想記憶（associative memory）：指在機械式記憶作業上的技能，諸如學習把無關聯的成對項目聯結在一起。
- 知覺速度（perceptual speed）：牽涉到簡單的文書作業，諸如查核視覺圖案中的相似及相異之處。
- 歸納推理（inductive reasoning）：這個因素的最佳測量涉及找出規則，如在數字系列完成測驗中的情形。

賽斯通（1938）發表「基本心理能力測驗」，它是由各個分測驗所組成，每個立意於測量一種基本心理能力。然而，他後來承認，他的基本心理能力彼此之間有中等的相關，證明了有一個或多個二級因素（second-order factors）的存在。最終，賽斯通承認「*g* 因素作為較高階因素」的存在。在這個時候，斯皮爾曼也已承認群組因素的存在，它們代表一些特殊能力。因此，斯皮爾曼與賽斯通之間差異顯然主要是所強調重點的問題（Brody & Brody, 1976）。斯皮爾曼繼續認定 *g* 因素是測驗分數之間相關的主要決定因素，然後指定較次要的角色給群組因素。賽斯通則倒轉這些優先順序。

P. E. Vernon（1950）透過提出階層的群因論而設法在這兩種觀點之間建立起親善關係。根據他的觀點，*g* 是單一的因素，位於階層的頂端，這個階層包含兩個主要的群組因素，稱之為語文－教育（V:ed）的因素和實務－機械－空間－物理（k:m）的因素。位於這兩個主要群組因素之下的是幾個較次要的群組因素，就類似於賽斯通的基本心理能力。至於特殊因素則占據階層的底端（參考圖 5-2）。

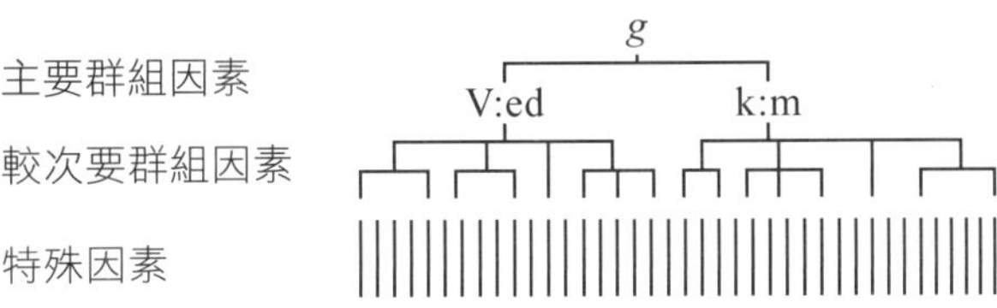

圖 5-2　Vernon 之智力的階層群因論

資料來源：Vernon, P. E.（1950）.

賽斯通關於 PMAs 的分析即使到今日仍然繼續影響測驗發展。Schaie（1983, 1985）已修訂及改善「基本心理能力測驗」，然後在一項關於成人智力之有重大影響力的縱貫研究中採用這些量數。假使智力主要是 *g* 的問題，那麼群組因素應該隨著老化（aging）以大約相同的速率發生變動。在支持智力測試的群因途徑上，Schaie（1983）報告，有些 PMAs 顯現很少跟年齡有關的減損（語文理解、語詞流暢、歸納推理），至於另一些 PMAs 則在老年較快速減退下來（空間關係、數字運算）。因此，根據在真實世界中實際施行的經驗，我們有必要探討群組因素，而不是把所有智力凝縮為單一的普通因素。

六 卡泰爾－洪恩－卡洛（CHC）理論

卡泰爾（Raymond Cattell）（1941, 1971）提出關於智力結構的一項有影響力的理論，它隨後受到洪恩（John Horn）（1968, 1994）和卡洛（John Carroll）（1993）的修訂及擴展。根據其他研究人員所發表數以百計的獨立研究，從所得的 461 個資料組進行再分析，卡洛對於該理論的貢獻特別是樞紐所在。這接著產生的理論——稱之為 Cattell-Horn-Carroll（CHC）理論——是一種分類學上的傑作，它綜合了幾乎一個世紀以來關於智力之因素分析研究的發現。許多心理計量學家認為，CHC 理論擁有任何智力理論中最堅強的實徵基礎，也為心理測試提供了最為深遠的意涵（McGrew, 1997）。雖然 CHC 理論的「大畫面」已良好確立，但研究人員繼續精緻化細節之處。在 Kevin McGrew 的指引之下，「應用心理計量學協會」正致力於促進 CHC 理論及其用途。

根據 CHC 理論，智力是由以層次型式組織的普及能力、寬廣能力及狹窄能力所組成（圖 5-3）。在最高及最普及的水平上（稱為階層 III），單一的綜合因素（稱為小寫 *g*）監督所有的認知活動。階層 II 的能力（位於普通智力之下）包括幾種顯著而已建立

階層 III	階層 II		階層 I
普通智力，*g*	流動智力／推理	（*Gf*）	5 種狹窄能力
	固定智力／知識	（*Gc*）	10 種狹窄能力
	領域－特定知識	（*Gkn*）	7 種狹窄能力
	視覺－空間能力	（*Gv*）	11 種狹窄能力
	聽覺訊息處理	（*Ga*）	13 種狹窄能力
	廣泛提取（記憶）	（*Gr*）	13 種狹窄能力
	認知處理速度	（*Gs*）	7 種狹窄能力
	決定／反應時間或速度	（*Gt*）	5 種狹窄能力

圖 5-3　認知能力之 CHC 三階層理論的綱要

資料來源：Carroll, J. B.（1993）.

地位的能力。在圖 5-3 中，我們描述卡洛（1993）原先所檢定出的 8 種能力，但是另一些研究人員曾提議稍大的一張表單，它囊括一些追加之暫定的項目，諸如心理動作能力、嗅覺能力及動覺能力（kinesthetic ability）。隨著不同理論家，他們給予每個寬廣因素（broad factor）的精確名稱稍有不同，而且量表簡稱也可能不同。即使如此，關於基本名單還是存在強烈的共識。這些寬廣因素包括「個體基本構成而持久的一些特性，它們能夠支配或影響在特定領域中廣泛的各種行為」（Carroll, 1993, p.634）。階層 I 的狹窄能（narrow abilities）包含大約 70 種能力，這是由卡洛（1993）從他對智力之因素分析研究的廣博審查中所檢定出來。如可能預期的，狹窄能力的表單隨著進行中的研究持續地受到修改及擴充。這些狹窄能力「代表能力之更大程序的特殊化，通常以相當特定的方式，反映了經驗和學習的效應，或是反映了特定表現策略的採取」（Carroll, 1993, p.634）。

(一) CHC 寬廣能力因素的定義

如所提到，CHC 的寬廣因素遠比狹窄能力來得穩固地確定，後者繼續接受修正及擴延。根據 Carroll（1993）、McGrew（1997）、Gustafsson 和 Undheim（1996）等人的觀點，我們對寬廣因素提供簡要的定義。

- 流動智力／推理（*Gf*）：流動智力包含高水平的推理，它被使用於無法自動地執行的新奇作業。流動智力（fluid intelligence，或流體智力）的心理操作可能涉及推導結論、建立概念、提出假設、檢驗假設、理解意涵、歸納推理及演繹推理。流動智力的經典實例可以見之於矩陣推理作業，諸如「瑞文漸進推理測驗」（Raven, 2000）。組成流動智力的能力大致上是非語文的，而且不太依賴當事人接觸特定的文化。基於這些原因，卡泰爾（1940）認為流動智力的量數是免受文化影響的（culture-free）。依據這個假設，他設計了「文化公平智力測驗」（Culture Fair Intelligence Test, CFIT），試圖排除測試上的文化偏頗（cultural bias）。當然，稱謂某一測驗為文化公平並不使它就必然如此。事實上，「完全免受文化影響的智力測驗」的目標已被證明是無法捉摸的。我們在主題 6A「能力與相關概念的團體測驗」中將會較詳盡討論 CFIT。
- 固定智力／知識（*Gc*）：這種智力典型被界定為個人所獲得文化知識的寬度和深度——關於個人文化中的語言、訊息及概念的知識。這方面的實例是個人所理解詞彙的程度。但是，固定智力（crystallized intelligence，或結晶智力）也囊括語文知識和文化知識的應用（例如，口語生成、言語流暢及傳達能力）。因為固定智力的產生是當流動智力被運用於文化產物時，我們可預期這兩種認知能力擁有頗高的相關。事實上，我們經常發現，固定智力和流動智力的量數擁有相當的相關（$r = .5$）。

- 領域－特定知識（*Gkn*）：領域特定知識（domain-specific knowledge）代表當事人在一種或多種專門化領域中獲得的知識，但是不代表個人在該文化中典型的經歷。例如，這可能包括生物學知識、讀唇的技能，或是如何使用電腦的知識。
- 視覺－空間能力（*Gv*）：這種能力與想像、保留及轉換視覺心象（visual image）的心理表徵（mental representations）有關。例如，視覺－空間能力（visual-spatial ability）牽涉到預測某一形狀當被旋轉後將會如何呈現，或迅速從含糊、不完整圖形中指認已知物件，或找出隱藏在圖形中的物件等能力。這種能力也包括視覺記憶。
- 聽覺訊息處理（*Ga*）：這是指準確地察覺聽覺訊息的能力，牽涉到分析、理解及綜合聲音的型態或組合的能力。聽覺訊息處理（auditory processing）不但包含辨識說話聲音的能力，也包含判斷及辨別音樂之音調型態的能力。*Ga* 能力的關鍵特性是控制聽覺訊息的知覺所需要的認知才能（也就是，從噪音中過濾出信號）。
- 廣泛提取〔記憶〕（*Gr*）：廣泛提取（broad retrieval）的能力涉及在長期記憶中鞏固及貯存新訊息，然後稍後透過聯想而提取該訊息。囊括在廣泛提取中的是一些狹窄能力，像是聯想記憶（例如，對於先前學過之配對的無關聯項目，當呈現第一個項目時，記起第二個項目）、觀念流暢（例如，記起一些觀念的能力）及指名敏捷（例如，快速提出熟悉臉孔的名稱）。有些研究人員進一步把廣泛記憶因素劃分為追加的亞型。此外，有些理論家規劃短期記憶（*Gsm*）為獨立的廣泛因素。短期記憶是指保留對不到一分鐘前發生事件之覺知的能力（Horn & Masunaga, 2000）。
- 認知處理速度（*Gs*）：這種能力是指執行過度學習（overlearned）或自動化認知歷程的速度，特別是當需要高度的注意力和專注力時。例如，當以飛快的速度執行簡單的算術運算時，這將需要高水準的 *Gs* 能力。
- 決定／反應時間或速度（*Gt*）：這是針對簡單刺激迅速地從事決定的能力，典型地以反應時間加以測量。例如，每當 X 字母顯現在電腦屏幕上就迅速按下間隔鍵，這種反應便涉及 *Gt* 能力的使用。

(二) CHC 理論的效用

CHC 理論不平凡之處是在它的細節，它容許堅強的理論檢驗。一些路線的證據支持它的正當性。例如，根據 CHC 理論提出的智力結構已被顯示在一些重要變項上維持不變，包括年齡、族群及性別（Bickley, Keith & Wolfe, 1995; Keith, 1999; Carroll, 1993）。在實徵研究中，廣泛的 CHC 能力也顯示跟許多學業變項及職業變項具有證實理論的關係（McGrew & Flanagan, 1998）。例如，在一項研究中，CHC 廣泛及狹窄認知能力的量數跟某一代表性樣本的兒童及青少年的數學成績具有適宜的相關（Floyd, Evans & McGrew, 2003）。一般而言，心理從業人員贊同 CHC 劃分智力的方式，因為廣泛及狹窄能力已被實徵上確認，而且擁有有意義之真實世界的意涵（Fiorello & Primerano, 2005）。

七、皮亞傑與適應

瑞士心理學家皮亞傑（Jean Piaget, 1896-1980）發明認知發展理論，它為兒童智力測驗的設計帶來一些衝擊（Ginsburg & Opper, 1988）。皮亞傑（1926, 1952, 1972）對兒童採用訪談和非正式測驗，開發了他一系列關於智力發展之誘導性及革命性的觀點。他新的透視包括了下列要點：

- 兒童的思維是在性質方面不同於成年人的思維。
- 稱為基模（schemas）的心理結構是個人獲得關於世界的新知識的首要基礎。
- 有四個階段的認知發展可被鑑定出來。

透過探討守恆概念（conservation，或保留概念）的發展，皮亞傑斷定兒童對世界的建構是從基礎上就不同於成年人的觀點。「守恆」是指個人認識到物體數量儘管在外觀上發生表面的更動，但是總數量並未隨之改變。例如，固定數量的液體倒入不同形狀的容器中，其數量保持不變；或物體的數目也不會因為空間排列的變更而改變。幼童隨著經驗的增長才能逐步掌握各種守恆概念，像是數量守恆、長度守恆、重量守恆及容積守恆等。

為了解釋幼兒和兒童如何獲致關於世界的新知識，皮亞傑指出他們形成稱為「基模」的心理結構。基模是一種有組織的行為型態或良好界定的心理結構，它們導致當事人知道如何做一些事情。基模的形成始自嬰兒期，朝著愈來愈高水平的複雜性演進，從而轉換為在大部分成年人身上所觀察到之較成熟水平的心智技能。基模變得較為成熟是通過稱為均衡（equilibration）過程的機制。為了理解均衡，讀者需要知道另三個皮亞傑學派的概念：同化、調適及平衡。

同化（assimilation）是指應用一般基模於某一物體、個人或事件；也就是當事人以他既存的基模或認知結構為基礎以吸收新經驗的歷程。調適（accommodation）則是改變內在基模以符合對現實變動的認知；也就是當事人當遇到新的情境而原有基模不能適合環境要求時，他只能改變既存基模以符合環境的要求。最後，平衡（equilibrium）是指當事人從供應的訊息與現有的基模之間取得平衡的一種認知狀態。根據皮亞傑的觀點，個人為了適應失衡環境而產生認知改變，改變之後就跟環境協調，從而又恢復平衡。這種從平衡到不平衡，再從不平衡到平衡的連續歷程，就代表著智力發展的歷程。

皮亞傑相信，致力於均衡是人類與生俱來的特性。

皮亞傑也提出四個階段的認知發展。根據他的觀點，每個階段是性質上不同於其他階段，各自特色是在有差別的思維模式（參考表 5-5）。一般而言，當測驗是建立在這些概念上時，它們是試圖確定兒童是否已通過若干認知里程碑（例如，容積守恆）。

八、吉爾福德與智力結構的模型

在第二次世界大戰後，吉爾福德（J. P. Guilford）（1967, 1985）繼續執行賽斯通所啟動之關於智力因素的研究。吉爾福德很快就斷定，可識別之心理能力的數目遠超過賽斯通所提議的 7 個。就一件事情而言，賽斯通完全忽略了創造性思維的類別，吉爾福德認為這是一種不正當的失察。有鑑於此，吉爾福德（1967）提出高雅的智力結構（structure-of-intellect, SOI）模型以摘要他的發現。吉爾福德對智力結構採取動態的觀點，他認為智力測驗的題目不僅其「內容」（contents）不同，它要求受試者從事的「運作」（operation）也不同，而且受試者對不同內容的題目從事某種運作後的「產物」（products）也有不同。我們以下論述思維活動的這三大要素：

吉爾福德所謂的「運作」是指測驗所要求之智能操作的性質。大部分測驗題目是在強調五種運作中的一種。這五種運作是認知（cognition）、記憶（memory）、發散性思考（divergent thinking）、收斂性思考（convergent thinking）及評價（evaluation）。

表 5-5　皮亞傑的認知發展階段

階段與年齡範圍	思維的特色
感覺運動期（sensorimotor） 自出生到 2 歲	嬰兒主要是透過感官和運動能力體驗周圍的世界。假使物體不在眼前，他們的作為就彷彿該物體不再繼續存在，但是在這個階段尾聲時，發展出物體永存（object permanence）的概念。
前運思期（preoperational） 2 歲到 6 歲	守恆概念尚未發展出來，但是這些兒童確實理解功能關係的觀念——例如，你拉下繩索以打開窗簾；你拉得愈長，窗簾就打得愈開。心理上以字詞和形象象徵事物的能力也發展出來。
具體運思期（concrete operational） 7 歲到 12 歲	兒童典型地發展出守恆概念，也證實有邏輯推理的有限能力。例如，可逆性的概念發展出來——認識到一項行動可以逆轉或取消另一項行動。
型式運思期（formal operational） 12 歲以上	這個階段通常已發展出令我們聯想到成年人思維之系統化的問題解決能力。青少年有更強的能力提出假設，然後加以檢驗。

「內容」是指呈現給受試者之材料或訊息的性質。內容包括五個範疇，它們是視覺（visual）、聽覺（auditory）、符號（symbolic）、語義（semantic）及行為（behavioral）。

吉爾福德模型中的第三個維度是「產物」，它是指腦部為了導出正確答案必須產生之不同性質的心理結構。思維產物有六種，它們是單元（unit）、類別（class）、關係（relation）、系統（system）、轉換（transformation）及蘊含（implication）。

因此，吉爾福德（1985）總共檢定出五種運作、五種內容及六種產物，合計為 5×5×6 或 150 種智能因素。某一運作（例如，記憶）、某一內容（例如，符號）及某一產物（例如，單元）的每種組合代表了一種不同的智能因素。吉爾福德聲稱他已在自己的研究中證實超過 100 種這些因素。

SOI 模型受到不少稱讚，因為它捕捉了智力的複雜性。然而，這也是該理論可能的致命傷（Achilles' heel）。考慮一項智能因素，即對於符號單元的記憶。當測驗需要受試者回憶一系列「口說」數字時（例如，WAIS-III 上的數字廣度），這可能相當良好地捕捉了這項智能因素。但是，「視覺」的數字廣度測驗也可能辦到，且或許甚至「觸覺」之符號呈現（如施加在皮膚上的振動棒）的類似測驗也可能辦到。因此，我們或許需要在聽覺、視覺及觸覺上有各自的立方體；這樣的擴充模型將會納入 450 項智能因素，顯然是太笨重的數目。

雖然似乎有些令人猶豫，智力竟會含有這般龐大數目的獨特能力，但吉爾福德關於智能的原子觀點仍然引起測驗編製者重新思考及拓寬他們對智力的理解。在吉爾福德的貢獻之前，大部分智力測驗主要是要求收斂性思考（即對刺激情境構思唯一的正確答案）。吉爾福德提出引人興趣的可能性，即發散性思考（即對單一刺激情境提出許多適宜的應答）也是智力行為的基本要素。因此，像是「列出儘可能多的用途，假使你能夠在雲彩上繫住一條線連接到你的手上」的問題就要求發散性思考，它所評估的智力層面是傳統測驗不曾加以測量的。

九、同時性與連續性處理的理論

有些現代的智力概念是借助於蘇聯心理學家 Aleksandr Luria（1902-1977）的神經心理學研究。Luria（1966）主要是依賴對腦傷士兵的個案研究和臨床觀察而獲致認知處理的綜合理論。他的研究顯示，有強烈證據支持我們把大腦皮質的整合活動劃分為兩種基本型式，它們各自反映了外界的不同層面。

在訊息的同時性處理中（simultaneous processing），其特色是同時地執行幾種不同的心理運作。對於需要空間分析的思考及知覺型式而言，諸如描繪立方體，所需要的是同時性訊息處理。在繪畫中，受測者必須同時理解整體的形狀，以便在形狀的執行中引導手臂及手指。描繪立方體的序列性途徑（sequential approach）（假使甚至有可能的話）將是極度地複雜。當缺乏同時性的心理完形（mental gestalt）來引導該繪畫時，幾乎擔保會是歪歪曲曲的圖形。Luria 發現同時性處理跟位於大腦背面的枕葉和頂葉有關聯。

對於必須遵循適當的操作程序的心理活動而言，所需要的是訊息的連續性處理（successive processing）。這是截然對立於同時性處理（因為序列對它們是不重要的）。連續性處理派上用場的例子像是記住一系列數字、背誦一長串字詞（如 shoe、ball、egg），以及模仿一連串手部動作（拳、掌、拳、拳、掌）。Luria 認定連續處理的部位在大腦顳葉和鄰近的前額區域。

大部分型式的訊息處理需要的是同時性機制與連續性機制的交互作用。因為這種途徑把焦點放在訊息所被處理的運作機轉上，它通常被稱為訊息處理理論（information-processing theory）。

關於智力評鑑之同時－連續的途徑，它面對的挑戰之一是如何設計作業以測量相對上純粹型式的每種訊息處理方式。採取這種策略的測驗已被編製出來，它們是「考夫曼兒童評鑑組合」（K-ABC）和「Das-Naglieri 認知評鑑系統」（Das & Naglieri, 1993）。依目前的發展來看，以訊息處理為主的測驗具有輔助傳統智力測驗的功用。此外，這方面測驗有助於我們了解智力的性質，且勢必將會對智力測驗的未來發展產生重大影響。

十、智力作為一種生物構念

大部分研究人員是以傳統手法探討智力，也就是首先編製智能測驗，然後求取所得分數與外在效標（例如，學校成績）或其他測驗結果之間相關。但是一些研究人員試圖識別智力的本質是透過檢查大腦本身的特性。例如，Hynd 和 Willis（1985）為智力的神經學基礎提供一種絕佳的檢查。

關於展現智力的行為，大腦必備的一項重要特性是腦細胞良好組織而同步化的電活動。神經元必須精確地傳遞所測定的電化學衝動，以便感覺、知覺及高級的思維歷程能夠發生。我們可以放置電極在個人的頭皮上以測量他腦細胞集體的電活動。電活動進行中的紀錄顯現隨著時間之自發的波動，但是也實證在回應若干刺激上可預測的波動組型。例如，在受試者的眼前閃過亮光後，透過記錄在四分之一秒左右發生的腦波組型，我們可以測量誘發電位（evoked potential）。平均誘發電位（AEP）通常是從單一個體之數以百計這樣的嘗試中獲得。以這種方式，我們可以取得任何個體之極為一致而有特色的腦波組型。

Ertl 和 Schafer（1969）是第一批探討腦波與智力之間相關的研究人員。他們發現高 IQ 受試者之 AEP 的波形有遠為多的尖峰及低谷——相較於低 IQ 受試者。Eysenck（1982）發表類似的發現。Eysenck 的兩位同事，A. E. Hendrickson（1982）和 D. E. Hendrickson（1982），注意到 AEP 蜿蜒波形的全長可被用來作為智力的生理指標。他們在 Ertl 和 Shafer（1969）所報告的每個 AEP 波形上方擺放一根線。他們把這條線從波形的起端和尾端切除，所得線段被拉緊為一條直線，然後測量它的長度。研究人員接著就可計算這些線長與所公布 IQ 分數之間相關。研究結果是令人印象深刻的數值，即 $r = .77$。這份相關之高完全不遜於任何兩個心理計量的智力測驗之間所報告的相關。大腦功能之單純的生理量數（AEP 波動）結果卻成為智力（如傳統 IQ 測驗所測量的）的絕佳指標。

儘管這些有指望的研究發現，幾位研究人員仍然對智力的電皮質相關感到懷疑。這樣的相關只在若干條件下才會產生，而且嘗試重複驗證該結果也不一定都成功（Eysenck, 1994; Vernon & Mori, 1990）。Gale 和 Edwards（1983）表示，僅僅相關的研究是不夠的；我們需要更為理論－限定的研究方向，以便把智力（作為一種特質）與訊息處理（在神經層面上）連接起來。致力於規劃這樣理論的研究已被嘗試（Deary, Hendrickson & Burns, 1987）。這些和類似的研究（例如，Shucard & Horn, 1972）適足以提醒我們，智力以某種方式跟大腦的生理性質有密切關係，即使我們尚未理解確切的生理特性以解釋智力。

Haier 及其同事們在他們生物智力的探討上追求一種不同的路線（Haier, Nuechterlein, Hazlett and others, 1988; Haier, Siegel, Tang and others, 1992）。他們測量皮質的葡萄糖代謝率，如對解決智力問題的受試者施行正子斷層攝影（PET）掃描分析所揭露的。大腦細胞使用葡萄糖和氧作為燃料；所以，PET 掃描將會揭露位於最活躍大腦部位的「熱區」（hot spots）（葡萄糖在那裡正被代謝）。引人興趣的是，當解決幾何學類比問題時，以及當玩 Tetris 電腦遊戲時，較高智力的人顯現「較少」大腦活躍性——相較於較低智力的人。但是在這一路線的研究上，我們還不清楚的是因果方向：人們之所以聰明是因為他們使用較少葡萄糖，抑或他們之所以使用較少葡萄糖是因為他們聰明？另一種可能性是，高 IQ 和低葡萄糖代謝二者都跟第三個因果變項有關聯（Sternberg & Kaufman, 1998）。

十二、葛德納與智力多元論

葛德納（Howard Gardner）（1983, 1993）提出了智力多元論（theory of multiple intelligences），它是廣泛建立在大腦－行為關係的研究上。他主張好幾種相對上獨立之人類智力的存在，雖然他承認關於智力的確切本質、範圍及數目尚未被最終地確立。

葛德納檢定出的八種智力是：(1) 語文智力（linguistic）；(2) 數學邏輯智力（logical-mathematical，或數理智力）；(3) 空間智力（spatial）；(4) 音樂智力（musical）；(5) 身體動感智力（bodily-kinesthetic，或體能智力）；(6) 社交智力（interpersonal，或人際智力）；(7) 自我認識智力（intrapersonal）；及 (8) 自然智力（naturalistic）。這八種智力中，語文、數理及空間知覺智力是西方社會特別重視的能力，許多正式的測驗已被設計來測量它們，我們在這裡將不再加以討論。另五種智力多少較為新穎，值得我們做進一步的論述。

身體動感智力包含運動家、舞蹈家、默劇藝術家、打字員或「原始」獵人使用的多種技能。雖然西方文化普遍不願意視身體為一種智力型式，但是在世界上其餘大部分地方卻不作如是觀，而且在我們的進化史上也不是如此。實際上，對於能夠靈巧地躲避掠食動物、攀爬樹木、獵捕動物及準備工具的人們而言，他們較可能生存下去，然後把他們的基因傳遞給隨後的世代。

關於個人的智力包括二者，一是接觸個人自己感情生活（自我認識）的能力，另一是覺察及辨識他人的心情、脾氣、動機及意圖（人際關係）的能力。因此，個人智力（personal intelligence）包含「個人內在」和「人與人之間」兩種型式。前者見之於偉大的小說家，他們能夠內省地描寫自己的情感；後者則經常見之於宗教和政治的領袖（例如，Mahatma Ghandi 或 Lyndon Johnson），他們能夠洞悉他人的意向和慾望，利用這份訊息來影響他人，然後建立起有益的結盟。

音樂智力或許是葛德納的智力中最少受到理解的。對於擁有良好音樂智力的人們而言，他們很容易就學會演奏樂器，或創作他們自己的樂曲。雖然對於旋律、節奏、音色及音質之結構層面的知識對音樂智力是重要的，但是葛德納特別提到，許多專家把音樂的情感或悸動層面放在核心位置。他相信，當音樂的神經基礎最終被解開謎題時，我們將能夠「解釋情感及動機的因素如何與純粹知覺的因素交織在一起」(Gardner, 1983)。

更為新近，葛德納（1998）在他的智力表單上添加三個試驗性的項目，它們是自然智力、心靈智力（spiritual）及存在智力（existential）。自然智力是指理解大自然現象並適應自然環境的能力。這樣的人能夠從大自然中辨識一些模式，達爾文（Charles Darwin）便是絕佳的範例。葛德納相信支持這種智力的證據是相對上強烈的。對照之下，心靈智力（關切個人發展上之宇宙及性靈的議題）和存在智力（關切最終的議題，包括生命的意義）就較不被證實可作為獨立的智力。一般而言，智力多元論因為它的簡明而引人注目，但是關於它的效度還缺乏實徵的研究。最後，評鑑這些性質的智力，所需要的不僅是紙筆測驗和簡單的量化數值。除了傳統智力測驗所測到的行為樣本資料外，葛德納的智力理論也需要在一系列生活情境中對受試者施行觀察及評鑑。

十二、史騰伯格與智力三元論

相較於大部分先前的理論家，史騰伯格（Robert Sternberg, 1985b, 1986, 1996）對於智力的本質採取遠為寬廣的視野。除了提出智力行為所需要的一些心理機制外，他也強調智力涉及對真實世界環境的適應。他的理論重視他所稱為的連續性智力（successful intelligence），也就是「擁有能力適應、塑造及選擇環境以實現個人目標，以及達成個人的社會及文化的目標」（Sternberg & Kaufman, 1998, p.494）。

史騰伯格的理論被稱為智力三元論（triarchic theory of intelligence），因為它對待三個層面的智力：組合性智力、經驗性智力及肆應性智力。在這些類型的智力中，每種具有兩個或多個次要成分。整個理論如表 5-6 所摘述。

「組合性智力」也被稱為分析的（analytical）智力，它是由負責智力行為的一些內在心理機制所組成。智力的這些成分具有三種不同功能。後設成分（metacomponents）是一些行政歷程，它們指導智力之所有其他成分的活動。它們負責決定知性問題的本質，選定策略加以解決，以及確認該任務被完成。後設成分接收不斷的回饋——關於問題解決上事情正進行得如何。對於在智力層面上擁有強烈後設成分的人們而言，他們非常擅長分配他們的智能資源。

在利用新式類比的問題解決研究中，史騰伯格（1981）發現較高智力的人花費相對較多時間在全面或高層次的策劃上，且花費相對上較少時間在局部或低層次的策劃上。例如，考慮這個類比問題：

表 5-6　史騰柏格之智力三元論的概要

組合性智力（componential intelligence）——分析的能力
後設成分或行政歷程（例如，策劃）
實作的成分（例如，三段論法的推理）
知識－獲得成分（例如，獲得語彙字詞的能力）

經驗性智力（experiential intelligence）——創造的能力
處理新奇性的能力
自動化訊息處理的能力

肆應性智力（contextual intelligence）——實踐的能力
適應真實世界的環境
選擇適宜的環境
塑造環境

資料來源：Sternberg, R. J.（1986）.

人：皮膚：：（狗，樹木）：（樹皮，貓）

受試者必須從等式的右方選出兩個正確字詞，這將完成該類比（正確的選項是樹木和樹皮）。利用一系列關於這樣新式或非特定問題的反應時間量數，史騰伯格發現較高智力的人花費較多時間在全盤策劃上，也就是建立起適用於這個及類似問題的宏觀策略（macrostrategy）。因此，智力的一個關鍵層面是知道什麼時候應該退一步以分配（部署）智能努力，而不是一味地進攻某一艱難的問題。

(一) 實作（performance）

實作成分是良好確立的心理歷程，它們可被用來執行某一任務或解決某一問題。智力的這些層面能夠以現存的智力測驗作最適切的測量。實作成分的樣例包括短期記憶和三段論法的推理。

(二) 知識獲得（knowledge-acquisition）

知識獲得是指使用在學習上的歷程。史騰伯格強調，為了理解什麼因素使得某人較具技能，我們必須了解他們首先就有獲得那些技能的增強能力。一個適當的例子是詞彙知識，主要是在情境（context）中學得，而不是透過直接的教導。較聰明的人較能夠利用周圍的情境以推敲某一字詞的意思；也就是說，他們有較強之知識獲得的技能。因此，詞彙是智力的極佳量數，因為它反映了人們在情境中獲得資訊的能力。

史騰伯格理論的第二個層面涉及經驗性智力。根據該理論，當個人擁良好的經驗性智力時，他能夠有效地處理新奇的作業。經驗性智力也被稱為創造的（creative）智力。他的理論的這個層面解釋了為什麼史騰伯格這般批判大部分的智力測驗。就大多數情況而言，現存的測驗測量的是已經學得的事物——透過呈現受試者已經接觸過的一些作業。根據史騰伯格的說法，智力也涉及在新的概念系統內學習及思考的能力，不僅是處理已經遇過的作業的能力。經驗性智力的第二個層面是使得重複遇到的作業自動化或「常規化」（make routine）的能力。適用於我們大部分人之自動化的例子是閱讀，它的執行大致上不需要意識的思維。但是任何作業或心理技能都可被自動化，假使它被充分練習的話。演奏音樂就是一個極為高度技巧的例子，但它在充足練習下可以變得自動化。

史騰伯格理論的第三個層面涉及肆應性智力。肆應性智力也被稱為實踐的（practical）智力，它被界定為「個人有目的地適應、塑造及選擇跟自己生活有關聯之真實世界環境的心理能力」（Sternberg, 1986, p.33）。史騰伯格理論的這個層面顯然承認，人類行為受到在我們進化史中之淘汰壓力的塑造。肆應性智力具有三個部分：適應、選擇及塑造。

(一) 適應（adaptation）

適應是指發展出個人特有環境所需要的技能。順利的適應將隨著不同文化而有差別。在非洲的矮黑人文化中，適應可能涉及追蹤大象的能力，以及以尖端塗毒的矛殺死大象的能力。在西方工業化國家中，適應可能涉及在求職面談中有利地呈現自己。

(二) 選擇（selection）

選擇可被稱為找到自己的棲息地。肆應性智力的這個層面涉及離開我們所處的環境，然後選擇一個較適合我們才能和需求之不同環境的能力。史騰伯格主張，選擇這樣環境的能力是智力的一個重要層面。

(三) 塑造（shaping）

塑造是增進自己與環境之間配合度的另一種方式，特別是當選擇新環境不是實際可行時。在肆應性智力的這項應用上，我們塑造環境本身，以便它較為適合我們的需求。一位受僱人員說服老闆採取不同的做事方式，他就是利用塑造以使得工作環境較適合他的才能。

史騰伯格（1993）已根據他的理論編製一項研究工具，且利用該測驗檢驗智力三元論的妥當性。「史氏三元能力測驗」（STAT）獨特之處在於它超越那些訴諸分析智力的典型問題；該測驗也包含了創造和實踐方面的問題。在美國、芬蘭及西班牙樣本的因素分析研究中，三元模式較為符合所得資料——相較於找出普通智力之單一因素的尋常結果（Sternberg, Castejon, Prieto, Hautamaki & Grigorenko, 2001）。

雖然史騰伯格的三元論是迄今所提出最包羅廣泛而雄心勃勃的模式，但不是所有心理計量研究人員都迫不及待擁抱它。Detterman（1984）就提出告誡，在引進可能是不必要之更高階的構念之前，我們應該先研究智力的基本認知成分。Rogoff（1984）則質疑，這三個次級理論（組合性、經驗性、肆應性）是否有充分的關聯性。

不論智力三元論最後的判決是什麼，史騰伯格主張，智力具有好幾個成分而不是傳統測驗所能測量，這在任何曾探討或實施這些測驗的人們聽起來應該頗有同感。無論如何，史騰伯格（1986）的研究已使我們大致清楚，智力正是有太多成分，而這不是任何單一測驗所能測量出來。

主題 5B

智力與成就的個別測驗

一、個別智力測驗的定向
二、魏氏智力量表
三、魏氏分測驗：描述與分析
四、魏氏成人智力量表－第三版
五、魏氏兒童智力量表－第四版
六、斯－比智力量表：第五版
七、考夫曼兒童評鑑組合－第二版
八、考夫曼青少年與成人智力測驗（KAIT）
九、考夫曼簡明智力測驗 -2（KBIT-2）
十、個別成就測驗
十一、學習障礙的本質與評鑑

自從心理學創立以來，個別智力測試是該學科的重大成就之一。在回應 1900 年代早期比－西量表的良好成效上，心理學家們仿照這項開拓性的工具，隨後也編製及改良相當多的個別智力測驗。智力的團體測驗之爆炸性的成長（特別是在一戰期間和之後，陸軍甲種和乙種測驗被熱烈接納的促進下）也為個別測試運動提供了推動力。

智力測驗的成功應用鼓舞教育學者和心理學家尋找方法，採用學校本位的成就測驗以評價學生們的學業進展。接下來，這導致令人困惑的發現，即許多正常智力或甚至優秀智力的兒童卻在學業成就上遠為落後。根據這項發現，學習障礙的概念逐漸發展出來，全新領域的評鑑於焉誕生。

一、個別智力測驗的定向

我們在這個主題審視的個別智力測驗包括下列：

1. 魏氏成人智力量表－第三版（Wechsler Adult Intelligence Scale-III, WAIS-III）。
2. 魏氏兒童智力量表－第四版（Wechsler Intelligence Scale for Children-IV, WISC-IV）。

3. 斯比測驗：第五版（SB5）。
4. 考夫曼兒童評鑑組合－第二版（Kaufman Assessment Battery for Children-II, KABC-II）。
5. 考夫曼青少年與成人智力測驗（Kaufman Adolescent and Adult Intelligence Test, KAIT）。
6. 考夫曼簡明智力測驗 -2（KBIT-2）。

整體而言，這些工具或許占有在美國實施之 95% 的智能評鑑。

魏氏量表已支配近些年來的智力測驗，但它們絕不是個別評鑑之唯一可行的選項。許多其他工具也同樣良好地測量普通智力——有些人將會說是更好。考慮一項現在已通曉的觀察的意涵：大致上而言，在異質樣本上，任何兩個主流工具（例如，魏氏、斯比、麥卡錫，以及考夫曼量表）上的分數通常相關在 .80 到 .90 之間。經常的情況是，兩個主流工具之間相關幾近跟任一工具本身的重測相關一樣高。在提出全面分數的目的上，看起來任何良好常模化的主流智力測驗就足敷使用。

但是，提出某一綜合分數不是評鑑的唯一目標。除此之外，施測者經常想要理解受試者的智力功能。為了這個目的，綜合 IQ 是重要的，但是在某些情況下，總分數可能是不相干或甚至誤導的。為了了解被轉介者的智力功能，施測者應該也檢視分測驗分數，以找出可能解釋該個體之特有運作的假設。當然，施測者需要謹慎地採取分測驗分析，關於所使用測驗之分測驗離散（subtest scatter）的本質及意義，應該建立在以研究為基礎的發現上（Gregory, 1994b; McLean, Kaufman & Reynolds, 1989; McDermott, Fantuzzo & Glutting, 1990）。

假使施測者的目標是理解智力功能，而不僅是決定總分數，測驗之間差異就變得相當實際。每一項工具從不同透視著手於智力的測量，而且產生特有的一組分測驗分數。再者，某一測驗相當適合於一項轉介議題，卻可能在另一種背景中完全失去效能。例如，WAIS-III 在輕度智能不足的檢測上有極佳的表現，但是它包含太少簡易的題目，以至於無法有效評鑑中度或重度發展障礙的人們。

評鑑的中心原則是，測試工具的選擇應該建立在對其長處及弱處的認識上，也就是該工具是否適合所轉介的問題。簡言之，高明的施測者不會對每一項轉介都盲目地依賴單一測驗！反而，高明的施測者會根據所發覺該受測者的評鑑需求而變通地選擇一種或多種工具。這個主題中討論的每項測驗都具有它特殊的優點，也具有它特定的缺點。測驗使用者必須知道這些擅長和薄弱的層面，以便挑選最適合每項特有轉介的工具。

一、魏氏智力量表

起始於 1930 年代，魏克斯勒（David Wechsler, 1896-1981）（紐約市 Bellevue 醫院的一位心理學家）構思一系列相當簡易的工具，它們實際上界定了 20 世紀中期到後期的智力測試。他對於智力測試的影響力幾乎不亞於比奈和西蒙之開拓性的貢獻。

(一) 魏氏測驗的起源

魏克斯勒在 1932 年開始著手他的第一份測驗，他試圖設計一種工具以適合於檢測被轉介到紐約 Bellevue 醫院精神部門的各種病人（Wechsler, 1932）。事實上，他的測驗的內容很多是從早先的研究成果中得到靈感，諸如比奈量表和陸軍甲種及乙種測驗（Frank, 1983）。

第一份魏氏測驗稱為魏－貝智力量表（Wechsler-Bellevue Intelligence Scales），是在 1939 年發行。在討論他新式測驗的基本原理上，魏氏（1941）表示現存的工具（如斯－比量表）極不適合於評鑑成人智力。魏－貝是針對於修正先前測驗中注意到的幾個缺點：

- 測驗題目不能投合成年人所好。
- 太多問題強調的僅是字詞的操作。
- 指示語強調速度，卻疏忽了準確性。
- 依賴跟成人測試不相干的心智年齡。

為了改正這些缺點，魏氏特別為成年人設計他的測驗，增添作業題目以平衡語文問題、減少對速度問題的強調，以及創造新的方法以獲得 IQ。具體而言，對於平常的公式

$$IQ = \frac{\text{心智年齡（Mental Age）}}{\text{實足年齡（Chronological Age）}}$$

他代之以新式之年齡相應的公式

$$IQ = \frac{\text{達成或實際分數}}{\text{該年齡預期的平均分數}}$$

這個新的公式是建立在引人興趣的假定上：IQ 隨著正常老化保持恆定不變，即使原始的心智能力可能變動或甚至減退。IQ 恆常性（IQ constancy）的假設是魏氏量表的基礎所在。雖然魏克斯勒的觀點大致上被當代的測驗編製者所接受，但我們有必要強調，IQ 隨著年齡保持不變的假設真正而言是一種價值標準的陳述、一種理念的抉擇，而不是

人類本質之必然而固有的特性。

魏克斯勒也希望他的測驗能夠作為精神診斷的幫手。在追求這個目標上，他把他的量表劃分為語文和作業兩大部分。這項劃分使得主試者能夠對二者進行比較，一是受測者使用語詞和符號的敏捷性（語文分測驗），另一是受測者操弄物件和察覺視覺型態的能力（作業分測驗）。語文能力（*V*）與作業能力（*P*）之間重大差別被認為具有診斷的重要性。但隨後的研究證明這樣的診斷規則有許多例外情形，不太值得採信。儘管如此，語文技能與作業技能之間劃分已被證實對其他目的而言是有效而實用的，諸如分析大腦－行為的關係，以及探討年齡對智力的影響。魏克斯勒紙上談兵地把分測驗劃分為語文和作業兩大部門，這被評價為或許是他對當代智力測試之最持久的貢獻（Kaufman, Lichtenberger & McLean, 2001）。

(二) 魏氏測驗的一般特徵

包括修訂版在內，魏克斯勒和他的追隨者在大約 65 年的期間內提出 12 份智力測驗。這些工具之所以成功的主要原因是，每個新測驗或修訂版仍然忠實於魏－貝中首度引進之熟知的內容和格式。經由堅守單一而有良好成效的公式，魏克斯勒確保施測者能夠從一項魏氏測驗轉換到另一項，只需要很少的再訓練。這不僅具有良好的心理計量特性，也是精明的市場行銷術，因為它擔保將會有好幾代忠實的測驗使用者。

魏氏智力測驗最近期的一些版本擁有下列的共同特徵：

- 14 或 15 個分測驗。多個分測驗的途徑使得主試者能夠分析個體內在的優勢和弱處，而不僅是計算出單一的總分。此外，我們也可能洗牌及重組分測驗分數，以便提供關於智力之寬廣因素的有益訊息。如讀者隨後將會知道的，分測驗及因素分數的型態可能傳達一些隱藏在綜合表現水準中的有益訊息。
- 以實徵為基礎將之解析為一些合成分數和全量表智商（full scale IQ）。儘管原始魏氏智力測驗只提供兩種合成分數，即語文智商和作業智商，但修訂版已進展到對各種組合更複雜的劃分上，且受到因素分析研究的證實。WISC-IV 和 WAIS-III 現在在相同的四個領域中產生合成分數或指標分數：
  〈語文理解〉〈知覺推理／組織〉〈工作記憶〉〈處理速度〉
  WPPSI-III 保留語文 IQ 和作業 IQ 的分數，但是也提供「處理速度」組合分數的計算。
- IQ 和指標分數共同的尺度。對所有測驗和所有年齡組而言，IQ 和指標分數（index scores）的平均數是 100，標準差則是 15。此外，在每個分測驗上，量尺分數具有 10 的平均數，標準差則大約是 3，這使得主試者能夠分析受測者的分測驗分數，以判斷受測者相對的優勢及弱處。

- 對不同測驗版本而言共同的分測驗。例如，學前、兒童及成人魏氏測驗（WPPSI-III，WISC-IV 及 WAIS-III）都具有相同 9 個分測驗的共同核心（表 5-7）。施測者只要在任何魏氏測驗上學會某一核心分測驗的實施（諸如 WAIS-III 上的常識分測驗），他很容易就能在魏氏智力測量的家族內轉移這項技巧。

魏氏分測驗：描述與分析

魏克斯勒（1939）界定「智力」為「個體有目的地行動、合理地思考，以及有效地應付所處環境之合計或總括的能力。」他也認為，我們只能透過智力使得個人能夠做些什麼來認識智力。因此，在設計他的測驗上，魏克斯勒選定一些成分來代表廣泛的一系列基礎能力，以之估計智力的總計容量。

表 5-7　魏氏智力測驗的分測驗組成

	WPPSI-III	WISC-IV	WAIS-III
類同	×	×	×
詞彙	×	×	×
理解	×	×	×
常識	×	×	×
語詞推理	×	×	
積木造形	×	×	×
圖畫概念	×	×	
矩陣推理	×	×	×
圖畫完成	×	×	×
圖畫排列			×
物件裝配	×		×
數字廣度		×	×
字母－數目排序		×	×
算術		×	×
數符替代	×	×	×
符號查找	×	×	×
刪除		×	
接受性詞彙	×		
圖畫指名	×		

附註：在所有魏氏智力測驗中共有的分測驗以粗體字表示。有些分測驗是任意選定的，或作為代替使用。

我們在這裡對來自 WISC-IV 和 WAIS-III 的分測驗進行描述。我們也將分析每個分測驗所汲取的能力，然後提供以研究為基礎的評論。

(一) 常識（Information）

「常識」分測驗在所有 3 種魏氏智力測驗中都可發現到。關於一些人物、時間、空間及普通現象的事實知識就是在這裡被測試。針對兒童的問題就如下列：

「你有幾隻眼睛？」
「誰發明了電話？」
「什麼引起了日蝕？」
「何者是最大的行星？」

針對成年人的問題大致上相似，但是進展到較高的難度。成人「常識」分測驗上困難的問題就像是：

「何者是空氣中最普通的元素？」
「全世界的人口大約有多少？」
「果汁如何被轉化為酒類？」
「誰著述了《包法莉夫人》？」

「常識」題目所測試的綜合知識是在西方工業化國家的文化制度和教育體系下成長的大部分人們正常情況下都會接觸到的。間接地，這項分測驗也在測量學習和記憶的技能，因為受試者必須保存為了回答「常識」題目而從正規和非正規教育機會所獲得的知識。

在眾多魏氏分測驗中，「常識」經常被視為是普通能力的最佳量度之一（Kaufman, McLean & Reynolds, 1988）。例如，WAIS-III 手冊揭示，「常識」典型地在跨越 13 個年齡組中跟全量表 IQ 具有第二或第三最高的相關（Tulsky, Zhu & Ledbetter, 1997）。在 WAIS-III 分測驗相關的因素分析中（參考下述），「常識」被鑑定出一致地在第一因素上有強烈負荷。第一因素被稱為「語文理解」。然而，「常識」傾向於反映正規教育和學業成就的動機，因此可能產生假性偏高的能力估計值——對持久追求學問和熱切閱讀的人們而言。

(二)數字廣度(Digit Span)

「數字廣度」由兩個不同系列所組成,即數字順背題和數字倒背題。在順背題中,施測者以每秒一個數字的速度誦讀一系列數字,然後要求受試者加以複誦。假使受試者在相同長度的連續兩次嘗試中正確作答,施測者就進行到下一題,即增長一個數字,直到完成最長的 9 個數字。在倒背題中,採用類似的程序,除了受試者必須以倒轉方式複誦數字,直到完成最長的 8 個數字。

「數字廣度」是對數詞之立即聽覺回憶的計量。它所要求的是對數詞的靈巧性、良好注意力,以及免於分心。這項分測驗上的表現可能受到焦慮或疲勞的影響;許多臨床人員指出,為了醫療或精神原因而住院的病人經常在「數字廣度」上表現不良。

數字順背和數字倒背可能評鑑的是基本上不同的能力。數字順背似乎要求受試者以依序方式存取聽覺代碼。對照之下,為了執行數字倒背,受試者必須從口頭呈現的數字序列形成內在視覺的記憶痕跡,然後視覺上從尾到頭進行掃描。數字倒背很明顯是較為複雜的測驗;不用訝異地,它比起數字順背在普通智力上有較高負荷(Jensen & Osborne, 1979)。Gardner(1981)表示,主試者應該增補標準的報告程序,為「數字廣度」列出各自的子群分數。他為從 5 歲到 15 歲兒童在順背和倒背作業上的表現呈現各自的平均數、標準差及百分等級(PR)。

(三)詞彙(Vocabulary)

「詞彙」分測驗在所有三種魏氏智力測驗中都有呈現。受測者被要求界定難度漸增的好幾十個字詞的意義,施測者則在這時候逐字地寫下每個應答。例如,在簡易的題目上,施測者可能發問,「什麼是瓷杯?」受測者回答「你用它來喝東西」的話,他將拿到部分的分數。假使受測者回答「它有把手,容納液體,而你從中啜飲東西」,他將可能拿到滿分。對於成年人和聰明的兒童而言,魏氏詞彙分測驗上的高深題目可能非常具有挑戰性,其難度同等於 tincture、obstreperous 及 egregious。

「詞彙」大部分是從閱讀書籍和從聆聽他人的情境(背景)中學得。很少有人是透過閱讀辭典來認識詞彙。大致上,個人的詞彙代表兩種量度,一是對新資訊的敏銳性,另一是根據字詞被遇到的情境來辨認(判讀)意義的能力。正因為字詞意義的獲得取決於情境的推斷,詞彙分測驗最終成為魏氏量表上整體智力的單一最佳量數(Gregory, 1999)。這出乎許多外行人的意料之外,因為他們視詞彙僅是同義於教育接觸,且因此只是普通智力的平凡指標。然而,存在不容否認的實徵證據:在 WISC-III(聯合的年齡組)和在 WAIS-III(對 13 個年齡組中的 12 個而言)二者上,「詞彙」具有跟全量表智商(Full Scale IQ)最高的分測驗相關。

(四) 算術（Arithmetic）

除了針對幼童或智能不足人士之非常簡易的題目，「算術」分測驗是由口頭呈現的數學問題所組成。受測者必須在時限內（通常是 30 秒到 60 秒）不使用紙或筆的情況下解決該題目。簡單的題目強調加法或減法的基本運算，例如：

「假使你有 15 粒蘋果，吃掉 7 粒之後，你還剩下多少粒蘋果？」

較困難的題目需要對問題進行適當的構思（概念化），而且運用兩次的算術運算，例如：

「John 購買一台立體音響裝置，原本售價是 $600，但是該量販店全面減價 15%。John 應該為這台音響付出多少錢？」

雖然「算術」題目的數學要求不至於過度嚴格，但是必須在時限內以心算方式解決問題，使得這項分測驗對大部分受測者而言相當具有挑戰性。除了初級的算術技能，「算術」題目上的良好表現還需要高度的專注力，以及在短期記憶中維持居間計算的能力。在 WISC-III 和 WAIS-III 的因素分析中，「算術」通常在第三因素（以各種名稱被解讀為「免於分心」或「工作記憶」）上有很高負荷。

(五) 理解（Comprehension）

呈現在所有三種魏氏智力測驗上，「理解」分測驗是折衷的題目集成，要求的是解釋，而不僅是事實的知識。簡單的問題強調一般見識，較困難的問題則需要對社會習俗和文化慣例的理解。在 WAIS-III 上，兩個最困難的問題要求受測者解讀諺語。

「理解」上的簡單題目就如這種型式，「為什麼人們穿著衣服？」因難的題目就像是下述：

「這句諺語是什麼意思：『一鳥在手勝過二鳥在林。』」
「為什麼最高法院的法官是終身任命？」

「理解」看起來部分是「社會智力」（social intelligence，或社交智力）的一種量度，因為它的許多題目涉及受試者對社會及文化習俗的理解。Sipps、Berry 和 Lynch（1987）發現，「理解」分數與「加州心理測驗」（CPI）上的社會智力量數有中等的相關。當然，高分只表示受試者對社會和文化的習俗富有理解力，但是選擇正確的行動可能會或可能不會源自這份認識。

(六) 類同（Similarities）

在這項分測驗中，受測者被發問這類問題，「襯衫與短襪是以什麼方式相似？」「類同」分測驗是在評估受試者在物體、事實及觀念中辨別重要與不重要相似性的能力。間接地，這些問題評鑑相似性概念的同化（assimilation）。受試者也必須擁有能力以判斷某一相似性是否為重要的，或僅是不足取的。例如，「襯衫」（shirts）和「短襪」（socks）就以二者都是以「s」字母起頭而言是相似的，但這不是這兩個項目之間重要的相似之處。重要的相似之處是襯衫和短襪二者都是某一概念的樣例，也就是「服裝」。如這個例子所說明的，「類同」可被視為是語文概念形成的測驗，而且出現在所有三種魏氏智力測驗中。

我們現在轉向魏氏作業分測驗的描述及分析上。除了「矩陣推理」外，所有作業分測驗是計時的；而且在大部分情況下，受試者的迅速作答可以獲得紅利點數。

(七) 字母－數目排序（Letter-Number Sequencing）

這是新的分測驗，只出現在 WAIS-III 中。施測者以隨機順序口頭呈現一系列字母和數目。受測者必須重新排列及複誦這一列表——透過以上升的順序說出數目，然後依字母的順序說出字母。例如，假使施測者說「R-3-B-5-Z-1-C」，受測者應該作答「1-3-5-B-C-R-Z」。這項測驗是在測量注意力、專注力及免於分心（freedom from distractibility）。連同「算術」和「數字廣度」，這項分測驗促成了 WAIS-III 上的「工作記憶指標」分數（參考下述）。Donders、Tulsky 和 Zhu（2001）發現，「字母－數目排序」分測驗對於中度及重度創傷性腦傷的效應有高度的靈敏性。

(八) 圖畫完成（Picture Completion）

在這個分測驗上，施測者要求受試者鑑定從一幅圖畫中缺少的「重要部分」。例如，簡易的題目可能是屬於這一類：一張桌子的圖畫，但桌子缺少了一隻腳。題目愈來愈困難；測試繼續進行，直到受測者連續錯失好幾次。圖 5-4 描繪了類似於在 WAIS-III 所呈現的題目。

雖然「圖畫完成」被囊括在魏氏測驗的作業部分，這項分測驗所要求的能力跟作業智力的正統量度（例如，積木造形）只有適度的重疊。就一件事情而言，「圖畫完成」

上的良好表現主要是涉及對長期記憶的存取，而不是知覺－操弄的技能。真正而言，受試者必須對視覺細節擁有良好的注意力。但是，高分主要反映的是受試者拿貯存在長期記憶中的類似項目或情境跟每幅圖畫進行比對的能力。總之，「圖畫完成」實際上並不要求實作的成分。受試者需要用言語表達缺失的要素，或僅是指出圖畫的哪一部分是不合常理的。「圖畫完成」分測驗預先假定受試者曾經接觸過所描繪的物體或情境。基於這個原因，「圖畫完成」可能對文化劣勢人們是不適宜的。

圖 5-4　類似於在 WAIS-III 中所呈現的「圖畫完成」題目

(九) 圖畫排列 (Picture Arrangement)

「圖畫排列」分測驗只在 WAIS-III 中呈現。在這項分測驗中，施測者呈現數目不定之好幾張非語文的漫畫圖片（類似於連環圖），這些圖片以混淆的順序呈現。受測者的任務是把這幾張圖片以正確順序組合起來，以便說出一個合理的故事。圖 5-5 描繪一個圖畫排列的作業，就像在 WAIS-III 中可能發現的。

雖然「圖畫排列」被收容在「作業」任務中，但是在關於分測驗交互相關的因素分析研究中，它被顯示在語文成分和作業成分上大約有相等的負荷（例如，Silverstein, 1982a）。「圖畫排列」所涉及的能力是複雜而多層面的。在排列圖畫之前，受試者必須能

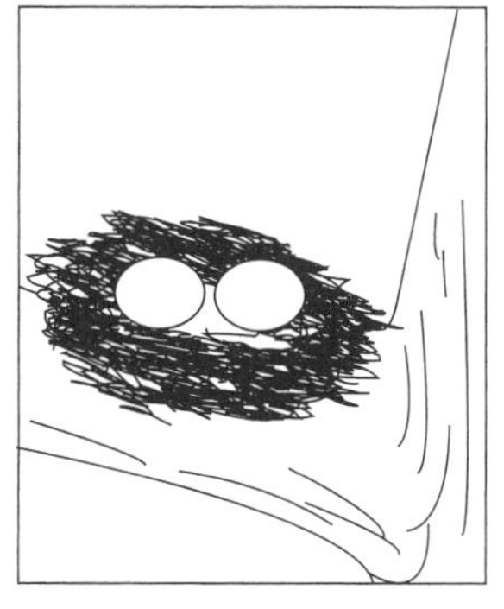

圖 5-5　類似於在 WAIS-III 中所呈現的「圖畫排列」題目

夠解讀整個故事的完形（gestalt）——從它紊亂的要素中。這項分測驗也測量序列思考（sequential thinking），以及洞悉社會事件之間關係的能力。在 WAIS-III 上，好幾個「圖畫排列」的故事具有幽默的主題。因此，良好的表現也需要一些社會世故（social sophistication）和幽默感。

(十) 圖畫概念（Picture Concepts）

這項分測驗只出現在 WPPSI-III 和 WISC-IV 上。對每個題目而言，兒童被顯示一張卡片，上面有 2 列或 3 列的一些圖畫，兒童被指示從每列選出一幅圖畫以形成具有共同特性的一組。這是一項新的分測驗，針對於測量抽象、歸類的推理。28 個題目反映了難度逐漸升高的一些抽象概念。例如，對簡單的題目而言，共通性可能是某一水果在每列中都被發現到；對較困難的題目而言，共通性可能是用來發出信號的某一裝置（銅鐘、閃光燈、旗幟）在每列中都被發現到。

(十一) 積木造形（Block Design）

在「積木造形」分測驗上，受測者必須透過對三維之著色積木適當的旋轉及放置以重現二維的幾何圖案。對所有魏氏量表而言，前幾個「積木造形」題目可以經由嘗試錯誤（trial and error）加以解決。然而，較困難題目則需要空間關係的分析、視動協調，以及邏輯的固定運用。相較於大部分的「作業」分測驗（通常記憶和先前經驗被給予較大的加權），「積木造形」要求遠為多的問題解決及推理的能力。在魏氏量表的因素分析中，「積木造形」通常是所有「作業」分測驗中在第二因素上具有最高的負荷量。這個因素以各種名稱被鑑定為非語文、視覺空間，或知覺－組織的智力（Fowler, Zillmer & Macciocchio, 1990; Silverstein, 1982a）。在 WISC-III 和 WAIS-III 上，「積木造形」在所有（除了少數例外）6 歲到 89 歲之間的標準化組別中跟「作業智商」具有最高的相關。基於這個原因，「積木造形」普遍被認定為魏氏測驗上非語文智力的精華指標（Gregory, 1999）。

「積木造形」是一種高度的計速測驗。考慮 WAIS-III 的版本，它由 14 個難度漸增的造形所組成。為了在這項分測驗上拿到高分，受試者不僅必須正確地重現每個造形，他們也必須在最後 8 個造形上透過迅速完成以獲得紅利點數。假使受試者在時限內解決所有造形，但是沒有獲得任何紅利點數，他在這項分測驗上的得分將僅稍微高於平均數。對於不重視速度表現的受試者而言，「積木造形」分數可能產生誤導。

(十二) 矩陣推理（Matrix Reasoning）

「矩陣推理」被囊括在所有魏氏智力測驗中。該分測驗是由一些圖形推理問題所組成，以漸進困難的順序安排（參考圖 5-6）。為了找出正確的答案，這需要受試者辨認圖形刺激之間重複發生的型態或關係；這些圖形刺激或沿著直線描繪（簡單題目），或是以 3×3 的方格呈現（困難題目）而最後的項目缺失。根據對於型態及關係的非語文推理，受試者必須推斷所缺失的刺激，然後從卡片底端提供的 5 個選項中圈選出來。

「矩陣推理」是設計來作為流動智力的量度；流動智力是指執行心理運作的能力，諸如操弄抽象符號。這些題目涉及型態完成，運用類推法的推理，以及序列推理。整體而言，這項分測驗是以圖形刺激為本位之歸納推理的絕佳量度。「矩陣推理」是 WAIS-III 中唯一不計時的作業分測驗。引人興趣的是，Donders 諸人（2001）報告，「矩陣推理」分測驗相對上不受中度及重度創傷性腦傷的影響。

(十三) 物件裝配（Object Assembly，或物形拼合）

針對每題題目，受測者必須組合許多片拼圖以形成某一完整的物形（參考圖 5-7）。例如，WAIS-III 上的「物件裝配」是由 5 個拼圖（puzzle）題目所組成，它們是矮人（6

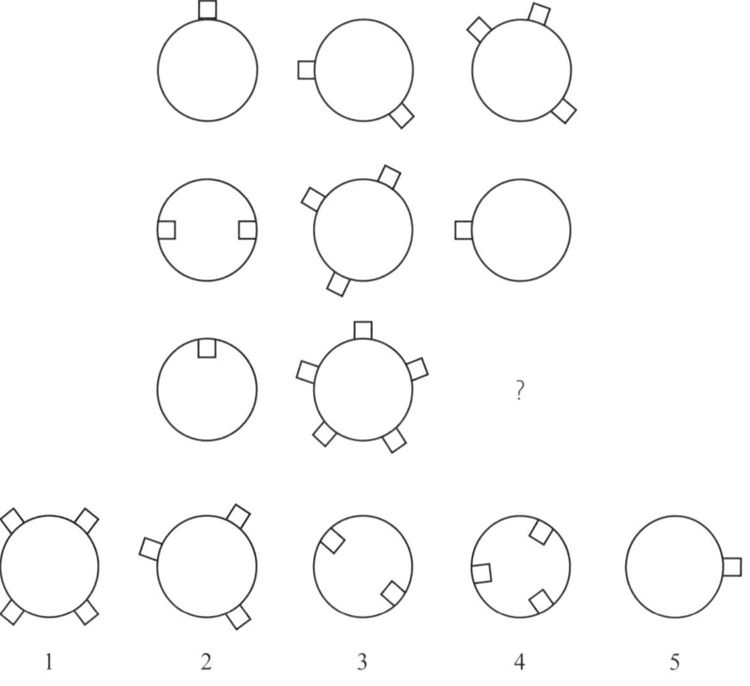

圖 5-6　類似於在 WAIS-III 中所呈現的「矩陣推理」題目

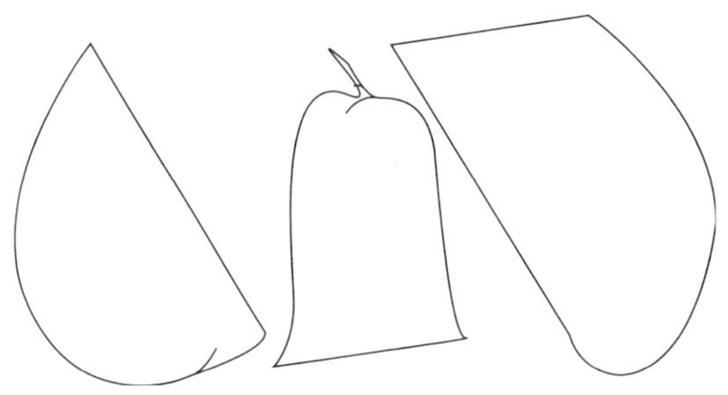

圖 5-7　類似於在 WAIS-III 中所呈現的「物件裝配」題目

片）、人臉的側面（7 片）、大象（6 片）、房屋（9 片），以及蝴蝶（7 片）。施測者不能指明所要拼合的物件；因此，受測者必須首先從雜亂的部分辨識各個物件的身分。為了在這項分測驗上拿到高分，受測者需要有高度的知覺組織；也就是說，受測者必須根據對各個部分之間關係的知覺以掌握更大的型態或完形。

「物件裝配」是魏氏分測驗中可信賴性最低的作業之一。例如，在 WAIS-III 上，這項分測驗的平均折半信度只有 .70（Tulsky, Zhu & Ledbetter, 1997）。在 WAIS-III 的分測驗中，只有「圖畫排列」（具有 .74 的信度）在不可靠性上接近於「物件裝配」。這兩項分測驗顯然有別於其他較可信賴的魏氏分測驗。「物件裝配」不太高的信度可能部分反映了較少的題數，以及反映了機率因素在解決拼圖作業上的角色。

(十四) 數符替代（Coding/Digit Symbol）

雖然任務幾乎相同，這項分測驗在 WPPSI-III 和 WISC-IV 中被稱為「編碼」（Coding），在 WAIS-III 中被稱為「數符－編碼」（Digit Symbol-Coding）。WISC-IV 版本是由兩個獨立而不同的部分所組成，一種針對 8 歲以下的受測者（編碼 A），另一種針對 8 歲及以上的受測者（編碼 B）。在「編碼」A 中，兒童必須在一系列隨機排序的形狀之內畫出正確的符號。該作業利用 5 種形狀（星號、圓形、三角形、十字架及正方形），然後每種形狀被指派一個特有的符號（各自是垂直線、兩條水平線、單一水平線、圓圈及兩條垂直線）。經過短暫練習期間後，兒童被告訴在 43 種隨機排序的形狀之內畫出正確的符號。然而，因為有 2 分鐘的時限，高分將需要敏捷的表現。WPPSI-III 包含一項「編碼」分測驗的類似版本。

WISC-IV 上的「編碼」B 和 WAIS-III 上的「數符替代」在格式上是完全相同的（圖 5-8）。在這兩項分測驗上，受試者必須把一個符號與從 0 到 9 的各個數字聯想在一起，然後儘快在一長串隨機數字之下畫出專屬的符號。這兩個版本的時限是 2 分鐘。很少有受測者有辦法在這樣時間內完成所有的刺激編碼。

Estes（1974）從學習論的觀點分析「數符替代」分測驗，他的結論是，有效率的表

1	2	3	4	5	6	7	8	9
⊤·	⊔	⊥	=	∨	Ɔ	×	⊢	L

6	2	5	9	1	3	2	6	4

圖 5-8　類似於在 WAIS-III 中所呈現的「數符替代」題目

現需要受測者有能力迅速地提出特有的語文代碼，以表徵記憶中的每個符號。例如，在圖 5-8 中，受測者可能把數字 3 之下的符號編碼為「倒轉的 T」。語文編碼透過簡化困難的作業以居中促成迅速的表現。有效率的表現也要求對數字－符號配對的立即學習，以便受測者不需要就每個數字查閱參照表才能決定正確的應答。關於這點，「數符替代」是獨一無二的：它是唯一有必要當場學習不熟悉作業的魏氏分測驗。

「數符替代」分數隨著漸增的年齡顯現陡然的下降。在橫斷研究（cross-sectional study）中，「數符替代」上的原始分數從 20 歲到 70 歲下降高達 50%（Wechsler, 1981）。這種減退大致上是直線的，而且不容易以表面上訴諸動機差異或動作減緩加以解釋。當然，橫斷結果不必然等同於縱貫的趨勢。然而，「數符替代」上的年齡減退是如此急劇，它必然表示在基本訊息處理技能的速度上發生實際的年齡變化。「數符替代」是對器質性損傷的效應最靈敏的分測驗之一（Donders et al., 2001; Lezak, 1995）。

(十五) 符號查找（Symbol Search）

「符號查找」是在 WISC-III 和 WAIS-III 中出現的一種作業量度。這是高度的計速分測驗，受試者首先檢視某一目標群的符號，然後迅速地檢查另一搜索群的符號，最後在標示「是」或「否」的方格中指出是否有一個或多個目標群中的符號出現在搜索群中（參考圖 5-9）。這項分測驗顯然是訊息處理速度的一種計量。「符號查找」對於創傷性腦傷的效應高度靈敏（Donders et al., 2001）。

附註：受測者的任務是決定左方的任一形狀是否出現在右方的 5 個形狀中。

圖 5-9　類似於在 WISC-III 中所呈現的「符號查找」題目

(十六)刪除(Cancellation)

這是一種計時的分測驗，兒童被指示畫一條線以「刪除」被隨機放置在許多無生命物體(例如，雨傘、汽車、消防栓、燈泡)圖畫中的一些動物的圖樣。例如，在標準大小的一張紙上，大約160項刺激被描繪，其中包括30種動物(馬、熊、海豹、魚、雞)。「刪除」是由兩種嘗試所組成，一是視覺刺激是被隨機排列，另一是視覺刺激具有清楚之直行及橫列的結構。除了總計分測驗分數外，關於隨機嘗試和結構嘗試的各別歷程分數也被提供作為比較。這項分測驗就類似於現存針對於測量處理速度、警覺性及視覺注意力的刪除作業。目前已確立的是，當受測者發生神經心理損傷時(neuropsychological impairments)，他們將會表現差勁，特別是在隨機嘗試上(例如，Bate, Mathias & Crawford, 2001; Geldmacher, 1996)。

四 魏氏成人智力量表－第三版

WAIS-III是WAIS-R的重要修訂版，即使許多原先的題目仍被保留。最重大的變動包括增加三個分測驗，以及納入另一種為測驗評分的模式(4個指標分數以補充傳統之語文、作業及全量表智商的處理方式)。另一些重要改進包括更新及擴充常模樣本，延伸範圍到89歲；增加簡易的題目以改善對智能不足的評鑑；以及跟「魏氏記憶量表－III」共同建立常模(Gregory, 1999)。

WAIS-III是由14個分測驗所組成，但是其中一個(「物件裝配」)現在是任選的，在少見情況下只被作為失效分測驗的替代品使用(Wechsler, 1997)。從主群的13個分測驗中，11個是計算傳統的智商(語文、作業及全量表)所必要的。IQ分數被常模化以擁有約定的在一般人口中的平均數100和標準差15。IQ分數的分測驗解析如下所述：

語文智商

詞彙、類同、算術、數字廣度、常識、理解

作業智商

圖畫完成、數符替代、積木造形、矩陣推理、圖畫排列

所有11個分測驗被使用在「全量表智商」的計算上。WAIS-III上之語文－作業分測驗的解析幾乎相同於WAIS-R。唯一的差異是增加「矩陣推理」以取代「物件裝配」。

除了傳統的IQ分數，WAIS-III可被計算出四種指標分數(index scores)，每種建

立在 13 個分測驗中的 2 個或 3 個上。這些是從對分測驗的因素分析中推衍出來，揭示了四個領域：「語文理解」、「知覺組織」、「工作記憶」及「處理速度」。指標分數也是建立在熟悉的平均數 100 和標準差 15 上。這四種指標分數的分測驗解析如下述：

語文理解指標（Verbal Comprehension Index）

詞彙、類同、常識

知覺組織指標（Perceptual Organization Index）

圖畫完成、積木造形、矩陣推理

工作記憶指標（Working Memory Index）

算術、數字廣度、字母－數目排序

處理速度指標（Processing Speed Index）

數符替代、符號查找

讀者將會注意到，「語文理解指標」（VCI）就類似於「語文 IQ」，但是不包含對注意力靈敏的分測驗（即「數字廣度」和「算術」）。基於這個原因，VCI 是語文理解更為直接的量數——相較於「語文 IQ」。「知覺組織指標」（POI）就類似於「作業 IQ」，但是較不依賴速度（因為「矩陣推理」是不計時的）。基於這個原因，POI 是流動推理（fluid reasoning）和視覺－空間問題解決之更為精煉的量數——相較於「作業 IQ」。在這些層面上，VCI 和 POI 是較為「純粹」的量數——各自相較於「語文 IQ」和「作業 IQ」而言。

「工作記憶指標」（WMI）是由對注意力和立即記憶靈敏的一些分測驗所組成（算術、數字廣度、字母－數目排序）。這個指標上的相對低分可能表示受測者有注意或記憶的問題，特別是對於語文呈現的材料。「處理速度指標」（PSI）是由需要對視覺訊息進行高速度處理的一些分測驗所組成（數符替代、符號查找）。PSI 靈敏於廣泛的各種神經和神經心理的不良狀況（Tulsky, Zhu & Ledbetter, 1997）。

(一) WAIS-III 標準化

WAIS-III 的標準化被慎重從事，而且建立在「美國人口普查局」在 1995 年所蒐集的資料上。總計 2,450 位成年人（年齡從 16 到 89 歲）的樣本是依據下述變項謹慎地分層取樣：性別、族群、教育水準及地理區域。得自 1995 年的人口普查數字被用作為分層取樣變項的目標數值。例如，在從 55 歲到 64 歲範圍的人口中，「人口普查局」發現，3.47% 是擁有高中學歷的黑人。因此，在這個年齡範圍中，3.5% 的標準化受試者是擁有高中學歷的黑人。

標準化樣本被劃分為 13 個年齡組：16-17，18-19，20-24，25-29，30-34，35-44，45-54，55-64，65-69，70-74，75-79，80-84，85-89。除了最年老的兩個年齡組外，每組樣本包含 200 位受試者，謹慎地依據前面所提的人口統計變項分層取樣；80-84 年齡組包含 150 位受試者，而 85-89 年齡組則包含 100 位受試者。這導致的樣本跟「美國人口普查」的比例有非常密切的對應關係。

雖然 WAIS-III 類似於 WAIS-R，而且有實質的題目重疊，但這兩份測驗並未產生可類比的 IQ 分數。在平衡性研究（counterbalanced studies）中，192 位成年人在這兩份測驗上的分數被拿來比較，發現 WAIS-III 分數在「語文 IQ」上減少 1 分，在「作業 IQ」上減少 5 分，以及在「全量表 IQ」上減少 3 分（Tulsky et al., 1997）。簡言之，WAIS-III 相較於 WAIS-R 是較為困難的測驗。

(二) 信度

WAIS-III 的信度極為優良。跨越所有年齡組，綜合折半信度的平均值對「語文 IQ」而言是 .97，對「作業 IQ」而言是 .94，以及對「全量表 IQ」而言是 .98。以 394 位受試者為對象，重測上的穩定性係數（stability coefficients）證實大致上相同的畫面：「語文 IQ」是 .96，「作業 IQ」是 .91，而「全量表 IQ」是 .96。對於四種指標分數而言，信度和穩定性係數傾向於稍微低些，但仍然在所有情況中位於或接近 .90。在進一步支持 WISC-III 的信度上，Zhu、Tulsky、Price 和 Chen（2001）近期報告，幾個臨床組別的信度估計值甚至高於常模樣本的估計值。

對「全量表 IQ」而言，測量標準誤是在 2 到 2.5 IQ 點數的範圍內，視不同年齡組而定。考慮這代表什麼意思：在 95% 的次數中，受試者的「真正」全量表 IQ 將是位於實得數值的 ±5 個點數內（2 個測量標準誤）。以普通的用語來說，心理計量學家將會說，WAIS-III 的 IQ 具有大約 10 點的帶狀誤差；也就是說，IQ 分數在大約 ±5 個點數內是準確的。

對比於在 IQ 分數和指標分數上發現的極高信度，14 個個別分測驗的信度就普遍低多了。唯二具有超過 .90 之穩定性係數的分測驗是「常識」（.94）和「詞彙」（.91）。至於其餘的分測驗，信度數值大約從低等的 .70 多到中等的 .80 多變動不一。關於這些較低的信度發現，它最重要的意涵是，主試者應該極為慎重地處理分測驗側面圖分析（profile analysis）。對個別受試者而言，顯得異常高（或低）的分測驗分數可能是若干分測驗普遍偏低信度的結果，不必然表示真正的認知優勢或弱處。有些評論家的結論是，側面圖分析（根據對分測驗分數上高峰及低谷的分析以鑑定特定的認知優勢及弱處）不能單獨作為證據來說明其正當性（Gregory, 1994b）。

(三) 效度

根據一些這裡所檢視之不同路線的證據，WAIS-III 的效度顯得相當令人滿意。幾項研究已證實 WAIS-III 有良好的效標關聯效度，包括求取它與一些主流智力測驗之間的相關，以及求取它與學業成就的量數之間相關。例如，WAIS-III 全量表 IQ 與另一些計量上的綜合分數有強烈的相關：與 WAIS-R 是 .93，與 WISC-III 是 .88（對重疊年齡組中的 16 歲而言），與「標準漸進式矩陣」（Standard Progressive Matrices）是 .64，以及與斯比量表第四版是 .88。WAIS-III IQ 分數也與來自「魏氏個別成就測驗」的 8 個分測驗有強烈的相關，顯示 .70 的中數相關（Tulsky et al., 1997）。無疑地，WAIS-III 捕捉了另一些被廣泛使用工具所測量之相同層面的綜合智力。

WAIS-III 的效度也因為它與 WAIS-R 和 WAIS 的強烈重疊而受到支持，後二者建立在令人印象深刻之一系列的效度資料上。為了充分審視這些發現，讀者可以參考 Matarazzo（1972）和 Kaufman（1990）。我們在這裡將呈現一個具代表性及啟發性的研究，也就是針對學業成績與智力分數的相關分析。Conry 和 Plant（1965）針對 98 位學生求取 WAIS 分數與高中畢業時的成績之間相關。他們也在第二個樣本中針對 335 位學生求取 WAIS 分數與大學第一學年的計點平均成績（GPA）之間相關。表 5-8 呈現了研究結果。需要注意的是，「語文 IQ」在預測學業成績上就跟「全量表 IQ」一樣優良，至於

表 5-8 高中成績、大學成績與 WAIS 分數之間相關

WAIS 分測驗和 IQ	高中（$N = 98$）	大學（$N = 335$）
常識	.54	.48
理解	.55	.33
算術	.45	.19
類同	.50	.39
數字廣度	.37	.04
詞彙	.65	.46
數符替代	.34	.15
圖畫完成	.33	.20
積木造形	.29	.19
圖畫排列	.22	.07
物件裝配	.17	.12
語文 IQ	.63	.47
作業 IQ	.43	.24
全量表 IQ	.62	.44

資料來源：Conry, R. & Plant, W. T.（1965）, 493-500.

「作業 IQ」跟學業成績的關係就較為薄弱。還需要注意的是，「詞彙」在整個表格中跟學業排行產生最高的全面相關（.65）。這項發現強力地支持應該容納詞彙量數在智力測驗中。

幾項研究支援 WAIS-III 的構念效度，透過顯示測驗分數在各種組別中是理論一致的。例如，Sattler（1982, 1988）指出，WAIS-R 分測驗（極為類似於 WAIS-III 分測驗）上的年齡趨勢密切符合 Cattell-Horn 的流動智力和固定智力的理論。讀者從本章的前一個主題應該記得，流動智力是被用來解決新奇問題，至於固定智力則需要對已學得或習慣化反應的提取。根據該理論，流動智力（或流體智力）在老年時急劇減退下來，至於固定智力（或結晶智力）則保持恆定或稍微增進（Horn, 1985）。

對於 WAIS-R 和 WAIS-III 的分析指出，語文分測驗較為沈重依賴固定智力（提取已學得的反應），至於作業分測驗則需要高水準的流動智力（解決新奇問題）。符合理論預期，對於常模資料的檢視揭示，語文分測驗上的原始分數隨著漸增的年齡顯現極輕微的減損，但是作業分測驗上的原始分數在較年老受試者身上急劇減退（Wechsler, 1981, 1997）。當然，這些資料是橫斷的；因此，它們不能構成縱貫減退的決定性證據。儘管如此，作業分測驗上的年齡減損如此顯著，將之歸因於出生群差異（cohort differences）或其他人為產物有點牽強附會。較可能的情況是，有重大比例的這份減損是真正之年齡相關的減退，證實了 Cattell-Horn 的智力理論。

另一項受到實徵發現支持之符合理論的預期是，教育成就與 IQ 分數之間的強烈關係（Kaufman, 1990）。這兩個變項應該有高度的相關是建立在兩個假設上，一是教育提升智力，另一是較聰明的人將會普遍尋求較高水準的教育。Matarazzo 和 Herman（1984）以 WAIS-R 標準化樣本中的 1,880 位受試者為對象，分析他們接受學校教育的總年數。排除從 16 歲到 24 歲之較年輕的受試者（他們許多人尚未完成教育），完成學校教育年數與「全量表 IQ」之間相關對 500 位從 25 歲到 44 歲的受試者是 .63，對 730 位從 45 歲到 74 歲的受試者是 .62。這些發現揭示了教育成就與 IQ 分數之間非常強烈的相關。最後，魏氏 IQ 與職業成就之間也有強烈關聯（Reynolds, Chastain, Kaufman & McLean, 1987），這進一步支持 WAIS-III 作為普通智力之計量的效度。

五 魏氏兒童智力量表－第四版

魏氏兒童智力量表（Wechsler Intelligence Scale for Children, WISC）是在 1949 年發表，作為原先之「魏－貝量表」（Wechsler-Bellevue Scale）向下的延伸。雖然在接下來 20 年中被廣泛使用，心理計量學家發覺到 WISC 的一些缺點：標準化樣本中缺乏非白人的受試者、評分不明確、對兒童不適宜的題目（例如，提及「雪茄」），以及在題目的圖畫內容中缺乏女性和黑人。WISC-R（Wechsler, 1974）、WISC-III（Wechsler, 1991）及 WISC-IV（2003）已改進這些缺點。

WISC-IV 是由 15 個分測驗所組成，其中 10 個被稱為核心分測驗，它們被使用在合成分數和全量表 IQ 的計算上；另 5 個則被稱為補充或後備分測驗：

核心分測驗（Core Subtests）

積木造形、類同、數字廣度、圖畫概念、符號替代、詞彙、字母－數目排序、矩陣推理、理解、符號查找

補充分測驗（Supplemental Subtests）

圖畫完成、刪除、常識、算術、語詞推理

雖然補充分測驗不是計算全量表 IQ 和合成分數（composite scores）（稍後討論）所必要，但是審慎的主試者還是可能選擇加以實施，因為它們經常提供了重要的診斷訊息。後備分測驗的另一種功能是適合作為某一核心分測驗的替代品。在明確界定的情況下，主試者可以決定施行某一後備分測驗以取代核心分測驗。此外，當某一核心分測驗意外地失效時，替代品也可被派上用場。然而，主試者不可以僅因為兒童在某一核心分測驗上表現差勁就決定以後備分測驗加以取代。

WISC-IV 的標準化是第一流的，建立在從 6.5 歲到 16.5 歲之每個年齡組的各 100 位男孩和女孩身上（總計 N = 2,200）。這些個案是仔細挑選的，依據 2000 年「美國人口普查」的資料分層取樣，所涉變項包括性別、族裔（白人、黑人、拉丁美洲裔，以及亞洲裔）、地理區域及父母教育水準。標準化樣本的一項可取之處是有 5.7% 的樣本是由擁有一些限定特徵的兒童所組成，諸如資賦優異、學習障礙、表達性語言障礙、頭傷、自閉症及動作損傷。添加這些兒童的目的是為了確保常模樣本準確地代表就學的兒童人口。標準化樣本與「美國人口普查」資料之間在主要分層取樣變項上的對應性幾近完美（Wechsler, 2003, p.40）。

WISC-IV 的信度極高，足堪比擬於該測驗的先前版本。例如，IQ 和合成分數顯示折半信度及重測信度在 .90 多，至於個別分測驗擁有略微低些的信度係數，變動範圍從 .79（「刪除」和「符號查找」）以迄於 .90（「字母－數目排序」）。大部分信度是在 .80 多的上半段；例如，「積木造形」和「類同」是在 .86，而「詞彙」和「矩陣推理」是在 .89。重測信度傾向於稍微低些。

WISC-IV 的效度部分地建立在它與 WISC-III 的重疊上，而後者有甚多支持性的研究可被援引，感興趣的讀者可以參考 Sattler（2001）。WISC-IV 手冊引證一系列令人印象深刻的效度研究，我們在這裡加以摘要。首先，我們討論 WISC-IV 測驗分數與它前任

版本的相關，以及與其他魏氏智力測驗的相關。初步發現指出，WISC-IV 與可資比較的 WISC-III 分測驗有強烈的相關，大部分是位於 .70 多的上半段或 .80 多的下半段。全量表 IQ 的相關則遠為高些，r = .89。同樣的，WISC-IV 與 WPPSI-III 在可資比較的分測驗上有強烈的相關，且再度在全量表 IQ 上有極高的相關，r = .89。類似的型態也在 16 歲受試者身上發現，他們可以正當地接受 WISC-IV 和 WAIS-III 二者的測試。整體而言，這些是很顯著的相關，幾乎不遜色於各自量表將會容許的可靠性。另一項引人興趣的發現是，WISC-IV 的 IQs 平均低於 WISC-III 的 IQs 2.5 個點數，而且低於 WAIS-III 的 IQs 3 個點數。這是在個別智力測驗歷史上前後一致的發現；也就是說，新的測驗幾乎總是產生較低的 IQ 分數——相較於舊的測驗。

關於 WISC-IV 在兒童之診斷評鑑上的實用性，標準化樣本的因素分析研究提供了追加的證據。許多因素分析的結果——包括對四個年齡組（6-7，8-10，11-13，14-16）各自的分析——強烈證實被用來為該測驗界定合成分數（稱之為指標分數）的四個因素解式（Wechsler, 2003）。指派給它們的因素和核心分測驗如下所述：

語文理解指標（VCI）
類同、詞彙、理解
知覺推理指標（PRI）
積木造形、圖畫概念、矩陣推理
工作記憶指標（WMI）
數字廣度、字母－數目排序
處理速度指標（PSI）
符號替代、符號查找

這 4 個指標分數是建立在熟悉的平均數 100 和標準差 15 上。因此，WISC-IV 提供了關於智能運作之細微差異的實際細節——高達 15 個分測驗分數、4 個指標分數，以及全量表 IQ。關於 WISC-IV 之 4 個因素解式的堅定發現，這為揚棄魏克斯勒原先之「語文 IQ」和「作業 IQ」的雙因素劃分提供了理論基礎。事實上，我們目前不再有任何方法在 WISC-IV 中獲得「語文 IQ」或「作業 IQ」——完全因為這樣的劃分不再符合關於智力的本質所浮現的大多數意見。

WISC-IV 也顯示跟各種認知、能力及成就測驗有證實理論的相關（Wechsler, 2003）。一般而言，它跟具有類似構念的其他量數之間有適當高的相關，而且也如預測的，它跟不相似構念的相關偏低——這些差別是輻合效度和辨別效度的先決條件。

六、斯－比智力量表：第五版

擁有可追溯到 1905 年比－西量表（Binet-Simon scale）的血統，「斯－比量表：第五版」（Stanford- Binet: Fifth Edition, SB5）在任何個別智力測驗中享有最古老且或許最具聲望的身世。表 5-9 中，我們摘述 SB5 和它的前任版本發展上的一些重要里程碑。在 2003 年推出，SB5 是非常新穎的測驗（Roid, 2002, 2003）。基於這個原因，對這項工具的評估部分地是建立在它在內容和分測驗上跟 SB4 的類似性，後者已累積了大量的獨立研究文獻。

(一) 智力的 SB5 模式

在斯－比的早期版本中，主試者只能獲得單一綜合 IQ。雖然正確作答和錯誤作答的型態可被作性質上的分析，但早先的斯－比測驗（早於第四版之前）不能為整個量表的次成分提供量化分析的基礎。第四版和第五版改正了這項缺失。

SB5 的組織受到一個原則的引導，即智力五大因素中的每個都可在兩個不同領域中（非語文和語文的領域）接受評鑑。這五個因素是從現代認知理論中——諸如 Carroll（1993）和 Baddeley（1986）——推導出來，它們是流動推理（fluid reasoning）、知識

表 5-9　斯－比及前任測驗發展上的里程碑

年度	測驗／作者	評論
1905	比奈和西蒙	簡單之 30 個題目的測驗
1908	比奈和西蒙	引進心智年齡的概念
1911	比奈和西蒙	擴展到囊括成人進來
1916	斯坦福－比奈 托孟和墨利爾	引進 IQ（智商）的概念
1937	斯－比－2 托孟和墨利爾	首度採用複本（L 和 M）
1960	斯－比－3 托孟和墨利爾	現代題目分析方法的使用
1972	斯－比－3 桑戴克	SB-3 以 2,100 人為對象重新標準化
1986	斯－比－4 桑戴克、海根及沙特勒	完成 15 個分測驗的重新建構
2003	斯－比－5 洛德	智力的 5 大因素

（knowledge）、數量推理（quantitative reasoning）、視覺－空間處理（visual-spatial processing）及工作記憶（working memory，或運作記憶）。當智力的這五個因素與兩個領域（非語文和語文）產生「交錯」時，其結果是具有 10 個分測驗的一項工具（參考圖 5-10）。因此，關於受測者的認知功能，SB5 提供了一些不同的透視：10 個分測驗分數（平均數是 10，SD 是 3），3 個 IQ 分數（熟悉的全量表 IQ、語文 IQ 及非語文 IQ），以及 5 個因素分數（流動推理、知識、數量推理、視覺－空間處理及工作記憶）。IQ 和因素分數被常模化為平均數 = 100 和 SD = 15。

(二) 訂定路線的施測程序

SB5 維持這項工具的歷史傳統，也就是在著手測驗的其餘部分之前，先採用適應性測試（adaptive testing）的方式以估計受試者的概略認知能力。這種施測程序的目的是在決定入場點（entry point），以便為後繼的分測驗提供適切的起點（也就是從哪個題目開始問起）。訂定路線的題目有非語文（物件系列和矩陣）和語文（詞彙）兩種。這些題目也提供簡明的 IQ，有時候作為篩選的用途。

訂定路線之施測程序的目的不僅是在減少施測的題數（且因此節省時間），而且也是為了不減損測量準確性。這是可能的，因為 SB5 是根據題目作答理論（item response theory）的原理建構起來（Embretson, 1996）。當某一測驗是在題目作答理論的架構內被建構時，題目難易度和其他參數（parameters）已在編製期間被精確地測定及校準。

		領域	
		非語文	**語文**
	流動推理	非語文流動推理	語文流動推理
	知識	非語文知識	語文知識
	數量推理	非語文數量推理	語文數量推理
因素	**視覺－空間處理**	非語文視覺－空間處理	語文視覺－空間處理
	工作記憶	非語文工作記憶	語文工作記憶
		非語文 IQ	語文 IQ
		全量表 IQ	

圖 5-10　斯－比：第五版的結構

(三) SB5 的特色所在

除了提供較為熟知之把智力劃分為全量表 IQ、語文 IQ 及非語文 IQ 外，SB5 的號召也在於它在前一版 SB4 之上提出另一些改良。該測驗現在囊括廣泛的高階題目，針對於評鑑最高水準之資賦優異人士的表現。在另一極端上，改良的低階題目為非常年幼兒童（低至 2 歲）和智能不足的成年人提供了更好的評鑑。此外，促成非語文 IQ 的題目和分測驗不需要表達性語言（expressive language），使得測驗的這一部分很適合於評鑑英語能力有限、有聽覺障礙或有溝通疾患（communication disorders）的人們。

除了傳統的考量，SB5 的編製者也為了公平性而從宗教觀點來篩選測驗題目。專家審查小組就公平性議題檢視整個測驗，不但關涉一些標準變項（性別、族群及失能等），也關涉宗教流派（基督教徒、猶太教徒、回教徒、印度教徒及佛教徒背景）。這在智力測驗歷史上是宗教流派首度在測驗編製中被列入考慮。最後，「工作記憶」因素（語文和非語文分測驗二者所組成）顯得頗具前景，特別是有助於評鑑及理解有注意力缺失／過動疾患的兒童。

(四) SB5 的標準化和心理計量特性

SB5 適用於從 2 歲兒童直到 85 歲以上的成年人。它的標準化樣本是由 4,800 人所組成，從美國人口中根據性別、族裔、地理區域及教育水準等變項分層取樣——參照 2000 年的人口普查資料。部分是因為題目挑選是取決於現代的「題目作答理論」，分測驗分數、指標分數及 IQ 分數的信度都相當高，足堪比擬於另一些主流的個別智力測驗。例如，語文 IQ、非語文 IQ 及全量表 IQ 各自擁有 .90 多的信度；至於個別分測驗的信度則位於從 .70 到 .85 的範圍內（Roid, 2002）。

如新測驗推出時典型的情況，SB5 的手冊（Roid, 2003）報告了許多確認性的相關研究（例如，與魏氏量表、與 SB4，以及與 UNIT），為效標關聯效度提供了強烈的支持。至於該測驗作為普通智力的量數，其效度也因為它與 SB4 的類似性而受到支持，後者已有大量的研究證據可被援引，包括在預測效度和同時效度方面。隨著關於 SB5 的新研究被報告出來，這個新近的版本很可能也將被證實作為智力的量數是高度有效的，甚至會比 SB4 更具實用性。

簡言之，SB5 是非常有前景的新測驗，特別是在認知光譜的兩端上——非常年幼或發展遲滯的受測者，以及資賦優異的受測者——很具實用性。有鑑於該工具被建構上的嚴謹性，這份測驗有可能在廣泛的各種背景中成為個別智力測驗的棟樑。

七、考夫曼兒童評鑑組合－第二版

考夫曼兒童評鑑組合－第二版（Kaufman Assessment Battery for Children-II, KABC-II）是一種個別實施之認知能力的測驗，適用於從 3 歲到 18 歲的兒童和青少年（Kaufman & Kaufman, 2004）。這是一份開拓性的測驗，具有許多革新的特徵，包括有意降低來自不同族群及文化團體之兒童間的分數差異。

(一) KABC-II 的概論

K-ABC（1983）是 KABC-II 的第一版，它只築基在 Luria 之神經心理的訊息處理理論上（Luria, 1966; Das, Kirby & Jarman, 1979）。至於 KABC-II 則在兩個理論模式內運作：一是原先的 Luria 模式，另一是 Cattell-Horn-Carroll（CHC）理論的寬廣能力和狹窄能力（Carroll, 1993）。圖 5-11 描述了來自 KABC-II 的量表和對應之來自 Luria 和 CHC 模式的概念。

KABC-II 的編製者們有意地避免在量表名稱或分數上有任何提及「智力商數」（Intelligence Quotient）之處。反而，他們較喜歡「流動－固定指標」（FCI）的名稱，作為 CHC 模式內的摘要分數，這是因為它攜帶較少歷史的包袱，而且也傳達了所評鑑的認知特性。再者，他們較喜歡「智能處理指標」（MPI）的名稱，以之作為 Luria 模式內的摘要分數，這是因為它捕捉了對這個理論很重要之「處理」（processing）的概念。還有第三個摘要分數，稱之為「非語文指標」（NVI），它是由可以透過手勢實施的一些分測驗所組成，因此適用於評鑑聽力受損、言語障礙及不熟練英語的兒童。

KABC-II 量表名稱	**CHC 術語**	**Luria 術語**
依序	短期記憶	依序處理
同時	視覺處理	同時處理
學習	長期的貯存與提取	學習能力
規劃	流動推理	規劃能力
知識	固定（結晶）能力	
KABC-II 綜合量表	流動－固定指標	智能處理指標

圖 5-11　KABC-II 量表和兩種理論取向

(二) KABC-II 量表與兩個智力模式

KABC-II 是由 18 個分測驗所組成，但不是所有分測驗都必然會使用在每一位受試者身上——有些是年齡限定的，另有些是補充或後備的，其目的在為認知功能的評鑑提供廣泛的基礎，也是在偵測訊息處理的缺失。

KABC-II 同時收納兩個智力模式，即 Luria 的探討途徑（1969）和 CHC 模式（Carroll, 1993）。施測者被提醒在測試兒童或青少年之前，先要選定 Luria 模式或 CHC 模式二者之一（Kaufman & Kaufman, 2004, p.4）。這兩種方法的一項重要差異是，CHC 模式含有一個測量固定智力的量表——個人從自己文化中所吸收及消化之知識的廣度及深度。正常情況下，CHC 模式是較好的選擇，但在許多情形下它可能造成誤導，因為它含有結晶能力。

簡而言之，五個 KABC-II 量表與兩個智力模式之間的對應關係如下所述：

1. 依序量表（sequential）：這個量表評估的是 Luria 稱之為「連續性」（successive）的那種訊息處理，它所涉及的心理活動是必須遵從適當順序的操作才能導出問題的答案——所謂的線性思考（linear thinking）。在 CHC 架構內，這個量表的基本認知要求牽涉到短期記憶——納入及保留訊息，然後在幾秒內加以使用。
2. 同時量表（simultaneous）：根據 Luria 的說法，訊息的同時處理涉及同時間執行幾種不同的心理運作——所謂的整體處理（holistic processing）。這方面例子是對人類臉孔瞬間的指認。在 CHC 架構內，這個量表評估視覺處理——對視覺心象的察覺、記住、操弄及思考。
3. 學習量表（learning）：在 Luria 模式內，學習是一種複雜的功能，牽涉到對訊息的注意、專注、編碼及貯存，以及發展出學習及保留新訊息的有效策略。在 CHC 理論內，足堪比擬的功能是長期貯存及提取——貯存及有效地提取新近或先前學得的訊息。
4. 規劃量表（planning）：根據 Luria（1969）的說法，規劃涉及達成決定、監控目標及產生假設。這是複雜的行為，牽涉到大腦全面的效率。在 CHC 理論內，可資比較的功能是流動推理——抽象思考的運用，諸如歸納（induction）和演繹（deduction）。
5. 知識量表（knowledge）：這個量表是只在 CHC 模式內實施，牽涉到結晶能力。這些是以知識為基礎的一些能力，諸如詞彙、常識，以及對自己所處文化透徹的熟悉度。

(三) KABC-II 標準化、信度及效度

標準化樣本是由 3 歲到 18 歲的 3,025 位受試者所組成，在美國 39 州的 127 個地點接受測試。因為在挑選標準化樣本上格外謹慎及品質管控，常模樣本極為符合全國的趨勢，包括在父母的教育水準、族群、地理區域及性別等變項上。

綜合量表的折半信度極為優秀：對 MPI 和 FCI 而言是 .95 到 .97，對 NVI 而言是 .90 到 .92。同樣的，五個合成量表（依序、同時、學習、規劃及知識）的信度也很傑出，其範圍從 .88 到 .93。各個分測驗的信度則較為變動不一，從低至 .69 以迄於高至 .93。如常見的情形，對分測驗、合成量表及綜合量表而言，重測信度係數通常低於折半信度係數，但仍然相當高。例如，MPI 和 FCI 的係數範圍從 .86 到 .94，視不同年齡組而定。

關於效度，測驗編製者報告了很豐富的支持性證據，這包括：(1) KABC-II 與其他認知量數適宜的相關；(2) 在確認性因素分析中良好符合該測驗的理論模式；(3) 與學業成就的量數有適宜的相關；以及 (4) 對選定的診斷組別而言，其測驗剖析圖在臨床效度研究中顯示是肯定的。

測驗編製者的目標之一是提供能夠測量能力的工具，「這樣的工具將可減低族裔間和文化團體間的分數差異，以便在評鑑來自各種背景的兒童和青少年方面懷有信心」（Kaufman & Kaufman, 2004, p.1）。測驗編製者以一些方式接近這個目標，包括決定在許多分測驗開始前採用練習試題（teaching items），以確保所有兒童理解指示語。同樣地，分測驗的指示依賴清楚的實例和使用簡單的概念——事實上，有些分測驗可以完全通過手勢加以實施。關於開發「減少文化影響的測驗」，測驗編製者們是否適當達成他們的目標？首先，我們有必要指出，某種程度的分數歧異是被預期的，考慮到教育接觸及教育達成不是在所有族裔和文化團體間都是平等的。因此，適切的研究策略將是在提供教育差異的統計校正（statistical correction），然後檢視平均的組別分數以決定族裔／文化背景的衝擊。當分數就母親的教育程度作校正後，所得結果指出 KABC-II 分數相對上很少受到兒童的族裔及文化背景的影響。例如，以整數表示的話，「依序」量表上的平均分數是：黑人—— 100；美國印第安人—— 97；亞裔美國人—— 103；拉丁美洲裔美國人—— 95；白人—— 101。

在「同時」量表上，團體差異也極輕微：黑人—— 93；美國印第安人—— 100；亞裔美國人—— 105；拉丁美洲裔美國人—— 99；白人—— 102。

縮減的團體差異的類似趨勢也在「學習」、「規劃」及「知識」量表上發現。關於三個綜合量表——MPI、FCI 及 NVI——的資料顯示在表 5-10 中。一般而言，這些在 KABC-II 上發現的族裔／文化團體差異是偏低的——相較於在其他著名的普通能力測驗上所發現的差異，諸如魏氏量表（Kaufman & Lichtenberger, 2002）。

表 5-10 KABC-II 的綜合量表平均數——針對五個族裔／文化團體

族裔／文化團體	綜合量表		
	MPI	FCI	NVI
黑人	95	95	93
美國印第安人	97	96	97
亞裔美國人	105	104	103
拉丁美洲裔美國人	97	96	98
白人	102	102	102

資料來源：Kaufman, A. S. & Kaufman, N. L.（2004）. Copyright © 2004 AGS Publishing. Reprinted with permission from Pearson Assessments. P.O. Box 1416, Minneapolis, MN 55440. KABC-II is a trademark of NCS Pearson Inc.

八、考夫曼青少年與成人智力測驗（KAIT）

KAIT 是一項優良的智力計量，廣泛地在 Cattell-Horn 模式的流動／固定智力內建構起來（Kaufman & Kaufman, 1997）。該測驗因為它的簡短性而投合所好。適合於從 11 歲到 85 歲以上的青少年和成年人，KAIT 的核心成分是由六個分測驗所組成，所需要的施測時間大約僅為大多數成套測驗的三分之二。除了推衍出流動智力和固定智力的分數所需要的核心分測驗外，主試者可以實施追加的分測驗，以作為臨床或神經心理評鑑之用。

KAIT 以超過 2,000 人為對象審慎地建立常模，且顯示有優良的信度（例如，對「綜合智力」而言，重測係數 r=.94）。此外，該測驗顯示跟已確立的一些工具有強烈的相關，而且能夠辨別神經損傷的受測者與正常受測者。KAIT 不強調動作協調性和速度。因此，這項工具提供更良好之「純正」智力的計量，特別是對老年人而言（Kaufman & Kaufman, 1997）。或許能夠針對這項測驗的唯一批評是，它的修訂版似乎遲到了。

九、考夫曼簡明智力測驗 -2（KBIT-2）

先前所討論的個別智力測驗是心智能力的優良度量，但它們也不是沒有缺點。首先是施測所需要的時間。對於魏氏量表、考夫曼兒童評鑑組合及斯比量表而言，施測時間很容易就持續一個小時；假使受測者伶俐而擅長言辭的話，二個小時也是常有的事情。第二點不利之處是，這些主流測驗需要相當程度的訓練才能加以施測。施測者通常需要在心理學或相關領域擁有資深的學位，或接受過廣泛的督導經歷。

為了回應對簡要、容易實施之智力篩選對策的需求，Alan Kaufman 編製了「考夫曼簡明智力測驗」（Kaufman Brief Intelligence Test, K-BIT），近期推出了第二版，稱之為 KBIT-2（Kaufman & Kaufman, 2004）。KBIT-2 是由包含兩類題目（「語文知識」和「解謎」）的「語文或固定量表」和包含矩陣題目（2×2 和 3×3 圖形類推）的「非語文或流動量表」所組成。

KBIT-2 以 4 歲到 90 歲的受試者為對象建立起常模，它可以在大約 20 分鐘內完成施測。儘管它的評分維度似乎可比擬於眾所周知的一些智力測驗，但 KBIT-2 編製者清楚指出，他們的工具無意於作為傳統測驗（例如，WPPSI-III、KABC-2、WISC-IV，或 SB5）的替代品。KBIT-2 主要是一種篩選測驗（screening test），用以指示受測者是否需要更廣延的評鑑。

KBIT-2 手冊報告了來自許多相關研究之高度支持性的效度資料。然而，關於該工具的效度，最引人注目的證據是它與 K-BIT 的高度類似性，而後者已有相當大量的研究發表出來。例如，Naugle、Chelune 及 Tucker（1993）比較 K-BIT 結果與 WAIS-R 分數——就 200 位被轉介到神經心理衡鑑中心的個案。雖然 K-BIT 分數傾向於要比它們 WAIS-R 對應部分高上 5 個點數，但這兩項工具之間的相關極高而且證實理論。詞彙 IQ（K-BIT）與語文 IQ（WAIS-R）的相關是 .83；矩陣 IQ（K-BIT）與作業 IQ（WAIS-R）的相關是 .77；而來自兩項工具之綜合 IQ 的相關是令人驚奇的 .88。在一項比較 K-BIT 和 WISC-III 分數的研究中（針對 50 位被轉介的學生），Prewett（1995）也報告強烈的相關（對綜合分數而言是 r =.78），同時發現 K-BIT 分數傾向於高於它們 WISC-III 對應部分大約 5 個點數。Eisenstein 和 Engelhart（1997）發現 K-BIT 在神經心理方面評估成人被轉介者上表現良好。總之，在研究的用途上，以及在若干情境中當時間壓迫而不容許採用較長的工具時，KBIT-2 是普通智力的一種傑出的篩選措施。

十、個別成就測驗

當智力測驗是被設計來測量個體廣泛的心智能力時，成就測驗則是意圖鑑定個人在學校或另一些途徑的研討中已學到什麼。團體成就測驗是紙－筆的測量方式，同時施行於許多學生。這些性質的測量將在主題 6A「能力與相關概念的團體測驗」中討論。這裡的焦點將放在一對一施行的「個別」成就測驗上，因此更適合於評估學習問題。

當然，智力測驗和成就測驗上的分數應該彼此具有強烈的關係——較聰明的兒童傾向於有能力獲致較高的成就。事實上，如我們將看到，「智力與成就典型是互相平行對應的」的概念正是學習障礙（learning disability）非常核心的概念。我們在這裡將介紹個別成就測驗的結構，作為這一章之最後主題「學習障礙的衡鑑」的背景。

有超過好幾十個個別實施之智力測驗的存在，但是只有少數幾個被廣泛使用在臨床和教育評鑑中。表 5-11 摘要一些著名的個別成就測驗。由於篇幅的限制，我們只挑選一項測驗作較詳盡的呈現，即「考夫曼教育成就測驗－第二版」（KTEA-II）（Kaufman & Kaufman, 2004b）。假使讀者對進一步的資訊感到興趣，不妨參考 Sattler（2001）或《心理測量年鑑》叢書。

表 5-11　廣泛使用之一些個別成就測驗的概略

診斷性成就測驗組合 -3（Diagnostic Achievement Battery-3, DAB-3）（Newcomer, 2001）
適合於 6 歲到 14 歲的兒童，DAB-3 是由 14 個分測驗所組成，用以計算 8 種診斷性組合分數，包括聽語、談話、閱讀、書寫、數學、口說語言、書寫語言及全面成就。DAB-3 比起大部分成就測驗更為包涵豐富，它的施測需要花費 2 個小時。該測驗已在美國各地 1,534 位兒童身上謹慎地建立起常模。

考夫曼教育成就測驗（KTEA-II）（Kaufman & Kaufman, 2004b）
一份良好建立常模的教育成就個別測驗，KTEA-II 的特色是詳細的錯誤作答分析。目前，常模已從 4.5 歲擴展到 25 歲。它有個別的簡短型式，可在不到 30 分鐘內施測，適用於篩選的用途。

迷你型成就測驗組合（Mini-Battery of Achievement, MBA）（Woodcock, McGrew & Werder, 1994）
適用於從 4 歲到 90 歲以上的人們，評鑑四種寬廣的成就領域──閱讀、書寫、數學及事實知識。MBA 可在 30 分鐘內完成施測，它在基本技能和應用技能上要比其他任何簡要測驗組合提供更為廣泛的取材範圍。

皮寶岱個別成就測驗－修訂版（Peabody Individual Achievement Test-Revised, PIAT-R）（Markwardt, 1989）
適用於從 5 歲到 18 歲，施測時間約為 60 分鐘，這份測驗包含 6 個分測驗，亦即一般常識、閱讀認識、閱讀理解、數學、拼字及文字表達。PIAT-R 的實施需要適度的訓練；該測驗可由受過適當訓練的課堂教師加以施測。

魏氏個別成就測驗 -II（Wechsler Individual Achievement Test-II, WIAT-II）（Wechsler, 2001）
WIAT-II 是由 9 個分測驗所組成：口說語言、聽語理解、文字表達、語詞閱讀、假字解碼、閱讀理解、數值運算及數學推理。該測驗適用於 4 歲兒童直到 89 歲的老年人，而且與所有魏氏智力量表有實徵的關聯。對老年人的施測可能要花費 75 分鐘。為了簡要的篩選用途，主試者可以挑選一些分測驗施測。

伍考克－強森成就測驗第三版（Woodcock-Johnson III Tests of Achievement, WJ-III）（Woodcock, McGrew & Mather, 2001）
WJ-III 適用於 2 歲以上的兒童和成年人。WJ-III 與另一套認知計量（「WJ-III 認知能力測驗」）共同建立常模。這套成就測驗或許是在這個領域的任何測驗中最廣泛而總括性的，它提供閱讀、口說語言、數學、書寫語言及學業知識等方面的評鑑。

廣泛領域成就測驗－第三版（Wide Range Achievement Test-III, WRAT-III）（Wilkinson, 1993）
WRAT-III 被廣泛使用作為篩選工具，它以 5 歲到 75 歲人們為對象良好地建立起常模。分測驗包括了閱讀、拼字及算術。這套測驗主要弱處是閱讀分測驗──真正而言只是單字認識的測定。因為有限的題目內容和分測驗之間高度的交互相關，WRAT-R 不適合於鑑別特定的技能缺失。

(一) 考夫曼教育成就測驗－第二版

KTEA-II 是一種不計時的教育成就測驗，適用於 4.5 歲兒童直到 25 歲成年人。它存在一種三個分測驗的簡短版本，且延伸到 90 歲以上的年齡範圍。但是對於學習困難的診斷性評鑑而言，最好還是採用「綜合型式」。「KTEA-II 綜合型式」的核心是由四個領域中的八項分測驗所組成：

閱讀
字母與單字指認、閱讀理解
數學
數學概念與應用、數學計算
書寫語言
文字表達、拼字
口說語言
聽語理解、口頭表達

除了在每項分測驗上產生分數外，整套測驗提供三種組合分數（閱讀、數學及書寫語言）以及一種總組合分數。對診斷的目的而言，一些針對於評估閱讀技能的補充分測驗也已被供應。對年紀較大的兒童而言，該測驗的實施花費大約 80 分鐘；對較年幼的兒童而言，只需要大約 30 分鐘。KTEA-II 是與 KABC-II 共同建立起常模。

KTEA-II 在每項分測驗上運用「入場」和「退場」的規則，以確保學生們只會遇到適當難易度的題目。評分是客觀而高度可信賴的。針對各項分測驗分數、組合分數及總組合分數，原始分數被轉換為標準分數（平均數 = 100，SD = 15）。除了正式的評分，KTEA-II 也為評估分測驗錯誤作答之定性的本質提供有系統的方法。Kaufman 和 Kaufman（2004b）強調，錯誤作答的分析提供診斷專家重要的訊息來源，以便規劃有益的教育目標。

十二 學習障礙的本質與評鑑

因為個別智力測驗和成就測驗是學習障礙之評鑑的基礎所在，我們在結束這一章前，先簡要審視這個主題。學習障礙（learning disability, LD）領域是心理衡鑑中最快速成長的領域之一。吊詭的是，它也是心理測驗中最具爭議性而令人困惑的領域之一。

為了理解智力測驗和成就測驗在學習障礙之評估上的角色，我們需要擁有一些背景。我們首先發問一個似乎簡單但結果卻有複雜答案的問題：什麼是學習障礙？

(一) 學習障礙的聯邦定義

幾十年來，學習障礙的基本性質一直是從收錄在聯邦法規中的定義加以理解。1975年，美國國會通過公共法規 94-142「所有殘疾兒童教育法案」。這項法案的條款之一是界定「學習障礙」如下：

> 「特定學習障礙」的用語是指跟理解或跟使用語言（包括說和寫）有關之基本心理歷程呈現一種或多種的失調狀態，這樣失調可能表明在傾聽、說話、閱讀、書寫、拼字或數學演算之不完整的能力上。這個用語包括的情況有知覺障礙、腦傷、腦功能輕度失常、閱讀障礙及發展性失語症等。但它並不包括主要是由於視覺、聽覺或動作殘障，以及智能不足、情緒失調，或是環境、文化或經濟不利等因素所造成的學習障礙。（USDE, 1977, p.65083）

這項定義後來在 1990 年通過的公共法規 101-476「殘疾人士教育法案」（IDEA）中再度獲得認肯。在同一項法案上，關於如何鑑定學習障礙的兒童也訂定了操作性的途徑。具體而言，LD 診斷的人選必須被證實在普通能力（智力）與下列這七個領域中（一個或多個）的特定成就之間有重大差距：

1. 口語表達。
2. 聽語理解。
3. 書寫表達。
4. 基本閱讀技能。
5. 閱讀理解。
6. 數學計算。
7. 數學推理。

這個鑑定 LD 兒童的差距模式（discrepancy model）已成為學校心理學家們的指令。事實上，這個模式指定，心理學家應該首先實施一份個別智力測驗（普通能力量數）和一份個別成就測驗（特定成就量數），然後尋找全量表 IQ 與一個或多個領域的學業成就（例如，閱讀、數學、書寫表達）之間的差距。

在實際層面上，「重大差距」被界定為普通智力與特定成就之間的差異超過一個標準差。在鑑定 LD 兒童上，常見的措施是在某一個別智力測驗上（如 WISC-III）求取全量表 IQ，再在某一個別成就測驗上（如 WIAT）求取一些特定成就分數——或類似的工具，但最好其分測驗已被常模化為平均數 = 100，而標準差 = 15。然後對二者加以比較，假使全量表 IQ 與任何前述領域中的特定成就之間差異達到 15 點數以上，受測者就有學習障礙的可能性。

不幸地，聯邦定義未能達成它預定的目的，而學校心理學家和另一些專家逐漸訴諸其他途徑以理解及評鑑兒童的學習障礙。它的基本疑難之一是，許多兒童在學校展現嚴重的學習困難，卻因為不符合「重大差距」的心理計量標準而不能享有 LD 的福利。這是因為學習障礙可能不利影響在智力量數和成就量數（被用來診斷 LD）二者上的表現，導致測驗側面圖不符合差距模式，但仍然是 LD（Show, Cullen, McGuire & Brinckerhoff, 1995）。另一個疑難是，美國各州採取不同的差距公式，以至於兒童在一個地點可能被視為有 LD，但在另一個地點則否。這很顯然製造了混淆。最後，還有個追加疑難是，重大差距的盛行率可能隨著「採用哪份測驗」而呈現很大的起伏。考慮 Schultz（1997）的一項研究，有 62 位高風險的 5 年級學生接受 LD 的評估，首先採用 WISC-R，隨後不久再採用 WISC-III。在這兩種情形中，平常 15 點數的差距（魏氏 IQ 與標準化成就分數之間）被用來操作性地把學生列為 LD。當採用 WISC-R 而有 86% 的學生符合 LD 的標準時，在幾個月後採用 WISC-III 卻只有 48% 符合資格。

(二) 逐漸浮現的共識：學習障礙的新定義

關於學習障礙的定義，經過冗長期間的混淆及爭論後，專家及教育學者們在 1990 年代早期又重新獲得一致的見解。新的定義是由「全國學習障礙聯合委員會」（NJCLD）所提出。雖然類似於聯邦定義，新的途徑包含一些重要的顯著差別：

> 「學習障礙」是一個統稱，指涉一組異質的失常或障礙，表明在傾聽、說話、閱讀、書寫、推理或數學能力之獲得和使用上有重大困難。這些障礙是個體內發的，被認定是出於中樞神經系統功能不良，且可能發生在整個生命全程。自律行為、社會知覺及社交互動上的困擾可能隨著學習障礙而存在，但是它們本身不足以構成學習障礙。雖然學習障礙可能伴隨發生另一些失常狀況（例如，感官損傷、智能不足、嚴重情緒失調），或附隨一些外在影響力（諸如文化差異、不充足或不適當的教導），但是學習障礙不是那些狀況或影響力的結果。（NJCLD, 1988, p.1）

新的定義避免模糊地提及「基本心理歷程」。它具體指出該障礙是內在於個體，認定中樞神經系統功能不良為 LD 問題的起源，以及明確陳述學習障礙可能延伸到成年期。

或許最重要的是，NJCLD 途徑捨棄對於「看待能力與成就之間差距為 LD 的標記」的過度依賴。反而，新的模式指明，LD 的必要（但不是充分）條件是當事人（兒童或成年人）在一種或多種學業功能的核心領域中（傾聽、說話、閱讀、書寫、推理或數學能力）展現個體內在的短處（能力不足）。但這些短處總是相對於在其他幾個核心領域中的長處（優勢）而言。換句話說，當個人在所有領域中都是學習遲緩者（slow learner）時，他將不符合 LD 的標準。第二個步驟是追溯學習困難到中樞神經系統功能不良，這可能以訊息處理上的困擾表明出來。第三個步驟（檢查心理社會技能、身體能力及感官能力）的目的是指出在規劃矯正方案上可能需要面對及採取對策的一些額外問題。最後，在第四個步驟中，主試者排除關於學習困難的一些非 LD 解釋（因為這些解釋將會指定不同的矯正策略）。

Hammill（1990）特別提到，基於政治的現實，NJCLD 定義可能從來無法取代聯邦指定的途徑。但就目前而言，NJCLD 定義已在衡鑑領域中受到來自專業人員們最強烈的普遍支持。

(三) 學習障礙的起因和相關事項

學習障礙是異質性的；也就是說，它有許多不同的變化型式。但目前只有兩個廣泛類別的學習障礙被認定出來（Forster, 1994）。它們是：(1) 閱讀障礙（dyslexia）或語文學習障礙；(2) 大腦右半球或非語文學習障礙。

所有學齡兒童中，大約 4-5% 拿到 LD 的診斷，所以這不是罕見的困擾（Chalfant, 1989; Lyon, 1996）。LD 最常見的型式是閱讀障礙（大約占所有 LD 個案的 90%），而且男孩的數量勝過女孩，其比例大約是 3：2（Nass, 1992）。在少數的個案上，病原是很清楚的，而且可被歸之於特定的起因，諸如已知的腦傷。左半球損傷特別可能導致語文困難，至於右半球損傷則可能造成空間思考或另一些非語文技能的失常。因此，頭傷或另一些神經問題可能是兒童拿到 LD 診斷的近因。

然而，在大多數個案上，LD 問題的直接起因是不明朗的。一些可能性已被提出，而這些可能解釋了 LD 的某些個案，但不是所有個案。例如，在某些重度閱讀障礙的人們身上，病變的神經發育過程已被鑑定出來（Culbertson & Edmonds, 1996）。閱讀疾患（reading disorder）的人們似乎有腦部結構的變質，諸如顳葉頂端平坦的表面，而大腦的這一部位已知對語言處理相當重要。另一方面，正常人們的這一部位在左側顳葉中遠大於在右側顳葉中，但重度閱讀障礙的人們沒有顯現這種不對稱的型態（反而是朝向對稱的狀態）。再者，研究人員已檢定出對應於這些結構差異之微細的皮質畸形，稱之為 polymicrogyria（許多小型的盤捲）。對重度閱讀障礙的人們進行屍體解剖，幾項研究已揭露細胞層面上的這些偏差。Spreen（2001）對學習障礙可能的神經基質提供傑出的審查。閱讀障礙也似乎在某些人身上呈現顯著的遺傳成分，以至於家族特有的閱讀障礙的觀念有必要被認真看待。然而，我們必須強調的是，對大部分個案而言，LD（不論是閱讀障礙或其他型式）的病原仍然是一個謎。

(四) LD 評鑑上的成就測驗

學習障礙主要表明為學業問題；也就是說，LD 兒童典型地無法掌握對學業成績重要的一些技能，諸如在閱讀、數學或文字傳達等領域。因為學校本位的成績是居於該問題的核心，對 LD 的評估必須包含跟學業成就有關的計量。再者，學校成績的評估（LD 評鑑的一小部分）必須建立在「個別」的成就測驗上。即使團體成就測驗可能提出學習障礙的猜疑，心理工作人員必須依賴個別成就測驗以達成決定性的評鑑。

個別成就測驗典型地是一對一實施，施測者坐在受試者的對面，提出一些結構式的題目。當然，任何良好標準化的成就測驗將會產生關於學童之功能運作的常模資料。但是個別成就測驗的特殊價值是，施測者能夠觀察不良（或優良）表現的臨床詳情，以便形成對於受測者之認知能力的假設。

考慮不良拼字的問題，這在有語文 LD 的兒童和成年人身上被廣泛觀察到。任何良好的拼字成就測驗將可作為障礙的佐證資料；然而，我們僅從分數很難獲致任何洞察力。施測者應該尋求知道的是該問題定性的本質（qualitative nature），而不僅是它定量的維度（quantitative dimensions）。個別成就測驗就是在這一點上是無價的。透過觀察不良表現的詳情，機敏的施測者可以建立起關於成績問題之起源的假設。

第 6 章

團體測驗與能力檢測上的爭議

Psychological Testing

主題 6A

能力與相關概念的團體測驗

一、團體測驗的本質、前途及陷阱
二、能力的團體測驗
三、多元性向測驗組合
四、研究生甄選測驗
五、教育成就測驗
六、指導對性向測驗分數的影響

早期智力量表（如 1905 年的比－西測驗）的實際成效激勵心理學家和教育學者開發各式工具，以便能夠同時實施於大量受試者。測驗編製者很快就了解，團體測驗容許在同一時間對數以十計或百計的受試者施行有效率的評估。如在先前的章節所審視的，團體測驗最初的用途之一是在一戰期間用來篩選及指派軍事人員。為了回應迅速檢測數以千計陸軍新兵的需求，在雅克斯（Robert M. Yerkes）的領導之下，美國心理學家們致力於心理計量學和測驗編製的探討（Yerkes, 1921）。不久，測驗的許多新用途紛紛被開發出來——在教育界、在企業界，以及在其他領域中。

一、團體測驗的本質、前途及陷阱

團體測驗具有許多用途，但絕大多數可被劃分到三個類型之一：能力測驗，性向測驗或成就測驗。在真實世界中，這些性質的測驗之間的分野通常相當模糊（Gregory, 1994a）。這些工具的不同之處主要是在它們的功能和用途上，較不是在實際的測驗內容上。簡言之，能力測驗（ability tests）典型地是抽取廣泛多種精通能力的樣本，以便估計當前的智能水準。這份訊息可被用作為篩選或安置的目的；例如，為了決定當事人是否需要個別測試，或為了確立當事人是否有資格加入資優或特殊才能班級。對照之下，性向測驗（aptitude tests）通常測量同質的一些部分的能力，其立意是在預測未來的表現。預測效度是性向測驗的根基所在，它們經常被用作機構甄選的目的。最後，成就測驗（achievement tests）在跟學業及訓練方案有關的目標上評鑑當前的技能達成。它們是針對於反映在閱讀、書寫、數學及其他學科領域上的教育目標。雖然經常被用來鑑定學生們的教育達成，它們也作用於評估學校教育計畫的適切性。

不論它們的用途是什麼，團體測驗在五個方面不同於個別測驗：

- 多項選擇題 vs. 開放式問題。
- 客觀的機器計分 vs. 施測者計分。
- 團體施測 vs. 個別施測。
- 篩選的用途 vs. 補救的規劃。
- 龐大標準化樣本 vs. 僅是大型標準化樣本。

我們依序討論這每一個要點。

最明顯的差異是，團體測驗普遍採用多項選擇（multiple-choice）的格式。雖然早期的團體測驗確實使用開放式問題，這項特徵已因為它在計分上需要過多時間而很快被捨棄。隨著採用多項選擇題，通過安裝在電腦中的光學掃描裝置，團體測驗可以迅速而客觀地被計分。電腦評分排除了在個別測驗的計分上可能發生的施測者失誤和月暈效應（halo effect，或成見效應）。此外，心理計量人員幾乎立即就可接近題目分析和測驗資料庫，所以電腦評分促進了團體測驗的快速發展及修訂。

團體測驗也在實施方式上不同於個別測驗。在團體測驗中，施測者扮演極輕微的角色，大致上被限定於閱讀指示語和實施時間限制。施測者與受測者之間很少有機會進行一對一的互動。對大部分受測者而言，這沒有什麼關係。但是對少數受測者而言（害羞、慌張失措及缺乏動機的受測者），施測者融洽關係（examiner rapport）的缺乏可能招致不利的後果。

傳統的智力測驗擅長於在個人學習困難的診斷及矯正上作為助手，至於團體智力測驗則較常在機構決策的促進上被用作為集體篩選。因此，團體測驗可能被用在學校體系以檢定需要補救教學的兒童；使用在企業背景以鑑定特定職務的良好人選；或使用在軍方背景以有助於剔除精神衰弱的新兵。

團體測驗普遍在極大的樣本上被標準化——通常是數以萬計或十萬計的受試者，而不僅是使用在個別測驗上之幾千個謹慎挑選的個案。當然，標準化樣本的合宜性從不可視之為理所當然。不論是對團體測驗使用龐大的標準化樣本，抑或是對個別測驗使用較小的標準化樣本，仍然很重要的是決定該樣本在全體母群中具有多大程度的代表性。

雖然早期的心理計量學開拓者衷心地擁抱團體測驗，他們充分認識到自己浮士德式交易的本質：心理學家們拿個別受測者的靈魂來交換集體測試的利益。總而言之，團體測試提出兩個交互關聯的風險：(1) 有些受測者的得分將會遠低於他們的真正能力——

由於動機缺乏或難以遵從指示；及 (2) 無效的分數將不會如是被辨認出來，為這些非典型的受測者帶來不利的後果。我們實際上沒有簡單的方法以便完全避免這些風險，它們是團體測試為了換來效率必須付出的代價。無論如何，假使施測者願意（帶著質疑的態度）審視極為偏低的分數，然後推薦這些個案接受個別測試的話，我們還是可能把潛在的負面結果減至最低。

二 能力的團體測驗

(一) 多元維度性向測驗組合－第二版（MAB-II）

多元維度性向測驗組合（Multidimensional Aptitude Battery-II, MAB-II）（Jackson, 1998）是新近的團體智力測驗，立意於作為 WAIS-R 的紙－筆對應版本。如讀者將記得的，WAIS-R 是高度受到重視的工具（現在已被 WAIS-III 所取代），它在當時是最被廣泛使用的成人智力測驗之一。Kaufman（1983）特別提到，WAIS-R 是「成人智力的標竿，沒有其他工具可以企及」。然而，受過良好訓練的專業人員需要大約 1.5 個小時也才僅能實施魏氏成人測驗於單一個體。因為專業人員的時間非常昂貴，完整的魏氏智力評鑑（包括實施、評分及報告撰寫）很容易就要花費美金好幾百元。許多主試者長期以來就期待適宜之團體測驗的問世（具有伴隨之客觀評分和電腦化敘事報告的優點），以便為龐大人數的個別測試提供同等有效而遠為低廉的替代品。

MAB-II 是立意於提出與 WAIS-R 類似的分測驗和因素，但是採用多項選擇的格式，以適合於電腦評分。在設計這份測驗上，很明顯的目標是編製可由一位施測者（也可能是幾位監考人）在極少的訓練下對幾十個或幾百個人們實施測驗。此外，MAB-II 也針對於提供具有跟 WAIS-R 類似之心理計量特性的 IQ 分數。適用於從 16 歲到 74 歲的受測者，除了語文 IQ、作業 IQ 及全量表 IQ 外，MAB-II 也提供 10 個分測驗分數。

MAB-II 大致上是由原先的測驗題目所組成，它包含下面所列的 10 個分測驗：

語文	作業
常識	數符替代
理解	圖畫完成
算術	空間
類同	圖畫排列
詞彙	物形拼合

讀者可能注意到，WAIS-R 中的「數字廣度」沒有被囊括在 MAB-II 中。這項刪除的原因大致上是實務的：我們沒有簡單的方式在紙－筆格式中呈現數字廣度似的分測驗。無論如何，這項刪除並不嚴重。「數字廣度」跟 WAIS-R 綜合 IQ 的相關是最低的，一般認為這項分測驗在普通智力的測量上資助極為輕微。

唯一重大偏離 WAIS-R 之處是在 MAB-II 中以「空間」分測驗取代「積木造形」。在「空間」分測驗中，受測者必須心理上執行圖形的空間旋轉，從所呈現的五個可能旋轉中挑選一個作為答案（圖 6-1）。只有心理旋轉牽涉在內。高深的題目非常複雜而苛求。

圖畫完成——先找出圖畫中缺失的部分，然後選出該物件的名稱的起首字母。

答案是「**Light**」，所以應該圈選「**A**」。

空間——從直線右方選出一個圖形，它跟左方的圖形是一模一樣，即該圖形在轉動後完全相同於左方圖形。

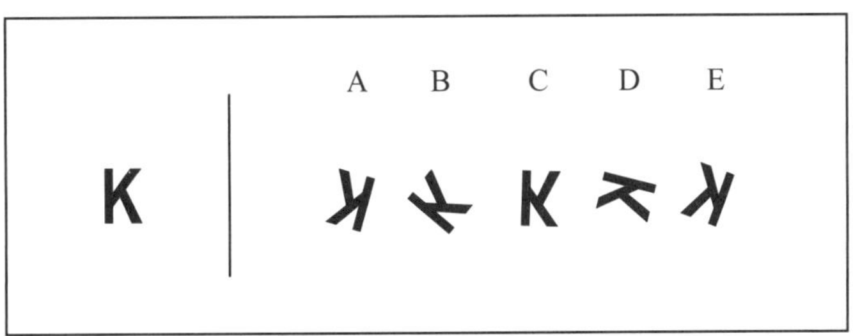

正確的答案是 **A**，所以應該圈選「**A**」。

物形拼合——選定順序，從左到右，使得這些部分依序排列以組成物件。

正確答案是 C —— **132**，所以應該圈選「**C**」。只有這個順序才能產生「**茶杯**」的物件。

圖 6-1 示範題目——引自多元維度性向測驗組合 -II 的三個作業測驗

資料來源：Jackson, D. N.（1984a）.

在 10 項 MAB-II 分測驗中，每項分測驗內的題目是以漸增難度的順序排列，起始是大部分青少年和成年人都會認為很簡單的一些題目，逐步上升到極為困難而很少人能夠正確作答的題目。猜題不用扣分，受測者被鼓勵在時限內應答每一個題目。不像 WAIS-R 的語文分測驗是不限時的難度測量，MAB-II 的每項分測驗納入了難度（power）和速度（speed）兩項要素：受測者只被容許 7 分鐘以著手每項分測驗。包含指示語，MAB-II 的語文和作業部分各自需要 50 分鐘的施測時間。

MAB-II 是 MAB 相對上較簡短的修訂版，而這兩個版本的技術特色幾近完全相同。原始版本的大量心理計量資訊已被取得，我們在這裡加以報告。關於信度，其結果是普遍令人印象深刻。例如，在一項超過 500 位青少年（從 16 歲到 20 歲）的研究中，語文、作業及全量表 IQ 的內部一致性信度都在 .95 以上。這項工具的重測資料也很優秀。在一項針對 52 位年輕精神病人的研究中，個別分測驗顯示的信度對語文量表而言是從 .83 到 .97（中數是 .90），對作業量表而言是從 .87 到 .94（中數是 .91）（Jackson, 1984）。這些結果毫不遜色於 WAIS-R 所報告的心理計量標準。

MAB-II 的因素分析為這項工具的構念效度提供強烈的支持（Lee, Wallbrown & Blaha, 1990; Wallbrown, Carmin & Barnett, 1988）。在針對 3,121 位男性和女性高中生的因素分析中，手冊報告有一個普通因素對所有分測驗具有中度到高度的負荷量（其範圍從 .53 到 .82）。在對標準化受試者資料的各自因素分析中，Lee、Wallbrown 和 Blaha（1990）在最初的普通因素後發現兩個正交因素。這兩個旋轉因素可被清楚地鑑定為「語文」因素和「作業」因素。此外，另一些研究人員已指出 WAIS-R（「數字廣度」排除在外）與 MAB 的因素分析之間有極為強烈的一致性。

一般而言，這項測驗的效度建立在它與其親代測驗（即 WAIS-R）很強烈的結構及實徵相似性上。MAB 分數與 WAIS-R 分數之間相關資料在這一點上是關鍵所在。對 145 位以平衡（counterbalanced）方式實施 MAB 和 WAIS-R 的受試者而言，分測驗之間相關是從 .44（空間／積木造形）到 .89（算術和詞彙），其中數是 .78。WAIS-R 與 MAB IQ 的相關非常實質，也就是對語文 IQ 是 .92，對作業 IQ 是 .79，以及對全量表 IQ 是 .91（Jackson, 1984a）。除了少數的例外情形，MAB 與 WAIS-R 分數之間相關勝過 WAIS 與 WAIS-R 分數之間相關。

幾位評論家已提出關於 MAB 值得注意的一些關切事項。Krieshok 和 Harrington（1985）指出該手冊沒有為指示語或為題目本身提供易讀程度（readability）估計值。它沒有建議為了有效實施所需要的最起碼閱讀水準。這可能導致主試者假定，任何人只要符合 16 歲的最低年齡就能接受 MAB——很明顯不被擔保的假定。MAB-II 的另一項問題是它與現在已過時的測驗（即 WAIS-R）的連結（Wechsler, 1981）。這會造成問題是因為測驗常模隨著時間而變動，而在某個年代所謂的「一般水準」可能在幾十年後變成低於「一般水準」。

MAB-II 在研究、職業諮商及人事甄選上顯得頗具前途。此外，這份測驗可以在臨床背景中被當作篩選的工具，只要主試者對低分慎重以待，然後以個別智力測驗施行追蹤的檢測。主試者有必要記住，MAB-II 是團體測驗；因此，它總是帶有在個別案例上被誤用的可能性。在診斷的決定上，或在安置方案上（諸如為資賦優異人士編班），MAB-II 不應該被單獨採用。

(二) 奇普利協會生活量表

奇普利協會生活量表（Shipley Institute of Living Scales, SILS）最初是被提議作為智能衰退指標（index of intellectual deterioration），以試圖測定痴呆症、腦傷及其他器質性身體情況的效應（Shipley, 1940, 1983）。然而，該測驗主要一直被使用作為智力簡短的篩選測驗，特別是在退除役軍人管理局（V. A.）的心理衛生體系內。

SILS 是由兩項分測驗所組成，即詞彙和抽象觀念（abstractions）。該測驗原先的意圖是偵測器質性智能衰退——透過對照受測者在詞彙部分和在抽象觀念部分的表現。詞彙被認為相對上不受器質衰退的影響，至於抽象化能力則被認為會顯現重大減退。因此，當詞彙上的表現勝過抽象觀念而且呈現頗大落差時，這似乎表明器質性損傷的存在。然而，許多研究和審查的結論是，SILS 在充當腦傷的指標上表現不良（例如，Yates, 1954; Johnson, 1987），而且該工具很少為這個目的而被使用。

SILS 是由 40 個多項選擇的詞彙題目和 20 個抽象思維題目所組成。每個題目被評分為「對」或「錯」。這份測驗是自行實施，兩個部分各別有 10 分鐘的時限。有些主試者偏好在使用該測驗上不限定時間，而且針對這種途徑的各自常模已被發展出來（Heinemann, Harper, Friedman & Whitney, 1985）。很少有人在每個部分需要超過 10 分鐘；大部分主試者認為 SILS 完全是難度測量。這份測驗的微電腦版本也已被供應。電腦實施及評分該測驗，然後對分數提出敘事報告和圖表描述。根據得自 254 位從 20 歲到 79 歲之正常受測者的結果，Harnish、Beatty、Nixon 和 Parsons（1994）提供實用的常模。

受測者在詞彙部分的工作是從四個選項中選出某一單字的同義字。40 個題目就類似下述：

• SHIP	house	tree	fork	boat
• INANE	fat	timely	silly	dry

抽象觀念題目的立意是要求受測者推斷在既定一系列成分中共通的原理，然後透過完成該系列以表明對該原理的這份理解。每個題目是一系列字母或數字，繼之是空格以填寫所推斷的答案。這 20 個題目就類似下述：

・A B D G K ____。

・bog hob mars tram 268 ____ ____ ____。

・135 341 52 12 ____。

受測者必須完成每個系列，在空格中填寫答案（前述題目的答案分別是 P、962 及 3）。當然，為了導出正確的答案，受測者必須推斷在每個題目中掌管刺激進展的規則，然後利用該規則以決定延續部分（在題目 1 中，字母之間距離以等差級數增加。在題目 2 中，成對字母是彼此的鏡像，除了最後和起始的字母增進一個位數，即 g 進到 h，s 進到 t。在第三個題目中，每組數字的總和都要比前一組少一數，即 9、8、7……）。

Zachary（1986）已根據 290 位各形各色的精神病人發表 SILS 的常模，這些病人也接受 WAIS。該樣本含有大約同等數量的男性和女性。這個常模樣本是年輕的，大部分位於 16 歲到 54 歲之間，其中數年齡是 30 歲。根據這個樣本，手冊含有針對詞彙和抽象觀念之年齡校正的 T 分數表格（平均數 = 50，SD = 10）。

SILS 的信度是臨界的。典型的內部一致性量數（奇－偶相關）是 .87（詞彙），.89（抽象觀念）及 .92（總分數）。然而，如「教育與心理測驗準則」（AERA, APA & NCME, 1985）所提到的，奇－偶型式的折半係數對高度計速測驗而言產生膨脹的信度估計值。在 SILS 的分數是建立在速度而不是難度的範圍內，這些信度將是人為地偏高。SILS 的重測信度或許較為適宜，這些信度在文獻中有頗大變異，但是在較大和較為異質的樣本中對總分數而言接近 .80（Johnson, 1987）。

就 SILS 主要是作為智力的篩選測驗而言，這項工具的效度跟它預測來自個別測驗（如 WAIS 或 WAIS-R）之全量表 IQ 的能力有強烈的關聯。如 Johnson（1987）所審查的，實際上有幾十項相關研究已調查 SILS 作為魏氏 IQ 之預測指標的準確性（例如，Zachary, Crumpton & Spiegel, 1985）。SILS 與魏－貝或與 WAIS 之間相關從 .65 以迄於 .90，其中數是 .76（Johnson, 1987）。Bowers 和 Pantle（1998）報告 SILS 總分數與 K-BIT IQ 分數之間有堅定的相關，對 30 位大學生而言，$r = .77$；對 5 位女性被收容者而言，$r = .83$。根據這些研究，Johnson（1987）報告，SILS 所估計 IQ 之 95% 的信賴區間（confidence interval，或置信區間）是大約 ±11 個 IQ 點數。例如，對 40 歲男性而言，他在 SILS 上的總分數 60 被換算為估計的 WAIS-R IQ 是 102；在 95% 這樣的個案中，受測者實際的 WAIS-R 將是落在 91 到 113 的範圍內（Zachary, 1986）。

歷史悠久的 SILS 是頗為良好之普通智力的測量，已在研究上發現寬廣的用途。此外，該工具在作為普通智力之篩選測驗上繼續相當受到歡迎（Bowers & Pantle, 1998）。但是，SILS 不應該被使用來從事較為細緻的區辨。當需要更為精確的個別評鑑時，負責的臨床人員將會採用個別智力測驗（例如，K-BIT、WAIS-III）。

即使 SILS 是可接受的篩選測驗，它具有一些重大限制：

1. SILS 不適用於低 IQ 的人們，或那些有重大語言失能的人們。
2. SILS 有偏低的上限（ceiling），特別是在抽象觀念部分，因此較不適用於高 IQ 的受測者。
3. SILS 有接近 11 個 IQ 點數的帶狀誤差，對許多用途而言可能過度寬廣。

(三) 多元層次測驗組合：認知能力測驗（CogAT）

心理測驗的一項重要功能是評鑑學生的能力，這些能力是傳統以教室為基礎之學習的先決條件。在為這個目的而設計測驗上，心理計量人員必須面對很明顯而令人煩惱的問題，即學齡兒童在他們的心智能力上有重大的差異。例如，某一測驗適合於 6 年級學生，它對 10 年級學生將是太容易了，但對 3 年級學生則是極度困難。

面對這個困境，解決之道是多元層次測驗組合（multilevel battery），即一系列部分重疊的測驗。在多元層次測驗組合中，每組測驗是為特定的年齡或年級而設計，但是鄰接的測驗擁有一些共同的內容。因為與鄰近年齡或年級部分重疊的內容，每個測驗擁有適宜的下限和上限，以供在兩極端能力上對學生進行適當的評鑑。此外，多元層次測驗組合通常在所測量的能力上提供遠為良好的連續性。再者，多元層次測驗組合普遍在接續層次上使用高度相容（可資比較）的常模樣本。基於所有這些原因，多元層次測驗組合被認為很適合為學校學習測量學生的預備性。

認知能力測驗（CogAT）是現行使用最佳之學校本位的測驗組合之一（Lohman & Hagen, 2001）。該測驗新近的修訂版是「CogAT 多層次版本，第六版」，在 2001 年推出。

CogAT 是從羅桑智力測驗（Lorge-Thorndike Intelligence Test）演化而來，後者是最先預定在學校體系內廣泛使用的團體智力測驗之一。CogAT 主要是一種學業能力的測定，但是也編入非語文的推理測驗組合——它的一些題目跟正規學校教育沒有直接關係。我們在這裡審視的多層次版本是針對從 3 年級直到 12 年級的學生。

多層次 CogAT 的九項分測驗被組成如下的三種測驗組合：

語文測驗組合	數量測驗組合	非語文測驗組合
語文分類	數量關係	圖形分類
語句完成	數字系列	圖形對比
語文對比	等式建立	圖形分析

對每項 CogAT 分測驗而言，題目是在單一小冊子上依難易度排列。然而，在八個重疊的水準中（水準 A 到 H），每個水準的入場點和退場點各不相同。以這種方式，所有受測者被提供年級適宜的題目。除了一項外，所有分測驗採用多項選擇的格式。例外的分測驗是「圖形分析」，受測者對一系列選項應答「是」或「否」。

這些分測驗是嚴格計時的，時限則從 8 分鐘以迄於 12 分鐘。三種測驗組合各自可在一個小時內施測完成。然而，手冊建議對較年幼的兒童進行連續三天的施測。至於較年長的兒童，最好是第一天實施兩種測驗組合，第二天再完成最後一種測驗組合。

每種測驗組合的原始分數可被換算為以年齡為依據的常態化標準分數，具有平均數 100 和標準差 15。此外，針對年齡組和年級水準的百分等級和標準九分數也被供應。內插法（interpolation）被用來決定秋季、冬季及春季的年級常模。

CogAT 是跟兩份成就測驗共同建立常模（同時標準化），即「愛荷華基本技能測驗」和「愛荷華教育發展測驗」。在多層次智力測驗的常模建立上，它們跟成就測量的同時標準化是常見而合意的措施。共同建立常模的特殊優點是智力分數與成就分數之間預期的對應關係是以很大的精確度被決定。因此，主試者可以更準確地鑑定需要補救教學的低成就學生，或鑑定因為潛在學習障礙而需要更進一步衡鑑的學生。

CogAT 的信度極為良好。在先前的版本中，關於多層次測驗組合跨越所有年級的庫李二氏信度平均是 .94（語文），.92（數量）及 .93（非語文）。對複本而言，六個月的重測信度是從 .85 到 .93（語文），.78 到 .88（數量）以迄於 .81 到 .89（非語文）。

手冊提供很豐富之關於 CogAT 的內容效度、效標關聯效度及構念效度的資訊；我們在這裡只摘述最切題的要點。CogAT 與成就測驗組合之間相關相當充實。例如，CogAT 語文測驗組合與來自「愛荷華基本技能測驗」的成就分測驗之間相關是 .70 多到 .80 多。

CogAT 測驗組合相當良好預測學校成績。相關係數是從 .30 多到 .60 多，取決於年級、性別及族裔。但是關於哪個測驗組合能夠最良好預測計點平均成績（GPA），似乎不存在清楚的趨勢。CogAT 與個別智力測驗之間相關也頗高，典型是從 .65 到 .75。這些發現顯然支持 CogAT 的構念效度——就以斯－比測驗被廣泛認定是個人智力之優良量數而言。

Stone（1994）近期的研究為使用 CogAT 作為學生評估的基礎提供值得注意的正當理由。他發現針對 403 位 3 年級學生的 CogAT 分數為學生們的成就提供了不偏不倚的預測，而且比起教師的評定更為準確。特別是，教師的評定顯現不利於白種人和亞裔美國學生的偏見——經由低度預測他們的成就分數。

(四) 文化公平智力測驗（CFIT）

「文化公平智力測驗」（The Culture Fair Intelligence Test）（Cattell, 1940; IPAT, 1973）是流動智力之非語文的測量，最初是由傑出的測量心理學家卡特爾（Raymond B. Cattell）在 1920 年代所構思。CFIT 的目標是以一種儘可能「免於」文化偏見的方式測量流動智力——在抽象及新奇情境中分析和推理的能力。這種測驗原先稱為「免受文化影響智力測驗」（Culture Free Intelligence Test）。但是當情況很明顯，即文化影響力無法完全從智力測驗中被根除時，該名稱就被更改。

CFIT 已經歷幾次修訂，它現行的版本是在 1961 年發表。該測驗是由三個量表所組成：量表 1 適用於心智缺陷的成人和 4 歲到 8 歲的兒童；量表 2 適用於一般智力範圍內的成人和 8 歲到 13 歲的兒童；量表 3 適用於高能力的成人和高中生及大學生。量表 1 需要施測者與受測者之間相當程度的互動——有四項分測驗必須被個別實施。因此，就某些方面而言，量表 1 較是屬於個別智力測驗，而不是團體測驗。我們在這裡只討論量表 2 和 3，因為它們是真正的團體智力測驗。這兩個測驗的不同之處主要是在難易度上。

量表 2 和量表 3 各含四項測驗，它們是系列、分類、矩陣及條件。當然，每項分測驗正式實施前會有幾個練習題。整套測驗被整齊地包裝在 8 頁的小冊子中。

CFIT 是高度計速的測驗。量表 2 和 3 需要大約 30 分鐘的施測時間，但只有 12.5 分鐘是花費在實際受測上。因此，對於在問題解決上不是很重視表現速度的人們而言，測驗結果可能造成誤導。

> 量表 2 的標準化樣本是由 4,328 位男性和女性所組成，從美國和英國的各個地區取樣所得。量表 3 的常模是建立在 3,140 位個案上，由美國高中生所組成，但顯然沒有依據分層取樣的程序。（IPAT, 1973）

原始分數被轉換為常模化標準分數，離差智商的平均數為 100，標準差為 16。

對量表 2 和 3 的個別複本而言，重測、複本及內部一致性信度普遍是在 .70 多。整份測驗的信度則較高些，普遍是在 .85 左右。這些結果是建立在擁有數以千計受試者的幾十項研究上，指出了對這樣簡短工具而言頗高的信度（IPAT, 1973）。

CFIT 作為普通智力的量數，其效度已無可置疑地被確立。CFIT 分數與智力的普通因素之間相關在 .85 左右。再者，CFIT 分數與另一些主流的智力測量（WAIS、WISC、瑞文漸進推理、斯－比、Otis 及綜合性向測驗組合；見 IPAT, 1973, p.11）顯現前後一貫的堅定關係，大致上是在 .70 多和 .80 多。毫無疑問，CFIT 是良好設計、實用而有效的智力測驗。

但是，CFIT 是否如它的頭銜所宣告的是文化公平測驗呢？這項工具宣稱的目標之一是「把文化學習和社會氣氛之不相干的影響力減至最低」，從而提出「源自特定學習之較純淨分隔的自然能力」（IPAT, 1973）。不幸地，所得證據指出，CFIT 在追求以文化公平的方法測量智力上並未比傳統的測量更具成效（Koch, 1984）。例如，Willard（1968）發現，83 位文化劣勢的美國黑人兒童在斯－比（M = 68.1）和在 CFIT（M = 70.0）上的得分大約相同。再者，這其中 14 位兒童碰觸 CFIT 的「下限」而拿到最低可能的 CFIT IQ 分數 57，至於斯－比 IQ 分數則以較類似於鐘形曲線的型態分散。Nenty（1986）實施 CFIT 於 600 位美國人，231 位印第安人及 803 位奈及利亞人，藉以評估該測驗的跨文化效度。他的結論是，許多個別測驗題目不能在這三個樣本中保持相同的相對難易度。這說明 CFIT 作為流動智力的測量並不擁有全面性的效度。

CFIT 是普通智力之極佳、簡短、非語文的測量，它可在不到 1 小時中對大型團體實施。但是測驗使用者應該提醒自己的是，CFIT 並未達成所謂編製「文化公平測驗」之值得稱讚的目標。再者，這個目標本身可能是異想天開的（非現實的）：

> 各個文化在它們所重視的資訊、觀念及價值等方面有所差異，像是在執行任務或解決問題上與同儕的競爭，在表現的速度或品質上，以及在其他各種與測驗有關的行為上。有些文化強調具體而不是抽象的問題解決，經常到了某一問題除非在具體情境中否則不具意義的地步。因此，在這樣的情況下，所謂的文化公平可能是無聊的。（Koch, 1984）

有些學者懷疑，真正的文化公平測驗甚至是否有可能存在。在未來版本中，CFIT 編製者被建議最好重新命名他們的測驗，以便不懂世故的使用者不至於授予這項工具一些憑空想像的特性。

即使 CFIT 是有價值的測驗，它迫切需要修訂和重新建立常模。例如，先前的標準化樣本未被具體指明出處，似乎只是為求方便的樣本，而不是審慎挑選之在一般人口中具有代表性（分層取樣）的樣本。

(五) 瑞文漸進推理測驗（RPM）

最初在 1938 年引進，瑞文漸進推理測驗（Raven's Progressive Matrices, RPM）是一種非語文測驗，建立在對圖形刺激的歸納推理上（Raven, Court & Raven, 1986, 1992）。這份測驗在基本研究中非常盛行，但也為了智能篩選的目的被使用在一些機構背景中。

RPM 原先的設計是作為斯皮爾曼之 g 因素的測量（Raven, 1938）。基於這個原因，瑞文為測驗選擇一種特殊格式，這種格式被認為需要運用到 g 因素。特別是為了正確回答 RPM 上的題目，受測者必須在組織成 3×3 矩陣的圖形刺激間檢定出重複出現的型態或關係。題目是依照漸增的難度排列，因此被指稱為「漸進推理」。

瑞文測驗實際上包含三種型式。在「彩色漸進推理測驗」中（Coloured Progressive Matrices），它含有 36 個題目，針對於從 5 歲到 11 歲的兒童。瑞文把顏色納入這個版本的測驗中是為了有助於維繫幼童的注意力。在「標準漸進推理測驗」（Standard Progressive Matrices）中，它是以 6 歲以上兒童至一般成人建立起常模，雖然大多數題目如此困難，它還是較適合於成人。這份測驗含有 60 個題目，編成 5 組，每組有 12 題。在「高級漸進推理測驗」中（Advanced Progressive Matrices），它類似於標準版本，但具有較高的上限。高級版本是由第一組的 12 個題目和第二組的 36 個題目所組成，特別適用於擁有優良智能的人們。

針對彩色和標準漸進推理測驗，大型樣本的美國常模已被報告出來（Raven & Summers, 1986）。較近期，Raven、Court 和 Raven（1992）也為「標準漸進推理測驗」提出新的常模。

對「彩色漸進推理測驗」而言，折半信度被報告介於 .65 到 .94 之間，較年幼兒童產生較低的數值（Raven, Court & Raven, 1986）。對「標準漸進推理測驗」而言，典型的折半信度是 .86，雖然在較年幼的受測者身上也發現較低的數值（Raven, Court & Raven, 1983）。對所有三種型式而言，重測信度有很大變動，視不同樣本而定（Burke, 1958; Raven, 1965; Raven et al., 1986）。對十多歲後段或年紀更大的正常成年人而言，信度係數典型是從 .80 到 .93。然而，對未滿 13 歲的兒童而言，信度係數被報告低至 .71。因此，對於較年幼的受試者，RPM 可能不具有足夠的信度而不能保證它在個別決策上的用途。

「高級漸進推理測驗」劃分為兩大因素，可能具有各自的預測效度（Dillon, Pohlmann & Lohman, 1981）。關於第一個因素中的題目，它們的解決方法是要加進或減去一些圖案（圖 6-2(a)）。對於在這些題目上表現良好的人們而言，他們可能擅長迅速的決策，或在局部－整體關係必須被察覺的情境中有過人之處。關於第二個因素中的題目，它們的解決方法是建立在察覺圖案進展的能力上（圖 6-2(b)）。對於在這些題目上表現良好的人們

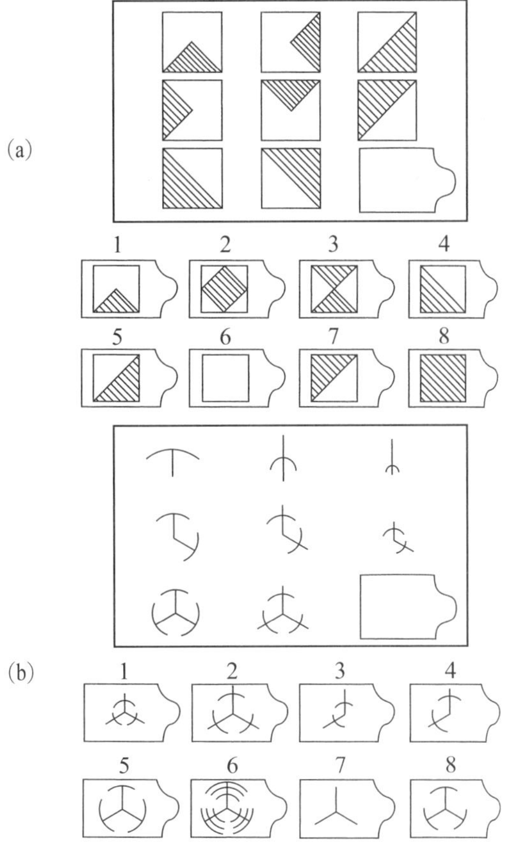

圖 6-2　瑞文漸進推理測驗：典型的題目

而言，他們可能擁有良好的機械能力（mechanical ability），以及在估計投影移動和執行心理旋轉上擁有良好技能。

大量發表的研究支持 RPM 的效度。一般而言，RPM 與成就測驗的效度係數在 .30 多到 .60 多之間變動。如可以預期的，相較於較傳統（側重語文負荷）智力測驗與成就測驗間的效度係數，這些數值多少偏低些。RPM 與另一些智力測驗（如斯－比和魏氏量表）的效度係數是介於 .50 多到 .80 多之間。再度地，如可以預期的，RPM 與作業量表的相關傾向於較高些——相較於它與語文量表的相關。在包含好幾千個學童的大型研究中，Saccuzzo 和 Johnson（1995）的結論是，「標準漸進推理測驗」與 WISC-R 顯現大約相等的預測效度，在跨越 8 個不同族群上並未呈現差別效度（differential validity）的證據。

RPM 的因素分析研究並不支持該測驗打算測量單一構念（即斯皮爾曼的 *g* 因素）的原先意圖。即使如此，該測驗仍是非語文、圖形推理之有用的指標。近期的常模更新（Raven, Court & Raven, 1992）是這項著名的測驗相當受到歡迎的發展，因為許多美國使用者早已不耐煩於過時而狹窄的英國常模。儘管如此，標準和高級漸進推理測驗的成人常模仍然相當受限。

對於聽力、語言或肢體有所障礙的兒童和成人而言，RPM 作為補充測驗特別具有價值。通常，這些受測者很難採取傳統測量加以衡鑑，因為傳統測驗往往需要聽覺注意、語文表達或肢體操弄。對照之下，RPM 可以透過手勢加以解釋——假使必要的話。再者，受測者被要求的唯一輸出（output）是指明所挑定選項的鉛筆記號或手勢。基於這些原因，RPM 極適合於測試英語能力有限的人們。事實上，RPM 就是立意於儘可能減低文化的影響，測驗原始內容不涉及任何語言的任一字詞。Mills 和 Tissot（1995）發現，「高級漸進推理測驗」從少數族群兒童中鑑定出較高比例的人數為資優者——相較於較傳統之學業性向測驗（如「各級學校與大學能力測驗」所鑑定出的比例。

(六) 關於文化公平測驗的透視

卡特爾的「文化公平智力測驗」（CFIT）和「瑞文漸進推理測驗」（RPM）經常被援引為文化公平測驗的樣例，但這個概念長期以來一直混淆不清。我們在這裡對有關術語及議題稍作澄清。

首先，智力測驗僅是「個人知道些什麼和能夠做些什麼」的樣本。我們不必要把智力實質化，也沒必要對智力測驗評價過多。測驗從不是先天智力或免受文化影響知識的樣本。所有知識是以文化為基礎，隨著時間的遞移而獲得。如 Scarr（1994）特別提到，沒有所謂免受文化影響測驗（culture-free test，或超越文化測驗）這一回事。

但是，關於文化公平測驗又如何呢？這樣測驗所提出問題對所有文化是同等熟悉的（或不熟悉的）。這似乎比起超越文化測驗有較為切合實際的可能性，但即使在這一點上，懷疑論者還是提出反對意見。考慮「測驗意味些什麼」的問題，這在不同文化間有所差別。就理論上而言，矩陣（matrices）的測驗似乎對大部分文化是同等公平的。但是實際上，公平的爭議還是產生。對於在西方文化中長大的人們而言，他們接受的是線性、收斂性思考的訓練。我們知道該測驗的目的是找出單一、最適當的答案，而且迅速加以完成。我們從左到右和從上到下檢查 3×3 矩陣，尋找在連續的圖案中所訴諸的邏輯原理。但是對於在尼泊爾、新幾內亞或甚至愛達荷州的偏僻鄉下長大的人們而言，我們可以假定他們也會這樣做嗎？該測驗可能對他們意味些不同的事情。或許他們在接觸那些圖案上是將之視為審美眼光的測量，而不是邏輯的連續性。或許他們將會認為這樣的工作很無聊，不值得投注自己的心思。僅因為所呈現刺激是同等熟悉的（或不熟悉的），就據以假定該測驗對所有文化族群是同等公平的，這是不妥當的推定。我們可以談論文化公平（或不公平）的程度，但是「有任何測驗是絕對文化公平的」的觀念必定是錯誤的。

多元性向測驗組合

在多元性向測驗組合（multiple aptitude test battery）中，受試者在幾個獨立、同質的性向領域接受檢測。典型地，分測驗的編製是由因素分析的發現所指定。例如，賽斯通（Thurstone）編製最初的多元性向測驗組合之一，稱之為「基本心理能力測驗」（Primary Mental Abilities Test），它是由一組的七項分測驗所組成，根據因素分析加以選定（Thurstone, 1938）。

較近期，不論是為了教育與生涯諮詢、職業安置或三軍部隊分類，幾個多元性向測驗組合已博得歡迎（Gregory, 1994a）。每年有幾十萬人們被實施下列知名的測驗組合之一：區分性向測驗（DAT）、普通性向測驗組合（GATB）及三軍部隊職務性向測驗組合（ASVAB）。我們以下概述它們突顯的特徵。

(一) 區分性向測驗（DAT）

區分性向測驗（Differential Aptitude Test, DAT）是在 1947 年首度發行，它為從 7 年級到 12 年級學生的教育和職業輔導提供多方面能力的資料。後來，研究人員發現該測驗也適用於走出校門之年輕人的職業諮商，以及有助於雇員的甄選。目前在它的第五版中（1992），DAT 定期地進行修訂，它一直保持是最為通行的多元性向測驗組合之一（Bennett, Seashore & Wesman, 1982, 1984）。Wang（1995）對該測驗提供了簡明的縱覽。

VERBAL REASONING
Choose the correct pair of words to fill in the blanks.

____ is to eye as eardrum is to ____

A. vision — sound			D. sight — cochlea		
B. iris — hear			E. eyelash — earlobe		
C. retina — ear					

NUMERICAL ABILITY
Choose the correct answer.

4(−5) (−3) =
A. −60 B. 27 C. −27 D. 60 E. none of these

ABSTRACT REASONING
The four figures in the row to the left make a series. Find the single choice on the right that would be next in the series.

< <>> <<>> <<>>>>

<>>	<<<>>	<<<>>>>	<<<<>>>>
A	B	C	D

CLERICAL SPEED AND ACCURACY
In each test item, one of the combinations is underlined. Mark the same combination on the answer sheet.

1. AB Ab AA BA Bb 2. 5m 5M M5 Mm m5

	Ab	Bb	AA	BA	AB		M5	m5	Mm	5m	5M
1.	O	O	O	O	O	2.	O	O	O	O	O

MECHANICAL REASONING
Which lever will require more force to lift an object of the same weight? If equal, mark C.
?????? ? ??????

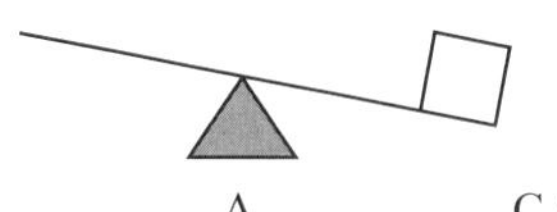

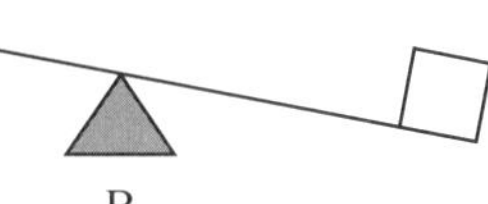

A C (equal) B

SPACE RELATIONS
Which of the figures on the right can be made by folding the pattern at the left? The pattern always displays the outside of the figure.

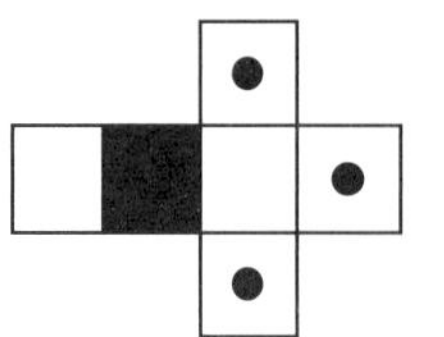

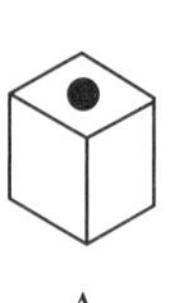
A

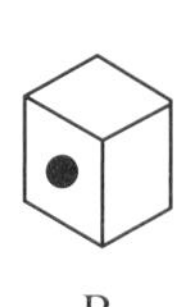
B

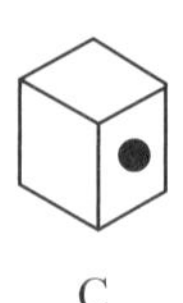
C

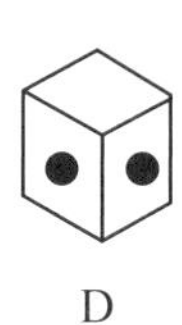
D

SPELLING
Mark whether each word is spelled right or wrong.

1. irelevant	R	W
2. parsimonious	R	W
3. excellant	R	W

LANGUAGE USAGE
Decide which part of the sentence contains an error and mark the corresponding letter on the answer sheet. Mark N (None) if there is no error.

In spite of public criticism, / the researcher studied /
A B
the affects of radiation / on plant growth.
C D

圖 6-3 區分性向測驗的樣本試題

DAT 是由 8 個獨立的測驗所組成：

1. 語文推理（Verbal Reasoning, VR）。
2. 數字推理（Numerical Reasoning, NR）。
3. 抽象推理（Abstract Reasoning, AR）。
4. 知覺速度與準確性（Perceptual Speed and Accuracy, PSA）。
5. 機械推理（Mechanical Reasoning, MR）。
6. 空間關係（Space Relations, SR）。
7. 拼字（Spelling, S）。
8. 語言運用（Language Usage, LU）。

編製者選定這 8 個檢測領域是依據實驗和經驗的資料，而不是依賴對它們正式的因素分析。在建構 DAT 上，編製者依循幾個明確的準則：(1) 每項測驗應該是獨立的測驗，在某些情況下只有測驗組合的一部分被派上用場；(2) 這些測驗應該測量難度；(3) 該測驗組合應該產生側面圖；(4) 常模應該適當而充分。在第五版中，常模對秋季標準化而言是從 100,000 名學生推衍出來，對春季標準化而言是從 70,000 名學生推衍出來；(5) 測驗材料應該具有實用性，整份測驗所需的實施時間約為 3 小時；(6) 該測驗應該容易施行，每項測驗含有優良的「暖身」試題，施測者只需要很少的特殊訓練；(7) 複本應該提供，為了重測的目的，複本的供應將可減低任何練習效應。

DAT 的信度普遍居高，折半係數大致上是在 .90 多，複本信度的範圍介於 .73 到 .90，其中數是 .83。機械推理是一個例外，它的信度對女孩而言低到 .70。

手冊呈現廣泛的資料，證實 DAT 測驗（特別是 VR + NR 的結合）是其他效標的良好預測指數，諸如學校成績和在其他性向測驗上的分數（相關介於 .60 多到 .70 多之間）。基於這個原因，VR + NR 的結合經常被視為學術性向（scholastic aptitude）的指標。至於 DAT 跟其他測驗之區分效度（differential validity，或差別效度）的證據相當薄弱。

Schmitt（1995）特別提到 DAT 的一個主要問題是：

> 它缺乏 8 個分測驗之間的辨別效度（discriminant validity）。除了「知覺速度與準確性」測驗外，所有分量表是高度交互相關的（.50 到 .75）。假使主試者只想要受測者學業能力的一個綜合指標，這是良好的工具。但假使分測驗上的分數是被用在一些診斷方面，這種水準的交互相關使得對學生的相對優勢及弱處的陳述是高度可置疑的。

即使如此，修訂的 DAT 遠優於先前的版本。一項重要的改進是排除「語言運用」和「機械推理」測驗上明顯的性別偏見——較先前審查的批評來源。DAT 已被翻譯為好幾種語言，它在歐洲被廣泛使用在職業輔導和研究用途上（例如，Nijenhuis, Evers & Mur, 2000; Colom, Quiroga & Juan-Espinosa, 1999）。

(二) 普通性向測驗組合（GATB）

在 1930 年代後期，「美國勞工部」編製一些性向測驗以預測在 100 個特定職業中的工作表現。然後在 1940 年代，勞工局聘請一組測量方面的專家和企業－組織心理學家以研發多元性向測驗組合。這項極艱鉅工作的結果是「普通性向測驗組合」（General Aptitude Test Battery, GATB），廣泛被認為是預測工作表現之首要的成套測驗（Hunter, 1994）。

GATB 是經由因素分析法編製而成，在整個過程中總共分析了 59 項小型特殊性向測驗（美國就業服務局, 1970）。GATB 的判讀標準被定期地修正及更新，以至於它已是完全現代的工具，即使它的內容很少變動。GATB 在美國適用於從初三到高三的學生以及成年人。

GATB 是由 8 項紙筆測驗和 4 項器材測量（apparatus measures）所組成。整套測驗可在大約 2.5 小時內實施完成。12 項分測驗產生總計 9 個因素分數：(1) 一般學習能力（General Learning Ability 或 Intelligence）（G）；(2) 語文性向（Verbal Aptitude）（V）；(3) 數字性向（Numerical Aptitude）（N）；(4) 空間性向（Spatial Aptitude）（S）；(5) 圖形知覺（Form Perception）（P）；(6) 文書知覺（Clerical Perception）（Q）；(7) 動作協調（Motor Coordination）（K）；(8) 手指靈巧（Finger Dexterity）；及 (9) 手部靈活（Manual Dexterity）（M）。手指靈巧和手部靈活所涉四個分測驗需要使用簡單的插洞板和裝拆板裝置。

GATB 上的 9 個因素分數是以標準分數表達，平均數 = 100，標準差 = 20。這些標準分數是寄託在 1940 年代取得之 4,000 名工人的原始常模樣本上。對因素分數而言，複本信度係數的範圍是從 .80 多到 .90 多。GATB 手冊摘述關於該測驗之效度的幾項研究，主要是根據它與適切之效標量數的相關。Hunter（1994）指出，GATB 分數預測所有水準之工作複雜度的訓練成效。平均效度係數是非凡的 .62。

GATB 也依據幾十年來對數千種職務施行的工作分析（job analysis），建立起 66 種職業性向組型（Occupational Aptitude Patterns, OAPs），每一組型代表一種職業族群（occupational family）的常模。主試者在解釋測驗結果時，只要把受測者的分數跟這些性向組型加以對照，就可找出受測者較適合從事的職業族群，作為職業諮商和分類之用。

Hunter（1994）推薦另一種建立在組合性向上的策略（圖 6-4）。9 個特定因素分數被恰好組成三個綜合因素：認知、知覺及心理動作（psychomotor）。Hunter 指出，不同工

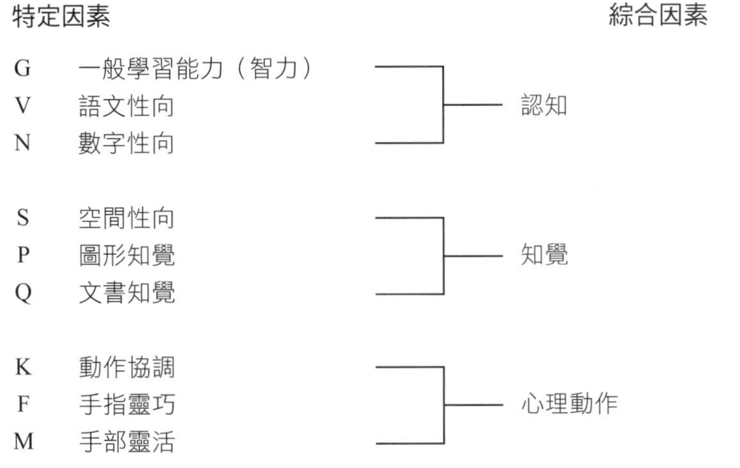

圖 6-4 GATB 上的特定因素和綜合因素

作需要具備各種成分的認知、知覺及心理動作性向。例如，汽車工廠中裝配線的工人可能需要在「心理動作」和「知覺」成分上拿到高分，至於「認知」分數對這項職業則較不重要。Hunter 的研究證實，綜合因素在預測工作表現上優於特定因素。

(三) 三軍部隊職務性向測驗組合（ASVAB）

三軍部隊職務性向測驗組合（Armed Services Vocational Aptitude Battery, ASVAB）或許是現存最被廣泛使用的性向測驗。這項工具是被三軍部隊使用來篩選可能的新兵，以指派人員到不同的職務及訓練方案。每年有超過 200 萬名受測者接受 ASVAB。

ASVAB 目前的版本是由九項分測驗所組成，它們是：(1) 算術推理；(2) 數學知識；(3) 字詞知識；(4) 短文理解；(5) 普通科學；(6) 機械理解；(7) 電子學資訊；(8) 裝配物件；及 (9) 車輛與工場。前四項分測驗組成「三軍部隊資格測驗」（AFQT），是所有軍種公用的資格檢定考試。

ASVAB 分數的複本信度係數是在 .85 到 .95 之間，而重測係數的範圍是從 .75 到 .85（Larson, 1994）。唯一的例外是「短文理解」，其信度只有 .50。該測驗在 12,000 名人員的代表性樣本上良好地建立常模，這些人員從 16 歲到 23 歲。ASVAB 手冊報告它跟訓練後成績量數的中數效度係數是 .60。

對於 ASVAB 受測者的決定典型是建立在組合分數上，而不是分測驗分數。例如，「電子技術組合」是透過結合「算術推理」、「數學知識」、「電子學資訊」及「普通科學」而演繹出來。在這個組合上拿到高分的受測者可能被指派到電子技術有關的職位。因為組合分數是實徵上推導的，關於安置決定的新組合可在任何時間發展出來。組合分數不斷地被更新及修訂。

ASVAB 也供應電腦化的版本，正快速地取代原來的紙筆測驗（Segall & Moreno, 1999）。關於 ASVAB 的電腦化適應型測試（computerized adaptive testing, CAT）版本的研究從 1980 年代業已展開。在 CAT 中，受測者坐在電腦終端機前接受測試。視受測者進行中的表現而定，呈現在屏幕上的題目難易度不斷地重新調整。一般而言，當受測者正確地答對一個分測驗題目時，他將會面對一個困難些的題目；至於受測者在該題目上答錯時，他將會面對一個容易些的題目。電腦利用題目作答理論作為基礎以挑選題目。每位受測者接受獨特的一套測驗題目，這是配合他的能力水準訂製的。

在 1990 年，CAT-ASVAB 開始替換紙筆的 ASVAB。目前，所有軍職申請人有超過三分之二是以電腦化版本施測。為什麼要採用 CAT-ASVAB？Larson（1994）列舉的原因如下：

1. 縮短全部的施測時間（適應型測驗大致上只需要標準型測驗的一半題目）。
2. 增進測驗安全性——透過排除測驗小冊子會被偷走的可能性。
3. 增進測驗精密度，特別是在高端和低端的能力上。
4. 提供關於測驗分數之立即回饋的手段，因為被用來施測的電腦可以立即對測驗評分，而且輸出結果。
5. 為變通的測驗展開時間提供手段（不像團體實施的紙筆測驗，每個人必須在同一時間開始及結束），電腦本位的施測可以配合受測者個人的行程表。

關於 CAT-ASVAB 之信度及效度的研究強烈支持它與原先紙筆測驗的等值性（equivalence）。一般而言，電腦化版本的工具跟它紙筆的對應版本測量的是相同的構念，但前者達成這一點是以較少的時間和較大的精密度（Moreno & Segall, 1997; Segall, 1997）。

四、研究生甄選測驗

性向測驗的主要用途是在教育和職業兩大領域中。教育性向測驗的目的是測量跟各學科學習活動有關的各種潛在能力，以之預測受測者在學業成就上的可能性。例如，「學術性向測驗」（Scholastic Aptitude Tests, SAT）是美國全國通用的大學入學前學術性向測驗，多年來已成為美國甄選大學生及預測大學成就的主要工具。美國目前有 90% 的大學或獨立學院採用該測驗甄選學生。1990 年代初期，SAT 被重新命名為「學業評鑑測驗」（Scholastic Assessment Tests）以強調內容和格式上的更動。新的 SAT 較為注重對高中學科精熟程度的衡鑑，但也繼續評估學生的推理技能。

至於美國各大學研究所的甄選決定上，這方面也極為倚重性向測驗。當然，當甄選畢業生接受深造訓練時，其他許多因素也被列入考慮，但是性向測驗無疑地具有中心位置。「研究生資格考試」（Graduate Record Exam, GRE）分數就是被廣泛採用一項參考數據。

GRE 含有多項選擇題和論述題，它提供大學生在許多領域（例如，生物學、電腦科學、歷史學、數學、政治科學、心理學）中的學科考試，但是它的核心是普通測驗（general test），立意於測量語文、數量及分析性寫作的性向。語文部分（GRE-V）包括像是類比、語句完成、反義字及閱讀理解等文字題目。數量部分（GRE-Q）包含代數、幾何學及推理等方面題目，以及對於資料、圖形及圖表的解讀。分析性寫作部分（GRE-AW）是在 2002 年 10 月所增添，作為較高層次之批判性思維和分析性寫作技能的測量。

前兩種分數（GRE-V 和 GRE-Q）被換算為標準分數，具有約略的平均數 500 和標準差 100。就過去而言，研究生入學方案傾向於注重前二個部分的合併分數（GRE-V+GRE-Q），當合併分數高於 1,000 時，就被認為是高於平均。新近，研究生入學方案則較重視它們申請人的寫作技能（writing skills），這解釋了為什麼分析性寫作部分（GRE-AW）會被加進該測驗中。GRE-AW 的評分是建立在 6 點（點量表）的整體評定上，由兩位受過訓練的評閱者獨立地進行評分。假使兩個分數在該量表上的差距超過一個點數，這樣的落差就由第三位 GRE-AW 評閱者進行仲裁。

GRE 的信度頗高，其內部一致性信度係數典型在 .90 左右。至於 GRE 的效度，一般是檢視它在預測大學生在研究所中的表現的能力。表現主要被操作性地界定為計點平均成績（GPA），雖然學生性向的教職員評定（faculty ratings）也被派上用場。例如，根據對 22 項研究（總計達 5,186 名學生）的後設分析的審查，Morrison 和 Morrison（1995）的結論是，GRE-V 與研究所 GPA 的相關是 .28，GRE-Q 的相關則是 .22。因此，平均而言，GRE 分數在研究所層面的學業表現上只解釋 6.3% 的變異數。在近期以耶魯大學 170 位心理系研究生為對象的研究中，Sternberg 和 Williams（1997）也發現 GRE 分數與研究所成績之間極低的相關。

當求取 GRE 分數與五個變項（分析、創造、實踐、研究及教學的能力）上的教職員評定的相關時，相關係數甚至更低。唯一的例外是 GRE 分析性思維的分數，它與幾乎所有的教職員評定有適度的相關，根據這些和類似的研究，許多研究學者認為，假使過度依賴 GRE 作為研究所甄選工具，可能會疏忽了大量有才能、有前途的研究生。然而，有鑑於在 GRE 上拿到低分的申請人不太可能被接納進入研究所，也考慮到效標的不可靠性——這些因素都會降低預測變項（GRE 分數）與效標（研究所成績）之間相關；許多研究學者相信 GRE 仍然是研究所甄選的有效工具（Melchert, 1998; Ruscio, 1998）。

五 教育成就測驗

成就測驗（achievement tests）具有廣泛的潛在用途。團體成就測驗的實際應用包括下列：

- 鑑定有特定成就短缺的兒童及成年人，他們可能需要更詳盡之學習障礙的衡鑑。
- 協助父母認識他們子女的學業優勢及弱處，從而在家中採取一些補救措施。
- 鑑定全班或全校的成就缺失，作為重新引導教學方向的基礎。
- 評估教育方案的成效——透過測量學生們隨後的技能達成。
- 根據在特定學業領域中相近的技能水準把學生們分類。
- 鑑定對於各個學生適宜的教學水準。

美國的幾乎每一個學校體系都會採用至少一種教育成就測驗，因此不必訝異地，為了回應普遍的需求，測驗出版社已編製全副裝備的優良工具。在稍後論述中，我們將描述幾種最廣泛使用的團體標準化成就測驗。這些測驗具有幾個共同的特性。

首先，這些工具是屬於多層次的測驗組合（multilevel batteries），含有可資不同年級學生進行比較的分測驗。在多層次的測驗組合中，測驗小冊子含有重疊的部分，不同年級的學生在該年級適合的位置上進入及退出測驗材料。

許多教育測驗組合共通的第二特徵是跟某一能力測驗同時建立起常模。當測驗是同時建立常模時，它們擁有相同的標準化樣本。如此一來，在一項測驗上的平均表現可被直接視為同等於在另一項測驗上的平均表現。同時建立常模是很具效益的，因為它容許父母、教師及諮商師在成就與能力之間從事精準、直接而有意義的比較。畢竟，成就分數的意涵是受到我們對學生能力的認識所調節。對於擁有高能力分數但成就分數卻偏低的學生而言，他可能是教育干預的良好人選，包括是否有學習障礙之較為詳盡的衡鑑。對照之下，對於擁有低能力分數且成就分數也低的學生而言，他可能已發揮充分潛能，因此專門化的干預可能就沒有必要。

團體成就測驗的第三個共通性是它們測量類似的教育技能。教育成就測驗傾向於強調這些技能領域：

- 閱讀，包括理解和詞彙。
- 書寫語言（written language），包括拼字、加標點符號及以大寫字體書寫。
- 數學，包括計算和應用。

此外，小學階段的測驗經常評鑑聽話技能，包括口語理解。有些測驗組合也評鑑關於科學常識、社會常識及人文學之基本概念的認識。

最後，這裡所討論的教育成就測驗普遍擁有優良的心理計量的特性。測驗內容是切題而適宜的，也就是說該工具顯現良好的內容效度；分量表擁有優良的內部一致性信度和複本信度；標準化樣本總是大規模而具代表性；以及不存在明顯的性別及種族偏頗。總之，廣泛被使用的教育成就測驗的心理計量特性典型地在水準以上，如果不是非凡的話。

(一) 愛荷華基本技能測驗

首度在 1935 年出版，愛荷華基本技能測驗（Iowa Tests of Basic Skills, ITBS）最新近的修訂和重新標準化是在 2001 年。ITBS 是屬於多層次成就測驗組合，涵蓋範圍從幼稚園到 8 年級。它有一份姊妹測驗（companion test），稱為「成就與精通測驗」（Tests of Achievement and Proficiency, TAP），涵蓋從 9 年級到 12 年級。為了促進成就與能力直接而準確的比較，ITBS 和 TAP 二者同時跟「認知能力測驗」（CogAT）建立起常模，後者是頗受重視的一份綜合學業能力團體測驗。

從第一版起，ITBS 就一直受到教育測量之實用理念的引導。手冊中陳述施測的目的如下：

> 測量的目的是提供可被用來改進教學的資訊。測量的價值在於它能夠導致較適當的決定而直接影響學生。

為了達成這個目的，ITBS 納入標準參照的技能分析，以補充平常之常模參照的幾組分數。因此，教師能夠針對每位學生獲致豐富的診斷－教學的資訊。

ITBS 的技術特性沒有可非議之處。在以往的研究中，它的內部一致性和複本信度係數大部分是介於 .85 到 .93。一年間隔的穩定性係數幾乎都在 .70 到 .90 的範圍內。如內容評估和題目偏差研究所判定的，該測驗沒有明顯的種族和性別偏頗。ITBS 的 2000 年常模是從大規模而具有代表性的全國機率樣本所實徵地發展出來。

ITBS 的題目內容被課程專家和評閱者判定為是適切的，這說明了該測驗的內容效度（Lane, 1992; Linn, 1989; Raju, 1992; Willson, 1989）。雖然最新版 ITBS 的預測效度尚未被廣泛探討，但是來自先前版本的證據是很具激勵性的。例如，ITBS 分數跟高中成績有穩健的相關，*r* 在 .60 左右。ITBS 不是完美的工具，但是它代表現代測驗編製方法所能提出的最佳測驗之一。

(二) 大都會成就測驗

大都會成就測驗（Metropolitan Achievement Test, MAT）可以回溯到 1930 年，當時紐約市為了評鑑各個課程而設計該測驗。MAT 清楚地說出它的目的有二，一是對學生在各主要學科內容和技能學習上的成果從事綜合考查，另一是提供診斷性的資料作為教師教學上的參考。MAT 跟「歐迪思－藍寧學校能力測驗」（Otis-Lennon School Ability Test, OLSAT）同時建立常模。

現在是在它的第八版本，MAT 屬於多層次測驗組合，適用於從幼稚園到高三的學生，最新近常模是在 2000 年建立。MAT 所考查的領域包括傳統之學校有關的一些技能，即閱讀、數學、語言、書寫、科學常識及社會常識。

在診斷－教學的測驗部分，MAT 產生「閱讀教學水準」（IRL）和數學教學水準（IML）兩個分數。另外在每一學科上也提供「挫折」和「獨立」水準分數等，這些都是標準參照分數，它們能夠協助教師選擇在教學上適合於學生程度的教材。

在信度方面，MAT 有很高的內部一致性信度，其係數大部分超過 .90。在效度方面，MAT 在編製的過程中極為重視內容效度的建立，不論是內容的取材或試題的編製都是由計量和學科的專家們經手，命題完成之後，再由有資深教學經驗的人士在文字上作適當的修改，以便符合各年級學生的一般程度。另外，試題的挑選也經過廣泛的測試和項目分析之後才作最後的定奪。

(三) 另一些團體標準化成就測驗

除了先前描述的測驗組合外，另一些廣泛使用的團體標準化成就測驗也值得一提，但因為篇幅所限，我們只能加以列舉。這些工具包括 Tests of General Educational Development（GED）、Iowa Tests of Educational Development（ITED）、Tests of Achievement and Proficiency（TAP）、Stanford Achievement Test（SAchT）及 TerraNova CTBS。

六 指導對性向測驗分數的影響

指導對測驗分數的影響已受到心理學家和教育學者的適度注意。指導（coaching）可能包括幾個成分：(1) 在近似測驗的材料上額外的練習；(2) 溫習該測驗可能包羅的基本概念；(3) 提供關於應考策略的一些建議。我們在這裡只能提一些重要部分，特別是把焦點放在像是 SAT 和 GRE 等性向測驗上。

指導的有效性將會產生許多實務和道德方面的問題。從實務的觀點來看，假使指導可以顯著提升測驗分數，那麼採用性向測驗作為甄選決定將是令人懷疑的。例如，假使學生只要參加一套標準 30 個小時的付費指導課程（每星期 3 個小時，為期 10 個星期），他們就能夠可靠地增進自己的 SAT 合併分數（「閱讀」加上「數學」）高達 100 分，考慮這代表什麼意思。順便一提，這正是營利性的指導補習班通常承諾將帶來的總分提升—— SAT 的平均數為 500，標準差為 100。對許多學生而言，100 分的提升對於拿到頂尖大學的入學許可將是決定性的。因此，不少學生認為自己迫切有必要參加這樣的指導課程。但是，像是大學入學這般重要的決定竟是取決於學生是否有時間、精力及見識以參加指導課程，這樣的現象合理嗎？或許不。

從道德的觀點來看，假使指導可以顯著提高測驗分數，這可能產生特權方面的重大疑慮。畢竟，典型的指導課程需要最起碼 600 美元的費用，最優良的課程可能花費這個數額的好幾倍。但是，僅因為窮學生付不起指導課程的費用，他們在大學入學的競爭上就應該處於不利情勢，這樣正當嗎？絕對不。

或許因為利害關係這般高，關於指導之有效性的結論落在兩個對立的陣營。大部分的指導研究是針對 SAT 較先前的版本而執行，即總分是由 SAT－語文和 SAT－數學所組成，各自擁有平均數為 500，標準差為 100。利用更為嚴謹控制的研究方法，一組研究人員發現從指導中只有適度的獲益。例如，Messick 和 Jungeblut（1981）審視許多研究，他們的結論是指導在提升組合的 SAT－語文 + SAT－數學分數上只有 28 分到 30 分的效果——相較於沒有接受指導，不是很實質的增進。Briggs（2001）在對 573 位學生的縱貫研究中也報告幾乎完全相同的發現，這些學生接受過初期版本的 SAT，他們然後先參加付費的指導班級（例如，Kaplan Test Prep、Princeton Review）才接受 SAT。這些學生在 SAT－語文上顯現 13 分的增進，在 SAT－數學上顯現 17 分的增進。摘要現存的指導研究，Powers 和 Rock（1999）發現在 SAT－語文分數上有 6 分到 12 分的效果，而在 SAT－數學分數上有 13 分到 18 分的效果。

第二組研究人員報告遠為顯著的 SAT 指導獲益。Kaplan（2002）把重點放在 SAT－數學預備課程上，他對兩個出生群的學生教導該課程。在他的研究中，學生比起一般情況接受更為集中式的指導——30 到 35 個小時的教導，只針對數學，密集地在僅四個星期中提供。在他的第一組中，平均的 SAT－數學獲益是 60 分。在他的第二組中，學生被公告的平均獲益是 73 分。基於小型的樣本，Kaplan（2002）在類推他的結果上特別謹慎，但它們無疑暗示指導可能造成重大差別。在題為《*The SAT Coaching Coverup*》的書籍中，Stockwell、Schaeffer 和 Lowenstein（1991）審查早先的研究，證實良好設計的測驗預習方案能夠提升組合的 SAT－語文＋ SAT－數學分數達 100 分以上。Johnson（1994）表示學生的動機是決定性的因素。他的結論是，當學生具有高度的動機，他們尋求指導而接受嚴格及結構式的預習方案時，這可以在組合的 SAT－語文＋ SAT－數學上提升分數達 45 分到 110 分。

以 GRE 為對象的研究也指出，在某些情況下可以宣告很大的指導獲益。Groeger（1998）為 15 位大學生提供針對 GRE 之七個星期的高度集中式指導，他發現在組合的

GRE－語文＋GRE－數量分數上有平均達 145 分的進步。同樣的，Vunovich（1996）以 18 位大學生為對象報告在組合的 GRE 測驗分數上的平均獲益達 116 分。使得這兩項研究出類拔萃的不僅是所報告的大量獲益，而也是在於它們所提供指導之驚人的強度——100 到 140 個小時之間嚴格的預習！

至於什麼造成「小量獲益」與「大量獲益」之間的差異，這可能是出於許多因素，包括指導方案的強度、學生的動機水平，以及其他方法論的因素（例如，前測和後測所採用的是某一測驗不等值的複本）。即使如此，現行研究肯定地指出，團體性向測驗上的分數獲益對某些學生而言可能相當實質，特別是當他們接受密集的指導時。這確實提出了疑慮：當面對像是大學入學這般具有利害關係的決定時，我們過度依賴性向測驗是否適當呢？畢竟，沒有證據顯示，指導實際上使得當事人在大學中或研究所中較為成功。大體上，指導的影響是使得當事人較擅長於接受多選項的測驗（multiple-choice tests）。在這種情況下，假使學生能夠以其他方式（或許閱讀文學上的經典作品、培養新的嗜好，或協助颶風的受害者）利用他們花在指導上的時間（在一些研究中被報告高達 140 小時），那不是更為可取！只有當各式機構的看門人（gatekeeper）放寬他們對團體性向測驗的依賴，不再視之為入學決定上的關鍵因素，這才有可能辦到。

主題 6B

測驗偏差與另一些爭議

一、關於 IQ 的錯誤觀念
二、測驗偏差的問題
三、智力之遺傳與環境的決定因素
四、美國黑人與白人 IQ 差異的起源
五、智力的年齡變化
六、智力測驗分數的世代變動

智力測驗原本是中立、不帶價值的工具，直到有些人指定意義給從智力測驗所導出的結果。一旦意義被貼在個人的測驗分數上，當事人將會經歷許多回響，從表面性以迄於改變一生的。這些回響可能是公平或偏頗的，有益或有害的，適宜或誤導的──視貼在測驗分數上的意義而定。

不幸地，以不準確和未獲保證的意涵染指智力測驗分數的傾向相當蔓延。外行人和心理學學生都經常會迷失在有害之錯誤觀念的森林中。測驗結果以各種方式被過度解讀或不當解讀，被某些人視為個人價值的預言，但被另一些人貶低為粗淺而不公平的事項。

這個主題的目的是根據切題的行為研究以進一步澄清智力測驗分數的意義。我們首先掃除一些關於 IQ 的日常錯誤觀念，然後探討幾個以實徵為基礎的議題（你也可以說是爭議），它們跟智力測驗分數的意義有關：

- 測驗偏差的問題。
- 遺傳與環境對智力的影響。
- 美國黑人與白人之間 IQ 差異的起源。
- 智力在中年和老年的命運。
- 智力測驗分數的世代變動。

一、關於 IQ 的錯誤觀念

即使當受過良好教育，一般人傾向於對 IQ 測驗和從它們導出的分數懷有錯誤的觀念。例如，一項常見的信念是，每個人擁有幾近恆定的 IQ，持續生命全程作為他核心身分的一部分。很少被公開表達，我們可以稱這個不自覺的前提為「先天 IQ」謬誤。這個觀點沒有認識到 IQ 分數始終是相對的——相對於特定的測驗、相對於測驗實施的環境，以及相對於測驗被授予的文化和歷史背景。

關於「每個人擁有某一固定的 IQ」的信念，這通常可在那些盲目崇拜認知測驗的人們身上發現，而且他們典型地已在智力測驗上贏得頂尖分數。這些人傾向於把 IQ 分數看作實質的東西（使之具體化），而且視之為是個人價值的度量。無疑地，IQ 測驗是注重實際的工具，具有許多正面的用途。但是更重要的是正確看待 IQ。總之，IQ 分數是一種描述性而實用的工具，但是我們應該克制人性的傾向，避免在任何意味上視 IQ 為具有實質性的存在。

Gregory（1999）已列舉關於 IQ 的幾個錯誤觀念，其中有些是源自不自覺地看待 IQ 為個人價值的度量。簡言之，大部分人從 IQ 分數推斷出太多東西。很清楚地，IQ 不是個人價值的指標。雖然 IQ 分數可能容許對學業和職業努力的成效作約略的預測，但是這與個人價值完全無關。再者，即使 IQ 概略的預測能力也容許許多例外情況。例如，大學畢業生的平均 IQ 是落在 115 到 120 的範圍內（Gregory, 1994c）；儘管如此，許多人的 IQ 遠低於平均數，但仍然正當地拿到大學學位。

另一個錯誤觀念是「IQ 是多種心智能力之總括性的指標」。這個信念具有不同程度的不正確性，視所涉的特定測驗而定。無論如何，IQ 測驗通常評鑑的是相對上窄頻的心智能力。回想史騰伯格（1993）的智力三元論，他主張人類的智力結構應該包括三種能力，即分析能力、實踐能力及創造能力。標準 IQ 測驗所測量的僅是分析能力，大致上忽略了實踐和創造的能力。典型地，IQ 測驗不測量創造力、直覺、音樂才能、運動技能或情緒智力——僅是列舉其中一些重要能力。除了高 IQ 外，另有許多特性在過著美好生活上也很重要，而 IQ 測驗通常完全不加測量。幽默、動機、誠實、端莊、復原力及憐憫是很難以認知測驗分數加以捕捉的。

還有另一個錯誤觀念是認為 IQ 分數從兒童期直到成熟期都保持穩定。雖然智商分數確實很少在任一方向顯現極大擺動（除非是在像是嚴重頭部傷害的不幸個案上），但是我們從很早之前就知道，智力（如 IQ 所測量的）在正常的生活過程中會向上或向下移動，取決於教育、閱歷、動機及一大群其他因素。例如，關於 IQ 的易變性，Bradway（1944）的經典研究提供一個極佳的示範。他先對 138 位學前兒童施測，然後在 10 年後以完全等值的斯－比測驗複本重測。他發現 IQ 的「平均」變動（考慮到增加和減少二者）超過 10 個點數。這表示該組別中有相當大比例的人數在這些成長歲月中發生超過 10 個點數的重大變動——不論是向上或向下。我們在接下來章節中將會審視幾個影響 IQ 波動的因素。我們首先從測驗偏差之具爭議性的問題談起。

測驗偏差的問題

無疑地，在現代心理學的實踐中，再也沒有比心理測量受到更多的抨擊。在審閱好幾百件針對心理測量的批評後，Jensen（1980）發現測驗偏差（test bias）特別是眾矢之的。所謂的「測驗偏差」，評論家以之指稱測驗在文化上和性別上有所偏袒，以至於對少數族裔、女性及窮人產生不公平待遇。我們在這裡援引一份忠於原文的批評樣品（Jensen, 1980）：

- 智力測驗被拙劣地不當命名，因為它們從不是預定測量智力。它們或許應該被較妥切稱為「文化背景」（cultural background, CB）測驗。
- 當個人的出身背景不同於該測驗所被編製的文化時，他將始終處於不利情勢。
- 關於兒童接觸為了獲得有效的智能技巧所必要的經歷，這方面存在重大的社會階級差異。
- 針對美國黑人和美國低社經團體所報告的 IQ 分數，反映的其實是該測驗的特性，而不是受測者的特性。
- 美國黑人兒童在傳統測驗上的不良表現是起因於該測驗偏頗的內容；也就是說，該測驗題材是引自美國黑人文化之外。
- 女性在數學上不如男性，這僅是因為女性通常在高中和大學沒有選修那麼多數學課程。

這些批評正當嗎？這個問題的探討被發現變得遠比讀者可能想像的更為錯綜複雜。最重要的論點是外表可能欺騙人。如我們隨後將會解釋的，測驗題目「看起來」像是優待某一族群、性別或社會階級的事實不能構成測驗偏差的證明。測驗偏差是一個客觀、實證的問題，不是個人判斷的事情。

另一方面，測驗偏差的概念與測驗公平的概念不能避免地交錯在一起。為了充分說明測驗偏差的爭議，我們也需要探討測驗公平的相關議題。測驗偏差是一個技術概念，可以接受光明正大的分析。我們隨後將討論如何客觀評鑑測驗偏差的一些最主要方法。對照之下，測驗公平（test fairness）反映的是測驗使用的社會價值和理念，特別是當測驗使用延伸到特權或就業的甄選時。

(一) 測驗偏差的爭議

測驗偏差的爭議是起源於各個族群之間在平均 IQ 上觀察到的差異。例如，平均而言，美國黑人在標準化 IQ 測驗上的分數低於美國白人大約 15 分。當社經差距被列入考慮時，這項差異減低至 7 到 12 個 IQ 點數。因為能力測驗分數上存在顯著的族群差異，這終於煽動起關於測驗偏差的爭論之火。畢竟，就業機會、大學入學、高中文憑的完成，以及特殊教育班級的指定都是部分地受到測驗結果的支配。偏頗的測驗可能使流傳的種族歧視（racial discrimination）存續下去。測驗偏差是值得一般大眾和測量專業雙方密切檢視的主題。

一種可能性是，所觀察到的 IQ 差距指出的是測驗偏差，而不是有意義的團體差異。事實上，大部分外行人（甚至也包括一些心理工作人員）經常視 IQ 之種族差異的幅度為乍看之下的證據，表示智力測驗是文化上偏頗的。這是很令人心動的論據，但是所界定次群體之間重大差異不能作為證明測驗偏差的充分基礎。測驗偏差的證據必須建立在另一些標準上。

族群差異不是測驗偏差爭議的唯一基礎。重大的性別差異也存在於一些能力測量上，最特別是在空間思維的領域中（Maccoby & Jacklin, 1974; Halpern, 1986）。在一項研究中（Gregory, Alley & Morris, 1980），男性在「區分性向測驗」（DAT）之空間－推理成分上的得分勝過女性，而且高達整整一個標準差。這樣的發現提出一種可能性，即空間－推理測驗可能是偏頗的（以有利於男性的方向）。但是，我們如何能夠知道？團體之間的測驗分數差異在什麼時候才是表明測驗偏差？

(二) 測驗偏差和測驗公平的標準

測驗偏差的主題已受到廣泛的注意。關於測驗偏差的意見不合之所以持續下去，部分是因為這場論戰中的對手們未能澄清基本術語。經常的情況是，像是「測驗偏差」和「測驗公平」的術語被認為是可互換的，不加以界定就籠統地丟出來。但是，對於這兩個概念的審慎檢查才能為這個主題之較為理性的討論提供基礎。

如這個領域的大多數權威所解釋的，「測驗偏差」是指一些客觀的統計指標，用以檢查針對有關次群體之測驗分數的散布（或集中）情形。雖然專家們可能對於細微差異有不同意見，但大致上懷有一個共識，即採用統計標準以指出某一測驗在什麼時候是偏差的。一般而言，當某一測驗對不同次團體產生差別的有效性時，它就被視為是偏差的。例如，假使某一測驗得自特定次群體的分數沒有落在相應標準的相同迴歸直線（regression line）上，那麼它將被認為是偏頗的。

對照於測驗偏差之狹窄的概念，「測驗公平」是一個寬廣的概念，它承認社會價值在測驗使用上的重要性。即使某一測驗根據傳統之同質迴歸（homogeneous regression）的技術標準是不偏不倚的，但因為利用它作為甄選決定的社會後果，它仍然可能被視為不公平的。爭議的關鍵是在這裡：測驗偏差（統計的概念）不必然跟測驗公平（價值的概念）是同一件事情。終究，測驗公平是建立在社會觀念上，諸如個人對公正社會的意象。在測驗公平的評鑑上，主觀價值具有凌駕的重要性；至於測驗偏差的統計標準僅是輔助的。

(三) 測驗偏差的技術意義

檢視測驗偏差的一種有效方式是透過驗證測驗效度的技術觀點。讀者從先前的章節中可能還記得，當各式各樣證據支持某一測驗的實用性，而且當從該測驗所導出的推論是適宜、有益及有意義時，該測驗就是有效的。這個觀點的一個意涵是，測驗偏差可被視為同等於不同團體的差別效度（differential validity）。

我們舉個具體例子，或許有助於澄清這個定義。假設簡單的文字問題算術測驗被用來測量幼童的加法技能。問題可能是屬於這樣型式：「如果你有兩組 6 罐裝的汽水飲料，那麼你總共有多少罐飲料？」然而，假定該測驗是使用在主要說西班牙語的 7 年級學生團體。在這些兒童身上，低分可能指出語言障礙，而不是算術技能方面的問題。對照之下，對說英語的兒童而言，低分將最可能指出算術技能上的缺失。在這個例子中，該測驗具有差別效度，相當良好地預測說英語兒童的算術缺失，但是在預測說西班牙語兒童方面卻極為拙劣。根據驗證測驗效度的技術觀點，我們將會斷定該測驗是偏頗的。

雖然測驗偏差的全面定義關涉差別效度，但實際上，測驗偏差的特定標準落在三個主要標題下，即內容效度、效標關聯效度及構念效度。換句話說，測驗之所偏頗是因為發生了內容偏差、預測效度偏差，或構念效度偏差：

- 內容偏差（content bias）——當某一測驗的題目或分量表被證實對某一團體的成員（相較於另一個團體的成員）相對上較為困難，當進行比較的團體的綜合能力水準被保持一定不變，以及當沒有合理的理論依據足以解釋所涉題目（或分量表）上的團體差異時，該測驗就被認為在內容上是偏差的。
- 預測效度偏差（predictive validity bias）——假使從某一測驗的分數所導出的推論不是使用最低可能的隨機誤差，或假使附隨某一特定團體成員身分而在推論或預測上就會發生一定誤差的話，該測驗就被認為在預測效度方面是偏差的。
- 構念效度偏差（bias in construct validity）——當某一測驗被顯示對某一團體（相較於對另一個團體）是在測量不同的假設特質（心理構念）時，該測驗就被認為在構念效度方面是偏差的；也就是說，隨著族群及性別等變項的作用，對同樣的表現作有差別的判讀被顯示是適當的（Reynolds, 1998）。

總之，測驗偏差的假設是一個科學問題，可以實徵地透過一些統計程序加以回答，像是因素分析、迴歸方程式、關於「偏差」對「無偏差」題目之難易水準的團體間比較，以及題目難度的等級排序等。一般而言，知名的能力測驗和性向測驗依這些標準來看都進展相當良好，也就是免除測驗偏差的嫌疑（Reynolds, 1982, 1994a; Jensen, 1980; Manning & Jackson, 1984）。

智力之遺傳與環境的決定因素

(一) 智力的遺傳促成因素

關於智力的天性與教養的爭議（nature-nurture issue，或先天與後天的爭議），這是一個眾所周知而案牘勞形的問題，我們在這裡將大致上加以規避。我們同意 McGue、Bouchard、Iacono 及 Lykken（1993）的論點，即幾十年來的領養研究、家族研究及雙胞胎研究早已證實智力具有實質的遺傳成分，即使個別研究可能因為特定原因而被挑剔。

> 綜合而言，IQ 的雙胞胎、家族及領養研究已提供證明，說明 IQ 之遺傳影響力的存在，這是行為科學以非實驗方法所獲致的結論。不假定遺傳影響的存在的話，我們完全不可能可信地解釋為什麼一致地發現：(1) 同卵（MZ）雙胞胎間要比異卵（DZ）雙胞胎間有較高的 IQ 相似性；(2) 血緣親戚間有顯著的 IQ 相關，即使當他們被分開養大時；以及 (3) 家族 IQ 相關的程度與血緣關係的遠近之間有強烈的關聯。(p.60)

當然，儘管證實某一特質有實質的遺傳影響，這並不表示遺傳單獨負責了個體之間的差異——環境因素也具有塑造的力量，如隨後將會檢視的。

人類特質（像是智力——如 IQ 測驗所測量的）的遺傳促成通常是根據遺傳性指數加以測量。遺傳性指數（heritability index）是一個估計值，指稱在某一特質的總變異數中，有多少比例是出於遺傳因素，其變動範圍從 0.0 到 1.0。0.0 的遺傳率表示遺傳因素在某一特質中對於變異數沒有貢獻，至於 1.0 的遺傳率表示遺傳因素完全負責了變異數。當然，對大部分可測量的特性而言，遺傳率是居於兩極端之間某處。McGue 諸人（1993）討論了根據雙胞胎和領養研究以計算遺傳率的各種方法。

這裡有必要強調的是，遺傳率是一個人口統計數字，不能延伸來解釋個別的分數。再者，某一特質的遺傳率不是一個常數。如 Jensen（1969）所指出的，遺傳率的估計值

「是專對於所抽樣的人口、所涉的時間點、測量如何被施行，以及用來取得該測量的特定測驗。」對 IQ 而言，大部分研究報告的遺傳率估計值正好在 .50 左右，表示在 IQ 分數中有大約半數的變異性（variability）是來自遺傳因素。然而，對某些研究而言，IQ 的遺傳率遠為高些，在 .70 多（Bouchard, 1994; Bouchard, Lykken, McGue, Segal & Tellegen, 1990; Pedersen, Plomin, Nessel-roade & McClearn, 1992）。

好幾十項研究可以援引以說明遺傳因素在決定智力（如 IQ 測驗所測量的）上的重要性。針對這個問題的相關文獻可說汗牛充棟。作為這個主題的基本啟蒙，讀者可以參考 Bouchard（1994）和 Jensen（1998）。

關於 IQ 的遺傳促成，最為引人入勝的實證見之於「明尼蘇達分開養大雙胞胎研究」（Minnesota Study of Twins Reared Apart）（Bouchard et al., 1990）。在這項還在進行的研究中，分開養大的同卵雙胞胎被重逢以接受廣延的心理計量的測試。Bouchard（1994）報告，對分開養大之同卵雙胞胎的 IQ 而言，其相關幾乎跟共同養大同卵雙胞胎的相關一樣高，即使分開養大的雙胞胎通常接觸的是頗為不同的環境條件（在某些案例中，截然對立的環境）。總之，環境的差異似乎在分開養大之成對同卵雙胞胎的 IQ 上只引起很少的分歧。這些發現強烈確證遺傳對智力的貢獻，具有 .70 左右的遺傳率估計值。

我們再舉一個經典研究。Honzik（1957）重新分析得自 Skodak 和 Skeels（1949）之領養研究的資料。這項分析顯示，當被領養兒童以某一工具（如斯－比量表）被重複測試時，他們的智力與他們生身父母的教育成就有愈來愈為密切的相關；到了 8 歲時，相關穩定在大約 .35 的數值上（圖 6-5）。引人興趣的是，這是大約相同水準的相關，當相較於在健全家庭中求取子女的 IQ 與父母教育成就之間相關時。對照之下，Honzik（1957）發現，被領養兒童的智力與他們養父母的教育成就之間相關接近於零。成年人的教育成就是他們自身智力的良好代表——在該情況下所能取得的最佳估計值。這樣的結果指出，被領養兒童的智力足堪比擬於（相似於）生身父母的智力（即使他們在成長過程中缺席），但顯示跟養父母的智力沒有關係（即使他們一直陪伴在身旁）。這些發現代表什麼意思？我們知道生身父母為他們子女的智力提供遺傳藍圖，至於養父母則是供給環境支援。冷靜的觀察者將會發現很難規避一個很明顯的結論：如 Honzik（1957）所報告的領養研究證實了遺傳在智力上堅定的（但不是排外的）貢獻。

然而，我們必須避免一種傾向，即以過度簡化之只能二者擇一（either/or）的心理架構來看待任何集成的研究。即使最死硬派的遺傳論者也承認，個人的智力也受到經驗素質的塑造。這裡關鍵的問題是：從遺傳所劃定界限的潛能中，豐富或剝奪的環境以怎樣的程度向上或向下調整智力？我們提醒一下讀者，遺傳對智力的促成是間接的，最可能是經由大腦和神經系統之基因編碼的物理結構。儘管如此，大腦在面對環境的操弄時是相當有韌性的，甚至可能改變它的重量和神經網路的密度（Greenough, Black & Wallace, 1987）。這樣的環境衝擊能以怎樣幅度搖動智力（如 IQ 測驗所測量的）？我們將審視幾

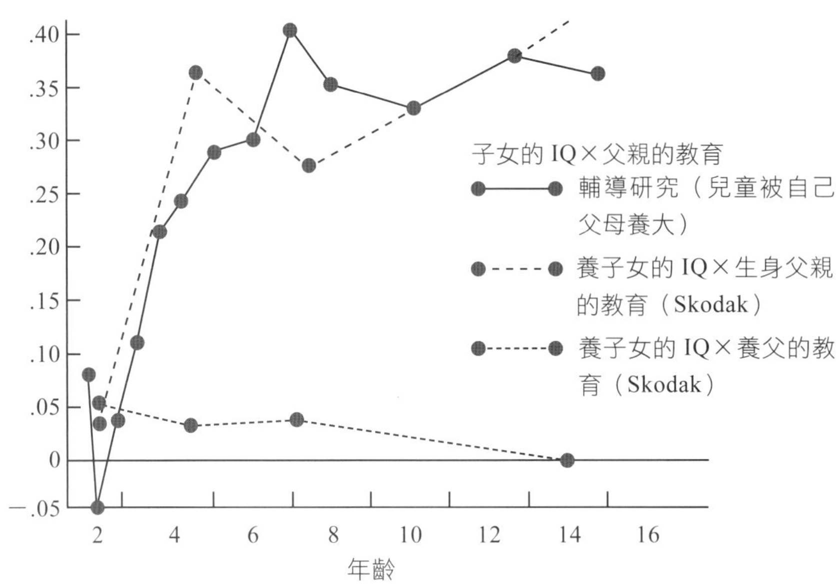

附註：得自母親的資料相當類似。

圖 6-5　養子女與養父及生身父親的 IQ 相似性

資料來源：Honzik, M.（1957）. Copyright © by The Society for Research in Child Development, Inc.

項研究，它們指出環境的極端情況有助於決定智力成果，大致上是在 20 個 IQ 點數的範圍內，或許更多。

(二) 環境的效應：貧乏與豐富

首先，我們檢視環境劣勢的效應。Vernon（1979）審查早期關於重度剝奪（severe deprivation）的研究；他特別指出，兒童在絕少接受人類接觸的情況下被養大（直到 7 歲），但後來當被轉移到較為正常的環境時，這可能造成 IQ 的顯著改善——高達 30 到 50 分。然而，基於一些方法論層面的疑慮，我們對於這項結果還是保持審慎態度。

這些早期研究通常是採取追蹤的方式。例如，Skeels（1966）追蹤 25 位孤兒，他們原先被診斷為智能不足（Skeels & Dye, 1939）。這些兒童最初在大約 1 歲半時接受測試，他們當時住在極不具激勵性的孤兒院中。他們之中的 13 位然後被轉送到另一所孤兒之家，他們在那裡接受大量指導、疼愛的關注——主要來自較年長之智能不足的大姊姊們。這些兒童顯現相當大的 IQ 增進；至於另 12 位被留下的兒童，他們的 IQ 進一步減退。當在研究中追蹤 26 年之後，發現這 13 名移交的個案已成為正常、自立的成年人，或者已婚。另外的受試者（即對照組——contrast group）則仍然住在收容所中，或擔任卑微的工作。當採用斯－比量表重新測試時，豐富組顯現平均 32 個 IQ 點數的增進，至於對照組則還要低於他們原先的分數。即使我們不願意過度信任原先的 IQ 分數，因此可能挑剔確切的變動幅度，Skeels（1966）的研究確實指出，重度剝奪的早期環境與較正常環境之間差異可能負責了或許 15 到 20 個 IQ 點數。

在另一項研究中，Scarr 和 weinberg（1976, 1983）發問這樣的問題：當黑人兒童被經濟上和教育上優勢的白人家庭（它們提供相對上較為豐富的環境）所收養時，這會如何影響他們的智力？如稍後將會討論，為大眾所熟知的是，美國黑人兒童當在他們自己家庭中被養育時，他們取得的 IQ 分數平均低於白人兒童大約 15 分（Jensen, 1980）。這項差距的某些部分（或許所有部分）很可能是由於兩組之間存在許多社會、經濟及文化的差異。我們先擱置這個議題。反而，我們探討一個跟 IQ 的延展性有關的問題：當黑人兒童被經濟上和教育上較具優勢的環境所收養時，這會造成什麼差別？

Scarr 和 Weinberg（1976, 1983）發現，當 130 位黑人兒童和跨種族兒童被上流階級和中產階級的白人家庭所領養後，他們在斯－比量表或 WISC 的全量表 IQ 上平均拿到 106 分，這整整高於全國的平均數 6 分，而且高於典型在黑人受試者身上發現的分數達 18 到 21 分。黑人兒童在生活早期就被領養的話（早於 1 歲之前），他們的進展甚至更好，擁有 110 分的平均 IQ。我們不禁好奇，假使領養發生在出生之時，且假使還提供優良的胎兒期照顧的話，IQ 分數將會是什麼情況。這項研究指出，當早期環境是在最適宜條件下，IQ 可被提高達到或許 20 分。

除了使心理環境豐富化外，另一種提升 IQ 的方法是加強兒童的營養狀況。Schoenthaler、Amos、Eysenck 和其他人（1991）執行一項引人興趣的研究，他們在 615 位中學生身上檢視控制的維生素－礦物質補充對 IQ 的影響。除了它採用極為嚴密的實驗設計，具有雙重保密（double-blind）的隨機指派外，這項研究將很容易被結案為「狂妄之作」，因為它探討的是難以置信的假設：「12 個星期的維生素－礦物質加強將會提升 IQ」。研究人員發現，相較於安慰劑控制組，對那些接受 100% 每天推薦服用維生素－礦物質補充劑的兒童而言，他們在語文 IQ 上沒有顯示增額的獲益，但是在 WISC-R 的作業 IQ 上有顯著之平均達 3.7 分的提升。這個引人興趣的結果迫切需要其他研究人員的重複驗證和擴展。Lynn（1993）審查另一些研究，包括據報在非語文推理上有 9 分的 IQ 獲益，對象是正常之 12 到 13 歲的英國兒童，他們在長達 8 個月期間接受維生素－礦物質補充。

受限於篇幅，我們無法進一步討論環境對 IQ 的影響。但是，值得注意的是，從對於高風險兒童（特別是在學業成績不及格及智能不足方面）的早期干預（early intervention）和豐富刺激的研究中（例如，Barnett & Camilli, 2002；Ramey & Ramey, 1998；Spitz, 1986），大量的文獻已浮現出來。一般而言，這些研究顯示，早期干預和豐富刺激有助於提升高風險兒童的 IQ。摘要 40 幾年來的研究，Ramey 和 Ramey（1998）從關於高風險兒童之早期干預的研究中萃取 6 個原則：

1. 干預愈早開始（例如，在嬰兒期），而且延續愈久的話，為參與研究的兒童提供最佳的利益。
2. 較密集性的干預（例如，每星期探訪的次數）產生較大的正面效果——相較於較不密集的干預。
3. 直接的豐富經驗（例如，直接跟小孩相處）提供較大的影響——相較於間接的經驗。
4. 綜合性的輔導方案（例如，多方面加強）產生較大的正面改變——相較於狹窄範圍的方案。
5. 有些兒童（例如，那些有正常出生體重的兒童）從參與研究中顯現較大的獲益——相較於另一些兒童。
6. 假使兒童所處環境不能激勵及促進積極的態度和持續的學習，初期的正面效益將會隨著時間遞減。

關於早期干預方案的一項關涉是它們的成本，對於某些示範計畫而言，其花費相當龐大。對於提供廣延、全面而延續的干預，幾乎是從出生起就對數以百萬計有發展困擾的高風險兒童展開，批評者懷疑它的實際性和最終效益。這是一個務實的考量，因為「相對上很少早期干預方案受到長期的追蹤研究」（Ramey & Ramey, 1998）。批評者也好奇，這些方案是否僅是教導兒童如何應付考試，卻沒有在很大程度上影響他們的基礎智力（Jensen, 1981）。最後，還有文化適合性的問題。干預方案主要是由白人心理學家所設計，然後以極大比例施行於少數種族的兒童。這是有必要考慮的問題，因為方案需要是文化適切而受到消費者歡迎的，否則干預很容易就會徒勞無功。

(三) 致畸形物質對智力和發育的影響

在正常的胎兒期發育中，胎兒受到胎盤的保護以隔絕於外界環境。胎盤是位於子宮中的一種血管器官，胎兒通過胎盤被供給養分。然而，有些物質稱為致畸形物質（teratogens），它們會跨越胎盤屏障，引起胎兒的身體畸形。特別是假使畸形牽涉到大腦，致畸形物質可能造成終身的行為失常，包括低 IQ 和智能不足。潛在致畸形物質的表單幾乎無窮盡，包括處方藥物、激素、非法毒品、吸菸、酒精、輻射線、有毒化學物質及病毒感染（Berk, 1989; Martin, 1994）。我們將簡要論述這之中最為盛行、也最可預防的致畸形物質，即酒精。

懷孕女性的重度飲酒引起她們子女有胎兒酒精症候群（fetal alcohol syndromes, FAS）之非常高的風險。FAS 是特定的一群失常狀況，最先是由 Jones、Smith、Ulleland 和 Streissguth（1973）加以描述。對於有 FAS 的兒童而言，他們的智力顯著地低下。當在青少年期或成年期加以衡鑑時，所有罹患這種疾患的人們中，大約半數在 IQ

測驗上的得分是在智能不足的範圍內（Olson, 1994）。在西方世界中，胎兒期暴露於酒精是智能不足已知的主要原因之一。FAS 的判定標準包括下列：

1. 產前及／或產後的成長遲滯——體重在經過孕育期（指從受孕到生產的懷孕階段）的校正後低於第十百分位數。
2. 中樞神經系統功能失調——頭顱或大腦畸形、輕度到中度的智能不足、神經系統失常及動作遲緩。
3. 臉部構造異常——兩眼的距離較大、眼瞼開口較短、上唇薄、鼻樑低及小耳畸形（Clarren & Smith , 1978; Sokol & Clarrren, 1989）。

前面所描述之充分成形的 FAS 主要發生在女性酗酒者的子女身上。隨著較低的飲酒量，該症候群可能發生較為低調的表明，稱為胎兒酒精效應（fetal alcohol effect）。當兒童出現胎兒酒精效應時，他們通常有正常的身體外觀，但是展現明顯之缺損的注意力，而且在反應時間範式中的反應較為緩慢（Streissguth, Martin, Barr & Sandman, 1984）。再者，該效應是線性劑量關聯的；也就是說，懷孕期可能沒有所謂的安全飲酒量（Streissguth, Bookstein & Barr, 1996）。基於這個原因，醫生現在依慣例建議婦女在懷孕期間完全戒除酒精。儘管如此，在西方世界中，FAS（從輕度到重度）發生率的保守估計值是每 1,000 位活產胎兒中的一位，但大部分個案繼續沒被診斷和沒被識別出來（Abel, 1995）。Spohr 和 Steinhausen（1996）對關於 FAS 症候群的研究提供了優良的審查。

(四) 環境毒素對智力的影響

許多工業化學藥品和副產品可能暫時損害神經系統，或甚至引起永久傷害而影響智力。這方面例子包括鉛、汞（水銀）、錳、砷、鉈、四乙鉛、有機汞化合物、甲基溴化物及二硫化碳（Lishman, 1997）。當然，這些環境毒素（toxins）最受到廣泛探討的是鉛（lead），我們在這裡作適度檢視。

人類鉛吸收的來源包括嬰兒和幼兒攝入鉛染色的油漆碎片；吸入從冶煉廠廢氣排放或汽機車含鉛汽油燃燒過程釋放的鉛粒子；攝入鉛焊接罐頭或鉛上釉陶器中的食物；以及喝下通過鉛管的自來水。因為人類身體排除鉛的速度很緩慢，大部分工業化國家的人民承受頗高的鉛負荷量，或許比起據知古羅馬之前的時代達 500 倍高（Patterson, 1980）。

高度鉛暴露的風險已被每一位探討這個主題的醫學和心理學研究人員所認定。高劑量的鉛跟大腦麻痺、癲癇疾患、失明、智能不足及甚至死亡有不能辯駁的關係。關於「缺乏症狀」的鉛暴露，更為重要的問題是：是否有某一程度的鉛吸收不足以引起外顯的醫學症狀，但仍然造成心智能力的減損？

針對這個主題的研究發現是複雜而有爭議的。利用來自幼童脫落牙齒的鉛含量作為他們累積鉛負荷的指標，Needleman 及其同事們（1979）報告「缺乏症狀」的鉛暴露與綜合智力的減損有關聯（大約 4 個 IQ 點數），而且降低了在語文分測驗、在聽覺與言語處理測驗，以及在注意力的反應時間測量上的表現。這些差異在追蹤 11 年後仍然持續（Needleman, Schell, Bellinger, Leviton & Allred, 1990）。然而，利用類似的研究方法，Smith、Delves、Lansdown、Clayton 及 Graham（1983）發現，當社會因素（諸如父母的教育水準和社會地位）受到控制後，來自兒童之鉛暴露的效應就不顯著了。

關於這個主題的研究發現部分地是互相牴觸的，這是因為我們難以使鉛的效應脫離於貧窮、壓力、不良營養及另一些混淆變項（confounding variables）的效應（Kaufmann, 2001ab）。最可能的情形是，「缺乏症狀」的鉛暴露對於神經系統具有傷害效應，這被表明為減低的智力、缺損的注意力，以及其他一大群不良的行為後果。即使在這個論點上缺乏科學的共識，我們還是要慎重地指出，我們應該降低人類的鉛暴露到最低可能的水平。

四 美國黑人與白人 IQ 差異的起源

(一) 美國黑人與白人的 IQ 差異

如先前提過的，美國黑人在標準化 IQ 測驗上的得分平均低於美國白人大約 15 分。這項差異不是微不足道的，達到整整一個標準差。雖然 IQ 差異隨著不同分析有所變動起伏——在某些研究中至少 10 分，但在另一些研究中多達 20 分——該差距在採用廣泛各種測驗的很多樣本中已被佐證。社會階級的控制降低了差距，但還是不能完全排除。再者，該差距的幅度在整個 20 世紀的中期到後期似乎仍然不為所動（Jensen, 1980; Kennedy, Van de Riet & White, 1963; Shuey, 1966）。

圖 6-6 描繪了一項較近期研究，它是關於美國黑人與白人之間的 IQ 差距，以斯－比量表的 1960 年版本為依據。讀者可以注意到，平均而言，白人樣本（M = 101.8）的得分高於黑人樣本（M = 80.7），其幅度是稍微多於 20 IQ 分數。較為近期，WAIS-R 也出現類似的型態，在標準化樣本中，白人（M = 101.4）的得分高於黑人（M = 86.9）達 14.5 IQ 分數（Reynolds, Chastain, Kaufman & McLean, 1987）。種族差異也浮現在更新版的斯－比量表：第四版上，在標準化樣本中，白人（M = 103.5）的得分高於黑人（M = 86.1）達幾近 17.5 IQ 分數（Thorndike, Hagen & Sattler, 1986）。

當人口統計變項（諸如社經地位）被列入考慮時，平均差異的大小減低至 .5 到 .7 個標準差，或是 7 到 10 個 IQ 點數，但仍然很堅定（Reynolds & Brown, 1984a）。IQ 分數之

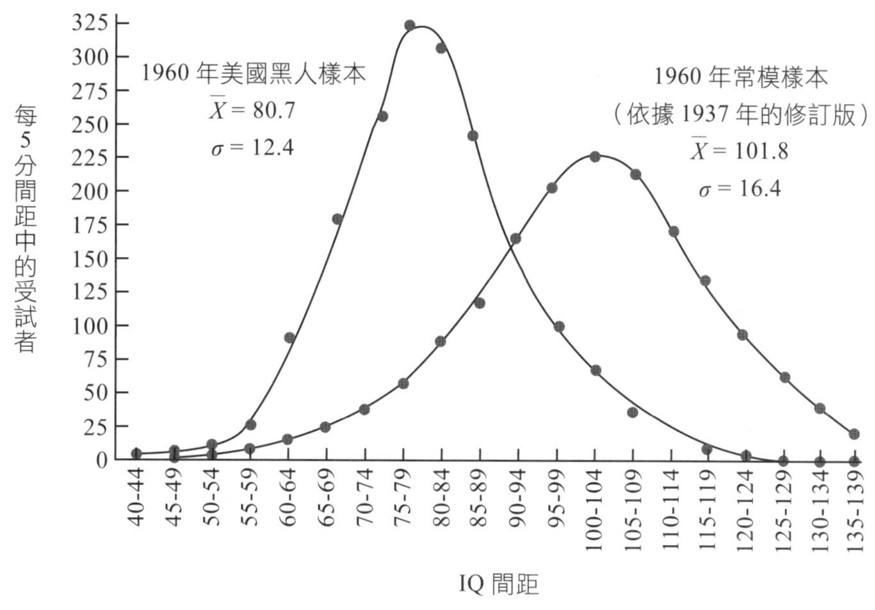

圖 6-6　美國黑人和美國白人的斯－比量表 IQ 分配

資料來源：Kennedy, W. A., Vande Riet, V., & White, J. C., Jr.（1963）. Copyright © by The Society for Research in Child Development, Inc.

種族差異的現實已經這麼多次被重複驗證，它現在已經不是重大爭論的焦點。然而，關於佐證翔實的研究發現如何被「解讀」，這才是猛烈爭論的重點。

如前面討論過，一種觀點是，所觀察到的 IQ 差距是由（部分或全部地）測驗偏差所引起。這是一種受歡迎而被廣泛抱持的觀點，但是很少受到關於測驗偏差之技術研究的支持（如先前已提到）。測驗偏差可能在種族差異上扮演次要的角色，但是它無法解釋在黑人與白人的 IQ 分數之間所發現之重大而持續的差異。這裡，我們打算檢視一個不同的假設；也就是：美國黑人與白人之間的 IQ 差距是否主要是源於遺傳？

(二) IQ 之種族差異的遺傳假說

關於 IQ 之種族差異具有遺傳基礎的假說，最初獲得學術上的知名度是在 1969 年，當時 Arthur Jensen 發表一篇有挑撥性的論文，題為「我們能夠以怎樣程度提升 IQ 和學業成就？」（Jensen, 1969）。Jensen 在序言中為他的論文設定了基調，當時他宣稱「補習教育已被嘗試，但顯然失敗了。」他進一步主張，補習教育（compensatory education，或補償教育）計畫是建立在兩個謬誤的理論基礎上，一是「平均兒童概念」，它視兒童為多少是均質的；另一是「社會剝奪」假說，它聲稱環境剝奪是偏低之學業成就和 IQ 分數的主要原因。Jensen 強烈反對這兩個命題。再者，極為依賴行為遺傳學（behavior genetics）上的文獻，Jensen 表示，白人在 IQ 測驗上的得分高於黑人的原因大致上較與遺傳因素有關，遠勝過環境剝奪的效應。他的論文帶來的推動力是，既然補習教育已被證明無效，且既然證據顯示 IQ 有強烈的遺傳成分，這應該是為 IQ 測驗上有利於白人之良好佐證的差異採取遺傳解釋的時候。隨著關於 IQ 之種族差異的遺傳假說被發表，Jensen 撩撥起一場激烈的爭論，除了間歇的平息外，一直肆虐到今日。

在 1990 年代中期，隨著 Richard Herrnstein 和 Charles Murray（1994）的《鐘形曲線》（*The Bell Curve*）的出版，關於 IQ 種族差異之遺傳基礎的論戰再度熱烈化。這本書主要是探討 IQ 作為貧窮、退學、失業、違法、犯罪及另一大群社會偏差行為之預測指標的重要性。但是其中兩章論述智力的族群差異，這在社會科學家和一般大眾間引起重大騷動。作者們審查好幾十項研究，他們的結論是，美國黑人與白人間的 IQ 差距在該世紀中幾乎沒有變動。他們也表示，測驗偏差不能解釋種族差距。再者，他們指出，種族差異不僅發生在平均 IQ 分數上，也發生在心智能力的剖析圖上。此外，他們歸結智力只是稍微具有延展性（可鍛性），即使在面對密集的環境干預時。Herrstein 和 Murray（1994）相當審慎地陳述他們的遺傳假說：

> 我們認為很可能的情況是，基因和環境二者都與「認知能力」上的種族差異有關係。但是混合比例是怎樣？我們在這個議題上是堅決的不可知論者（agnostic）；就我們所能判定的，現存證據尚未能辯護任一估計值的正當性。

雖然作者們拒絕提供遺傳促成在 IQ 之種族差異上的估計值，但是從他們抱悲觀論之書籍的基調不難看出，他們相信遺傳占有很高比例。近期，Arthur Jensen 重新加入關於種族間 IQ 差異之起源的論戰，他再度肯定他早先的判斷，即該差距是「部分可繼承的」（Rushton & Jensen, 2005）。這個結論是否受到證據的擔保呢？

(三) 遺傳假說是否站得住腳？

種族之 IQ 差異的遺傳假說是不受歡迎的觀念，受到許多外行人和社會科學家的憎惡。但是，蔑視某一觀念並不構成反證，而且淺薄的觀察不能代替對證據的理性檢視。依據另一些分析和研究，IQ 差異的遺傳假說是否站得住腳？我們在這裡將檢視三條路線的證據，它們指出其答案為「否」。

幾位批評家已指出，遺傳假說是建立在有問題的假設上——即團體之內的 IQ 可遺傳性的證據可被用來推斷族群之間的可遺傳性。Jensen（1969）很明確地表達這個前提，指向 IQ 之實質的遺傳成分為暗示性的證據，表示美國黑人與白人之間的 IQ 差距部分地是以遺傳為基礎。在回應先前的批評上，Kaufman（1990）作如下的表述：

> 從提供IQ之團體內可遺傳性證據的研究中，我們不能據以推斷團體間的可遺傳性。即使IQ各自在黑人種族內和在白人種族內是同等可遺傳的，這並不證明種族之間的IQ差異是遺傳起源的。Scarr-Salapatek（1971, p.1226）的舉例良好解釋了這個論點：從某一遺傳上異質的母群中隨機抽取兩份樣本的種子，把它們栽種在兩種土壤中（良好環境vs.不良環境），然後對照充分生長後植物的高度。在每種土壤之內，植物高度的個別變異是遺傳上決定的；但是兩份樣本之間在高度上的平均差異完全是環境的作用。

關於遺傳假說的另一項批評是，環境因素的透徹分析就能為IQ的種族差異提供充分的解釋；也就是說，遺傳假說全然是沒必要的。這是由Brooks-Gunn、Klebanov和Duncan（1996）採取的探討途徑，他們調查483位美國黑人兒童和低出生體重的白人兒童。什麼因素使得他們的研究不同於其他類似的分析？主要是他們資料的豐富性。不再只採取一個或兩個環境的測量（例如，貧窮水準的單一指標）；反而，他們蒐集收入水準的縱貫資料，也蒐集貧窮的其他許多輔因素（cofactors），諸如產後住院的天數、母親的語文能力、家庭學習環境、鄰近地區狀況及另一些家庭社會階級的要素。當兒童們的IQ在5歲接受測試時（採用WPPSI），研究人員發現到白人兒童（平均IQ103分）與黑人兒童（平均IQ85分）之間平常的差距。然而，當貧窮和它的輔因素被統計上控制後，IQ差異就幾乎被完全排除。他們的研究說明，先前的研究似乎低估了貧窮和它的輔因素（作為黑人與白人之IQ差異的促成因素）的蔓延效應（pervasive effects）。

關於遺傳假說的第三項批評是，種族（race）作為一個生物實體（biological entity）是完全不存在的；也就是說，「沒有所謂的生物種族」。Fish（2002）和這個觀點其他擁護者表示，「種族」是一個社會上建構的概念，不是生物的現實。人類（*Homo sapiens*）沒有現存的亞種（subspecies）。

另一種說法是，種族類別是建立在膚淺之身體差異（特別是皮膚顏色）的社會建構上，為了達到一些文化－心理的目的（例如，為了降低關於我們應該如何彼此應對的不確定性）。然而，種族類別並不表示有意義的生物差異。因此，在種族不具生物現實的範圍內，IQ之「種族」差異是起源於遺傳基礎的論證不僅是無益的，也是荒謬的。Neisser、Boodoo、Bouchard和其他人（1996）對於IQ的種族差異和相關議題提供另一些透視。

在離開IQ之種族差異的主題之前，我們應該指出，貼附在這個主題上的情緒大致上是不當的，這是基於兩個原因。首先，種族團體總是在IQ上顯現大量的重疊——這表示地球上人們的相似之處遠多於他們不同之處。其次，如先前提到，IQ之現存的種族差異無疑地在很大程度上反映了文化差異和環境因素。Wilson（1994）編列了美國黑人與白人之間在文化背景上的許多差異。例如，1992年，64%的美國黑人父母是處於離婚、分居、喪偶或不婚的狀態；63% 的美國黑人是由單身母親所生產；以及 30% 的美國黑人是由青少年的女性所產下（美國人口普查局，1993）。平均而言，許多美國黑人的這些家庭生活的現實不可避免地將會導致在智力測驗上偏低的表現。為了避免讀者認定我們因此贊同微妙形式之白種人中心的優越性，考慮 Lynn（1987）的結論，他發現日本人的平均 IQ 是 107 分，整整高於美國白人的平均數達 7 分。那又怎樣？

五 智力的年齡變化

我們現在轉向另一個有爭議的主題，即智力是否隨著年齡而減退。當然，關於老化（aging）最普及的刻板觀念之一是，隨著我們變得年老，我們失去心智能力。這個刻板印象是如此蔓延，外行人很少加以質疑。但我們應該探究一下。

一般而言，相較於平常刻板觀念所暗示的，這個主題的實徵研究提供較為樂觀的論斷。然而，研究也揭示，智力的年齡變化是複雜而多層面的。「智力是否隨著年老而減退？」的簡單問題，結果變成有幾個曲折的答案。

關於年齡有關的智能變化，我們可以追蹤研究的演進如下：

1. 早期橫斷研究以像是 WAIS 為工具，繪製了一幅陰暗的畫面，即普通智力在 15 或 20 歲後緩慢地減退，到 60 歲後急促地加速衰退。
2. 僅幾年之後，更為精巧的研究利用多元維度的工具（諸如「基本心理能力測驗」）採行序列設計法（sequential design），它們為智力提出較為樂觀的軌跡：直到至少 60 歲時，大部分能力只有很輕微的變動。
3. 另一些類似研究利用流動智力／固定智力的劃分，它們斷定固定智力實際上直到生命後期都還逐漸上升；對照之下，流動智力較早先就衰退下來。
4. 最近，一些心理學家提議，成人智力是在性質方面有所不同，就像是在皮亞傑學說中新增一個階段，可以被稱為後形式推理（postformal reasoning）。這項研究令人懷疑使用標準工具於較年老受測者的生態效度（ecological validity）。

(一) 早期的橫斷研究

關於個別實施之智力測驗上的年齡趨勢，最早期的綜合研究之一是由魏克斯勒（1944）所報告，就在他發表魏－貝量表第一版後不久。如在針對成年人之所有魏氏測驗上的情形，W-B I 分測驗上的原始分數被換算為標準分數。透過查閱專用的年齡表格，就可找出受測者的 IQ。魏克斯勒就利用這個指標以繪製年齡與智力的關係（參考圖 6-7）。

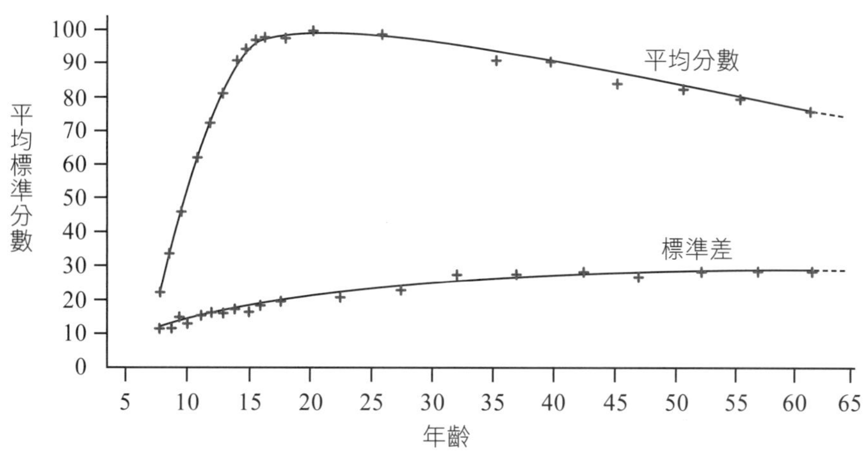

圖 6-7　在魏－貝量表第一版上呈現的成長曲線和假定的衰退情形

資料來源：Wechsler, D. (1944).

他的結果指出，普通智力在兒童期呈現快速成長，直到 15 歲或 20 歲之時，繼之是到 65 歲之前呈現緩慢的減退。利用隨後的魏氏成人測驗執行的常模研究（normative studies）也揭示完全相同的型態，包括對 WAIS（wechsler, 1955）、WAIS-R（Wechsler, 1981）及 WAIS-III（Tulsky, Zhu & Ledbetter, 1997）而言。後來的研究人員也擴展受測者的年齡上限到 70 歲和 80 歲，發現在整體測驗表現上呈現進行性而加速的衰退速率，這似乎鞏固魏克斯勒的信念，即普通智力在成年初期之後的衰退是屬於「正常現象」（Eisdorfer & Cohen, 1961）。

對魏克斯勒和其他許多橫斷設計法（cross-sectional design）的研究人員而言，他們顯然忽略了他們的方法論（methodology）對研究發現的影響。研究學者已有頗長時間認識到，橫斷研究經常造成年齡效應與教育差距或其他年齡組差異混淆在一起（見 Baltes, Reese & Nesselroade, 1977；Kausler, 1991）。例如，在魏氏測驗的常模研究中，幾乎一成不變的是，年輕的標準化受試者總是比年長的受試者受過較良好教育。很可能的情況是，年長受試者較低的分數（部分地）是由這些教育差距所引起，而不是全然意味年齡有關的衰退。

(二) 智力的序列研究

為了控制年齡組的差異，許多研究人員偏好採用縱貫設計法（longitudinal design），也就是相同受試者在 5 到 10 年的期間中（在少見的案例中，長達 40 年之久）接受一次或多次的重測。因為只有一組受試者，縱貫設計法排除了年齡組差距（例如，年輕受試者比起年長受試者受過較多教育）作為混淆因素。然而，縱貫法也不免有它的缺點。縱貫研究受擾於四個潛在的陷阱：

1. 測量時間是最嚴重的問題。重大的歷史事件（如經濟蕭條）可能扭曲整個世代的智能和心理的發展。如此一來，縱貫研究所測到的年齡變化可能反映的是測量時間的特異性，而不是任何普遍一致的年齡效應。
2. 選擇性的退場——較不具能力的受試者通常是最可能退出研究的受試者，這將會不自然地膨脹了接受重測受試者們的平均分數。
3. 練習效果——隨著受試者接受相同的測驗二次、三次或甚至五次，他們的成績將會增進。
4. 回歸平均數——當受試者是因為他們初始極端的分數（諸如非常低的 IQ 分數）而被挑選時，特別可能發生這樣問題（Hayslip & Panek, 1989）。

關於探討能力上的年齡變化，最有效能的研究方法是交叉－序列設計法（cross-sequential design），它結合了橫斷和縱貫二者的方法論（Schaie, 1977）：

> 簡言之，研究人員首先採取橫斷研究。然後，經過幾年的期間後，他們重測這些受試者，這提供關於幾個出生群（cohorts，或年齡層）的縱貫資料——構成縱貫的序列。在這同時，他們施測於一群新的受試者，建立起第二個橫斷研究——連同第一個橫斷研究，就構成了橫斷序列。這整個過程可被一再地重複施行（譬如，每隔 5 年或 10 年），不但重測原有的受試者（增添縱貫的資料），也首度施測新的受試者（增添橫斷的資料）。（Schaie & Willis, 1986）

1956 年，Schaie 展開迄今所執行最為廣延的交叉－序列研究，他稱之為「西雅圖縱貫研究」（Schaie, 1958, 1996）。他施行賽斯通的五個基本心理能力（PMAs）的測驗和另一些智力有關的測量於初始的橫斷樣本——由 500 位住在社區中的成年人所組成。PMA 測驗的分測驗包括語文意義、空間關係、一般推理、數字運算及語詞流暢。在 1963 年，他重測這些受試者，且增加一個新的橫斷出生群。他然後在 1970 年、1977 年、1984 年及 1991 年蒐集好幾波添加的資料。

從 Schaie 關於成人心智能力的交叉－序列研究中，有三個結論浮現出來：

1. 每項橫斷研究指出，心智能力呈現某種程度之似乎與年齡有關的減損，對某些能力是延緩到 50 歲後才開始，但對另一些能力是在 35 歲後就開始。具體而言，數字技能和語詞流暢直到 50 歲後才顯現年齡有關的減退，至於語文意義、空間關係和一般推理分數顯然較早就衰退下來，在 35 歲後。
2. 連續的橫斷研究（橫斷序列）揭示了顯著的世代間差異，以有利於那些最新近出生人們的方向。即使保持年齡恆定，那些最新近出生和受測人們的表現優於那些較早先出生和受測的人們。例如，對於在 1977 年受測的 30 歲受試者而言，他們傾向於得分優於在 1970 年受測的 30 歲受試者，後者又傾向於得分優於在 1963

年受測的 30 歲受試者，這接著又表現優於在 1956 年受測的 30 歲受試者。然而，智力的這些出生群差異不是在跨越不同能力上（如 PMA 測驗所測量的）都是一律的。能力逐漸提升的模式最明顯見之於語文意義、一般推理及空間關係。至於數字運算和語詞流暢的出生群變化就較為複雜而有所牴觸。

3. 有別於橫斷比較之適度令人擔憂的發現，縱貫比較顯現了一種傾向，即直到大約 60 歲或 70 歲前，平均分數要不是稍微提升，要不就是保持穩定。這個趨勢的唯一例外是涉及高度計速的測驗，諸如語詞流暢和數字運算——試題必須迅速而準確地被完成。

當個別的縱貫發現從團體的平均情形被解離出來時，Schaie 研究的結果甚至更為樂觀。如前面提過，縱貫發現隨著不同心智能力而異。儘管如此，當求取 5 個 PMAs 的平均數，然後採用 25 歲組的第 25 個百分位數作為有意義減退的標準，Schaie 顯示只不過 25% 接受研究的受試者在 67 歲時已減退下來。從 67 歲到 74 歲，大約三分之一的受試者已減退下來；至於從 74 歲到 81 歲，稍多於 40% 已減退下來（Schaie, 1980, 1996; Schaie & Willis, 1986）。總之，我們絕大多數人在「基本心理能力測驗」所測量的技能上沒有顯現有意義的衰退，除非我們已完全進入 70 多歲後期。或許更為令人印象深刻的事實是，當在他們 70 多歲和 80 多歲重測時，大約 10% 的樣本仍有顯著的增進。根據他的探討和另一些縱貫研究，Schaie 獲致這個結論：

> 假使你保持身體健康，而且讓你的心智忙於你身邊世界的問題和活動，很可能的情況是，你在一生中將絕少（假使有任何的話）經歷智能表現上的減損。那是成人智力領域上的研究給你的承諾。（Schaie & Willis, 1986）

(三) 年齡與流動／固定智力

雖然我們同意 Schaie 和 Willis（1986）的結論，但如果留給讀者的印象是「所有這個領域的權威人士都表示贊同」，那將是不公平的。Horn 和 Cattell 是意見最多的懷疑者，他們主張流動智力隨著老化而顯著減退，因為流動智力依賴神經統合，而這被認為隨著高齡而衰退（Horn & Cattell, 1966; Horn, 1985）。橫斷研究無疑地支持這個觀點。例如，Wang 和 Kaufman（1993）為得自「考夫曼簡明智力測驗」的詞彙和矩陣分數繪製年齡差異的圖表，他們發現在詞彙上（固定智力）幾乎沒有變動，但是在矩陣上（流動智力）呈現急速的下降。即使當分數就教育水準加以調整時，這些結果依然不悖（參考圖 6-8）。當然，橫斷研究開放（容許）作一些競逐的解讀；因此，它提出的縱貫模式只是暗示性的。假使讀者有意探討這方面爭議的話，不妨參考 Kausler（1991）以及 Lindenberger 和 Baltes（1994）。

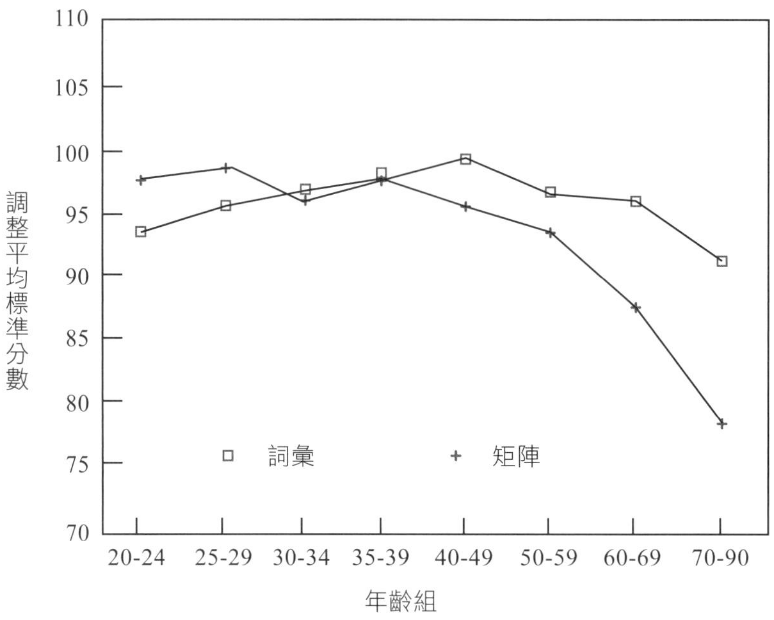

圖 6-8　K-BIT 上調整的平均標準分數——隨著年齡的變化情形

資料來源：Wang, J. & Kaufman, A. (1993).

(四) 成年期和老年期的後形式運作

如我們在主題 5A 中提到的，皮亞傑提出頗具影響力之智力的階段理論，它假定存在四個時期的智能發展：感覺運動期、前運思期、具體運思期及形式運思期。前三個階段是出現在嬰兒期和兒童期，至於最後的階段通常在青少年期出現。

形式運作思維（formal operational thought）的特色是抽象、系統化、演繹及假設引導的思考方式。根據皮亞傑的說法，形式運作思維是最高可能的思考水準，一種智能的優勢，容許當事人提出構成既有問題的所有可能性和所有交互關係。因為皮亞傑相信，沒有任何事物能夠打亂形式運作思維的認知均衡，因此依照他的看法，超越這個階段之更進一步的智能發展完全是不可能。

幾位理論家開始質疑，形式運作思維是否在所有情境中為最高和最佳形式的思維（Cannella, 1999; Grams, 2001; Rybash, Hoyer & Roodin, 1986; Sinott, 2003）。這些後皮亞傑學派的理論家懷疑過度依賴形式運作思維的實用性，因為這種思維往往不適合於在日常生活中遇到之模糊、動態、附帶條件及不具結構的問題。

因為認識到形式運作思維的限制，這些理論家已提出一個追加的推理階段，它是在成年中期到後期之際浮現。這個階段以各種名字被稱為後形式思維（postformal thought）、辯證思維（dialectical thought）或智慧（wisdom）（Dittman-Kohli & Baltes,

1986）。根據這些理論家的說法，後形式思維具有下列的一般特性：

1. 認識到知識是相對而暫定的，不是絕對而普遍一致的。
2. 接納矛盾為現實的基本層面。
3. 有能力把矛盾的思想、情緒及經驗綜合為較為連貫的整體。
4. 強調智力和知識的實踐（務實）層面。

我們舉個例子，或許將有助於澄清形式思維與後形式思維之間差異。

考慮對老年人的一項研究，他們接受「平面守恆」（conservation of surface）作業的測試（Newman-Hornblum, Attig & Kramer, 1980）。受試者被呈現一個綠色平面，以之代表一大塊草地和一些縮形的房屋，這些房屋能夠以不同方式被排列。對受試者提出的問題是：「房屋的空間排列是否將會影響所餘需要整理的草坪數量？」利用形式思維，受試者將會認定，移動房屋不會影響無遮蔽的草坪數量。然而，許多老年的受試者在這項研究中以另外方式應答。他們提到，假使房屋的排列在它們之間產生許多小空間的話，除草將會較為辛苦，也花費較多時間。注意到這些老年的受試者如何超越原先問題的限制，然後把不包括在對該問題原先構思中的務實因素列入考慮。從形式思維之狹窄的觀點來看，這樣的答案完全是不正確的。然而，從後形式思維的寬廣觀點來看，這樣的答案代表一種較成熟風格的思維，不肯把複雜的問題過度簡化。

後形式思維在成年中期和後期的出現令人懷疑對較年長受試者實施傳統智力測驗的生態效度。像是 WAIS-III 或「瑞文漸進推理測驗」的工具所訴求的是形式運作思維。我們可以正當地懷疑，它們所評鑑的是否為老年人當處理「開放系統」（open system）問題時所必要的那種智力。我們舉個一位 80 歲老先生被實施「WAIS-III 數字廣度」分測驗的例子，或許有助於讀者賞識老年人的思維風格。在順利執行「順背數字」後，「倒背數字」部分以標準指示語被引進，也就是「在我唸完一串數字後，請以倒轉的順序複誦這些數字。」這位老先生回答，「這是為什麼？」在心理計量上尋求標定特定技能的獲益或損失方面，我們可能忽略了一個事實，即老年人的智力不僅是相較於年輕人之下擁有較多或較少智力的問題，也更是性質方面的不同。我們將需要新的器材或手段以汲取後形式推理。在這些工具被開發之前，智能的一個重要層面將仍是隱蔽而不為所知的。

六、智力測驗分數的世代變動

從一個世代到下一個世代，總體的智力發生什麼情形？例如，美國人在 2000 年代早期的智力對照於他們前輩在 1990 年代早期的智力情形如何？我們可以預期，任何差異將是少許的。畢竟，人類基因庫幾世紀以來（或許幾千年期間）保持基本上恆定（不變)。再者，關於可能戲劇性阻礙或提升智力的環境充實或環境剝奪，任何世代只有一小部分是暴露於極端環境。因此，一般的見解是，整體人口智力的任何世代變動將是輕微的。

在這個議題上，一般的見解似乎發生了差錯。根據從 1932 年到 1981 年之連續版本的斯－比量表和魏氏測驗，Flynn（1984, 1987, 1994）繪製得自這些測驗之標準化資料的圖表。他發現每個版本都比起它的前任版本建立起更高的標準（參考表 6-1）。總體增益達到很明顯的提升，即平均 IQ 上升達到 13.8 分。因此，個人在 1990 年拿到全量表 IQ 100 分的話，他在 1932 年應該拿到（平均而言）IQ 114 分才對！在其他許多工業化國家中，採用像是「瑞文漸進推理」等測驗，研究人員也觀察到類似之揚升的表現（Flynn, 1987）。

顯然，西方工業化國家的人民在 20 世紀中受到較良好教育，也較具有讀寫的能力，導致平均 IQ 水準相當明顯地揚升。然而，這麼大幅度的 IQ 增益提出了因果解釋的重大問題。Fynn（1994）感到懷疑，是否有任何整體人口之真正而有意義的智力可能這般迅速地向上揚升。他的結論是，當前的測驗不是在測量智力，而僅是與智力具有薄弱因果關聯的一些相關事物：

> 心理學家應該不要再說 IQ 測驗是在測量智力。他們應該說，IQ 測驗測量的是抽象的問題解決能力（abstract problem-solving ability, APSA）——準確地傳達我們的無知的一個用語。我們知道人們在 IQ 測驗上解決問題；我們懷疑那些問題如此脫離（或如此抽象化）於現實，加以解決的能力可能隨著時間脫軌（偏離）於稱為智力之真實世界的問題解決能力；因此已遠不是我們預定測量的東西。(Flynn, 1987)

雖然 Flynn 急進的處方未被這個領域的專家們所廣泛贊同，他已使得心理計量人員對風險變得敏感，特別是對於依據不斷轉移的智力測驗常模導出結論的風險。IQ 隨著時間的增益使得我們有必要經常對測驗進行標準化，否則受測者是以過時的常模被計分，將會拿到膨脹的 IQ 分數（Flynn, 1994）。Neisser（1998）已編輯一本書籍，探討 IQ 分數之上升曲線的可能解釋。

表 6-1　得自連續版本的斯－比量表和魏氏測驗之對照性的平均 IQ

測驗組合	日期			年齡		平均數		
	測驗 1	測驗 2	年數	歲數	N	測驗 1	測驗 2	增益
1. SB-L & WISC	1932	1947.5	15.5	5-15	1,563	107.13	101.64	5.49
2. SB-M & WISC	1932	1947.5	15.5	5	46	125.13	107.56	17.57
3. SB-LM & WISC	1932	1947.5	15.5	5-15	460	114.64	109.67	4.97
4. SB-L & WAIS	1932	1953.5	21.5	16-32	271	113.02	105.48	7.54
5. SB-LM & WAIS	1932	1953.5	21.5	16-48	79	109.08	101.75	7.33
6. SB-LM & WPPSI	1932	1964.5	32.5	4-6	416	101.74	92.78	8.96
7. SB-LM & SB-72	1932	1971.5	39.5	2-18	2,351	107.08	97.19	9.89
8. WB-I & WISC	1936.5	1947.5	11	11-14	110	103.51	105.54	－2.03
9. WB-I & WAIS	1936.5	1953.5	17	16-39	152	122.94	118.25	4.69
10. WISC & WAIS	1947.5	1953.5	6	14-17	436	101.76	99.12	2.64
11. WISC & WPPSI	1947.5	1964.5	17	5-6	108	93.56	90.86	2.70
12. WISC & SB-72	1947.5	1971.5	24	6-10	30	96.40	84.42	11.98
13. WISC & WISC-R	1947.5	1972	24.5	6-15	1,042	97.19	88.78	8.41
14. WAIS & WISC-R	1953.5	1972	18.5	16-17	40	102.94	96.29	6.65
15. WAIS & WAIS-R	1953.5	1978	24.5	35-44	72	109.69	101.65	8.04
16. WPPSI & SB-72	1964.5	1971.5	7	4-5	35	93.06	88.65	4.41
17. WPPSI & WISC-R	1964.5	1972	7.5	5-6	140	112.84	108.58	4.26
18. WISC-R & WAIS-R	1972	1978	6	16	80	99.61	98.65	0.96
19. WISC-R & WISC-III	1972	1988	16	6-16	206	108.20	102.90	5.30
20. WAIS-R & WISC-III	1978	1988	10	16	189	105.30	101.40	3.90
21. WPPSI-R & WISC-III	1984	1988	2	6	188	106.50	102.50	4.00
22. WISC-III & WAIS-III	1988	1996	8	16	184	104.60	103.90	0.70
23. WAIS-III & WISC-IV	1996	2001	5	16	183	101.60	98.50	3.10

附註：「日期」是指作為比較的測驗之標準化的日期。「年數」是指標準化之間的年數。「年齡」是指受測之受試者的年齡範圍。「增益」是指 IQ 上明顯的增益。

資料來源：Flynn, J. R.（1984）.

第7章

施測特殊人口

Psychological Testing

主題 7A

嬰兒與學前的評鑑

一、嬰兒能力的評鑑

二、學前智力的評鑑

三、嬰兒與學前評鑑的實際用途

四、入學準備度的篩選

前面章節審視了一些個別測驗和團體測驗，它們適用於擁有正常或接近正常之能力的人們，包括在言語、聽力、視力、運動及普通智力等方面。然而，不是每一位受試者都落在身體與心理能力的正常光譜中。有鑑於不成熟的年齡、肢體殘障、語言缺陷或智能愚鈍等因素，有很大比例的人口是傳統的測驗和程序所不能觸及。

對嬰兒和幼兒而言，因為他們有限的表達意思的能力，他們當然需要特別的評鑑方法。在主題 7A「嬰兒與學前的評鑑」中，我們將檢視嬰兒和幼兒評鑑工具的本質及應用，然後探討一個跟這些測驗有關的基本問題：施測這些嬰兒和幼兒有什麼實際用途？特別是，從嬰兒或幼兒身上取得的測驗結果是否具有任何預測效度？假使針對嬰幼兒的工具不能預測日後生活的重要結果，那麼採用這樣工具似乎沒有意義，甚至可能會造成誤導。在主題 7B「施測失能人士」中，我們將檢視為了評鑑有特殊需求的人們所設計的各式各樣測驗。這些特殊需求涵蓋廣泛的範圍，包括語言、聽覺及視覺的缺損。當然，發展障礙的人們也需要特殊的評鑑方法，我們也將提供這個領域的報告。根據一項估計，高達 750 萬美國人民顯現智能不足，而有十分之一家庭直接受到這種功能障礙的影響（Grossman, Richards, Anglin & Hutson, 2000）。

一、嬰兒能力的評鑑

嬰兒期和學前期是從出生延伸到 6 歲左右。這個期間發生的變動極為深切。嬰兒發展出基本的反射、掌握發育的一些里程碑（抓握、爬行、坐立及站立等）、學習語言，以及建立起符號思維（symbolic thought）的能力。對大多數兒童而言，發展的模式和步調很明顯地是在正常的範圍內。

然而，對於在嬰兒和學前兒童的評鑑上受過訓練的父母和專業人員而言，他們偶爾遇到一些兒童的發展似乎顯得緩慢、落後，或甚至公然遲滯。這些兒童引起一些令人憂慮的問題：這個兒童是如何延遲？他在入學後有什麼展望將會有正常功能？他在成年歲月將會獲致個人的獨立自主嗎？

在對立一端是那些早熟的兒童，他們達成發展里程碑是以好幾個月或好幾年領先常模時間表（normative schedule）。在這些情況中，驕傲的父母懷有一些不同的關切：我的孩子有多麼先進？他在什麼領域有最強和最弱的智能運作？他將會成為資賦優異的成年人嗎？

對位於光譜這兩端（發展延遲與資賦優異）的嬰兒和幼兒而言，評鑑工具有助於回答這方面問題。當然，對於絕大多數落在該分配之中間的幼兒而言，這些測驗也提供了有益的資訊。

我們將把這一領域的審視劃分為兩部分：一是嬰兒測量，針對從出生到 2.5 歲的嬰幼兒；另一是學前測驗，針對從 2.5 歲到 6 歲的幼童。這樣劃分多少是武斷的，但也不全然如此。嬰兒測驗傾向於是多維度的，很顯著偏重感官和動作的發展。從 2.5 歲開始，一些標準化測量——諸如斯－比：第五版、考夫曼兒童評鑑組合－2、區分能力量表，以及麥卡錫兒童能力量表——經常被使用來評鑑學前的幼童。這些測驗就較為偏重認知技能，諸如語文理解和空間思考。因此，嬰兒量表和學前測驗所測量的是心智能力稍微不同的成分。

(一) 格塞爾發展時間表

為了測量從 4 個星期大到 60 個月大之嬰兒和幼童的發展進度，「格塞爾發展時間表」（Gesell Developmental Schedules）在 1925 年首度被引進，然後定期地加以修正（Gesell, Ilg & Ames, 1974; Knobloch, Stevens & Malone, 1987）。實際上，所有嬰兒測驗都曾從 Arnold Gesell（1880-1961）所設計的原始量表中借用或改編題目，因此，我們的審視就從這項工具談起。

「格塞爾發展時間表」提供標準化的程序，以供觀察及評估幼童在 5 個領域中的發展情形，這 5 個領域是大肌肉動作、小肌肉動作、語言表達、適應行為，以及個人－社會行為。在該量表的 144 個題目中，大部分是純粹觀察的、建立在幼童對一些玩具和標準情境之反應的直接檢視上。在某些案例上，得自父母或照護者的資訊也被列入考慮，以評分個別的題目。儘管自然的施測環境，良好訓練的觀察人員可以達到 .95 左右的評審間信度（Knobloch, Stevens & Malone, 1987）。

「格塞爾發展時間表」主要是由小兒科醫師和另一些幼童專家所使用，以之鑑定有神經損傷和智能不足的高風險嬰兒及幼童。格塞爾從沒有打算讓他的量表作為智力測驗。他為自己的研究引進強烈的生物取向。他假定正常發展是一種成熟的展開，以可預測的順序發生。幾項研究指出，「格塞爾發展時間表」在篩選高風險嬰兒方面有良好功能（Knobloch, Stevens & Malone, 1987）。

即使「格塞爾發展時間表」主要是作為臨床篩選及診斷之用，Knobloch、Stevens 及 Malone（1987）為取得 5 個領域和綜合發展的發展商數（Developmental Quotients, DQs）提供了寬鬆界定的基礎。其公式如下：

$$\text{DQ} = \frac{\text{成熟年齡}}{\text{實足年齡}} \times 100$$

成熟年齡（maturity age）是指嬰幼兒在大部分題目上都能通過的發展年齡。因為發展商數的技術特性未受到充分探討，它應該主要被使用為一種研究工具。

格塞爾的測驗受到廣泛的重視，因為它們對嬰兒的發展里程碑提供了詳實的描述，這在兒童評鑑文獻中是無可比擬的（Nuttall, Romero & Kalesnik, 1992）。然而，近些年來，採用格塞爾測驗作為心理計量工具已受到嚴厲批評。基本問題顯然是在於不注重信度和效度的正式標準。例如，早期的格塞爾手冊很少（假使有的話）報告重測信度。當現代研究人員檢視這項特性時，結果頗為令人驚訝。Lichtenstein（1990）以 46 名幼童為樣本，他報告重測相關只有 .73，遠低於達成關於個人的決定上所建議的 .90 水準（Nunnally, 1978; Salvia & Ysseldyke, 1991）。Banerji（1992）的結論是，格塞爾測驗在作為入學準備度的篩選工具上功能不良。一般而言，教育專家避免採用格塞爾測驗從事關於學校安置的決定。

(二) 新生兒行為評鑑量表

「新生兒行為評鑑量表」（Neonatal Behavioral Assessment Scale, NBAS）因為它的理論基礎而顯得獨特，即它強調我們有必要佐證新生兒對父母－嬰兒系統的促成。小兒科醫師 T. Berry Brazelton（Brazelton & Nugent, 1995）編製這項工具以鑑定及理解「偏差」嬰兒，以及探索嬰兒跟父母的相互影響：

> 我編製 NBAS 的目標是評鑑嬰兒對所導致之失敗的促成——當父母被呈現一位彆扭或偏差的嬰兒時。假使我們能夠理解嬰兒之偏差行為背後的原因，或許我們接著能夠引導父母更適切理解他們的角色。這然後可以導致較適宜的結果。（Brazelton & Nugent, 1995）

NBAS 適合於直到兩個月大的嬰兒，但最常是在生命的第一個星期中實施。該量表評鑑嬰兒在 28 個行為項目上的行為清單，每個項目在 9 點量表上加以評分。行為項目的實例包括「對光源的反應減少」、「對無生命的視覺刺激的轉向」、「緊抱」及「安慰」等。

此外，嬰兒的神經狀況在 18 個反射項目上接受評估，每個項目在 4 點量表上加以評分。這方面實例包括「足底抓握」及「吸吮反射」等。

最後，7 個補充項目可被用來摘要脆弱、高風險嬰兒在感應方面的特性，包括「警覺狀態」、「一般躁動性」及「施測者對嬰兒的情緒反應」等。

Brazelton 和 Nugent（1995）沒有提供整合的評分系統；也就是說，沒有針對整個測驗組合或它的次成分的總括分數。反而，NBAS 的「評分」是針對各個特定項目進行評定。NBAS 已被發現有助於母親預期她們嬰兒對環境刺激的反應，從而促進正面的父母－嬰兒關係。

儘管 NBAS 作為一種臨床和研究的工具，已被證明具有實用性，審閱者仍然多少懷疑它的心理計量特性。例如，Majnemer 和 Mazer（1998）指出非常低的重測信度係數（對個別項目而言，$r = -0.15$ 到 $+0.32$）和薄弱的評審間一致性。一種可能解釋是，在新生兒身上，個別特質可能在短期間內快速波動。當 NBAS 在幾天或幾星期的期間中被施行兩次時，這將造成對真正信度的低估。基於這個原因，得自對 NBAS 單次實施的偏差分數不應該被過度解讀。

(三) 心理發展順序量表

心理發展順序量表（Ordinal Scales of Psychological Development, OSPD）是以皮亞傑的認知發展理論為基礎而編製的一項工具，以之測量從 2 個星期大到 2 歲幼兒的智能發展（Uzgiris & Hunt, 1989）。「順序量表」共包含六個分量表，各自針對於測量某一特定能力——這些能力是在皮亞傑第一階段的感覺運動智力（sensorimotor intelligence）的期間出現。每個分量表訂有 5 到 15 個個別的連續性階梯；也就是說，測驗題目是以正常情形下固定的發展順序加以排列。

這六個分量表分別為：(1) 視覺追隨和物體永存性；(2) 希冀事物獲取方法；(3) 聲音和姿態的模仿；(4) 操作性因果的發展；(5) 建構物體在空間中的關係；以及 (6) 發展物體

間關係的基模。

Uzgiris（1983）相信嬰兒期的智力運作是「質」方面不同，而且「需要就其本身加以理解」。「順序量表」的編製是作為一種手段，以之探討在皮亞傑所發展的理論架構內嬰兒的智力。基於這個原因，Uzgiris 從不宣稱她的工具的預測能力。沿著這一路線，Kahn（1992）證實 OSPD（當在 6 歲時實施）對重度和深度智能不足兒童的適應行為是非常薄弱的預測指標——當他們在 10 歲接受重測時。

一般而言，直到嬰兒至少 18 個月大之前，量表分數與日後 IQ 之間相關非常低。很少臨床人員使用該工具作為發展上的篩選。然而，Dunst（1980）主張利用「順序量表」作為基礎，以便為失能兒童設計發展上健全的課程。較近期，Auer 和 Reisberg（1996）提出一項引人興趣的可能性，即「順序量表」可被用作為老年人之重度痴呆的認知評鑑。

(四) 貝莉嬰幼兒發展量表－第三版（Bayley Scales of Infant and Toddler Development-III）

最先在 1969 年推出，貝莉測驗現在是在它的第三版中（Bayley, 2005）。這份測驗是當今評估嬰兒和幼兒之發展遲緩的最主要工具之一，適用於從 1 個月大到 42 個月大的嬰幼兒。貝莉測驗被非正式稱為 Bayley-III，它最新近版本代表了早先版本廣泛的延伸及修正。例如，貝莉測驗的第一版只評估嬰兒的認知能力和動作能力，最新近版本則提供 5 個領域的評鑑。它所測試的領域和代表性的能力如下所列：

- 認知（cognitive）：感覺和知覺敏銳度、習慣化、物體永存性、動作發展、探索及操弄、物體關聯性、概念形成、記憶及拼板組合。
- 動作（motor）：精細動作技能、運動速度、物件操弄、功能性手部技能、大肌肉協調、姿勢控制、動態活動及動作策劃。
- 語言（language）：表達性溝通、手勢傳達、詞彙、接受性溝通、語形學（例如，代名詞、複數形、動詞時態）。
- 適應行為（adaptive behavior）：傳達信息、社區使用、入學前技能、居家生活、自我照顧及自我導向。
- 社會－情緒（social-emotional）：互動而有目的地運用情緒、傳達情感的能力，以及觀念與情緒的連結。

Bayley-III 具有優良的技術特性和標準化，這使得它在這個領域達到心理計量學的頂點。貝莉測驗的標準化乃是建立在一個包含 1,700 名正常嬰兒的分層取樣的樣本上。每個年齡組合的分層取樣變項包含性別、種族、都市－鄉村住所、地理區域及父母職業等。此外，測驗編製者也蒐集有高發生率臨床診斷之兒童的廣泛資料，諸如自閉症和智能不足。然而，關於這個新近版本，幾乎還沒有獨立之檢驗效度的研究。因此，Bayley-III 的效度部分地是建立在它跟先前版本的相似性上——它們在認知和動作的領域中共有一些核心的分測驗。關於先前版本的效度，Bayley-III 編製者報告認知量表與斯－比 IQ 之間相關是 .57 ——對 120 名從 24 個月大到 30 個月大的幼兒而言（Bayley, 1993）。Rhodes、Bailey 及 Yow（1983）為 Bayley 援引另一些檢驗效度的證據。Bayley-III 可能也將被發現有良好的預測效度。無論如何，就目前而言，證實預測效度的獨立研究還付之闕如。

(五) 摘要：另一些嬰兒能力的測量

嬰兒的評鑑如此重要，卻又如此困難。嬰兒在正常情形下不會遵從指示，他們可能也無法以言語表達他們所知道的。嬰兒能力的評鑑是一項格外的挑戰。儘管如此，許多測驗編製者已接受這項召喚。因為篇幅所限，我們在這裡只列舉較為知名的幾項工具，以供讀者參考。它們包括 Battelle Developmental Inventory（BDI）、Developmental Assessment of Young Children（DAYC）、Developmental Indicators for the Assessment of Learning-3（DIAL-3）、Early Screening Inventory - Revised（ESI-R）、Early Screening Profiles（ESP）及 Gesell Child Development Age Scale（GCDAS）。大部分這些工具涉及對嬰幼兒進行觀察，或是對他們呈現一些簡易的作業。關於嬰幼兒評鑑的更進一步評論，讀者被鼓勵參考 Nuttall、Romero 和 Kalesnik（1992）、Ricciuti（1994），以及 Salvia 和 Ysseldyke（1991）。

二、學前智力的評鑑

學前兒童展現廣泛的變異性，像是在情緒成熟度和對成年人的感應性方面。一位幼童可能對施測者顯得友善，在所有題目上努力爭取最好表現。另一位幼童可能沈默地瞪視地板，不願意嘗試簡易的積木造形作業。對第一位兒童而言，我們可以確信，該測驗結果將是認知功能的適當指標。但是對第二位幼童而言，我們就猶豫不決。幼童的不具感應性是表示缺乏技能？抑或表示缺乏合作？當面對學前兒童時，這將需要施測者很大程度的謙恭。Scarr（1981）表達這方面的感想如下：

> 每當個人測量幼童的認知功能時，他也是在測量合作、注意、堅持、安靜坐著的能力，以及對評鑑情境的社會感應性。

學前評鑑的特殊風險是，主試者可能推斷低分表示偏低的認知功能，但是事實上，幼童僅是無法不動地坐著、保持專注及協力合作等。學前評鑑需要特別審慎地著手，以避免「貼標籤」的負面後果，以及避免對失能狀況的過度診斷。

有好幾種個別實施的智力測驗適合於學前兒童。最常被使用的工具包括：

- 考夫曼兒童評鑑組合－第二版（KABC-2）。
- 麥卡錫兒童能力量表（MSCA）。
- 區分能力量表（DAS）。
- 魏氏學前兒童智力量表－第三版（WPPSI-III）。
- 斯－比兒童早期智力量表－第五版（Early SB5）。

(一) 麥卡錫兒童能力量表

「麥卡錫兒童能力量表」（McCarthy Scales of Children's Abilities, MSCA）是一份個別實施的智力測驗，適用於從 2.5 到 8.5 歲的幼童（McCarthy, 1972）。MSCA 共包括 18 個分測驗，如表 7-1 所列。這些分測驗各自組成 5 個量表，即語文（Verbal）、知覺－作業（Perceptual-Performance）、數量（Quantitative）、記憶（Memory）及動作（Motor）。各個量表分別含有 3 到 7 個分測驗。此外，這 18 個分測驗中的 15 個認知成分的分測驗又構成一個總量表，稱之為普通認知量表（General Cognitive Scale）。個人在總量表上的得分以標準分數表示，稱為「普通認知指數」，其平均數為 100，標準差為 16。MSCA 的主要目的是在評量幼童的認知和行為發展，以便為正常兒童和學習障礙兒童二者提供更適切理解。

麥卡錫兒童能力量表的標準化是建立在一個包含 1,032 名幼童的全國性樣本上。全樣本分為 10 個不同的年齡組合，從 2 歲半到 5 歲半是每半年增加一組，從 5 歲半到 8 歲半是每年增加一組，每個組合中的人數約為 100 人。這些樣本大致上是根據 1970 年美國人口普查資料的下列變項分層取樣：性別、種族（其中白人占 84%，其他族裔共占 16%）、地理區域、家長職業水準，以及城市－鄉村住所等。重度智能不足或情緒障礙的兒童被排除在外。至於雙語的受試者，只有他們能談吐及理解英語才被囊括進來。當然，麥卡錫量表的一個潛在問題是，它的常模資料太過老舊了——在 1970 年代早期所蒐集。

關於麥卡錫量表的信度，所得結果呈現混合不一的畫面。「普通認知指數」表現良好，其折半信度平均是大約 .93，一個月的重測係數平均是大約 .90。對 5 個量表而言，折半信度的範圍從 .79 到 .88，至於重測係數的範圍則從 .69 到 .89。對 18 個個別分測驗而言，信度就遠為偏低；因此，施測者被提醒，不必太過注重分測驗的型態及差異。

不巧地，麥卡錫的 5 個量表是以臨床為基礎而推導出來，但卻未能獲得因素分析研

表 7-1　麥卡錫兒童能力量表的分測驗和量表

分測驗	量表					
	語文	知覺作業	數量	記憶	動作	普通認知指數
圖畫記憶（Pictorial Memory）	V			Mem		GCI
字詞知識（Word Knowledge）	V					GCI
語文記憶（Verbal Memory）	V			Mem		GCI
語文流暢（Verbal Fluency）	V					GCI
反義類比（Opposite Analogies）	V					GCI
積木堆疊（Block Building）		P				GCI
圖謎解答（Puzzle Solving）		P				GCI
敲擊順序（Tapping Sequence）		P		Mem		GCI
右－左定向（Right-Left Orientation）		P				GCI
圖形仿繪（Draw-A-Design）		P			Mot	GCI
畫人（Draw-A-Child）		P			Mot	GCI
概念分組（Conceptual Grouping）		P				GCI
數字問題（Number Questions）			Q			GCI
數字記憶（Numerical Memory）			Q	Mem		GCI
查數和分類（Counting and Sorting）			Q			GCI
腳腿協調（Leg Coordination）					Mot	
手臂協調（Arm Coordination）					Mot	
模仿動作（Imitative Action）					Mot	

究的證實，令人懷疑這項工具的構念效度。雖然 5 個因素（對應於 5 個量表）在標準化樣本的大部分年齡組中都被發現到（Kaufman, 1975），後來的研究未能重複驗證原先的發現。關於麥卡錫量表之因素結構上的混淆，指出了施測者應該提防只依賴先前所提 5 個量表的側面圖分析。在許多樣本中和對某些年齡組而言，這些量表可能是普通認知能力較良好的量數，而不是該量表的名稱所指出的特定能力（Sattler, 1988）。

在積極的一面，麥卡錫量表在作為入學準備度（school readiness）的預測指標，以及作為幼稚園兒童日後學業成績的預測指標上，就表現得非常良好。Massoth 和 Levenson（1982）在幼稚園的秋季學期以 MSCA 施測 33 位幼童，然後求取這些分數與 1 年後實施的閱讀準備度測驗的結果之間相關，也求取與讀完 1 年級後的成績分數之間相關。令人好奇的是，最高的相關是發生在「數量量表」之間，至於「語文量表」作為入學準備度或閱讀成績的預測指標則表現差勁（表 7-2）。麥卡錫量表所測量的知覺能力和分析能力似乎是閱讀預備性和成績的較良好預測指標——相較於語文作業的預測力。追蹤相同的受試者 6 年之後，揭示在幼稚園實施的麥卡錫量表與 6 年級的學業成績之間有令人訝異的高相關（Massoth, 1985）。「數量量表」顯示與課業成績有最高的相關（r =

表 7-2　以 33 名幼稚園兒童為對象，求取麥卡錫量表分數與閱讀準備度以及與學業成績之間相關

麥卡錫量表	Macmillan 閱讀準備度	大都會成就測驗
語文	.33	.16
知覺－作業	.39*	.37*
數量	.64**	.50**
普通認知	.53**	.39*
記憶	.39*	.28
動作	.31	.35*

* P < .05。

** P < .01。

資料來源：Massoth, N. A., & Levenson, R. L. (1982).

.60)，「語文量表」則是薄弱的預測指標（r = .40）。因此，「數量量表」顯然對學前兒童而言是優良的篩選測驗。

總之，麥卡錫量表為智能運作提供了有價值和有預測力的指標，特別是對於在 5 到 6 歲範圍內的幼童。MSCA 也是評鑑普通智力的優良工具，雖然它可能低估有學習障礙和智能不足之學前兒童及剛入學兒童的功能運作。該測驗的常模現在已嚴重過時。儘管如此，MSCA 的綜合分數非常密切相稱於 WPPSI-R 上的全量表 IQ（Karr, Carvajal, Elser & Bays, 1993）。即使如此，麥卡錫量表需要接受修訂及重新標準化。

(二) 魏氏學前兒童智力量表－第三版

WPPSI-III (Wechsler Preschool and Primary Scale of Intelligence-III) 非常類似於它的前一版，但是提供了更新的常模、較為廣延之認知功能的評鑑，以及適用於更寬廣的年齡範圍——從 2 歲半到 7 歲 3 個月（Wechsler, 2002）。該測驗由 14 個分測驗所組成，這些分測驗被指派到下列三種類型之一：

- 核心（core）：這些分測驗是計算語文、作業及全量表智商所必要的。
- 補充（supplemental）：這些分測驗提供關於認知能力的額外資訊，或可被使用為不適當或「弄壞」的分測驗的替代品。
- 選項（optional）：這些分測驗提供關於認知運作的額外資訊，但是不能被用作為核心分測驗的替代品。

WPPSI-III 劃分為兩個年齡範圍：2 歲 6 個月至 3 歲 11 個月，以及 4 歲至 7 歲 3 個月。較年幼組的測驗組合包含四個核心分測驗和一個補充分測驗。簡言之，這個組合包括「接受性詞彙」和「常識」分測驗（語文智商藉以計算出來）以及「積木造形」和「物形拼合」分測驗（作業智商藉以計算出來）。補充（後備）分測驗是「圖形指名」

表 7-3 適用於 4 歲到 7 歲 3 個月兒童的 WPPSI-III 的結構

領域	指稱	分測驗
語文	核心	常識 詞彙 字詞推理
	補充	理解 類同
作業	核心	積木造形 矩陣推理 圖形概念
	補充	圖畫完成 物形拼合
處理速度	核心	編碼
	補充	符號查找
綜合語言組合	選項	接受性詞彙 圖形指名

附註：所有實施的分測驗促成了全量表智商。

（Picture Naming），它可用來取代「接受性詞彙」或「常識」。較年長兒童的測驗組合則較為包羅廣泛，它是由 7 個核心分測驗、5 個補充分測驗及 2 個選項分測驗所組成。表 7-3 呈現了 WPPSI-III 在這個年齡組上的結構。

(三) 斯－比兒童早期智力量表－第五版

斯－比兒童早期智力量表－第五版（Stanford-Binet Intelligence Scales for Early Childhood）被非正式稱之為 Early SB5，斯－比兒童早期智力量表（Roid, 2005）結合了二者，一是來自斯－比智力量表－第五版（SB5）的分測驗，另一是新式之「測驗觀察檢核表」和軟體製成的「父母報告」（Parent Report）。SB5 的分測驗已在先前章節中描述過。我們在這裡集中討論「測驗觀察檢核表」（Test Observation Checklist, TOC），它摘要了關於幼童受測行為的基本資訊——特別是可能對測驗分數產生不當影響的行為。

Early SB5 是為 2 歲到 7 歲 3 個月兒童而編製。正是在這個年齡範圍內，兒童的真正運作水準可能被嚴重低估——由於像是分心、低挫折忍受力或不順從等行為問題所致。例如，當分測驗題目變得困難時，許多學前兒童就完全不再作答了——他們可能注視地面，撇開臉去，或閒話一些無關的主題。這種性質的不順從行為經常發生；事實上，41% 的幼童據報告有偶爾拒答的情形（Aylward & Carson, 2005）。但是，拒答可能意味許多事情。或許幼童真正不知道答案；或者幼童知道答案，但是對測試感到厭煩；或害怕猜題的風險；或單純地分心。施測者將從來無法確實知道，但是有很大的機率，不順從幼童的真正認知能力將會被低估。TOC 的目的就是在提供一種定性（qualitative）但是高度結構化的格式，以便描述已知會影響測驗表現之廣泛範圍的行為，包括不順從行為。

列在 TOC 上的受測行為被劃分為兩組：(1) 特徵（Characteristics）；及 (2) 特定行為（Specific Behaviors）。前者是指最可能在許多情境中發現的一般特質，後者則是指在施測期間實際觀察到的特定行為。TOC 的焦點是負面影響測驗表現的那些行為。許多特徵和行為是在連續頻譜上加以評定，另有些則是屬於類別。

TOC 所評定的特徵包括（Aylward & Carson, 2005）：(1) 動作技能；(2) 活動水平；(3) 注意／分心；(4) 衝動性；及 (5) 語言。TOC 所評定的特定行為則包括：(1) 表現的一致性；(2) 心情；(3) 挫折忍受力；(4) 心向的變動；(5) 動機；(6) 害怕失敗；(7) 合作／拒絕的程度；(8) 焦慮；(9) 需要重新引導；(10) 父母的行為；及 (11) 測驗行為的代表性。

TOC 有助於施測者鑑定有問題的行為，而這些行為可能影響了測驗結果的有效性。但這不是這項工具的唯一目的。除此之外，這些行為問題的引證可能還有助於一些發展障礙的早期偵察，諸如學習障礙、行為問題、注意困難、臨界認知功能，以及神經心理缺失（Aylward & Carson, 2005）。

嬰兒與學前評鑑的實際用途

兒童評鑑的歷史一再地顯示，一般而言，我們在生命的第一年或第二年取得的測驗分數顯現極低的預測效度。有鑑於這方面令人無精打彩的紀錄，我們不禁想問：什麼是嬰兒評鑑的目的？它又有什麼實際用途？

(一) 嬰兒與學前測驗的預測效度

以異質樣本的正常兒童為對象，一般的發現是，嬰兒測驗分數與兒童期測驗分數呈現正相關，但是難以令人印象深刻（Goodman, 1990; McCall, 1979）。一些研究在論調上較為樂觀（例如，Wilson, 1983），但是大部分研究人員同意 McCall（1976）的結論：

> 一般而言，生命前 6 個月期間的表現與 5 歲後的 IQ 分數之間基本沒有相關。對於在生命的 7 個月到 18 個月之間施行的評鑑而言，當個人拿來預測 5 歲到

18 歲的 IQ 時，其相關主要是在 .20 多。直到大約 19-30 個月大時，嬰兒測驗才能在 0.40-0.55 的範圍內預測日後的 IQ。

McCall（1979）在後來的審視中再度認肯他原先的結論，我們在這裡加以引述。嬰兒與學齡測驗分數之間相關確實沒有超過 .40——除非受試者初始施測時已至少滿 19 個月大。

至於學前測驗方面的發現就顯得多少較為正面。學前測驗結果與日後 IQ 之間相關通常堅定、顯著而有意義。在探討這個問題上，最簡易的方式是以縱貫研究測量 IQ 結果的穩定度。在表 7-4 中，我們摘要了兒童的 IQ 分數（採用斯－比量表）之「年齡對年齡」的穩定度——根據「Fels 縱貫研究」，一項對兒童的智能和情緒發展之早期、經典的追蹤調查（Sontag, Baker & Nelson, 1958）。在這個表格中，最低的相關是 .43，那是發生在 4 歲時施測的 IQ 與 12 歲時再度施測的 IQ 之間。在該表格中很突顯的是學前 IQ 與日後兒童期 IQ 之間關聯的堅定性。隨著兒童初測時的年齡愈大，這與日後 IQ 的關係就愈堅強。事實上，研究結果顯示，達到 8 歲（平均而言）之後，IQ 變得相當穩定。

綜合而言，這些發現證實，嬰兒測驗的預後價值（prognostic value）普遍不佳，至於學前測驗則能夠適度預測日後的智力。這帶我們回到這一節開始所提出的問題上：嬰兒評鑑的目的和實際用途是什麼？

(二) 嬰兒量表的實際用途

嬰兒測驗之最重要而穩健的用途是在於篩選發展障礙（developmental disabilities）。

表 7-4　IQ 從 3 歲到 12 歲的穩定性

	再度施測的年齡（歲）								
初始施測的年齡（歲）	4	5	6	7	8	9	10	11	12
3	.83	.72	.73	.64	.60	.63	.54	.51	.46
4		.80	.85	.70	.63	.66	.55	.50	.43
5			.87	.83	.79	.80	.70	.63	.62
6				.83	.79	.81	.72	.67	.67
7					.91	.83	.82	.76	.73
8						.92	.90	.84	.83
9							.90	.82	.81
10								.90	.88
11									.90

資料來源：Sontag, L. W., Baker, C., & Nelson, V.（1958）.

早期偵測出有智能不足之高風險的兒童是非常重要的，因為它可以提供早期干預，從而有助於改善日後生活的結果。雖然現存的嬰兒測驗不是兒童期和成年期智力的良好預測指標，但是這條規則有一個例外，那就是對於在貝莉測驗和另一些篩選測驗上拿到極低分數的嬰兒而言。例如，假使嬰兒在原版貝莉（1969）和貝莉－II（Bayley, 1993）上的得分低於平均數兩個標準差以上的話（特別是在「心理量表」上），那就表示有很高機率日後在兒童期將會符合智能不足的標準（Self & Horowitz, 1979; Goodman, Malizia, Durieux-Smith, Mac-Murray & Bernard, 1990）。關於非常新近的 Bayley-III（Bayley, 2005），目前還沒有縱貫研究，但是這份測驗很可能也擁有對於低分的良好預測效度。

在高風險兒童方面，嬰兒測驗分數與日後兒童期 IQ 之間相關遠高於正常兒童的樣本。最為一致的發現是，嬰兒測驗上非常低的分數（低於平均數兩個標準差以上）準確地預測兒童期的智能不足。例如，以「丹佛發展篩選測驗－修訂版」為研究工具，揭示不正確的判斷率只有 5 到 11%，這表示當嬰兒和學前兒童被鑑定有智能不足的高風險時，他們很少在兒童期達到正常範圍的認知運作（Frankenburg, 1985）。大部分採用貝莉測驗的研究也證實這個模式（VanderVeer & Schweid, 1974）。

四 入學準備度的篩選

「篩選」（screening）的目的是鑑別高風險兒童，以便他們能夠被提交作更廣延而深入的評估（Kamphaus, 1993）。但是「高風險」是針對什麼而言？一般答案是指在早期的小學教育中不及格的可能性。高風險的觀念與發展遲緩（developmental delay）的概念有密切關聯，後者是指幼童的認知發展在相當程度上低於對其年齡的期待。有些被鑑定為這個標籤的幼童在後來生活中「趕上進度」。對這些幼童而言，發展遲緩是較為適當的指稱。當然，發展遲緩比起智能不足是較為樂觀而較不烙印的標籤；智能不足通常是發展遲緩的最終結果。

對低智力的兒童而言，他們有學業不及格的實質風險，這解釋了為什麼個別智力測驗在學前兒童的評估上扮演重要的角色。但是個別智力測驗需要頗多時間的投注（高達 2 個小時），也必須由受過審慎訓練的從業人員加以實施。因此，基於實際的原因，個別智力測驗不適宜作為篩選工具。

理想的篩選工具應該是一種簡短的測驗，它可由教師、學校護士，以及另一些在評鑑上受過有限訓練的人員加以實施。此外，實用的篩選測驗應該提供某一截切分數（cutoff score），它能夠準確地把兒童分類為「正常」或「高風險」。

(一) 學前篩選的工具

如 Malcolm（1998）所提到的，好幾十項工具已被提出以篩選發展遲緩，但是只有少數經得起時間的考驗。我們在這裡的討論將僅限定在三份測驗上：DIAL-III、Denver II 及 HOME。前兩份測驗是採取傳統途徑以檢定發展遲緩，至於 HOME 則徹底背離了傳統的程序。

(二) DIAL-III

「學習評鑑的發展指標」（Developmental Indicators for the Assessment of Learning-III）是一種個別實施的篩選程序，針對於快速而有效率地偵測發展困擾（或資賦優異），適用對象是從 3 歲直到 6 歲 11 個月的學前幼童（Mardel-Czudnowski & Goldenberg, 1998）。整套測驗包含了一些材料和常模資料，它被用來篩選幼童在三個發展領域中的表現：動作、概念及語言。這些領域中的題目是由施測者直接對兒童實施。此外，標準化分數也在「自助和社會發展」中藉由父母問卷而取得。

總分數的取得是經由合計三個領域的分數。對每個領域分數和對於總分數而言，手冊提供了截切分數，以便把幼童指派到兩個結果組之一中，一是「潛在遲緩」組，另一是「合格」組。標準化樣本包含 1,560 名兒童，大致上是依據 1994 年全美人口普查資料（在性別、種族、地理區域及家長教育程度等變項上）分層取樣而來。

DIAL-III 的信度尚稱良好，考慮到它是作為篩選用途的一份簡短測驗。內部一致性係數從 .66（「動作領域」）延伸到 .84（「概念領域」），全量表的信度則是 .87。重測信度的資料也大致上相似，但這也表示它沒有達到所建議之最起碼的 .90 信度——當測驗被用來從事關於個人的決定時（Nunnally & Bernstein, 1994）。

DIAL-III 的效度被判斷應該頗高——有鑑於一組專家對內容進行審查，而且協助排除了不適當或偏差的題目。它的效標關聯效度也很高——根據它與一些類似工具的相關所判斷的，諸如「早期篩選剖析圖」、「區分能力量表」，以及「皮寶岱圖形詞彙測驗－III」。

(三) Denver II

丹佛第二版（Frankenburg, Dodds, Archer and others, 1990）是相當盛行之「丹佛發展篩選測驗－修訂版」（Denver Developmental Screening Test-Revised）的更新版本。丹佛測驗或許是在美國最廣為所知而深入探討的小兒科篩選工具。該測驗也通行於全世界，它已被翻譯為 44 種不同語言。適用於嬰兒和從 1 個月大到 6 歲的幼童，丹佛測驗包含 125 個題目，分別屬於四個領域：個人－社會、精細動作－適應、語言，以及大肌肉活動。

這些題目混合了父母報告、直接誘發及觀察。

不像其他篩選測驗，Denver II 並不提出發展商數或發展分數。反而，受試者在大約 30 個年齡相稱題目上的結果提供了某一分數，然後該分數參照以年齡為基礎的常模而可被判讀為「正常」、「可疑」或「異常」。Denver II 的標準化樣本包含 2,096 名兒童，根據年齡、種族及社經地位等變項分層取樣。總計的評估時間不到 20 分鐘。

認識到沒有工具是完全可信賴的，也認識到兒童隨著時間而變動，Denver II 的編製者建議在達到 2 歲之前，每隔大約 6 個月就重複施測一次；然後在達到 5 歲之前，每年重測一次。Denver II 的信度根據報告相當顯眼——對一份簡短的篩選測驗而言。在受過訓練的評分者之間，評審間信度平均是引人注目的 .99。以 7 到 10 天的間隔而言，總分數的重測信度平均是 .90。

Denver 擁有絕佳的內容效度——就以它所測試的行為被兒童發展方面的權威人士認定為發展上的重要標記而言。然而，該測驗的判讀類別（正常、可疑、異常）是建立在臨床判斷上，因此有待進一步之驗證效度的研究。一些初始研究提出重大的關切。Glascore 和 Byrne（1993）評估日托中心裡的 89 名幼童，年齡分別從 7 個月到 70 個月大。根據廣延的獨立評估，這 89 名兒童中有 18 名被證實有發展遲緩——依據聯邦政府對失能狀況的界定（例如，語言遲緩、智能不足及自閉症）。儘管 Denver II 在正確鑑定出 18 名高風險兒童中的 15 名上表現良好，但是該工具在正常兒童方面卻表現差勁。事實上，71 名正常兒童中，有 38 名被判定不合格，因此被分類為「可疑」或「異常」。整體而言，幾乎每 6 名受測的兒童中，就有 4 名將被轉介做進一步的評鑑；至於這 4 名兒童中，只有 1 名才是真正的失能。研究人員的結論是，這造成父母不必要的花費和焦慮，浪費了寶貴的診斷資源和干預資源。他們建議該測驗在獲致廣泛的使用之前，應該從事進一步之驗證效度的研究，以及進行校準以揚棄一些題目。

(四) HOME

環境測量的家庭觀察（Home Observation for Measurement of the Environment, HOME）或許是最受到廣泛使用之兒童環境的指標。根據在家庭中執行的觀察，以及跟主要照護者的訪談，HOME 量表提供關於兒童之物理環境和社會環境的測量。該工具供應三種格式：「嬰兒與幼兒」（0 歲到 3 歲）、「兒童早期」（3 歲到 6 歲）及「兒童中期」（6 歲到 10 歲）。

(五) 背景與描述

在 HOME 量表被編製之前，兒童環境的測量大致上是建立在人口統計資料上，諸如父母教育程度、職業、收入及住所地點等。通常，這些指標被結合為累加的量數，稱之為社會階級或社經地位（socioeconomic status, SES）。這種途徑不講明的假設是，這些指標「間接地」反映了有意義的環境變異。簡言之，SES 的提議者相信，平均而言，當兒童出身較高社會階級時，他們將經歷較為豐富而有滋養的環境——相較於出身較低社會階級的兒童。

對比於 SES 途徑，HOME 量表的編製是在為兒童的環境提供直接歷程（process）的測量。這項工具的指導理念是，兒童經歷的直接評鑑是家庭環境的更佳指標——相較於家長的職業和教育等間接測量。因此，當以 HOME 進行評鑑時，這涉及直接觀察兒童的家庭環境，以決定若干類型的關鍵性互動和經歷是否出現。例如，在長達 1 小時的家庭拜訪期間，施測者觀察父母是否自發地跟子女互通信息至少 5 次，判定兒童是否至少有 10 本幼童讀物或童話書，以及根據詳述的標準評定住家附近是否審美上令人愉悅——僅是援引其中一些例子。

HOME 量表的目的是測量兒童在家庭中被供應之刺激和支援的性質及數量，這些刺激和支援對兒童的認知、社會及情緒的發展相當重要。為了完成 HOME 量表，施測者必須在家庭環境中觀察兒童與照護者（通常是母親）的互動情形。在一些量表題目上，評分是源自對物理環境的觀察。此外，另有些題目的完成是依據照護者的自我報告。整個量表的施測需要大約 1 個小時。

(六) 技術特性

關於 HOME 量表的信度，採用庫－李二氏公式，其內部一致性估計值的範圍是從 .67 到 .89。重測資料的取得是針對標準化樣本中的 91 個家庭，當它們的嬰兒／幼兒分別是 6 個月、12 個月及 24 個月大時。重測係數指出各個分量表從中度到高度的穩定性，大部分的相關是在 .50 多、.60 多及 .70 多。在 12 個月和 24 個月大施測時，總分數之間相關是頗高的 .77。

HOME 量表的效度受到研究發現的支持，顯示與 SES 指標有適度相關。因為該量表是被提議作為環境之更有意義而靈敏的指標（相較於社會階級），HOME 分數應該與 SES 指標有顯著但不是高度的相關。對「嬰兒與幼兒」版本而言，HOME 的分量表與 SES 的相關主要是在 .30 多和 .40 多，至於「總分數－SES」相關則是 .45（Bradley, Rock, Caldwell & Brisby, 1989）。HOME 分數也顯示與美國白人和少數族裔的貧窮狀況有強烈關係（Bradley, Corwyn, Pipes McAdoo & Garcia Coll, 2001）。再者，在一項針對 93 位美國黑人單身母親的研究中，較高的 HOME 分數預測了兒童將會展現較少的行為問題和較優良的學前能力（Jackson, Brooks-Gunn, Huang & Glassman, 2000）。

HOME 分數也顯示與相稱的外在效標（包括語言與認知發展、學業不及格、治療干預，以及智能不足）有強烈、確認理論的關係（Caldwell & Bradley, 1984）。HOME 的因素分析研究也支持這項工具的構念效度（Bradley, Mundfrom, Whiteside and others, 1994）。除了作為研究工具的實用性外，HOME 在作為臨床工具上也顯現前途（Totsika & Sylva, 2004）。因為 HOME 的低分預測了心智失能的風險，該量表可被用來鑑定那些需要補救（矯正）措施的幼童。總之，HOME 量表不僅在研究上顯現前景，而且也可作為干預方案的實用幫手。

主題 7B

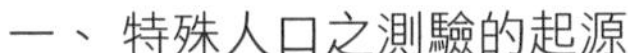

施測失能人士

一、 特殊人口之測驗的起源
二、 非文字測驗
三、 非閱讀式與動作簡化的測驗
四、 施測視覺障礙的人士
五、 智能不足之適應行為的評鑑

在這個主題中，我們將討論針對不尋常及困難的會診而設計的一些工具，諸如針對感官／動作缺損的人士、新近來自非英語系國家的移民，以及有重大智能缺陷的人們。根據美國人口普查局的資料，大約 3,200 萬名 5 歲以上的美國人（占八分之一的比例）有感官、身體、心理或自我照護上的失能（disability）（www.census.gov, 2000）。這個估計值還沒有包括住在各式療養機構中的人們。在這些不尋常的情況下——當評估感官、動作、語言或智力失能的人們時——我們需要專門的測驗以做有效的評鑑。

一、特殊人口之測驗的起源

從 1950 年代起，美國重新興起對身體上和心理上失能人士之需求和權益的重視（Maloney & Ward, 1979; Patton, Payne & Beirne-Smith, 1986）。對於那些有特殊需求的人們，社會的態度從公然的歧視轉為較具支持的立場。進展雖然緩慢，但是我們不再訝異看到許多公共設施為了肢體殘障、視障及聽障人們的便利已紛紛改建。

在 1970 年代早期，對於失能人士之重燃的關切被轉為聯邦立法。1973 年，「公共法規 93-112」通過，當作失能人士的「人權法案」。這項法規禁止以失能為依據的歧視行為。兩年之後，界標性的「所有殘障兒童教育法案」（Public Law 94-142）被制定。這項法案規定失能學童有接受適當的衡鑑和教育的機會。特別是，心理學家被徵召在所有可能失能的領域中評鑑兒童（心理、行為及身體等方面），而且編製可被驗證對這些表明的目標有效的工具。

(一) 特殊人口的評鑑途徑

特殊測驗最先是在 1900 年代早期所設計，當初是為了測試非英語系國家的移民、聽覺障礙的人們，以及言語障礙的人們（DuBois, 1970）。這些早期的特殊工具大部分是作業測驗或非文字測驗（nonlanguage tests），它們可以透過手勢而被實施。受試者操弄物件或使用紙筆以完成容易理解的作業，諸如尋找路徑以穿越迷津。

特殊工具也為不具閱讀能力的受試者而設計，但他們仍擁有某些能力以理解口頭語言。這些非閱讀式測驗（nonreading tests）適用於幼童和另一些不識字的人們，他們仍能理解及遵從口頭的指示。許多非閱讀式測驗需要操弄物件。然而，非閱讀式測驗也能夠利用圖畫詞彙的格式以評鑑語言理解技能：施測者說出一個字詞，受試者從一系列圖畫中指出描繪該字詞的一張圖畫。

動作簡化測驗（motor-reduced test）只要求在應答上最低度的動作輸出。在動作簡化測驗中，受試者僅需從幾個選項中指出（或運用表情或姿勢）正確的作答。例如，腦性麻痺患者就需要這種施測方式。若干非閱讀式測驗也是屬於動作簡化測驗。

最後，我們應該提到，有幾項重要的評鑑設計真正而言不算是測驗。發展程序表（developmental schedule）是一種標準化的設計，用以觀察及評估嬰兒和幼童的行為發展。這些工具通常是在調查一些重大的發展里程碑，諸如獨力坐著及不用協助下站立等。這類工具的特色是，「受試者」本身不用接受測驗，也就是實際上不必做任何正規之外的事情。發展程序表真正而言僅是一種結構式的觀察表格。同樣的，行為量表（behavior scale）是一種決定行為技能（由智能不足的兒童或成年人所展現）之側面圖的工具。行為量表通常是由具有見識的成年人（父母、教師或心理學家）所填寫。

二 非文字測驗

如前面提到的，非文字測驗需要很少或完全不需要書寫語言或口頭語言，包括施測者和受試者雙方。因此，它們特別適合於評鑑不會說英語的人們、言語障礙而被轉介的人們，以及語言技能薄弱的人們。對於沒有失能情況的受試者，這些工具也可以作為後備（或補充）測驗。

(一) 黎特國際作業量表－修訂版

黎特國際作業量表（Leiter International Performance Scale-Revised, LIPS-R）（Roid & Miller, 1997）是正統及頗受讚揚之非語文智力與認知能力測驗（Leiter, 1948, 1979）的新近版本。Leiter 在 1929 年設計該測驗的實驗版本以評估一些人的智力，包括那些有聽力或說話障礙的人們、雙語的人們，或不會說英語的受試者。雖然在初始推出後，該量表受到高度稱讚和廣泛使用，但因為不良的舉例和過時的常模，它在近些年來受到強烈的批評。修訂的 Leiter 靈巧地回應所有批評，而 LIPS-R 值得作為非語文智力之減少文化影響的測量而被廣泛使用。

Leiter 的顯著特色是完全排除語文的指示。Leiter-R 不需要來自施測者或受試者的任何口頭的言辭。針對從 2 歲到 21 歲的年齡範圍，Leiter-R 特別適用於英語技能薄弱的兒童和青少年。這包括擁有任何這些特徵的兒童：不會說英語、自閉症、重大腦傷、言語障礙、聽力困擾或貧乏的環境。該測驗也有助於評鑑注意力障礙。

測試的完成是由兒童或青少年拼合一些小型的薄卡片，使之相配於陳列架上對應的示意圖（參考圖 7-1）。該測驗是不限時間的。因為初始的題目相當簡明而平易，大部分受試者很快就理解，不需要手勢的示範。Leiter-R 包含 20 個分測驗，組成四個領域：推理、視覺化、記憶及注意。不是所有分測驗都要對每一位兒童實施。例如，圖形旋轉分測驗對於 2 歲的幼童過於困難，而立即再認分測驗對於青少年就過度容易。

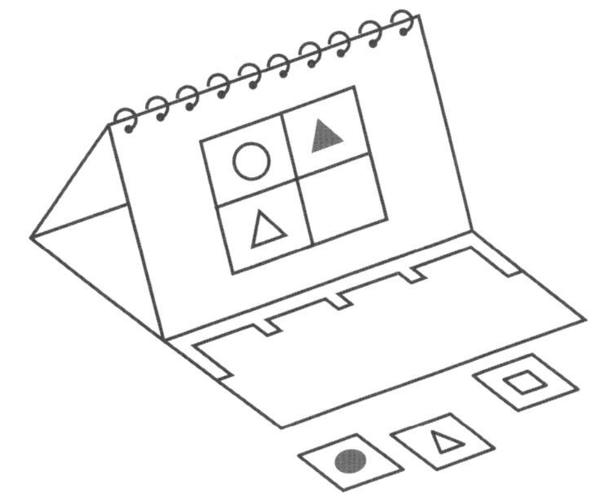

圖 7-1　從黎特國際作業量表－修訂版所取材的示範題目

Leiter-R 產生組合 IQ，擁有所熟悉的平均數 = 100 和標準差 = 15。該測驗也產生分測驗尺度的分數，具有平均數 = 10 和標準差 = 3；以及產生各種合成分數，可被用在臨床診斷上。該測驗是在超過 2,000 名兒童和青少年（從 2 歲到 21 歲）身上建立常模。利用 1993 年的人口普查統計資料，這些受試者被審慎地依據種族、年齡、性別、社會階級及地理區域等分層取樣。不論是分測驗分數、領域分數或 IQ 分數，它們的內部一致性信度都很優良。典型的係數對分測驗而言是在 .80 多上半段，對領域分數和 IQ 分數而言是在 .90 多下半段。關於題目偏差的廣泛研究揭示，這些題目顯得在各別族群中（白人、黑人及拉丁美洲裔樣本）有類似的功能運作；這也就是說，沒有題目偏差的證據。再結合「該測驗完全是非語文的」的事實，這就表示 Leiter-R 是針對少數族群兒童之減少文化影響測試的良好選擇。但是，該測驗也在廣泛的另一些情境中被派上用場。例如，

Tsatsanis、Dartnall 和 Cicchetti（2003）也推薦，Leiter-R 可被用來檢測低功能運作的自閉症兒童。

關於 Leiter-R 的實徵研究，至今還寥寥無幾。該測驗已被顯示在評鑑醫學上脆弱兒童方面具有實用性（Hooper, Hatton, Baranek, Roberts & Bailey, 2000），也有助於評估被歸類為語言障礙的兒童（Farrell & Phelps, 2000）。採用第一版的研究指出，Leiter 與另一些智力測驗分數有強烈的關係。例如，Leiter 與 WISC 作業 IQ 的相關接近 .80 多；與 WISC 語文 IQ 的相關較典型是在 .60 多（Arthur, 1950; Matey, 1984）。研究學者表示，雖然斯－比被顯示是標準成就之勉強較佳的預測指標，但對於有聽力及／或言語障礙的兒童而言，他們可能需要 Leiter 或另一些非語文的工具。

Leiter-R 是過時之原先測驗受歡迎的修訂版。在謹慎的臨床人員的手中，該測驗有助於英語能力薄弱兒童的智能評鑑。修訂版測驗的另一些用途還包括對注意力缺失／過動疾患的評鑑，以及對資賦優異之幼童的評估。儘管評閱者提醒相關人員不要採用原版 Leiter 做安置或決策上的用途（Sattler, 1988; Salvia & Ysseldyke, 1991），但修訂的 Leiter 在這方面已有極大改善，特別是關於心理計量特性和標準化優點。

(二) 人類圖形繪畫測驗

大部分兒童以畫人類圖形為樂，而且是經常及自發地這般從事。從 1900 年代早期起，心理學家就試圖探討這種幾乎本能的行為，以作為測量智能發展的基礎。Florence Goodenough（1926）是第一個採用人類圖形繪畫（human figure drawing, HFD）作為標準化智力測驗的研究人員。她的測驗稱為「畫人測驗」（Draw-A-Man Test），經過 Harris（1963）的修訂後，被重新命名為「谷賀畫人測驗」（Goodenough-Harris Drawing Test）。我們也應該提起，HFD 被廣泛使用作為情緒適應（emotional adjustment）的測量，但我們不打算在這裡討論這項用途。

谷賀畫人測驗是一種簡短、非語文的智力測驗，可以被個別實施或在團體中實施。Goodenough（1926）發表這份測驗的第一版，至於 Harris（1963）則在評分和標準化方面提供重要的改進，包括離差智商（deviation IQ）的使用。嚴格說來，谷賀測驗不符合非文字測驗的標準，就以施測者必須以英語（或通過翻譯人員）傳達若干指示而言。然而，指示語是簡短而基本的（「我想要你畫一幅男子或女子的圖畫，盡你所能畫出就好」）。對所有實際用途而言，谷賀測驗是一種非文字測驗。

谷賀畫人測驗的目的是在測量智能成熟度，而不是藝術技巧。因此，評分準則強調觀察的準確性和概念思維的發展。當兒童的圖畫中含有各個身體部位和細節、提供透視（遠近）畫法和符合實際的比例，以及意指動作的自由度時，他們就能拿到分數。總共有 73 個項目接受評分。

除了「男子」量表，Harris（1963）修訂版也包括兩個追加格式：「女子」量表和「自我」量表。對後二者量表而言，受試者被指示畫一幅女子或自己的圖畫。不論對男性或女性的受試者而言，他們在「男子」與「女子」量表上的分數有很高的相關（r = .91 到 .98）。這兩個版本可被視為複本（equivalent forms）。「自我」量表則是打算作為自我概念的投射測驗。然而，自我概念（self-concept）是模糊的構念，很難加以客觀化。「自我」量表已大致上被擱置一旁，雖然有些心理學家利用它純粹作為臨床面談之不計分的延伸。

谷賀畫人測驗的標準化樣本頗大，總數達 2,975 名兒童，他們經過審慎挑選以符合美國人口的統計資料。該測驗涵蓋 3 歲到 16 歲的範圍，但是常模最適用於從 5 歲到 12 歲。超過 12 歲後，受試者開始接近表現的漸近線（asymptote），年齡差距已減低。「男子」量表產生離差智商似的標準分數，具有平均數 100 和標準差 15。但有一項考量是，「畫人測驗」的常模現在已相當陳舊。Abell、Horkheimer 和 Nguyen（1998）發現，這份測驗的評分系統一致地低估在 WISC-R 上的 IQ 分數。

該測驗的信度已接受折半程序、重測研究及評分者間對照的評估（Anastasi, 1975; Frederickson, 1985; Harris, 1963）。折半信度一般是接近 .90。然而，穩定性係數很少超過 .70 多，即使當重測的間隔只有幾星期時。這表示谷賀畫人測驗上的分數擁有頗大帶狀的測量誤差。另一方面，評分是相當客觀的：評分者間相關典型是在 .90 多。

谷賀測驗通常被使用作為認知能力的非語文測量，主要是針對有語言障礙的兒童，以及針對少數族群或雙語的兒童。Oakland 和 Dowling（1983）視畫人測驗為減少文化影響的測驗，適合於對少數族群兒童做初步的篩選。該測驗在較年幼兒童身上有最良好效果，特別是那些較低智力的兒童（Scott, 1981）。對出身較低社經家庭而住在日托中心的 5 歲兒童樣本而言，Frederickson（1985）報告，谷賀畫人測驗的分數與 WPPSI 全量表 IQ 之間相關是在 .72 到 .80 的範圍內。在另幾項研究中，谷賀測驗與一些個別 IQ 測驗的相關就較為變動不一，但大多數都超過 .50（Abell, Briesen & Watz, 1996; Anastasi, 1975）。

為了回應對谷賀畫人測驗的批評，Naglieri（1988）開發了量化評分系統，重新使得人類圖形繪畫（HFD）的程序標準化。他的評分系統稱為「畫人：量化評分系統」（Draw A Person: A Quantitative Scoring System, DAP），在一個含有 2,622 名從 5 歲到 17 歲的受試者樣本上建立常模，他們在年齡、性別、種族、地理區域、族裔、社會階級及社區大小等方面相稱於 1980 年的美國人口普查資料。DAP 產生標準分數，具有熟悉的平均數 100 和標準差 15。在以 61 名 6 歲到 16 歲受試者為對象的研究中，DAP 與 WISC-R IQ 的相關是 .51（Wisniewski & Naglieri, 1989）。Lassiter 和 Bardos（1995）發現，在含有 50 名幼稚園兒童和 1 年級學生的樣本中，DAP 分數低估了從 WPPSI-R 和從 K-BIT 所取得的 IQ 分數。

評論家對 DAP 有頗高的評價，因為它有清楚的評分系統、堅強的信度和嚴格的標準化（Cosden, 1992）。然而，效度方面的研究結果就令人慎重些。Harrison 和 Schock（1994）提到，HFD 測驗的累積證據指出低度到中度的預測效度。儘管 HFD 測驗的名氣和投人所好，它們不能有效地鑑別有學習困難或發展障礙的兒童，它們甚至可能無法有效地被使用為篩選測量。

(三) 黑斯奇－內布拉斯加學習性向測驗

黑斯奇－內布拉斯加學習性向測驗（Hiskey-Nebraska Test of Learning Aptitude, H-NTLA）是一種非文字的作業量表，適用於從 3 歲到 17 歲之有聽力障礙或語言困難的兒童。這份測驗可以完全透過手勢實施，不需要受試者的任何語文反應。然而，對於正常和輕度聽障的兒童而言，它也可以採用語文指示實施。H-NTLA 共包含 12 個分測驗：

穿珠形狀（Bead Patterns）
圖畫識別（Picture Identification）
摺紙（Paper Folding）
積木圖案（Block Patterns）
數字記憶（Memory for Digits）
圖畫類比（Picture Analogies）
顏色記憶（Memory for Color）
圖畫關聯（Picture Association）
視覺注意廣度（Visual Attention Span）
繪畫完成（Completion of Drawings）
積木拼合（Puzzle Blocks）
空間推理（Spatial Reasoning）

分測驗上的原始分數被換算為離差學習商數（Learning Quotient, LQ），其平均數是 100，標準差是 16。H-NTLA 分數與 2 年級直到 12 年級的成就量表有相當堅固的相關（中數 $r = .49$），也與 WISC-R 作業 IQ 有堅定的相關（$r = .85$）。雖然對聽障兒童的樣本和那些失聰的人們而言，LQ 產生的平均分數非常接近於 WISC-R 作業 IQ，H-NTLA 分數實質上遠為多變（Watson & Goldgar, 1985; Phelps & Ensor, 1986）。因此，採用 H-NTLA 可能提高了「錯誤肯定」（false positive）之不當分類的風險——即標示兒童為資賦優異，當他們只是聰明些時；或標示他們為智能不足，當他們僅是臨界情況時。

這份測驗的一項引人興趣的特徵是兩套常模的發展，一是以 1,079 名聾生為樣本進行標準化，另一是以 1,074 名正常聽力兒童為樣本進行標準化，年齡都在 2 歲半到 17 歲半之間。前一個樣本的代表性大致上不詳；後一個樣本是建立在父母的職業水準上——根據 1960 年美國人口普查。顯然，H-NTLA 需要現代和較為詳細的重新標準化。

(四) 非語文智力測驗－3

非語文智力測驗－3（Test of Nonverbal Intelligence-3, TONI-3）是認知能力之排除語言影響的測量，專門為失能或少數族群的人們而設計（Brown, Sherbenou & Johnsen,

1998）。特別是，編製者推薦該測驗用來評鑑失語症（aphasia）的人們、不會說英語的人們、聽障的人們，以及發生各種重大神經傷害的人們。測驗指示語是由施測者以手勢（手語）傳達，受試者的作答是經由指出六個可能選項中的一個。TONI-3 包含兩個複本，總共由 50 個抽象／圖形的問題解決題目所組成。該測驗產生兩種分數：百分等級（PR）和 TONI-3 商數（平均數 = 100，標準差 = 15）。

TONI-3 慎重地在超過 3,000 名受試者身上進行標準化，年齡範圍從 6 歲直到 89 歲。信度資料相當令人滿意，內部一致性係數典型地超過 .90，而複本信度則在 .80 到 .95 的範圍。

TONI-3 的效度研究還付之闕如，但是對先前版本（在內容上高度相似）的調查指出，這份測驗能夠有效作為普通智力之減少文化影響的指標，但是並不支持它主要是「非語文」智力的測量（Murphy, 1992）。綜合而言，TONI-3 被高度看待為是語言能力有所缺陷之受試者的簡短非文字篩選工具。TONI-3 的一項實用特性是，它可被不計時地實施，但很少超過 20 分鐘。

本書中先前討論過的兩項工具也符合非文字測驗的資格。「瑞文漸進推理測驗」和「卡特爾文化公平智力測驗」利用非語文的題目，它們需要施測者與受試者之間本質上非語言基礎的互動。一項新式而有前景之排除語言影響的測驗是「普遍非語文智力測驗」（Universal Nonverbal Intelligence Test, UNIT），一份總括性而多維度之非語文智力的測量（McCallum & Bracken, 1997; Reed & McCallum, 1995）。這份測驗是為有聽力障礙或不精通英語的兒童而設計。高水準的題目分析指出，UNIT 對深度重聽的兒童是一份不偏倚之非語文智力的測量（Maller, 2000）。UNIT 為 *g* 因素和幾個次要分數提供了良好的測量，包括在記憶和推理上之清楚的、以因素為基礎的分數。

非閱讀式與動作簡化的測驗

如讀者還記得的，非閱讀式測驗（nonreading tests）是為不識字的受試者而設計，他們仍然能夠良好理解口說的英語而足以遵循口頭的指示。非閱讀式智力測驗極適合於幼童、不識字（文盲）的受試者，以及有說話或表達性語言障礙的人們。這些測驗不需要專門化或深奧難懂：大部分主流工具的作業分測驗就符合非閱讀式測驗的資格。例如，施測者可能利用 WISC-III 作業分測驗以評估有語言障礙之受試者的智力。

然而，對於腦性麻痺或另一些有重大傷殘狀況的案主而言，他們在需要操弄型反應（manipulatory responses）的非閱讀式測驗上的表現將會極為差勁。如何從這樣人士身上取得有效的測驗結果，這往往提出莫大的挑戰。腦性麻痺患者常見之動作短缺、容易疲勞及目的性動作的不精確等將會負面影響他們在認知評鑑工具上的表現。重大傷殘的案主將需要符合「非閱讀式」和「動作簡化」(motor reduced)二者條件的測驗。

(一) 皮寶岱圖形詞彙測驗－第三版

皮寶岱圖形詞彙測驗 -III(Peabody Picture Vocabulary Test-III, PPVT-III)是最為所知而最被廣泛使用之非閱讀式、動作簡化的測驗(Dunn & Dunn, 1998)。針對聽覺、神經或說話方面有所障礙的人士，PPVT-III 用以取得聽語詞彙的快速測量。雖然 PPVT-III 對任何不能用言辭表達意思的受試者都能適用，該測驗特別有助於也表明動作障礙狀況的受試者，諸如腦性麻痺或中風。

PPVT-III 共有兩個複本，各自由有 4 張練習卡和 204 張測試卡所組成。每張圖卡含有 4 幅直線排列的圖畫，描繪各式物件或日常情景。施測者呈現圖卡，以口頭陳述刺激詞彙，要求受試者指出最適切描述所陳述詞彙的一幅圖畫。測驗題目根據難易度精確地排列，但不是所有圖卡都會施測，而是採用基線水準(basal level)和上限水準(ceiling level)的方法，僅施行最適合受試者能力水準的題目。雖然該測驗是不限時間的，但全部施測時間很少超過 15 分鐘。原始分數被換算為年齡當量(age equivalents)或標準分數(平均數為 100，標準為 15)。

PPVT-III 是在 2,725 名人士的代表性全國樣本上進行標準化，年齡從 2 歲半延伸到 90 歲以上。新版的信度資料極為優良，典型的內部一致性係數是 .94，複本信度是 .94，而重測相關是 .92。同時效度的研究也很具激勵性，顯示與語文智力測量有堅定的相關。例如，根據測驗編製者的報告，PPVT-III 與 WISC-III 語文 IQ 的相關是 .91，而與 K-BIT 詞彙分數的相關是 .82(Dunn & Dunn, 1998)。

幾條路線的證據支持皮寶岱測驗的效度，但只是作為特定的詞彙測量，而不是作為綜合的智力測量(Altepeter, 1989; Altepeter & Johnson, 1989)。簡言之，皮寶岱測驗是詞彙的良好測量(特別是，聽覺詞彙)，但如果用作為智能的全面測量可能造成誤導。

關於同時效度和預測效度，皮寶岱測驗稍微有限但具有前途。幾位研究人員已求取 PPVT-R 與成就測量的相關，通常顯現尚可的關係(r 是從 .30 到 .60)(Naglieri, 1981; Naglieri & Pfeiffer, 1983)。PPVT-R 與閱讀成績的相關傾向於較高些——相較於與拼字成績和與算術成績的相關。這表示 PPVT-R 具有適宜的辨別效度(discriminant validity)(Vance, Kitson & Singer, 1985)。

另幾位研究人員則求取較早版本的皮寶岱與智力測量的相關，特別是 WISC-R 和 WAIS-R，發現通常有相當不錯的相關(接近 .70)(例如，Haddad, 1986; Naglieri & Yazzie, 1983)。如可以預期的，通常與語文 IQ 的相關要高於與作業 IQ 的相關。

大體上，我們可以提出結論，即皮寶岱是良好常模化之聽覺詞彙的測量，對於不具閱讀能力和動作障礙的受試者很具實用性。然而，該工具不適合作為普通智力測驗的替代品，而且 PPVT-III 分數可能低估了某些團體的智能運作（例如，少數族群的兒童，高度運作的成年人）。

四、施測視覺障礙的人士

好幾百萬美國成年人具有某種程度的視覺障礙。視覺障礙的兒童人數實質上少些，從 6 歲到 21 歲之間，只有 0.4% 學生因為視力困擾接受特殊教育安置（美國教育部，1992）。除了在施測方面的特別安排，視障人士可能也需要特有工具以作有效的評鑑。

在評鑑視障人士的智能運作上，施測者傳統上依賴斯－比量表的改編。海耶斯－比奈（Hayes-Binet）修訂版是建立在 1916 年的斯－比上，專門為施測視障人士。這項工具自此經過幾次的修訂。最新近的改編是柏金斯－比奈（Perkins-Binet）測驗（Davis, 1980）。柏金斯－比奈保留了來自斯－比的大部分語文題目，但是也改編其他題目為觸覺樣式。柏金斯－比奈擁有可接受的折半信度，也顯現與 WISC-R 的語文量表有高度相關（Coveny, 1972; Teare & Thompson, 1982）。柏金斯－比奈的編製者們認識到視力困擾是存在於連續頻譜上，所以發展了各別兩套常模：Form N 是為 4 歲到 18 歲的全盲者所設計；Form U 則是為 3 歲到 18 歲尚具殘餘視力的受試者所設計。

測驗編製者也成功地修改魏氏作業量表，以供使用於視障人士。哈普帝克失明成人智力量表（Haptic Intelligence Scale for the Adult Blind, HISAB）共包含六項分測驗，其中四項類似於 WAIS 作業量表的數字（點字）符號、物件裝配、積木造形及圖畫（物體）完成的分測驗（Shurrager, 1961; Shurrager & Shurrager, 1964）。其餘兩項分測驗則是珠算（Bead Arithmetic）和形狀板（Pattern Board）。HISAB 的信度極為優良，編製者以某一視覺障礙的成人樣本提供常模資料。最具激勵性的是，HISAB 分數與 WAIS 語文 IQ 的相關是 .65（Shurrager & Shurrager, 1964）。

另一項引人興趣的工具是「失明學習性向測驗」（Blind Learning Aptitude Test, BLAT），一種觸覺的測驗，適用於從 6 歲到 16 歲的失明兒童（Newland, 1971）。BLAT 擁有優良的信度，而且與海耶斯－比奈（r = .74）和與 WISC 語文量表（r = .71）有非常良好的相關（Baker, Koenig & Sowell, 1995）。在結合語文測驗之下，BLAT 是測試視障兒童之智力的有前途工具。

五 智能不足之適應行為的評鑑

智能不足的評鑑是一件複雜而多層面的關切事項，本身完全值得整章的內容。但因為篇幅所限，我們的討論勢必要刪減。感興趣的讀者可以參考「美國智能不足協會」（2002）、Nihira（1985）及 Sattler（1988，第 15 章和第 21 章）。

(一) 智能不足的定義

關於智能不足（mental retardation）的定義，最具權威性的來源是「美國智能不足協會」發表的「專門用語與分類手冊」（AAMR, 2002）。這本手冊界定「智能不足」如下：

> 智能不足是指當事人現行的功能運作發生實質的缺陷。它的特色是顯著低於平均數的智力運作，同時在下列實用適應技能領域中存在至少兩項有關聯的缺陷：溝通、自我照顧、居家生活、社交技巧、社區使用、自我指導、衛生與安全、功能性知識、休閒及工作。智能不足是在 18 歲之前表明。（AAMR, 2002）

手冊更進一步指出，「顯著低於平均數的智力運作」是指 IQ 低於 70-75 ——在擁有平均數 100 而標準差 15 的量表上。至於在像是斯－比第四版的測驗上，其標準差是 16，遲滯智力運作的約略範圍將是 IQ 低於 68-73。手冊也明白地認定專業判斷在個別案例上的重要性。

低 IQ 本身絕對不足以作為智能不足之診斷的基礎。AAMR 的定義也指明了第二項標準，也就是在至少兩項相關的適應技能領域上發生缺陷。因此，只有當個人展現足夠的低 IQ，而且也展現適應技能上的缺陷時，這才能夠正當達成智能不足的診斷。再者，這些在智能和適應功能上的缺陷必須是在成長時期（developmental period）出現。這裡所謂「成長時期」被界定為從出生到 18 足歲之間。

這本最新近的 AAMR 手冊代表對先前術語的一種背離。在原先的用詞中，它認定四種水平的智能不足：輕度（mind）、中度（moderate）、重度（severe）及深度（profound）。不再把焦點放在當事人的短處上，該手冊引進「所需要支援的強度」的層次，以重新引導注意力於案主的復健需求（rehabilitation needs）上。四個層次的「所需要支援」是間歇的（intermittent）、有限的（limited）、廣泛的（extensive）及全面的（pervasive）。然而，原先指稱智能不足水平的術語可能將仍會盛行相當時光，所以我們決定在表 7-5 中調和舊式與新式的劃分方式。讀者將會注意到，智能不足水平之間有不確定的地帶，這表示智能不足的診斷將需要對所有來源的訊息進行臨床判斷。再者，

表 7-5　四種水平的智能不足

· **輕度智能不足：IQ 從 50-55 到 70-75 以上。**
需要間歇的支援。尚稱良好的社會及交流技能；在特殊教育下，在十幾歲後期可達到 6 年級的學業技能；在特殊訓練和指導下，可達成社會和職業的適任；在生活起居的安排上局部地獨立自主。

· **中度智能不足：IQ 從 35-40 到 50-55 以上。**
需要有限的支援。適度的社會及交流技能，但是很少自我覺察；在延長的特殊教育下，可達到 4 年級的學業技能；可在有保障性的場所中擔任工作，但是在起居安排上需要輔導。

· **重度智能不足：IQ 從 20-25 到 35-40 以上。**
需要廣泛的支援。很少或沒有交流技能；感官與運動缺損；不能從學業訓練中獲益；可接受基本衛生習慣的訓練。

· **深度智能不足：IQ 低於 20-25。**
需要全面的支援。只有最低限度的功能運作；沒有能力自我維持；需要持續不斷的養護及監督。

資料來源：AAMR（2002）and Patton, Payne, and Beirne-Smith（1986）.

即便這些水平是以 IQ 範圍判定的，我們仍需提醒讀者，受試者也必須在至少兩個領域的適應技能上顯現對應的缺陷。在任何情況下，IQ 測驗都不足以作為診斷智能不足的唯一基礎。

適應技能的缺陷較難以確認——相較於低 IQ。AAMR 手冊列出了 10 項不同領域的適應技能，具體指明案主必須在其中至少兩項顯現實質的缺陷：

- 交流。
- 自我照顧。
- 居家生活。
- 社會技能。
- 社區使用。
- 自我指導。
- 衛生與安全。
- 功能性知識。
- 休閒。
- 工作。

至於這些缺陷如何被評鑑，手冊提議，適切的做法是為適應技能的測量良好建立起常模，但是最後的決定始終是臨床判斷的事情。

在測定適應技能的缺陷上，測驗編製者面對重大的挑戰。我們只舉一個在這個領域遇到的艱辛事實，即環境對於適應行為的期待從出生直到青年期急劇地提升。此外，適應行為的表現在這過程中徹頭徹尾地改變其特色。在兒童期，適應行為可能反映在感官－動作技能和語言的流暢上。在青年期，職業技能和社會責任變得重要。正如智能的評鑑，評估適應行為的工具必須被審慎地依據年齡訂定規格。

在評鑑適應行為方面，第一份標準化的工具是「梵亞倫社會成熟度量表」（Vineland Social Maturity Scale）（Doll, 1935, 1936）。根據現代的標準，多少有點簡化而粗糙，原始的梵亞倫量表包含 117 個不相關的題目，以年齡量尺的格式排列。熟悉受試者的資料提供者將被要求查核適用的題目。根據這些結果，施測者就可計算出對應的社會年齡（social age），以有助於智能不足的診斷。仍然是一項受重視的工具，梵亞倫已經過幾次的修訂，它現在被稱為「梵亞倫適應行為量表」（Sparrow, Balla & Cicchetti, 1984）。

自從原版梵亞倫量表推出之後，超過 100 份適應行為量表已被發行（Nihira, 1985; Reschly, 1990; Walls, Werner, Bacon & Zane, 1977）。這些工具在結構、預定目的及鎖定人口群方面有很大變異。廣義而言，我們可以針對兩種不同目的劃分出兩類工具。一組主要是常模參照量表（norm-referenced scales），大致上是被用來協助診斷及分類。另一組主要是標準參照量表（criterion-referenced scales），大致上是被用來協助訓練及復健。我們從每組中各舉一個代表性的工具作較詳盡的分析。

(二) 自主行為量表－修訂版

「自主行為量表－修訂版」（Scales of Independent Behavior-Revised, SIB-R）（Bruininks, Woodcock, Weatherman & Hill, 1996）是一份有抱負、多維度之適應行為的測量，在評鑑智能不足上有高度實用性。SIB-R 包含 259 個適應行為的題目，組成 14 個分量表。這項工具是在父母、照護者或教師的協助下完成，他們都相當熟悉受試者的日常行為。針對每個分量表，施測者朗讀一系列題目，然後每個題目從 0（不曾或絕少完成該任務）到 3（良好完成該任務）被登記分數。SIB-R 的一項實用特徵是，施測者只需要最低限度的訓練及閱歷。當然，在評估測驗結果和達成關於安置或治療的決定上，這就需要遠為高水平的勝任能力。

SIB 的 14 個分量表被安排為 4 個組群，它們是動作技能、社會與交流技能、個人生活技能，以及社區生活技能。這 4 個組群接著構成「概括自主量表」。每個分測驗的原始分數被相加以取得局部分數。每個組群的局部分數然後被相加以取得組群分數。「概括自主量表」的分數則是從 4 個組群分數推導出來。分測驗分數、組群分數及概括自主分數然後可被換算為各種常模分數（normative scores），這容許受試者的表現被拿來跟全國常模化樣本的表現進行比較。常模量尺包括年齡分數、百比等級、標準分數、標準九分數，以及常態曲線當量（normal curve equivalents）。

SIB-R 的標準化受到良好的構思及執行。常模團體包含 2,182 名受試者，其抽樣反映了 1990 年人口普查特徵。常模資料涵蓋了從 3 個月大嬰兒到 80 歲以上成年人。SIB-R 的價值更進一步增強是因為它寄託樣本在伍考克－強森心理教育評鑑組合－修訂版（Woodcock-Johnson Psycho-Educational Battery-Revised）的常模上。SIB-R 是這個較大型測驗組合的成分之一，但也可以單獨地被使用。

SIB-R 的信度普遍良好，但是隨著不同分量表和隨著不同年齡組多少變動不定。個別分量表傾向於呈現折半信度在 .80 附近；4 個組群具有中數的組合信度在 .90 左右；概括自主量表具有很堅定的信度，在 .90 多的上半段（Bruininks, Woodcock, Weatherman & Hill, 1996）。

SIB-R 的初步效度資料很具前途。例如，對各種樣本的失能和非失能的受試者而言，其平均分數顯現確認的關係：對那些已知在學習和適應上最嚴重受損的人們而言，他們的 SIB-R 分數也最低。針對失能的受試者，SIB-R 分數與智力分數有很強烈的相關（在 .80 多）；至於在非失能的受試者方面，其關係極為輕微（Bruininks et al., 1996）。SIB-R 也擁有優良的輻合效度——概括自主分數與得自另一類似工具（梵亞倫適應行為量表）的組合分數之間相關是 .83（Middleton, Keene & Brown, 1990）。

總之，SIB-R 是優良的工具，它可以為受試者當前在真實生活情境中（在家庭、學校及社區環境中）的運作水平提供洞察力。雖然這項工具跟智能不足的定義中所列舉之 10 個領域的適應技能不具有一對一的對應性，但是存在實質的相似性。例如，AAMR 所列出之下列領域的適應技能就被 SIB-R 的分量表或組群所適切涵蓋：交流、自我照顧、居家生活、社交技巧、社區使用、衛生與安全，以及工作。在智能不足的診斷及評鑑上，SIB-R 或類似的工具被評定為是個別智力施測所必要的補充措施。

(三) 自主生活行為檢核表

自主生活行為檢核表（Independent Living Behavior Checklist, ILBC）是一種廣延的列表，343 個獨立生活技能被歸類及呈現在六個範疇中：機動性（mobility）、自我照顧、家庭維持與安全、食物、社會與交流，以及功能性知識（Walls, Zane & Thvedt, 1979）。不像在本書迄今所討論的大部分工具，ILBC 完全是不建立在常模上的。ILBC 的唯一目的是促進個別受試者在獨立生活所需要的技能上接受訓練。為了這個目的，蒐集一組謹慎挑選之標準參照的技能似乎有較良好效果——相較於一組以常模為依據的分數。換句話說，ILBC 把重點放在受試者能夠做些什麼，而不是放在受試者對照於他人的情形。ILBC 沒有指定適切的年齡範圍，但它似乎適用於從 16 歲直到成年期的人們。

對每種技能而言，ILBC 列舉一種狀況、一項行為及一種標準。表 7-6 列出 ILBC 題目的樣本。讀者將會注意到，所有三種成分（狀況、行為及標準）以充足的準確性被界定，合理的觀察人員將會同意某一技能在什麼時候已被掌握。事實上，ILBC 技能的重測和觀察者間一致性是從 .96 直到完美的 1.00。

每個 ILBC 範疇內的題目經過仔細挑選，以包含對獨立生活而言重要及適切的一些技能。顯然，編製者們成功地鑑定出基本技能，就以他們的工具跟另一項獨立生活的檢

表 7-6　ILBC 題目的抽樣

擦拭用具 35	
狀況：	給予含有若干材料的一碗、一鍋及一擦拭用具。
行為：	案主把材料倒進鍋中，擦洗碗邊。
標準：	2 分鐘之內的行為。必須沒有材料被灑出。所有材料必須從碗中被倒清。
稱讚 30	
狀況：	給予角色扮演或自然情境，使得案主受到讚揚。
行為：	案主接受該讚揚（例如，說「謝謝你」）。
標準：	在角色扮演或自然情境中，所有面談的人必須獨立地陳述，案主有禮貌地接受該讚揚，不會過度謙恭或虛榮。
地址 38	
狀況：	給予一張紙，上面有一個地址，位於案主住處的 3 個街區內。
行為：	案主在協助或不協助下找到特定的所在地。
標準：	1 小時之內的行為。必須找到適切的地點。該地點可能是案主獨自找到，或是在協助下找到（例如，經由跟他人問路，如警察）。

資料來源：Walls, R. T., Zane, T., & Thvedt, J. E. (1979).

核表具有 100% 的重疊性而言（最初不知道）。此外，ILBC 題目從最簡單到最困難謹慎地排列。當在長達幾年的訓練期間以連續的方式使用時，ILBC 因此提供了所掌握技能的檢核表，也可以為更進一步的復健提供指引。

(四) 適應行為的另一些測量

我們提醒讀者，適應行為的測量有很大變異。有些量表主要是為診斷而設計，另有些則是為了矯正（remediation，或補救）。有些量表是適用於重度和深度智能不足的人士，他們將從不會受到僱用；另有些是專用於輕度智能不足而尋求職業訓練的人士。有些量表是完全只適用於兒童，另有些則專門為成年人設計。這些工具不可以交換使用，而可能的使用者應該審慎地研究它們的長處和限制。

梵亞倫適應行為量表（Vineland Adaptive Behavior Scales, VABS）是現存最被廣泛使用之適應行為的測量。該工具是「梵亞倫社會成熟度量表」之重大修正和重新標準化的結果，後者最初是在 1935 年由 Edgar A. Doll 所發表。根據與照護者或父母的半結構式訪談，VABS 提供下列領域及次領域的評估：交流（接納性、表達性、書寫性）、日常生活技能（個人、家庭、社區）、社會化（人際關係、遊戲與休閒時間、應付技巧），以及動作技能（粗動作、細部動作）。除了上述四個領域外，VABS 還包含一個不良適應行為領域（Maladaptive Behavior Domain），它不屬於正式組合的一部分，但可由施測者自由選用。

梵亞倫適應行為量表的標準化樣本共包括 3,000 人，其中男、女各半。樣本的組成是以 1980 年美國人口普查的資料為依據。另外，VABS 也具有補充常模，這些常模包括智能不足、情緒障礙、視覺障礙及聽覺障礙等較局限性的樣本，以適用於具有這些特徵的個案。

VABS 是廣泛受重視的工具，擁有良好的同時效度，包括與 WISC-R 和與斯－比的相關在 .50 到 .80 的範圍內。梵亞倫目前在臨床實踐和研究上是高度受歡迎的測驗。這項工具在研究上頗具前途的一項發展是，它正漸增地在其他國家中被使用。例如，在包含 826 名德國智能不足兒童的樣本中，de Bildt、Kraijer、Sytema 和 Minderaa（2005）報告 VABS 有良好的效度。此外，Balboni、Pedrabissi、Molteni 和 Villa（2001）確認，VABS 準確地鑑定出智能不足的人士，不論是否具有交流障礙、社會行為問題及動作失能。

「美國智能不足協會」（AAMR）已開發幾個量表，適用於評鑑有認知缺陷的人士。我們在這裡只提及它的產物之一，AAMR 適應行為量表：第二版（Nihira, Leland & Lambert, 1993）。這份測驗的居家版和社區版（適合於從 18 歲到 80 歲的人士）是心理計量上的精心作品，已瀕臨實際需要的限度。它的常模樣本包含 4,000 名以上有發展障礙的人士。除了評鑑專屬的行為領域（例如，獨立運作、家庭活動、自我指導、責任），該工具的一項值得注意的特徵是，它也極為關注不良適應的行為，在 8 個領域中加以評估：

- 暴力與反社會行為。
- 叛逆行為。
- 古怪與自虐行為。
- 不可靠的行為。
- 退縮行為。
- 僵化與過動的行為。
- 不適宜的身體暴露。
- 混亂行為。

這份量表已被廣泛地驗證其效度，而且清楚地使得人們被分類在不同適應行為的水平上。

第8章

人格測試的起源

Psychological Testing

主題 8A

人格的理論與測量

一、人格：概論
二、人格的精神分析理論
三、人格的類型論
四、人格的現象學理論
五、行為與社會學習理論
六、人格的特質構思

在心理測試上，研究人員經常會在能力測驗與人格測驗之間做個基本劃分。就最廣義加以界定，能力測驗（ability tests）涵括了許多用來測量智力、成就、性向及神經心理功能的工具。在前面七章中，我們已探討這些工具的本質、結構、用途、信度及效度。在接下來兩章中，我們將轉移焦點到人格測驗上。人格測驗（personality tests）嘗試測量一種或多種的下列事項：人格特質、動態的動機、個人適應、精神徵候、社會技巧及態度特色等。這一章將討論人格測試的起源。在主題 8A「人格的理論與測量」中，我們將概述研究學者如何從不同角度構思人格，以之說明他們的理論如何影響人格測驗與評鑑的設計。在主題 8B「投射技術」中，我們將檢視以精神分析論為本位的多項工具，它們假定受試者對曖昧刺激的反應揭露了自己最深處、潛意識的心理歷程。人格評鑑的論述將會延續到下一章，我們將審視一些客觀的測驗及程序，包括自陳式量表和行為評鑑法。

一、人格：概論

雖然人格不容易加以界定，我們可以從這個模糊構念辨別出兩個基本特徵。首先，每個人在某種程度上是一致的；我們擁有連貫的特質和行動模式，它們反覆地出現。其次，每個人在某種程度上是獨特的；個體之間存在行為差異。考慮三位研究生的反應，當他們拿到期中考試的成績單時。雖然所有三位研究生都拿到幾近相同的成績（例如，齊一的「B」），但個人反應卻相當多樣化。第一位學生惱怒地走開，稍後無意中被聽到他對評分助教極表不滿。第二位學生顯得滿意，大聲表示「B」畢竟是不錯的成績。第三位學生感到失望，但是堅忍克己，他怪罪自己沒有更用功念書。

我們如何理解這三個人的不一樣反應，他們各自應對完全相同的刺激？心理學家和一般人同樣地訴諸人格（personality）的概念以求理解他人的行為和所表達的情感。人格的觀念是被用來解釋個體之間的行為差異（例如，為什麼一個人抱怨，而另一個人堅忍），以及用來理解每個個體之內的行為一致性（例如，為什麼前面提到的抱怨學生普遍地顯得執拗而愛發牢騷）。

除了理解人格，心理學家也試圖加以測量。實際上有好幾百份人格測驗已針對這個目的而被設計出來。我們接下來將審視歷史上傑出而著名的一些工具，也將討論一些頗具前途的新途徑。

二、人格的精神分析理論

精神分析（psychoanalysis）是由佛洛依德（Sigmund Freud, 1856-1939）所原始創作。當然，另有許多人已修正及改寫他的理論，但這樣的更動只是輕微的，佛洛依德對精神分析論的奠立實有不可磨滅的功勞。佛洛依德在他的撰述和理論創立上極為多產。我們在這裡的討論將僅限定在精神分析中那些影響心理測試的層面。特別是，羅夏克測驗、主題統覺測驗和我們在下一主題將會評論的大部分投射技術，都是受支配於精神分析的解讀架構。讀者想要對佛洛依德的貢獻有較透徹的理解，不妨從他的《精神分析導讀講義》（Freud, 1933）開始著手。至於佛洛依德理論的審視及解讀，可以尋之於 Stafford-Clark（1971）以及 Fisher 和 Greenberg（1984）。

（一）精神分析論的起源

佛洛依德展開他的職業生涯是作為一位神經學家，但是很快地就專攻歇斯底里症的治療。歇斯底里（hysteria）是一種情緒障礙，其特色是劇化的行為，也呈現精神起源的身體症狀，諸如癱瘓、失明和喪失感覺。在跟 Joseph Breuer 的共事之下，佛洛依德認定歇斯底里的基礎原因是創傷經驗之被埋藏的記憶，諸如兒童期性騷擾。假使這些記憶可在催眠之下被帶到意識層面上，稱為發洩（abreaction，或疏導）的情緒釋放將會發生，而歇斯底里症狀將會消失，至少是短暫地（《歇斯底里症探討》，Breuer & Freud, 1893-1895）。

從這些早期研究中，佛洛依德開發了心理運作的綜合理論，而以潛意識（unconscious）的概念作為其基礎。他相信潛意識是本能驅力的蓄水池，也是不被我們意識上的自己所接受之思想和願望的貯藏室。因此，佛洛依德主張，我們最有意味的個人動機大致上是在意識察覺之外。佛洛依德在他的第一本書《夢的解析》（Freud, 1900）中詳盡地討論潛意識的概念。他相信夢以偽裝的形式上演我們的潛意識動機。即使看上去似乎乏味的夢，可能實際上具有隱藏的性意義或攻擊意義——假使它被正確解析的話。

佛洛依德的潛意識概念在 20 世紀初期貫穿了心理測試非常核心的層面。整個族群的投射技術因此興起，包括墨漬測驗、語詞聯想法、語句完成技術，以及說故事（統覺）技術（Frank, 1939, 1948）。這每一種方法都是建立在這樣假設上：潛意識動機可以從受試者對曖昧及非結構式刺激的反應而被看穿或識破。事實上，羅夏克（1921）把他的墨漬測驗比擬為潛意識心靈的 X 光線。雖然他明顯地誇大敘述投射技術的力量，但是從羅夏克的觀點不難看出，精神分析的潛意識構想如何強烈影響測試的實踐。

(二) 心靈的結構

佛洛依德關於心靈結構和關於防衛機制運作的觀點，也影響心理測試與評鑑（Freud, 1933）。這一章所討論的幾項測驗和評鑑法就是建立在精神分析之防衛機制（defense mechanisms）的構想上，所以值得在這一主題作簡要的摘述。

佛洛依德把心靈劃分為三個構造：本我、自我及超我。本我（id）是我們人格之晦澀而不可接近的部分；佛洛依德將之比擬為「混沌的狀態，就像是一大鍋翻騰起伏的騷動」。因為「本我」完全是潛意識的，我們必須間接地透過分析夢和症狀（諸如焦慮）以推斷它的特徵。從這樣的分析中，佛洛依德斷定本我是所有本能需求的所在地，諸如對食物、水、性滿足及避免痛苦的需求。本我只擁有一個目的，也就是依照唯樂原則為這些需求獲致立即的滿足。唯樂原則（pleasure principle）是指朝向立即滿足的衝動，毫不考慮價值觀、善與惡，或道德律。本我也不具邏輯能力，無法擁有時間的概念。因此，本我之混沌的心理歷程不因為時間的經過而改變，而且被壓抑到本我中的印象或感想「幾乎是不滅的，可能被保留達好幾十年，就彷彿它們是新近才發生」（Freud, 1933）。

假使我們的人格只由本我（致力於滿足其本能，不顧現實）所組成，我們將很快就會被外界力量所消滅。幸好，出生後不久，本我的一部分就發展為自我（ego），或意識上的自己。自我的目的是在本我與現實之間進行斡旋及仲裁。這表示自我大部分是在意識層面上，遵循的是現實原則（reality principle）。自我尋求以符合現實而安全的方式釋放（解除）本能的緊張——源自本我之不斷催促的力量。

自我也必須跟超我（superego）抗爭。超我是指人格中的道德（倫理）成分，在生命的前 5 年中開始出現。超我大致上同義於良心（conscience），它是由「對與錯」的社會標準所構成，而這些標準是由我們父母傳達給我們。超我局部是可意識的，但是它的很大部分是潛意識的；這也就是說，我們不一定能夠察覺它的存在或運作。超我的功能是限制本我和自我之獲得滿足的意圖。它的主要武器是罪疚感，它以之來懲罰自我和本我的不正當舉止。因此，自我光是為本我的尋求滿足找到安全而切合現實的方式還是不夠的，自我也必須選擇道德上可被接受的出路，否則它將蒙受來自它的監督者（即超我，遵循的是道德原則）的懲罰。這解釋了為什麼我們可能為不道德行為（如偷竊）感到罪疚，即使當我們不可能被逮到時。超我的另一部分是自我理想（ego ideal），它是由我們的目標和抱負所組成。自我對照自我理想以衡量自己，然後致力於達成它對完美的要求。假使自我遠遠落後於自我理想所設定的標準，罪疚感（feeling of guilt）可能就油然而生。我們經常解讀這種感受為自卑感（sense of inferiority）（Freud, 1933）。

(三) 防衛機制的角色

自我很顯然被授予一項艱巨的任務，隨著它擔任本我、超我和外界現實這三位暴君的斡旋者及僕人。在讀者看起來，這樣的任務似乎基本上不可能，而個體因此將會處於經常不斷的焦慮狀態。幸好，自我擁有一套工具供它使喚，以協助它執行必要的工作——也就是擁有一套被統稱為防衛機制（defense mechanisms）的心理策略。

防衛機制有許多變化形式，但它們都具有三個共通的特性。首先，它們專門的目的是協助自我降低焦慮，這樣的焦慮是由本我、超我及外界現實之互相衝突的要求所製造出來。事實上，佛洛依德認為焦慮是一種信號，告訴自我為了自己的利益應該行使一種或多種防衛機制。因此，在精神分析理論中，防衛機制與焦慮是互補的概念，任一者的存在是作為另一者的反作用力。防衛機制的第二個共通特徵是，它們在潛意識中運作。因此，即使防衛機制是受到自我的支配，我們並不察覺它們的運作。防衛機制的第三個特徵是，它們扭曲內在或外在的現實。就是這項特性使得它們能夠降低焦慮。經由使得自我能夠以較不具威脅的方式看待源自本我、超我或外界現實的挑戰，防衛機制協助自我避免重度的焦慮。當然，因為防衛機制扭曲了現實，它們的僵硬、過度的運用可能製造更多問題——相較於它們所解決的問題。

(四) 防衛機制與自我功能的評鑑

雖然佛洛依德引進防衛機制的概念，但是留待他的追隨者才開始較詳盡闡明這些潛意識的心理策略（Paulhus, Fridhandler & Hayes, 1997）。早期對防衛機制的描述是由佛洛依德的女兒安娜在《自我與防衛機制》（Anna Freud, 1946）這本書中所提供。然而，這些概念被應用到心理測量與評鑑上則是遠為近期的事情。例如，Loevinger（1976, 1979, 1984）提出了語句完成技術，以之測量建立（間接地）在防衛機制之分析上的自我發展。這是引人興趣的人格測量方法，我們將在下一單元作簡要的論述。這裡，我們將呈現 Vaillant（1977, 1992）的研究工作，以之說明防衛機制的測量，以及如何應用這方面訊息以理解人格。

Vaillant（1971）開發了階層式的自我適應機制，他依據的假設是，有些防衛機制在本質上比起其他機制來得有益身心。根據他的觀點，防衛機制可被劃分為四個不同類型。依照有益身心的程度排列，它們依序是精神病型（psychotic）、不成熟型（immature）、神經質型（neurotic）及成熟型（mature）（表 8-1）。精神病型機制（如全然否認外界現實）是最不具效益的，因為它們扭曲現實到極端的程度。他們在觀察者

表 8-1　Vaillant（1977）所提出之防衛機制的階層

I. 精神病型

妄想性投射：對外界現實不掩飾的妄想；通常屬於被迫害的性質。

否認作用：否認外界現實；例如，不承認自己有末期疾病。

扭曲作用：全面地重塑外界現實以適合內心的需求；例如，一廂情願的妄想。

II. 不成熟型

投射作用：把個人自己不承認的情感歸之於他人；例如，「你在生氣，不是我！」

類分裂性幻想：為了衝突解決和滿足的目的，採用幻想和內心撤退。

疑病症：把對他人的責備首先轉換為自我責備，再然後轉換為身體不適的抱怨。

被動－攻擊的行為：對他人的攻擊是間接而無效地透過消極性或導向自己而表達出來。

宣洩：直接表達出潛意識的願望或衝動，以便避免意識到所伴隨的情感。

III. 神經質型

理智化作用：以正規而不帶感情的角度思考願望，但是不以行動展現出來。

壓抑作用：似乎無法解釋的記憶失誤，或無法記得特定訊息；例如，「遺忘」跟牙醫的約定。

替代作用：把情感引導到不是真正對象的另一些事物或人物身上；例如，當對上司不滿時，卻轉踢自己的狗。

反向作用：潛意識地把衝動轉為相反的方向；例如，過度關懷所厭惡的同事。

解離作用：暫時但激烈地變更自己的性格以避免情緒苦惱；例如，短暫之肆無忌憚的態度。

IV. 成熟型

利他主義：以替代但有建設性的方式滿足對他人的服務；例如，慈善行為。

幽默感：以打趣的方式承認一些可能令人困窘的想法及情感，也不至於引起他人的不快；但不包括諷刺或挖苦。

抑制作用：意識或半意識地決定延緩把注意力放在意識的衝突或衝動上；這不同於壓抑作用，後者是屬於潛意識歷程。

預期：切合實際地預期或規劃未來的內心動亂或不安；例如，符合現實地預期外科手術或生別死離。

昇華作用：把受挫的欲望或衝動加以改頭換面，以一種良性、可被社會接受的方式展現出來；例如，把攻擊衝動導向運動表現。

資料來源：Vaillant, G.（1977）.

看起來好像「發瘋」。不成熟型機制（像是投射個人自己不承認的情感於他人）比起精神病型機制是較具效益些。儘管如此，它們容易被局外的觀察者所看破，而且被視為是不良的。神經質型防衛機制通常是變更私人的情感，以便它們較不具威脅性。其中一例是理智化作用（intellectualization），也就是以純粹理性而不帶感情的方式分析有威脅性的事件。例如，一位醫生的母親新近才過世，他可能長篇大論地談論她的癌症的醫學特性，從而寬舒他的失落感。成熟型防衛機制在觀察者看來是一種適宜的美德。某種形式的幽默即為其中一例，它不會扭曲現實，但仍能緩解高壓事件的重荷（Vaillant, 1977）。

「Grant 研究」舉例說明了如何應用防衛機制以理解人格，這是一項由 Vaillant 及其他人所執行之長達 45 年的追蹤研究（Vaillant, 1977; Vaillant & Vaillant, 1990）。這些研究人員採用結構式訪談以從 95 名男子的樣本中取得潛意識適應機制的證據。受試者是來自哈佛大學 268 名學生的原始樣本——從 1939 年直到 1944 年的畢業生。在追蹤研究中，Vaillant 訪談每位受試者 2 個小時，採用半結構式的訪談表格（Vaillant, 1977, App. B）。此外，受試者填寫自傳式的問卷，且提供其他來源的資訊。每位受試者填妥完整的原始紀錄，然後整份記錄接受 Vaillant 及另一些評審者的評估——根據每種防衛機制以怎樣程度描述了當事人對生活適應的特色。防衛機制則從 1（沒有）到 5（重大）接受評分。

考慮到評估工作所要求熟練判斷的程度，防衛機制評定的評審間信度還過得去（除了少數例外）。各別的防衛機制擁有的信度是從 .53（幻想）到 .96（投射作用）；大部分信度是在 .70 多到 .80 多的範圍內。整體評定的信度是 .77。

關於防衛機制評定的效度，這主要取決於如何證明發展變化和團體差異跟精神分析關於這些構念的理論保持一致。例如，我們將會期待，隨著 Grant 研究的受試者成長而進入中年，他們將會使用較少不成熟型和較多成熟型的防衛機制，而這正是 Vaillant 所發現的結果。此外，我們也將期待，對於被其他效標（例如，多次離婚、成就低於預期水準）認定為適應不良的人們而言，他們在防衛機制上將會受到較為不利的評定（相較於適應良好的人們），而這也正是 Vaillant 所觀察到的情形。總之，對於人格評鑑而言，防衛機制的分析是有前途的方法。然而，這種方法有兩項缺點：一是施測者需要專門化的訓練以辨認防衛機制，另一是從受試者身上蒐集相關資訊的過程非常耗時。

人格的類型論

最早期的人格理論試圖劃分人們為各別的範疇或類型。例如，希臘醫生希波克拉底斯（Hippocrates, 460-377 B.C.）提出了呈現四種人格類型（personality types）的體液理論（多血質、暴躁質、憂鬱質及黏液質），但因為過於簡化而不具實用性。1940 年代，Sheldon 和 Stevens（1942）根據體型與氣質之間關係，提出另一種類型論。他們的論點激起了一陣研究的風潮，然後就湮沒無聞。儘管如此，類型論仍然斷斷續續地捕捉人格研究人員的興趣。

(一) A 型性格與冠心病

Friedman 和 Rosenman（1974）調查有什麼心理變項置個人於冠心病（coronary heart disease）的較高風險。他們最先檢定出 A 型行為模式（type A behavior pattern，或稱 A 型性格），這是一組複雜型態的行為和情感，包括過度競爭心、富有攻擊性、缺乏耐性、匆匆忙忙及帶有敵意。A 型人們通常對他們生活的若干重要層面深感不滿、個性急躁、求成心切、有野心及好冒險；他們也經常獨來獨往，缺乏知心朋友。

在對立一端的是 B 型性格，它是指 A 型之外的行為模式。這種人們較不具競爭心，也較不具敵意；他們個性溫和，在生活中較能隨遇而安。當然，人們沿著從「純粹 A 型」到「純粹 B 型」的連續頻譜上變動。

A 型性格可以從簡短的晤談診斷出來，這樣的晤談包含了關於工作、談話、飲食、閱讀及思考等習慣的一些問題（Friedman, 1996）。A 型性格較為明顯的個案也可從紙筆測驗偵察出來（Jackson & Gray, 1987; Jenkins, Zyzanski & Rosenman, 1971, 1979），我們將會在下一章討論。然而，問卷法較為受限，因為它無法揭示敵意和時間緊迫感之臉部、聲音及心理動作的指標，但敵意和時間緊迫感通常在晤談中顯而易見（Friedman & Ulmer, 1984）。

早期的研究指出，對於展現 A 型性格的人們而言，他們有發生冠心病和心臟病發作的顯著較高風險。在一項 9 年的研究中，超過 3,000 位健康的男子接受調查，結果發現 A 型性格的人們蒙受心臟病發作的機率是 B 型性格人們的 2.5 倍高（Friedman & Ulmer, 1984）。事實上，對於「純粹 B 型」的人們而言（即該研究中極為放鬆、隨和而不具競爭心的成員），沒有一人蒙受心臟病發作。在著名的 Framingham 縱貫研究中，對於從 55 歲到 64 歲的 A 型男子而言，他們在 10 年的追蹤研究中發展出冠心病的機率約為 B 型男子的兩倍高（Haynes, Feinleib & Eaker, 1983）。在這項研究中，A 型性格與心臟病之間關聯對白領辦公人員而言特別高。

在較新近的研究中，研究人員發現 A 型性格與冠心病之間只有微弱的關係，或甚至毫無關係（例如，Eaker & Castelli, 1988; Mathews & Haynes, 1986; Smedslund & Rundmo, 1999）。另一些研究人員發現，心臟病似乎較與充分成形的 A 型行為模式無關，反而較與像是容易處於憤怒狀態的特定成分有關（Dembroski, MacDougall, Williams & Haney, 1985），或較與擁有時間緊迫感有關（Wright, 1988）。無疑地，這個領域的研究有必要揀選特定的風險因素。在審視現今的思潮後，除了壓力、憂鬱及社會孤立外，Wielgosz 和 Nolan（2000）檢定出敵意、憤世嫉俗（cynicism）和壓抑怒氣為 A 型性格中的重大風險因素。

四 人格的現象學理論

人格的現象學理論（phenomenological theories）強調當前、私人及主觀經驗在決定行為上的重要性。有些被囊括在這個標題下的理論立場也被授予其他標籤，諸如人本論（humanistic theory）、存在理論（existential theory）、結構理論、自我理論及實現理論（Maddi, 2000）。儘管如此，這些探討具有共通的焦點，即視當事人的主觀經驗、私人的世界觀及自我概念（self-concept）為行為的主要泉源。

(一) 現象學探討的起源

這一節將簡要審視的取向具有許多來源，可以回溯到 20 世紀交接時的歐洲的哲學和文學。儘管如此，有兩個人（一位是哲學家，另一位是作家）在促進當代現象學觀點上特別是居功厥偉。德國哲學家胡塞爾（Edmund Husserl, 1859-1938）創造了現象學的複雜哲理，現象學關切的是對純粹心理現象的描述。胡塞爾的方法極為倚靠內省，幾乎是不可測度的。較為平易近人的是丹麥作家祁克果（Søren Kierkegaard, 1813-1855），他以對存在主義（existentialism）的貢獻而遠為知名。存在主義是一項文學和哲學的運動，關切的是生命的意義和當事人選擇私人目標的自由。胡賽爾的現象學和祁克果的存在主義影響了不少傑出的哲學家和心理學家。這些早期觀點的痕跡很明顯見之於幾乎每一項現代現象學的人格理論中（Maddi, 2000）。

(二) 卡爾・羅傑斯，自我理論與 Q－技術

卡爾・羅傑斯（Carl Rogers, 1902-1987）是最具影響力的現象學理論家。他對人格理論——稱為自我理論（self-theory）——的貢獻是廣延而普遍的，深受心理學的學生所賞識（Rogers, 1951, 1961, 1980）。此外，羅傑斯也協助塑造了一小部分的心理測試——透過擴展 Q－技術。

Q－技術（Q-technique）是一種探討自我概念（self-concept，羅傑斯自我理論中的核心要素）之變動的程序。Q－技術是由 Stephenson（1953）所開發，但是羅傑斯及其同事的一系列研究促使這項測量方法普及化（Rogers & Dymond, 1954）。也被稱為 Q－分類（Q-sort），Q－技術是一種綜合的程序，特別適合於探討自我概念的變動。Q－分類包含很多張卡片，每張卡片上列有一項印刷的陳述，諸如下列：

我冷靜沈著
我穿上虛偽的外衣
我對自己的要求很高
我是一個柔順而恭謹的人
我討人喜歡

受試者被要求把 100 張左右這樣的陳述分類到 9 個等級中，也就是受試者（或極為了解受試者的人）根據卡片上的陳述符合受試者個性的程度，按照等級（從最符合到最不符合）分類到已指定分數的 9 個類別中。另有些時候要求每個類別中具有固定數目的卡片，以強迫形成接近常態的分配。例如，最能描述受試者的卡片放在一端，最不具描述性的放在另一端，至於無關緊要或不易決定的卡片則擺在該分配的中間。所要求的分配可能看起來像是這樣：

	最像我						最不像我		
類別編號	1	2	3	4	5	6	7	8	9
卡片的數目	1	4	11	21	26	21	11	4	1

題目的性質取決於研究人員或治療人員的需要。羅傑斯採用一組由 Butler 和 Haigh（Rogers & Dymond, 1954，第 4 章）所設計的題目，以蒐集關於自我概念的資料。這些陳述是從所供應之治療原始紀錄中隨機選取；他們的 Q－分類題目代表了實際的案主陳述，但為了清晰度而重新措辭。無論如何，Q－技術的特殊優點是其他研究人員或治療人員能夠不受拘束地製作他們自己的題目。

Q－分類的評分通常是一件對照已建立的常模以便跟題目的分配進行比較或求取相關的事情。例如，許多有良好適應的人士可能被要求為題目分類，以推導出每個題目平均的類別放置數目（從 1 延伸到 9）。個別受試者將根據他的分類與良好適應人士的平均分類之間相似性而被判斷為較為適應或較不適應。

Q－分類的另一種用途是拿受試者的自我分類（self-sort）與他的理想分類（ideal sort）進行比較。羅傑斯利用這兩項分類之間差距作為適應的指標。他的受試者被要求對題目施行兩次分類，根據下列的指示：

1. 自我分類。分類這些卡片以描述你自己，如你今天看待自己那樣子，從那些最不像你的卡片以迄於那些最像你的卡片。
2. 理想分類。現在，分類這些卡片以描述你的理想人物——在你能力範圍內你最想成為的人物（Rogers & Dymond, 1954）。

利用題目類別數目，羅傑斯然後求取每位受試者各別在兩項分類上的相關。考慮這些資料代表的意思：假使自我分類與理想分類是高度相似的，Q－分類資料的相關將會接近 1.0；假使兩項分類是互相對立的，相關將會接近－1.0。當然，大部分分類將是位在這中間某處，但典型是在正的方向。Butler 和 Haigh 發現，心理治療的案主增進他們在自我與理想之間的一致性（Rogers & Dymond, 1954，第 4 章）。即使如此，良好適應的控制組受試者擁有較高的一致性（表 8-2）。

五、行為與社會學習理論

行為與社會學習理論（behavioral and social learning theories）是起源於關於操作學習和古典制約的實驗室研究。所有行為理論家的基本假設是，構成人格的許多行為是學得的。因此，為了理解人格，我們必須知道當事人的學習史。行為理論家也認為，環境在塑造及維持行為上具有至高的重要性。行為的探討因此試圖檢定，現行環境中的什麼特定成分正在支配當事人的行為。人格的行為探討已提出各式各樣的直接評鑑方法，我們將在下一章中討論。

行為理論家意見不一之處，主要是關於認知在決定行為上所扮演的角色。認知（cognitions）指稱的是一些心理歷程，諸如問題解決、判斷或推理。急進的行為論者相信，訴諸任何性質之心理解釋是徒勞無益的：「當個人做些什麼被歸之於他內心正在進行的事情時，探討就畫下了句點。」（Skinner, 1974）對照之下，社會學習理論家在解釋「特別是個人學習意味些什麼」上，謹慎地訴諸認知的概念。社會學習理論家可能主張，我們學得關於環境的期待或規則，而不僅是刺激與反應的連結。

嚴格的行為主義在 20 世紀早期支配美國心理學界，而現代社會學習論可被視為是行為主義的認知修訂版。社會學習理論家接受史基納學派的前提，即外在強化是行為的重要決定因素。但是他們也主張，認知也對我們的行動具有關鍵的影響力。例如，Rotter（1972）推廣這樣的觀點：我們對未來結果的期待是行為的主要決定因素。舉例而言，個人將會展現自我果斷行為的機率將是取決於他對自我果斷之可能結果的預期。假使所預期的結果受到個人重視，該行為將較可能發生。當然，期待是依存於個人的強化

表 8-2　平均的自我－理想之間相關——對案主組和控制組而言

	諮商前	諮商後	追蹤研究
案主組（N = 25）	－.01	.36	.32
控制組（N = 16）	.58		.59

資料來源：Rogers, C. R., & Dymond, R. F.（Eds）.（1954）.

史。所以，Rotter 的社會學習透視類似於行為論的觀點。但是，社會學習論的涵義是，行為是信念的結果，特別是關於該行為將會造成所想要結果的信念。因此，認知被認為影響了行動。

根據他的社會學習觀點，Rotter（1966）編製了內外控量表（Internal-External Scale, I-E Scale），一種引人興趣之測量「內控信念 vs. 外控信念」的工具。控制信念（locus of control，或控制觀）的構念是指個人對發生在他身上事情所自覺的控制源。特別是，I-E 量表試圖評估受試者對強化的「內控 vs. 外控」所持的普遍預期。I-E 量表的目的是決定受試者在什麼程度上相信該強化是依存於他的行為（內控信念——internal locus of control），抑或依存於外在世界（外控信念——external locus of control）。該工具是一種強迫選擇的自陳式量表。針對每個題目，受試者選擇單一（從一對中）他較強烈同意的陳述。題目就類似下述：

- 一般而言，大部分人得到他們所值得的尊重。

或

- 實際上，個人的價值通常未獲適當認識。

對上述題目而言，前一個選項指出內控信念，至於第二個選項則表明外控信念。內控應答與外控應答的差額決定了在該量表上的總分。I-E 量表是可信賴而有效的工具，它已激發大量研究以探討控制觀和相關變項的本質及意義。研究指出，控制觀與職業成就、身體健康、學業成績及其他許多變項具有強烈的關係。如讀者可能猜想的，內控信念普遍預測較為正面的結果——相較於外控信念。感興趣的讀者不妨參考 Lefcourt（1991）以及 Wall、Hinrichsen 和 Pollack（1989）。

班都拉（Albert Bandura）也對社會學習論做出重要貢獻。在他的早期研究中，班都拉檢視觀察學習（observational learning）和替代性強化（vicarious reinforcement）在行為發展上的角色（Bandura, 1965, 1971; Bandura & Walters, 1963）。較為近期，他提出自覺的自我效能作為人類行動的核心機制（Bandura, 1982; Bandura, Taylor, Ewart, Miller & DeBusk, 1985）。自我效能（self-efficacy）是指個人對自己在某些特定情境中能夠有效地展現適當行為所持的信念；也就是個人對自己處事能力、工作表現及挫折忍受力等人格特質的綜合評價。

班都拉已編製引人興趣的工具以評鑑自我效能的預期。對於各種可能引起焦慮、煩惱或憤怒的情境，受試者檢核他是否「能夠達成」該任務，而且也採用從 10 到 100 的數值以評定自己的信心程度。檢核表的格式如下：

10	20	30	40	50	60	70	80	90	100
相當不確定				中等不確定				確定	

	「能夠達成」	「信心」
・前往一場宴會，但你不認識在場的任何人。	______	______
・在餐廳中抱怨食物不佳。	______	______

班都拉的工具基本上是屬於標準參照測驗，以供使用於心理治療和研究中。

六、人格的特質構思

特質（trait）是指任何「相對上持久的方式，使得一個人不同於另一個人」（Guilford, 1959）。從人們如何描述日常生活中的其他人，心理學家發展出特質的概念。隨著語言的演進，人們找到一些詞語以描述他們在與他人的日常互動中所遇到的一致性和差異性。因此，當我們說一個人好社交而另一個人害羞時，我們正在使用特質名稱以描述個人內在的一致性，也在描述人們之間的差異性（Goldberg, 1981a; Fiske, 1986）。

人格的特質構思在整個心理測驗的歷史中極為盛行。因此，這裡的論述有必要稍作選擇。從所被提出的好幾十個特質理論中，我們將審視三個傑出而有影響力的理論立場：

1. 卡特爾的因素分析觀點，檢定出16到20個兩極的特質維度。
2. 艾森克的特質－維度探討，把好幾十個特質合併為兩個最主要的維度。
3. 葛德伯及其他人對所有特質探討施行現代化的綜合，提出了人格的五大因素模式。

(一) 卡特爾的因素分析特質論

卡特爾（Cattell, 1950, 1973）改良既存的因素分析方法而協助揭示了人格的基本特質。他指稱人格較為明顯的層面為表面特質（surface traits）。當個別測驗題目被求取彼此的相關時，這些特質通常將會在因素分析的第一個階段浮現。例如，對於像是「我享受一場好看的職業拳擊賽」、「被擋在一輛慢車後面真的使我火大」及「我們有必要讓別人知道誰在控制場面」等是－否題目，當受試者提出類似的作答時，就揭露了攻擊性的表面特質。

但是表面特質本身傾向於成群出現，如卡特爾更為精巧運用因素分析所揭露的。對卡特爾而言，這是根源特質（source traits）存在的證據，根源特質是行為之穩定而持續不斷的來源。因此，根源特質較不顯而易見（相較於表面特質），但是在解釋行為上卻更為重要。

卡特爾（1950）極為擅長運用因素分析以發現眾多特質如何被組織，以及發現它們如何彼此相關。他採用的一種方法是要求受試者評定他熟識的他人——透過從 171 個選項的表單中檢核各式各樣的形容詞，諸如攻擊的、體貼的及支配的。當得自 208 位受試者的結果隨後接受因素分析，大約 20 個基礎的人格因素或特質被暫時地檢定出來。另一種方法是要求數以千計的受試者回答關於自己的問題，然後對他們的作答施行因素分析。從原來的 20 個人格特質中，有 16 個特質受到這第二種方法的獨立追認（Cattell, 1973）。這 16 個根源特質已被編入「16 種人格因素問卷」（16PF）中。16PF 是一種以特質為基礎的人格紙筆測驗，將會在下一章中討論。

(二) 艾森克的特質－維度理論

艾森克利用因素分析為年代久遠的古典四種氣質的學說披上現代化的風貌（Eysenck & Eysenck, 1975, 1985）。這個理論是由希波克拉底斯（Hippocrates）所奠立，然後由伽林（Galen, A.D. 130-200，古羅馬的一位醫生）加以頌揚。根據他們的探討，人們形成四種氣質：多血質（sanguine）、憂鬱質（melancholic）、暴躁質（choleric）及黏液質（phlegmatic）。一長串的特質與每種氣質聯想在一起。例如，對於憂鬱氣質的人們而言，他們顯得擔心、憂慮、正經及深思。就它的原始形式而言，該理論過於簡化而不被認真看待。艾森克的天才是運用特質評定的因素分析以揭示這四種氣質是潛伏在人格的兩個基本維度之內：內向－外向和情緒穩定－情緒不穩定。特定的特質沿著每個維度以不同程度被發現。「艾森克人格問卷」（我們將會在下一章審視）就是建立在這種特質－維度的人格探討上。

(三) 人格的五大因素模式

人格的五大因素模式起源於 Goldberg（1981b）所進行的審視。在 Goldberg 對因素分析的特質研究施行的分析中，他檢定出幾項一致性，他稱之為「五大」（Big Five）維度。雖然研究人員對這些因素使用稍微不同的措辭，最常使用的標籤是：

神經質（neuroticism）
外向性（extraversion）

開放性（openness to experience）
親和力（agreeableness）
審慎度（conscientiousness）

重新排列這些因素就組成簡單的頭字語：OCEAN。五大因素模式很快成為共同主張的人格模式。五大因素模式是植根於人格研究上的語意傳統（對於在英語和另一些語言中所發現的特質形容詞施行分析）和因素分析傳統二者。自 1960 年代以來，無論是在人格問卷、訪談檢核表及其他資料中，幾個獨立的研究小組採用統計分析都獲致了相同的結論，也就是只有五個基本維度作為人們用來描述自己及他人之特質的基礎（Costa & McCrae, 1992a; Digman, 1990）。為了驗證五大因素模式的普遍性，研究人員擴展他們的研究到英語之外，結果在另一些語言中也已被重複證實，包括德語、葡萄牙語、希伯來語、華語、韓語及日語（McCrae & Costa, 1997）。因此，五大因素可說提供了一個分類系統的輪廓，以使你能夠具體描述所有你認識的人們——以一種能夠捕捉他們在幾個重要維度上的差異性的方式。

人格的五大因素模式已激發幾項人格量表和另一些評鑑體系（deRaad & Perugini, 2002）。例如，Costa 和 McCrae 已根據五大因素模式編製兩份人格測驗（Costa, 1991; McCrae & Costa, 1987）。「修訂的 NEO 人格量表」（NEO-PI-R）包含 240 個題目，在五點量尺上進行評定。除了人格的五個主要領域，該量表在每個領域內測量六個特定特質（稱之為面向）。稱之為「NEO 五大因素量表」（NEO-FFI）之縮短的 60 個題目版本也已被供應。Trull、Widiger、Useda 及其他人（1998）已發表半結構式的訪談表，以供評鑑人格的五大因素模式。這些測驗將會在下一章加以討論。

(四) 特質概念的評論

直到近期之前，關於基本特質的數目，研究人員仍尚未達成共識。有些理論家擁護兩個或三個主要的特質因素，另有些則把人格領域劃分為 16 或 20 個特質維度。許多人格理論家（或許大多數）現在承認，前面所提的五大因素（神經質、外向性、開放性、親和力、審慎度）提供了極為節約而有效之檢視人格的方式。但是，這個模式還非常新近，它將需要時間以追認它的實用性。例如，關於「開放性」是否應該列入人格基本維度的名單中，這仍然存在爭論（Digman, 1990）。此外，為什麼智能（Intellect）沒有被納入五大因素的模式中？

所有人格的特質探討也共有一些疑難。首先，關於特質究竟引起行為，抑或僅是描述行為，這仍有不同意見（Fiske, 1986）。你可以很具說服力地主張，訴諸特質作為起因只是一種空洞形式的循環推理（circular reasoning）。例如，一個人抱持極高的標準，他可能被說為擁有「完美主義」（perfectionism）的特質。但是當被要求解釋「完美主義」意味些什麼時，我們終究還是訴諸極高標準的行為模式。因此，當我們宣稱一個人是完美主義時，我們實際上沒有做些什麼，僅是為他的過去行為提供速記的描述而已。Miller（1991）就表達了對五大因素模式的這項批評，他指出該模式僅是在描述心理病態，但沒有加以解釋。

特質探討上的第二個疑難是，這些特質似乎具有偏低的預測效度。Mischel 就曾表示，「雖然特質理論是在預測行為一致性，但往往觀察到的是行為不一致性」（Mischel, 1968）。在對現存研究的廣泛審視中，Mischel 指出特質量表所獲致效度係數的上限是 $r = .30$。他新創「人格係數」（personality coefficient）的字詞以描述這些偏低的相關。對大型的受試者樣本而言，$r = .30$ 的相關無疑是顯著的，但是在預測個別行為上只具有最低限度的價值。

主題 8B

投射技術

一、投射假說
二、投射技術的初階
三、聯想技術
四、完成技術
五、編造技術
六、表達技術

Frank（1939, 1948）引進「投射方法」的術語以描述某一範疇的測驗，這類測驗採用不具結構的刺激以探討人格。在投射測驗中（projective test），受試者面對模糊而曖昧的刺激，透過他自己的編造加以應答。投射測驗的原理深植於精神分析理論，特別是該理論所假定之人格的潛意識層面。主試者相信，不具結構、含糊而曖昧的刺激提供了最佳的情勢，以便揭露人格的內在層面。投射測試的核心假設是，受試者對測驗的反應代表了來自他最深處潛意識心理歷程的投射。

一、投射假說

關於「個人對曖昧刺激的解讀必然反映了他潛意識的需求、動機及衝突」，這個假設就被稱為投射假說（projective hypothesis）。Frank（1939）普遍受到稱譽，因為他推廣了投射假說：

> 當我們檢視可被稱為投射方法的實際程序時，我們發現廣泛多種被使用的技術和材料是為了相同的綜合目的，也就是為了從受試者身上取得「他不能說或他將不會說的資料」，經常是因為他不認識自己，也是因為他沒察覺到他通過投射正在透露關於自己的事情。

投射測試所面對的挑戰是如何根據每位受試者個別化、獨特及主觀的作答以判讀基礎的人格歷程（需求、動機及衝突）。

二 投射技術的初階

(一) 投射技術的起源

投射技術可追溯到第 19 世紀。高爾頓（Galton, 1879）發展了第一項投射技術，稱為語詞聯想測驗。這種程序後來被 Kent 和 Rosanoff（1910）改編為測驗，然後被榮格（C. G. Jung）和其他人使用在治療中。另一方面，艾賓豪斯（Ebbinghaus, 1897）採用語句完成測驗作為智力的測量，但其他人很快就了解，該方法更適合於施行人格評鑑（Payne, 1928; Tendler, 1930）。受到人格之精神分析論述的重大影響，羅夏克（Rorschach）在 1921 年發表他著名的墨漬測驗。1905 年，比奈（Binet）發明了講故事或主題統覺技術的先驅，當時他採用對圖畫的語文反應作為智力的測量。所有這些努力建立起現代投射測驗的基礎。

(二) 投射技術的普及與分類

近期，Watkins、Campbell、Nieberding 和 Hallmark（1995）調查 400 位以上施行評鑑的心理學家，以估計各種知名的測驗被使用的頻率。他們發現在 15 項最經常被使用的測驗中，有 5 項是屬於投射技術（表 8-3）。

Lindzey（1959）為投射技術提供了一種分類，我們在這裡將遵循之。根據所要求的作答形式，他把投射技術劃分為五類：

- 對墨漬或語詞的聯想。
- 故事或脈絡的編造。
- 語句或故事的完成。
- 圖畫或語文選項的排列／選擇。
- 以繪圖或遊戲加以表達。

聯想技術包含廣泛使用的羅夏克墨漬測驗、心理計量上優良的「霍茲曼墨漬測驗」，以及語詞聯想測驗。編造技術包括主題統覺測驗和關於這項早期工具的許多變化形式。完成技術主要包含語句完成測驗，稍後將會討論。排列／選擇程序（如 Szondi 測驗）目前很少被使用。最後，表達技術——如畫人測驗和房－樹－人測驗——在臨床人員之間相當盛行，儘管可疑的效度資料。

表 8-3　在美國最經常被使用的 15 項測驗

測驗	排名
魏氏成人智力量表－修訂版	1
明尼蘇達多相人格量表－2	2
語句完成方法 *	3
主題統覺測驗 *	4
羅夏克墨漬測驗 *	5
班達－完形	6
投射性繪畫 *	7
貝克憂鬱症量表	8
魏氏兒童智力量表－III	9
廣泛領域成就測驗－修訂版	10
魏氏記憶量表－修訂版	11
皮寶岱圖形詞彙測驗－修訂版	12
Millon 臨床多軸向量表－II	13
魏氏學前智力量表－R	14
兒童的統覺測驗 *	15

* 表示屬於投射測驗。有些主試者採用班達作為投射測驗。

資料來源：Watkins, C., Campbell, V., Nieberding, R., & Hallmark, R. (1995).

聯想技術

(一) 羅夏克測驗

羅夏克測驗（The Rorschach）是由不同形狀的 10 張墨漬圖片所構成，它是由羅夏克（Herman Rorschach, 1884-1922，瑞士精神醫學家）在 1921 年所設計。他製作圖片的方法是把墨汁滴於紙片中央，然後將紙對摺用力壓下，使得墨汁四溢，就形成不規則但對稱的各種圖形。10 張圖形中 5 張為黑色（具有灰色的陰影），2 張加上紅色，另 3 張為彩色，各自呈現在白色背景上。圖 8-1 顯示一張羅夏克所使用的那類墨漬圖形。羅氏測驗適用於 5 歲以上的人們，但最常被使用於成年人。

在實施羅氏測驗上，施測者坐在受試者身旁，以便儘量減少肢體語言的傳達。整套實施包含兩個階段。在自由聯想階段中，施測者呈現第一張墨漬圖片，然後發問，「你看到什麼？它像是什麼東西？」假使受試者要求澄清（例如，「我應該採用整幅圖形，或僅是其中一部分？」）施測者總是以非指導的方式回應（「那由你決定」）。施測以一種悠閒的步調進行，以產生一種不講明的期待，使得受試者將會對每張圖片提出不只一項應答。然而，這不是必定的；受試者甚至被允許對某一圖片完全拒答，雖然這種情形

圖 8-1 墨漬圖形——類似於羅氏測驗所使用的那類圖片

很少發生。所有 10 張圖片以類似的手法呈現。

接下來，施測者展開查詢（inquiry）的階段。在這個階段中，受試者被提醒他們先前所做的應答（逐一地），然後被要求解說是什麼（如部位、形狀、顏色）促成了每項應答。受試者也被要求就每張圖片指出各項應答所針對的正確部位。此外，這也是受試者可以進一步陳述或澄清他們應答的時間。

根據在查詢階段所蒐集的資訊，施測者就可依照一種或多種正式評分系統對受試者的應答進行登碼。大部分評分技術採用三項主要因素。反應部位（location）是指受試者是依據圖形的整體還是部分來作答，即反應部位的大小。反應內容（content）是指受試者把圖形看成什麼東西，通常劃分為人物、動物、物件、解剖物或景觀等。反應的決定因素（determinants）是指圖形的哪些層面促成受試者的應答，如墨漬的形狀、顏色、紋理、濃淡、明暗、動態或靜態等。有些評分系統也對「反應普遍性」和「反應原創性」加以計分。羅氏測驗的適當評分需要廣泛的訓練和指導。

令人遺憾地，羅夏克在他能夠完成他的評分方法之前就撒手人寰，所以羅氏測驗評分的系統化就留待他的追隨者。五位美國心理學提出了互有重疊但獨立的評分體系——Samuel Beck、Marguerite Hertz、Bruno Klopfer、Zygmunt Piotrowski 和 David Rapaport（Erdberg, 1985）。可預測地，評分的細微差異隨不同評分方法而異。幸好，Exner 及其同事們已綜合這些較早期的探討，他們所開發的「綜合評分系統」（Comprehensive Scoring System）是目前最被廣泛使用的系統（Exner, 1991, 1993; Exner & Weiner, 1994）。

羅氏測驗的實際評分牽涉到像是蒐集決定因素的數量、計算它們在總反應數量中所占的百分比，以及計算一組反應相較於另一組反應的比值等事項（例如，計算運動反應的總數被顏色反應的總數所除的商數，或是計算以形狀為主的色彩決定因素總數與以顏色為主的色彩決定因素總數的比值）。實際上，羅氏測驗的正統評分較為牽涉正式的決定因素，反而較不牽涉該反應的實際內容。例如，F+ 百分比是指總反應中採用純粹形狀作為決定因素所占的比例。關於這項指標的意義已存在大量的文獻，但似乎較安全的推斷是，當 F+ 百分比落在 70% 以下時，施測者應該考慮受試者有重度心理病態、腦部損傷或智能缺陷的可能性（Exner, 1993）。F+ 百分比也被視為是自我強度（ego strength）的指標，較高的分數指出有較強能力有效應付壓力。然而，支持這項推測的證據充其量只是混合不一。無論如何，一旦整個原始紀錄已被登碼，施測者通過計算一些總括分數，據以建立起推斷受試者人格的主要基礎。

近期，Bornstein 和 Masling（2005）提醒我們，「綜合評分系統」不應該被混淆為等同「羅氏測驗」。畢竟，在該測驗的評分上，還存在其他許多有益而已被驗證效度的探討途徑。例如，「羅夏克預後評定量表」（Rorschach Prognostic Rating Scale, RPRS）（Handler & Clemence, 2005）就是一種頗具前途而驗證效度的評分系統，用以預測什麼人將會從心理治療中良好復原，什麼人則否。另一種實用的評分系統是「思維障礙指標」（Thought Disorder Index, TDI），用以評鑑形式思維障礙（Holtzman, Levy & Johnston, 2005），這在精神分裂症或另一些嚴重心理疾病的診斷及治療上相當重要。RPRS 和 TDI 都是很有前景的量表，將會在臨床實施上受到更寬廣的應用。

(二) 對羅氏測驗的評論

基於多種原因，我們很難對羅氏測驗的信度、效度及臨床實用性提供簡明的概括。即使簡單的問題也會引起複雜的答案。例如，什麼是羅氏測驗評鑑的目的？在接續的研究時期中，羅氏測驗曾被使用來推導精神診斷、估計心理治療的預後、獲得初級歷程思維的指標、預測自殺，以及有系統地陳述複雜的人格結構——僅是援引其中一些用途（Peterson, 1978）。羅氏測驗的目的是這般地定義不良，有些擁護者甚至謝絕視之為一種測驗（test），轉而較喜歡稱之為是一種蒐集關於人格運作之資料的方法（method）（Weiner, 1994）。當某一工具的目的不清楚時，關於它的心理計量屬性的客觀研究不但有風險，也是困難的。更糟糕的是，客觀研究可能抓不到要領，因為支持者將會忽視不相容的發現，而惡意批評者無論如何不會使用該測驗。

關於羅氏測驗的信度和效度，多年以來是令心理學研究人員頗感棘手的問題。首先，這裡所提的信度和效度不能界定為是測驗本身總括的信度或效度，而應該是指評分和解讀系統的信度和效度。在文獻上為數眾多的研究中，這方面的發現頗為紛雜不一。但是綜合而言，反面性的資料遠多於正面性的資料。舉例而言，Albert、Fox 和 Kahn（1980）探討詐病的問題，他們提交一些羅氏測驗的原始紀錄給一組專家，要求這些專家對每個個案施行精神診斷。這些個案劃分為三組：一是「精神醫院的病人，被診斷有妄想型精神分裂症」，二是「正常偽裝組，被指示偽裝妄想型精神分裂症患者的反應」，三是「正常控制組，按照標準程序接受該測驗」。每份原始紀錄接受 6 位到 9 位專家的評定，他們都是「人格評鑑協會」的正式會員。

研究結果顯示，真正的病人有 48% 被診斷為精神分裂症，正常偽裝組有 46% 被診斷為精神分裂症，正常控制組則有 24% 被診斷為精神分裂症。縱使這項研究所提出的是極大的診斷挑戰，但是仍令人頗憂心的是，這些專家評定 24% 的正常原始紀錄為精神分裂症，而且只在 48% 的實際精神分裂症原始紀錄中正確地鑑定出精神分裂症。較近期，Netter 和 Viglione（1994）的研究也獲致類似的結論，即羅氏測驗在精神病詐病方面是令人疑慮的。但我們有必要提醒讀者，在文獻之數以千計的研究中，也有許多支持羅氏測驗之正面性的研究發現（例如，Hilsenroth, Fowler, Padawer & Handler, 1997; Smith, Gacono & Kaufman, 1997; Weiner, 1996）。

雖然在羅氏測驗上有許多值得注意的例外，但有更大量的研究指出它偏低的信度和普遍缺乏預測效度（Carlson, Kula & St. Laurent, 1997; Peterson, 1978; Lanyon, 1984; Wood, Nezworski & Stejskal, 1996; Lilienfeld, Wood & Garb, 2000）。在一項後設分析的審查中，Garb、Florio 和 Grove（1998）的結論是，在案主的特性中，羅氏測驗解釋了低落的 8-13% 的變異數（variance）；相較之下，MMPI 解釋了 23-30% 的變異數。在正面的方向，近期研究建立在 Exner 探討所提供之評分的改良方法上，所得結果較為樂觀（見 Exner, 1995; Exner & Andronikof-Sanglade, 1992; Meyer, 1997; Ornberg & Zalewski, 1994; Piotrowski, 1996）。McGrath、Pogge、Stokes 及其他人（2005）的新近研究發現，羅氏測驗可以在評分上擁有相當良好的信度，即使是在較少控制的狀況下（這是真實世界施測的典型情形）。這是重要的發現，因為幾乎所有先前的信度探討都是在研究背景中執行。即使如此，羅氏測驗尚未獲得其他許多人格測驗所享有之科學尊重的地位，且或許這將從不會發生。

(三) 霍茲曼墨漬技術

為了開發一套比起羅氏測驗更為客觀，而且兼具良好心理計量特性的墨漬技術，霍茲曼（Wayne H. Holtzman, 1961）及其同事們編製了「霍茲曼墨漬技術」（Holtzman Inkblot Technique, HIT），它採用較多墨漬圖片，施測及評分的程序也較為簡化。在 HIT 中，受試者對每張圖片只提出一項反應，隨即進行查詢的過程，以決定反應部位和決定因素。

HIT 有兩套審慎建構的複本（題本 A 和 B），每套包含 45 張黑白或彩色的圖片，圖片上的墨漬有些是對稱的，也有些是不對稱的。複本的存在對於重測研究有莫大的價值，因為受試者經常記住他們對某一圖片的反應，因此當重測時機械性地提出相同的應答。受試者的每項反應可依 22 種不同類別加以評分。這些評分類別中，有些是羅氏測驗原先使用的（如反應時間、拒答、色彩、運動、形狀、內容等），也有些是新增的（如敵意、焦慮等）。

HIT 的評分系統是高度可靠的，該工具的標準化也顯得適當。當採用受過良好訓練的評分者時，針對不同類別的評分者間一致性是從 .95 到 1.00。折半信度也可被接受，其中數數值是在 .70 多和 .80 多。採用複本的重測穩定性普遍良好。針對每個評分類別，百分位數常模（percentile norms）已被報告出來，這方面樣本包括了大學生（N = 206）、一般成年人（N = 252）、7 年級學生（N = 197）、小學兒童（N = 132）、5 歲兒童（N = 122）、慢性精神分裂症患者（N = 140）、憂鬱症病人（N = 90），以及智能不足的人士（$N = 100$）。

HIT 的效度已在幾百項研究中被提出來探討，特別是報告 HIT 分數與一些獨立的人格測量之間關係（Hill, 1972; Holtzman, 1988; Swartz, Reinehr & Holtzman, 1983）。一般而言，該關係是適度的（尚可），但是支持 HIT 的效度，特別是作為心理診斷的助手。霍茲曼（2000, 2002）描述 HIT 的跨文化應用，指出該測驗已在超過 800 篇刊物中作為主要號召。

四 完成技術

(一) 語句完成測驗

在語句完成測驗（sentence completion tests）中，應答者被呈現一系列句根（sentence stems），它們是由某些語句的前幾個字所組成，應答者的任務是提供語句的結尾。就如任何投射技術，施測者假定所完成的語句將反映了應答者的內在動機、態度、衝突及恐懼。通常，語句完成測驗能以兩種不同方式被解讀：一是對投射在受試者應答中的潛在動機施行主觀－直覺的分析（subjective-intuitive analysis），另一是藉由為每個完成的語句指派分數以施行客觀的分析（objective analysis）。

圖 8-2 呈現了語句完成測驗的一個實例。這份測驗相當類似於現存的一些工具，主要是它的句根非常簡短，而且限定於少數幾個基本主題。讀者將會注意到，有三個主題在這份簡短測驗中重複出現（應答者的自我概念、母親及父親）。在這樣的手法中，受

指示：完成這些語句，請以你的第一個想法和感覺作答。

1. 我最大的特色是__________
2. 我的母親__________
3. 我的父親__________
4. 我最大的恐懼是__________
5. 我母親做過最好的事情是__________
6. 我父親做過最好的事情是__________
7. 我引以為榮的是__________
8. 我只希望我母親__________
9. 我只希望我父親__________

圖 8-2　簡短的語句完成測驗的實例

試者有多重機會透露關於每個主題的內在動機。當然，大部分語句完成測驗遠為長些（典型是從 40 到 100 個字根），也涵蓋較多的主題（典型是從 4 到 15 個主題）。

好幾十套語句完成測驗已被發展出來；大部分是未發行、也未標準化的工具，它們的提出是為了達成特定的臨床需要。當前仍被使用的一些代表性的語句完成測驗包括 Sentence Completion Series、Forer Structured Sentence Completion Test、Geriatric Sentence Completion Form，以及 Washington University Sentence Completion Test。在這些工具中，Loevinger's 的「華盛頓大學語句完成測驗」是最精巧而理論限定的（例如，Weiss, Zilberg & Genevro, 1989）。然而「Rotter 填句測驗」具有最堅強的實徵基礎，而且在臨床背景中最被廣泛使用。我們將較詳盡檢視這項工具。

(二) Rotter 填句測驗

「Rotter 填句測驗」（Rotter Incomplete Sentences Blank, RISB）包含三組類似的複本（高中、大學及成年人），每組含有 40 個句根，大部分是以第一人稱寫成（Rotter & Rafferty, 1950; Rotter, Lah & Rafferty, 1992）。雖然該測驗能夠以平常手法作主觀的解讀，也就是透過對受試者投射在應答中的需求施行質的分析，但還是 RISB 的客觀及量化的評分受到最大的關注。

在客觀評分系統中，每個完成的語句被指定從 0（良好適應）到 6（非常不良適應）的適應分數。這些分數是初步建立在把每項應答歸類如下：

- 省略——不作應答，或應答太簡短而不具意義（評為 0 分）。
- 衝突反應——顯示敵意或不快樂（評為 4、5 或 6 分，視程度而定）。
- 正面反應——顯示積極或樂觀的態度（評為 2、1 或 0 分，視程度而定）。
- 中性反應——陳述性的意見，不帶正面也不帶負面情感（評為 0 分）。

最後三個類別的實例包括：

我痛恨……整個世界。（衝突反應）
最好的事情……還等待來臨。（正面反應）
大部分女孩……是女性。（中性反應）

手冊為每個評分類別提供許多實例。總計適應分數的取得是經由把衝突類別和正面類別中的加權評分相加起來。適應分數的變動範圍可從 0 到 240，愈高的分數表示愈大的適應不良。

適應分數的信度格外良好，即使是當由僅擁有最起碼心理學專門知識的助理所推導時。典型而言，評分者間信度是在 .90 多，而折半係數是在 .80 多（Rotter et al., 1992;

Rotter, Rafferty & Schachtitz, 1965）。這個指標的效度已在許多研究中被探討，採用 RISB 作為帶有「適應不良」截切分數的篩選工具。例如，135 的截切分數已被發現在 60% 的次數中正確篩選不良青少年，同時在 73% 的次數中正確鑑定非不良青少年（Fuller, Parmelee & Carroll, 1982）。相同的截切分數在 80-100% 的次數中鑑定出重度毒品使用者（Gardner, 1967）。這些和類似的發現支持適應指標的構念效度，但也指出分類成功率仍遠低於從事個別決定或有效篩選所必要的。此外，適應指標的常模也顯得過時。Lah 和 Rotter（1981）發現，現今學生的分數顯著不同於由 Rotter 和 Rafferty（1950）在原先研究中取得的分數。Lah（1989）和 Rotter 諸人（1992）為 RISB 提供新的常模、評分及效度的資料。

如 P. Goldberg（1965）所討論的，單一適應分數的簡明性既是該測驗的優點，也是它的缺點。完全沒錯，該測驗提供了快速而有效率的方法，以便取得應答者在日常基礎上如何運作的綜合指標。然而，單一分數絕無法捕捉人格運作的任何微妙差異。此外，如同其他自陳式測量，RISB 也蒙受同一類型的偏誤，那就是訊息所反映的主要是應答者希望施測者知道的（Phares, 1985）。

五、編造技術

(一) 主題統覺測驗

主題統覺測驗（Thematic Apperception Test, TAT）包含 30 張圖片，以黑白圖畫和照片呈現各種題材和內容（一些情境和事件）；另有一張圖片是空白的。大部分圖片描繪一個人或多個人從事一些意義含糊的活動。有些圖片適用於成年男性（M）、成年女性（F）、男孩（B）或女孩（G），或是某些組合（例如，BM）。因此，真正只有 20 張圖片專用於每個受測者。

圖 8-3 顯示一張類似於 TAT 的圖片。在實施 TAT 上，施測者要求受試者為每張圖片編造一個生動的故事，說明什麼狀況導致現今的情景，當前正發生什麼事情、圖片的人物有怎樣的思想及感受，以及最後結局將會是什麼。施測者逐字地寫下故事，以供稍後評分及分析。

TAT 是由 Henry Murray 及其同事們於 1930 年代在哈佛心理診所編製出來（Morgan & Murray, 1935; Murray, 1938）。該測驗原先是預定評鑑像是「需求與壓力」（needs and press）等構念，這在 Murray 的人格理論中是核心要素。根據 Murray 的說法，需求組織知覺、思想及行動，授予行為活力以朝著滿足這些需求的方向。需求的一些實例包括成

圖 8-3　一幅圖畫，類似於主題統覺測驗所使用的圖片

就需求（need for achievement）、親和需求（need for affiliation）及支配需求（need for dominance）。對照之下，壓力是指環境事件影響當事人的力量。A 型壓力是客觀或「真正」的外界勢力，至於 B 型壓力則牽涉外界勢力之主觀或自覺的成分。Murray（1938, 1943）開發精巧的 TAT 評分系統以測量 36 種不同需求和各種層面的壓力，如受測者的故事所揭露的。

幾乎就在 Murray 推出 TAT 後，其他臨床學家開始發展另一些評分系統（例如，Dana, 1959; Eron, 1950; Shneidman, 1951; Tomkins, 1947）。隨後，關於 TAT 之實施、評分及判讀的文獻快速而大規模地成長，如近期的審視所佐證的（Aiken, 1989，第 12 章；Groth-Marnat, 1997; Ryan, 1987; Weiner & Kuehnle, 1998）。到了 1950 年代，不論是實施程序、評分系統或判讀方法，當時已沒有一成不變的模式，這樣的情況依然延續到今日。臨床人員甚至在指導語的措辭和為每位案主共同選定個別化的一組 TAT 圖片上也意見不一。實際上，因為這般缺乏標準化的程序，我們應該適切地視 TAT 為一種方法，而不是一份測驗。

值得一提的是，Murray 的指導語包括這樣的陳述，「TAT 是一份想像力的測驗，也是智力的一種形式，他進一步表明：

> 我將要給你看一些圖片，一次一張。對每一張圖片，你的任務是儘量編造一個生動的故事。請告訴我，什麼事情導致圖片中目前的情景？描述圖片中這一刻正發生什麼事，圖片中的人物感覺是什麼？正在想些什麼？最後，告訴我結局將會如何。每當想到什麼就說什麼，了解嗎？因為你必須在 50 分鐘內看完 10 張圖片，所以每個故事可以花大約 5 分鐘。好，這是第一張圖片。（Murray, 1943）

現今，當提供指導語時，臨床人員不再強調想像力和智力。當然，這項省略必然會影響所提出故事的性質。

即使超過十幾種評分系統已被提出，TAT 的解讀通常是建立在對故事編造的臨床－定性分析上。核心考慮重新回到 Murray 的「英雄」（hero）假設上。根據這個觀點，英雄是受試者故事中的主要人物（主角），受試者對這個人物的感受、信念及行為等做較多的描述——相較於故事中的其他人物。Murray 認為，英雄就是受試者所認同的對象，受試者投射他自己的需求、奮鬥及情感在這個人物身上。反過來說，英雄所迴避的思想、情感或行動可能代表了受試者自身的衝突領域。

因為為數眾多的評分及解讀方法，TAT 的心理計量適當性很難評估。TAT 原始紀錄的正式評分經常會碰到一個問題，那就是擁有非常低的重測信度，所報告的中數數值是 $r = .28$（Winter & Stewart, 1977）。再者，在解讀 TAT 上，令人驚訝地，高達 97% 的測驗使用者是採取主觀而「個人化」的程序；這也就是說，只有極少部分的臨床工作人員是倚賴標準化的評分系統（Lilienfeld, Wood & Garb, 2001）。這是令人煩惱的，因為關於投射測驗研究的一致發現是，直覺的解讀（intuitive interpretation）很可能會過度診斷心理障礙。

因此，在很大程度上，TAT 解讀是建立在信度和效度都不詳（或未接受檢驗）的一些策略上。即使如此，該測驗的擁護者仍然不屈不撓。他們主張，當具備心理動力的專門知識時，臨床人員能夠利用該工具以推斷重要的內心願望和潛意識幻想，而這些是受試者不能夠或不願意直接傳達的（Schneidman, 1999）。顯然，一邊是熱衷的臨床工作人員，另一邊是在 TAT 的評鑑上持懷疑態度的實徵研究人員，這兩邊之間有很大的鴻溝。無論如何，仍有一些研究學者致力於開發新的 TAT 評分途徑，以便為該測驗提供穩固的實徵基礎（McGrew & Teglasi, 1990; Ronan, Colavito &Hammontree, 1933）。

(二) 兒童主題統覺測驗

立意於作為 TAT 的直接延伸，「兒童主題統覺測驗」（Children's Apperception Test, CAT）包含 10 張圖片，適合於 3 歲到 10 歲的兒童。CAT 之深受喜歡的動物版（CAT-A）描繪一些動物處於很明顯的人類社會背景中（例如，幾隻小雞圍坐著餐桌，桌上有一大盤食物，旁邊有一隻較大但輪廓模糊的雞）（Bellak & Bellak, 1991）。測驗編製者採用動物圖畫的假設是，幼童將會較良好認同於動物——相較於人物。至於 CAT 的人物圖畫版（CAT-H）是供應給較年長兒童（Bellak & Bellak, 1994）。

關於 CAT，目前沒有正式的評分系統，也尚未提供關於信度或效度的統計資料。反而，施測者是根據針對每個故事所登碼之 10 個計分變項的綜合，以之決定受試者的診斷或人格描述。這 10 個變項是：(1) 重要主題；(2) 主角（英雄）；(3) 主角的主要需求和驅力；(4) 對環境（外界）的看法；(5) 與他人的關係；(6) 重要的衝突；(7) 焦慮的本質；

(8) 主要的防衛機構；(9) 超我的適當性；(10) 自我的整合（包括故事的原創性和結局的本質）（Bellak, 1992）。對大部分測驗專家而言，CAT 缺乏對評分、信度及效度之心理計量議題的關注是令人麻煩的事情。

六、表達技術

(一) 畫人測驗

我們在先前章節中提過，Goodenough（1926）採用「畫人」（Draw-A-Man）任務作為評估智力的基礎。隨後，心理動力取向的心理學家改編該程序以作為人格的投射性評鑑。Karen Machover（1949, 1951）是這個新領域的一位先驅。她的程序成為知名的「畫人測驗」（Draw-A-Person, DAP）。DAP 在早期享有聲望，至今仍被廣泛使用為臨床評鑑工具。根據 Watkins、Campbell、Nieberding 及 Hallmark（1995）的報告，投射性繪畫（如 DAP）在美國臨床人員之間被評為第八位最盛行（普及）的工具。

DAP 的實施是經由呈現給受試者一張空白紙，以及一支削尖而帶有橡皮擦的鉛筆，然後要求受試者「畫一個人」。當受試者畫完第一張圖後，再給他另一張白紙，指示他「再畫一個性別相反的人物」。最後，受試者被要求「以這個人物為對象編造一個故事，彷彿他〔或她〕是小說或戲劇中的角色之一」（Machover, 1949）。

DAP 的解讀是以完全臨床－直覺的手法進行，受到一些試驗性之心理動力基礎的假設所引導（Machover, 1949, 1951）。這樣的解析牽涉到結構和內容兩方面。結構方面考慮的項目有圖畫的大小、位置、線條的深淺及粗細、陰影及擦拭等。內容方面考慮的項目則包括身體各部位是否完整、各部位的比例、形狀上的特徵、正面或側面、衣物及背景等。例如，Machover 主張，受試者傾向於把被接受的衝動投射在同性畫像身上，而且把不被接受的衝動投射在異性畫像身上。她也相信男性畫像與女性畫像的相對大小透露關於受試者性別認同的線索。Machover（1949）手冊中列舉近百條這樣的假說，像是寬大的肩膀是體形完美或權力的表徵、陰影可能反映焦慮、凹形嘴唇顯露依賴性、蓄意省略臉部特徵表示對高度衝突之人際關係的閃躲等。

這些解讀前提顯得多采多姿、引人興趣而似乎合理。然而，它們是完全建立在心理動力理論和個人的臨床觀察上，而不是實證研究的結果。Machover 不曾花費功夫以驗證這些解讀的有效性。他的假說的實徵支持介於貧乏與不存在之間（Swensen, 1957, 1968）。在有利於 DAP 方面，繪畫的綜合品質確實微弱預測心理適應（Lewinsohn, 1965; Yama, 1990）。然而，以當今的證據標準進行評斷，從 DAP 推導出之全面性而潑墨似的人格評鑑經常是令人困窘的。有些評審家的結論是，DAP 是不值得（無價值）的測驗，不應該再被使用下去（Gresham, 1993; Motta, Little & Tobin, 1993）。

與其採用 DAP 以推斷人格的微妙差異，這份測驗較為適切的用途是以之篩選被猜疑有行為障礙和情緒障礙的兒童。為了這個目的，Naglieri、McNeish 和 Bardos（1991）開發了「畫人測驗：情緒障礙篩選程序」（Draw A Person: Screening Procedure for Emotional Disturbance, DAP: SPED）。在一項研究中，問題兒童的診斷準確性透過運用 DAP: SPED 評分方法而顯著提升（Naglieri & Pfeiffer, 1992）。

(二) 房－樹－人測驗

房－樹－人測驗（House-Tree-Person Test, H-T-P）是一種投射測驗，最初是由 Buck（1948, 1981）所發展出來。他認為在「人物繪畫」的重要性之外，人們同樣地也會賦予「房屋」和「樹木」意義。H-T-P 的施測方式如同 DAP，但是 H-T-P 要求受試者在三張不同的空白紙上畫出房屋、樹木和人物。通常，繪畫順序就是依照房－樹－人的方式排列。每位受試者被要求繪畫兩次，第一次先使用鉛筆，第二次則使用蠟筆或彩色筆。Buck（1981）還安排繪畫後的查詢，它包含 60 個問題，針對於誘發受試者對該圖畫的一些要素的看法。

H-T-P 擁有跟 DAP 大致相同的家族血統。就像 DAP 測驗，H-T-P 測驗原先是被構思為智力的測量，透過完成定量的評分系統以評價約略的能力水準（Buck, 1948）。然而，臨床工作人員很快就捨棄採用 H-T-P 作為智力的測量，它現在幾乎專門地被用作為人格的投射測量。

雖然我們在這裡不打算探究任何細節，但 H-T-P 的解讀建立在三個普遍假設上：房屋繪圖反射受試者的居家生活和家庭內的關係；樹木繪圖反映受試者體驗環境的方式；人物繪圖則投影受試者個人內在的關係。Buck（1981）為這三個繪圖的定量和定性層面二者提供了許多解讀假說。

H-T-P 是有魅力的測驗，它已吸引臨床工作人員達 40 年以上。令人遺憾地，Buck（1948, 1981）從不曾提供任何證據以支持這項工具的信度或效度。一般而言，試圖證明 H-T-P 作為人格測量之有效性的研究都不幸地失敗了（參考 Ellis, 1970; Hayworth, 1970; Krugman, 1970; Killian, 1987）。深慮的評審家一再地建議，我們應該捨棄 H-T-P 和類似的人物－繪畫方法作為人格衡鑑的工具。但是這些聲明很明顯地被置之不理。H-T-P 和其他投射技術的名氣持續不減。

最後，許多臨床工作人員使用投射方法完全不是作為測驗，而是作為臨床晤談的輔助手段。這些臨床人員利用投射技術作為臨床工具以推導出關於受試者的一些試驗性的假設。就如 Kahill（1984）所提議的：「……與其浪費時間試圖把繪畫測驗轉變為一種科學性的工具，不如把它放置在更適當的位置上，也就是把繪畫測驗看成是一種豐富而有價值的臨床工具，而這工具可提供暫時性的工作假設，作為與病人晤談的跳板。」（p.288）

第 9 章

人格的結構式評鑑與其他特性

Psychological Testing

主題 9A

自陳式量表

一、 理論引導的量表
二、 因素分析推衍的量表
三、 效標導向的量表
四、 態度與態度的評鑑
五、 道德判斷的評鑑

雖然有許多評鑑人格和相關特性的方法，廣義而言有兩種處理手法支配這個領域：結構式和非結構式。非結構式方法（如羅氏測驗、TAT 及語句完成測驗）容許受試者在應答上有寬廣的自由度。這些手段在 20 世紀早期支配人格測試，但然後緩慢地聲望消退。對照之下，結構式方法（如自陳式量表和行為評定量表）在 20 世紀中期逐漸突顯，而且繼續擴展聲望至今日。儘管只有少數的非結構式技術曾經引人注目，但結構式評鑑工具的數目幾乎是成指數地成長。

在前一個主題中，我們介紹了非結構式測驗（unstructured test）的許多變化形式，諸如墨漬、刺激圖卡及語句填空。這一章中，我們將把焦點放在較具結構性、客觀的人格評鑑方法上。在主題 9A「自陳式量表」中，我們將審視廣泛的各種是－否問卷、評定量尺及強迫選擇工具，以供評鑑人格及其他特性，諸如態度和道德判斷。這項審視納入多種人格測驗，包括明尼蘇達多項人格測驗－第二版，被認定是迄今所出版最著名的人格測驗。在主題 9B「行為與觀察的評鑑」中，我們將檢視現今依賴結構式晤談、行為觀察及評定的一些探討途徑。

一、理論引導的量表

幾個自陳式量表的建構是受到正式或非正式人格理論的密切引導。在這些案例中，測驗編製者以某一預存理論為中心而設計該工具。理論引導的量表（theory-guided inventories）在立場上對比於因素分析的方法，後者通常是依據初步的測驗發現以提出回溯性的理論。理論引導的量表也不同於在效標導向的工具上（如 MMPI 和 MMPI-2）採取之完全無關理論的實徵方法。理論引導量表的實例包括「艾德華個人偏好量表」（EPPS）和「人格研究表格」（PRF），二者都是建立在 Murray（1938）之人格的需求－壓力（need-press）理論上。更進一步的實例包括「Myers-Briggs 類型指標」（MBTI），代表榮格（Carl Jung）之人格類型理論的實際應用。「詹金斯活動調查表」，針對於評鑑 A 型行為模式，也是作為理論引導工具的縮影。最後，有些理論引導的量表，如「狀態－特質焦慮量表」（STAI），試圖測量人格之非常特定的成分。

(一) 艾德華個人偏好量表

「艾德華個人偏好量表」（Edwards Personal Preference Schedule, EPPS）是首次採取結構式人格量表（structured personality inventory）的形式以測量 Murray（1938）提出的人格需求。讀者從先前的討論中應該還記得，Murray 假定有 15 種人格需求，而且開發投射測驗（主題統覺測驗）以推斷這些需求。然後，艾德華（一位心理計量學家）則試圖編製一份客觀、結構式的測驗，以便以較可信賴而有效的方式測量這 15 種需求。

艾德華首先針對從 Murray 理論中選定的 15 種需求，編製出許多在內容上相符合的陳述。然後他把用來測量不同需求的陳述加以配對，就成為一個項目。EPPS 含有 210 對陳述（敘述語句），從 15 個分量表中，每個分量表的題目被拿來與其他 14 個分量表的題目配對。該量表採取強迫選擇的格式，受測者必須從每對陳述中選擇一個陳述，該陳述最具個人代表性。對大部分受測者而言，EPPS 的強迫選擇格式是奇特而不舒適的，因為它通常提供的是左右為難的選項。下列是三個 EPPS 似的項目；針對每個項目，受測者必須選定一個最符合個人特性的陳述：

1. A. 我喜歡在一群人面前談話。
   B. 我喜歡朝著自我選定的目標努力工作。
2. A. 當我在電視上看到悲劇的新聞報導時，我感到哀傷。
   B. 當我必須在一大群人面前談話時，我感到緊張。
3. A. 我不介意擦拭 10 加侖的糖漿。
   B. 我不介意在安全的繩索上攀爬峭壁。

為什麼艾德華為他的測驗採用這種笨拙（不靈巧）的格式？答案與社會期許反應心向的問題有關。社會期許反應心向（social desirability response set）是指受測者傾向於應答的是他所認為測驗題目的期許性（或不期許性），而不是準確地應答題目的內容；也就是說受測者在測驗上有依照社會所期許的行為方式作答的傾向。一般而言，受測者傾向於贊同社會期許的陳述，也傾向於不贊同社會不期許的陳述——不論該應答的真實價值。我們應該提到的是，社會期許反應心向是一種自然的人類傾向，在幾乎每一位受測者身上都可發現。這種傾向的極端形式是在人格測驗上自覺而故意地試圖「偽裝良善」（fake good）。但是社會期許不必然表示受測者方面的蓄意欺騙。社會期許始終以某種程度呈現，即使當受測者在接受人格測驗上採取「真誠」（good faith）的態度時。

對於像是「我以幫助老年人過街為樂」這樣的陳述，大部分人將會答「是」，因為該題目被授予社會期許的性質。至於對像是「我有時候會幻想我父母的死亡」這樣的陳述，大部分人將會答「否」，因為該題目被授予社會不期許的性質。但是對某些人而言，社會期許的作答事實上是不準確的。畢竟，許多人實際上不以幫助他人為樂，而大部分人曾幻想一些不愉快的可能性。

EPPS 的精確是在每個項目中，成對的陳述是根據社會期許性加以配對（Edward, 1957）。因為每一項目的兩個陳述具有同等的社會期許性，每個陳述的內容在決定受測者的選擇上將會發揮較大的「拉力」。當然，艾德華也謹慎設計陳述的內容以納入 Murray 的人格需求，這使得 EPPS 能夠有效測量 Murray 之每種需求的相對強度。

因為每種需求與其他 14 種需求配對兩次，每個分量表上最高可能的原始分數是 2×14 或 28。假使受測者選擇某一種需求要比所有其他它被配對的需求更具有個人特色的話，就會發生這樣的分數。當然，需求分量表上最低可能的分數將是 0。EPPS 也納入一致性查核，通過以完全相同的格式重複呈現 15 個項目。

讀者應該認識，EPPS 是一種自比測驗（ipsative test）。在自比測量中，每位受測者的總計分數（把所有分測驗加以平均）始終是相同的。例如，因為 EPPS 是一種自比測量，總計的平均量表分數始終是 14，而高量表分數必然被低量表分數所抵消。同時也要記住，在自比量表中，高分是相對的，而不是絕對的。換句話說，每種需求的強度不是絕對地被表現出來，而是相對於受測者其他需求的強度（即所測量的不是個人需求的高低，而是比較個人在各種需求上何者較高何者較低）。因此，令人困惑的是，艾德華（1959）也建議以常模的格式報告 EPPS 分數。手冊中提供 T 分數和百分位數，受測者的原始量表分數可以被拿來跟大學生樣本和一般成人樣本的結果進行比較。透過在同一工具中結合兩種不相容的測驗方法論（自比和常模），艾德華使得他的測驗的解讀混淆不清。

EPPS 在大學生諮商上被廣泛使用。然而，有些評審家視 EPPS 為測驗建構上的練習，而不是以經過驗證的測驗認真進入市場（Heilbrun, 1972; Drummond, 1987）。許多案主當接受該測驗時感到挫折而厭煩。再者，標準化已過時，而信度發現不是特別令人興奮。例如，15 個分量表分數的重測信度介於從 .55 到 .87，中數是 .73。Cooper（1990）的結論是，艾德華（1959）所報告的常模不符合較新近的常模研究。

關於 EPPS 的效度，測驗手冊中提到若干初步性的資料，這包括一些 EPPS 分數與自我評量或同儕評量（即評定受測者之 Murray 需求的強度）的相關研究，所得研究結果並不一致，所報告的相關係數也不高（Drummond, 1987）。然而，Piedmont、McCrae 和 Costa（1992）的新近研究為 EPPS 的效度提供強烈的支持。以 330 名大學生為對象，這些研究人員求取 EPPS 分數與 NEO 人格量表（NEO PI）分數之間相關。NEO PI（稍後將會討論）測量五種構念：神經質、外向性、開放性、親和力及審慎度。相關的型態支持這二者工具的輻合效度，若干分量表顯現適宜而證實理論的相關。例如，EPPS 攻擊性與 NEO PI 神經質的相關是 .47，而且與 NEO PI 親和力的相關是－.53。當 EPPS 以常模的方式被評分時，該關係最為強烈，也最為確認理論。EPPS 之自比、強迫選擇的格式就顯然有較低的效度係數，而且輻合效度和辨別效度也偏低。

(二) 人格研究表格

另一份建立在 Murray 之人格需求系統上的測驗是「人格研究表格」（Personality Research Form, PRF）（Jackson, 1970, 1984b）。這份測驗供應幾種複本，不但量表的數目不同，每個量表的題數也不同。除了較簡短的複本外（題本 A 和 B），PRF 也存在較長的複本（題本 AA 和 BB）。主要使用於大學生受試者，這些題本包含 440 個是－否的題目。較長的複本產生 20 種人格量表分數和 2 種效度分數，即「稀少性」和「期許性」（參考表 9-1）。PRF 最盛行的版本是題本 E，它是在 1974 年經過改良而成，共有 22 個量表，包含 352 個題目（從題本 AA 和 BB 中選出最佳題目）。

在建構 PRF 的較長複本上，Jackson 首先依據過去的研究對所要測量的構念（20 個人格特質）作審慎而精確的描述，界定各自的行為範圍。然後，針對每個量表，他編寫 100 個以上的題目，以探求作為假設性需求之基礎的各項特質。經過編輯上的檢閱後，這些題目被實施於一些大型樣本的大學生。最後，根據與全量表分數有高度的二列相關（biserial correlations），而且與其他量表（以及與期許性量表）有低度的相關，每個量表只有 20 個題目被挑選出來。

不像其他許多人格問卷，PRF 的各量表間在題目上沒有重疊之處。如此一來，這些量表極為獨立，大部分的交互相關係數是在 ±.30 附近（Gynther & Gynther, 1976）。再者，因為 Jackson（1970）採取嚴格的量表建構程序，這所產生的量表具有極良好的內部一致性，其範圍介於 .80 到 .94，中數是 .92。PRF 的一項合意特徵是它的易讀性（readability）：該測驗只需要 5 或 6 年級的閱讀水準（Reddon & Jackson, 1989）。

表 9-1　人格研究表格的量表

量表	高分的解讀
謙卑性（Abasement）	避免出風頭、謙恭、責備－接受
成就性（Achievement）	目標奮鬥、競爭
親和性（Affiliation）	友善、融洽、善交際
攻擊性（Aggression）	好辯、鬥志旺盛、焦躁不安
自主性（Autonomy）	獨立、避免拘束
變通性（Change）	避免一成不變，尋求變化
認知結構（Cognitive Structure）	偏好確定性，不喜歡曖昧性
防衛性（Defendence）	警戒、容易動怒
支配性（Dominance）	有影響力、享受領導他人
堅毅性（Endurance）	不屈不撓、勤快、用功
表現性（Exhibition）	戲劇化、享受他人的注意
傷害避免（Harm Avoidance）	避免風險及激動
衝動性（Impulsivity）	個性衝動、說話直率
慈愛性（Nurturance）	關懷、富同情心、撫慰
秩序性（Order）	有組織、不喜歡混淆
遊戲性（Play）	愛打趣、輕鬆快活、樂觀
感知力（Sentience）	留意、銘記感覺
社會認可（Social Recognition）	關切名譽及贊同
求援性（Succorance）	不安全、尋求保證及安撫
理解力（Understanding）	重視邏輯的思維
期許性（Desirability）	效度量尺：對自己有利的呈現
稀少性（Infrequency）	效度量尺：罕見的反應

資料來源：Jackson, D. N.（1989）.

PRF 的構念效度特別是有賴於確認性的因素分析，它們證實了測驗題目被組成 20 個量表的適切性（Jackson, 1970, 1984b）。此外，研究指出 PRF 與其他測驗在可資比較的量表間呈現正相關（Mungas, Trontel & Weingardner, 1981）。例如，Edwards 和 Abbott（1973）發現，PRF 與艾德華人格量表（EPI）（Edwards, 1967）在類似量表間有很高而確認性的相關。EPI 是一份受尊重但很少被使用的測驗，它包含 1,200 個（！）是－否的題目。因為這些工具是根據不同測驗建構原理而獨立編製出來，這樣的發現支持二者測驗的效度。最後，PRF 的若干量表（如支配性、成就性、認知結構等）與史氏職業興趣量表（SVIB）或加州心理量表（CPI）中類似量表的相關也都在 .70 以上。

幾項新近的實徵比較也支持 PRF 的效度和實用性。例如，Goffin、Rothstein 和 Johnston（2000）證明，在預測 487 名管理職位之應徵人選的工作表現上，PRF 的性能勝過遠為廣泛使用的「16 種人格因素問卷」（16PF，稍後將會討論）。Vernon（2000）在他對近期研究的審查中也對 PRF 的效度提出有利的報告。

(三) Myers-Briggs 類型指標

最先在 1962 出版，Myers-Briggs 類型指標（Myers-Briggs Type Indicator, MBTI）是一種強迫選擇、自陳式量表，試圖根據榮格之人格類型理論的改編而對人們進行分類（Myers & McCaulley, 1985; Tzeng, Ware & Chen, 1989）。該工具供應 166 個題目版本（題本 F）和 126 個題目版本（題本 G）二者。我們在這裡主要討論題本 F，因為它是最被廣泛使用的。事實上，在非精神疾患人口中，MBTI 可能是任何種類之最被廣泛採用的人格測驗（DeVito, 1985）。

MBTI 是在四個理論上獨立的維度上進行評分：外向－內向（Extraversion-Introversion）、理解－直覺（Sensing-iNtuition）、思維－情緒（Thinking-Feeling）、判斷－感知（Judging-Perceptive）。雖然每個兩極維度上的分數是連續的，常見的措施是以類型論的手法摘要受試者的分數。例如，受試者可能得分較為朝向外向、直覺、情緒及感知，從而拿到 ENFP 的摘要類型。（附帶一提，因為四個維度中，各自存在兩極，所以可能人格類型的數目是 2^4，也就是 16）這樣的側面圖將暗示下列的人格特徵：與外在世界的人們及事物有較大的關聯——相較於與內在世界的觀念的關聯（E）；傾向於尋找可能性，而不是著手已知的事實（N）；傾向於建立判斷在個人價值觀上，而不是以分析和邏輯為本位（F）；以及偏好變通、自發的生活方式，而不是有計畫、守規律的生存（P）。

MBTI 的標準化資料包含關於四個指標分數的百分等級常模，從高中生和大學生的小型樣本推衍出來。四個量表的折半信度大約在 .70 多和 .80 多。或許局部是因為支持性的效度研究極為貧乏，MBTI 的類型論解讀普遍不受到測量取向心理學家的充分接受。這種探討的一個疑難是，解讀似乎太圓滑而簡易，具有幾乎占星算命似的性質。無論如何，隨著研究人員以傳統的實徵程序探討 MBTI，這項工具似乎逐漸側身擠進心理測驗的主流中。然而，有些評審家繼續提醒注意關於 MBTI 的用途，特別是當從四個字母的類型公式提出過度簡化的推論時（Pittenger, 2005）。

(四) A 型行為的測量

我們在前一章提過，A 型行為是指當事人在日常生活中工作勤奮、競爭心強、有野心、具敵對性，好像總有做不完的事情等待他們去完成（Friedman & Rosenman, 1974）。基於研究的目的，幾份 A 型行為的問卷測量已被供應。最新近的是「時間緊迫性和不斷活動化量表」（Time Urgency and Perpetual Activation Scale, TUPA）（Wright, McCurdy & Rogoll, 1992）。TUPA 量表受到行為醫學之研究人員的重視，因為它具有極佳的心理計量特性。作為該工具之實用性的證據，TUPA 上的分數適度預測大學生的一些身體健康困擾，包括呼吸器官的疾病、疼痛及感官障礙（Wright, Nielsen, Abranato, Jackson & Lancaster, 1995）。

在這類工具中，最為聞名也最被廣泛使用的是「詹金斯活動調查表」（Jenkins Activity Survey, JAS）。JAS 是一份 52 個題目、多選項、自陳式問卷，針對於檢定 A 型行為模式（Jenkins, Zyzanski & Rosenman, 1979）。JAS 上的題目就類似下述：

目前，你認為自己的心境是：

A. 很明顯地懷有強烈野心和競爭性？

B. 大致上懷有一些野心和競爭性？

C. 大致上略為放鬆而隨和？

D. 很明顯地極為放鬆而隨和？

你的配偶或朋友是否曾經告訴你，你吃飯的速度過快？

A. 是的，經常這樣說。

B. 是的，但偶爾而已。

C. 沒有，從沒有人這樣說過。

除了 A 型行為的合成分數外，JAS 產生三個因素分析推衍的分量表：速度與缺乏耐心（Speed and Impatience）、工作投入（Job Involvement），以及勤奮與競爭（Hard-Driving/Competitiveness）。A 型合成量表與三個分量表之間相關是適度的（.42 到 .67），指出因素分數可以為 A 型傾向的評鑑提供獨立的貢獻。JAS 的標準化樣本包括 2,588 名中產階級的職業男性，年齡介於 48 歲到 65 歲之間。該工具已經過標準化而擁有平均數 = 0.0，標準差 = 10.0。總分為正數即表示受試者有 A 型人格的傾向；反之，總分為負數則指出相反情形，即 B 型人格的傾向。

A 型行為模式也包括對地位感到不安全、過度攻擊、游離敵意（free-floating hostility），以及時間緊迫感（Friedman & Ulmer, 1984）。有些研究指出，對於這種行為模式的人們而言，他們有罹患冠心病（CHD）的偏高風險。在 JAS 之前，冗長的結構式晤談提供了檢定 A 型行為模式人們的唯一手段。JAS 的編製是試圖複製結構式晤談，從而為 A 型行為的篩選提供快速而經濟的方法。

不幸地，JAS 沒有達成它遠大的抱負。三個分量表的重測信度充其量只能算臨界，其數值對於「速度與缺乏耐心」是低至 .58，對於「工作投入」是 .66，對於「勤奮與競爭」則是 .71（Bishop, Hailey & O'Rourke, 1989; Igbokwe, 1989）。再者，結構式晤談與 JAS 分數之間一致性水準只是尚稱良好，沒有強烈到足以擔保這份測驗被使用在個別診斷上（Yarnold & Bryant, 1988）。關於 JAS 的另一個疑難是，CHD 病人在其分量表上並未不同於一般醫療病人。一組是 40 位 CHD 病人，另一組是 40 位其他醫療問題的病人，當比較這兩組病人時，Wright（1992）發現「速度與缺乏耐心」量表產生顯著而適當的差異，但是「勤奮與競爭」卻在錯誤方向產生顯著的差異——CHD 病人的得分反而低於非 CHD 的醫療病人。

此外，JAS 的常模很明顯地不具代表性，因為它們沒有囊括女性、年輕人或老年人，或是來自較低社會階層的人們。JAS 也很難以人工評分，因為它採用複雜的加權系統。Blumenthal（1985）提出相當持平的評論，他建議 JAS 只作為臨床和實驗研究之用。儘管如此，研究人員繼續發現 JAS 的價值所在，雖然現在已認定，特定分量表要比綜合的總分數對健康問題更具預測力（Hart, 1997）。例如，Palmero、Diez 和 Asensio（2001）評估 89 名大學生之心臟反應性的生理測量（大學生接受實際的檢測）。對那些在 JAS 的「速度與缺乏耐心」分量表上被評為高分的大學生而言，他們顯現較高的心臟反應性，也花較長時間才恢復他們初始的心跳數值——相較於那些在該分量表上得分低的大學生。因此，這個特定分量表確實有意義地促成對 A 型行為模式之一項成分的評鑑。

(五) 狀態－特質焦慮量表

狀態－特質焦慮量表（State-Trait Anxiety Inventory, STAI）是一種對狀態焦慮和特質焦慮之簡短、快速的測量，因為其技術優點而頗受一般重視（Spielberger and others, 1983）。狀態焦慮（state anxiety）是指短暫性的恐懼或擔憂的情緒反應，我們大部分人偶爾都會體驗到。特質焦慮（trait anxiety）則是相對上穩定的傾向，個人憂慮地應對有壓力的處境。這兩個構念是分隔但相關的：特質焦慮的水平反映了當事人有展現狀態焦慮的傾向。

STAI 共包含 40 個自評式題目，以便各別地評鑑狀態焦慮和特質焦慮。STAI 的題目很簡單，描述性的句子如「我的心情很慌張」、「我感到安全」或「我覺得放鬆」等。20 個狀態焦慮的題目各自在四點強度量尺上接受評定，這些量尺標示為「一點也不」、「有一點」、「大約是這樣」，以及「完全是這樣」。受試者被指示就他們「當前如何感受」評定這些題目。20 個特質焦慮的題目像是「我容易把事情看得過度嚴重」或「我但願能跟別人一樣地快樂」等，它們各自在四點頻率量尺上接受評定，這些量尺標示為「幾乎不曾如此」、「有時候」、「經常」，以及「幾乎總是如此」。受試者被指示就他們「普遍如何感受」評定這些題目。

STAI 的適用對象為高中生、大學生及成年人。另一類似的兒童版本（「狀態－特質焦慮量表兒童版」），則是以小學生和初中生為對象。這份測驗的技術層面普遍良好，標準化樣本也相當大型而具代表性。例如，對特質焦慮而言，重測信度的中數是 .88；至於狀態焦慮的重測信度則稍低些，其中數在七項研究中是 .70 ——符合特質焦慮和狀態焦慮的穩定性應具有的特徵（Barnes, Harp & Jung, 2002）。STAI 的兩個弱點也應該提一下。首先，特質焦慮的構念沒有被明確界定，而且似乎囊括無關的特質，諸如對自己不滿意的普遍感受（Chaplin, 1984）。其次，STAI 是一種完全具有表面效度的工具，受試者可以作偽而不受任何懲處。基於這個原因，STAI 的結果必須被相當慎重地解讀，特別是當關於「良性」的測驗結果的情境訴求很強烈時。

二 因素分析推衍的量表

(一) 16 種人格因素問卷

16 種人格因素問卷（Sixteen Personality Factor Questionnaire, 16PF）是被廣泛使用之強迫選擇的人格測驗，目前供應五種性質不同的題本。每種題本包含一些陳述句的句首，受試者被要求從兩個（題本 E）或三個（題本 A、B、C 及 D）強迫選擇的選項中擇一以應答所指定的情境。16PF 題目的樣例包括下列：

我從事決定是依據：
- a. 感覺。
- b. 感覺與理智二者平等。
- c. 理智。

下列哪一個選項不同於另二個選項？
- a. 蠟燭。
- b. 星星。
- c. 電燈泡。

我發現自己不太容易跟陌生人談話。
- a. 確實如此。
- b. 稍為如此。
- c. 沒有這種情形。

這些題本含有從 105 個到 187 個題目，主要是在閱讀水準上有所不同（從 3 年級到 7 年級的水準）。16PF 是不計時的，通常可在 30 到 60 分鐘內完成。

16PF 的適用對象是高中生和成年人。大部分常模追溯到 1970 年，這是 16PF 的一項重大缺點。然而，題本 E 近期已針對一些高度多樣化的人口建立常模，包括監獄囚犯、精神分裂症病人、文化弱勢的人們，以及身體復健的案主。儘管如此，大部分心理工作人員將會承認，16PF 較適用於「正常」人口，而不是「情緒障礙」的人口。16PF 也適用於跨文化的用途（例如，Argentero, 1989）。

16PF 是以卡特爾之人格因素分析的構思為依據（Cattell, Eber & Tatsuoka, 1970）。根據這個模式，表面特質（人格之較為明顯的層面）是從測驗反應的簡單集群分析中浮現。對照之下，根源特質（行為之穩定、持續但較不顯眼的泉源）只從對表面特質的專門化因素分析中才浮現（Cattell, 1950）。在一系列研究中，卡特爾決定有 16 個人格因素或根源特質是解釋測驗反應的結構所必要的，因此為他的工具命名之。

16PF 產生總共 20 個人格指標或屬性。除了 16 個基本量表，另有四個次級人格指標也從先前 16 個指標的加權線性總和中計算出來，產生總共 20 個兩極量表。這些年以來，在任一方向上極端分數的意義已被良好確立（參考表 9-2）。

16PF 吸引人的特色之一是它提供豐富的資訊。測驗報告包括一套人格描述、分數側面圖，以及臨床徵狀、認知因素及需求型態的摘要。16PF 的主要缺點是，它所測量的 16 種人格屬性是各自建立在只有 10 到 13 個題目上。不能避免地，當測驗的量表只建立在這麼簡短的題目上，這將會大為削減它的效度。毫不意外，16 種因素的折半信度是低至 .54。對該測驗的不同題本而言，它們的同一量表之間相關典型是在 .50 附近。至於同一題本上的量表，其重測係數對同一天或隔天施測而言是 .70 到 .80，但更長的間隔還要遠為低些。

表 9-2　摘自 16PF 的 16 種人格因素和四個次級指標

因素名稱	低分的解讀	高分的解讀
温暖（Warmth）	拘束、疏離、冷淡、缺乏人情味	溫暖、外向、喜歡人們
智力（Intelligence）	具體思考	抽象思考、伶俐
情緒穩定性（Emotional Stability）	情緒較不穩定、易變的	情緒穩定、冷靜、成熟
支配（Dominance）	柔順、聽從、温和	支配、果斷、競爭
衝動（Impulsivity）	認真、審慎、嚴肅、沈默寡言	熱心、快活、不掛慮
順從（Conformity）	權宜、漠視規則	遵從、堅持、好説教
勇敢（Boldness）	害羞、膽怯、克制	勇敢、不受束縛、自發
敏感性（Sensitivity）	意志堅定、自恃	有同情心、敏感
多疑（Suspiciousness）	信任、適應力強	猜疑、不易捉弄、獨斷
想像力（Imagination）	務實、墨守成規	不切實際、心不在焉、不依慣例
機敏（Shrewdness）	直率、真誠、不裝模作樣	精明、洗鍊、社交靈活
不安全（Insecurity）	自信、自滿、安全	自我責備、憂慮、不安
急進（Radicalism）	保守、抗拒變動	開放、自由、分析、革新
自主自立（Self-sufficiency）	團體取向、好社交	富有資源、自給自足
自我紀律（Self-discipline）	不守紀律、衝動	強制、社交拘謹
緊張（Tension）	輕鬆、鎮定、低活力	挫折、受驅策、緊張
外向（Extraversion）（Q_1）	內向	外向
焦慮（Anxiety）（Q_2）	低焦慮	高焦慮
強硬姿態（Tough Poise）（Q_3）	敏感性、情緒性	強硬姿態
獨立（Independence）（Q_4）	依賴	獨立

資料來源：Wholeben, B. E.（1987）. Cattell, R. B.（1986）.

關於 16PF 的效度證據，主要牽涉到統計上證實那些題目「歸屬」於它們各自的量表下，以及證實那些量表含有相對上純粹的因素。關於這一點的證據相當令人激勵（Cattell, Eber & Tatsuoka, 1970）。此外，有些研究以 16PF 證實測驗結果的真實世界相關事項是跟理論保持一致的。例如，Cattell 和 Nesselroade（1967）探討 102 對穩定已婚配偶和 37 對不穩定已婚配偶的 16PF 側面圖相似性。這些研究人員發現，穩定已婚配偶要比不穩定已婚配偶在 16PF 上遠為相似。在表 9-3 中，讀者將可注意到，穩定已婚配偶的量表相關幾乎一律是正值的，表示這些配偶產生相似的 16PF 量表分數。至於不穩定已婚配偶的量表相關則有超過半數是負值的，表示這些配偶通常產生不相似的 16PF 量表分數。這些發現支持「相似性促進穩定婚姻」的觀點。(另一種可能性是，在穩定婚姻中，配偶的人格隨著歲月朝著相似性遞增的方向演進。當然，這二者因素可能同時地運作）更重要的是，這樣結果支持 16PF 的效度——透過顯示測驗結果負荷有意義而可預測的真實世界意涵。以類似的手法，Hartung、Borges 和 Jones（2005）發現，醫學院 1 年級學生的 16PF 結果可被用來預測他們隨後的專攻領域。特別是，對得自第一年的個別 16PF 結果而言，它們被發現大致上相稱於最後選定之專長領域醫師們的平均 16PF 側面圖——這也就是說，個別測驗結果顯示有中等的預測效度。

表 9-3　穩定與不穩定已婚配偶之 16PF 因素的交互相關

16PF 因素	穩定夫妻的相關（N = 102）	不穩定夫妻的相關（N = 37）	差異的機率值（p 值）
A. 溫暖	.16	−.50	< .001
B. 智力	.31	.21	ns
C. 自我強度	.32	.05	ns
E. 支配	.13	.31	ns
F. 衝動性	.23	−.40	< .001
G. 順從	.33	.19	ns
H. 勇敢	.23	.12	ns
I. 敏感性	−.15	−.13	ns
L. 多疑	.18	−.33	< .01
M. 想像力	.22	−.01	ns
N. 機敏	.18	.27	ns
O. 不安全	.11	.36	ns
Q_1 急進	.27	.34	ns
Q_2 自主自立	.15	−.32	< .01
Q_3 自我紀律	.27	−.02	ns
Q_4 緊張	.16	−.11	ns
Q_I 外向	.22	−.30	< .01
Q_{II} 焦慮	.31	.23	ns

資料來源：Cattell, R. B., & Nesselroade, J. R.（1967）.

(二) 艾森克人格問卷

在一系列針對於測量正常與異常人格之主要維度的測驗中，「艾森克人格問卷」（Eysenck Personality Questionnaire, EPQ）是最新近的版本（Eysenck & Eysenck, 1975）。根據因素分析的問卷研究，Eysenck 分離出三個主要的人格維度：精神病態（Psychoticism, P）、外向（Extraversion, E）及神經質（Neuroticism, N）。EPQ 由一些測量這些維度的量表所組成，也納入「說謊」（Lie, L）量尺以評定受試者應答的有效性。EPQ 含有 90 個陳述句，以「是」或「否」作答，適用於 16 歲以上的人士。「少年 EPQ」含有 81 個陳述句，適用於 7 歲到 15 歲的兒童。

P 量表上的題目類似下述：

你是否經常違反規定？（是）
你是否擔憂自己將會負債？（否）
你是否會僅為了好玩而冒險？（是）

P 量表上的高分表示攻擊和敵意的特質、衝動性、喜歡古怪或不尋常事物的傾向，以及同理心欠缺。反社會和類精神分裂型病人通常在這個維度上拿到高分。對照之下，P 量表上的低分預示較為良好的特性，諸如同理心和人際敏感性。E 量表上的題目類似下述：

你是否喜歡跟陌生人碰面？（是）
你是否跟他人相處時不太說話？（否）
你是否喜歡激動而興奮的感受？（是）

E 量表上的高分表示愛熱鬧、好社交、外向及喜歡打趣。E 量表上的低分表示內向的特質，諸如偏好孤獨和安靜的活動。N 量表上的題目類似下述：

你是否經常悶悶不樂？（是）
你是否覺得生活很單調乏味？（是）
你是否感到容易受傷害？（是）

N 量表反映的是情緒性的維度，變動範圍從緊張不安、適應不良及過度情緒化（高分）以迄於穩定及自信（低分）。

EPQ 的信度極為傑出。例如，一個月的重測相關是 .78（P）、.89（E）、.86（N）

及 .84（L）。P 量表的內部一致性係數為 .70 多，其他三個量表則為 .80 多。通過好幾十項採用行為、情緒、學習、注意及治療的效標的研究，EPQ 的構念效度也被良好建立（Eysenck & Eysenck, 1976, 1985）。

一般而言，EPQ 的技術特性非常堅強，無疑地優於大部分的自陳式量表。EPQ 的實用性也受到大量研究文獻的支持。儘管如此，EPQ 在美國心理學家間並不深受歡迎，這些心理學家似乎迷戀於多層面的工具，因為這可以產生 10、20 或 30 個分數，而不是簡單的三個基本維度。

(三) NEO 人格量表－修訂版

NEO 人格量表－修訂版（NEO Personality Inventory-Revised, NEO-PI-R）具體化好幾十年來的因素分析研究——以臨床和正常的成年人口為對象（Costa & McCrae, 1992）。該測驗是建立在前一章所描述的人格五大因素模式上。它供應兩種複本，各自含有 240 個題目，在一個五點維度上進行評定。另有三個題目是用來查核效度。NEO-PI-R 的簡明版稱為 NEO－五大因素量表（NEO-FFI），它含有 60 個題目；當想要相對上簡易測量五大人格維度時，它可被派上用場（Costa & McCrae, 1989）。我們限定這裡的討論在 NEO-PI-R 上。題本 S 是供自我報告使用，至於題本 R 則是供外在的觀察者使用（例如，案主的配偶）。題目的格式是由 5 點評定所組成：強烈不同意、不同意、中立、同意、強烈同意）。題目評估情緒、人際關係、經驗、態度及動機等變項。

NEO-PI-R 的五大領域量表是各自建立在六個面向（特質）量表上（表 9-4）。這些量表的內部一致性極為優秀：對領域量表而言是從 .86 到 .95，對面向量表而言是從 .56 到 .90。在 3 年到 7 年的縱貫研究中，穩定性係數的範圍從 .51 到 .83。NEO-PI-R 的效度證據相當實質，建立在自我評定與配偶評定之間的對應關係、與其他測驗和檢核表之間的相關，以及五大因素模式本身的構念效度上（Costa & McCrae, 1992; Piedmont & Weinstein, 1993; Trull, Useda, Costa & McCrae, 1995）。

NEO-PI-R 的成年人常模是建立在總共 500 名男性和 500 名女性身上，這些人是從幾個社區居民的樣本中抽取而來。常模的樣本在年齡和族群的分布上極為接近美國人口普查局 1995 年的投影圖。NEO-PI-R 手冊中也呈現有大專學生的常模資料。

雖然 NEO-PI-R 是從「正常」人格的模式發展出來，研究人員已開始評估這項工具在臨床樣本上的實用性。例如，Clarkin、Hull、Cantor 和 Sanderson（1993）發現，被診斷為邊緣型人格疾患（borderline personality disorder）的病人在「神經質」上得分非常高，而且在「親和力」上得分非常低，很強烈地回應臨床人員對這些病人的評定。Ranseen、Campbell 和 Baer（1998）發現，對於 25 位有注意力缺失疾患（attention deficit disorder）的成年人而言，他們在「神經質」領域上的得分顯著偏高，在「審慎

表 9-4　NEO-PI-R 的領域量表和面向（特質）量表

領域	面向	
神經質（Neuroticism）	焦慮	自覺意識
	敵意	衝動
	抑鬱	脆弱
外向性（Extraversion）	温暖	活躍
	好社交	刺激尋求
	果斷	正面情緒
開放性（Openness to Experience）	幻想	行動
	審美	觀念
	感情	價值
親和力（Agreeableness）	信任	順從
	坦誠	謙虛
	利他行為	友善
審慎度（Conscientiousness）	勝任能力	爭取成就
	秩序	自律
	負責	謹慎

度」領域上的得分則顯著偏低（相較於控制組），證明 NEO-PI-R 在理解成年期注意力缺失疾患上的實用性。

關於 NEO-PI-R 的一項次要的關心事情是，它缺乏實質的效度量尺，只有三個題目是在評估作答的有效性。NEO-PI-R 的實施假定受試者是合作而相當誠實的。這通常在研究背景中是安全的假設，但可能在司法、人事或精神醫療背景中就不見得如此。

效標導向的量表

我們將檢視之最後的自陳式量表具體展現了效標導向的測驗編製策略。在效標導向（criterion-keyed）的方法中，只有當測驗題目能夠辨別明確界定的效標組與相應的控制組時，它們才被指派到特定量表中。例如，在設計憂鬱症的自陳式量表上，相較於正常的控制組，顯著較常（或絕少）被憂鬱症病人贊同的題目將被指派到憂鬱量表中，調整為適當的方向。類似的方法可被使用來編製臨床人員感興趣之其他構念的量表，諸如精神分裂症、焦慮反應等。需要注意的是，測驗編製者不需要參考關於精神分裂症、憂鬱症或焦慮反應的任何理論才能決定哪些題目應該被放在各別的量表中。效標導向的程序的本質是（所謂的）讓題目自行決定它們的歸屬。

(一)明尼蘇達多相人格測驗－第二版（Minnesota Multiphasic Personality Inventory-2, MMPI-2）

MMPI 最初在 1943 年出版，它是一份含有 566 個「是－否」題目的人格測驗，原先是預定作為精神醫療診斷的幫手（Hathaway & McKinley, 1940, 1942, 1943; McKinley & Hathaway, 1940, 1944; McKinley, Hathaway & Meehl, 1948）。測驗編製者在 MMPI 量尺的建構上遵循嚴格的實徵效標法。臨床量尺的編製是經由把審慎界定的精神醫療病人組（平均 N 是大約 50 人）的題目應答拿來與 724 名控制組受試者的題目應答進行對照。所得結果是一份非凡的測驗，適用於精神醫療評鑑和正常人格描述二者。不過幾年之內，MMPI 就成為在美國最被廣泛使用的人格測驗。

最初，MMPI 優雅地成長，它顯現的一些較小缺點被心理從業人員所容忍。但是隨著 MMPI 進入中年期，更新及回春的需求變得逐漸明顯。最嚴重的問題是原先的控制組，它主要是由超過 700 位前往明尼蘇達大學醫院探視病人的正常人士所組成。控制組受試者的狹窄選擇（主要是在 1930 年代施測）被發現是 MMPI 遭受批評的持續來源。所有控制組受試者都是白人，大部分是年輕人（平均年齡大約 35 歲）、已婚、擁有平均 8 年的教育程度，以及來自小城鎮或鄉下地方。這是圖一時方便的樣本，很明顯不具一般美國人口的代表性。

MMPI 的題目內容也引起一些爭議。它許多題目的措辭已變得陳舊過時，另有些題目含有性別歧視的語言。還有些題目不適當地提及基督教的宗教信念，以及有時候似乎過度強調性慾、內臟及膀胱的功能。幾個題目甚至含有拙劣的文法和標點。最後，許多研究學者認為題目內容沒有適度針對像是自殺傾向或藥物濫用等方面行為。總之，校訂的時機似乎已成熟了（Graham, 1993）。

經過幾近十年的修訂和重新標準化，MMPI-2 在 1989 年推出，新式、改良的 MMPI-2 收納 2,600 人的現代常模樣本，在幾個重要的人口統計變項方面（地理位置、種族、年齡、職業水準及收入）大致上具有一般人口的代表性。雖然高等教育水準似乎占過高比例，MMPI-2 的常模樣本仍然有重大改善，優於原先的 MMPI 常模樣本。通過老舊題目的校正、侵犯性題目的刪除，以及增添新的題目以擴展內容範圍，新的題庫已獲致重大改善。

儘管施行重大的改良工程，MMPI-2 仍然跟它受尊重的前任（MMPI）維持實質的延續性。關於傳統的效度量尺和臨床量尺，測驗編製者保留相同的標題和測量目標。在重新標準化上，所有 550 個題目都被保留，雖然有 82 個題目被重寫，但這些校正僅是微整形的手術，不至於影響該測驗的心理計量特性（Ben-Porath & Butcher, 1989）。事實上，當一些大型樣本的受試者完成 MMPI 和 MMPI-2 時，他們在各個效度量尺和臨床量尺上的分數通常有幾近 .99 的相關。

MMPI-2 含有 567 個題目，審慎地針對於評鑑廣泛的關涉事項。受試者被要求就每個敘述語句（以第一人稱陳述）適用於自己的情形圈選「是」、「否」或「不一定」。題目包含了這些綜合主題（Dahlstrom, Welsh & Dahlstrom, 1972; Graham, 1993）：

> 健康關切、神經症狀、家庭困擾、婚姻關係、工作困擾、憂鬱與躁狂的症狀、強迫意念與強迫行為、妄想與幻覺、焦慮與恐懼、憤怒控制、反社會舉動、酒精與藥物濫用、自尊、社交不安、A 型行為、男性化一女性化、負面治療指標、作答效度。

MMPI 需要 6 年級以上的閱讀水準，大部分人可在 1 到 1.5 個小時內完成。

MMPI 原始量表的編製是經由把審慎界定之精神病人組（平均 N 是大約 50 人）的題目應答拿來與大約 700 名控制組受試者的題目應答進行比較。精神病人組包括下列的診斷類別：慮病（hypochondriasis）、憂鬱（depression）、歇斯底里（hysteria）、反社會偏差（psychopathy）、男性同性戀（male homosexuality）、妄想（paranoia）、精神衰弱（psychasthenia，過時的診斷術語，相當類似於現在所稱謂的強迫症）、精神分裂（schizophrenia）及輕躁（early phase of mania 或 hypomania）。此外，社交內向和社交外向大學生的樣本被用來建構社交內向（social introversion）的量表。MMPI-2 保留基本的臨床量尺，只有輕度的題目刪除及修訂。Ben-Porath 和 Butcher（1989）調查 MMPI-2 上被重寫題目的特性，發現它們在心理計量上等值於原先的題目。

MMPI-2 可在 4 個效度量尺（validity scales）、10 個標準臨床量尺（clinical scales）及幾十個輔助量尺（supplementary scales）上計分。實務上，臨床人員把最大重心放在效度量尺和標準臨床量尺上。輔助量尺僅是輔助的，它們提供資訊以有助於對傳統的效度量尺和臨床量尺進行微調的解讀。MMPI-2 的測驗結果可以人工評分或電腦評分，每個分量表應先求出原始分數，而且依「K 校正分數」對有關的臨床量尺（慮病、反社會偏差、精神衰弱、精神分裂及輕躁）分數加以校正，然後就可把這些原始分數依常模轉換為 T 分數，其平均數 = 50，標準差 = 10。當 T 分數超過 65 時，這將值得特別考慮。這些偏高的分數在一般人口中是統計上不尋常的，可能意味精神症狀的存在。

MMPI-2 繼續納入原始 MMPI 含有的四個效度量尺，它們是未作答量尺（Cannot Say 或？）、說謊量尺（L）、稀有量尺（F）及防衛性量尺（K）。

未作答（？）量尺是指受試者未作答或雙重圈選的總題數。當有至少 30 題未作答時，測驗結果很可能就失效，不應該做進一步的解讀。這個量尺上的高分可能表示閱讀困難、對抗權威、極度防衛，或憂鬱引起的猶豫不決。

說謊（L）量尺是由 15 個題目所組成，它顯示受試者有一種想以不符現實的正面態度來描述自己的傾向（例如，「從不曾生氣」、「喜歡每一個人」、「不曾撒謊」、「寧願輸也不願贏」）。L 量尺是針對於鑑定一種全面、蓄意、規避的受測態度，這可能起因於受試者的有意欺騙，或是對於自己不切實際的看法。

稀有（F）量尺包含 60 個題目，它們是從少於 10% 的人們答「是」的題目中挑選出來，鑑定的是受試者是否以一種非典型而偏差的態度作答。這些題目反映廣泛範圍的嚴重適應不良，包括奇特的思想、冷漠及社會疏離。F 量尺上的高分通常是心理病態的綜合指標，表示重大的錯亂行為。另一方面，極高分數也可能暗示另一些假設：不充足的閱讀能力、隨機或不合作的作答、試圖在測驗上「偽裝惡劣」的動機，或苦惱案主之誇大的「求援」。

防衛性（K）量尺包含 30 個題目，針對於偵察微妙形式的防衛。K 量尺的高分可能表示防衛的受測態度，指出受試者試圖過度誇讚自己，或否認自己的困擾，或是有答「否」的反應傾向。至於在 K 量尺上正常範圍的高分則暗示良好的自我強度——有效之心理防衛的存在，使得當事人儘管內在衝突仍能夠良好運作。

F 和 K 的結合使用可以有效偵察 MMPI-2 側面圖中屬於偽裝或詐病的部分。在一項研究中，81% 之偽裝良善（fake-good）側面圖被 F-K < －12（採用原始分數）的簡單判決規則所鑑定出來，至於 87% 之偽裝惡劣（fake-bad）側面圖被 F-K > 7（採用原始分數）的簡單判決規則所鑑定出來（Bagby, Rogers, Buis & Kalemba, 1994）。

除了效度量尺，MMPI-2 始終就 10 個臨床量尺施行評分。除了社交內向外，這些臨床量尺的建構是採取平常之效標導向的手法，也就是對照臨床受試者的應答與正常控制組的應答。如前面提到，社交內向的編製是經由對照在社交內向上高與低之大學生的應答。表 9-5 呈現 10 個臨床量尺和關於高分的一般解讀。

表 9-5　明尼蘇達多相人格測驗－2 的 10 個臨床量尺

量尺編號和縮寫	量尺名稱	K 校正	高分的一般解讀
1. Hs	慮病（Hypochondriasis）	.5K	過度關注身體功能
2. D	憂鬱（Depression）		哀傷情感、無助、絕望
3. Hy	歇斯底里（Hysteria）		不成熟、使用壓抑與否認作用
4. Pd	反社會偏差（Psychopathic deviate）	.4K	權威衝突、衝動性
5. Mf	男性化－女性化（Masculinity-femininity）		男性的興趣、女性的興趣
6. Pa	妄想（Paranoia，或偏執）		猜疑、敵意
7. Pt	精神衰弱（Psychasthenia）	1K	焦慮與強迫性思想
8. Sc	精神分裂（Schizophrenia）	1K	疏離、不尋常的思維歷程
9. Ma	輕躁（Hypomania）	.2K	情緒激動、意念飛馳、躁動
10. Si	社交內向（Social introversion）		害羞、不安全感

MMPI-2 適用於至少 13 歲及／或擁有 8 年級教育程度而能夠閱讀的人們。它可以被個別實施，或以團體方式施行。MMPI-2 可以被電腦評分，也提供有該測驗的非英語版本。此外，MMPI-2 特別為 14 歲到 18 歲的青少年編製了新的版本，稱為 MMPI-2 青少年版（MMPI-A）（Butcher et al., 1992）。許多年來，MMPI 的各種簡明版也隨之問世。這些量表通常是縮短 MMPI 的長度到遠低於傳統 550 個題目的程度。雖然這些簡明版可能具有在篩選上合乎經濟或快速分類的實際用途，但我們可以預期它們也將失去一些解讀上的穿透力。

(二) MMPI-2 解讀

MMPI-2 側面圖的解讀可以沿著兩條不同途徑進行，一是逐一量尺的，另一是構型的。逐一量尺是最簡易的方法，也就是透過內容加以解讀。主試者首先的步驟是決定測驗結果的有效性——如前面討論的，透過檢視四個效度量尺。假使測驗依據這些標準被認定適度有效，主試者可以參考適切的資源手冊，然後就每個量尺著手提出一系列假設。

MMPI-2 解讀的構型途徑也就是透過型態加以解讀。這種方法較為複雜，它需要檢驗分數組型（patterns of scores），亦即側面圖（profiles）。例如，人們在前三個臨床量尺（Hs、D、Hy）獲得高分的話，他們將傾向於呈現身體訴怨和憂鬱症狀，容易被診斷罹患身體型疾患（somatoform disorder）、焦慮性疾患或憂鬱性疾患。至於量尺 6（Pa）和量尺 8（Sc）上顯著偏高的分數，則表示極度猜疑和潛伏的精神病思維歷程；這樣的特徵經常出現在被診斷有妄想型精神分裂症的人們身上。目前，在對 MMPI-2 的結果進行解讀且推斷其臨床意義上，大多以精密的側面圖為依據，較少採用單項的量尺分數。

我們應該簡要提一下針對 MMPI 和 MMPI-2 供應的幾個電腦化解讀系統（Fowler, 1985; Butcher, 1987）。「明尼蘇達報告™」（Minnesota Report™）（Butcher, 1993）是最優良的系統。這個系統產生非常慎重而有條理的 16 頁報告，所涉內容包括側面圖效度、徵候型態、人際關係、診斷考慮及治療考慮。「明尼蘇達報告™」也提供多樣化圖形和表格以說明測驗結果。

電腦化 MMPI-2 敘述報告的適當性普遍良好，但是讀者應該了解，電腦程式是由可能犯錯的人們所寫的。因此，電腦產生的測驗報告始終有發生失誤的風險。再者，有些較不獲好評的解讀系統可以在軟體專賣店僅花幾百美元就購得。這提高了以電腦為依據的測驗解讀將會被不符資格的人士所誤用的風險。

(三) MMPI-2 的技術特性

從傳統心理計量標準的立足點來看，MMPI-2 呈現混合不一的畫面。信度資料普遍良好，其內部一致性係數（alpha）的中數典型地是在 .70 多和 .80 多，但在一些樣本中對某些量尺而言，也有低至 .30 多的情形。一個星期的重測係數介於從 .55 到 .95 之間，其中數是在 .80 多（Butcher, Dahlstrom, Graham, Tellegen & Kaemmer, 1989）。這些是良好的數值，考慮到有些屬性（如憂鬱量尺所測量的那些屬性）是這般快速變動，以至於重測方法論的適宜性是值得懷疑的。

MMPI-2 的一項缺點是，臨床量尺間的交互相關極高。例如，在量尺 7 和 8（精神衰弱和精神分裂量尺）的情況中，其相關通常是在 .70 多。部分地，這反映了 MMPI 量尺間的題目重疊——量尺 7 與 8 有 17 個共同的題目。但是也正確的是，效標導向方法不是很適合於發展獨立的測量。基本量尺的高度交互相關是採用這種測驗編製策略必須付出的代價之一。

MMPI-2 的效度不容易概括說明，這是因為有太龐大數量關於這項工具及其前身（MMPI）的研究。到 1975 年之前，超過 6,000 篇採用 MMPI 的研究已被完成（Dahlstrom, Welsh & Dahlstrom, 1975）。當然，從那個時候起，數以千計另外的研究又已被發表。Graham（1993）對於 MMPI/MMPI-2 的效度研究提供簡短但優良的審視。他特別指出，對於在 1970 年到 1981 年之間執行的研究而言，MMPI 的平均效度係數是相當良好的 .46。他也指出，好幾十項鑑定病人組的研究追認了測驗外（extratest）的相關型態。研究還指出，MMPI-2 是足堪比擬於 MMPI 的修訂版，有大量實質的效度資料已被蒐集（Hargrave, Hiatt, Ogard & Karr, 1994; Harrell, Honaker & Parnell, 1992）。最後，種族偏見研究試著比較美國白人與黑人案主的 MMPI-2 結果，指出在平均側面圖上確實存在輕微的種族差異。然而，這些差異正當地反映情緒運作；也就是說，MMPI-2 不是種族偏頗的（McNulty, Graham, Ben-Porath & Stein, 1997）。

MMPI/MMPI-2 已被顯示針對廣泛的診斷問題和治療問題頗具價值，包括反社會型、邊緣型及自戀型人格疾患的評鑑（Castlebury, Hilsenroth, Handler & Durham, 1997）、女性之性受虐史和性取向的評估（Griffith, Myers, Cusick & Tankersley, 1997）、背痛手術結果的預測（Uomoto, Turner & Herron, 1988）、殺人犯的實徵分類（Kalichman, 1988）、HIV 和 AIDS 病人的處置（Inman, Esther, Robertson, Hall & Robertson, 2002），以及刑事犯的處置（Forbey & Ben-Porath, 2002），以上僅是援引一些實例。在成年期之心理病態的評鑑上，MMPI-2 在未來的許多年很可能仍會維持它作為首要工具的地位。

(四) 加州心理量表

最初在 1957 年出版，近期修訂的加州心理量表（California Psychological Inventory, CPI）是一種 MMPI 似的工具，但它的主旨是在測量正常人格的維度（Gough, 1987; McAllister, 1986）。CPI 含有 462 個是－否題目，其中幾近 200 個題目是直接借自 MMPI。修訂的 CPI 在 20 個量尺上產生分數，包括有三種度量是針對於評估受試者的受測態度。這些效度量尺是幸福感（Sense of well-being, Wb）、好印象（Good impression, Gi）及從眾性（Communality, Cm），它們各自被用來偵察受試者的偽裝惡劣、偽裝良善或隨機作答。

臨床量尺是建立在人格的「民俗」概念上，它們測量一些有意義而容易被認出（一般人和心理學家都同樣）的人格維度。17 個臨床量尺中，13 個是採用測驗編製上的效標導向法。其餘 4 個量尺的建構是以理性的邏輯為基礎，受到內部一致性指標的支持。表 9-6 描述了 CPI 的 20 個分量表。

反映各個量尺是被慎重地建構起來，CPI 的信度資料相當令人滿意。大部分量尺的

表 9-6　加州心理量表之各個量尺的簡要描述

量尺		高分的一般解讀
Do	支配性（Dominance）	支配、堅持、良好領導能力
Cs	上進心（Capacity for Status）	作為地位之基礎且導致地位的個人特性
Sy	社交性（Sociability）	外向、好交際、分享的性情
Sp	自在性（Self-Presence）	在社交情境中顯得沈著、流暢而自信
Sa	自我接納（Self-Acceptance）	自我接納和個人價值感
In	獨立性（Independence）	高度的個人自主感，不輕易受影響
Wb	幸福感（Sense of Well-being）	不憂慮或抱怨，免於自我懷疑
Em	同理心（Empathy）	設身處地體會他人心境的良好能力
Re	責任感（Responsibility）	憑良心、負責及可信賴
So	社會化（Socializaiton）	堅定的社會成熟和高度整合
Sc	自制力（Self-Control）	良好的自我控制，免於衝動和自私自利
To	寬容性（Tolerance）	容忍、接納及不帶批判的社會信念
Gi	好印象（Good Impression）	關切如何製造良好印象
Cm	從眾性（Communality）	正當而親切、體貼的反應型態
Ac	遵循成就（Achievement via Conformance）	在需要順從的情境中表現良好
Ai	獨立成就（Achievement via Independence）	在需要獨立的情境中表現良好
Ie	精幹性（Intellectual Efficiency）	高度的個人和智能效率
Py	心理性（Psychological-Mindedness）	對他人之內在需求、動機及感受的興趣與感應
Fx	伸縮性（Flexibility）	在思想和社會行為上顯得靈活而通融
Fe	女性化（Femininity）	高度的女性化興趣

資料來源：Gough, H. G.（1987）; Megargee, E.（1972）.

重測相關是 .80 多，其全距是從大約 .50 多到 .90 多下半段，取決於樣本和兩次施測之間的間隔。CPI 也良好地施行標準化，其分數是建立在 6,000 名男性和 7,000 名女性的常模樣本上，隨著不同年齡、社會階層及地理區域廣泛分布。所有量尺分數被報告為 *T* 分數，其平均數 = 50，標準差 = 10。

CPI 量尺是交叉驗證效度的，以決定它們在有關維度的評定上辨別新樣本受試者的能力。這些效度係數相當混合不一；有些數值是可接受的，但另有些效標相關非常低。例如，伸縮性量尺上的分數通常與教職員對伸縮性的評定只有大約 .2 的相關（Domino, 1987）。

CPI 繼承長久以來的實徵研究，針對特殊的測驗側面圖建立起一些真實世界相關事項。因為篇幅所限，我們只能列舉幾個引人注目的領域，CPI 的價值在這些領域中已被實徵證明。CPI 在協助預測下列事項上具有實用性：高中和大學的學業成績、學生－教師的成效、醫學院的計點平均成績（GPA）、警方與軍方人事的效能、領導與執行的成果、心理治療結果，以及犯罪行為與假釋後行為等。

CPI 對於鑑定那些追求違法或犯罪生活風格的青少年或成年人特別有效（Gough & Bradley, 1992b）。關於 CPI 側面圖的真實世界實徵相關事項，感興趣的讀者可以參考 Groth-Marnat（1990）以及 Hargrave 和 Hiatt（1989）。

(五) Millon 臨床多軸向量表－第三版

Millon 臨床多軸向量表－第三版（Millon Clinical Multiaxial Inventory-III, MCMI-III）是一份人格量表，對準於跟 MMPI-2 相同的目的，也就是為精神醫療診斷提供有用的資訊（Millon, 1983, 1987, 1994）。MCMI-III 有兩點優於 MMPI-2 之處。首先，它遠為簡短（175 個是－否題目），因此較適用於臨床轉介（clinical referrals）；其次，它經過策劃和組織，而以一種相容於美國精神醫學會之《診斷與統計手冊》（*DSM-IV*）的方式鑑定臨床行為模式。

MCMI-III 是一種高度理論推動的測驗，具體表現了 Millon 關於心理病態和人格疾患之本質的精心理論陳述（Millon, 1969, 1981, 1986; Millon & Davis, 1996）。該測驗包含 27 個量尺，如表 9-7 所列。前 11 個量尺測量人格作風或特質，諸如自戀和反社會傾向；其次 3 個量尺評鑑較為嚴重的人格病態（分裂病型、邊緣型及妄想型疾患）；接下來 7 個量尺評鑑一些人格症候群，諸如焦慮和憂鬱；再來 3 個量尺評鑑嚴重的臨床症候群，諸如思維障礙；最後 3 個量尺是效度（作答風格）指標。這些量尺（透露、期許性及貶低）上的分數被用來向上或向下調整其他量尺的分數——分別地根據症狀的防衛或誇大。

MCMI-III 及其先前版本的量尺發展是慎重而有系統的。從初始 3,500 個題目中，175 項陳述句依照三個階段的測驗編製被揀選出來：理論－實質的階段（理論－引導的

表 9-7 Millon 臨床多軸向量表－第三版的量尺

臨床人格型態		臨床症候群	
1	類分裂型（Schizoid）	A	焦慮（Anxiety）
2A	畏避型（Avoidant）	H	身體型疾患（Somatoform disorder）
2B	憂鬱型（Depressive）	N	雙極性：躁狂（Bipolar: Manic）
3	依賴型（Dependent）	D	低落性情感（Dythymia）
4	做作型（Histrionic）	B	酒精依賴（Alcohol Dependence）
5	自戀型（Narcissistic）	R	創傷後壓力疾患（Post-Traumatic Stress Disorder）
6A	反社會型（Antisocial）		
6B	攻擊型（施虐）（Aggressive Sadistic）		**嚴重症候群**
7	強迫型（Compulsive）	SS	思維障礙（Thought Disorder）
8A	被動攻擊型（抗拒）（Passive-Aggressive, Negativistic）	CC	重大憂鬱（Major Depression）
8B	自我挫敗型（Self-Defeating）	PP	妄想性疾患（Delusional Disorder）
	嚴重人格病態		**效度（調整）指標**
S	分裂病型（Schizotypal）	X	透露（Disclosure）
C	邊緣型（Borderline）	Y	期許性（Desirability）
P	妄想型（Paranoid）	Z	貶低（Debasement）

題目撰寫）、內部－結構的階段（題目－量尺的相關），以及外在－效標的階段（診斷組與參考組的對照）。

MCMI-III 之個別量尺的信度普遍良好：內部一致性係數平均在 .82 到 .90，一個星期的重測係數介於 .81 到 .87。至於支持 MCMI-III 之效度的研究就紛雜不一（Haladyna, 1992; Piersma & Boes, 1997）。

MCMI-III 不太可能取代 MMPI-2，後者還是較適合於診斷急性臨床症候群。然而，MCMI-III 在診斷人格疾患（personality disorders）上顯現前景，因此可以在這方面性能上輔助 MMPI-2（Antoni, 1993）。儘管如此，幾項近期的獨立研究質疑 MCMI-III 的價值，特別是它的前任在「精神疾患的診斷與統計手冊」的架構內決定診斷的有效性（Smith, Carroll & Fuller, 1988; Patrick, 1988; McCann & Suess, 1988）。關於 MCMI-III 的另一些審查，讀者可以參考 Dana 和 Cantrell（1988）以及 Overholser（1990）。

四 態度與態度的評鑑

在整個心理學歷史中，態度（attitude）的觀念在行為的解釋上扮演非常重要的角色。奧波特（Gordon Allport, 1935）是態度研究上一位早期的先驅，他描述態度的概念為社會心理學所「特有」和「不可或缺」的。態度作為心理學構念的重要性直到近些年來不曾減弱。例如，如果你上網「PsychINFO」以關鍵字「attitude」搜尋，你會發現從 1992 年到 2002 年發表的這方面論文超過 12,000 篇。

態度與一些相關概念有密切關聯，諸如價值（values）、意見（opinions）及信念（beliefs），所以很重要的是分辨這些用語（Aiken, 2002）。如一般所認定的，「價值」是指關於什麼是理想所共享及持久的觀念；換句話說，價值指稱什麼是終極或完美。對照之下，「意見」可被視為態度之外顯、自覺、語文的表露。Aiken（2002）指出，相較於態度，意見是「較不核心、較為特定、較為易變，以及較為事實依據的」。此外，意見是以文字表達的，至於態度就不見得如此。最後，「信念」是指相信某些事物為真實的，即使它們無法被嚴格地證實。宗教信仰很顯然落在這個範疇。因此，信念是位於知識與態度之間某處。

在討論過「態度不是什麼」之後，我們現在轉向正面的定義：

> 態度可被視為學得之認知、情感及行為的傾向，以便正面或負面地應對若干事物、情境、制度、概念或人物。態度可以是相當個人專有的，從而反映人格特性，或與人格特性有關。（p.3）

態度的核心組成是它們始終具有評價（evaluative）的成分，態度牽涉某種性質的正面或負面反應。但是也很清楚的是，態度的表達可以是多層面的（也就是，認知、情感或行為）。此外，態度始終具有對象——它是關於某些事物而言的。態度的對象包括像是死刑、手槍、共和黨、寒冷氣候、慢車駕駛人、電話行銷及墮胎等。最後，態度具有動機的功能，因為它協助當事人組織他的知覺，以及理解外在世界。

(一) 態度的評鑑

很明顯地，態度是一種無法觀察、假設性的構念。因此，它必須從可測量的反應被推斷出來，這些反應指出對於態度對象的正面或負面評價。態度可以從三方面因素推斷出來，一是認知反應（例如，對於態度對象的認識），二是行為反應（例如，關於該對象的意圖或行動），三是情感反應（對於該對象表達的情感）。即使態度可以從所有三種來源推斷出來，心理學家普遍認為情感反應（affective response）為態度之最基本的層面（Ajzen, 1996）。

相較於其他領域的評鑑，諸如人格或智力，態度測量遵循一條不同的途徑。在那些其他領域中，研究人員通常試圖編製少數限定的工具，它們將會在該領域中變得被廣泛採用。對照之下，在態度評鑑中，大部分研究人員的典型方法是編製他們自己獨特的工具。這是因為各種態度幾乎是無限地被供應，視研究人員所感興趣的態度對象而定。

(二) 態度評鑑的方法

態度測量有三種廣義的方法：行為法、隱蔽法及問卷法。我們先簡要討論行為和隱蔽的方法，然後再審視態度評鑑的主流——問卷法。

行為途徑牽涉直接測量受測者關於態度對象的意圖或行動。例如，假使挨家挨戶地遊說，請求市民為 Jennifer Jones 角逐市長的基金會捐款，那麼捐款的意願（以及金額）將是對於 Jones 女士作為市長候選人之態度的指標。關於態度評鑑的行為法，另一些實例包括要求人們為某一運動（例如，建立新的公共游泳池）簽署請願書或發放宣傳單。拒絕簽署請願書或拒絕發放宣傳單將是表示對於該運動的負面態度，至於答應做任何一者則是表示正面的態度。

態度評鑑的隱蔽法牽涉到一些偽裝、非公開的程序和測量。例如，在丟信技術中（lost-letter technique），研究人員事先準備好幾百件信封，各自貼好郵票，收件人則偽稱地寫上不同組織的頭銜。事實上，信封的不同之處只在於組織的名稱（例如，有些寫上「廢止死刑運動」的頭銜，另有些寫上「推廣死刑運動」的頭銜），至於街道地址實際上是研究人員的住址。這些信封然後被暗中地「放置」在城市的各個地方，如人行道、電話亭或公共汽車等。它的假設是，過路人將會拯救並寄出顯然支持他們觀點的信封（且可能丟棄另一方的信封）。因此，這兩種信封相對的回收率就是全市對於所感興趣概念（例如，對於死刑）之態度的指標。

心理生理測量（psychophysiological measurements）也曾被用來評鑑態度。例如，我們可以把隱藏的攝影機對準受測者的眼睛，隨著他注視不同的畫面，測量他的瞳孔反應。這是瞳孔測定儀（pupillometrics，瞳孔大小的測量）的原理所在。當其他因素保持固定時（例如，背景光線），較大的瞳孔被認為表示對所觀看畫面較大的興趣（Hess & Polt, 1960）。

(三) 態度評鑑的問卷法

絕大多數的態度測量是採用問卷，這些問卷建立在已被確立的一些量表編製方法上。我們在主題 4B「測驗建構」中已提供多種量表編製方法，包括似均等間距的方法（簡稱等距量表法）、絕對量表編製的方法、利克特量表，以及格特曼量表。無疑地，利克特量表在態度測量上是最為盛行的方法。在這種方法中，受測者被提供 5 個（或有時候 7 個）選答，依同意／不同意的連續頻譜排列。例如，在評估「對死亡的態度」的量表上，一個題目可能寫為：

「當人們談論死亡時，這總是令我憂慮。」

你是否：

□	□	□	□	□
強烈同意	同意	無意見	不同意	強烈不同意

在利克特量表中，總分數的取得是經由把各個題目的分數（1-5）總加起來。當然，對於反向措辭的題目，受測者的應答需要倒過來計分。

按照定義，態度測量被假定是採集高度同質的構念，特別考慮到情感反應（對於態度對象之正面情感或負面情感的程度）是態度的核心要素。基於這個原因，態度測量的最重要的心理計量特性是，它應該擁有堅強的內部一致性，如係數 alpha 或相關指標所測量的。關於態度測量的效度，重點在於態度是高度堅定的人類特性。因此，當不同態度量表測量類似的構念時，它們應該有很高的相關，即使這些量表是由不同研究人員所編製（Davis & Ostrum, 1996）。

態度的研究一向以在社會心理學和相關的社會科學上為主要用途，但近些年來在民意調查、勞資關係、消費行為探討及教育等方面漸增地被派上用場。態度量表是心理學上經常被使用的一種工具，但是這類量表的編製和使用大多以個別研究為主，經過標準化程序而公開發行的很少。儘管如此，實際上有數以千計態度測量已被提出。Aiken（2002）提供關於幾十種審慎驗證效度之工具的資訊。

(四) 態度評鑑上的議題

態度評鑑上的重大議題之一是，態度是否能夠預測行為。關於這個主題的文獻極為龐大，所得發現也是複雜而多方面的。在一項早期的經典研究中，LaPiere（1934）確認美國汽車旅館和餐廳的老闆以一種方式回答態度問卷，但是以另一種方式舉動。更具體而言，當這些人被問到像是「你會接納中國人作為你的賓客」的問題時，他們回答「是」。但是當研究人員派遣中國人顧客到他們的營業場所時，他們拒絕提供服務。其他許多研究也指出態度測量與行為之間至多只有微弱的關聯（Aiken, 2002）。

較為近期，研究人員把重點放在如何增進態度測量的預測效度上。這方面研究的一個普遍主題是，假使態度被強烈活性化（activated）的話，態度將會具有預測力（Greenwald & Banaji, 1995）。另一項發現是，假使當事人高度意識到自己的態度的話，態度將會具有預測力（Myers, 2002）。關於態度研究的近期審查可以覓之於 Ajzen（2001）。

五 道德判斷的評鑑

(一) 道德判斷量表

柯爾伯格提出少數道德發展（moral development）的理論之一，他的理論不但涵義豐富，也以實徵為依據（Colby, Kohlberg, Gibbs & Lieberman, 1983; Kohlberg, 1958, 1981, 1984; Kohlberg & Kramer, 1969）。雖然相較於標準化測量的細微差異，柯爾伯格較為關切道德發展之以理論為依據的問題，但是他確實提出一套評鑑方法，不但被廣泛使用，也引起熱烈爭論。我們將審視他的測量工具的理論基礎，然後討論該工具的心理計量特性。

(二) 道德發展的階段

柯爾伯格的理論溯源於皮亞傑（1932）的兒童期道德發展的階段理論（stage theory）。柯爾伯格擴展那些階段到進入青少年期和成年期。為了探索對於左右為難的道德議題的推理，他設計了一系列道德兩難（moral dilemmas）的問題。其中最為著名的兩難問題是「Heinz 與藥劑師」的困境：

> 在歐洲，一名婦女因為罹患一種特殊癌症而瀕臨死亡。醫師認定只有一種藥物可能拯救她。它是一種放射性元素鐳，而同一城鎮的一名藥劑師最近才找到。該藥物在製造上極為昂貴，但是藥劑師的索價卻達藥物製造成本的十倍高。他只花費美金 200 元的成本，卻為小劑量的藥物索取美金 2,000 元的價錢。這名婦女的丈夫叫 Heinz，他跟所認識的每一個人借錢，但他總共只能籌到美金 1,000 元，也就是一半的錢。他告訴藥劑師，他的妻子瀕臨死亡；他央求藥劑師是否能夠減價或讓他賒帳。但是藥劑師說，「不，我找到這藥物，我就要從它身上賺錢。」在絕望的情況下，Heinz 最後在深夜裡闖入藥劑師的藥店，為他妻子偷走了該藥物。（Kohlberg & Elfenbein, 1975）

在閱讀或聽完這個故事後，受試者被發問一系列探究的問題。這些問題可能如下：你認為 Heinz 應該偷走藥物嗎？如果 Heinz 不愛他的妻子呢？這樣會改變任何事情嗎？如果垂死的人是一名陌生人呢？Heinz 無論如何還是應該偷藥嗎？根據對這一些兩難問題的作答，柯爾伯格認定有三個主要層次的道德推理（moral reasoning），每個層次下還有兩個次階段（表 9-8）。他的測量工具——稱為「道德判斷量表」（Moral Judgment Scale）——的一項用途是決定受試者的道德推理階段。即使「道德判斷量表」已在實徵

表 9-8 柯爾伯格之道德發展的層次與階段

層次 I：	**前習俗層次（Preconventional）**
階段 1：	懲罰與服從取向：行為（有形）的結果決定什麼是對的，什麼是錯的；什麼是好，什麼是壞。
階段 2：	相對功利取向：凡能滿足個人自己需求的就是好的、對的。
層次 II：	**習俗層次（Conventional）**
階段 3：	人際協調取向：凡能取悅或協助他人的就是好的、對的。
階段 4：	法律與秩序取向：維持社會秩序與達成個人責任的就是好的、對的。
層次 III：	**後習俗層次（Postconventional Principled）**
階段 5：	社會契約－律法的取向：社會所認同的價值觀決定什麼是好的、對的。
階段 6：	普遍倫理－原則的取向：何謂對錯是屬於良心的事情，從放諸四海皆準的原則推導出來。

資料來源：Kohlberg（1984）.

研究上被廣泛使用，柯爾伯格（1981, 1984）表示，它最有價值的用途是促進自我理解，以及促進個別受試者之道德推理的發展。

「道德判斷量表」包含幾個假設性的兩難問題，諸如「Heinz 與藥劑師」，每次呈現一個問題（Colby, Kohlberg, Gibbs & others, 1978）。在它最近的修訂版中，該量表組合為三種型式，稱為題本 A、B 及 C。評分規則相當複雜，取決於施測者對作答的判斷——參考評分手冊中所記載一些廣泛的標準（Colby & Kohlberg, 1987）。雖然有幾種不同的評分維度，但是在研究中最常被援引的一個要素，是判定足以描述受試者道德推理之特色的綜合階段。

(三) 對道德判斷量表的批評

道德判斷量表的早期版本在評分解讀方面有重大缺失。例如，在柯爾伯格（1958）的博士論文中，他提出兩種評分系統，一是採用語句或填空思想作為評分的單位，另一是依賴對受試者所有發言的全面評定作為分析的單位。但這兩種方法都不能令人完全滿意，它們的信度和效度都深受批評（Kurtines & Greif, 1974）。

在回應這些批評上，柯爾伯格及其同事們開發一種評分系統，它在清晰度、細節及精巧度方面都是無可比擬的（Rest, 1986）。幸好，因為道德判斷量表的道德兩難問題多年以來一直保持固定，所以他們可以運用新的評分系統於舊的資料上。透過重新分析舊的資料，然後拿它們與新的資料進行比較，這在決定現存量表的信度和效度上具有莫大價值。這方面最重要研究已由柯爾伯格及其同事們所發表（Colby et al., 1983）。

這項調查報告了在縱貫研究中（持續超過 20 年）採用新的評分系統的結果。所得結果令人印象深刻，為該工具的信度和效度提供強烈的支持。三個題本的重測相關是

在 .90 多上半段，評分者間相關也差不多如此。在超過 20 年的縱貫研究中，受試者以 3 年到 4 年的間隔接受測試，所得分數揭露符合理論的趨勢。58 位受試者中，56 位顯示向上的變動，沒有受試者跳越任何階段。再者，195 位比較組受試者中，只有 6% 顯示在兩次測試之間有倒退的變動。分數的內部一致性也相當優良：大約 70% 的分數是在一個階段上，只有 2% 分數的散布踰越兩個相鄰階段。對三個題本而言，Cronbach alpha 是在 .90 多的中段。這些發現受到 Nisan 和 Kohlberg（1982）研究的確證。Heilbrun 和 Georges（1990）也有利地報告道德判斷量表的效度，他們發現後習俗層次的發展與較高程度的自我控制有所相關，這是可預測的，因為事實上道德成熟的人士經常對抗社會壓力或法律拘束。總之，道德判斷量表是可信賴而內部一致的，也擁有確認理論的發展連貫性。

主題 9B

行為與觀察的評鑑

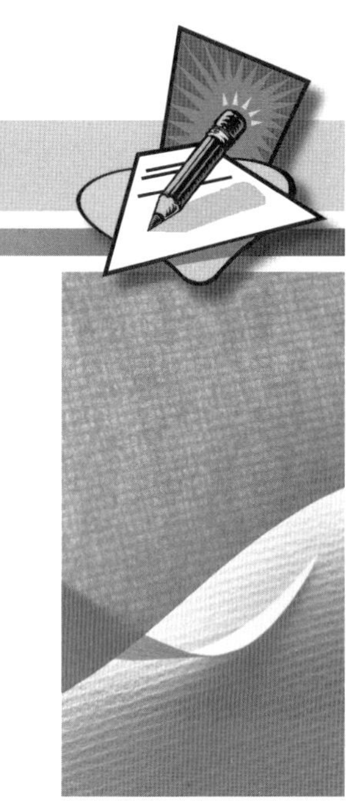

一、行為治療的基礎
二、行為治療與行為評鑑
三、結構式晤談量表
四、系統化直接觀察的評鑑
五、非語文行為的評鑑
六、模擬的行為評鑑
七、生態瞬間的評鑑

在這個主題中，讀者將會遇到各種筆直、創新及有時候非傳統的人格評估方法，它們被統稱為行為評鑑。行為評鑑（behavioral assessment，或行為衡鑑）把焦點放在行為本身，而不論及基礎的特質、假設性的起因或推定的人格維度。行為評鑑的許多方法提供實用的替代方案，以之取代投射測驗、自陳式量表，以及另一些對準於全面人格評鑑的笨重技術。

典型而言，行為評鑑的主旨是以一種快速而不複雜的方法達成治療師和他們案主的需求。但是，行為評鑑不同於傳統評鑑之處不僅在於它的簡易性。不論在基本假設、實際層面及基本目標上，行為途徑與傳統途徑的不同就如白天與黑夜的差別。傳統的評鑑策略傾向於是複雜、間接、心理動力，以及通常無關（不相干）於治療。對照之下，行為的評鑑策略傾向於是簡單、直接、行為分析，以及連接於治療。

行為治療師運用廣泛的管道以評估他們的案主、病人及受試者。行為評鑑的方法包括（但不限於）行為觀察、自我報告、父母評定、工作人員評定、兄弟姊妹評定、評審者評定、教師評定、治療師評定、照護者評定、生理評鑑、生化評鑑、生物評鑑、結構式晤談、半結構式晤談及模擬測驗。在 Hersen 和 Bellack（1988）的《行為衡鑑技術辭典》中，他們列出 286 項行為測驗，它們被使用在兒童、青少年、成年人及老年人人口的廣泛多種困擾和疾患上。

近些年來，一種稱為「生態瞬間評鑑」的新式行為評鑑逐漸盛行起來。在生態瞬間評鑑中，案主攜帶一種無線、手持的裝置（就類似於個人數位助理），即時地回應來自研究人員預先規劃的詢問。這種方法有助於克服傳統自我報告技術的一些限制。

行為評鑑通常（但未必總是）是行為治療（behavior therapy）不可或缺的一部分，即它的存在往往是為服務行為治療。在許多情況中，行為評鑑的本質是聽命於行為治療的程序和目標。基於這個原因，如果我們把這個主題與行為治療法的討論交織在一起，讀者將能更適切理解行為評鑑工具。

行為治療的基礎

行為治療也稱為行為矯正（behavior modification），它是應用實驗心理學的方法和發現於不良適應行為的矯正上（Plaud & Eifert, 1998）。行為治療的根源可以追溯到史基納（1953）試探性的書籍《科學與人類行為》，它描述如何應用操作制約原理於人類行為的問題上。史基納避免提及任何不公開、不能觀察的事件，諸如思想或情感。他強調鑑定可觀察的行為和有條理地改變那些行為的環境後果的重要性。

在建立行為治療的方法上，沃爾夫（Wolpe, 1958）關於恐懼症之系統化行為處置的研究也深具影響力。從對貓的恐懼的制約作用和反制約作用的實驗室研究中，沃爾夫推導出他的臨床程序。就像史基納，沃爾夫不強調思想和信念的重要性。他視恐懼為一種學得的現象，可以透過遵循嚴格的程序——漸進地暴露於所害怕的物體或情境——而被消除。

較為近期，Bandura（1977）、Mahoney 和 Arnkoff（1978）以及 Meichenbaum（1977）再度引進認知因素到不斷變動的行為架構中。例如，班都拉（Bandura, 1977）以實例說明人們完全有能力從事以認知為基礎的學習。特別是，他顯示個人可以僅從觀察楷模（models）所經歷的反應後效（contingencies）就獲得學習。因為這種學習是發生在缺乏親身後果的情況下，它必然是認知上促成的。這樣的範式轉變的結果是，幾乎所有現今行為治療師都關切（至少在某種程度上）他們案主的思想和信念。這種新的強調反映在一系列頗受好評的治療程序上，被統稱為認知行為治療法（McMullin, 1986）。

行為治療與行為評鑑

目前，行為治療的特定技術可被劃分為五個互有重疊的範疇（Johnston, 1986）：以暴露為基礎的方法，後效管理的程序、認知行為治療、自我控制程序，以及社交技巧訓練。行為評鑑被使用在所有這些方法上，如下列各節所審視的。然而，關於社交技巧的評估，相對較少有以行為為基礎的工具，所以這個範疇將不被討論。

(一) 以暴露為基礎的方法

行為治療之以暴露為基礎的方法極為適合於治療恐懼症(phobias)。恐懼症是指過度強烈或不合理的畏懼，像是害怕蜘蛛、血液或在眾人面前說話。關於恐懼症逃避行為的矯正，一種方法是使得案主有系統地暴露於所害怕的情境或物體。沃爾夫(1973)偏好讓案主在極低的焦慮下漸進地暴露，這種程序被稱為系統脫敏法(systematic desensitization，或敏感遞減法)。在這種治療法中，案主首先學會完全放鬆，然後從對所害怕刺激的想像式暴露進展到實際或真實情境的暴露。另一種以暴露為基礎的方法是洪水法(flooding，或稱氾濫法)或內爆法(implosion)，案主立即而全面地置身於引起焦慮的情境。

治療師需要某種行為評鑑以測定案主在經歷以暴露為基礎的治療上的持續進展。在最為簡易的評鑑方法中，稱為行為迴避測驗(behavioral avoidance test, BAT)，治療師測量案主能夠忍受引起焦慮的刺激多長的時間。這裡是標準化 BAT 被使用來評估懼曠症病人的一個正統實例。懼曠症(agoraphobia)是一種可能令人失去活動能力的疾患，當事人害怕廣闊的空間，經常伴隨恐慌發作：

> 標準化「行為迴避測驗」(BAT)在收容後的一星期被執行。在 BAT 之前，所有鎮靜劑、抗憂鬱劑或其他精神促動藥物已被撤走至少 4 天。BAT 是由第一位工作人員實施，他不知道病人的診斷，也不參與於治療。病人被要求儘可能遠地單獨走動，從醫院沿著一條交通流量很少的道路，達 2 公里遠。這條路線被劃分為八段等長的距離，病人在每個間隔的尾端在 0-10 的量尺上評定他們的焦慮程度。未完成的間隔則被給予 10 的分數。迴避－焦慮分數的計算是經由把所有間隔的焦慮分數總加起來。(Hoffart, Friis, Strand & Olsen, 1994)

研究人員發現，得自 BAT 的迴避－焦慮分數與災難性思想(例如，窒息至死、心臟病發作、舉止愚蠢、徬徨無助)的自我報告呈現強烈的相關。這項發現例證了行為評鑑方法通常也包含認知的成分。還需要注意的是，治療目標與行為迴避測驗之間直接的關係。在懼曠症中，首要的治療目標是降低病人對於在廣闊空間中單獨走動的焦慮——這正是 BAT 所測量的。

BAT 方法是建立在這個合理的假設上：案主的恐懼是在施測情境中的行為的主要決定因素。不巧地，所期許行為的訴求特徵(demand characteristics)可能對案主的行為發揮強烈的影響。案主對於引起焦慮的刺激的忍受力將與所體驗的恐懼有所關係，但是也與評鑑的情境背景有很大關係(McGlynn & Rose, 1998)。BAT 評鑑的結果可能無法類化，治療師必須提防太早取消治療。

恐懼調查量表（fear survey schedule）是另一種行為評鑑，適用於檢定恐懼和量化恐懼。恐懼調查量表是表面有效的設計，需要應答者指出，當面臨各種刺激時他們是否產生恐懼，以及恐懼的強度，典型是在 5 點或 7 點的利克特量表上作答。好幾十項這些工具已被發表，包括 Wolpe（1973）、Ollendick（1983）及 Cautela（1977）的版本。Tasto、Hickson 和 Rubin（1971）利用因素分析編製了一份 40 個題目的調查表，產生在五個範疇中的恐懼分數側面圖。表 9-9 顯示了通用的恐懼調查量表。恐懼調查量表經常被使用在研究方案上，以篩選大樣本的人們，找出擁有同樣恐懼的受試者。這些調查表的另一種用途是監視恐懼的變化，包括那些被視為臨床干預對象的恐懼。

關於恐懼調查量表在臨床研究上的應用，Klieger 和 Franklin（1993）提出一些告誡。他們指出，恐懼調查表的信度資料幾乎不存在。更為嚴重的問題則與這些工具的效度有關。利用 Wolpe 和 Lang（1977）的恐懼調查量表－III（FSS-III，一份頗受重視而被廣泛使用的調查表），Klierger 和 Franklin（1993）發現在 FSS-III 上報告的恐懼與同一恐懼的 BAT 測量之間沒有關係。例如，受試者在 FSS-III 上報告相當害怕血液，但他們同樣有可能接近及碰觸染血的白毛巾，就跟報告他們不害怕血液的受試者沒有兩樣。類似的結果也在害怕蛇類、蜘蛛及火種的受試者身上發現。研究人員的結論是，FSS-III 和類似工具是檢定實驗組的不良選擇，不足以作為測定治療干預之結果的基礎。基本的陷阱似乎是在於，恐懼調查量表擁有這般「明顯」的效度，很少研究人員會費心去評估信度和效度的傳統心理計量特性。恐懼調查表應該被謹慎地使用。

表 9-9　恐懼調查量表的樣例

請查核下列欄位，圈選最適切描述你目前對這些情境或物體的反應

	你將會感到不安的程度				
	一點也不	稍微一些	中等程度	相當困擾	極為苦惱
置身於陌生的場所					
在眾人面前說話					
走進舞會中					
接受注射					
人們看著我工作					
廣闊的開放空間					
身材肥胖					
蜘蛛爬在牆壁上					
貓在房間中					
老闆的申斥					

附註：大部分恐懼調查量表含有好幾十個項目。

(二) 後效管理程序

後效管理（contingency management）所依據的假設是，所有行為（包括失常或不良適應的行為）是受到它的後果的維持。行為改變的後效管理方法以兩個步驟進行。在第一個步驟中，治療師試圖檢定不合意行為的正強化後果。例如，在懼曠主婦的案例上，治療師可能判定，她主要是當恐慌而閉居家中時，她才獲得她的家人的注意。在這種情況下，閉居家中恐慌的不良適應行為是受到不合時宜的家庭成員的關心所維持（至少是部分地）。第二個步驟牽涉到改變不合意行為的後效。治療師可能建議家庭成員，在主婦恐慌發作的期間，不需要特別關注她，但是對她朝向獨立自主的任何進展就給予強化。例如，假使主婦走到郵筒之處再折回，家庭成員應該對她投以大量關注。

在各種收容或療養機構中，被廣泛使用的一種後效管理是代幣制度。這種方法特別良好適合於只擁有有限行為清單的案主。在代幣制度中（token economy），許多不同形式的利社會行為受到代幣的獎賞，這些代幣稍後可用來交易一些具體獎品或特權（Kazdin, 1988）。

在代幣制度中，行為評鑑主要是採取直接行為觀察的格式（Foster, Bell-Dolan & Burge, 1988）。直接行為觀察體系的運用遠比它看起來的更為嚴格。研究人員或治療師必須檢定目標行為、精確地加以界定、提出資料登載的方式、決定適宜的獎賞，以及訓練工作人員（Paul, 1986）。假使方案奏效的話，所針對利社會行為的發生頻率在幾個星期或幾個月的期間將會逐漸提高。

1970 年代，代幣制度極為盛行，當時它們甚至被整個學校體系使用來促進弱勢小學兒童的社交技巧（Bushell, 1978）。代幣制度至今仍然流行，但是初始不加批判的熱衷已被較不樂天的觀點所取代。Kazdin（1988）討論代幣制度的一些限制，它們包括：(1) 目標行為類化到治療方案之外的效果不佳；(2) 不容易訓練工作人員以便適當地實行代幣制度；以及 (3) 案主抗拒參加方案。此外，反動性（reactivity）可能是直接行為觀察上的一項困擾：當案主知道他們正被觀察時，他們可能就舉止不自然。

(三) 認知行為治療

對所有認知行為治療而言，它們共通的一項因素是對於改變案主的信念結構的強調。認知行為治療（cognitive behavior therapy）最為所知的三種變化形式是 Ellis（1962）的理情治療法（rational emotive therapy, RET）、Meichenbaum（1977）的自我指導的訓練，以及 Beck（1976）的認知治療法。Ellis 主張，大部分失常的行為是由不合理信念所引起，諸如「一個人必須在所有時間中擁有所有重要他人的關愛及贊同」的普及信念。Ellis 試圖改變這樣的核心不合理信念，主要是透過邏輯的論證和強力的勸告。Meichenbaum的自我指導技術包括教導案主採用因應的自我陳述以對抗有壓力的情境。例如，一位大學生受擾於強烈的考試焦慮，他可能被教導在考試期間採用下列的自我交談：「你這一次擁有策略……做一下深呼吸，然後放鬆下來……每次僅作答一個問題……」Beck的認知治療主要關注認知扭曲（cognitive distortion）在憂鬱（以及其他情緒障礙）的維持上所扮演的角色。Beck（1983）視憂鬱為主要是一種認知失調，其特色是負面的認知三部曲：對世界悲觀的觀點、悲觀的自我概念，以及對未來悲觀的觀點。在治療中，他採用溫和形式的認知重建以協助案主從另外的、可解決的角度察覺他的困擾。

認知行為治療師在他們的臨床措施上不需要使用正式的評鑑工具。典型而言，這些治療師在非正式之逐一療程的基礎上監視他們案主的信念結構。隨著不合理和扭曲的思想在治療期間出現，它們接受質問。最後，案主對改善情況的自我報告可以構成治療成效的主要指標。儘管如此，幾項直接的認知扭曲測量工具已被供應。我們在表9-10概述一些傑出的工具。另一些實例可見之於Clark（1988）和Haynes（1998）。這些工具主要是研究式問卷，適合於測試團體差異，但不足以驗證個別評鑑的效度。Clark（1988）批評認知扭曲問卷的編製者過早推出他們的工具。特別是，他指出大部分自我陳述的測量

表9-10 認知扭曲的問卷測量

焦慮自我陳述問卷（Anxious Self-Statements Questionnaire, ASSQ）（Kendall & Hollon, 1989）
受試者評定在過去一星期中一些特定焦慮思想的發生頻率。這是一項心理計量上健全的工具，ASSQ可被用來評鑑焦慮之自我交談頻率的變動情形。

自動化思想問卷（Automatic Thoughts Questionnaire, ATQ）（Hollon & Kendall, 1980; Kazdin, 1990）
ATQ是與憂鬱有關認知的頻率測量，它評鑑個人適應不良、負面自我概念與預期、低自尊，以及放棄／無助。30個題目的ATQ與MMPI憂鬱量尺以及與Beck憂鬱量表有非常良好的相關（Ross, Gottfredson, Christensen & Weaver, 1986）。

認知失誤問卷（Cognitive Errors Questionnaire, CEQ）（Lefebvre, 1981）
CEQ評鑑在一般情境中以及在與慢性低背痛有關情境中的不良適應思維的程度。受試者在5點量尺上指出所涉認知有多麼類似他們在相同情境中將會擁有的思想。

歸因風格問卷（Attribution Styles Questionnaire, ASQ）（Seligman, Abramson, Semmel & Von Baeyer, 1979）。
關於Seligman之憂鬱的學習無助模式，ASQ測量與之有關的三種歸因維度：內在－外在，穩定－不穩定，以及全面－專對。憂鬱當事人把不良結果歸因於內在、穩定及全面的起因；他們也把良好結果歸因於外在、不穩定的起因。問卷包含12種假設性的情境，6種描述良好結果，另6種描述不良結果。

絕望量表（Hopelessness Scale, HS）（Beck, 1987; Dyce, 1996）
包含20個是－否題目，HS的立意是在量化絕望，這是在憂鬱人們身上經常發現之負面認知三部曲（三部曲包含對自我、對世界，以及對未來的負面觀點）的一種成分。該量表對於病人的憂鬱狀態的變化相當敏感。HS經證實是在測量憂鬱的特定屬性，而不是一般心理病態。

缺乏關於同時效度和區辨效度的研究。另一個問題是現存問卷是針對於驗證研究上的構念，因此在臨床實施上不是很具效果。

表 9-10 沒有列出的一項良好驗證效度的測量是「貝克憂鬱量表」（Beck Depression Inventory, BDI）。BDI 是簡短、簡易的自我報告問卷，它把焦點放在作為憂鬱之基礎的認知扭曲上（Beck & Steer, 1987; Beck, Ward, Mendelsohn, Mock & Erbaugh, 1961）。BDI 之所以盛行的原因之一是，大部分病人可以在不到 10 分鐘內完成 BDI 的 21 個題目。該測驗已被廣泛使用，超過 1,900 篇採用 BDI 的論文已被發表（Conoley, 1992）。BDI 的第二版已在 1996 年推出（Beck, Steer & Brown, 1996）。在 BDI-II 中，幾個題目經過修訂，以使該量表更密切符合現行的憂鬱症診斷標準。這 21 個題目屬於如下的形式：

檢核這一組的陳述，圈選你認為最適合你的情況：

0　我對我的未來感到樂觀。
1　我對於未來感到稍微沮喪。
2　我認為我的未來沒有太多展望。
3　我認為未來是全然絕望的。

BDI 的 13 個題目包含憂鬱症的認知成分和情感成分，諸如悲觀、罪疚、哭泣、猶豫不決及自我控訴；另 8 個題目是評鑑身體和表現方面的變項，諸如睡眠困擾、身體意象、工作困難，以及失去對性活動的興趣。受試者在每個題目上拿到 0-3 的分數；總原始分數是在 21 個題目上所贊同項目的總和；最高可能分數是 63。

在對 BDI 研究探討的後設分析中，該量表的內部一致性（係數 alpha）介於 .73 到 .95，在 9 個精神醫療母群中的平均數是 .86（Beck, Steer & Garbin, 1988）。BDI-II 擁有極佳的內部一致性，其係數 alpha 是 .92（Beck, Steer & Brown, 1996）。BDI 的重測信度尚可，在非精神醫療樣本中是介於 .60 到 .83，在精神醫療樣本中則介於 .48 到 .86。然而，重測的方法論不是很適合像是憂鬱症的現象，因為憂鬱症先天就不穩定。主觀的憂鬱狀態隨著每個星期、每一天或甚至每個小時而戲劇性地上下起伏。重測信度不光彩的數值可能表示所測量構念的正當變動，而不是不當的測量誤差。

BDI 的各種常模樣本的資料已被供應，包括重度憂鬱症、低落性情感疾患、酒精中毒、海洛因成癮及混合困擾的病人。手冊也提供一些準則，以便根據 BDI 分數判斷憂鬱程度（0-9，正常；10-19，輕度到中度；20-29，中度到重度；30 以上，極重度）。這些評定是建立在對病人的臨床評估上。

對照於另一些憂鬱的測量和憂鬱的獨立效標，BDI 已被廣泛地檢驗其效度。例如，BDI 與臨床評定和憂鬱量尺（諸如得自 MMPI）的相關典型是介於 .60 到 .76（Conoley, 1992）。性別差異極為輕微，雖然男女兩性間在憂鬱的表達上可能有適度的差異（Steer,

Beck & Brown, 1989）。

BDI 的唯一缺點是它的透明度（transparency）。病人想要隱藏他們的絕望或誇大他們的憂鬱的話，他們將能夠輕易做到。然而，對於擁有動機而想要準確反映自己情緒狀況的病人而言，BDI 和 BDI-II 是無可比擬的，極適合作為憂鬱的有無和程度的指標（Stehouwer, 1987）。有些心理工作人員要求病人在每次治療會期後填寫 BDI，他們使用 BDI 就很像是醫生可能使用體溫計。

(四) 自行監視的程序

關於行為治療，常見的錯誤觀念之一是，它牽涉到權威的治療師施行強力的獎賞和懲罰於被動的案主。雖然對某些行為清單有限的受損案主而言，這樣的刻板印象可能是真實的，但是就大部分情況而言，行為治療牽涉到有人情味的心理工作人員教導他們案主一些自我控制的方法。對所有形式的行為治療而言，對於自行監視的強調是基本原理所在。在自行監視（self-monitoring）中，案主選定目標，積極主動地參與於監督、製作圖表及登載資料，以便朝著治療的終點進展。根據這個模式，治療師被貶低到專業諮詢者的地位。

自行監視的程序特別適用於憂鬱症的治療。幾項針對憂鬱症的自行監視方案已被報告出來（Lewinsohn & Talkington, 1979; Rehm, 1984; Rehm, Kornblith, O'Hara & others, 1981）。例如，Lewinsohn 注意到憂鬱與所體驗的愉快事件的顯著減少是步調一致的，他及其同事們設計了「愉快事件調查表」（Pleasant Events Schedule, PES）（MacPhillamy & Lewinsohn, 1982）。PES 的目的是雙重的。首先，在基線評鑑階段，PES 被用來自行監視許多普通、平常事件的頻率和愉悅性，像是閱讀雜誌、散步、跟寵物相處、玩樂器、觀看運動節目等事件。

PES 的第二種用途是自行監視治療的進展。根據初始的 PES 結果，案主檢定出一些潛在愉快的事件，致力於提高這些事件的頻率，也隨之監視日常的心境。對那些提高愉快事件發生頻率的案主而言，他們普遍顯示在心境和其他憂鬱症狀上有所改善。

對於想要實施自行監視方法以評鑑及治療憂鬱症的臨床人員而言，PES 是高度實用的工具。PES 具有尚可到良好的重測信度（一個月間隔的相關是在 .69 到 .86 的範圍內）、具有與受過訓練的評審者優良的同時效度，以及具有頗具前途的構念效度。

結構式晤談量表

許多心理健康專業人員的一項重要責任是為他們病人決定適當的精神醫療診斷——採用被廣泛接受的診斷準則。幾乎毫無例外，心理從業人員現行是採用《心理疾患的診斷與統計手冊》（*Diagnostic and Statistical Manual of Mental Disorders*），目前是處於它的第四版（DSM-IV; APA, 2000）。最新近版本包括「正文修訂版」（Text Revision），基於這個原因在技術上被稱為 DSM-IV-TR。至於 DSM-V 則預定在 2011 年推出。

DSM-IV 的分類囊括了五個軸向（axes）。第一軸向是用來報告各種臨床疾患，諸如酒精使用疾患、恐慌性疾患、重鬱症或精神分裂症。第二軸向專用於報告人格疾患或智能不足，諸如邊緣型人格疾患、畏避型人格疾患或依賴型人格疾患。第三軸向是用來鑑定一般性醫學狀況（例如，甲狀腺機能低落、心臟病），它們可能跟心理適應有所關聯。第四軸向是為了報告心理社會和環境的問題（例如，失去朋友、失業、訴訟、沒有健康保險），它們可能影響個人的生活運作。第五軸向是整體功能的評估報告，它是藉由整體評估功能量表（Global Assessment of Function Scale, GAF）來完成，施測者從 1（例如，失去活動能力，有嚴重自殺行為）到 100（例如，活動功能極佳，追求幸福）為案主的整體功能指定一個綜合分數。當然，中間的分數也被供應，而且清楚地加以操作性界定。例如，GAF 分數 70 表示有些輕微症狀（如心情低落及輕度失眠），但是擁有普遍良好的心理功能。

有些人解釋診斷為一種不得要領、過度自恃的分類架。實際上，它具有一些責無旁貸的功能。如 Andreasen 和 Black（1995）所敘述的，這些重要目的包括：

- 減低臨床現象的複雜性。
- 促進臨床人員之間的信息傳達。
- 預測該疾患的結果。
- 決定適宜的治療。
- 協助病原學的研究。
- 決定該疾病在全世界的盛行率。
- 達成關於保險項目（範圍）的決定。

儘管所有這些益處，但 DSM-IV 也有一些麻煩。首先的問題是決定多軸向的診斷單純所需花費的時間數量。第二個問題是，雖然 DSM-IV 正文頗為精確地描述診斷類別和選擇途徑，它沒有具體指定達成診斷之連貫（前後一致）的方法。第三個問題源自前兩個問題；也就是精神醫療診斷在其信度上是混合不一的（Andreasen & Black, 1995）。對某些診斷而言，評審間一致性（interrater agreement）非常高（例如，酒精使用疾患），但對於另一些診斷而言，評審間一致性只有中度到低度（例如，邊緣型人格疾患）。

幾項晤談量表已被編製出來以減少診斷所需要的時間，同時也透過程序的標準化以增進診斷工作的信度。廣義而言，這些工具被劃分為兩個類型，一是半結構式的途徑，它們容許在追蹤詢問上留給臨床人員一些餘地和彈性；另一是結構式的途徑，它們要求完全按照原稿施行。這裡，我們將描述兩份著名的調查表，以舉例說明這種重要形式的心理評鑑。

「情感性疾患與精神分裂症調查表」（Schedule for Affective Disorders and Schizophrenia, SADS）（Spitzer & Endicott, 1978）是高度受重視的診斷式晤談，用以評估第一軸向的心境疾患和精神病性疾患（mood and psychotic disorders）。SADS 是半結構式調查表，包含標準的問題，這是對所有病人都需要發問的；另外也包括選項（自行決定）的探問，這是用來澄清病人的應答（Rogers, Jackson & Cashel, 2004）。追加的非結構式問題也可被發問以擴大選項的探問。通過問題和效標的逐漸進展，訪談者誘導充分的訊息以評鑑障礙的嚴重性，也在闡明適當的診斷。例如，SADS 上的一個題目是針對於憂鬱症的顯著徵狀：悲觀與絕望。這個題目的標準詢問可能是：「你是否感到氣餒而沮喪？」肯定的答案將會引發選項的探問，諸如「你如何看待事情的結果？」

Rogers（2001）審查關於 SADS 之信度和效度的許多研究，所得結果令人激勵地支持這項工具。例如，超過 21 項研究的共識是，一些特定診斷的評審間信度通常頗為堅定，其中數的 kappa 係數高於 .85 。kappa 是評審間一致性的指標，經過機率的校正（Cohen, 1960; Sattler, 2002）。SADS 的效度也很堅定，具有中等的預測效度（例如，其結果適度地預測心境疾患的進程和結果）和堅強的同時效度（例如，其結果與其他類似調查表有頗高的相關）。該調查表的兒童版本——被稱為 K-SADS——也已供應（Ambrosini, 2000）。

最後，如果我們不提一下一系列被稱為「DSM-IV 結構式臨床晤談」（Structured Clinical Interview for DSM-IV, SCID）（First & Gibbon, 2004）的話，我們將是怠忽職守。SCID 提供多種版本和變化形式，包括「SCID-I 供第一軸向疾患的診斷」、「SCID-II 供第二軸向疾患的診斷」、「SCID-P 用以決定精神病症狀的差別診斷」，以及「SCID-NP 供非病人背景——當前精神醫療疾患不適用的情況」。所有這些形式遵循相同的格式，即訪談者對案主依照順序閱讀 SCID 題目，其目標是在誘出充分的訊息以決定是否符合各個 DSM-IV 準則。訪談者擁有餘地發問肯定性答案的特定實例。因此，SCID 是半結構式晤談。訪談者遵照合乎邏輯的流程表格以決定適當的診斷。SCID 顯示對於 DSM-IV 診斷具有普遍良好的評審間一致性，但這是隨不同診斷而變動的。在表 9-11 中，我們摘要得自 SCID 信度之多項研究的平均 kappa 係數。kappa 數值高於 .70 被認為是良好一致性，從 .50 到 .69 的數值被認為尚可，而低於 .50 的數值則表示不良一致性。

表 9-11　精神醫療診斷的平均 SCID 評審間一致性

第一軸向的診斷	加權的 kappa
重鬱症（Major Depressive Disorder）	79
低落性情感疾患（Dysthymic Disorder）	63
雙極性疾患（Bipolar Disorder）	77
精神分裂症（Schizophrenia）	80
酒精依賴／濫用（Alcohol Dependence/Abuse）	90
其他物質依賴／濫用（Other Substance Dependence/Abuse）	86
恐慌性疾患（Panic Disorder）	75
社交恐懼症（Social Phobia）	63
強迫性疾患（Obsessive Compulsive Disorder）	53
廣泛性焦慮疾患（Generalized Anxiety Disorder）	66
創傷後壓力疾患（Post-Traumatic Stress Disorder）	89
身體型疾患（Somatoform Disorder）	41
飲食性疾患（Eating Disorder）	71
第二軸向的人格疾患	
畏避型（Avoidant Personality Disorder）	64
依賴型（Dependent）	66
強迫型（Obsessive Compulsive）	56
被動－攻擊型（Passive-Aggressive）	67
自我挫敗型（Self-Defeating）	62
憂鬱型（Depressive）	65
妄想型（Paranoid）	68
分裂病型（Schizotypal）	70
類分裂型（Schizoid）	76
做作型（Histrionic）	64
自戀型（Narcissistic）	74
邊緣型（Borderline）	62
反社會型（Antisocial）	72

資料來源：Average results for multiple studies reported on the SCID website (www.scid4.org).

四　系統化直接觀察的評鑑

系統化而直接的觀察被廣泛使用來評估兒童，特別是被在學校體系中任職的心理工作人員。事實上，Wilson 和 Reschly（1996）認定，系統化的觀察是在以學校為基地的從業人員間單一最常被使用的評鑑方法。

我們在這裡有必要先辨別二者，一是系統化而直接的觀察，另一是較為隨意而偶發的觀察（諸如自然觀察）。任何人都可以從事非正式而隨意的觀察，這是自然觀察法

（naturalistic observation）的特色所在，而大部分人可能每天都會有這樣的觀察經驗。這些方法通常在不定型的結論上達到頂點，諸如「Johnny 似乎在上課期間經常離開他的座位。」對照之下，系統化而直接的觀察是高度結構性的，它們具有五個不同的特徵（Hintze, Volpe & Shapiro, 2002; Salvia & Ysseldyke, 2001）：

1. 觀察的目標是在測量特定的行為。
2. 目標行為已預先被操作性地界定。
3. 觀察是在客觀、標準化的程序下施行。
4. 觀察的時間和場所是謹慎指定的。
5. 評分是標準化的，不會隨著不同觀察人員而變動。

這種評鑑法很具訴求性，因為它與干預有直接的連結。事實上，心理工作人員在干預之前、干預期間和干預之後經常採用觀察評鑑，以決定這樣干預對個別學生的影響。

通常，系統化而直接的觀察是藉由客觀、結構式的編碼系統加以執行。許多不同樣式的編碼系統（coding system）已被提出，我們在這裡只能例舉一些盛行的方法。Sattler（2002）提供了廣泛的審視，專致兩章在這個主題上。一種筆直的方法是簡單地計數目標行為的頻率（次數）。典型而言，目標行為是不合意的行為，諸如學生離開座位、高聲說話或怠惰課業。當然，這些行為的特徵將是預先詳細指定的。然後，觀察人員靜坐在一旁，不引人注目、也不加干擾地在各別時段內登載每項行為的頻率。這種評鑑的目的是客觀記錄不適當舉動的出現情形。這份訊息就充當基線，稍後進行比較以決定任何干預的有效性。圖 9-1 呈現一個樣例。在這個假設性的樣例中，我們很明顯地看出，Sammy 學生在下午比起在早上較常失去控制。當設法安排補救教學時，這可能是有價值的訊息。

另一種系統化、直接觀察的方法是記錄目標行為的持續時間。典型地，目標行為是不合意的舉動，像是亂發脾氣、社交孤立或突發攻擊行為；但是評鑑焦點也可能包括合意的行為，像是在指定的閱讀期間維持注意力在課業上，或細心地著手家庭作業（Hintze, Volpe & Shapiro, 2002）。對某些行為而言，持續時間可能比起發生頻率更為重要。考慮「離開座位」的行為。一位 3 年級學生在早上課程離開座位 6 次，但每次都很短暫，只有幾秒鐘，這當然比起另一位學生一次離開座位達 10 分鐘遠為不嚴重——對他自己和他人而言。圖 9-2 呈現了「持續時間登載表格」的一個樣例。在這個假設性的樣例中，我們很明顯地看出，Susan 展現高水平的不合意行為。干預的目標可能是減低她發脾氣行為的發生頻率和平均持續時間二者。

除了前面所例舉之直接觀察的個別化表格，好幾十項表格也已被發行及供應（例如，Sattler, 2002；第 4 和 5 章）。關於這些工具，觀察的類別和操作性的定義被預先指明，以便節省觀察人員的時間。例如，Shapiro（1996）發表「學校專用的學生行為觀察」（Behavior Observation of Students in Schools, BOSS），一種簡單明瞭的表格，包含六種教室行為

日期：11 月 10 號，2005 年　　觀察人員：Judy Jones
學生：Sammy Smith　　年齡：8 歲 5 個月　年級：3 年級

時段	目標行為 高聲說話	離開座位	怠惰課業
9：00 - 9：15	××××	××	××××
9：15 - 9：30	×××	×××	××
9：30 - 9：45	×××	×××	××
9：45 - 10：00	×	××	××
2：00 - 2：15	×××××	×××××	××
2：15 - 2：30	××××××	××××	×××××××
2：30 - 2：45	×××××	×××	×××××××
4：45 - 3：00	××××	××××	×××××××

高聲說話：插嘴打斷老師的談話，呼叫同學，製造噪音，笑鬧
離開座位：各別的事件，像是未經許可就站立起來，離開座位，跪在座位上。
怠惰課業：沒有從事指定的工作（例如，做白日夢，把玩一些物件，從事其他工作）

圖 9-1　發生頻率登載表格的樣例

日期：11 月 10 號，2005 年　　觀察人員：Judy Jones
學生：Susan Brown　　年齡：8 歲 5 個月　年級：3 年級

時間開始：　9:00	**時間結束：　12:00**
發脾氣行為 各別事件	經過時間 （分鐘及秒數）
1	3 分鐘　0 秒
2	2 分鐘　30 秒
3	1 分鐘　15 秒
4	4 分鐘　30 秒
5	2 分鐘　45 秒
總計：	14 分鐘
平均發作：	2 分鐘　48 秒

圖 9-2　持續時間登載表格的樣例

的類別，五種針對學生，另一種針對教師。BOSS 把教室行為分類為主動參與、被動參與、脫離課業的動作、脫離課業的言語，以及脫離作業的不活動。當然，這些類別是以操作性的措辭作透徹的界定。教師的直接指示也被記錄下來。BOSS 是在 15 分鐘期間以 15 秒的間距施行評定。這項工具也能夠蒐集同班同學們的行為常模，以決定每個類別的

常模型態。

雖然直接觀察在格式上提供了最大的簡易性，但很重要的是認出在這類評鑑中對於信度和效度的一些威脅（Baer, Harrison, Fradenburg, Petersen & Milla, 2005）。Sattler（2002）已編列一些不可信賴性的來源，包括觀察者的個人特性、工具的不良設計，以及在取得有代表性樣本行為上的困擾。例如，觀察者失察（observe drift）是發生在當觀察者隨著時間變得疲累和較不留意時，因此未能注意到目標行為的發生，造成觀察結果的失實。預期也可能影響評定，像是當觀察者已被告訴某一兒童頗具攻擊時，他然後就把有疑問（不確定）的攻擊舉動登載為攻擊。

為了防範觀察者不準確性，主要對策是審慎的訓練，而且施行觀察者間的交叉檢核以證明高水準的評審間一致性。關於工具的不良設計，最常見的失誤是編碼複雜性（coding complexity），也就是存在太多的類別或定義不明確的類別。注重評定量尺的設計和工具的前測（pretesting）將可防止這類問題。問題也可能出現在行為的適當取樣上。例如，假使某一兒童的注意力困難主要是出現在下午，那麼只在早上蒐集資料很明顯是不得要領的。評定應該在遍及整天中蒐集，或假使這是不可能的話，至少要在最突顯的期間。

關於系統化觀察的效度，一項主要威脅是測量的反作用力（reactivity of measurement）。簡言之，測量的反作用力發生在當測量的歷程改變了我們所試圖測量的東西時（Webb, Campbell, Schwartz, Sechrest & Grove, 1981）。這表示案主當面對他們正被觀察的事實時，他們有時候採取的反應是改變自己的行為方式，這使得所觀察的行為不具有正常發生行為的代表性。例如，一位叛逆的 3 年級學生經常離開座位，但是當成人的觀察者進入教室時，他可能暫時地成為一位「天使」。反作用力有一些極簡單的解決方法，像是裝設隱藏的攝影機，或是透過單向視幕（one-way window）進行觀察，但這通常牽涉到倫理問題或不切實際。通常，我們所能做的就是儘量減低反作用力，像是透過經常探訪教室、穿著打扮不引人注目、假裝觀察所有兒童，或偽裝沒有在觀察任何人等方式。這些舉動將有助於減低或排除兒童察覺到自己正被觀察。

五、非語文行為的評鑑

非語文行為（nonverbal behavior）包括一些較微妙形式的人類信息傳達，像是包含在眼神、姿勢、身體語言、聲音語調及臉部表情中的信息。雖然非語文的信息傳達在人類行為上扮演重要角色，我們對它的認識還很不完整。部分地，這種無知反映了我們社會強烈的語文取向；我們把信息傳達跟成功地使用文字劃上等號。這一節中，我們將探討非語文溝通的科學研究，特別把焦點放在為了評鑑的目的可能被採用的一些工具和方法。

(一)視覺互動

視覺互動（visual interaction）已長久以來被認定為是開啟人格之另一些層面的鑰匙，雖然針對這個主題的系統化研究直到近幾十年來才出現。關於凝視（gaze）在社會行為中的角色，Nielsen（1962）執行最初的實徵探討。他的研究純粹是關於社交面對和視覺互動的觀察分析。不久之後，另一些研究人員著手有計畫的探討、採用標準的實驗設計、利用視覺接觸作為依變項，以及隨後作為自變項（summerized in Argyle & Cook, 1976; Fehr & Exline, 1987; Exline & Fehr, 1982）。在很大程度上，這方面研究試圖決定個別及相互眼神接觸的意涵。一些脆弱的概論已從這方面研究浮現，我們稍後將會摘述。

視覺互動最好被視為一種社會行為，當作從一個人到另一個人的強力信號。該信號的意義以許多複雜方式被決定，所以解讀另一個人的凝視模式是非常困難的事情。儘管如此，幾項一致的發現已從這個主題的研究中浮現出來（Argyle & Cook, 1976; Fehr & Exline, 1987）：

1. 凝視通常被當作喜歡的信號，特別是來自依賴的人們。
2. 相互凝視（特別是延長的）可能表示特殊性質的親密性。
3. 外向和自信的人們較經常建立視覺接觸，也維持較長時間。
4. 當人們相互靠近或討論親密話題時，這提高對凝視的厭惡。
5. 不誠實的人們在進行欺瞞（說謊）時減少視覺互動。
6. 女性較常注視他人，即使是在嬰兒期。
7. 凝視的數量在兒童期偏高，在青少年期下降，然後再度升高。
8. 親和（合群）的人們在合作的情境中有較多凝視，但是在競爭的情境中較少凝視。
9. 較低地位的人們比起較高地位的人們有較多凝視。
10. 顯著文化差異的存在；阿拉伯人和拉丁裔美國人較常凝視，一些美國印第安人較少凝視。
11. 自閉症、精神分裂症和憂鬱症的人們傾向於避免注視他人。

從這一表單中，應該很清楚的是，凝視的解讀取決於許多變項，也受到變項之間（例如，親和與競爭）交互作用的影響。

心理工作人員想要解讀視覺互動上的個別差異的話，應該首先實施某種資料蒐集的設計（paradigm）。Exline 和 Fehr（1982）特別關注在凝視和相互凝視的評鑑上面臨的困境。這些困境包括在實驗室背景施行測量的反作用力和測量之信度的問題。評鑑及解讀視覺互動的實效問題相當實質。事實上，這樣的障礙往往排除了標準化測驗的編製以測量凝視和相互凝視。儘管如此，隨著我們認識這個領域的發現，這可被用來結合其他非語文的線索，以便在臨床上發揮實際用途，像是欺瞞的偵察（Ekman & Friesen, 1975）。

(二) 輔助語言學

輔助語言學（paralinguistics）是指聲音的語調、言談的速度，以及說話的另一些非語文層面。通常，輔助語言的線索比起公開口講的信息更為強有力，就如當我們聲明，「不是他說些什麼，而是他說話的方式。」輔助語言的研究的基本格言是，說話的內容必須被隔開於它情感的微妙意義。

輔助語言的評鑑的一個重要領域是，根據「內容濾除」（content-filtered）的說話判斷其情緒。在內容濾除的說話中，當事人的發言通過低頻的濾波器，在排除高頻的聲音後被錄音下來，從而使得言辭本身失去辨識度。內容濾除的說話維持說話基本的輔助語言的層面（音調、速度、音量、音色及節奏），但是排除了可能令人分心的內容。受過訓練的評審因此能夠就情感成分（如憤怒或焦慮）評定內容濾除的說話。一些開拓性的研究已被執行，例證了內容濾除說話的實際用途（Milmoe, Rosenthal, Blane, Chafetz & Wolf, 1967）。

(三) 臉部表情

非語文的溝通經常是透過臉部表情（facial expression）居中達成。有鑑於臉部在信息傳達（藉由情緒的展現）上的重要角色，這已激勵研究人員開發客觀的方法以觀察及量化臉部動作。兩種基於這個目的主要方法已浮現：(1) 外表可見之臉部動作的測量，採用臉部編碼系統；以及 (2) 臉部肌肉收縮之電釋放（放電）的測量。Ekman（1982）以及 Fridlund、Ekman 和 Oster（1987）審查這二者的發展。我們在這裡介紹最為知名的臉部編碼系統。

「臉部動作編碼系統」（Facial Action Coding System, FACS）（Ekman & Friesen, 1978）的編製是作為綜合目的評估工具，適合於廣泛之研究及評鑑的用途。根據對每條臉部肌肉在可見臉部表情上扮演的角色施行精密的電生理分析，Ekman 和 Friesen 推衍出 44 個動作單位（action units, AUs），它們可以（以單一或結合的方式）解釋所有可見的臉部動態。所有 AUs 可在 5 點強度量尺上接受評分。例如，AU1 是關於眉毛揚起，它是受到一條在前額部位之大型肌肉的控制。對於如何從影像紀錄中評定每個 AU，Ekman 和 Friesen（1978）提供了詳盡的指示。FACS 也能夠登錄每個 AU 的開始、頂點及結束時間。

FACS 不容易學習及使用，因為它需要反覆而慢動作地觀看臉部動作。然而，一旦精通該系統，勝任的評審可據以對臉部動作提出高度可信賴的評定。再者，該評定以相當高的準確性預測情緒狀態。在一項重要的效度研究中，Ekman、Friesen 和 Ancoli（1980）記錄一些人的臉部動作，這些人正觀看愉快和不愉快的影片二者。FACS 準確地預測受試者對於情緒體驗（快樂、負面情感、厭惡）的回溯性報告。至少在某些背景中，特定的臉部動作確實傳達特定的情緒。

六、模擬的行為評鑑

模擬行為評鑑的方法與系統化、直接的觀察有密切關聯。主要差異則與觀察所發生的背景有關。在系統化、直接的觀察中，案主的評鑑是發生在自然環境中，諸如教室。在模擬行為評鑑（analogue behavioral assessment，或類比行為評鑑）中，案主在一種設計但似乎真實的環境中受到觀察，也被指示從事相關的作業，以針對於誘發所感興趣的行為（Haynes, 2001）。其目標是在製造類比於真實生活中重要情境的事態——因此，使用「類比」的字眼以描述這種觀察評鑑。

我們舉個實例以有助於澄清這種方法的本質和範圍。模擬行為評鑑的一項用途是評估因為不當行為或學校問題而被交付評鑑的兒童（Mori & Armendariz, 2001）。專家當處理這樣兒童時，他們可能在診所中撥出一個獨立的房間以執行模擬行為評鑑。房間可能類似一間小型教室，擺設有黑板、一些學生書桌及書櫃。被轉介的兒童將被指派一些實際的家庭作業，然後被告訴在等待晤談前 30 分鐘中著手這些作業。心理工作人員因此透過單向視幕加以觀察，而且利用適當的評定量表記錄有關的行為。

模擬行為評鑑也可被用來評估父母－子女互動。例如，在評估一位因為行為問題而被轉介的 3 歲兒童上，臨床人員可以把父母和子女放置在房間中，房間裡擺滿玩具，指示他們遊戲 10 分鐘。心理工作人員然後交代父母告訴他們子女，「好，現在開始了，你需要挑選一些玩具，就像你在家裡所做的那樣。」臨床人員透過單向視幕進行觀察，不但登錄父母的管理風格，也登錄子女聽從行為的本質和程度。

以類似的手法，模擬行為評鑑已被使用在成人配偶的評鑑上，包括尋求婚姻治療的丈夫和妻子（Heyman, 2001）。在標準的範式中，臨床人員要求配偶討論兩個衝突領域，各自為時 5 到 7 分鐘。臨床人員靜坐在一旁，觀察他們的互動，而且採用標準的表格記錄他們的溝通型態，這樣的表格如「快速配偶互動評分系統」（Rapid Couples Interaction Scoring System, RCISS）（Krokoff , Gottman & Hass, 1989）。RCISS 包含 22 個代碼，各自針對說話者和聆聽者的行為（語文和非語文二者），所評定的類別如批評、意見不合、妥協、積極解決、質問、幽默及微笑。這類工具通常在特定構念上（例如，貶損）未能顯示堅定的評審間一致性，但是較為包容的構念（諸如正面情感 vs. 負面情感）的情況就較為良好，所提供的訊息有助於描述溝通模式的特色（Heyman, 2001）。目前很少或沒有關於 RCISS 或類似工具之重測信度的資料，有些研究人員建議務必慎重使用。例如，King（2001）挑剔 RCISS，因為它沒有適當處理配偶溝通之內在涵義或言外之意的議題。考慮離婚配偶之間的這段交談，它是摘自電影「Always」的片段（King, 2001）：

Judy：……烹飪是很合乎邏輯的。你就是這樣做，一件事情接另一件事情。你依照步驟，那就像是……邏輯。

David：就像生活，哼？

Judy：是。簡單而合乎邏輯，就像生活。

在 RCISS 之內，這段情節將會被登錄為意見一致或意見不合？我們不可能知道，除非我們熟悉這對配偶的過去史。David 的評論「就像生活，哼？」可能意味輕蔑——對於他所認為 Judy 之過度簡單的生活方式。或者，它可能表示單純的同意。解讀的困難充斥在人際互動的登碼中。

七、生態瞬間的評鑑

無線電傳輸的新近進展已促成一種全新的評鑑途徑，稱之為生態瞬間的評鑑。生態瞬間評鑑（ecological momentary assessment, EMA）被界定為「對病人在真實世界的經驗的即時（在體驗的當下）測量」（Shiffman, Hufford & Paty, 2001）。考慮這樣的研究問題：決定某一新式藥物治療在改善偏頭痛的嚴重疼痛上是否有效？當先前的研究方法依賴病人（接受新式藥物治療）的回溯性問卷報告時，EMA 方法則是要求病人在一種手持的裝置上報告他們瞬間、即時的經驗，他們的應答立即地被傳送（透過同樣無線電的科技）到中央電腦，以精巧的軟體施行最後的分析。例如，手持的裝置可能發出「嗶嗶」的信號，提醒病人應該立即應答（在觸控的屏幕上）一系列已輸入裝置中的自我報告評鑑，以評定疼痛、心境、疲倦及其他有關的維度。整個自我評定程序可能花費不到 1 分鐘。這樣的評定將會一天施行好幾次，依據隨機化的時間表。

因為案主的 EMA 應答是立即的，而且建立在由研究人員所決定的時間表上，人類回憶的幾項偏誤因此被避免了。例如，考慮突顯性（saliency）的偏差效應，即情緒飽含的事件支配了回憶。舉例而言，非常短暫的重度偏頭疼痛發作可能被回憶為持續遠為長久的時間（相較於實際的體驗），這是因為該事件的情緒價數。當關於這項疼痛的回溯性問卷報告將會受到該事件的突顯性的影響時，EMA 分析（具有間歇發生之實際疼痛體驗的即時抽樣）將可提供對該事件遠為準確的描述。新近性（recency）是另一種回憶偏誤，可以採用 EMA 加以規避。新近偏誤指稱的事實是，人們較可能記起新近的事件——相較於遠端的事件。潛在地，這可能導致對某一藥物之治療效果的低估——假使回溯性的追憶跟症狀的發作維持一致的話。對照之下，採用 EMA 分析，案主的報告是由間歇發生而即時的時間樣本所組成；其結果就相對上不受新近偏誤的影響。

一般而言，EMA 提供較為準確而可信賴之評鑑病人經驗的方法——相較於傳統的方法，諸如回溯性的問卷。EMA 的一項優勢是，它使得案主無法「補填」（back-fill）他們的評定資料。有時候，案主被要求每天填寫一份（或以上）的評定表格，但案主可能疏忽而沒有按時從事評定，他們往往在呈交資料給研究人員之前才匆忙補填一星期以來的表格，這勢必造成研究的偏誤。EMA 表格上有電腦註明的時間戳記，使得案主無法作偽。事實上，因為 EMA 方法是高度使用者便利的（user friendly），研究人員報告有驚人之全面的順從率，在許多研究中平均達到 93 到 99%（Shiffman et al., 2001）。EMA 已被使用於探討許多症狀的治療效果，包括急性疼痛、酒精中毒、關節炎、哮喘、憂鬱、飲食性疾患、頭痛、高血壓、胃腸疾病、精神分裂症、吸菸及小便失禁（Shiffman & Hufford, 2001; Shiffman, Hufford, Hickcox and others, 1997; Smyth, Wonderlich, Crosby and others, 2001）。隨著 EMA 科技的簡化、更具效率，而且更為供應得起，我們可以預期，這項新的技術在以人類受試者為對象的心理結果研究中將會變成尋常措施。

第10章

神經心理評鑑與篩選工具

Psychological Testing

主題 10A

神經生理學概念的初階

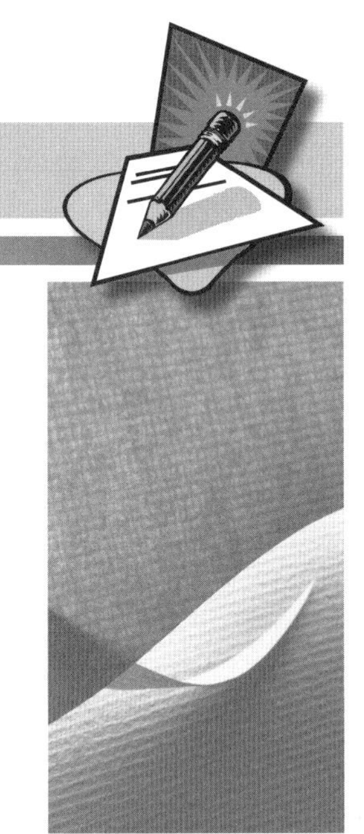

一、 大腦的構造與功能
二、 神經病變的起因
三、 腦部顯像技術

在評鑑的實施上，心理學家經常發現，他們的案主因為嚴重問題而需要協助，但這些問題最好是從神經生物學的立場加以理解。換句話說，這些問題通常是因為頭部傷害、學習障礙、記憶缺損、語言障礙或注意力缺陷（僅是列舉一些例子）才發生。例如，在美國地方，估計有 500-800 萬兒童受擾於學習障礙（Dey, Schiller & Tai, 2004），大約 1,300-1,600 萬成年人蒙受記憶缺失和其他與癡呆有關的症狀（阿滋海默氏症與相關疾患協會，2000），以及每年約略 200 萬人發生頭部傷害（Kraus & McArthur, 1996）。

這一章中，我們界定神經心理學（neuropsychology）為「大腦功能與行為之間關係的探討」，它牽涉的是那些與大腦運作有直接關聯之行為的理解、評鑑及治療。神經心理評鑑是一種非侵入性的方法，依據病人在標準化測驗上的表現以描繪大腦的運作情形。

一、大腦的構造與功能

在更進一步討論之前，我們先複習一下大腦的一些重要層面。當然，這將是簡要的瀏覽。大腦由兩半球所組成。大腦左半球（left hemisphere）負責控制身體的右側和右手的動作。在幾乎所有右撇子（慣用右手的人）身上，而且也在不少左撇子身上，左半球被認為較為牽涉語言功能、邏輯推理及細節分析。大腦右半球（right hemisphere）則是控制身體的左側，它較為牽涉視覺－空間技能、創造力、音樂活動及方向的知覺。但是再度的，有些左撇子也可能倒轉這種大腦半球側化（lateralization）的型態。這兩個半球透過胼胝體（corpus callosum）互相傳送訊息，這有助於協調及統合我們複雜的行為。

根據垂直的中央溝（central sulcus）和水平的外側裂（lateral fissure），神經科學家在每個半球上劃分了四個區域，稱為腦葉。額葉（frontal lobe）是大腦最晚近發展出來的部位，位於外側葉上方和中央溝之前，它負責運動控制和認知活動，諸如規劃、決策和設定目標。此外，情緒調節（監視及控制個人情緒狀態的能力）也是屬於額葉所負責的功能（參考圖 10-1）。

頂葉（parietal lobe）直接位於中央溝後方，趨近頭頂，它負責觸覺、痛覺及溫覺等的控制。此外，空間知覺和若干語言的理解及處理也與頂葉負責的功能有關。枕葉（occipital lobe）位於頭部的背面，主要功能是負責視覺訊息的處理。最後，顳葉（temporal lobe）位於外側裂下方，在每個大腦半球的側邊，它主要是處理聽覺的訊息，也調節語言的表達、接收及分析。至於運動協調、身體平衡的控制，以及肌肉張力等則與小腦（cerebellum）有關。但我們不要被誤導而認為單憑任何腦葉本身就足以控制任何一種特定功能。腦部的各個構造是以協力合作方式完成它們的職責。就像交響樂團一樣，這些構造形成一種統合的單位而流暢地運作。

我們身體的隨意肌超過 600 條以上，它們受到位於額葉中央溝前方的運動皮質（motor cortex）所控制。我們需要注意，來自大腦左側的指令是被傳達到身體右側（即對側）的肌肉上，反之亦然。軀體感覺皮質（somatosensory cortex）位於左、右頂葉的中央溝正後方。這個部位的皮質處理關於溫覺、觸覺、壓覺、痛覺和身體位置的訊息。聽覺皮質（auditory cortex）位於兩個顳葉上，主要是處理聽覺訊息。每個半球上的聽覺皮質接收來自兩耳的訊息。聽覺皮質的某一區域涉及語言的產生，另一區域則涉及語言

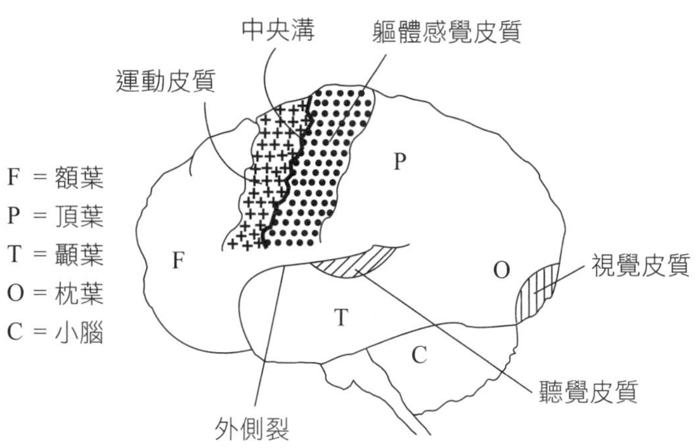

圖 10-1　大腦左半球的主要界標

的理解。視覺皮質（visual cortex）位於腦背後的枕葉，主要是處理視覺輸入。在這個部位，最大區域是供應給來自視網膜（retina）中央部分的輸入，這裡傳達了最詳盡的視覺訊息。

不是所有大腦皮質都是用來處理感官訊息，或用來命令肌肉採取行動。事實上，大腦皮質有很大部分涉及「解讀」和「整合」所有輸入的訊息。像是規劃和決策等歷程被認為是發生在聯合皮質（association cortex）。聯合中樞散布在大腦皮質的好幾個區域中，它使得你能夠結合來自各種感覺通道的訊息，以便針對環境中的刺激策劃適當的反應。

二 神經病變的起因

什麼引起腦部的神經病變？這存在一些起源。我們分述如下：

(一) 創傷性腦部傷害

創傷性腦部傷害（traumatic brain injury, TBI）是一個包容性的用語，它牽涉到從「輕微」腦震盪到重度腦部傷害的每件事情（Bigler, 1990）。TBI 是頭部受到重擊最普遍的結果，而腦震盪（concussion）或許是 TBI 最常見的形式。腦震盪的典型實例是受到重大撞擊（「眼冒金星」）的美式足球選手，這使得他們短暫失去意識而不能動彈，然後在隊友的協助下緩慢地步出比賽場地。在幾小時或幾天之內，他們才回復正常。腦震盪的症狀包括短暫失去意識，繼之是頭痛、難以專注、疲乏、暴躁及其他情緒症狀。雖然有些腦震盪可能產生嚴重、持久的效應，但大部分病人顯然在幾天或幾星期內完全恢復過來。腦震盪是閉合性頭部傷害（closed head injury, CHI）的一項實例。CHI 是指頭部和腦部的創傷，但是頭顱仍然保持健全。CHI 比起腦震盪是較為廣義的用語，它也可能意指更大程度的損傷——相較於在腦震盪（大腦功能瞬間、短暫的中斷或瓦解）。

閉合性頭部傷害通常對比於開放性頭部傷害（open head injury, OHI）。OHI 是指頭部和腦部的創傷，但是頭顱受到穿透，所以也被稱為穿透性頭部傷害。典型地，OHI 的後果是集中或局部化的，位於或接近受到衝擊的部位；至於 CHI 的效應則較為擴散性，影響遍及大腦的多個區域。

關於 TBI 的神經行為效應，最普遍而可靠的抱怨是專注和記憶方面的困擾。這就是為什麼專注和記憶的測驗在幾乎每一種被使用於神經心理評鑑的成套測驗上都可發現到。關於 TBI 的另一些論斷則較為困難，這是因為腦部傷害的性質和嚴重性在任何兩個病人身上將不會完全相同。局部的傷害可能導致特定的症狀（例如，左半球語言區的損傷可能引起表達性失語症——expressive aphasia）。許多研究顯示，TBI 病人較為嚴重受到人格和情緒障礙的累贅，反而較不是受擾於認知和身體的失能（Lezak & O'Brien, 1990）。

(二) 腫瘤

腦腫瘤（brain tumor）牽涉到許多不同形式的隆起生長組織（Reitan & Wolfson, 1993）。腦腫瘤產生多種效應，視它們的位置、大小及成長速度而定。快速浸潤（infiltrating）的腫瘤（如神經膠質瘤）可能很快就連累或危害許多技能。例如，假使腫瘤是位於腦部的左側，除了語言和問題解決的能力外，身體右側的運動和感覺功能可能嚴重受損。假使腫瘤是位於腦部的右側，除了身體左側的運動和感覺的功能外，構成的能力（constructional abilities；例如，繪圖、裝配三度空間的物件）也將受損。較緩慢成長的腦膜瘤可能幾年之內不會產生症狀，然後製造焦點的症狀，這些症狀跟所侵犯大腦的部位有關。例如，假使頂葉右側受到侵犯，空間能力的缺失可能被觀察到。

腦腫瘤初始的徵兆往往不容易捉摸，可能包括頭痛、視力困擾及進展性的判斷力障礙等。隨著腫瘤的成長，一連串其他症狀可能紛紛出現，諸如不良記憶、情感障礙或運動不協調等。

(三) 長期酒精濫用

長期酒精攝取導致神經元的病變，包括樹突分支和樹突脊柱的流失，特別是在對記憶很重要的部位，諸如海馬迴。長期下來，腦室的擴大和腦溝的擴寬也被觀察到。在嚴重的個案上，視丘中部（或稱間腦——diencephalon）和乳狀體（mammillary bodies，下視丘內側的兩個小型圓形凸起，與情緒行為和性動機有關聯）呈現萎縮狀態，導致顯著的記憶困擾，被稱為 Wernicke-Korsakoff 症候群（Davila, Shear, Lane, Sullivan & Pfefferbaum, 1994）。酒精中毒的神經病變通常因為維生素和營養物質的缺乏而加速惡化。

在嚴重酒精濫用的個案上，病人出現重度的近事失憶症（anterograde amnesia，或稱前行性失憶症），也就是無法保留對短暫時間之前事件的記憶，即使立即記憶仍然健全，而遠期記憶只有輕微損害，當在清楚意識的情況下，被稱為虛構症（confabulation）的記憶變造也經常可見。嚴重濫用的另一些症狀包括步態失常和凝視困難。在神經方面健全的酒精中毒者身上，神經行為的效應較為捉摸不定而有所爭議，但可能包括一些微妙的記憶缺失和新奇問題解決上的困難（例如，Waugh, Jackson, Fox, Hawke & Tuck, 1989）。

(四) 阿滋海默氏症

阿滋海默氏症（Alzheimer's disease, AD）是以它的發現者 Alois Alzheimer（1864-1915）命名。Alzheimer 是一位德國的神經病理學家，他在 1907 年首度描述這種疾患。阿滋海默氏症的特徵是腦部潛行性的退化（degeneration）。它有不容易察覺的初始發作，通常也有緩慢但進展性的惡化過程，最後終止於譫妄及死亡。

在阿滋海默氏症的神經病理中，最具區辨性的徵狀是腦部類澱粉質斑點（amyloid plaques）和神經原纖維糾結（neurofibrillary tangles）。另一些腦部病變包括神經元的流失、大腦的萎縮或機能衰退、與記憶有關之乙醯膽鹼（ACh）神經傳導物質的枯竭，以及外來沈澱物在大腦血管組織的堆積。

雖然阿滋海默氏症不是正常老化（aging）的一部分，但是高齡是重要的風險因素。很少出現在 65 歲之前，阿滋海默氏症折磨 3% 從 65 歲到 74 歲的人們，18% 從 75 歲到 84 歲的人們，以及幾近半數那些 85 歲以上的人們（Evans, Funkenstein, Albert and others, 1989）。

AD 呈現漸進衰退的過程，牽涉緩慢的心智退化。大部分病人幾乎是不知不覺地進入病態，不太可能準確地決定該疾病什麼時候開始。AD 通常起始於當事人從積極的生活參與中逐漸退縮下來，這包括社交活動和興趣的窄化，心理警覺性和適應性的減弱，以及對於新觀念和常規變動的容忍度降低。這時候，病人的思想和活動變得自我中心而天真，包括專注於飲食、消化及排泄等身體功能。隨著情況更趨嚴重，另一些症狀也開始出現，像是對近期事件的記憶缺損、空洞的談話、思考紊亂、判斷力受損、激動不安及一些混淆時期。但是在進展到末期（退化到植物性的狀態）之前，病人的臨床徵候絕不是一成不變的。

(五) 血管性癡呆（中風）

阿滋海默氏症是最為普通的退化性神經疾患。至於老年人癡呆的第二種最普通原因是血管性癡呆（vascular dementia）。血管性癡呆可概分為兩種。在腦血管阻塞（occlusions）的情況中，血液的凝塊堵塞了供給養分給大腦特定區域的血管。在腦溢血（hemorrhage）的情況中，腦血管破裂而使得血液流向腦組織，從而損傷或毀壞了腦組織。在這兩種情況中，病人的實際症狀取決於腦血管事故的部位和嚴重程度。

中風通常是突然發作，但是一些「小型中風」（small strokes）的長期累積也可能產生像是進展性的疾患，這稱之為多發性梗塞癡呆（multi-infarct dementia, MID）。因為具有進行性癡呆的類似臨床徵候，也是因為好發年齡，MID 經常與 AD 混淆在一起。但是就基礎的神經病理而言，它們實際上是完全不同的疾病。「Hachinski-Ischemic 評分」

已被開發以辨別多發性梗塞癡呆與阿滋海默氏症（Hachinski, Iliff, Zilha and others, 1975）。採用這項指標，MID 被指出應該呈現下列的幾個因素：突然的初始發作、身體的抱怨、逐步的惡化、情緒失控、起伏的過程、高血壓史、夜間混淆、中風史、人格維持、動脈粥樣硬化症呈現、憂鬱狀態，以及局部的神經徵狀。因為 MID 可能在某種程度上是可治療的，「MID vs. AD」的差別診斷不僅是學術的探討。下一節將討論的一些腦部顯像技術可以在這方面工作上派得上用場。

中風症候群被界定為涉及中樞神經系統之局部缺損的急性發作。特定症狀則取決於梗塞的部位，但可能包括運動虛弱和對側肢體的感覺能力受損；失語症（aphasia，不流暢的言語，假使優勢半球受到影響的話）；局部性視野的喪失（假使中風發生在大腦背後的話）。中風的急性症狀通常會在某種程度上平息下來，導致穩定運作的高原期（plateau）。

(六) 巴金森氏症

巴金森氏症（Parkinson's disease, PD）幾乎不存在於 40 歲之前，而且在 70 歲以上的人們中，它只影響每 1,000 人的 1 名到 2 名（La Rue, 1992）。主要被認定為一種運動疾患，認知和情緒的障礙在 PD 中也經常發生。事實上，PD 的後期階段可能涉及清楚的癡呆。PD 的症狀包括動作的遲緩（bradykinesia）、靜止時震顫（tremor）、笨拙的步態及姿勢的僵硬。PD 的神經病理涉及多巴胺（dopamine）的衰竭和基底神經節的神經元流失。

震顫是 PD 中最普通而最不令人虛弱的早期症狀。進展的速度相當多變，但是 PD 的運動失能可能變得顯著，導致閉居；10-20% 的 PD 病人發展出清楚的癡呆。PD 病人在需要速度的神經心理測試上（例如，數字符號、記號連接、反應時間測量）顯現短缺。令人訝異的，視覺辨別和配對連結學習的測試（它們不要求速度）也能使得中度到重度 PD 的病人與相稱的控制組區別開來（Pirozzolo, Hansch, Mortimer, Webster & Kuskowski, 1982）。大約 40-60% 的 PD 病人也出現憂鬱的心境（La Rue, 1992）。

(七) 憂鬱的癡呆症候群（假性癡呆）

大約 10-20% 的憂鬱老年人展現認知缺失，極為類似器質性癡呆。雖然在精神醫學上沒有正式的診斷實體，這種狀況被非正式地檢定為憂鬱的癡呆症候群（dementia syndrome of depression）（Blazer, 1993）。它的共同特徵是輕度的記憶喪失，再結合對於認知技能減損的嚴重抱怨。也被稱為假性癡呆（pseudodementia），這種症候群主要是事後的診斷，它被證實（追認）是當老年的病人有明顯的癡呆情形，但是在接受憂鬱的治療後顯現正常認知運作的回復時。假性癡呆的概念是作為對臨床人員的一種警告，即他們有必要對老年的案主提供審慎的評鑑，包括透徹地審查心境和記憶二者，而不是輕率地提出阿滋海默氏症之怠忽的診斷（Gregory, 1999）。

(八) 營養失調

營養失調（不良）最終可能造成神經及心理上的疾患。這種病例最常見的是科薩科夫精神病（Korsakoff's psychosis，也稱酒精性失憶症，這是長期酗酒者常見之不當飲食習慣所導致的嚴重營養不良）、玉蜀黍疹（pellagra，一種皮膚病，起因於菸酸／維生素 B_3 缺乏）及腳氣病（beriberi，起因於硫胺素／維生素 B_1 缺乏）。

(九) 中毒性疾患

許多金屬元素、毒素、煤氣（瓦斯）及甚至花草可能通過皮膚而被吸收。在若干案例上，這導致中毒效應而引起腦部傷害。譫妄（delirium，一種意識不清的迷亂狀態）是與這些疾患有關的一種很普遍的症狀。

三、腦部顯像技術

在已知或猜疑有腦部損傷的人們的臨床檢驗上，現代化的腦部顯像技術通常為心理施測提供了重要的輔助。但腦部顯像（brain imaging，或稱腦部造影）不能取代心理施測——二者是相輔相成的。醫學程序（如 CT 掃描）為腦部的結構變化提供決定性的訊息，但是只有心理測試能夠闡明那些變化的功能性結果。我們接下來提供讀者腦部顯像的一些常見技術的初階。

(一) 腦波圖

腦波圖（electroencephalography, EEG）的產生是經由從貼附在頭顱特定部位上的電極記錄大腦皮質的電活動。電活動再經儀器放大，其波動可被描繪在一張定速移動的紙帶上，或呈現在電腦的屏幕上。EEG 是粗糙的指標，因為每個墨水線條的瞬間波動起伏反映了數以百萬計神經元的同步活動。EEG 在診斷癲癇症上有其實用性，也能探究異常大腦活動的起源，像是由腫瘤所引起的節律異常。

(二) 大腦血管放射線檢驗

在大腦血管放射線檢驗（cerebral angiography）這種技術中，特殊的放射線不能穿透的染料被注射到供給腦部的主動脈中（脊椎或頸動脈），然後腦部被照射 X 光線。因為染料阻擋住 X 光線，腦部的動脈系統在負片（negative）上很清楚地浮現出來。因此，醫生可以指出血管異常的位置，諸如動脈瘤（aneurysm，動脈危險的腫脹）。此外，假使動脈從它正常的位置發生位移的話，專家可以推斷基礎的病理，如腫瘤。傳統的血管放射線檢驗會為病人帶來輕微的風險，因為染料的注射可能引起神經併發症。隨著這方面技術的持續進展，核磁共振血管檢驗可能將會取代傳統的程序。

(三) 電腦斷層攝影

在電腦斷層攝影（computerized axial tomography, CAT）掃描中，X 光線的狹長光束從好幾十個不同角度穿透腦部，因為正常組織和病變組織對 X 光線的吸收量不同，再利用電腦分析就可以製造神經學家能夠判讀的影像資料。CAT 掃描在近些年來促進神經學上的許多研究，因為它提供了快速的途徑（不需要動用手術）以獲致關於大腦結構特徵上不正常部位和範圍的準確訊息。這種專門技術產生低於 1 公釐的解析度，使得腦瘤、血栓、腦水腫、多發性神經硬化部位及腦室位移在影像中清晰可見。CAT 掃描比起傳統的胸部 X 光線更不具傷害性。

(四) 核磁共振造影

核磁共振造影（magnetic resonance imaging, MRI）是利用若干物質的原子核在強磁場中朝著一定方向旋轉而發生射頻波的原理，以之研究大腦運作時各種物質變化的技術。例如，利用一種射電頻率的波動通過腦部，大腦中若干物質的原子核就會發射出自己的射頻波。不同分子發射的頻率不同，這可以使得核磁共振跟已知的某種分子（如氫分子或氧分子）的波頻調諧，以檢測當大腦執行某種運作時，該種物質在大腦各部位的集中情況。這種掃描的資料也需要透過電腦分析以製成大腦的層面圖像。

MRI 的顱內影像通常比起 CAT 來得清晰，因為 MRI 有更為優越的能力區辨軟組織的細微變異。此外，MRI 程序在正常情形下較易於操作，也不需要讓病人暴露於離子化輻射能。但是，MRI 所面對的主要問題是，有些病人對於被推進 MRI 機器狹窄的圓筒內會有幽閉恐懼的反應（claustrophobic reaction）。

(五) 功能性核磁共振造影

對比於傳統 MRI 是在測量腦部的結構，功能性核磁共振造影（functional magnetic resonance imaging, fMRI）是被用來測量腦部的功能。fMRI 技術所利用的事實是，血液細胞含有正鐵血紅素（heme，或原血紅素），即一種帶磁性的金屬元素（Bremner, 2005）。正鐵血紅素是血紅蛋白（hemoglobin）的主要部分，該分子位於紅血球內，從肺部輸送氧氣到各個身體組織，包括大腦。正鐵血紅素以它特有的方式應對 MRI 的強烈磁場，散發可被圍繞頭顱的 MRI 線圈測量到的輻射性信號。當大腦的若干部位高度活性化時（像是正在解決問題的額葉），它們需要增多的血液流動以提供新陳代謝所必要的氧氣。增進的血液流動意味較多的紅血球和較多的正鐵血紅素將會出現在該部位。fMRI 就是在偵測正鐵血紅素濃度的變化——從靜止的基本率（base rate）到檢測狀況期間較高的水平。檢測狀況通常包括問題解決作業，但也可能利用另一些結構式的作業，像是回想一些記憶，或體驗特定的情緒。

透過 fMRI，進行中的心理活動可以被「繪製圖譜」（至少是原理上），這揭示了大腦的哪些部位顯然介入所涉活動的神經生理作用。根據 Whalley（2004）的新近報告，fMRI 技術有潛力增進我們對心理疾患之早期發展的理解。但迄今為止，fMRI 仍不被考慮為是心理疾患之正當或有效的診斷工具。這項技術的主要價值仍是在於探討大腦皮質活動和認知歷程。

(六) 正子放射斷層攝影

在正子放射斷層攝影（positron emission tomography, PET）掃描中，病人先被注射經過加速器處理後可以放射正電子、也可被神經細胞吸收的物質，諸如葡萄糖（腦部所使用的一種基本代謝能源），但這些物質的放射性極少量，不被認為具有傷害性。然後把病人的頭部置於正子放射檢測器中逐次進行各個平面的掃描，再經電腦處理就可以製成各個平面的斷層圖。根據放射性物質在大腦各個部位被吸收的多寡（最活躍的部位吸收最多），這種技術測量的是大腦各個部位的活動水平，而不是腦部結構本身。

PET 掃描有助於阿滋海默氏症、精神分裂症及另一些腦部損傷狀況的診斷。不幸地，因為所取得畫面較低的傳真性，PET 掃描至今的價值仍然有限，而且研究上的價值顯然高於它在臨床診斷上的價值。最後，PET 的一項重大缺點是它要求的科技水準。有些用途需要在近旁擺一台迴旋加速器（cyclotron），以製造檢測程序所需之生命週期很短的放射性微粒（同位素），而且迴旋加速器非常昂貴。

(七) 單一光子放射電算攝影

單一光子放射電算攝影（single photon emission computed tomography, SPECT）這項技術類似於 PET，它偵測的是放射性追蹤劑所放射的同位素，也就是測量大腦中的血液流動情形。然而，SPECT 的解析度遠不如 PET。SPECT 的優勢是它相對上較低的成本，使得它遠為適合於普及使用。

總之，這些神經診斷程序中，有些相當昂貴，另有些則是侵入性的。因此，採用神經心理測驗作為篩選工具可能是值得鼓勵的做法，測驗結果可以指出是否有必要施行較為昂貴的神經診斷程序。下一主題中，我們考慮一些特定的神經心理評鑑工具及成套測驗。

主題 10B

神經心理測驗、測驗組合與篩選工具

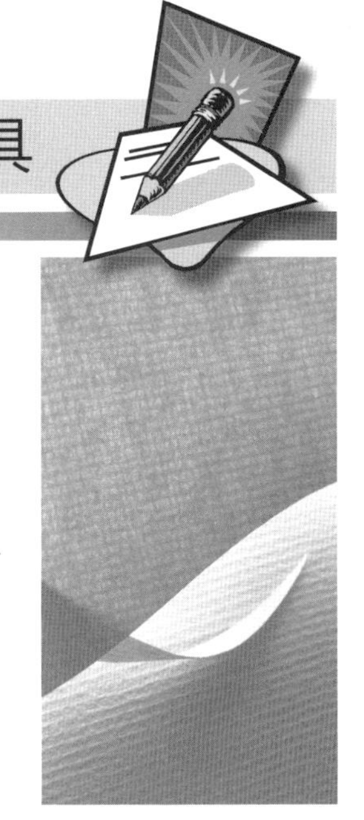

一、大腦－行為關係的概念模式
二、感覺輸入的評鑑
三、注意與專注的測量
四、學習與記憶的測驗
五、語言功能的評鑑
六、空間與操作能力的測驗
七、執行功能的評鑑
八、運動輸出的評鑑
九、神經心理評鑑的測驗組合
十、酒精使用疾患的篩選
十一、老年人心理狀況評鑑

這個主題的目的是審視各式各樣神經心理測驗、測驗組合及篩選工具。我們在這裡將只集中在一些具代表性的測驗、傑出的測驗組合及實用的篩選工具上，廣延的報導已踰越本書的篇幅。感興趣的讀者不妨參考 Lezak、Howieson 和 Loring（2004）所編輯之權威的厚重書籍，其長度達到驚人的 1,016 頁數。

神經心理學家和其他臨床人員經常面對掙扎於酒精中毒或其他類型物質濫用的案主。基於這個原因，我們也將檢視一些簡單但實用的工具，以供快速篩選可能有酒精困擾的案主。這個議題有其重要性，因為在任何既定時間中，10% 的成年人口表明有酒精使用疾患（Yalisove, 2004）。

最後，我們有必要強調的是，神經心理評鑑所牽涉的不僅是專門化測驗和篩選工具的實施和評分。任何評鑑的基本是評估案主的心理狀況。這對於可能發生阿滋海默氏症或其他形式之癡呆的年邁案主特別是如此。因此，我們在本章最後將論述老年人的心理狀況評鑑。我們將特別把注意力放在「迷你心理狀況檢驗」上（Tombaugh, McDowell, Kristjansson & Hubley, 1996），它是現存最被廣泛使用的篩選工具之一。

神經心理測驗和程序包含折衷的各式各樣的方法和用途。在光譜的一端是簡易之 10 分鐘篩選測驗，用以探究是否需要做更進一步的評鑑；在光譜的另一端是徹底之 6 個小時的測驗組合，針對於提供包羅廣泛的評鑑；介乎中間的是數以百計專門化的工具，它們被編製來測量特定的神經心理能力。

一、大腦－行為關係的概念模式

Bennett（1988）已提出一個關於大腦－行為關係的簡化模式，它有助於組織看似一團雜亂的神經心理測驗（參考圖 10-2）。他的構想是稍微擴展 Reitan 和 Wolfson（1993）所呈現的模式。根據這個觀點，每項神經心理測驗或程序是在評估一種或多種下列範疇：

1. 感覺輸入（sensory input）。
2. 注意與專注（attention and concentration）。
3. 學習與記憶（learning and memory）。
4. 語言（language）。
5. 空間與操作能力（spatial and manipulatory ability）。
6. 執行功能（executive functions）：邏輯分析、概念形成、推理、策劃、思維的變通性。
7. 運動輸出（motor output）。

所列這些範疇的順序大致上對應於輸入的訊息被大腦所分析的順序，以便大腦為反應或運動輸出做好準備。

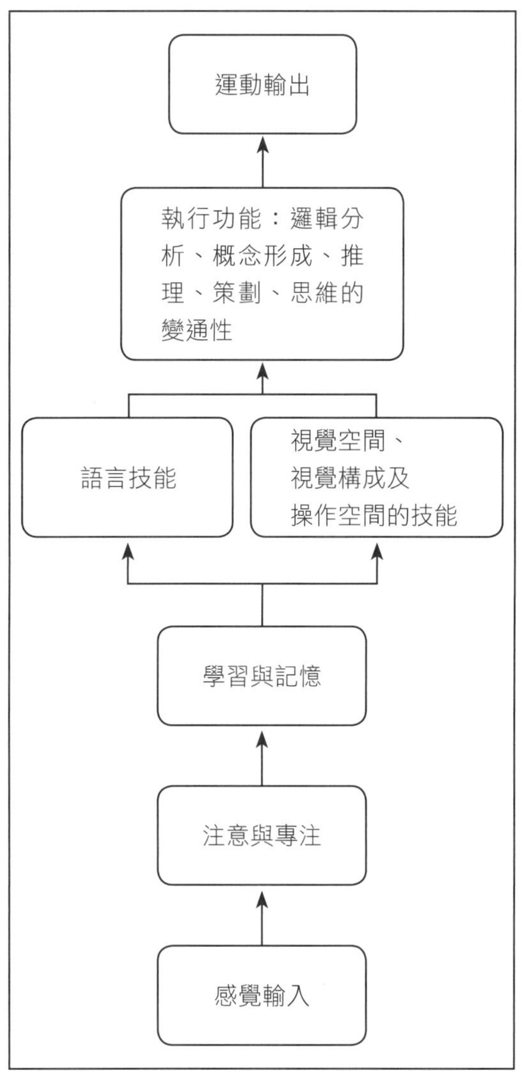

圖 10-2　大腦－行為關係的概念模式

資料來源：Reitan and Wolfson（1993）; Bennett, T.（1988）.

在這個主題的其餘部分，我們關於神經心理測驗及程序的討論將是以這七個範疇組織起來。在每個範疇內，我們將檢視一些獲得好評的測驗。我們也將介紹一些新式工具，它們被顯示有希望擴展神經心理評鑑的地平線。然而，讀者有必要知道，神經心理評鑑通常涉及成套測驗（battery of test，或測驗組合）。一種方法是有彈性或病人中心（patient-centered）的施測，針對每個案主設計個別化的測驗組合。這些測驗組合是建立在所呈現的訴怨、轉介的議題及初始的評鑑上（Goodglass, 1986; Kane, 1991）。更典型的情況是，神經心理學家對大部分被轉介者（referrals）採用一套固定的測驗組合。最被廣泛使用的固定成套測驗之一是「賀斯戴－瑞田神經心理測驗組合」（Halstead-Reitan Neuropsychological Battery），如表 10-1 所概略敘述。在本章的後頭，我們也將舉例說明另一套著名的固定測驗組合——盧利亞－內布拉斯加神經心理測驗組合（Luria-Nebraska Neuropsychological Battery）——如何被使用在評鑑上。

一、感覺輸入的評鑑

感覺輸入的準確性是掌握知覺、思想、策劃及行動所必要的。當個人不能正確地看見刺激、不能準確地聽到聲音，或不能可靠地處理觸覺時，他可能會在較高層次的知覺和認知上遇到額外的障礙。神經心理評鑑始終納入感官能力的多通道檢驗。

(一) 感覺－知覺檢查

Reitan 和 Klove 所開發的程序完全是感覺－知覺檢查的典型情況（Reitan, 1984, 1985）。「Reitan-Klove 感覺－知覺檢查」包含幾種方法，以便在觸覺、聽覺和視覺的通道上傳送單側和雙側的刺激。這些作業如此簡易，正常人很少會犯任何錯誤。例如，受試者被要求說出哪一隻手受到碰觸（在閉上眼睛的情況下），或報告哪一隻耳朵收到勉強可聽見的彈指聲音。假使受試者一致地在身體的一側要比另一側犯下較多失誤，這樣

表 10-1 賀斯戴－瑞田神經心理測驗組合的分測驗及程序

分測驗	描述
類別測驗（Category Test）	測量抽象推理和概念形成。
觸覺操作（Tactual Performance）	測量動覺和感覺運動能力。
言語知覺（Speech Sounds Perception）	測量注意力和聽覺－視覺綜合能力。
節奏測驗（Seashore Rhythm Test）	測量注意力和聽知覺。
手指輕敲測驗（Finger Tapping Test）	測量運動速度。
握力（Grip Strength）	以測力計測量握力。
軌跡追蹤（Trail Making parts A, B）	測量掃描能力、心理可塑性及速度。
觸覺形狀辨認（Tactile Form Recognition）	測量感覺－知覺能力。
感覺－知覺檢查（Sensory-Perceptual Exam）	測量感覺－知覺能力。
失語症檢查（Aphasia Screening Test）	測量表達性和接受性語言的能力。
補充測驗（Supplementary）	WAIS-III，WRAT-3，MMPI-2，魏氏記憶量表－III 或 Rey 聽覺語文學習測驗。

的施測結果特別具有診斷性。如前面提過，神經支配幾乎都是對側式的。再者，大腦皮質的若干部位主要是專致於觸覺、聽覺及視覺的訊息處理。因此，當受試者被發現難以處理右手的觸覺時，他們左側頂葉的後中央腦回可能有所損傷。同樣的，當右耳處理聲音有困難時，這可能表示左側顳葉的頂部發生損傷。至於右眼的視力缺損可能顯示左側枕葉的腦部損傷。

(二) 手指定位檢測

手指定位（finger localization）是由神經學家所開發的一種歷史悠久的程序，以便評估腦部功能的損傷所引起的感覺減損或喪失。大部分神經心理測驗組合會採用這種檢測的變化形式之一，受試者必須確認哪些手指曾受到碰觸（在不借助視覺的情況之下）。每次刺激呈現被評分為「對」或「錯」，正常成年人典型地在 60 次嘗試中很少失誤。正常成年人的平均分數是接近完美，在各種樣本中則介於 56 到 60 之間（Benton, Sivan, Hamsher, Varney & Spreen, 1994）。對照之下，腦部疾病的病人發現手指定位是有挑戰性的任務。

三、注意與專注的測量

腦部的注意能力使得它有可能留意有意義的刺激、從一團雜亂進來的刺激中濾除不相干的感覺輸入，以及當情況要求時可變通地轉移到另外的刺激上（Kinsbourne, 1994）。

(一) 日常注意力測驗

「日常注意力測驗」（Test of Everyday Attention, TEA）是一份有前途的測量，它是由英國的 Robertson、Ward、Ridgeway 和 NimmoSmith（1994, 1996）所設計。TEA 測量注意力的次成分，包括維持注意、選擇性注意、分割注意及注意轉移。TEA 具有三個對應的版本，它們已在閉合性頭部傷害案主、中風病人和阿滋海默氏症病人身上被驗證有良好效度。常模資料是建立在 154 名健康人們的表現上，年齡介於 18 歲到 80 歲。受試者接受 TEA 之真實生活的情節，這增添了該工具的生態效度。TEA 對於一般人口的正常年齡效應高度靈敏，因此極適合於老年人的評鑑，特別是關於閉合性頭部傷害的效應（Chan, 2000）。

(二) 連續性操作測驗

「連續性操作測驗」(Continuous Performance Test, CPT) 真正而言不是單一測驗，而是一系列類似的程序，可以追溯到 Rosvold、Mirsky、Sarason 及其他人 (1956) 開拓性的研究。這些研究人員設計一種維持注意 (也稱為警戒心) 的測量，它涉及在屏幕上連續呈現一些字母。在某些情況下，受試者被指示當某一字母出現時 (例如，x)，就按下一個鍵。在另一些情況中，受試者被要求當某一字母在另一字母之後出現時 (例如，當 x 發生在 a 之後時)，就按下一個鍵。當受試者未能針對目標刺激按鍵時，怠忽不作為的失誤被登記下來。當受試者針對非目標刺激按鍵時，越權行事的失誤被登記下來。正常受試者很少犯下失誤。

雖然 CPT 對廣泛多種腦傷狀況相當靈敏，包括過動、藥物效應、精神分裂症及明顯的腦傷，這些測驗不是診斷注意力缺失疾患的萬靈藥。例如，在一項通行的 Conners (1995) CPT 的研究中，被診斷為注意力缺失／過動疾患 (Attention-Deficit/Hyperactivity Disorder, ADHD) 的兒童的得分毫不遜色於臨床控制組；另一方面，被診斷為閱讀疾患 (reading disorders) 的兒童則在 CPT 上顯現受損的表現 (McGee, Clark & Symons, 2000)。一般而言，評審者建議 CPT 測驗應該在廣延的測驗組合的脈絡中加以判讀，特別是當它們被用來評鑑被懷疑有注意困擾的人們時 (Riccio, Reynolds & Lowe, 2001)。

CPT 極適合於電腦化改編，它的好幾十種不同版本已在文獻中出現 (例如，Conners 1995; Gordon & Mettelman, 1988)。近期，Sandford 和 Turner (1997) 推出電腦化的 CPT，採用視覺和聽覺刺激二者。「中級視覺與聽覺連續操作測驗」(Intermediate Visual and Auditory Continuous Performance Test, IVA) 是在 781 名正常人身上建立常模，年齡從 5 歲延伸到 90 歲，而且剔除注意缺失、學習困難、情緒困擾及藥劑使用的人們。在一項分析中，IVA 在辨別 ADHD 兒童與正常兒童上顯現 92% 的靈敏性 (也就是，8% 的錯誤否定率) 和 90% 的專對性 (也就是，10% 的錯誤肯定率)。Tinius (2003) 的研究進一步贊同 IVA 的效度。他發現有輕度外傷性腦傷或 ADHD 的成年人在評鑑反應時間、注意力不良 (inattention) 及易衝動 (impulsivity) 的 IVA 分測驗上的表現顯著低於正常的控制組。這項工具僅是許多有前景的神經心理測驗之一，它們利用了現代化的微電腦科技。

(三) 定速聽覺序列加法作業

考慮到它完全的簡易性，「定速聽覺序列加法作業」(Paced Auditory Serial Addition Task, PASAT) 是心理追蹤 (mental tracking) 之極為靈敏的指標 (Gronwall & Wrightson, 1974; Gronwall & Sampson, 1974)。受試者傾聽一連串由錄音帶呈現的數字，然後把接連

的每對數字相加起來。因此，假使所呈現的數字是「3-1-9-5-4」，受試者應該作答「4-10-14-9」。

PASAT 起始是 10 個數字的練習系列，然後每 2.4 秒呈現一個新的數字。實際測試包含 61 項刺激（因此，需要 60 次加算），各自以 4 種速度呈現：數字之間為 2.4 秒、2.0 秒、1.6 秒及 1.2 秒。透過計算每種呈現速度的正確率，施測者在 PASAT 上取得四項分數。

即使 PASAT 的格式很簡單，但這項測試的訊息處理（information-processing）要求頗為沈重。為了有良好表現，受試者必須保持兩個數字在短期記憶中、執行心理加法運算、說出答案、只保留兩個數字中最後一個在短期記憶中，把最新的數字添加到短期記憶中，然後再一次展開這樣的循環。腦部功能損傷的人們發現這種心理運算在認知上令人難以應付。

Gronwall 建議以 PASAT 對腦震盪病人施行序列性測試（Gronwall, 1977; Gronwall & Wrightson, 1981）。簡要地定義，腦震盪（concussion）是指頭部受到撞擊引起之短暫的意識改變。腦震盪可能會伴隨暫時的失憶、暈眩、噁心、微弱脈搏及沈緩的呼吸，但是卻沒有明顯的器質性腦部傷害（McMordie, 1988）。PASAT 已被廣泛認定對於腦震盪的效應非常靈敏（Stuss, Stethem, Hugenholtz & Richard, 1989）。然而，腦震盪方面的一個重要議題是，病人需要多久時間才能康復。當逐次的 PASAT 分數終於重回到正常範圍時（可能需要幾天或幾星期的時間），治療師就能夠更具信心，認定病人已準備好重返工作。

(四) 逐次減七

一項熟知的作業，也經常被收納在心理狀況檢驗中的是「逐次減七」（subtracting serial sevens）（Strub & Black, 1985）。受試者被告訴「從 100 減去 7」。當這被完成之後，受試者接著被告訴「現在從 93 減去 7，然後再繼續減去 7，直到你無法進一步運算為止。」施測者登記各個不正確減算的次數，也可能就所花費的時間和長於 5 秒鐘的停頓加以評分。

Smith（1967）已報告關於逐次減七的少數常模研究之一。他施測 132 名專職的成年人，大部分擁有大學或專業的程度。他的樣本中只有 2% 不能完成該測驗，另有 5% 則犯下超過 5 次的失誤。女性比起男性較易於犯下失誤，特別是超過 45 歲而不擁有大學教育的女性。因此，主試者不應該以逐次減七過度判讀輕度的困擾。另一方面，重大缺陷的表現（沒有能力執行、很高的失誤率，或很緩慢的減算）是腦部損傷人們的特徵。

(五)注意力減損的另一些測量

許多為其他目的而設計的測驗也擁有強烈的注意因素。魏氏智力測驗的「數字廣度」和「算術」分測驗就被認定是立即聽覺注意的良好指標。「編碼」或「數字符號」分測驗也在免於分心(freedom-from-distractibility)因素上有重大負荷。

Smith(1968, 1973)已設計了引人興趣之魏氏數字符號(Digit Symbol)的延伸版本,稱之為「符號數字通道測驗」(Symbol Digit Modalities Test, SDMT)。在這份測驗中,符號被印在試卷上,受試者在底部寫下對應的數字。SDMT 與「數字符號」分數之間的相關極高(r = .91),但是 SDMT 產生的分數相較之下略低於數字符號(Morgan & Wheelock, 1992)。

賀斯戴-瑞田測驗組合中有幾項測試也是注意力的良好測量(Bennett, 1988)。在「言語知覺測驗」(SSPT)中,受試者必須從四個選項中挑出錄音帶播放無意義字詞的書面版本。例如,錄音帶上的聲音可能拼音為「freep」,受試者必須從四個選項中辨讀,圈選正確的答案。

freeb　fleeb　freep　fleep

SSPT 對於任何性質的腦傷所導致的注意力減損高度靈敏。「Seashore 節奏測驗」(原本是音樂性向的一項分測驗,受試者必須比較配對呈現的音樂節奏)也被發現高度依賴注意歷程。「軌跡追蹤測驗」(Trail Making Test,題本 A 和 B)也對注意力減損相當靈敏。Shum、McFarland 和 Bain(1990)論述了另一些注意力測驗。

四 學習與記憶的測驗

學習與記憶是交織在一起的歷程,很難孤立地加以討論。學習新的材料通常需要記憶的運用。再者,許多記憶測驗透過重複的實施以納入學習曲線。學習歷程與記憶歷程的劃分在理論上是可能的,但是在臨床評鑑上不太具有實際的價值。我們將不在這些歷程之間作嚴格的區別。

記憶測驗可以根據幾個維度加以分類,包括「短期 vs. 長期」、「語文 vs. 圖畫」,以及「學習曲線 vs. 沒有學習曲線」。這些維度反映了前一主題所討論的神經因素。例如,語文記憶很顯著地在大腦左半球側化,至於圖畫記憶則大部分是右半球所承辦。感興趣的讀者可以參考 Lezak(1995)以及 Reeves 和 Wedding(1994),關於不同類型記憶之神經基質的更詳盡分析。

(一) 魏氏記憶量表－第三版

魏氏記憶量表－第三版（Wechsler Memory Scale-III, WMS-III）（Tulsky, Zhu & Ledbetter, 1997）是一份廣延而多層面的記憶測驗，它由 17 個分測驗所組成，其中 7 個是任意選擇的。10 個主要分測驗包括邏輯記憶、臉孔再認、語文配對連結、家庭活動圖畫、字母－數字排序、空間廣度，以及另四個延遲（30 分鐘後）回憶分測驗。這些分測驗構成了取得依年齡校準的量表分數（平均數 = 100，標準差 = 15）的基礎，以供建立起記憶的 8 個主要指標：

聽覺即時	聽覺延遲
視覺即時	視覺延覺
立即記憶	聽覺再認延遲
一般記憶	工作記憶

WMS-III 是跟 WAIS-III 在 1997 年共同建立常模。新式工具的標準化相當優秀。根據 1995 年的人口普查資料，標準化樣本的受試者是謹慎地就年齡、性別、族群、教育水準及地理區域等變項進行分層取樣。

WMS-III 的效度研究極為樂觀，雖然因素分析探討不一定支持把記憶解析為所指定的各種層面（如前面所援引的）。最強有力的效度證據是，該工具在偵察記憶缺失上運作良好。在初始驗證效度的研究中（Tulsky et al., 1997），發現蒙受神經疾患（例如，阿滋海默氏症、創傷性腦部傷害）的臨床組在所有 8 個 WMS-III 主要指標上的得分顯著偏低。例如，在 35 名可能罹患早期阿滋海默氏症人們的樣本中，他們在 8 個指標中的 6 個所獲得的平均分數是在 65 到 69 之間。這特別值得注意，因為記憶缺失在阿滋海默氏症的進展中是初期訴怨。

WMS-III 的效度探討頗具前景。例如，在以不同程度創傷性腦部傷害（TBI）的病人為對象的研究中，WMS-III 在鑑定輕度 TBI 病人的表現上優於 WAIS-III（Fisher, Ledbetter, Cohen, Marmor & Tulsky, 2000）。這很重要是因為它證明 WMS-III 觸及的是記憶有關的層面（被認為在輕度 TBI 中損傷的層面），而不僅是智力的代理測量。再者，WMS-III 保留它的前身（即 WMS-R）的基本特色，而 WMS-R 已有大量的效度研究被供應。例如，Ryan 和 Lewis（1988）發現近期解毒（detoxified）的酒精成癮者有實質的記憶缺失。這是重要的發現，因為採用原版 WMS 的臨床研究並未揭示酒精成癮者有記憶缺失，這引起研究人員懷疑第一版的效度。WMS-R 在鑑定閉合性頭部傷害引起的神經心理缺失上也運作良好（Reid & Kelly, 1993）。在有關的發現上，Mittenberg、Azrin、Millsaps 和 Heilbronner（1993）發現，有些人試圖在 WMS-R 上假裝頭部傷害症候群，但是他們產生的分數型態可被辨別於頭部傷害的真正個案。這是重要的結論，因為當頭部傷害的當事人提起訴訟或爭取賠償時，測驗結果的準確性經常是爭議所在。WMS-R 也在精神分裂症病人身上揭示預期的記憶缺失，支持了該測驗的效度（Gold, Randolph, Carpenter and others, 1992）。

(二) Rey 聽覺語文學習測驗

在 1900 年代早期，瑞士心理學家 Edouard Claparede（1873-1940）提出一份記憶測驗，它涉及自由回想 15 個項目的字詞表單。這份測驗演進為「Rey 聽覺語文學習測驗」（Rey Auditory Verbal Learning Test, RAVLT），使得它成為持續使用之最古老的心理測驗之一（Boake, 2002）。該測驗最初出現在法國（Rey, 1964），然後英語的改編版由 Lezak（1983, 1995）及其他人所提供。RAVLT 是非常盛行的記憶測驗，特別是為了臨床研究的目的。搜尋 PsychINFO，揭示從 1950 年起有超過 400 篇發表的論文是採用這項簡單的工具。

在施測 RAVLT 上，施測者朗讀 15 個具體名詞的一份表單，以每秒一個名詞的速度。受試者以任何順序儘可能多地回憶這些名詞。預先提醒受試者回憶所有的字詞，包括那些先前回憶出來的，施測者朗讀整份表單第二次。然後繼續發生第三次、第四次及第五次的施測及回憶。待這些完成後，施測者接下來朗讀一份新的字詞表單，作為干擾的嘗試。再接下來，受試者被要求立即回憶原先的表單（在沒有得助於新的呈現的情況下）。最後，再認（recognition）嘗試被編入，受試者必須從更長的書面表單中（如 50 個名詞）圈選出所施測的字詞。這份測驗產生一些分數，包括在初始 5 次嘗試中，每次所回憶出的字數（從 15 個字詞中），5 次嘗試的總字數（最高可能是 75 個），在干擾的表單被朗讀後的立即回憶，以及再認的分數。

Rosenberg、Ryan 和 Prifitera（1984）的結論是，關於採用其他效標而被認定有記憶減損的病人，RAVLT 在鑑定這類病人上表現良好。除了表現的全面下降外，記憶損傷病人在橫跨 5 次學習嘗試中顯現偏低的改善進度。RAVLT 的成人常模可見之於 Geffen、Moar、O'Hanlon、Clark 和 Geffen（1990）以及 Wiens、McMinn 和 Crossen（1988）。關於 5 歲到 16 歲兒童的常模則是由 Bishop、Knights 和 Stoddart（1990）所提供。根據 530 名認知正常的人們（從 56 歲到 97 歲），Ivnik、Malec、Smith 和其他人（1992）貢獻了年齡專屬的常模。Schmidt（1996）則編輯、摘要及綜合 RAVLT 現行供應的常模。

(三) Fuld 物件－記憶評估

「Fuld 物件－記憶評估」(Fuld Object-Memory Evaluation) 是針對老年人的一份實用的記憶損傷測驗 (Fuld, 1977)。施測的起始是呈現給受試者一個袋子，其中含有 10 個常見的物件（球、瓶子、鈕扣等等）。該任務不被描述為是一份記憶測驗。受試者被要求決定他／她是否能夠僅靠觸覺鑑別一些物件。每個物件被觸摸，然後指名；受試者接著把該物件拉出袋子，看看自己的判斷是否正確。在所有 10 個項目都被正確鑑別後，施行干擾性的作業，即受試者被要求以語義的類別（例如，姓名、食物、使得人們快樂的事物、蔬菜，或使得人們悲傷的事物）快速指名一些字詞。然後，受試者被要求儘可能多地回憶出先前的物件。在每次回想後，受試者被緩慢而清楚地以言辭提醒在該次嘗試中遺漏的每個項目，這樣的程序稱為選擇性提醒 (selective reminding) (Buschke & Fuld, 1974)。受試者因此被給予再 4 次的機會透過選擇性提醒以回憶出表單，在每次嘗試後都附有干擾的作業。延遲的回憶在 5 分鐘的間隔後進行測試。最後，該測驗以多選項的再認測試作為完結。

Fuld 測驗通常被用來協助確認阿滋海默氏症的診斷。在阿滋海默氏症的早期階段，最突顯的症狀是記憶減損。記憶損傷的老年人不僅在「Fuld 物件－記憶評估」上的得分低於控制組受試者，他們也從選擇性提醒中獲益極少。Fuld (1977) 已為社會活躍人士和健康的療養院居民（在他們 70 多和 80 多歲時）提供常模。Fuld、Masur、Blau、Crystal 和 Aronson (1990) 描述一項有前瞻性的研究，即 Fuld 測驗被證實有希望作為認知正常老年人之癡呆的預測指標。

(四) Rivermead 行為記憶測驗

「Rivermead 行為記憶測驗」(Rivermead Behavioral Memory Test, RBMT) 是日常記憶的測量，諸如尋找路線、記住姓名及提取訊息 (Wilson, Cockburn & Baddeley, 1991)。我們列舉 RBMT 的一些分測驗：

- 「姓名」(Names)：呈現一張照片，照片上寫著當事人的姓和名。受試者稍後被要求記起照片人物的姓和名。
- 「所有物」(Belonging)：在施測開始時，受試者需要交出個人所有物（如皮夾），然後在受試者觀看下加以藏起。稍後，受試者必須記住索回該物件，然後也要找出隱藏之處。
- 「約定」(Appointment)：受試者被要求記住，當他聽到警報計時器的聲音時，就要發問下一次約定的日期。

- 「立即故事」（Immediate Story）：施測者朗讀一篇短文，然後隨即要求受試者回想出儘可能多該簡短故事的一些要素。
- 「延遲故事」（Delayed Story）：在完成另外一些分測驗後，受試者被要求回想出儘可能多該故事的一些要素。
- 「臉孔」（Faces）：受試者被呈現 5 張卡片，上面各有一幅臉孔，然後被要求從一組 10 張卡片中再認出這些臉孔。

RBMT 在老人醫療及復健背景中相當流行，這是因為它堅定的生態效度——其分測驗極類似於日常生活的任務和活動（Guaiana, Tyson & Mortimer, 2004）。該工具的另一項優點是它評鑑記憶的許多成分。例如，該測驗評價所有下列層面：短期、長期、語文、空間、回溯性及前瞻性記憶。前瞻性記憶（記住在未來去做一些事情）在已往研究中很少受到重視，但是在記憶的評價上是一項受歡迎的追加。

(五) 記憶與學習的廣距評鑑

「記憶與學習的廣距評鑑」（WRAML）的原始版本是第一份包羅廣泛的記憶量表（Adams & Sheslow, 1990），針對於兒童使用（從 5 歲到 17 歲）。該測驗的第二版稱為 WRAML-2（Wide Range Assessment of Memory and Learning-2）（Sheslow & Adams, 2004），除了保留對兒童的關注，它也延伸常模到上達 90 歲。因此，WRAML-2 的獨特之處是，它是唯一可被使用於兒童和成年人二者的記憶量表。除了施測者的方便外（不需要購買和學習幾種記憶測驗），採用跨越寬廣年齡的單一測驗也具有臨床的價值。具體地說，當臨床人員想要對隨後進入成年期的兒童或青少年案主從事追蹤測試時，使用單一測驗避免了引進與不同測驗有關之測量誤差的陷阱。

WRAML-2 包含六個核心分測驗，它們再促成三個指標分數：語文記憶、視覺記憶，以及注意／專注。這些指標分數集合地建立起全面「綜合記憶指標」。

除了核心記憶分測驗，WRAML-2 也利用延遲記憶作業和再認記憶作業。前者要求自由回憶（free recall）先前呈現的材料，至於後者則僅牽涉對材料的再認（recognition）。這兩種格式（延遲和再認）有助於分辨記憶方面的儲存困難與提取困難。特別是，當案主在延遲記憶上表現不良，但是在再認記憶上表現優良時，這最可能是提取方面發生困難，而不是儲存方面。這有幾分類似於考生當面對填充題時記不起答案，但是當面對選擇題卻順利作答的情形。事實上，相較於再認記憶，提取記憶要求不同的神經基質。雖然在一生中，個人在提取和再認記憶二者都有勝任的運作較是常態，但是在老年時經常會出現明顯的落差（有利於再認），特別是發生在若干神經狀況（諸如阿滋海默氏症）和某些型式的腦部傷害中。

WRAML-2 也包括一些選項的分測驗，它們可被用來評估相對上新穎的記憶測量的領域，也就是工作記憶（working memory）（Baddeley, 1986）。WRAML-2 有兩項工作記憶分測驗，一是檢驗語文工作記憶，另一是檢驗語文與視覺工作記憶的結合。

對於 WRAML-2 而言，因素分析研究強烈支持所被測量之三個儼然有別的領域（語文記憶、視覺記憶，以及注意／專注），也支持新近引進的工作記憶領域。特別令人印象深刻的是，該分析顯示在性別和族群方面極低的題目偏差（item bias）。如同 WMS-III，效度研究顯示，臨床組（罹患神經疾患）在所有 WRAML-2 指標上的得分顯著低於非臨床組。WRAML-2 與 WAIS-III 全量表 IQ 的相關是中度的，這支持編製者的宣稱，即它測量的是不同於智力的一些東西，雖然有一些關聯。但引人興趣的是，WRAML-2 與 WISC-III 的相關還更為低些，這表示智力與記憶能力之間的相關在兒童身上略低於在成年人身上。

因為兩份測驗都宣稱是記憶測驗，而且在用來評鑑記憶的多種作業上顯現一些相似性，這就令人好奇，WMS-III 和 WRAML-2 是否產生近似的分數（也就是，是否存在適當的同時效度）。採用 79 名從 17 歲直到 74 歲的成年人，測驗編製者顯示，這兩份測量的全面記憶指標只有 4.7 個點數的差距。然而，兩項記憶工具的分數之間相關是從 .29 延伸到 .60。這些適度的相關說明它們是在測量記憶之稍微不同的層面，不是可以互相替換的工具。

(六) 另一些學習與記憶的測驗

因為篇幅所限，我們只能簡要提及另幾個實用之學習與記憶的測驗。加州語文學習測驗－第二版（California Verbal Learning Test-II）是仿照 Rey AVLT，但是提供軟體以對測驗結果的型態進行量化及分析（Delis, Kramer, Kaplan & Ober, 2000）。Benton 視覺保留測驗（Benton Visual Retention Test）是一份頗為盛行的視覺記憶測驗（Sivan, 1991）。關於記憶測驗的良好審查可以覓之於 Lezak（1995）、Reeves 和 Wedding（1994），以及 Spreen 和 Strauss（1998）。

五、語言功能的評鑑

如前面提過，語言運作為大腦左半球的整合提供了窗口。因此，神經心理學家極感興趣於受試者談話、閱讀、書寫及理解他人說話內容的能力。更不用訝異的是，綜合神經心理檢驗總是納入一種或多種評估語言功能的方法。

神經心理學家特別感興趣於各種語言功能失常，它們被統稱為失語症。簡言之，失語症（aphasia）是指腦部傷害引起之語言表現上的任何偏差，也就是全部或局部喪失語言理解（聽、閱讀）和表達（說、寫、手勢、表情）能力的現象。在失語症的測試上，神經心理學家可能採取下列三種途徑：(1) 非標準化的臨床檢驗；(2) 標準化的篩選測驗；或 (3) 失語症的綜合診斷測驗。

(一) 失語症的臨床檢驗

失語症的臨床檢驗具有簡化、變通及簡短的優勢。當評鑑嚴重損傷病人而可能需要在床邊施測時，這些是重要的屬性。關於簡要的臨床檢測，每位臨床人員擁有稍微不同的版本（Lezak, 1995; Reitan, 1984, 1985）。儘管如此，若干要素通常會受到評鑑：

- 自發性的談話：主試者觀察受試者如何引發談話、如何發音，以及如何組織談話。
- 重複性談話：主試者要求病人重複說出一些字句及片語，諸如「No ifs, ands, or buts」和「Methodist Episcopal」。這些作業如此簡單，正常受試者幾乎很少失誤。
- 口頭語言的理解：主試者發問一些問題（「汽車是否有把手？」），或提出一些命令（「拿起這張紙，摺成一半，然後放在地板上」）。再度地，這些作業如此簡單，正常受試者絕少失誤。
- 指名：主試者指向一些常見、容易辨認的物件，然後發問「這是什麼？」典型的項目包括手錶、鉛筆、眼鏡、戒指及鞋子。
- 閱讀：主試者要求案主大聲念出及解釋一篇文章，這篇短文適合案主原先的教育和智力水準。
- 寫字：主試者要求受試者抄寫（copy）、聽寫及造字。
- 計算：主試者要求案主執行非常簡單的數學計算（例如，17×3），在附有或不附有便條紙的情況下。

根據臨床評鑑，主試者可能填寫評定量表（rating scale）以估量失語症的嚴重性，像是在「波士頓診斷失語症檢查」(Boston Diagnostic Aphasia Exam)（Goodglass, Kaplan & Barresi, 2000）中所使用的評定量表。

(二) 失語症的篩選與綜合診斷測驗

失語症的標準化篩選測驗極為類似於簡要臨床檢查。其基本差別在於標準化篩選測驗在施測和評分上納入客觀而精確的指示。至於篩選測驗的短處是，它們將無法偵察微妙形式的失語症。圖 10-3 描繪在失語症的篩選測驗中廣泛使用的一些刺激。

失語症的綜合診斷測驗相當冗長，主要是當病人已知發生失語症時被派上用場。這些測驗提供了語言技能的剖析圖，有助於治療的規劃。目前較為通行的失語症測驗包括：Multilingual Aphasia Examination（Benton, Hamsher, Rey & Sivan, 1994）、Western Aphasia Battery（Kertesz, 1979）、Boston Diagnostic Aphasia Examination（Goodglass, Kaplan & Barresi, 2000）、Porch Index of Communicative Ability（Porch, 1983），以及 Token Test（Spreen & Strauss, 1998）。

1.	4.	7.
10.	11.	12.
7 SIX 2 13.	M G W 14.	SEE THE BLACK DOG 15.
HE IS A FRIENDLY ANIMAL, A FAMOUS WINNER OF DOG SHOWS 16.	SQUARE 20.	SEVEN 21.
85 − 27 = 24.	26.	PLACE LEFT HAND TO RIGHT EAR. 29.

附註：這些作業涉及指名、拼字、閱讀、複誦及計算。

圖 10-3 Reitan-Indiana 失語症篩選測驗的刺激圖形

資料來源：Reitan, R. M. & Wolfson, D.（1985）.

六、空間與操作能力的測驗

空間和操作能力的測驗也被稱為構成表現（constructional performance）的測驗。構成表現測驗結合了知覺活動和運動反應，當然也始終具有空間的成分（Lezak, 1995）。因為構成能力涉及幾種複雜的功能，即使輕微形式的腦部功能失常也將會造成缺損的構成表現。然而，我們需要仔細觀察以辨別不良表現的起因，這可能包括空間混淆、知覺缺陷、注意困難、動機不足及運動失調症。運動失調症（apraxia）指稱的是多種功能失常，其特色是複雜舉動的指令或執行發生故障，造成當事人無法從事連續而有目的的動作（Strub & Black, 2000）。例如，假使病人無法示範如何使用鑰匙，他將會被診斷為罹患觀念運動性失用症（ideomotor apraxia）。

構成表現測驗包含兩大類別的活動：畫圖和裝配。因為篇幅所限，我們將只在每個類別審視一些傑出的工具。

(一) 畫圖測驗

毫無疑問，最受到廣泛使用的畫圖測驗（drawing test）是「班達視覺動作完形測驗」（Bender Visual Motor Gestalt Test），但它更常被稱為「班達完形測驗」（BGT）（Bender, 1938）。BGT 包含九個刺激圖形（參考圖 10-4）。受試者被指示在一張空白紙上

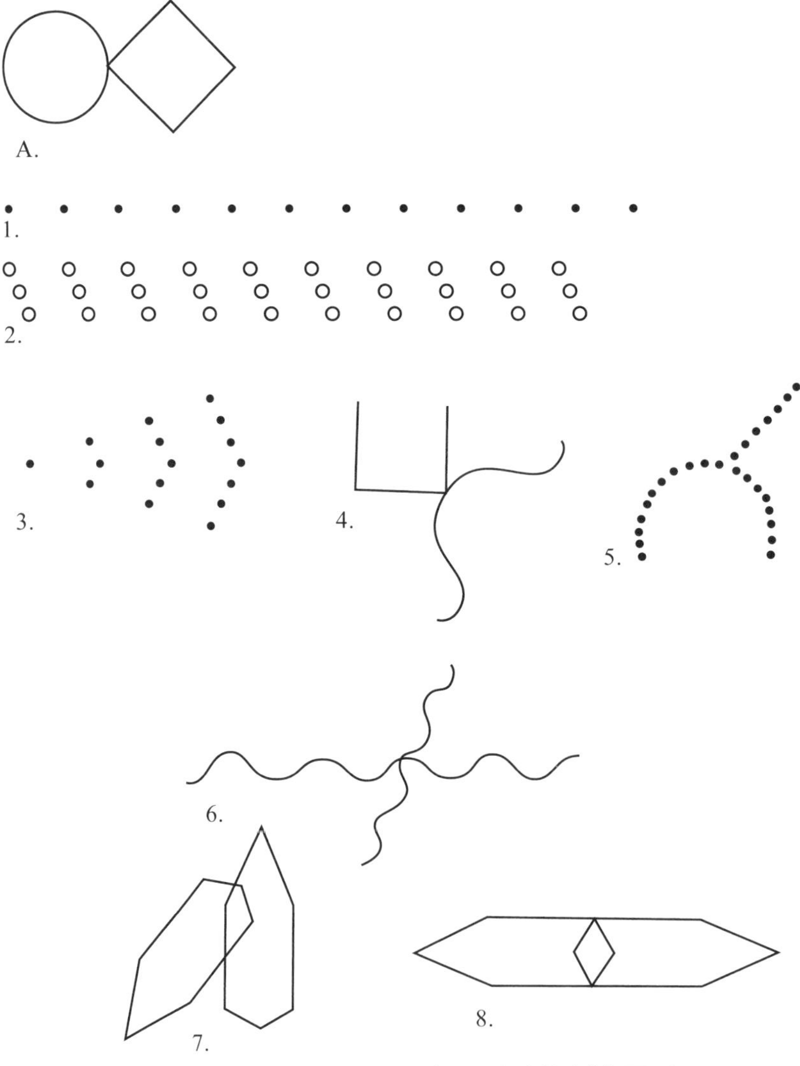

圖 10-4　班達視覺動作完形測驗的刺激圖形

資料來源：Bender, L.（1938）. Copyright © Lauretta Bender and the American Orthopsychiatric Association.

逐一畫出這些圖形。受試者被告知，「這不是藝術能力的測驗，你所要做的是儘可能準確地把卡片上的圖案描繪在空白紙上。畫圖的速度照你平常做事情的速度就好，不要快也不要慢」（Hutt, 1977）。

幾種評分系統已被提出以決定受試者的表現究竟較屬於腦部損傷或非腦部損傷人們的典型情況（Hain, 1964; Hutt & Briskin, 1960; Lacks, 1999; Pascal & Suttell, 1951; Pauker, 1976）。對成年人而言，這些評分方法中最適宜的見之於 Lacks（1999）。她為整個原始紀錄檢定出 12 項計分的定性徵狀。任何五個這些徵狀的呈現就表示有腦部傷害的可能性（參考表 10-2）。根據另一些來源的資料的獨立確認，Lacks 報告她的「腦傷指標查核表」的命中率達到 82-86%──在一個都會社區精神醫療單位的混合樣本中（Lacks & Newport, 1980）。Gregory（1999）討論了關於 BGT 的幾項引人興趣的變化形式。Groth-Marnat（1990）則以整章論述這項工具，包括它在兒童和成年人方面的解讀準則。

在 2003 年，BGT 的擴充版本被推出，稱為「班達－完形第二版」（Bender-Gestalt II, BG-II）（Brannigan & Decker, 2003）。BG-II 可能將會與原先版本競爭，但不是加以取代── BGT 已太堅定在臨床工作者間鞏固自己的地位，不可能太早就退位。新版只是擴充原版，而不是完全改頭換面。例如，它包含原先 9 個刺激圖卡，然後補充一些追加圖卡。這些新的圖卡是打算延伸較低端和較高端能力的測量尺度。編製者也提供明確的計分系統，每個臨摹圖形在從 0（不相似）到 4（幾近完美）的 5 點量表上接受評分。當然，BG-II 也提供包羅廣泛而以人口普查為依據的常模──透過提出標準分數、T 分數、百分等級、信賴區間（confidence interval，或置信區間）及分類標籤。標準分數被稱為「視覺動作整合」（Visual Motor Integration, VMI），寄託在平均數 100 和標準差 15 之上。這是 BG-II 實用的特性，因為它使得我們能夠拿 VMI 分數與 IQs、記憶商數及其他

表 10-2　班達完形測驗之診斷徵狀的摘要

1. 圖形旋轉：圖形被旋轉 80 度到 180 度。
2. 重疊困難：在兩個圖形重疊之處的描繪上發生困難（針對圖 6 和圖 7）。
3. 圖形簡化：圖形以較簡單或較容易的形式被畫出來。
4. 支離破碎的圖形：圖形被支解為好幾個部分，以至於失去整體的完形。
5. 圖形退化：圖形被畫得非常原始而幼稚，不相稱於受試者的年齡。
6. 圖形續畫：前一刺激的特性被延續到現行的刺激中（例如，畫圖 2 的空心圓點時，繼續畫成圖 1 的實心圓點）。
7. 圖形相撞：兩個分開的圖形被畫成彼此重疊或相撞。
8. 圖形無能：圖形被多次擦拭，或沒有能力改善圖形達到個人滿意。
9. 圖形閉合困難：難以讓圖形鄰接的部分碰觸在一起。
10. 動作不協調：畫圖時發生很明顯的顫抖，導致線條的不規則。
11. 角度困難：所畫圖形的角度與原先圖形的角度呈現頗大差距（45 度到 80 度）。
12. 圖形凝結：圖形某一部位的大小明顯地增加或減小。

附註：假使全部受測時間超過 15 分鐘，可以加計第 13 項失誤。

資料來源：Lacks, P.（1999）.

被常模化為平均數 100 和 SD15 的指標進行比較。

「希臘十字架」（Greek Cross）（Reitan & Wolfson, 1993）是非常簡單的畫圖作業，但卻令人驚訝地對於腦部損傷非常靈敏。受試者被要求仔細地臨摹該圖形，不要讓鉛筆離開紙面，也就是一筆劃。圖 10-5 顯示刺激圖形和缺損表現的一些實例。這份測驗經常是在定性（qualitative）的基礎上進行評估，雖然評分指南（scoring guides）早已被提供（Swiercinsky, 1978; Gregory, 1999）。

(二) 裝配測驗

在 Critchley（1953）關於頂葉的經典書籍中，他提出把三度空間構成作業收納在神經心理測驗組合中的理念：

> 雖然這種性質的測驗很少被採用，但我們應該設法讓受試者處理三度空間的問題。這是一種較為困難的任務。有些病人對於採用紙筆的平常程序有頗為良好的應對，但是當被告訴根據三維的模型裝配積木時，卻可能顯現重大的失常。

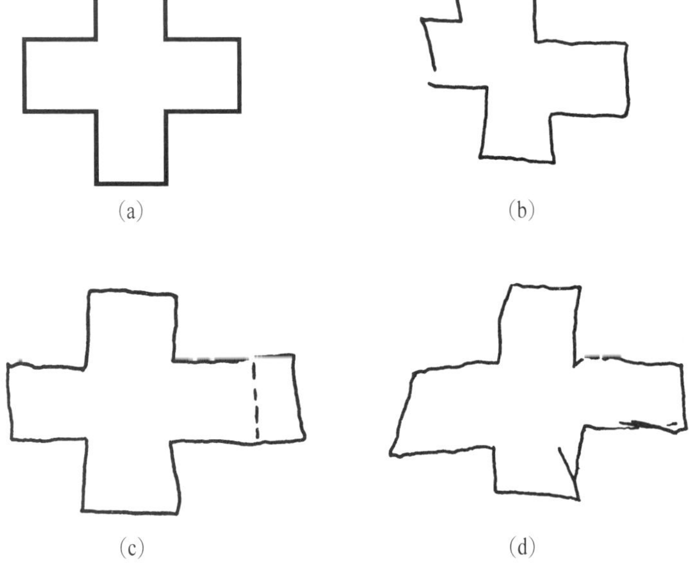

(a) 刺激圖形。
(b) 文書工作人員，具有未知來源的瀰漫性右半球功能不良。
(c) 大學教授，在右半球發生中風後的兩年。
(d) 病人，具有綜合而瀰漫性的癡呆。

圖 10-5　希臘十字架刺激圖形和已知有腦傷人們的臨摹圖形

資料來源：Gregory, R. J.（1999）. Copyright © 1999 by Pearson Education. Adapted by permission of the publisher.

Benton、Sivan、Hamsher、Varney 和 Spreen（1994）呈現一種三維的積木構成測驗，具有極佳的常模和評分指南。該測驗的兩種型式（題本 A 和 B）各自含有三個積木模型，每次對病人呈現一個模型。病人被要求建構跟該模型一模一樣的東西，透過從零亂放在托盤上的一套積木中挑選適當的積木。根據遺漏、添加、替換及移位的情形，三個模型各自接受不同點數的計分。這份測驗對於腦部損傷相當敏感，特別是當左側或右側頂葉受到影響時。Lezak（1995）討論另一些裝配作業。我們應該提一下，賀斯戴－瑞田測驗組合中的「觸覺操作測驗」（Tactual Performance Test）部分地也是一種裝配作業，它是在測量空間和操作的能力（參考表 10-1）。

七、執行功能的評鑑

執行功能（executive functions）是指個人有效管理和引導自我行為的能力，這些功能包括邏輯分析、形成概念、推理、策劃及思考的變通性。執行功能的評鑑為神經心理學家提出一個不尋常的兩難處境：

> 檢驗執行功能的一個主要阻礙是，我們看似自相矛盾地需要組成一種情境，使得病人能夠顯示他們是否能夠（以及做得多好）自行建立結構。在正規的檢驗中，典型的情況是施測者決定受試者從事些什麼活動、採用什麼材料，以及何時、什麼地方及如何執行。例如，大部分認知測驗幾乎沒有留給受試者任何餘地從事自由裁決的行為。因此，當打算檢驗執行功能時，臨床人員面對的問題變成如何把目標設定、建立結構及達成決定的任務在結構式的檢測中從臨床人員移轉到受試者身上。（Lezak, 1995）

許多神經心理學家在解決這個困境上採用臨床方法以評估執行功能，而不是實施正規的測驗（Cripe, 1996）。例如，Pollens、McBratnie 和 Burton（1988）利用晤談和觀察以填寫關於執行功能的結構式檢核表。

只有少數的神經心理測驗有以任何可察覺的程度觸及執行功能。這方面實用的工具包括 Porteus 迷津、威斯康辛卡片分類測驗，以及一種稱為 Tinkertoy 測驗的新式途徑。我們提醒一下讀者，賀斯戴－瑞田測驗組合中的「類別測驗」（Category Test）也在某種程度上捕捉了執行功能（參考表 10-1）。

Porteus 迷津測驗（Porteus Maze Test）是設計作為策劃和預見（foresight）之減少文化影響的測量（Porteus, 1965）。在鉛筆不離開紙面而設法避開死巷的前提下，受試者必須探索出一條路線，穿過一系列愈來愈困難的迷津。這項低度使用的工具對於腦部傷害的效應相當敏感，特別是在額葉（Smith & Kinder, 1959; Smith, 1960; Tow, 1955）。

Krikorian 和 Bartok（1998）已發表當今的 Porteus 迷津常模，針對從 7 歲到 21 歲的人們；這些研究人員也證實，該測驗分數與 IQ 分數只有極低的關聯。Mack 和 Patterson（1995）探討 Porteus 測驗是否適合作為阿滋海默氏症之老年病人的執行功能的有效測量。在 276 名蒙受過創傷性腦部傷害（TBI）的兒童病人的研究中，Levin、Song、Ewing-Cobbs 和 Roberson（2001）發現，Porteus 測驗對於 TBI 嚴重程度頗為敏感——如腦部前額葉區域之組織損傷的容積所測量的。

威斯康辛卡片分類測驗（Wisconsin Card Sorting Test, WCST）是執行功能的良好測量，雖然它對於額葉損傷的辨別靈敏性引起爭論（Mountain & Snow, 1993）。該工具是設計來探討抽象思維和轉移心向的能力（Berg, 1948; Heaton, Chelune, Talley and others, 1993）。WCST 包含許多組圖片（總共 64 張），每張卡片上所蓋印符號的形狀（三角形、星狀、十字形或圓圈）、符號的顏色（紅色、綠色、黃色或藍色），以及符號的數量（1 個到 4 個）各有所不同（圖 10-6）。因此，沒有兩張卡片是完全相同的。受試者被要求依據從主試者的回饋（主試者只說「那是對的」或「那是錯的」）所演繹出的原則（同樣顏色、同樣形狀或同樣數量）把每張卡片放在適宜的刺激卡片下。在施測期間的好幾個時間點，主試者不預先通知地改變原則，但這只能根據主試者對於接下來卡片分類的「對或錯」回饋中推論出來。測驗持續進行，直到受試者已完成六回合的 10 次正確放置。WCST 能夠以幾種不同方式被評分，包括達到標準的總嘗試次數（Axelrod, Greve & Goldman, 1994）。WCST 常見的用途是在近期發生腦部創傷的病人身上測定進行中的復原情況。對於認知缺損的病人而言，他們似乎很難以抽象或概念化的方式進行思考。

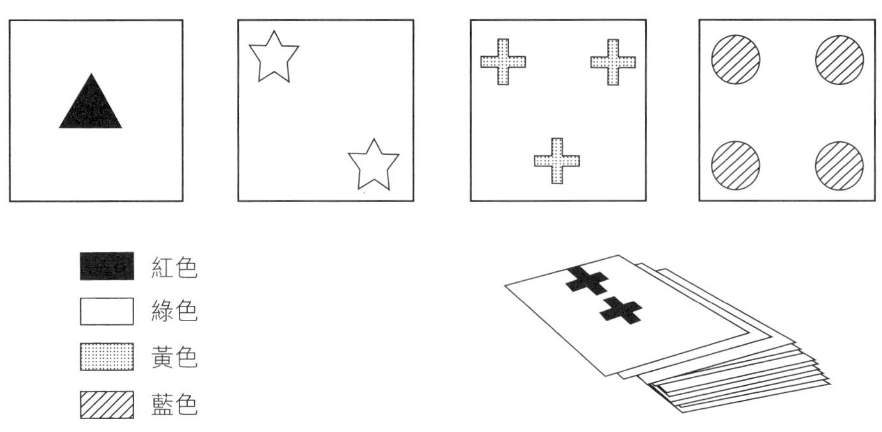

圖 10-6　威斯康辛卡片分類測驗的施測材料

資料來源：Psychological Assessment Resources, Inc. Copyright © 1981 by Psychological Assessment Resources, Inc.

神經心理學家仍然需要執行功能之另一些測量。一種還在早期發展階段之有前景的方法是真實世界的「路徑尋找」（route finding）的評鑑。在城市中找到不熟悉地點的能力需要策略、自我監視及糾正的手段。這些是應用於現實問題上的執行功能（Boyd & Sauter, 1993）。另一種有前途之評鑑執行功能的方法已具體表現在近期的一項測驗組合上，稱為「執行功能惡化症候群的行為衡鑑」（Behavioral Assessment of the Dysexecutive Syndrome）（Wilson, Alderman, Burgess and others, 1999）。BADS 測驗組合包含六項新式的情境測驗，就類似於真實生活日常活動，像是時間定位（Temporal Orientation）、規則轉移卡片（Rule Shift Cards）、行動方案（Action Program）及動物園地圖（Zoo Map）等。

BADS 也包括 20 個題目的執行功能惡化問卷，其題目是在 5 點（0 到 4）的利克特量表（Likert scale）上接受評定。這些題目涉及當執行功能受損時可能發生的變動。例如，「我有困難為未來預先思考和規劃。」這些問題針對四個寬廣領域：人格／情緒變動、動機變動、行為變動，以及認知變動。Spreen 和 Strauss（1988）為這項測驗組合提供有益的審查。Norris 和 Tate（2000）則拿 BADS 與另外六種經常使用的執行功能測驗進行比較。在 36 名神經病人的樣本中，他們證實了這項新工具在預測日常角色運作的勝任能力上擁有優良的生態效度。Simon、Giacomini、Ferrero 和 Mohr（2003）發現，BADS 是精神分裂症病人之社會適應的良好測量，它與心理社會適應指標的相關是 r = .34。BADS 在這個背景中的表現優於「威斯康辛卡片分類測驗」和「軌跡追蹤測驗題本 B」。D'Amato（2001）對於 BADS 在跟其他測量之關係上的效度驗證表示憂慮，他建議在更進一步研究被完成之前，避免過度的臨床使用。

運動輸出的評鑑

大部分神經心理測驗組合包含有操作速度和操作準確性的測量。Lezak（1995）提供了廣延的審查。我們將簡要摘述三種方法：手指輕敲、樁板表現及線條循跡。

關於動作靈巧性，最被廣泛使用的測試或許是來自賀斯戴－瑞田測驗組合的「手指輕敲測驗」（Finger-Tapping Test, FTT）。這份測驗涉及在機械性的計數裝置上以食指輕敲一個小鍵盤。每次測試時間是 10 秒鐘，首先從慣用手開始敲，在連續 3 次測試後，休息 2 至 3 分鐘再進行其餘的 2 次測試。同樣的程序也用來測試非慣用手的食指。每隻手的分數是這 5 次嘗試的平均數，四捨五入後以整數表示。對慣用手而言，男性典型的分數是大約 54 次輕敲（SD = 4），至於女性的典型分數是大約 51 次輕敲（SD = 5）（Dodrill, 1979; Morrison, Gregory & Paul, 1979）。

一般而言，主試者較不感興趣於受試者的絕對表現水準，他們想知道的是受試者身體兩側的相對能力。根據常模的預期，慣用手的分數應該高於非慣用手 10% 左右。假使兩手的差異達到 20% 或更多，那麼得分較少的那隻手的對側腦部可能有所損傷（Haaland & Delaney, 1981）。然而，這樣的推論務必謹慎，因為比率分數（ratio score）擁有非常低的信度。雖然對任一隻手單獨而言，重測信度和施測者間信度都接近 .80，但比率分數的信度是低落的 .44 到 .54（Morrison, Gregory & Paul, 1979）。在從事關於腦傷側化的臨床推論上，比率分數應該被很謹慎地使用。

普渡椿板測驗（Purdue Pegboard Test）需要受試者以左手、右手、然後兩手把插鞘（木栓）插入大小剛好適合的孔洞中。每次嘗試持續只有 30 秒，所以整套測驗可以在幾分鐘內施測完成。Tiffin（1968）報告了工作應徵者的常模分數。任一隻手的相對遲緩暗示對側大腦半球的損傷，至於兩隻手的遲緩則表示瀰漫性或雙側的腦部傷害。只採用普渡椿板測驗本身，一項研究發現它在一大群正常受試者和神經病人間以 80% 的準確度鑑別腦部損傷（Lezak, 1983）。另一些研究報告較不那般有利的發現（Heaton, Smith, Lehamn & Vogt, 1978）。普渡椿板測驗是廣延的測驗組合之有益的添補，但是不應該作為篩選用途而被單獨使用。Spreen 和 Strauss（1998）為這份廣泛使用測驗的常模提供極佳的摘要。

Klove 已開發椿板測驗的一種變化型式，即沿著插鞘一側有一些紋路（Klove, 1963）。因為每個插鞘必須被旋轉到固定位置上，「溝紋椿板」（Grooved Pegboard）也需要複雜的手部協調——除了動作靈巧性外。溝紋椿板測驗是評鑑側化的腦部傷害的極佳工具（Haaland & Delaney, 1981）。

最後，我們應該提一下若干實用的動作測驗，它們不需要精巧的儀器或裝置。Lezak（1995）建議以線條循跡作業評估動作調整（motor regulation）上的困難（圖 10-7）。受試者被給予明亮色彩的簽字筆和一張印有幾個圖案的紙張，然後被告訴儘可能快地依循線條的軌跡照走一次。當受試者有動作調整的困難時，這將會顯現在走過頭的轉角、進行中反應的延續，以及沒有能力依循底層圖案的簡化曲線上。因為這項作業容易被大部分 10 歲兒童所完成，任何顯著的偏差可能暗示動作調整上的困難。

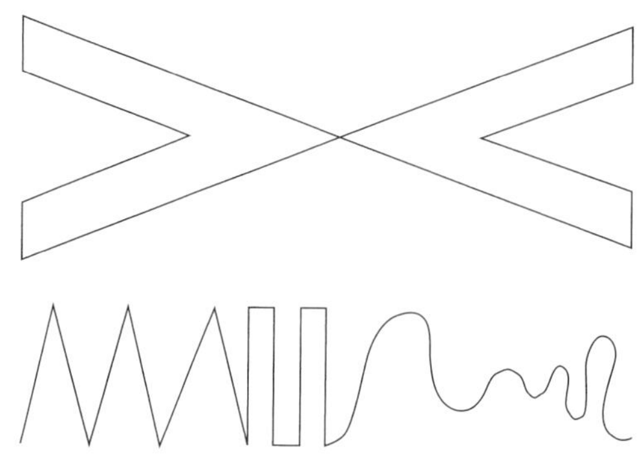

圖 10-7 典型的線條循跡作業（縮小的圖案）

九 神經心理評鑑的測驗組合

現在，我們已完成一些個別神經心理測驗及程序的旅行，我們在這裡有必要再度提醒讀者，許多神經心理學家偏好採用固定的測驗組合，而不是不斷轉換、個別化分類的工具。當然，最被廣泛使用的固定測驗組合之一是「盧利亞－內布拉斯加神經心理測驗組合」（LNNB）（Golden, 1989; Golden, Purish & Hammeke, 1980, 1986），目前正發行它的第三版（LNNB-III）（Teichner, Golden, Bradley & Crum, 1999）。

該測驗包含 269 個各別的項目，從 Luria（例如，1966）的研究工作中所挑選，而且已正式標準化。這些項目根據在施測和評分手冊中的精確標準被計分為 0、1 或 2。類似的項目被共同組成 11 個臨床量表，從 C1 到 C11（表 10-3）。每個量表上的原始分數被轉換為 *T* 分數，其平均數為 50，標準差則為 10。愈高的分數反映愈為心理病態；高於 70 的分數特別暗示著腦部損傷。

三種摘要量表也從測驗表現中推衍出來：S1（病徵量表）、S2（左半球量表），以及 S3（右半球量表）。病徵量表（Pathognomonic scale）反映自從損傷以來所發生代償的程度，諸如腦部的功能重整和實際的身體恢復。愈高的分數反映愈少的代償作用（compensation）。「左半球量表」和「右半球量表」可被用來協助決定某一損傷是否為瀰漫性或單側化。另一些量表和判讀因素也已被供應（Golden, Purish & Hammeke, 1986）。LNNB 的用途在個案提示 10-1 中舉例說明。

表 10-3 盧利亞－內布拉斯加神經心理測驗組合的各個測驗及程序

能力量表：所涉作業包括
C1 運動功能：協調性、速度、畫圖、複雜的動作能力。
C2 節律功能：注意、分辨，以及製造語文和非語文的律動刺激。
C3 觸覺功能：鑑別觸覺刺激，包括在手腕上走動的刺激。
C4 視覺功能：鑑別圖畫，包括部分重疊和失焦的物體；解決漸進推理和另一些視覺空間技能。
C5 接受性言語：辨別音素，以及理解單字、片語及句子。
C6 表達性言語：清楚的發音，流暢的語句表達；檢定描繪或描述的物件。
C7 書寫功能：一般的運用動作書寫的能力；聽從指示摹寫及描畫。
C8 閱讀技能：朗讀字母、單詞及句子；綜合字母成為聲音和單詞。
C9 算術技能：完成簡單的數學計算；理解數學符號和數字結構。
C10 記憶：在受到干擾和不受干擾的情況下記住語文和非語文的刺激。
C11 智力功能：推理、概念形成，以及複雜的數學問題解決。

個案提示
10-1

盧利亞－內布拉斯加神經心理測驗組合

為了說明 LNNB 的用途，我們呈現一名 56 歲男子的個案，他擁有大學後的專業訓練（Golden, 1989）。這位病人在被實施 LNNB 之前右半球發生過兩次中風。他在臨床量表和摘要量表上的分數如下面所顯示。讀者將可注意到，對照於 S2 分數（左半球，$T = 81$），S3 分數顯著地升高（右半球，$T = 124$），這表示某一損傷強烈地單側化在腦部的右邊。另外也要注意，S1 只是適度升高（$T = 75$），指出病人在代償他的腦部損傷上已獲致尚可的進展。病人的語言（C5 和 C6）和智力（C11）顯得大致上健全，但是閱讀、書寫和記憶（C7、C8 和 C10）顯現可能的輕微損傷（分別是 $T = 60$、60 及 65）。最嚴重的障礙是發生在 C1 直到 C4 上，也就是運動、節律、觸覺及視覺。這表示嚴重的感覺運動損害。檢視量表上特定的失誤，顯露 74% 的失誤牽涉到視覺。病人顯示一致的左半球單側失職，也就是視覺刺激（如單詞或句子）的左側被忽視。總之，測驗結果相當一致指出右半球中央大腦動脈的重度中風。該中風顯然損害了感覺運動區域，也損害以腦部視覺區域為終點的皮質下神經通路。

量表		*T* 分數
C1	運動（Motor）	99
C2	節律（Rhythm）	92
C3	觸覺（Tactile）	92
C4	視覺（Visual）	85
C5	接受性言語（Receptive Speech）	39
C6	表達性言語（Expressive Speech）	40
C7	書寫（Writing）	60
C8	閱讀（Reading）	60
C9	算術（Arithmetic）	45
C10	記憶（Memory）	65
C11	智力（Intelligence）	53
S1	病徵（Pathognomonic）	75
S2	左半球（Left Hemisphere）	81
S3	右半球（Right Hemisphere）	124

附註：正常受試者被預期的分數是大約 50；愈高的分數反映愈大的損傷。

我們無法審視關於 LNNB 的大量文獻，但是簡要地提及一些重要的研究肯定是值得的。LNNB 的信度已從尋常的透視（折半、內部一致性及重測）接受評估，取得優良的結果。例如，臨床量表的平均重測信度是接近 .90（Bach, Harowski, Kirby, Peterson & Schulein, 1981; Plaisted & Golden, 1982; Teichner et al., 1999）。在各種「腦傷人士 vs. 其他效標組」分類的效度研究中，LNNB 已顯示達到 80% 或更佳的命中率（hit rates）（Golden, Moses, Graber & Berg, 1981; Hammeke, Golden & Purish, 1978; Moses & Golden, 1979; Teichner et al., 1999）。

儘管 Golden 及其同事們所報告關於 LNNB 的正面評價，有些神經心理學家仍然對該測驗表示懷疑（例如，Lezak, 1995）。一項憂慮是，這些量表的異質性（heterogeneity）這般巨大，個別的量表分數不是在量化特定的神經心理缺失，反而只是用來辨別正常人們與腦傷病人（Snow, 1992; Van Gorp, 1992）。早期審查者也表示憂慮，即接受性和表達性言語量表不是定位於失語症的症候群，因此可能錯誤診斷了語言缺失（Delis & Kaplan, 1982）。在 LNNB 的辯護上，Purish（2001）主張最初的批評是建立在對於該工具之理論基礎的錯誤觀念上。再者，根據他的觀點，這些批評已大致上被不斷擴充之支持該測驗的大量實徵研究所否決。

十、酒精使用疾患的篩選

人們可能以各種方式濫用酒精，被捲入一系列的不幸和悲劇，從偶爾的宿醉以迄於實質上飲酒致死。但是，臨床人員和研究人員普遍地認定兩種診斷：酒精濫用（alcohol abuse）和酒精依賴（alcohol dependence）（美國精神醫學會，1994）。引人興趣的是，不論是酒精濫用或酒精依賴都不是依據攝取特定數量的酒精加以界定，雖然典型地會牽涉相當數量的酒精。「酒精濫用」的標準是指飲酒為病人的生活帶來的功能衝擊。特別是，假使當事人符合下列四項標準中的一項或多項，就可能被診斷為酒精濫用。簡言之，這些標準是：

- 一再地酒精使用，以至於妨礙當事人在工作、家庭或學校中重要的生活責任。
- 酒精使用導致不安全的行為，諸如在醉酒的情況下開車。
- 酒精使用引起持續的法律糾紛，諸如因為打架而被逮補。
- 酒精使用造成與配偶或重要他人的衝突。

除了符合一項或多項這些標準，病人也必須不符合物質依賴之診斷的標準，後者通常涉及較為嚴重而慢性的症候群。具體而言，假使病人符合下列七項標準中的至少三項，就可能被診斷為「酒精依賴」。簡言之，這些標準是：

- 耐藥性，或逐漸地需要更多酒精才能達到相同的效果。
- 戒斷症狀，諸如當終止飲酒時雙手會顫抖。
- 飲酒遠比個人所預定（所意願）的更為大量或更為持久。
- 想要戒除或減少飲酒，但是多次努力都不能成功。
- 花費大量時間於使用酒精或從酒精作用恢復過來。
- 為了飲酒放棄或減少重要的社會、職業或休閒活動。
- 儘管有明顯的健康困擾，諸如胃潰瘍，仍然持續使用酒精。

考慮到酒精使用疾患在美國高度的盛行率，幾乎不可避免地，心理學家和另一些臨床人員將會遇到在這個領域內發生困擾的病人。幸好，目前已存在幾個簡單的設計，能夠有效應用於篩選及評鑑，我們在這裡加以檢視。在某些情況中，這些工具極為簡易，主要是由臨床人員隨意地發問一些「是－否」問題。在另一些情況中，較為傳統的「紙筆問卷」被派上用場。

CAGE 問卷是一項簡短的篩選工具，它涉及由臨床人員發問案主是否想過「減少」（Cut down on）飲酒、是否對於別人對他飲酒的批評感到「煩惱」（Annoyed）、是否對於他的飲酒感到「愧疚」（Guilty），或是否有「早上起床就飲酒」（Eye-opener drink）的行為。當病人表示贊同，甚至只有單一項目時，這就暗示酒精使用疾患的存在；至於對兩個或兩個以上項目答「是」，這幾乎保證病人將會符合酒精濫用或酒精依賴的準則。研究還指出，當不居先發問病人關於喝酒數量或喝酒頻率的問題時，CAGE 將會更具效果（Steinweg & Worth, 1993）。顯然，關於數量和頻率的問題引發病人的否認，使得準確的評鑑幾近不可能。在退除役軍人醫院臨床中心施行的研究中，CAGE 正確地鑑別 86% 的病人——這些病人稍後被確診有酗酒（酒精中毒）情況。再者，CAGE 準確地排除 93% 的病人——這些病人稍後被確診沒有酒精困擾。令人驚訝地，在這個大部分是男性的臨床人口中，酒精中毒的盛行率被判定是 22%（Liskow, Campbell, Nickel & Powell, 1995）。

有些研究人員發現 CAGE 問卷對於篩選男性較為有效——相較於篩選女性（Cherpitel, 2002）。在回應這項缺點上，稱為 TWEAK 問卷的類似工具已特別針對女性開發出來。TWEAK 的頭字語是指對飲酒的耐藥性（Tolerance）、擔憂（Worried）的朋友或親戚們、早上起床就飲酒（Eye-opener）、對喝酒期間所說或所做的事情失憶（Amnesia），以及感到有必要減少（Kut down on）酒精攝取（Russell, Martier, Sokol and others, 1994）。TWEAK 在 7 點量表上評分，前二個項目各自拿到 2 點，後三個項目則各自拿到 1 點。2 個點數或 2 個點數以上的總分表示可能有酒精困擾。TWEAK 在篩選女性的酒精困擾上高度準確（Bradley, Boyd-Wickizer, Powell & Burman, 1998）。

CAGE 和 TWEAK 絕不是酒精困擾之唯一的頭字語篩選工具。另一些工具包括五個項目的 RAPS 問卷或快速酒精困擾篩選（Rapid Alcohol Problems Screen）（Cherpitel, 1995），以及十個項目的 AUDIT 問卷或酒精使用疾患鑑別測驗（Alcohol Use Disorders

Identification Test)(Saunders, Aasland, Babor and others, 1993)。大量努力已投注於 AUDIT 問卷的編製及驗證效度。關於這項工具的研究已受到世界衛生組織（WHO）的認同肯定，而該量表也已被翻譯為多種語言。

十一 老年人心理狀況評鑑

心理狀況檢查（mental status examination, MSE）是較不具結構式的晤談，通常居先於其他形式心理評估和醫學評鑑而被施行。這項評估的目的是為病人在許多領域中的運作提供準確的描述，包括定向感、記憶、思想、感受及判斷等領域。MSE 就等同是綜合身體檢查的心理版本：就如同醫生檢查所有主要的器官系統以尋找疾病的證據，心理學家也檢查主要類別的個人運作和智能運作，以便尋找心理病態的徵兆和症狀（Gregory, 1999）。雖然關於 MSE 的範圍存在一些自由度，若干心理功能幾乎總是受到調查。典型的評估涉及表 10-4 所列舉的那些領域。

這個表單中有一些要素能夠以簡短的篩選測驗加以評鑑。特別是，認知、記憶及定向感是屬於智力的功能，可以透過正規、結構的方式加以測試（Hodges, 1994）。這一節中，我們將檢視幾個簡要的心理狀況的測量，臨床人員用以來增添晤談的印象。這些測

表 10-4　典型的心理狀況檢查所評估的主要領域

外觀與行為
打扮修飾、臉部表情、大肌肉動作、眼神接觸。

言談與溝通歷程
說話內容、速度、聲調及音量；措辭難易度、混淆及誤用。

思想內容
合乎邏輯、清晰度、適宜性、妄想。

認知與記憶運作
計算能力、立即回憶、近期及遠期記憶、知識貯存、抽象化能力。

情緒運作
主要的心境、情感的適切性。

洞察力與判斷力
察覺自己的困擾。

定向感
星期幾、日期、時間、地點。

資料來源：Gregory, R. J. (1999).

量最常使用在老年人心理狀況的評估，特別是當案主似乎有癡呆症時，諸如阿滋海默氏症。心理狀況的正規測驗也有助於若干腦傷情況的評鑑，諸如頭部傷害、精神分裂症、重度憂鬱，以及藥物引起的譫妄（delirium）。我們有必要強調的是，篩選測驗只是補充性的——它們不能取代在心理狀況評估上的臨床判斷。MSE 所涵蓋的一些領域是完全不可能量化的。例如，當評估病人的洞察力時（insight），這將需要敏銳的觀察和靈敏的晤談技巧。MSE 不具備有關於洞察力的篩選測驗。

(一) 迷你版心理狀態檢查

最受到廣泛使用的心理狀況工具是「迷你版心理狀態檢查」（Mini-Mental State Examination, MMSE），它是一份 5 到 10 分鐘的篩選測驗，產生認知運作之客觀的總括指標（Folstein, Folstein & McHugh, 1975; Tombaugh, McDowell, Kristjansson & Hubley, 1996）。該測驗包含 30 個可評分的題目，它們與定向感、立即記憶、注意、計算、語言產生、語言理解及圖案模仿有所關聯。這些題目如此容易，正常成年人幾乎總是可以拿到 27 點到 30 點範圍內的分數（圖 10-8）。

這項簡易工具的信度相當優良。根據 Folstein 諸人（1975）的報告，對 22 名擁有多樣化憂鬱症狀的病人而言，24 小時的重測信度是 .89。對於 23 名臨床上穩定而擁有癡呆症、憂鬱症及精神分裂症之診斷的病人而言，長達 28 天期間的信度是令人印象深刻

5	對時間的定向感（星期、日期、月份、季節及年份）
5	對住所的定向感（樓層、建築物、社區、城市、州）
3	立即記憶（三個單詞，以口頭呈現）
5	注意和計算（逐次加 7，減 5 運算）
3	延遲回憶（先前以口頭呈現的三個單詞）
2	指名（鉛筆和手錶）
1	背誦（以口頭呈現的簡短句子）
3	理解（遵從簡單的口頭指令）
1	閱讀（念出簡單的指令，加以服從）
1	書寫（寫出簡單的句子）
1	畫圖（臨摹兩個交叉的五角形）
30	總分

圖 10-8　迷你版心理狀態檢查的各個領域和評分權值

的 .99。常模資料已有許多來源加以供應（例如，Lindal & Stefansson 1993; Tombaugh, McDowell, Kristjansson & Hubley, 1996）。

採用「23分以下為異常和24分以上為正常」作為截切分數（cutting score），在鑑別被懷疑有阿滋海默氏症或其他癡呆症的老年病人方面，MMSE 達到大約 80-90% 的準確率。這個截切分數很少產生錯誤肯定（false positives，即正常病人被歸類為有癡呆症）。該工具的靈敏性取決於一些因素，包括所採用的截切分數、受試者的教育水準、癡呆的程度、基礎病理的本質，以及從事評鑑的情境類型（Anthony, LeResche, Niaz, Von Korff & Folstein, 1982; Tombaugh, McDowell, Kristjansson & Hubley, 1996; Tsai & Tsuang, 1979）。儘管它的一些限制，MMSE 仍然是老年人癡呆之最可信賴而實用的篩選測驗（Ferris, 1992）。Drebing、Van Gorp、Stuck 和其他人（1994）推薦它在老年人的認知衰退上被用作為簡短篩選測驗組合的一部分。另外幾項老年人心理狀況的測量包括 Cognistat（Kiernan, Mueller & Langston, 1997）、Information-Memory-Concentration（Blessed, Tomlinson & Roth, 1968）、Short Portable Mental Status Questionnaire（Pfeiffer, 1975）、Dementia Rating Scale（Mattis, 2001），以及 Test of Temporal Orientations（Benton, Sivan, Hamsher, Varney & Spreen, 1994）。

第 11 章

特殊性向測驗與興趣的測量

一、特殊性向測驗
二、興趣的測量

在人事甄選上，除了自傳資料和就業面談外，許多認知能力測驗也經常被派上用場。認知能可以指稱綜合構念，就類似於智力；也可以指稱各種特定的構念，諸如語文技能、數值能力、空間知覺或知覺速度（Kline, 1993）。綜合認知能力測驗和特定認知技能的測量（也稱為特殊性向測驗）在人事甄選、評估及安置上具有許多用途。這樣的測驗通常迅速、不昂貴而容易判讀。關於標準化能力測驗在人事甄選上的效度和公平性，大量實徵研究已提供適度到強烈的支持（Gottfredson, 1986）。例如，Hunter 和 Hunter（1984）對於預測工作表現的研究執行後設分析，他們的結論是，就入門水準的工作而言，沒有其他預測指標（除了工作樣本外）踰越能力測驗的效度。但是，專家們也特別提醒，人事甄選的決定不應該完全只建立在認知測驗結果上（Robertson & Smith, 2001; Outtz, 2002）。

另一方面，對大部分心理施測的用途而言，評鑑的目標相當清楚。例如，智力測試有助於預測學業表現；性向測試預測個人獲致成就的潛力；至於人格測試則提供關於社會與情緒運作的訊息。但是，興趣評鑑的目的是什麼？為什麼心理學家會加以推薦呢？案主從對他興趣的調查中可以期待知道些什麼？

興趣的評鑑促成兩個相容的目標：生活滿足和職業生產力。幾乎顯而易見地，個人興趣與所選擇職業之間良好配合將有助於促進個人的生活滿足。畢竟，當工作是自己所感興趣時，我們也才較可能體驗個人實踐。此外，當個人滿意他的工作時，他也才較可能具有生產力。因此，雇主和員工二者可從興趣評鑑的巧妙應用中各蒙其利。幾項實用的工具已針對這個目的而存在。

特殊性向測驗

特殊性向測驗（special aptitude test）是專門為測量一種特定能力而設計，每份測驗只包含一種單獨的性向，以之來評鑑受試者在該領域上的潛力，以及預測他未來從事有關活動的發展性。特殊性向測驗多年來在教育、職業輔導及人事甄選上使用頗為廣泛。

實際上有好幾百種特殊性向測驗已針對人事甄選而被供應，我們在這裡勢必無法檢視全面範圍的工具。反而，我們將強調三份有代表性的測驗：其一是在測量綜合認知能力，其二是針對於評鑑機械能力，其三則牽涉文書工作的高度特定層面。我們挑選來進行審視的三項工具──「Wonderlic 人事評估」、「班奈特機械理解測驗」及「明尼蘇達文書測驗」──僅是為人事甄選而提供之數以百計認知能力測驗中的一些範例。所有這三份測驗經常被使用在工商企業背景中，因此值得特別一提。表 11-1 列出在人事甄選上較常遇到的一些代表性的認知能力測驗。關於人事甄選的認知能力測試，若干正統的觀點

表 11-1 人事甄選上使用的一些代表性的認知能力測驗

綜合能力測驗（General Ability Tests）
Shipley 學院生活量表（Shipley Institute of Living Scale）
Wonderlic 人事測驗（Wonderlic Personnel Test）
Wesman 人事分類測驗（Wesman Personnel Classification Test）
企業人事測驗（Personnel Tests for Industry）

多元性向測驗組合（Multiple Aptitude Test Batteries）
普通性向測驗組合（General Aptitude Test Battery）
三軍部隊職業性向測驗組合（Armed Services Vocational Aptitude Battery）
區分性向測驗（Differential Aptitude Test）
員工性向測驗（Employee Aptitude Survey）

機械性向測驗（Mechanical Aptitude Tests）
班奈特機械理解測驗（Bennett Mechanical Comprehension Test）
明尼蘇達空間關係測驗（Minnesota Spatial Relations Test）
修訂明尼蘇達紙形板測驗（Revised Minnesota Paper Form Board Test）
SRA 機械性向（SRA Mechanical Aptitudes）

動作能力測驗（Motor Ability Tests）
克勞福零件靈巧性測驗（Crawford Small Parts Dexterity Test）
普渡榫板（Purdue Pegboard）
手部－工具靈巧性測驗（Hand-Tool Dexterity Test）
史壯柏格手部靈活測驗（Stromberg Dexterity Test）

文書測驗（Clerical Tests）
明尼蘇達文書測驗（Minnesota Clerical Test）
文書能力測驗組合（Clerical Abilities Battery）
綜合文書測驗（General Clerical Test）
SRA 文書性向（SRA Clerical Aptitudes）

附註：SRA 表示「科學研究協會」。這些測驗在「心理測量年鑑」叢書中接受審查。

可以覓之於 Ghiselli（1966, 1973）、Hunter 和 Hunter（1984），以及 Reilly 和 Chao（1982）。關於這個議題的當今論述則由 Borman 諸人（1997）、Guion（1998）及 Murphy（1996）所提供。

(一) Wonderlic 人事測驗

即使它被描述為人事測驗，但是 Wonderlic 人事測驗（WPT）真正而言是綜合心理能力的團體測驗（Hunter, 1989; Wonderlic, 1983）。使得這項工具多少在人事施測上突顯的是它的格式（50 個多項選擇題）、它的簡短性（12 分鐘的時限），以及它甚多的複本（或更替卷，總計 16 個）。Wonderlic 上的題目類型相當多樣化，包括詞彙、語句重新編排、算術問題解決、邏輯歸納，以及諺語的解讀。下列題目捕捉了 Wonderlic 的特色：

1. REGRESS 是下列何者的反義字：
   a. ingest　b. advance　c. close　d. open
2. 兩個人買了一輛汽車，總共花費 \$550；*X* 比起 *Y* 多付 \$50。*X* 付出多少費用？
   a. \$500　b. \$300　c. \$400　d. \$275
3. HEFT CLEFT——這些單詞具有
   a. 相似的意義　b. 相反的意義　c. 既不相似也非相反的意義

WPT 的信度相當令人印象深刻，特別是考慮到該工具的簡短性。內部一致性信度典型地達到 .90，至於複本信度通常超過 .90。常模資料的提供是依據 126,000 名從 20 歲到 65 歲的成年人。關於效度，假使 WPT 被視為綜合心理能力的簡短測驗，那麼所得發現相當正面（Dodrill & Warner, 1988）。例如 Dodrill（1981）報告，WPT 上的分數與 WAIS 上的分數之間相關是 .91。這個相關已經跟任何兩個主流的普通智力測驗之間所發現的相關一樣高。Bell、Matthews、Lassister 和 Leverett（2002）報告，WPT 與「考夫曼青少年和成人智力測驗」之間在成年人樣本上有強烈的一致性。Hawkins、Faraone、Pepple、Seidman 和 Tsuang（1990）則報告，WPT 與 WAIS-R IQ 之間有類似的相關（r = .92）——對 18 名長期狀況不良的精神病人而言。然而，在他們的研究中，一位受試者無法處理 WPT 的格式，這表示嚴重視覺空間損傷可能使得該測驗失效。Wonderlic 新近的革新是增添四種型式的測試，稱之為「學業水準檢測」（Scholastic Level Exam），以使用在教育甄選和諮商上。Wonderlic 在教育背景中的效度尚未被堅定地建立（Belcher, 1992）。

關於在 WPT 的測驗手冊中所列舉的一些判讀準則，審查人員提出一些憂慮（Geisinger, 2001）。例如，對於所拿到原始分數在 16 到 22 之間的人們而言，手冊中指出，除了例行差事外，他們在其他方面的能力有限。但是這些 WPT 分數對應於 IQs 93 到 104；也就是說，這樣人們是完全位於智力的正常範圍內。因此，該判讀準則似乎太武斷，而且也不必要地限定。手冊中也列出截切分數，被使用在工商業超過 75 種職業上，但這引起一些訓練不足之人事主管的不安，害怕會過度判讀一些個別分數。這對於少數族群特別可能帶來麻煩，因為 WPT 上的種族差異相當顯著（Geisinger, 2001）。事實上，根據 Chan（1997）的報告，美國黑人大學生比起白人大學生認為 WPT 在作為預測性的就業測量上較不具效果。

關於 Wonderlic 的另一項憂慮是，母語不是英語的受試者將會在該測驗上受到不公平、不利的待遇（Belcher, 1992）。Wonderlic 是一份速度測驗。事實上，它如此倚賴速度，以至於 30 歲以上的受試者被添加一些點數以補償隨著正常老化而產生之明顯的速度減緩。然而，對於母語不是英語的受試者（他們可能也在執行上較為緩慢），它並沒有施行分數的調整。為了解決所援引的各種不公平的議題，一種方法將是在 Wonderlic 上為不計時的表現提供常模。然而，出版商已拒絕這項提議。

(二) 班奈特機械理解測驗

在許多工作和職業中，機械原理的理解是良好工作表現的先決條件。這方面一項實用的工具（用於職業測試）是班奈特機械理解測驗（Bennett Mechanical Comprehension Test, BMCT）。這是一份紙筆測驗，它包含一些圖畫，受試者必須據以回答一些直截了當的問題。所描繪的情境強調一些基本機械原理和物理法則，它們是受試者在日常生活中可能會遇到的。例如，它可能描繪一連串的皮帶和飛輪，而受試者將被要求辨別兩個飛輪每分鐘的相對旋轉數。該測驗包括兩個複本（S 和 T）。

自第二世界大戰以來，BMCT 已被廣泛使用於軍方和民間的施測，所以這項工具已存在廣延而大量的技術資料和效度資料。折半信度係數的範圍是從 .80 多到 .90 多下半段。包羅廣泛的常模資料是由幾個團體所提供。根據大量較先前的研究，BMCT 的同時效度和預測效度顯然已被良好建立（Wing, 1992）。例如，在一項以 175 名員工為對象的研究中，BMCT 與 DAT 機械推理分測驗之間相關是令人印象深刻的 .80 。一項極吸引人的發現是，該測驗被證實在第二次世界大戰期間是飛行員成效的最佳預測指標之一（Ghiselli, 1996）。

儘管它心理計量的優越性，BMCT 極需要現代化。該測驗看起來老舊，而許多試題已過時。根據當今的標準，有些 BMCT 題目是性別歧視，或潛在侮辱少數族群（Wing, 1992）。關於過時和侮辱性試題的麻煩是，它們可能微妙地使得測驗分數產生偏差。BMCT 的現代化將是一種直截了當的方案，不但可以增進該測驗對於女性和少數族群的可接受性，也能夠同時保留它的心理計量優點。

(三) 明尼蘇達文書測驗

明尼蘇達文書測驗（Minnesota Clerical Test, MCT）聲稱是在測量跟文書工作有關的知覺速度和知覺準確性（perceptual speed and accuracy），它的格式自 1931 年引進以來保持基本上不變，雖然常模已經歷幾次的修訂，最新近是在 1979 年（Andrew, Peterson & Longstaff, 1979）。MCT 被劃分為兩個分測驗：數列比較（Number Comparison）和名稱比較（Name Comparison）。每個分測驗包含 100 對完全相同和 100 對不相似的數字或字母的組合（參考表 11-2）。不相似的配對通常只在一個數字或字母方面有所不同，所以比較的工作具有一些挑戰性。受試者被要求只查核完全相同的配對，它們被隨機地混雜在不相似的配對中。分數主要是取決於速度，雖然受試者也會因不正確的作答而被扣分（計分法為正確答案題數減去錯誤答案題數）。

表 11-2 類似於在明尼蘇達文書測驗上所發現的那些試題

數列比較

1. 3496482	________	3495482
2. 17439903	________	17439903
3. 84023971	________	84023971
4. 910386294	________	910368294

名稱比較

1. New York Globe	________	New York Globe
2. Brownell Seed	________	Brownel Seed
3. John G. Smith	________	John G Smith
4. Daniel Gregory	________	Daniel Gregory

MCT 的信度是可被接受的，根據報告，其穩定性係數是在 .81 到 .87 的範圍內（Andrew, Peterson & Longstaff, 1979）。手冊也報告了許多效度資料，包括若干不是全然在吹捧的研究發現。在這些研究中，MCT 被求取與工作表現的測量、與訓練結果的測量，以及與得自一些有關聯測驗的分數之間的相關。工商業助理、事務員、書記、會計、打字員及銀行出納員的工作表現與 MCT 上的分數具有顯著但是不堅定的相關。MCT 也與另一些文書能力的測驗有高度的相關。

儘管如此，關於 MCT 的效度和適用性仍然存有一些疑問。Ryan（1985）指出，手冊缺乏對「顯著 vs. 不顯著」效度研究的討論。此外，MCT 編製者未能提供詳細的資訊，關於在所報告的效度研究中被用作為效標量數（criterion measures）之工作、測驗及課程的特有性質。基於這個原因，我們難以推測 MCT 究竟在測量什麼。Thomas（1985）和 Ryan（1985）二人抱怨，1979 年的新式常模很難派上用場，因為 MCT 編製者們提供太少關於各種常模團體如何被組成的資料。因此，即使修訂的 MCT 手冊為 10 種職業分類提出新的常模，測驗使用者可能不確定哪個常模團體適用於他自己的情況。因為常模團體之間在表現上的顯著差別，定義的含糊性為這份測驗的可能使用者帶來重大的困擾。

興趣的測量

在員工的甄選上，個人興趣經常也是主管們的重要考量之一。我們可以描述一個粗略的方程式如下：生產力 = 能力 × 興趣。換句話說，在特定領域的高度能力不能保證個人的成功，高度的興趣同樣也不能擔保。當這二者變項被一起考慮時，才可能達成最佳的預測。

我們接下來批判性地檢視一些主要的興趣測驗。我們選定來審查的三項工具包括下列：

- 史氏興趣量表（Strong Interest Inventory, SII），它是知名的史氏職業興趣問卷（SVIB）最新近的修訂版。
- 庫德普通興趣調查表（Kuder General Interest Survey, KGIS），這項工具納入測驗建構的一些分歧的理念。
- 職業偏好量表（Vocational Preference Inventory, VPI），測量六項廣泛使用的職業主題。

(一) 史氏興趣量表（SII）

史氏興趣量表（SII）是史氏職業興趣問卷（Strong Vocational Interest Blank, SVIB）最新近的修訂版，後者是心理施測上最古老和最為著名的工具之一（Strong, Hansen & Campbell, 1994）。為了更佳理解 SII，我們首先探討它受尊重的前身（即 SVIB）的歷史。特別是，我們需要審視在 SVIB 的建構上所使用的引導假設，它們一直被延續到 SII。

SVIB 的初版在 1927 年推出，在這之前 8 年中，E. K. Strong 已有系統地論述如何測量職業興趣的基本程序，同時在卡內基理工學院參加研討班（Campbell, 1971; Strong, 1927）。在建構 SVIB 上，Strong 採用兩種在測量上很少被使用的技術。首先，受試者被要求針對一個大規模而多樣化的職業、教育學科、人格類型及休閒活動表達喜歡或不喜歡。其次，這些作答針對特定的職業被實徵地標記。在實徵導向中，只有當在某一職業中成功的人士傾向於以特有方式應答時（遠比對照組受試者更常如此），該特定作答（例如，喜歡輪式溜冰）才被指派到針對那個職業的量表中。

雖然 Strong 沒有以簡單而筆直的方式表達他的基礎假設，但是很清楚地，SVIB 的理論基礎是從人格的類型論、特質取向的概念推衍出來。Tzeng（1987）已在 SVIB 的發展和應用中檢定出下列的基本假設：

1. 每種職業可以在它的員工中找到興趣和人格特徵的適宜型態。這個理想型態以在該職業中的成功人士作為代表。
2. 每個人擁有相對上穩定的興趣和人格特質。當這樣的興趣和特質符合某一職業適宜的興趣型態時，個人具有高度的機會進入該職業，而且也較可能在該職業中獲致成功。
3. 根據對某一職業適宜之興趣和特質的型態，我們有希望把適合該職業的人們與一般他人區分開來。

Strong 建構他的測驗的量表是經由把幾個特定職業之效標組的作答與一般他人組的

作答進行對照。對每個效標組的受試者而言，他們都是該職業的員工，他們滿意於自己的工作，而且他們已經被如此僱用至少三年。辨別這兩組的題目（以適當的方向標記）是針對每個職業量表而挑選。例如，假使某一職業團體的成員比起一般他人較常表示不喜歡「在雜貨店購買商品」，那麼該題目（以不喜歡的方式標記）便被加進針對該職業的量表中。

最初的 SVIB 含有 420 個題目，而且僅具有少數的職業量表（Strong, 1927）。它當時僅適用於男性，而專門為女性編製的量表則稍後在 1933 年推出。這麼多年來，SVIB 已經歷多次的修訂（Tzeng, 1987），直到被稱為「史氏興趣量表」的現代化工具上達到頂點（Campbell, 1974; Hansen, 1992; Hansen & Campbell, 1985）。

雖然史氏興趣量表（SII）的編製是依據跟 SVIB 相同的理念，但最新近的版本已經在三個關鍵層面上脫離它的前身：

1. SII 把男性和女性的題本合併為單一的版本。
2. SII 引進理論架構以引導分數的組織和解讀，如稍後將討論的。
3. SII 在職業量表的數量上呈現實質的增添，特別是在 SVIB 中較少描述的職業／技術領域上。

SII 包含 317 個題目，它們被組成七個部分。第一部分為職業，第二部分為學校課程，第三個部分為活動，第四個部分為休閒活動，第五個部分則為跟不同類型人士的接觸。在這前五個部分中，受試者針對每一題目以「喜歡」、「中立」或「不喜歡」作答。（表 11-3）。第六個部分要求受試者在成對的項目（如應付事物 vs. 應付人們，體力活動 vs. 心智活動）之間表達自己的偏好。第七個部分涉及一些自我描述的敘述語句，受試者從「是」、「否」或「不一定」之中進行圈選。

表 11-3 摘自史氏興趣量表的特有題目

在下列項目中圈選「喜歡」、「中立」或「不喜歡」。

1. 駕駛卡車	________
2. 擔任公務員	________
3. 化學	________
4. 從事應用研究	________
5. 在戲劇中演出	________
6. 音樂雜誌	________
7. 社會學	________
8. 為慈善機構募集資金	________
9. 領袖人物	________
10. 名牌服飾	________
11. 固定工作時數	________
12. 有自信的人	________

SII 只能透過預付費用的答案卷或小冊子（它們被郵寄或傳真到出版社之處）評分，或透過購買軟體系統（這為立即測驗結果提供當場的評分）。評分結果是以 6 頁的側面圖列印出來，根據幾個主題組織而成，每頁的背面印有關於分數解讀的詳細說明。所有分數是以標準分數表達，其平均數為 50，標準差則為 10。男性和女性的常模資料被各別報告，但是透過簡單的視覺置換可以獲致跨性別的比較。

在最為全面的層次上是六個綜合職業主題分數（General Occupational Theme Scores），也就是現實性、調查性、藝術性、社會性、企業性及傳統性。這些主題分數是建立在 Holland（1966, 1985ab）的理論分析上，我們稍後將會討論他的研究工作。每個主題分數是針對一種主要的興趣領域，描述了工作環境和人物類型二者。例如，當人們在現實性（Realistic）主題上拿到高分時，他們通常相當堅定、不容易表達自己的情感，以及偏好有重型機械的戶外工作。在這個主題分數內，我們可以發現 25 種「基本興趣量尺」（Basic Interest Scales），諸如冒險、數學及社會科學。這些興趣量尺是實徵上推衍的，它們由具有實質交互相關的一些題目所組成。

在最為特定的層次上，SII 的測驗結果包括 211 種關於個別「職業量尺」（Occupational Scales）的分數，這些職業如醫師、教授、攝影師、牧師及空服員等。在 SII 的 1985 年修訂上，這些量尺以平常的手法被建構，也就是拿在特定職業中任職人員的作答與一般男性和一般女性樣本的作答進行比較（Hansen, 1992; Hansen & Campbell, 1985）。效標組（criterion groups）的樣本大小是從 60 人到 420 人，大部分組別含有 200 人以上。各個效標組在取樣上都符合下列幾個條件：(1) 年齡在 25 歲到 60 歲之間；(2) 對他們的職業感到滿意；(3) 符合成功就業的若干最起碼標準；以及 (4) 就任該職業至少三年以上。1985 年版本的標準化涉及對超過 140,000 人施測，其中只有 50,000 人符合量表編製的標準。

SII 新近的革新是增添個人風格量尺（personal style scales）（Harmon, Hansen, Borgen & Hammer, 1994）。這些是立意於測量對廣泛的生活風格和工作風格的偏好。透過顯示對不一樣風格的舒適程度，這些量尺有助於職業輔導。四種風格量尺是：

1. 工作風格（Work Style）。高分表示對於與人們共事的偏好，低分則意味對於觀念、資料及事物感到興趣。
2. 學習環境（Learning Environment）。高分表示對於學術性學習環境的偏好，低分則表示對於較為應用性學習活動的偏好。
3. 領導風格（Leadership Style）。高分表示對於負責管理他人感到舒適，低分則表示感到不安。
4. 冒險／投機。高分表示對於冒險和投機活動的偏好，低分則是較喜歡安全和可預測的活動。

個人風格量尺各自擁有平均數 =50 和標準差 =10。需要注意的是，這些是真正兩極式量表，每一極是截然不同而有意義的。

(二)對 SII 的評估

SII 代表超過 50 年的研究達到頂點，它實際上涉及數以千計的研究報告，也包括好幾十萬的受測者。在評估這項工具上，我們只能略述研究上的基本趨勢，感興趣的讀者可以參考另一些資料來源（Savickas, Taber & Spokane, 2002; Tzeng, 1987; Campbell & Hansen, 1981; Hansen, 1984, 1987, 1992; Hansen & Campbell, 1985）。我們也應該指出，對 SII 之信度和效度的評估是局部地建立在它與 SVIB 的類似性上，而後者已存在龐大的技術資料。

根據重測研究，SII-SVIB 的信度已被證實就短期而言極為良好，一個星期和兩個星期的穩定性係數對職業量表而言普遍是在 .90 多。當重測的間隔是幾年或幾十年時，職業量表的相關降至 .60 多和 .70 多——除了初試時年齡已在 25 歲以上的受試者外。對於初試時還是青少年的較年幼受測者而言，15 年之後的中數重測相關是在 .50 左右（Lubinski, Benbow & Ryen, 1995）。但是對於較年長的受測者而言（在 25 歲後才接受初試），他們 10 年到 20 年之後的中數重測相關是了不起的 .80（Campbell, 1971）。很顯然，隨著我們通過青年期，個人興趣變得非常穩定。SII-SVIB 上的問題在職業分數中捕捉了該穩定性，為這些工具所賴以建立之人格的特質概念提供了支持。

SII-SVIB 的效度主要是取決於最初職業側面圖預測最後所追求職業的能力。根據 Strong（1955）的報告，人們將會從事職業量表上的高分所預測職業的機率是大約三分之二，而受試者將會從事當受測時他們顯現極低興趣職業的機率是大約五分之一。雖然另一些研究人員對於確切的比例提出不同看法（Dolliver, Irvin & Bigley, 1972），但是很清楚的，SII-SVIB 在預測職業入場上具有令人印象深刻的命中率。該工具在預測受試者將不會進入的職業上甚至具有更良好的功能。在近期的研究中，Donnay 和 Borgen（1996）為 SII 的構念效度提供證據，透過證實 SII 上的 50 種職業組別之間有強烈的整體區別性：

> 就寬廣的畫面來看，不同職業中的人們在喜歡和不喜歡上顯現重大而可預測的差異，不論是從職業興趣的角度來看，或是從個人風格的角度來看。至於史氏興趣量表則為這些差異提供有效、結構式及包羅廣泛的測量。(p.290)

SII 主要是適用於高中生、大學生及成年人，他們在延伸的教育上正尋求職業輔導或建議。因為大部分學生的興趣在 13 歲或 14 歲之前尚未成熟或不夠穩定，SII 不被推薦使用在高中水準以下。如在報告的信度資料中明顯看出的，SII 隨著受試者的年齡漸長而漸進地更具價值，而我們也經常看到中年人士利用這項工具的結果作為轉換職業跑道的指南。

(三) 庫德普通興趣調查表

在過去 50 年所編製之一系列高度受重視的庫德職業興趣量表中，庫德普通興趣調查表（Kuder General Interest Survey, KGIS）代表最新近的演進。這些工具中最先出現的是在 1939 年發表的「庫德個人偏好記錄表」。這項工具引進一種引人興趣之強迫選擇的作答格式，一直被延用到今日。庫德個人偏好記錄表已經歷幾次的修訂，在 1979 年現身的是「庫德職業興趣調查表－修訂版」（KOIS-R）（Kuder & Diamond, 1979）。KOIS-R 是一份著名的測驗，它為超過 100 種特定職業組別和幾近 50 種大學主修學科提出參考分數。KOIS-R 所瞄準的人口大致上跟 SII 和 SVIB 相同。為了呈現多元化的興趣測驗，我們在這裡討論 KGIS 可能更具啟發性。

KGIS 在興趣量表中的獨特之處是，它是專門為測量青少年期（從 6 年級到 12 年級）的興趣發展而編製（Kuder, 1975）。該測驗僅需要 6 年級以上的閱讀能力，而且可以由課堂教師加以實施和現場人工評分。因此，KGIS 極適合青少年在發展早期探索自己的教育目標和職業目標。

KGIS 也在方法論上顯得不尋常：該量表採用三選一強迫作答的格式以測量興趣。具體而言，測驗上的每一題目含有三個描述不同活動的陳述語句，受試者被要求從三者中指出自己「最喜歡」和「最不喜歡」的選項。這種強迫選擇法特別適合於檢定沒有誠實答題的受試者。

KGIS 含有 168 個題目，它產生 10 種在性質上大部分是自比（ipsative）的興趣分數。讀者應該還記得，自比測驗上的分數反映的是個體之內的變異性，而不是個體之間的變異性。關於 KGIS，個人跟外在參照團體的比較在決定分數上只具有次等的重要性。（真正而言，KGIS 只部分地是自比的。它三者擇一的題目中，有些是在不只一種量表中被計分）因此，當受試者在一種興趣領域中拿到高分時，這主要表示他在強迫選擇題目上偏好該領域更甚於其他領域。

這 10 個量表反映了寬廣領域的興趣：戶外（Outdoor）、機械（Mechanical）、計算（Computational）、科學（Scientific）、說服（Persuasive）、藝術（Artistic）、文學（Literary）、音樂（Musical）、社會服務（Social Service）及文書（Clerical）。第 11 個量表稱為驗證量表（Verification Scale），它是設計來決定受試者是否以合作坦誠的態度作答。手冊中報告了廣泛的重測、內部一致性及穩定性的資料——建立在從 6 年級直到 12 年級之 9,819 名學生的樣本上。6 個星期重測和內部一致性的資料普遍在可容許範圍內，年紀較大的學生則顯現較高的重測相關。良好信度的唯一可能例外是「說服量表」（有關於銷售的職位），對於 6 年級到 8 年級的男孩和女孩而言，所顯示的重測相關分別是 .69 和 .73。

至於長時期（超過 4 年的追蹤）的穩定性資料就不那般令人印象深刻。各量表之平均的穩定性係數只有 .50；對於低 IQ 的受試者（低於 100）而言，其係數甚至還更低些，對於「文書量表」而言低至 .19。這是不幸的結果，因為低 IQ 的青少年將會較為可能進入文書的領域——相較於高 IQ 的青少年。雖說如此，文書興趣的測量正是針對這個組別顯得高度不穩定。

(四) 關於 KGIS 和其他興趣量表的評論

考慮到 KGIS 所承擔任務的困難度（測量青少年廣泛的興趣型態），它的表現是在可接受的水準之上。在 6 年級到 8 年級中，KGIS 的結果可以激勵學生探索跟他們所測出的興趣有關的新經驗；在 9 年級和 10 年級中，測驗結果可以協助學生規劃高中的課程；至於在 11 年級和 12 年級中，測驗結果可以協助學生提出試驗性的（暫定的）職業選擇。

但是 KGIS 也蒙受所有現存興趣量表同樣的重大缺點，也就是完全沒有注意到機會（opportunity）。Williams 和 Williams（1985）已適切地表達這個觀點：

> 對那些特意地尋求興趣測量的人們而言，庫德絕對是可被接受的測量。但是在「興趣－能力－機會」三頭政治中，興趣只是其中之一。最重要的成員——機會——卻反而在心理計量上受到最少注意。這之所以如此也不必太驚訝。機會顯然是最不容易加以界定的構念，但是那些提供生涯諮商的專家絕不應該置之不理，不管這在測量和定義上多麼困難。

我們需要提醒讀者，對於機會的疏忽是所有興趣測量共同的情形，雖然這或許對於 KGIS 是更為嚴重的問題，因為這項工具是被使用在尚未進入工作市場的青少年。

(五) 職業偏好量表

「職業偏好量表」（Vocational Preference Inventory）是一份客觀、紙筆的人格與趣量表，使用於職業和生涯的評鑑（Holland, 1985c）。VPI 測量 11 種維度，包括六個人格－環境主題，即現實性、調查性、藝術性、社會性、企業性及傳統性；另五個增添的維度是自我控制（Self-Control）、男性化／女性化（Masculinity/Femininity）、地位（Status）、稀少性（Infrequency）及默從（Acquiescence）。測驗題目包含 160 種職業標題，受試者透過圈選「是」或「否」以表達對之的感受。VPI 是一份簡短的測驗（15 到 30 分鐘），它適用於 14 歲以上而擁有正常智力的人們。

Holland 提出，人格特質傾向於群聚為少數與職業有關的型態，稱之為類型（types）。對每個人格類型而言，也存在最為適合該類型之對應的工作環境。根據 Holland 的說法，總共有六種類型：現實性（Realistic）、調查性（Investigative）、藝術性（Artistic）、社會性（Social）、企業性（Enterprising）及傳統性（Conventional）。這有時候也被稱為 RIASEC 模式，以六個類型的第一個字母加以命名。這些類型是理想化的描述，很少人們（或環境）完全地吻合。儘管如此，Holland 相信大部分人傾向於類似一種類型更甚於其他類型。此外，個人也對第二和第三個類型顯現較低程度的類似性。

我們可以摘述人格－環境的類型如下：

- 現實性：適合運動的、缺乏語文和人際的技能，以及偏好「手工」或戶外的職業，諸如機械工、農夫或電工。
- 調查性：抱持非傳統態度之工作取向的思考者，極適合於科學和學術研究的職位，諸如化學家、物理學家或生物學家。
- 藝術性：個人主義的、避免刻板的情境，以及偏好審美的追求。
- 社會性：運用社會權能以解決問題、喜歡幫助他人，以及偏好教導或助人的專業。
- 企業性：擁有良好銷售技能的領導者，極適合於商業和管理的職位。
- 傳統性：順從及偏好結構性的角色，諸如銀行出納員或電腦操作員。

RIASEC 系統的六個主題可被排列為六角形，任何相互鄰接兩個主題間的相關應該高於與其他非鄰接主題間的相關，而且任一主題與它正對角線主題的相關必定低於它與其他主題的相關。例如，就理論上而言，在調查性主題與其他五種主題之間的相關中，它應該與現實性或與藝術性的相關最高，而且與企業性的相關最低，其餘也依此類推。

對六個主要量表而言，重測信度係數的範圍是從 .89 到 .97。VPI 常模是建立在得自較先前 VPI 版本之大學生和就業成年人的大型方便樣本上。但標準化樣本的特性沒有被適切界定，這使得該常模多少難以解讀（Rounds, 1985）。

VPI 的效度基本上跟 Holland（1985a）之職業興趣的六角形模式的效度綁在一起。實際上有數以百計研究已從不同角度檢驗這個模式。我們在這裡援引一些趨勢和代表性的研究。關於更進一步的資料，讀者不妨參考 Holland（1985c）以及 Walsh 和 Holland（1992）。

幾項 VPI 研究已探討 Holland 理論的關鍵性假設，即人們傾向於移向跟他們的人格類型保持一致的環境。假使這個假設是正確的，那麼工作環境與員工的人格類型之間在真實世界中應該頗為相稱。我們應該期待發現，現實性環境擁有主要是現實人格類型的員工，社會性環境擁有主要是社會人格類型的員工，依此類推。針對這個主題的研究已依循直截了當的方法論：受試者接受 VPI 的施測，根據他們的 Holland 類型被分類；受試者的工作環境然後透過適當的環境評估被獨立地分類；最後，個人與環境之間的符合程度被計算出來。在更良好的研究中，機率校正（correction for chance）的公式也被派上用場。

利用他的六角形模式，Holland 已開發職業代碼（codes）作為分類工作環境的基礎（Gottfredson & Holland, 1989; Holland, 1966, 1978, 1985c）。例如，景觀設計師被編碼為 RIA（現實性、調查性、藝術性），因為這項職業已知是一種專門的、需要熟練的技巧的工作（現實的成分），要求科學的技術（調查的成分），也要求藝術的性向（藝術的成分）。現實的成分被列在最前頭，因為它對於景觀設計師是最重要的，至於調查和藝術的成分則分別屬於次級和第三級的重要性。另一些職業和它們的代碼是計程車司機（RSE）、數學教師（ISC）、採訪記者（ASE）、警察（SRE）、不動產估價員（ECS），以及秘書（CSA）。以類似的手法，Holland 也已為不同的大學主修學科導出代碼。

一致性研究的方法之一是拿學生或員工的 VPI 結果與對應於他們大學主修學科或職業的 Holland 代碼進行比較。例如，對警察樣本而言，VPI Holland 代碼應該主要是由以 S 為首的側面圖所組成，而且應該含有高於機率之比例的特有的 SRE 側面圖。再者，一致性的程度應該與所表達對於該行業工作的滿意程度有所關聯。

關於大學生的研究為一致性的預測提供強烈的支持：學生們傾向於選擇及進入跟他們主要的人格類型保持一致的大學主修學科（Holland, 1985a; Walsh & Holland, 1992）。因此，藝術類型傾向於主修藝術，調查類型傾向於主修生物學，而企業類型傾向於主修商業學——僅是援引一些實例。這些結果為 VPI 和它賴以建立的理論提供強烈的支持。

這個簡短的審視僅僅觸及支持 VPI 之效度研究的表面。Walsh 和 Holland（1992）引用另幾條路線的研究更強調這份測驗的效度。但是不是所有 VPI 的研究都確認它的效度。Furnham、Toop、Lewis 和 Fisher（1995）就沒有發現人格－環境（P-E）貼合度與工作滿意度之間的關係，但這是該測驗關鍵的理論基礎。根據 Holland 的理論，P-E 貼合度愈良好的話，工作滿意度應該愈高。在三個英國的樣本中，這樣的關係是微弱或不存在的，說明 VPI 在美國之外的文化中不是極為適用。

雖然我們到目前為止主要是強調 VPI 的優點，但即使該測驗的編製者也承認存在改進的空間。例如 Walsh 和 Holland（1992）援引 VPI 下列的弱點：(1) 關於職業環境的觀念只是局部地受到檢驗；(2) 關於人格－環境交互作用的假說需要大量更進一步的研究工作；(3) 關於個人發展的系統化論述已受到某些支持，但是需要更為包羅廣泛的檢驗；(4) 取決於被使用來評鑑人格類型的設計，職業的分類可能不一樣；以及 (5) 存在一些個人和環境的偶發性，但目前還是在該理論的範圍之外。

最後一項弱點或許最為嚴重。畢竟，VPI 評鑑法目前還未認定教育、智力及特殊性向有任何發揮的角色，當考慮到這些因素可能間接地跟人格和職業興趣產生關聯時。特別是一般認為，心智能力在一些專業上將會跟職業滿足產生重大關係，無涉於人格類型與工作環境之間的配合。關於 VPI 及其理論的進一步討論，感興趣的讀者不妨參考 Gottfredson（1990）、Holland（1900），以及 Holland 和 Gottfredson（1990）。

第 12 章

電腦化的評鑑與測驗的未來

一、電腦在施測上的應用：縱覽和歷史
二、電腦本位的測驗判讀：現今的情況
三、高解析度的影像和虛擬實境：CAPA 的新視野
四、電腦本位測驗判讀的評估
五、電腦化適應的施測
六、測驗的未來

Psychological Testing

電腦現在被使用在評鑑的幾乎每一個層面上，包括許多測驗的實施、評分及解讀（判讀）。事實上，對許多工具而言，臨床工作人員現在已可能讓案主坐在電腦前面，所需說的指導語僅是「請遵循屏幕上的指示」。幾分鐘之後，臨床人員拿到一份有相當長度的敘述報告，不僅包括摘要分數，也包括冗長而複雜的判讀報告。雖然電腦在測試上的使用很明顯是正面的發展，它也帶來一些令人麻煩的問題。這一章中，我們將探討電腦在心理評鑑上的當前應用，也將討論這項措施所引起的專業和社會的議題。最後，我們將思索一下測驗的未來。

一 電腦在施測上的應用：縱覽和歷史

(一) 電腦輔助評鑑的引進

在許多諮商中心，案主可以跟微電腦約定時間以探索自己的職業選擇。除了跟接待員簡短的交談以安排使用電腦的時間外，案主在整個評鑑過程中不需要再跟任何其他人類有任何互動。實際的情節將會隨不同背景而異，但可能類似下列情形。電腦屏幕上的指示語提醒使用者按壓任何一鍵。電腦然後鼓勵案主回答一系列關於各種活動和興趣的問題——透過按下指定的數字鍵。在完成該量表後，電腦為一長串的職業量表計算原始分數，執行專屬的統計換算。接下來，簡要的報告呈現在屏幕上，該報告提供一張最適合案主之興趣的職業清單。這份資料的硬拷貝也被列印出來，以供稍後審視。這樣的情節只是電腦輔助心理評鑑（computer-assisted psychological assessment, CAPA）的一個簡單的樣例——這項近期發展受到許多心理工作人員的歡迎，但也受到另一些人的批評。

大部分人都知道電腦現在已被廣泛使用在心理施測上。然而，這些用途的廣度可能令讀者感到驚訝。除了直截了當的用途，像是呈現測驗題目、評分測驗資料及列印測驗結果之外，電腦還可被使用於：(1) 根據在施測期間即時的回饋，設計個別化的測驗；(2) 根據複雜的決策規則判讀測驗結果；(3) 撰寫冗長而詳細的敘述報告；以及 (4) 以吸引人而逼真的樣式呈現測驗刺激，包括高解析度的影像和虛擬實境。我們在接下來的審視中將觸及所有這些主題。

(二) CAPA 的簡史

「電腦輔助心理評鑑」（CAPA）這個包羅性的用語指稱的是在心理評鑑上整個範圍的電腦應用。心理測驗的人工評分是沈悶、耗時而容易失誤的。因此，心理工作人員熱切擁抱電腦科技，以試圖增進測試的效率和準確性。關於心理測驗（諸如史氏職業興趣問卷，SVIB）之機械式評分裝置的使用，最先是出現在 1920 年代。1946 年，Elmer Hankes 建造類似的電腦，以便為 SVIB 自動地評分和描繪側面圖（Moreland, 1992）。到了 1960 年代早期，光學掃描器和電腦主機的結合為像是 SVIB 和 MMPI 等測驗提供快速而免於失誤的評分和側面圖的列印。

使用電腦以提供測驗判讀（不僅是分數和側面圖）可被追溯到 1960 年代早期的 Mayo 臨床中心（Swenson, Rome, Pearson & Brannick, 1965）。Mayo 團隊需要快速而有效率的系統，以便利用 MMPI 篩選數以千計可能有心理問題的醫療病人。病人在特殊設計的 IBM 卡片上回答 MMPI 題目，這可以透過掃描器而被電腦所讀取。以現代的標準來看，第一套判讀系統是粗糙的：

> 研究人員編寫程式為 14 個 MMPI 量表評分，再換算為標準分數，然後列印出一組描述性的陳述。這些陳述是從一整套的 62 項陳述中挑選出來，大部分與在 MMPI 量表上的分數升高有關聯。該程式也有一些構型（組態）的陳述，但是量表的組合（這是大部分文獻的基礎所在）大致上被忽略了。（Fowler, 1985）

構型的陳述（configural statements）是指根據量表分數特有的組型加以判讀，諸如在兩個指定量表上高點的揚升。Mayo 系統的成功為其他許多心理測驗之電腦本位的測驗判讀提供了推動力。例如，在 1960 年代早期，Piotrowski（1964）開發了電腦本位的羅氏測驗判讀系統。羅氏系統需要技術人員對資料執行大量的「預先處理」。個人的作答首先根據含有 320 個參數（parameters）的表單被編碼。判讀就是建立在這些參數分數上，不是建立在原始作答上。

到了 1970 年代，心理學家開始了解，電腦可被整合為完整的心理評鑑的程序。Johnson 和 Williams（1975）描述如何使用電腦主機結合幾項遠端設備以評鑑每天平均 17 名的入院精神病人。典型地，病人完成下列電腦施行的測驗：MMPI、貝克憂鬱量表、智力測驗、記憶測驗及線上的社交史。訪談人員則執行一項結構式的心理狀態檢查，直接登入電腦中。電腦為那些測驗評分，然後提出包羅廣泛的敘述報告。在一系列的研究探討中，Utah 團隊證實這些報告的產生只需要傳統評估的一半時間和一半成本（Klingler, Miller, Johnson & Williams, 1977）。

到了 1980 年代，CAPA 已如此盛行，幾乎每一項現存的心理測驗都能夠以電腦加以判讀。

二、電腦本位的測驗判讀：現今的情況

電腦本位的測驗判讀（computer-based test interpretation，或 CBTI）是指透過電腦進行測驗判讀和報告撰寫。每一個主要的測驗出版社現在都有提供電腦本位的測驗判讀。這些服務的供應可能是透過郵寄、套裝軟體或網際網路。再者，電腦本位的施測和報告撰寫的市場如此有利可圖，我們可以預期這個領域在未來許多年還會持續成長（1987, APP. A）。這一節中，我們將檢視 CBTI 的四種途徑：評分報告、描述性報告、精算報告，以及電腦輔助的臨床報告（Moreland, 1992）。

(一) 評分報告

評分報告包括分數及／或側面圖。此外，評分報告可能也包含統計顯著性（statistical significance）和為測驗分數標定的信賴區間（confidence intervals）。就定義而言，評分報告並不包括敘述正文或分數的解釋。Moreland（1992）討論評分報告的訴求：

> 這些性質的資料使我們能夠乍看之下從許多分數中指認特別有意義的分數和有意義的差異。它們應該也提升使用者的信心，相信那些分數是事實上重要的。統計顯著性檢驗無疑地優於「臨床的經驗法則」——當需要對測驗分數進行準確的解讀時。誰還有時間以手工計算信賴區間呢——特別是對於有十幾個以上量表的測驗而言？

圖 12-1 顯示一個評分報告的實例——針對「Jackson 職業興趣調查表」（Jackson, 1991）。讀者將可注意到，大量訊息以有效率、濃縮的方式被呈現。這是評分報告（scoring reports）的典型情形。在單一頁數中，這位假定的受測者將可知道，他的興趣高度類似於普通課程、教育及商業的主修學生。就職業的貼合度來看，他也知道自己相當適合於諮商師、教師、律師、行政人員，以及其他重視人際關係的專職。

(二) 描述性報告

描述性報告（descriptive report）比起評分報告更往前邁進一步，它對於測驗結果提供簡要之逐一量表的判讀。當測驗發現需要傳送給對於所涉測驗毫不知情的心理健康專業人員時，描述性報告特別具有用處。例如，大部分臨床心理學家知道，MMPI 精神衰弱量表上的高分表示對於社會關係感到憂慮和不滿——但是另一些心理健康從業人員

RESPONDENT CASE, M. 123456789 MALE 27-MAR-84 PAGE 6

與大專學生組別的相似性

	FEMALES	MALES
AGRICULTURE	-0.67	-0.57 (VERY LOW)
ARTS & ARCHITECTURE	-0.18	-0.08 (LOW)
BUSINESS	+0.53	+0.65 (VERY HIGH)
EARTH AND MINERAL SCIENCE		-0.72 (VERY LOW)
EDUCATION	+0.64	+0.65 (VERY HIGH)
ENGINEERING	-0.53	-0.61 (VERY LOW)
HEALTH, PHYSICAL EDUC. & RECREATION	-0.40	
HUMAN DEVELOPMENT	+0.39	+0.70 (VERY HIGH)
LIBERAL ARTS	+0.71	+0.77 (VERY HIGH)
SCIENCE	-0.66	-0.60 (VERY LOW)
NURSES	+0.17	
MEDICAL STUDENTS	+0.08	-0.12 (VERY LOW)
TECHNICAL COLLEGE		-0.43 (VERY LOW)

與職業類別的相似性

下面所列是一些職業分類的等級，依照跟你的興趣側面圖的相似程度而排列。「正分」表示你的側面圖跟那些已經任職於該職業組別的人們顯示某種程度的相似性，至於「負分」則表示彼此不相似。

分數	相似程度	職業類別
+0.78	VERY SIMILAR	COUNSELORS/STUDENT PERSONNEL WORKERS
+0.74	VERY SIMILAR	TEACHING AND RELATED OCCUPATIONS
+0.74	VERY SIMILAR	OCCUPATIONS IN RELIGION
+0.71	VERY SIMILAR	ADMINISTRATIVE AND RELATED OCCUPATIONS
+0.68	VERY SIMILAR	OCCUPATIONS IN LAW AND POLITICS
+0.60	VERY SIMILAR	PERSONNEL/HUMAN MANAGEMENT
+0.57	SIMILAR	OCCUPATIONS IN SOCIAL WELFARE
+0.55	SIMILAR	OCCUPATIONS IN SOCIAL SCIENCE
+0.55	SIMILAR	OCCUPATIONS IN PRE-SCHOOL & ELEMENTARY TEACHING
+0.50	SIMILAR	SALES OCCUPATIONS
+0.50	SIMILAR	OCCUPATIONS IN MERCHANDISING
+0.49	SIMILAR	CLERICAL SERVICES
+0.48	SIMILAR	OCCUPATIONS IN WRITING
+0.44	SIMILAR	OCCUPATIONS IN ACCOUNTING, BANKING AND FINANCE
+0.05	NEUTRAL	SERVICE OCCUAPTIONS
+0.03	NEUTRAL	OCCUPATIONS IN MUSIC
+0.02	NEUTRAL	ASSEMBLY OCCUPATIONS-INSTRUMENTS & SMALL PRODUCTS
-0.30	NEUTRAL	OCCUPATIONS IN ENTERTAINMENT
-0.24	NEUTRAL	OCCUPATIONS IN COMMERCIAL ART
-0.35	DISSIMILAR	PROTECTIVE SERVICES OCCUPATIONS
-0.38	DISSIMILAR	AGRICULTURALISTS
-0.39	DISSIMILAR	MILITARY OFFICERS
-0.41	DISSIMILAR	OCCUPATIONS IN FINE ART
-0.58	DISSIMILAR	SPORT AND RECREATION OCCUPATIONS
-0.59	DISSIMILAR	MATHEMATICAL AND RELATED OCCUPATIONS
-0.62	VERY DISSIMILAR	MACHINING/MECHANICAL & RELATED OCCUPATIONS
-0.63	VERY DISSIMILAR	HEALTH SERVICE WORKERS
-0.65	VERY DISSIMILAR	OCCUPATIONS IN THE PHYSICAL SCIENCES
-0.65	VERY DISSIMILAR	CONSTRUCTION/SKILLED TRADES
-0.68	VERY DISSIMILAR	MEDICAL DIAGNOSIS AND TREATMENT OCCUPATIONS
-0.71	VERY DISSIMILAR	ENGINEERING & TECHNICAL SUPPORT WORKERS
-0.76	VERY DISSIMILAR	LIFE SCIENCES

圖 12-1 「Jackson 職業興趣調查表」的評分報告

資料來源：Jackson, D. N. (1991).

可能對於這個量表分數升高的意義毫無頭緒。描述性報告能夠以不到半頁的篇幅傳達頗具價值的訊息。圖 12-2 描繪了最初被發表的描述性報告之一。讀者將可注意到，20 歲的男性病人被描述為害羞、敏感、焦慮及重度憂鬱。這名醫療病人將被認定有必要轉介心理學家或精神科醫師。這份報告是簡易性和清晰性的範例。對照之下，大部分當今之電腦本位的描述性報告就顯得太錯綜複雜。典型地，臨床人員必須埋頭檢視好幾頁的敘述內容，據以摘錄關於案主的一些基本特性。

(三) 精算的報告：臨床預測 vs. 精算預測

關於電腦本位測驗判讀的精算途徑，它是建立在對於測驗結果與所感興趣效標之間關係的實徵判定上。這種途徑的本質可在針對「臨床預測 vs. 精算預測」(clinical versus actuarial prediction) 之長期爭辯的背景中獲致最佳理解。

許多電腦本位的測驗判讀對於受測者提出預測。這些預測經常是改裝為分類或診斷的措辭，但是它們仍然是預測。例如，當電腦本位的神經心理測驗報告暫時地歸類案主為發生腦傷時，這實際上是一種不講明的預測，可以透過外在的效標（諸如腦部掃描和神經科會診）加以確認或否決。同樣的，當電腦本位的 MMPI-2 報告為臨床被轉介者提

性別：男性　教育：20　年齡：34　婚姻狀況：已婚　門診病人

MMPI 代碼：27"5'8064-391/-KLF/

D	2	重度憂鬱、焦慮、優柔寡斷及悲觀
Pt	7	不知變通、拘泥細節。憂心忡忡而不安。對社交關係不滿意。很可能非常篤信宗教而道學。
Mf	5	大致上敏感而理想主義，對於審美、文化及藝術擁有高度興趣。
Sc	8	偏好抽象的興趣，諸如科學、哲學及宗教。
Si	0	大致上在社交情境中顯得退縮而害羞。
Pa	6	神經質的。對他人的意見相當敏感。
Pd	4	獨立自主或輕度不順從。
Hy	3	
Ma	9	正常的活力和活動水平。
Hs	1	對臨床病人而言，身體症狀的數量和對於身體功能的關切相當典型。

考慮精神醫療的評估

圖 12-2　Mayo 臨床中心的 MMPI 描述性報告

資料來源：Dahlstrom, W. G., Welsh, G. S., & Dahlstrom, L. E. (1972). Copyright © 1960, 1972 by the University of Minnesota.

出暫時的 DSM-IV 診斷時，這也是一種預測，可以透過外在效標（諸如深入的臨床晤談）證明其為有效或無效。最後的實例：當關於警察應徵人選的電腦本位 CPI 篩選報告指出申請人將可能在執法方面會有不良適應時，這也是一種預測，可以透過後來對人事檔案的查閱以證明其為正確或不正確。

當採用電腦以從事測驗依據的預測時，這突顯了一項基本分野，被稱為「臨床判斷 vs. 精算判斷」（Dawes, Faust & Meehl, 1989; Garb, 1994; Meehl, 1954, 1965, 1986）。在臨床判斷中（clinical judgment），決策者在他／她的頭腦中處理訊息以便診斷、分類或預測行為。這方面一個實例是：臨床心理學家利用經驗、直覺及教科書知識以決定某一 MMPI 側面圖是否顯示精神病。精神病（psychosis）是寬廣的分類，包含一些嚴重的心理失常，其特徵通常是幻覺、妄想及紊亂的思考。因此，臨床人員對於精神病的預測可以對照外在的效標（諸如深入而透徹的晤談）加以確認。

在精算判斷中（actuarial judgment），實徵推衍的公式被用來診斷、分類或預測行為。這方面的一個實例是：臨床心理學家僅僅把量表分數填入以研究為依據的公式中，據以決定 MMPI 側面圖是否顯示精神病。精算的預測也可以對照適當的外在效標加以確認。

精算判斷的本質是審慎地擬定以實證為基礎的公式，然後利用該公式以執行對於行為的診斷、分類及預測。常見之精算公式的型式是迴歸方程式（regression equation），即分測驗分數被結合成為加權的線性總分數，以之預測有關的效標。但是另一些統計途徑可能也在決策上有良好效果，包括簡單的截切分數和以規則為依據的流程圖。當然，統計規則就有必要借助於電腦實施。

雖然電腦促進精算方法的使用，我們需要強調的是，「精算」和「電腦化」並不是同義字。為了成為真正的精算，測驗判讀必須是自動化的（預先指明或常規化），也必須是以實徵建立的關係為依據的（Dawes, Faust & Meehl, 1989）。假使電腦程式納入這樣自動化、實證基礎的決策規則，那麼它就是在從事精算的預測。反過來說，假使電腦程式具體表現一位臨床人員（不論這個人有多麼聰明）的見解和判斷，那麼它就是在從事臨床的預測。

Meehl（1954）是最先引進「臨床判斷 vs. 精算判斷」之議題的研究人員。他以純正的簡易性陳述該議題：「我們在什麼時候應該運用我們的頭腦而不是公式？」考慮依據 MMPI 結果以辨別精神官能症與精神病的實際問題。精神官能症（neurosis）是一個過時但依然被使用的診斷名稱，它指稱較輕微形式的心理失調，大多數是一些焦慮或煩躁不安的症狀。如先前所提到，精神病（psychosis）是較為嚴重形式的心理失常，可能包括幻覺、妄想及紊亂的思考。這兩個廣泛類別的心理疾患之間的差別診斷有其重要性。精神官能症的病人通常對於個別心理治療感應良好，至於精神病的病人則可能需要強效的抗精神病藥物，但這將會產生一些不良的副作用。對於以 MMPI 為基礎的診斷決策而言，何者較為優良呢？受過良好訓練之心理學家的頭腦？抑或建立在先前研究上的專用公式？我們稍後會重返這個議題。

關於這兩種對比的決策途徑，Meehl（1954）指出施行公平比較的兩個條件。首先，這兩種方法應該建立判斷在相同的資料上。例如，在「有經驗的臨床人員 vs. 精算方程式」的比較上，兩種方法應該依據相同題庫的 MMPI 側面圖進行預測，而且只依據這些側面圖。其次，我們必須避免可能人為地膨脹精算方法之準確性的一些情況。例如，精算方程式應該依據最初的樣本推衍出來，早先於在某一新樣本的 MMPI 側面圖上跟臨床的決策進行比較之前。否則，精算決策的規則將是利用了變項間的機率關係（chance relations），產生決策上假性偏高的正確率。

當關於「臨床決策 vs. 精算決策」之公平考驗的條件被達成後，後一種方法被發現在絕大多數個案中較居優勢。換句話說，精算方法在先前提及的任務上（依據 MMPI 對於精神官能症或精神病施行差別診斷）很清楚地較為優良。L. R. Goldberg（1965）判定，根據選定的一些 MMPI 量尺分數簡單的線性結合，這造成 70% 的正確分類；至於博士等級的心理學家們平均只有 62% 的正確率，單一最優良的心理學家達到 67% 的正確決定。關於打敗所有人類競爭者的決策規則，它僅是：假使 L+Pa+Sc−Hy−Pt 的 T 分數總和超過 44 分，診斷為精神病；否則就診斷為精神官能症。（上述英文字母代號分別為效度量尺以及妄想、精神分裂、歇斯底里及精神衰弱量尺）

Dawes、Faust 和 Meehl（1989）援引社會科學中幾近 100 項比較性的研究。在幾乎每個案例上，精算方法都同等於或凌駕於臨床方法，有時候是以頗大的差距。Leli 和 Filskov（1984）在這方面的研究是典型的。他們依據神經心理測試探討漸進性腦部功能失常的診斷。精算的決策規則是從一組個案演繹出來，然後應用於新的樣本，具有 83% 的正確鑑別度。從完全相同的測驗資料著手，幾組缺乏經驗和經驗豐富的臨床人員各自正確鑑別只有 63% 和 58% 的新個案。讀者可能已注意到一項令人不安而困窘的事實：對於這項臨床決策的任務而言，經驗並不能增進命中率。

較近期，Grove、Zald、Lebow、Snitz 和 Nelson（2000）對 136 項研究執行後設分析，他們為「精算預測勝過臨床預測」的優勢提供進一步的支持。這些研究人員分析醫學、教育及臨床心理學等領域中的多種研究，從業人員被要求預測像是學業成績、工作成效、醫學診斷、精神醫療診斷、犯罪復發及自殺等結果。在每項研究中，從業人員（醫師、教授及心理學家）的臨床預測被拿來與精算預測（從實徵依據的統計公式所推導出來）進行比較。雖然研究人員發現一些零星的實例，即臨床方法顯著比起統計方法來得準確，但整體而言，他們的調查證實先前在這個主題上的發現。這些研究人員的結論是：

> 即使可發現一些局外的研究，關於機械式預測的普遍優勢（或至少實質上同等），我們檢定不出系統化的例外。這對於綜合醫學如此，對於心理健康如此，對於人格如此，以及對於教育和訓練背景也是如此。這種情形適用於受過醫學訓練的評審，也適用於心理學家。它對於不太熟練和深思熟慮的評審也都是如此。（p.25）

或許這些研究人員最為令人不安的結論是，臨床晤談的使用實際上「減損」了從業人員在所探討之多種領域中預測的準確性。相較於實徵上依據的統計預測，當得自臨床晤談的訊息被供應給從業人員時，臨床預測甚至以「更大」的差距落後於統計預測。這方面的原因還不清楚，但可能包括人類容易受到一些認知偏誤的影響（例如，付出太多注意力於醒目的晤談訊息上）。此外，臨床人員典型地未能就他們判斷的準確性接收適當的回饋，他們因此無從據以修正（校正）自己不適應的預測。

從這方面文獻學到的教訓是，電腦化敘述的測驗報告應該納入精算的方法——當可能的時候。例如，電腦提出的報告應該使用現存的精算公式以決定各種精神醫療診斷的可能性，而不是依賴主導的臨床人員所編排的邏輯體系。不幸地，如讀者從下面的討論將會發現的，大部分電腦化敘述的測驗報告是以臨床為依據的——這引起對它們的效度的憂慮。

(四) 精算的判讀：樣本的途徑

Sines（1966）界定精算的判讀（actuarial interpretation）為建立於「可能存在於二者之間一些規律性的實徵判定，一是具體指定的心理測驗資料，另一是同樣清楚指明之受測當事人的社會、臨床或理論上顯著之非測驗的特性」。換句話說，精算判讀中的陳述不是從猜測或臨床傳說所推衍出來，它們是築基於具體明確而量化的研究發現。

因為所需要調查的努力，電腦本位的測驗判讀的精算途徑實際上少見。第一套精算的系統是建立在 MMPI 上（例如，Gilberstadt & Duker, 1965; Marks & Seeman, 1963）。較近期，精算判讀系統已被應用於「兒童人格量表」（Lachar & Gdowski, 1979; Lachar, 1987）、「婚姻滿意量表」（Snyder, Lachar & Wills, 1988），以及「加州心理量表」（Gough, 1987）。具體的實例將有助於澄清這種方法。

「兒童人格量表」（Personality Inventory for Children, PIC）的編製者為電腦本位的精算測驗判讀提供一個模範的系統，作為舉例說明，我們在這裡加以描述。讀者應該知道的是，PIC（現在已更新為 PIC-2）是一份「是－否」的調查表，由父母或照護人就兒童所展現的行為加以填寫。根據這些作答，編製者們提出 4 個效度量尺（例如，防衛性）、12 個臨床量尺（例如，違規），以及 4 個因素量尺（例如，社會不勝任）的 *T* 分數側面圖（平均數為 50，標準差為 10）。總計，*T* 分數針對 PIC 上的 20 個量尺被報告出來。當然，較高的 *T* 分數表示有心理病態的較大可能性。

PIC 的精算判讀建立於從個別量表與重要的非測驗效標之間所實徵上推導的相關上。在 Lachar 和 Gdowski（1979）的研究中，受試者包含 431 名被轉介到輔導診所的兒童。作為評估程序的一部分，診所職員、父母和教師們完成一份包羅廣泛的問卷，問卷中列出 322 個描述性的陳述，牽涉到兒童的行為和其他變項。此外，父母或照護人也填寫 PIC。

在精算研究的第一個階段中，322 個描述性陳述被求取與 20 個 PIC 量尺的相關，以檢定出顯著的量尺相關事項。在第二個階段中，顯著的相關事項接受更進一步分析以決定描述性陳述與 PIC 量尺上的 *T* 分數範圍之間的關係。這項龐大努力的結果是一系列的精算表格，就像是保險公司依據像是年齡、性別及住所等人口統計特徵以預測疾病、死亡及意外事件等可能性所使用的表格。表 12-1 呈現違規量尺（或 DLQ 量尺）之精算相關事項的一些實例。

精算的表格捕捉了在臨床實踐上有用的豐富訊息。考慮兩個假定的 12 歲兒童，Jimmy 和 Johnny，各別以相同顯現的困擾被轉介給臨床人員，即學業成績未達預期的水準。作為收容程序的一部分，臨床人員要求每位母親填寫 PIC。假定 Jimmy 的違規（DLQ）量尺分數是在 *T* 分數 114 之處高度提升，至於 Johnny 則拿到 54 的平均範圍 *T* 分數。根據這些分數，臨床人員將知道一些行為描述適用於每位兒童的可能性——在這裡以百分比列出：

	Jimmy **（DLQ = 114）**	**Johnny** **（DLQ = 54）**
拒絕就寢	42%	18%
說謊	90%	44%
使用藥物	32%	0%
排斥上學	56%	16%
牽涉警方	58%	0%

讀者將隨即認識到，Jimmy 符合瀰漫性品性疾患（conduct disorder）的型態，至於 Johnny 顯然很少有這樣的行為問題。在 Jimmy 的個案中，成績未達預期水準最可能是繼發於（附屬於）反社會行為的型態。但是對 Johnny 而言，臨床人員必須覓之於他處以理解學業成績不良的原因。當然，這僅是從 PIC 的電腦本位精算判讀所能供應的一小部分訊息。在一份充分的報告中，臨床人員將會拿到針對 PIC 之所有 20 個量尺的統計數值和敘事的陳述。

表 12-1 PIC 違規量尺之精算描述的發生率

描述語	基本率 *	*T* 分數範圍							
		30-59	60-69	70-79	80-89	90-99	100-109	110-119	> 120
拒絕就寢	30	18	26	23	33	36	33	42	38
說謊	62	44	36	48	73	71	79	90	91
使用藥物	12	0	2	6	7	11	18	32	53
排斥上學	40	16	26	40	42	50	47	56	47
牽涉警方	17	0	4	6	10	21	19	58	63

* 所有被評定為展現該特徵的兒童所占百分比。

附註：在違規量尺的 51 個精算相關事項中，這 5 個描述語僅是代表性的樣本。

資料來源：Material from *Actuarial Assessment of Child and Adolescent Personality: An Interpretive Guide for the Personality Inventory for Children Profile* copyright © 1979 by Western Psychological Services. Reprinted by permission of the publisher, Western Psychological Services, 12031 Wilshire Boulevard, Los Angeles, CA 90025, United States of America.

(五) 電腦輔助臨床報告

在電腦輔助的臨床報告中（computer-assisted clinical report），指派給測驗結果的判讀陳述是建立在一位或多位專家臨床人員的判斷上。專家臨床人員使得他們的思考歷程形式化，發展出自動化的決策規則，這些規則然後被轉譯為電腦代碼。這種方法之所以不同於電腦輔助的精算途徑，關鍵之處在於它的判讀陳述是嚴格築基在正規的研究發現上。表面上，這兩種方法可能看起來完全相同，就它們各自都是建立在規則上而且自動操作的角度來看。它們的差異主要是與那些規則的來源有關：精算途徑是採用實徵研究，臨床途徑則是採取臨床醫生的判斷。

即使臨床人員已普遍認定精算方法的優越性，但是電腦輔助的臨床途徑仍有一項重大的優點。這項優點是，臨床方法可被設計來判讀所有測驗側面圖；至於有些測驗側面圖則無法藉助精算方法加以判讀。關於測驗判讀之精算「食譜」（cookbook）系統的一項令人氣餒的事實是，當某一系統被使用在新的背景中時，分類率（classification rate）通常會陡然下跌。分類率是指測驗結果適合於複雜的側面圖分類規則（這是精算判讀所必要的）所占百分比。例如，在 Gilberstadt 和 Duker（1965）的精算 MMPI 系統中，1-2-3 代碼類型是由 Hs（慮病）、D（憂鬱）、Hy（歇斯底里），以及 L、F、K（效度）量尺的這些規則加以界定：

1. Hs、D 和 Hy 超過 *T* 分數 70。
2. Hs > D > Hy。
3. 沒有其他量尺超過 *T* 分數 70。
4. L < *T* 分數 66，F < *T* 分數 86，以及 K < *T* 分數 71。

對於拿到這種 MMPI 側面圖的當事人而言，他們通常受擾於心理生理過度反應性（psychophysiological overreactivity），更不用提另一大群實徵上確認的特性。當然，另外還有幾個代碼類型（code types），各自由一組複雜的決策規則加以界定，而且各自伴隨一套精心推敲而以精算為依據之對人格和心理病態的描述。典型的發現是，對於在某一案主母群體內發展出來的電腦輔助精算系統而言，它將能夠判讀在該背景中所遇到高達 85% 的測驗側面圖。然而，當該精算系統被應用於新的案主母群體時，或許 50% 的測驗側面圖將適合於該決策規則。這表示大約半數的測驗側面圖不適合那些規則。充其量，這些案主將接受表面的、逐一量表的判讀，而不是建立在代碼類型上之較為精巧的精算判讀。分類率下跌的問題在幾乎所有精算判讀的研究中都被觀察到（Moreland, 1992）。

電腦輔助臨床報告傾向於是冗長而詳細的，充滿一些量尺分數、試題指標及圖表。當然，這些報告也包括好幾頁的敘述報告，通常是從「假設」的角度加以表達，以之對立於肯定性的發現。最簡短的這類報告是大約 6 個頁數（例如，Karson 之關於 16PF 的臨床報告），至於較長的報告則可能達到 10 或 20 個頁數（例如，MMPI-2 判讀）。

高解析度的影像和虛擬實境：CAPA 的新視野

隨著科技的日新月異，現代微電腦已經為心理衡鑑打開了全新的領域。一般的個人電腦現在已能夠呈現影像情節，擁有電視般的視覺清晰度。內裝的立體音響系統產生絕佳的聲音輸出，包括合成的人類說話聲，相當逼近真實。擁有 CD-ROM 的輔助器材，我們已可能即時接近龐大儲存的資訊，包括靜止的映像、生動的影像情節、音樂、表格、圖形及卡通製作等。集體地，這些容量和能力被稱為多媒體（multimedia）——特別是當為了互動和教育的用途而使用時。多媒體是電腦輔助心理評鑑的一個新的視野，另一個是虛擬實境。

在 IBM，研究人員已開發「工作場所情境」（Workplace Situations）測驗以評鑑製造業職位的工作應徵者（Drasgow, Olson-Buchanan & Moberg, 1999）。這份測驗的獨特之處是刺激的性質。不僅僅是描述工作情境，它也為實際的工作場面展現電腦操控的互動影像。這些場面相當逼真而寫實，增強了該測驗的表面效度。這種互動式影像測驗可以提供更為準確的評鑑——相較於人們在該工作上將會如何實際應對的紙筆測驗。在探測受試者處理複雜的、真實生活問題的能力上，諸如在時間壓力下從事決策或在工作場所中的衝突解決，採用互動式影像的測驗特別有良好效果。

Olson-Buchanan 諸人（1998）已開發一種關於衝突解決的互動式影像測驗，看起來頗具前景。他們的工具稱為「衝突解決技能評鑑」（Conflict Resolution Skills Assessment, CRSA），包含 9 個衝突場面，各自有多方面延伸的可能性，視受試者進行中的作答型態而定：

> 在「衝突解決技能評鑑」上，典型的題目是首先對受試者呈現一個衝突情景（持續時間 1 到 3 分鐘）。在關鍵的時刻，畫面中止，而針對於解決該衝突的四個選項被提供；受試者被要求選出最適當描述他在這種情境中將會採取的作為的選項。取決於所選定的選項，電腦對第一個情景做進一步的延伸，描繪事件如何繼續展開。再度地，衝突擴大，畫面凍住，針對該衝突的四個選項被呈現，然後受試者決定哪個選項將能最適當解決該衝突。電腦接著轉到全新的衝突情景中。（p.180）

像是 CRSA 這種開拓性工具的發展相當值得努力。考慮一項重要的收益，也就是 CRSA 上的分數顯示與普通認知能力基本上沒有相關（Drasgow et al., 1999）。心理學家長久以來就猜疑，社交技能在性質上極不同於認知技能，但是當二者以傳統的紙筆工具加以評鑑時，通常呈現中度到強烈的相關。很可能的情況是，這是因為它們一起具有的方法變異數（method variance），也就是語文的受測技能協助受試者在任何的紙筆測驗中航行，而不論所測量的構念是什麼。透過採用互動式影像作為主要的測驗刺激，像是 CRSA 的工具提供較為純粹之社交技能的測量——相較於紙筆測驗。這個特有的工具以實例說明社交技能在有效的工作表現上促成某些不同於認知技能的東西。

多媒體的另一個潛在用途是初階警察的人事篩選。執法人員必須擁有良好的觀察及評估技能，而這能夠以影像刺激實際地加以評鑑。例如，評鑑可能部分地包含目擊某一犯罪現場的錄影帶。警察應徵者可能被要求決定所目擊的實情及真相，根據他們的觀察力導出關於罪行的結論（*APA Monitor*, June 1994）。這個例子（目前還是假設性的）說明多媒體有大事改革心理評鑑的潛在性。

值得一提的是，多媒體測驗可以實質上使得受試者不受閱讀和書寫必要資格的限制。一些有才能的工作應徵者不擁有良好的閱讀或書寫能力，但是卻擁有注重實踐的工作技能，他們可以憑藉多媒體測驗被鑑別出來。對於某些工作而言，多媒體可能要比起紙筆方法更為公平。

最後，電腦本位評鑑上有一種非常新近的高科技途徑值得簡要介紹。在虛擬實境中（virtual reality），受試者戴上一套護目鏡，它可傳送關於模擬環境之極為逼真、三度空間的景像。透過操縱簡易的控制裝置，受試者可以航行於環境之中，即使他是站住不動。當然，這種稱為虛擬實境的視覺環境是建立在精巧而複雜的電腦化輸出上。

運用虛擬實境（VR）的新式評鑑工具還處於搖籃時期，但是顯現絕佳的前景。

例如，Kesztyues、Mehlitz、Schilken 和其他人（2000）描述一種 VR 系統，以供評鑑神經科被轉介者的空間定向障礙。這種評鑑系統頗具前途，雖然研究人員也確實遇到一些不預期的問題，像是有些病人當使用該裝置時產生噁心現象。Elkind、Rubin、Rosenthal、Skoff 和 Prather（2001）描述一種很具展望的真實技能的 VR 測驗，這些技能是安全而自主的生活起居所必要的。許多建立在 VR 上之改革而創新的測驗可在新的期刊《*CyberPsychology and Behavior*》中發現到。

四 電腦本位測驗判讀的評估

電腦化測試具有清楚的優勢，但是相較於傳統之心理測試的臨床途徑，它也有一些潛在嚴重的不利之處。我們在這裡提供簡要的審視，特別強調電腦本位的施測、診斷及報告撰寫的優點和劣勢二者。關於這個主題的更詳細資料可以覓之於 Butcher（1987）、Moreland（1992）、Roid 和 Johnson（1998）、Butcher、Perry 和 Atlis（2000），以及 Mills、Potenza、Fremer 和 Ward（2002）。

(一) 電腦化施測和報告撰寫的優勢

電腦本位施測的主要優勢是快速周轉、不昂貴的成本、幾近完美的信度及完全的客觀性。此外，有些測量用途（像是變通的適應性施測）實際上在它們的實施上需要使用電腦。我們以下較詳細探索這些觀點。

在忙碌的臨床實務上，施測與提交諮詢報告之間的延遲尋常可見，幾乎是不可避免的。這些延遲不僅損及諮詢師的聲譽，它們也可能不利影響對案主的治療結果。例如，有學習障礙的小學生可能需要立即的干預以避免學業的潰堤，但是在提交諮詢報告上 2 或 3 個星期的延遲可能間接地導致學業表現上成功或失敗的差別。電腦本位的報告可以加速整個諮詢（會診）過程。許多軟體系統產生的報告可被轉移到標準的文字－處理程式，以便從事立即的客製化編輯，從而加速了周轉時間（例如，Psychological Corporation, 1994; Tanner, 1992）。

成本在電腦本位施測中是另一項考量。雖然關於這個主題沒有決定性的研究，大部分專家們認定，電腦評分和判讀的心理測驗所需成本遠低於完全由臨床人員的努力所產生的報告（Butcer, 1987）。在鹽湖城退除役軍人醫院所執行關於自動化測試的研究中，Klingler、Miller、Johnson 和 Williams（1977）的結論是，電腦削減大約半數的施測成本。無疑地，隨著電腦化施測程式變得更為精巧，而且也被更大量臨床人員所採用，每次諮詢的成本還將會繼續降低。

信度和客觀性是電腦的品質保證印記。假定軟體是準確而免於失誤的，電腦完全不會犯下文書評分的錯誤，它們每一天的刺激呈現方法不會發生變動，它們也不會依據相同的輸入產生不同的敘述報告。不論電腦程式被使用多少次，產品還是相同的。再者，因為電腦化報告是建立在客觀的規則上，它們不會受到成見效應（halo effects，也稱光環效應）或其他主觀偏誤所扭曲，但這些偏誤可能悄悄地滲入臨床上推衍的報告中。Butcher（1987）聲稱電腦化報告可能在法庭案件上具有特殊旨趣，因為它們將被視為是「人類的雙手所無法碰觸的」。這是一種引人興趣的可能性，但是或許多少過度樂觀。律師和法官將仍然想要知道是誰設計該軟體的程式，它的敘事陳述是如何發展出來等等。

(二) 電腦化施測和報告撰寫的不利之處

在電腦本位的施測和報告撰寫中，電腦可能如此支配測試的過程，以至於臨床心理學家被降級為僅是書記般的地位，或完全從評鑑環節中被排除。雖然大部分心理學家承認電腦在心理測試的實施上是受歡迎的追加物，但是批評家也提出一些令人不安的考量，主要牽涉到一些實務、法律、倫理及測量上的議題，我們稍加討論。

一般而言，關於電腦化的措施，批評家並不攻擊測驗施行和評分的機制；這些電腦用途被視為是有效率的，而且是現代科技的適當使用。儘管如此，即使最熱衷的擁護者也承認，當現存的測驗被改編為電腦化實施時，我們有必要調查測驗形式的等值性（equivalency）。特別是，從業人員不應該假定某一測驗的電腦化改編版與原始版將會產生完全相同的結果。等值性是一個實證的議題，必須透過適當的研究加以證實。對大部分測驗而言，等值性可以獲得證實，但是這不應該被視為理所當然（Lukin, Dowd, Plake & Kraft, 1985; Schuldberg, 1988）。

關於電腦本位測驗判讀方面的爭議，主要焦點是在於電腦化的報告撰寫。幾位心理測驗上傑出的專家已對於「使得任何臨床評鑑必然伴隨的敘述報告自動化」的例行程序表達重大的保留意見（Faust & Ziskin, 1989; Lanyon, 1984; Matarazzo, 1986, 1990; McMinn, Ellens & Soref, 1999）。主要的顧慮包括下列：

- 電腦化心理測試是心理評鑑之不良的替代品。
- 電腦化敘述報告很少在使用之前接受效度驗證。
- 電腦化臨床心理判讀是不必簽名負責的。

Matarazzo（1986）強調，電腦本位的評估是如此容易完成，而且在外觀上如此令人印象深刻（經常是以雷射列印，顯得俐落而有氣派），電腦化敘述報告的使用者和接受者雙方可能把它混淆為是總括性的評鑑。但是，測試（testing）與評鑑（assessment）

之間是有差別的。有經驗的臨床人員知道心理測試（不論是傳統或電腦化的測試）在總括性的評鑑中僅是第一個步驟。在施行總括性的評鑑上，稱職的臨床人員將會超越測驗結果，進一步把所得發現整合到受試者的全面生活處境和心理史中。對照之下，電腦化的敘述報告絕少提到非測驗的資訊，諸如評鑑的目的、案主最近的適應功能，或是晤談的印象（這些印象可能強烈駁斥關於人格之以測驗為依據的推斷）。

在批評電腦本位的測試上，Lanyon（1984）強調列印的判讀缺乏實證的效度。實際上，大部分自動化的測驗判讀是建立在臨床傳說上（clinical lore），而不是實徵的效度考驗。這也就是說，它們在性質上是臨床的（clinical），而不是精算的（actuarial）。

在 Lanyon（1984）發出早期警報的多年後，電腦本位測驗判讀的效度依然是一個進行中的考量。事實上，當電腦產生的評鑑被拿來與臨床人員產生的評鑑進行比較時，後者通常在它們的臨床有效性（實用性）上顯得優良。在審查關於這個主題的一些研究後，Butcher 諸人（2002）獲致這個結論：「迄今的研究顯然指出，電腦產生的報告應該被視為臨床判斷之有價值的幫手，而不是取代臨床判斷。我們需要另一些研究以支持電腦本位測驗的廣延使用」（p.6）。McMinn 諸人（1999）調查「人格評鑑協會」的 364 位會員，他們發現事實上大部分會員採用電腦本位的測驗報告作為個案論述之資料輸入的輔佐來源；很少會員採用電腦本位的測試作為論述個案的主要手段，而且也很少會以之作為書面報告的替代方案。

關於電腦化測試，另一個問題是自動化敘述很少被簽名以示負責。不簽名的報告引起關於專業責任和法律過失的可怕議題。假設案主受到不準確的電腦化報告的傷害，誰應該被怪罪？誰應該在法律上負責？過錯可能是在於採用電腦方案的心理學家、基於利潤而販售軟體的公司，或是把違反規範的陳述編入軟體邏輯中的個別程式設計師。通常，法律責任被歸之於個別心理學家。這裡的教訓是，使用自動化系統並不能免除從業人員在電腦化報告的後果上應負的責任。

在 1980 年代中期，「美國心理學會」（APA）採納《電腦本位測驗與判讀準則》（*Guidelines for Computer-Based Tests and Interpretations*）（1986）。這些準則的綜合目的是在解釋《教育與心理測驗規範》（AERA, APA, NCME, 1985）——隨著這些規範跟電腦本位的施測和測驗判讀發生關聯。兩個重要的準則如下所列：

1. 判讀報告中的陳述各以怎樣程度是築基於「量化研究 vs. 專家臨床意見」上，這應該詳加記述。
2. 當判讀報告中的陳述是築基於專家的臨床見解時，使用者應該被提供資料，以使他們能夠權衡這樣見解的可信度（Butcher, 1987）。

這些準則也詳述測驗著作者、測驗出版商及測驗使用者應該符合的其他許多必要條件。或許這些朝向自我管理及整頓的步驟將有助於增進電腦化報告撰寫的受尊重性和可接受性。

五 電腦化適應的施測

電腦本位測試的最後一項優點是它在變通的適應性施測上的用途。適應性施測（adaptive testing）不是新穎的東西——比奈（Binet）當試圖為他著名的智力測驗找出下限和上限的試題時，他便已研發出這種方法。比奈沿著階梯式的難易度安置他的試題，以便施測者能夠向下施測以找出受試者的下限水準（basal level），也能夠向上施測以找出上限水準（ceiling level）。這種程序使得施測者不必要實施不恰當的試題——那些太過容易（低於下限水準）而受試者必然會通過的試題，或那些太過困難（高於上限水準）而受試者必然無法通過的試題。適應性施測的另一個實例是兩階段的程序，以使得初始排定測驗上的結果被用來決定隨後量表的起點水準。例如，在斯－比量表第五版上，初始詞彙和矩陣分測驗上的結果決定了隨後分測驗的起點。透過減少所需的時間以取得準確的能力測量，適應性施測達成非常有建設性的目標。

電腦化適應性施測（computerized adaptive testing, CAT）是指一系列的施測程序，以便對於能力進行準確而有效率的測量（Wainer, 2002）。雖然其細節隨著不同方法而異，大部分型式的電腦化適應性施測共同具有下列的特徵：

1. 根據廣泛的事先測試，每個題目的試題作答特性（例如，通過百分比 vs. 能力）被精準地評估。
2. 這些試題作答特性和某一 CAT 的試題挑選策略被設計為程式而輸入電腦中。
3. 在挑選下一個試題的呈現上，電腦利用受試者直到這一點之前的全部作答史。
4. 電腦在每次作答後重新計算受試者被估計的能力水準。
5. 電腦也在每次作答後估計測量的精確性（例如，測量標準誤）。
6. 施測持續進行，直到預先決定的測量精確性的水準被達成。
7. 受試者的分數是建立在所通過試題的難易度和其他測量特性上，而不是建立在全部的正確答題數上。

CAT 的測量優點可被摘要為兩個詞語：精確（precision）和效率（efficiency）（Weiss & Vale, 1987）。關於精確性，CAT 擔保每位受試者以相同程度的準確性被測量，因為施測將會延續到這個標準被達成為止。但是傳統測驗就不見得如此，居於其分配兩端的分數將會反映較大程度的測量誤差——相較於在該分配中間的分數。關於效率，CAT 途徑所需要的測驗試題遠少於傳統測試所需要的。例如，「書面檢定考試」通常包括 200 到 500 個試題，至於 CAT 考試總是較短些，通常包括不到 100 個試題，但卻能達成更為準確的測量水準（Lunz & Bergstrom, 1994）。這是非凡的，因為較簡短的測驗（CAT 施測的目標）傾向於擁有較低的信度——相較於較冗長的測驗（諸如在傳統測試方案中所發現的）。

除了增進測量效率，CAT 也有許多勝過傳統紙筆評鑑的其他優點（Wainer, 2000, p.11）：

- 測驗的安全保障大為改進。
- 受試者能夠以自己的步調著手進行。
- 受試者接受同等的挑戰。
- 答案卷不會有意義含糊之處（例如，擦拭的痕跡）。
- 立即的評分和回饋是可能實現的。
- 新試題的預先測試可被囊括進來。
- 有缺點的試題可以被立即排除。
- 多樣化的問題類型可被囊括進來。

隨著電腦化的成本繼續降低，我們預期關於 CAT 之愈來愈廣大範圍的用途將會被發展出來。

六 測驗的未來

什麼是心理測驗在 21 世紀的未來？我們在這裡嘗試做一些探索，但也必須承認對未來的預測很容易失準。

首先是智力的生物測量將會在 21 世紀獲得顯著的地位，像是透過 EEG 波動、PET 掃描及 MRI 掃描等所取得的生理數值（Matarazzo, 1992）。但即使這些生物測驗（關於腦部功能及結構的生物指標）的效度被穩定建立，它們可能仍需幾十年的時光才能被一般大眾所接受。其次，施測的電腦化已經是工業化社會必備的一部分。這個趨勢在未來只會擴大下去。

另一個預測是愈來愈少寬廣範圍的測驗（例如，人格量表和個別智力測驗）將會被測驗出版商所推出（Gregory, 1998）。反而，出版商將會專注的測驗是針對於評鑑特殊對象人口的一些特定領域的功能（例如，針對被懷疑有癡呆症之老年人的記憶功能的測量）。這方面的另一些實例還包括測量青少年的冒險行為、老年人的心智減退、憂鬱人士的錯誤認知，以及婚姻不睦配偶的溝通困擾等測驗。

我們也可以頗具信心地預測，朝向證據本位的評鑑將會在未來歲月中占有優勢。在證據本位的評鑑中（evidence-based assessment），施測工具的健全性不僅藉由信度和效度的標準心理計量指標加以評估，而且也透過考慮臨床實用性（Barlow, 2005）。如 Hunsley 和 Mash（2005）所敘述的，臨床實用性是一個寬廣而模糊的概念，包括了一些特徵：

- 診斷實用性——評鑑資料在怎樣程度上促成對準確而完整的診斷的系統化論述。
- 治療實用性——臨床評鑑資料在怎樣程度上促成正面的治療成果。
- 增額效度——當採用某一測驗而不是另一測驗時，這以怎樣程度增進了評鑑的靈敏性和專對性。
- 財政的成本——採用某一測驗以怎樣程度使得財政利益超過它的成本。
- 心理成本——測量誤差（錯誤肯定、錯誤否定）以怎樣程度導致個人苦惱。
- 案主可接受性——案主以怎樣程度將會同意完成該評鑑。

最後，我們可以預測，積極心理評鑑將會獲得更大的普及度。積極心理評鑑（positive psychological assessment）是「積極心理運動」的副產品，這項運動被界定為是「對最佳人類運作之科學和實踐的追求」（Lopez & Snyder, 2003）。積極心理運動的擁護者發現當前評鑑的焦點（即過度強調病態和人們發生什麼差錯）是不均衡和不完整的。為了獲致對當事人的充分理解，我們也應該評價當事人的一些「美質」。這涉及調查一些正面特性，像是希望、創造力、智慧、勇氣、寬恕、幽默、感激及肆應等。心理測試的傳統工具（例如，羅夏克測驗、MMPI-2 及 MCMI-III 等）基本上並沒有提供關於這些正面人類特性的資訊。在未來的歲月中，勢必有新的評鑑工具和創新的理念將會浮現以矯正這種失衡狀態。

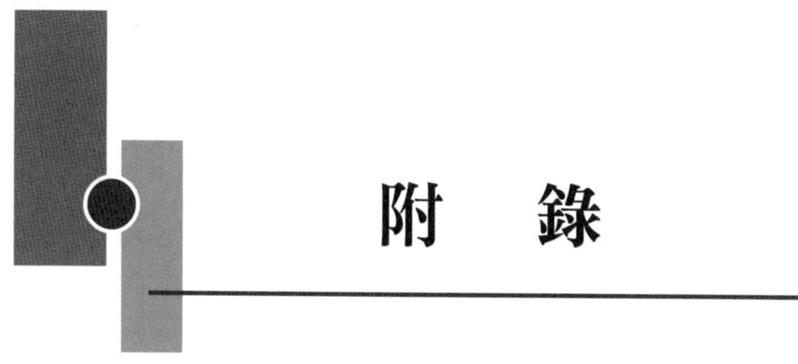

附　錄

A. 心理測驗歷史上的一些劃時代事件

2200 B.C. Chinese begin civil service examinations.

1838 Jean Esquirol distinguishes between mental illness and mental retardation.

1862 Wilhelm Wundt uses a calibrated pendulum to measure the "speed of thought."

1866 O. Edouard Seguin writes the first major textbook on the assessment and treatment of mental retardation.

1869 Wundt founds the first experimental laboratory in psychology in Leipzig, Germany.

1884 Francis Galton administers the first test battery to thousands of citizens at the International Health Exhibit.

1890 James McKeen Cattell uses the term *mental test* in announcing the agenda for his Galtonian test battery.

1896 Emil Kraepelin provides the first comprehensive classification of mental disorders.

1901 Clark Wissler discovers that Cattellian "brass instruments" tests have no correlation with college grades.

1904 Charles Spearman proposes that intelligence consists of a single general factor *g* and numerous specific factors s_1, s_2, s_3, and so forth.

1904 Karl Pearson formulates the theory of correlation.

1905 Alfred Binet and Theodore Simon invent the first modern intelligence test.

1908 Henry H. Goddard translates the Binet-Simon scales from French into English.

1912 Stern introduces the IQ, or intelligence quotient: the mental age divided by chronological age.

1916 Lewis Terman revises the Binet-Simon scales, publishes the Stanford-Binet; revisions appear in 1937, 1960, and 1986.

1917 Robert Yerkes spearheads the development of the Army Alpha and Beta examinations used for testing WWI recruits.

1917 Robert Woodworth develops the Personal Data Sheet, the first personality test.

1920 The Rorschach inkblot test is published.

1921 Psychological Corporation—the first major test publisher—is founded by Cattell, Thorndike, and Woodworth.

1926 Florence Goodenough publishes the Draw-A-Man Test.

1926 The first Scholastic Aptitude Test is published by the College Entrance Examination Board.

1927 The first edition of the Strong Vocational Interest Blank is published.

1935 The Thematic Apperception Test is released by Morgan and Murray at Harvard University.

1936 Lindquist and others publish the precursor to the Iowa Tests of Basic Skills.

1936 Edgar Doll publishes the Vineland Social Maturity Scale for assessment of adaptive behavior in those with mental retardation.

1938 L. L. Thurstone proposes that intelligence consists of about seven group factors known as primary mental abilities.

1938 Raven publishes the Raven's Progressive Matrices, a nonverbal test of reasoning intended to measure Spearman's *g* factor.

1938 Lauretta Bender publishes the Bender Visual Motor Gestalt Test, a design-copying test of visual-motor integration.

1938 Oscar Buros publishes the first *Mental Measurements Yearbook.*

1938 Arnold Gesell releases his scale of infant development.

1939 The Wechsler-Bellevue Intelligence Scale is published; revisions are published in 1955 (WAIS), 1981 (WAIS-R), and 1997 (WAIS-III).

1939 Taylor–Russell tables published for determining the expected proportion of successful applicants with a test.

1939 The Kuder Preference Record, a forced-choice interest inventory, is published.

1942 The Minnesota Multiphasic Personality Inventory (MMPI) is published.

1948 Office of Strategic Services (OSS) uses situational techniques for selection of officers.

1949 The Wechsler Intelligence Scale for Children is published; revisions are published in 1974 (WISC-R) and 1991 (WISC-III).

1950 The Rotter Incomplete Sentences Blank is published.

1951 Lee Cronbach introduces coefficient alpha as an index of reliability (internal consistency) for tests and scales.

1952 American Psychiatric Association publishes the *Diagnostic and Statistical Manual (DSM-I).*

1953 Stephenson develops the Q-technique for studying the self-concept and other variables.

1954 Paul Meehl publishes *Clinical vs. Statistical Prediction.*

1956 The Halstead-Reitan Test Battery begins to emerge as the premiere test battery in neuropsychology.

1957 C. E. Osgood describes the semantic differential.

1958 Lawrence Kohlberg publishes the first version of his Moral Judgment Scale; research with it expands until the mid-1980s.

1959 Campbell and Fiske publish a test validation approach known as the multitrait-multimethod matrix.

1963 Raymond Cattell proposes the theory of fluid and crystallized intelligences.

1967 In *Hobson v. Hansen* the court rules against the use of group ability tests to "track" students on the grounds that such tests discriminate against minority children.

1968 American Psychiatric Association publishes *DSM-II.*

1969 Nancy Bayley publishes the Bayley Scales of Infant Development (BSID). The revised version (BSID-2) is published in 1993.

1969 Arthur Jensen proposes the genetic hypothesis of African American versus white IQ differences in the *Harvard Educational Review.*

1971 In *Griggs v. Duke Power* the Supreme Court rules that employment test results must have a demonstrable link to job performance.

1971 George Vaillant popularizes a hierarchy of 18 ego adaptive mechanisms and describes a methodology for their assessment.

1971 Court decision requires that tests used for personnel selection must be job relevant (*Griggs v. Duke Power*).

1972 The Model Penal Code rule for legal insanity is published and widely adopted in the United States.

1974 Rudolf Moos begins publication of the Social Climate Scales to assess different environments.

1974 Friedman and Rosenman popularize the Type A coronary-prone behavior pattern; their assessment is interview-based.

1975 The U.S. Congress passes Public Law 94-142, the Education for All Handicapped Children Act.

1978 Jane Mercer publishes SOMPA (System of Multicultural Pluralistic Assessment), a test battery designed to reduce cultural discrimination.

1978 In the *Uniform Guidelines on Employee Selection* adverse impact is defined by the four-fifths rule; also guidelines for employee selection studies are published.

1979 In *Larry P. v. Riles* the court rules that standardized IQ tests are culturally biased against low-functioning black children.

1980 In *Parents in Action on Special Education v. Hannon* the court rules that standardized IQ tests are not racially or culturally biased.

1985 The American Psychological Association and other groups jointly publish the influential *Standards for Educational and Psychological Testing.*

1985 Sparrow and others publish the Vineland Adaptive Behavior Scales, a revision of the pathbreaking 1936 Vineland Social Maturity Scale.

1987 American Psychiatric Association publishes *DSM-III-R.*

1989 The Lake Wobegon Effect is noted: Virtually all states of the union claim that their achievement levels are above average.

1989 The Minnesota Multiphasic Personality Inventory-2 is published.

1992 American Psychological Association publishes a revised *Ethical Principles of Psychologists and Code of Conduct* (*American Psychologist,* December 1992)

1994 American Psychiatric Association publishes *DSM-IV.*

1994 Herrnstein and Murray revive the race and IQ heritability debate in *The Bell Curve.*

1999 APA and other groups publish revised *Standards for Educational and Psychological Testing.*

2003 New revision of APA *Ethical Principles of Psychologists and Code of Conduct* goes into effect.

B. 美國主要測驗出版機構的地址

American College Testing Program
P.O. Box 168
Iowa City, IA 52243-0168

American Guidance Service
P.O. Box 99
Circle Pines, MN 55014-1796

Consulting Psychologists Press
P.O. Box 10096
Palo Alto, CA 94303

C.P.S., Inc.
P.O. Box 83
Larchmont, NY 10538

CTB/Macmillan/McGraw-Hill
20 Ryan Ranch Road
Monterey, CA 93940

Denver Developmental Materials
P.O. Box 20037
Denver, CO 80220

DLM Teaching Resources
One DLM Park
Allen, TX 75002

Educational and Industrial Testing Service (EdITS)
P.O. Box 7234
San Diego, CA 92167

Educational Testing Service
ETS Test Collection (30-B)
Rosedale Road
Princeton, NJ 08541-001

GED Testing Service
One Dupont Circle, N.W.
Washington, DC 20036

Harvard University Press
79 Garden Street
Cambridge, MA 02138

Hawthorne Educational Services
800 Gray Oak Drive
Columbia, MO 65201

Marshal S. Hiskey
5640 Baldwin
Lincoln, NE 68507

Hogrefe & Huber Publishers
P.O. Box 2487
Kirkland, WA 98083

Institute for Personality and Ability Testing
P.O. Box 1188
Champaign, IL 61824-1188

Jastak Associates, Inc.
P.O. Box 3410
Wilmington, DE 19804-0250

Jossey-Bass
615 Montgomery Street
San Francisco, CA 94111

Mind Garden
P.O. Box 60669
Palo Alto, CA 94306

Multi-Health Systems
P.O. Box 950
North Tonawanda, NY 14120

National Computer Systems
P.O. Box 1416
Minneapolis, MN 55440

National Rehabilitation Services
P.O. Box 1247
Gaylord, MI 49735

Oxford University Press
200 Madison Avenue
New York, NY10016

Pro-Ed
8700 Shoal Creek Boulevard
Austin, TX 78757-6897

Psychological Assessment Resources, Inc.
P.O. Box 998
Odessa, FL 33556-0998

Psychological Corporation
555 Academic Court
San Antonio, TX 78204-2498

Reitan Neuropsychology Laboratories
2920 South 4th Avenue
Tucson, AZ 85713-4819

Riverside Publishing Company
3 O'Hare Towers
8420 Bryn Mawr Avenue
Chicago, IL 60631

Saul Rosenzweig
8029 Washington Avenue
St. Louis, MO 63114

Scholastic Testing Service
480 Meyer Road
P.O. Box 1056
Bensenville, IL 60106-1617

Sigma Assessment Systems, Inc.
P.O. Box 610984
Port Huron, MI 48061-0984

Slosson Educational Publications, Inc.
P.O. Box 280
East Aurora, NY 14052

SRA/London House
9701 W. Higgins Road
Rosemont, IL 60018

Stoelting Company
620 Wheat Lane
Wood Dale, IL 60191

Charles C. Thomas
2600 South First Street
Springfield, IL 62794-9265

University of Illinois Press
1325 South Oak Street
Champaign, IL 61820

U.S. Employment Service
Western Assessment Research
and Development Center
140 East 300 South
Salt Lake City, UT 84111

U.S. Military Entrance
Processing Command
Testing Directorate
2500 Green Bay Road
North Chicago, IL 60064

Western Psychological Services
12031 Wilshire Boulevard
Los Angeles, CA 90025-1251

West Virginia Rehabilitation Center
509 Allen Hall
West Virginia University
Morgantown, WV 26506

Wilmington Institute
13315 Wilmington Drive
Dallas, TX 75234

Wonderlic Personnel Test, Inc.
1509 North Milwaukee Avenue
Libertyville, IL 60048-1380

C. 主要的一些測驗及它們的出版社

Individual Tests of Intelligence and Adaptive Behavior

Test	Publisher
Adaptive Behavior Inventory for Children	Psychological Corporation
AAMR Adaptive Behavior Scale	Pro-Ed
AAMR Adaptive Behavior Scale-School Edition	Pro-Ed
Balthazar Scales of Adaptive Behavior	Consulting Psychologists Press
Bayley Scales of Infant Development-II	Psychological Corporation
The Blind Learning Aptitude Test	University of Illinois Press
Bruininks-Oseretsky Test of Motor Proficiency	American Guidance Service
Columbia Mental Maturity Scale	Psychological Corporation
Denver-2	Denver Developmental Materials
Detroit Tests of Learning Aptitude-4	Pro-Ed
Developmental Indicators for the Assessment of Learning-III	American Guidance Service
Differential Ability Scales	Psychological Corporation
Draw-A-Person: Quantitative Scoring System	Psychological Corporation
Goodenough-Harris Drawing Test	Psychological Corporation
Hiskey-Nebraska Test of Learning Aptitude	Marshal S. Hiskey
Independent Living Behavior Checklist	West Virginia Rehabilitation Center
Kaufman Assessment Battery for Children	American Guidance Service
Kaufman Brief Intelligence Test	American Guidance Service
Kaufman Adolescent and Adult Intelligence Test	American Guidance Service
Leiter International Performance Scale-Revised	Stoelting Company
McCarthy Scale of Children's Ability	Psychological Corporation
Miller Assessment for Preschoolers	Psychological Corporation
Ordinal Scales of Psychological Development	Uzgiriz & Hunt (1989)
Peabody Picture Vocabulary Test-III	American Guidance Service
Scales of Independent Behavior-R	DLM Teaching Resources

Stanford-Binet: Fifth Edition	Riverside Publishing Co.
Test of Nonverbal Intelligence-3	Pro-Ed
T. M. R. School Competency Scales	Consulting Psychologists Press
Vineland Adaptive Behavior Scales	American Guidance Service
Wechsler Adult Intelligence Scale-III	Psychological Corporation
Wechsler Intelligence Scale for Children-III	Psychological Corporation
Wechsler Preschool and Primary Scale of Intelligence-Revised	Psychological Corporation
Group Intelligence Tests	
Cognitive Abilities Test	Riverside Publishing Co.
Culture Fair Intelligence Test	Institute for Personality and Ability Testing
Henmon-Nelson Tests of Mental Ability	Riverside Publishing Company
Kuhlmann-Anderson Tests of Mental Ability	Scholastic Testing Service
Miller Analogies Test	Psychological Corporation
Multidimensional Aptitude Battery	Sigma Assessment Systems
Otis-Lennon School Ability Test	Psychological Corporation
Ravens Progressive Matrices	Psychological Corporation [distributor]
School and College Ability Tests-Series III	Educational Testing Service
Shipley Institute of Living Scale	Western Psychological Services
Wonderlic Personnel Evaluation	Wonderlic Personnel Test
Aptitude Tests and Batteries	
American College Testing Assessment Program	American College Testing Program
Armed Services Vocational Aptitude Battery	U.S. Military Entrance Processing Command
Differential Aptitude Tests	Psychological Corporation
General Aptitude Test Battery	U.S. Employment Service
Graduate Record Examinations	Educational Testing Service
Scholastic Assessment Tests	Educational Testing Service
Group Achievement Tests	
California Achievement Tests	CTB/Macmillan/McGraw-Hill
Comprehensive Tests of Basic Skills	CTB/Macmillan/McGraw-Hill
Iowa Tests of Basic Skills	Riverside Publishing Co.
Iowa Tests of Educational Development	Riverside Publishing Co.
Metropolitan Achievement Tests	Psychological Corporation
Sequential Tests of Educational Progress, Series III	Educational Testing Service
SRA Achievement Series	SRA/London House

Stanford Achievement Series	SRA/London House
Stanford Test of Academic Skills	Psychological Corporation
Tests of Achievement and Proficiency	Riverside Publishing Co.
Tests of General Educational Development (GED)	GED Testing Service
Individual Achievement Tests	
Kaufman Test of Educational Achievement	American Guidance Service
Mini-Battery of Achievement	DLM Teaching Resources
Peabody Individual Achievement Test-Revised	American Guidance Service
Wechsler Individual Achievement Test-2	Psychological Corporation
Wide Range Achievement Test-III	Jastak Associates, Inc.
Woodcock-Johnson Psycho-Educational Battery-Revised	Riverside Publishing Co.
Psychomotor and Dexterity Tests	
Crawford Small Parts Dexterity Test	Psychological Corporation
Hand-Tool Dexterity Test	Psychological Corporation
Purdue Pegboard	SRA/London House
Stromberg Dexterity Test	Psychological Corporation
Clerical Tests	
Clerical Abilities Battery	Psychological Corporation
General Clerical Test	Psychological Corporation
Minnesota Clerical Test	Psychological Corporation
SRA Clerical Aptitudes	SRA/London House
Mechanical Aptitude Tests	
Bennett Mechanical Comprehension Test	Psychological Corporation
Minnesota Spatial Relations Test	American Guidance Service
Revised Minnesota Paper Form Board Test	Psychological Corporation
SRA Mechanical Aptitudes	SRA/London House
Interest Inventories	
Campbell Interest and Skill Survey	National Computer Systems
Jackson Vocational Interest Survey	Sigma Assessment Systems
Kuder General Interest Survey	SRA/London House
Kuder Occupational Interest Survey, Revised	SRA/London House
Kuder Preference Record	SRA/London House
Self-Directed Search	Psychological Assessment Resources
Strong Interest Inventory	Consulting Psychologists Press

Neuropsychological Tests

Bender Visual Motor Gestalt Test	Western Psychological Services
Benton Revised Visual Retention Test	Psychological Corporation
Finger Localization Test	Oxford University Press
Halstead-Reitan Neuropsychological Test Battery	Reitan Neuropsychology Laboratories
Luria-Nebraska Neuropsychological Battery	Western Psychological Services
Porteus Maze Test	Psychological Corporation
Serial Digit Learning Test	Oxford University Press
Symbol Digit Modalities Test	Western Psychological Services
Three-Dimensional Block Construction Test	Oxford University Press
Wechsler Memory Scale-Revised	Psychological Corporation
Wisconsin Card Sorting Test	Psychological Assessment Resources

Projective Personality Tests

Children's Apperception Test	C. P. S., Inc.
Draw-A-Person Test	Charles C. Thomas
Holtzman Inkblot Test	Psychological Corporation
Rorschach	Hogrefe & Huber Publishers
Rosenzweig Picture-Frustration Study (P-F Study)	Saul Rosenzweig
Rotter Incomplete Sentences Blank	Psychological Corporation
Senior Apperception Technique	C. P. S., Inc.
Thematic Apperception Test (TAT)	Harvard University Press
Washington University Sentence Completion Test	Jossey-Bass

Self-Report Personality Inventories

Beck Depression Inventory-Revised	Psychological Corporation
California Psychological Inventory	Consulting Psychologists Press
Comrey Personality Scales	EdITS, Educational and Industrial Testing Service
Edwards Personal Preference Schedule	Psychological Corporation
Eysenck Personality Questionnaire	EdITS, Educational and Industrial Testing Service
Jenkins Activity Survey	Psychological Corporation
Millon Clinical Multiaxial Inventory-3	National Computer Services
Minnesota Multiphasic Personality Inventory-2	National Computer Systems
Myers-Briggs Type Indicator	Consulting Psychologists Press
NEO Five Factor Inventory	Sigma Assessment Systems
NEO Personality Inventory-Revised	Sigma Assessment Systems

Personality Inventory for Children-2	Western Psychological Services
Personality Research Form	Sigma Assessment Systems
Sixteen Personality Factor Questionnaire (16PF)	Institute for Personality and Ability Testing
State-Trait Anxiety Inventory	Mind Garden
Survey of Work Styles	Sigma Assessment Systems
Forensic Tests	
Custody Quotient™	Wilmington Institute
Parent–Child Relationship Inventory	Western Psychological Services
Psychopathy Checklist-Revised	Multi-Health Systems
Rogers Criminal Responsibility Assessment Scales	Psychological Assessment Resources

D. 在常態分配中，幾種常見的標準和標準化分數與百分等級的對應關係

這個表格列出了百分等級與另四種分數之間的對應關係，這四種分數是 *z* 分數（平均數 = 0，標準差 = 1.00）、離差智商（平均數 = 100，SD = 15）、T 分數（平均數 = 50，SD = 10）及 GRE 類的分數（平均數 = 500，SD = 100）。該表格的應用假定某一測驗或變項上分數的分布是屬於常態分配。

我們以兩個實例來說明這份附錄如何可被使用。假設我們想要知道對等於百分等級 97 的 WAIS-R IQ 分數。首先察看該表格的第一行，找到 PR 97，我們發現對應的 IQ 分數是 128 。再假設我們想要知道對等於 GRE 分數 675 的百分等級。在該表格最右邊的一行，我們找到 675 分數的位置，然後平行橫移察看最左邊的一行，就可發現對應的百分等級是 96 。

	z	*Deviation IQ*	*T Score*	*GRE-Like Score*
Mean	0.00	100	50	500
St. Dev.	1.00	15	10	100
PR 99	2.33	135	73	733
98	2.05	131	71	705
97	1.88	128	69	688
96	1.75	126	68	675
95	1.64	125	66	664
94	1.55	123	66	655
93	1.48	122	65	648
92	1.41	121	64	641
91	1.34	120	63	634
90	1.28	119	63	628
89	1.22	118	62	622
88	1.18	118	62	618
87	1.13	117	61	613
86	1.08	116	61	608
85	1.04	116	60	604
84	0.99	115	60	599
83	0.95	114	60	595

	z	*Deviation IQ*	*T Score*	*GRE-Like Score*
PR 82	0.91	114	59	591
81	0.88	113	59	588
80	0.84	113	58	584
79	0.80	112	58	580
78	0.77	112	58	577
77	0.74	111	57	574
76	0.71	111	57	571
75	0.67	110	57	567
74	0.64	110	56	564
73	0.61	110	56	561
72	0.58	109	56	558
71	0.55	108	56	555
70	0.52	108	55	552
69	0.49	107	55	549
68	0.47	107	55	547
67	0.44	107	54	544
66	0.41	106	54	541
65	0.39	106	54	539
64	0.36	105	54	536
63	0.33	105	53	533

	z	Deviation IQ	T Score	GRE-Like Score		z	Deviation IQ	T Score	GRE-Like Score
PR 62	0.31	105	53	531	PR 31	−0.49	93	45	451
61	0.28	104	53	528	30	−0.52	92	45	448
60	0.25	104	53	525	29	−0.55	92	44	445
59	0.23	104	52	523	28	−0.58	91	44	442
58	0.20	103	52	520	27	−0.61	90	44	439
57	0.18	103	52	518	26	−0.64	90	44	436
56	0.15	102	52	515	25	−0.67	90	43	433
55	0.12	102	51	512	24	−0.71	89	43	429
54	0.10	102	51	510	23	−0.74	89	43	426
53	0.07	101	51	507	22	−0.77	88	42	423
52	0.05	101	51	505	21	−0.80	88	42	420
51	0.03	100	50	503	20	−0.84	87	42	416
50	0.00	100	50	500	19	−0.88	87	41	412
49	−0.03	100	50	497	18	−0.91	86	41	409
48	−0.05	99	49	495	17	−0.95	86	40	405
47	−0.07	99	49	493	16	−0.99	85	40	401
46	−0.10	98	49	490	15	−1.04	84	40	396
45	−0.12	98	49	488	14	−1.08	84	39	392
44	−0.15	98	48	485	13	−1.13	83	39	387
43	−0.18	97	48	482	12	−1.18	82	38	382
42	−0.20	97	48	480	11	−1.22	82	38	378
41	−0.23	96	48	477	10	−1.28	81	37	372
40	−0.25	96	47	475	9	−1.34	80	37	366
39	−0.28	96	47	472	8	−1.41	79	36	359
38	−0.31	95	47	469	7	−1.48	78	35	352
37	−0.33	95	47	467	6	−1.55	77	34	345
36	−0.36	95	46	464	5	−1.64	75	34	336
35	−0.39	94	46	461	4	−1.75	74	32	325
34	−0.41	94	46	459	3	−1.88	72	31	312
33	−0.44	93	46	456	2	−2.05	69	29	295
32	−0.47	93	45	453	1	−2.33	65	27	267

國家圖書館出版品預行編目（CIP）資料

心理測驗：沿革、原理及用途／羅伯特・喬治(Robert J. Gregory)著；游恒山譯. --三版. --臺北市：五南圖書出版股份有限公司, 2023.07
面； 公分

譯自：Psychological testing : history, principles, and applications.

ISBN 978-626-366-236-0(平裝)

1.CST：心理測驗

179.1 112009582

1BWF

心理測驗──沿革、原理及用途

作　　者 — Robert. J. Gregory
譯　　者 — 游恒山
發 行 人 — 楊榮川
總 經 理 — 楊士清
總 編 輯 — 楊秀麗
副總編輯 — 王俐文
責任編輯 — 金明芬
助理編輯 — 曹筱彤
封面設計 — 陳亭瑋
出 版 者 — 五南圖書出版股份有限公司
地　　址：106台北市大安區和平東路二段339號4樓
電　　話：(02)2705-5066　傳　　真：(02)2706-6100
網　　址：https://www.wunan.com.tw
電子郵件：wunan@wunan.com.tw
劃撥帳號：01068953
戶　　名：五南圖書出版股份有限公司

法律顧問　林勝安律師

出版日期　2010年9月初版一刷
　　　　　2020年8月二版一刷（共二刷）
　　　　　2023年7月三版一刷
　　　　　2024年6月三版二刷
定　　價　新臺幣680元